Minderjährige in den Medien

Europäische Hochschulschriften Recht

European University Studies in Law

Publications Universitaires Européennes de Droit

Band/Volume **6080**

Ruth Baumann

Minderjährige in den Medien

Berichterstattung über Kinder und Jugendliche mit und ohne Einwilligung unter besonderer Berücksichtigung aktueller Gefährdungspotentiale in der digitalen Welt

PETER LANG

Inhaltsverzeichnis

Teil 1: Einführung

I. Die Rolle Minderjähriger in der Medienlandschaft

Minderjährige sind selbstverständlicher Teil der Medienlandschaft. Schon die Grimm'schen Erzählungen berichten nicht nur von erwachsenen Königinnen und Königen, sondern kennen auch das Märchen der beiden Kinder Hänsel und Gretel. Während die Medienlandschaft sich von der Märchensammlung hin zu Presse, Rundfunk und Internet, wie wir sie heute kennen, entwickelte, blieben Minderjährige stets präsent:

Das Leben einiger Minderjähriger löst schon frühzeitig solch eine Faszination aus, dass sich die Medien mit ihnen beschäftigen, ohne die Einwilligung der Erziehungsberechtigten oder gar der Minderjährigen selbst einzuholen. Als Paradebeispiel sind hierbei die Adelsfamilien zu nennen, deren Nachwuchs von Geburt an von hohem Interesse für Medien und Bevölkerung ist.[1]

Heutzutage ist das Interesse an einigen Adelsfamilien ungebrochen. Doch daneben sind andere prominente Persönlichkeiten getreten, über die – und über deren minderjährige Kinder – ebenso eingehend berichterstattet wird. Schon vor ihrer Geburt werden Kinder berühmter Eltern in den Medien besprochen. Gerüchte um eine etwaige Schwangerschaft und die Identität des Vaters werden großzügig behandelt. Die ersten Fotos der neugeborenen Babys sind viel Geld wert, obwohl ein Säugling sich äußerlich kaum von anderen Gleichaltrigen unterscheidet.

Im Laufe seines Älterwerdens kann von einem unbelasteten Aufwachsen keine Rede sein. Besonders in Krisensituationen, wenn die Karriere oder die Beziehung der Eltern ins Schlingern gerät, richtet sich das Augenmerk ungefiltert auf die Kinder. In dieser ohnehin schon belastenden Phase werden sie nicht selten rund um die Uhr von Heerscharen von Paparazzi belagert. Die von der Rechtsprechung beschworene ungestörte Eltern-Kind-Beziehung, die auch in der Öffentlichkeit stattfinden soll, ist nur eine theoretische Annahme. In der Realität bedeutet ein prominentes Elternteil eine nicht zu leugnende Belastung für das Kind.[2] So sah sich das britische Thronfolgerpaar Catherine und William gezwungen in einem offenen Brief um einen respektvolleren Umgang der Pressevertreter gegenüber ihrem Sohn im Kleinkindalter zu beten.[3] Wenn der junge George auch eines der begehrtesten Fotomotive sein mag, so versuchen auch deutsche Prominente unter Inanspruchnahme rechtlicher Hilfe ihre Kinder generell vor Medienberichterstattung zu

---

1 Beispielsweise zeigte die Zeitschrift View den zweijährigen George von England im Februar 2016 auf dem Titelblatt, wobei er „das berühmteste Kind der Welt" genannt wurde.

2 *Maheshwari*, World Academy of Science, Engineering and Technology, 2008, 352.

3 *Knauf*, A Letter from Kensington Palace, 2015.

schützen, da alleine schon der berühmte Vater ausreicht, um ein ständiges Medieninteresse am Alltag der Minderjährigen auszulösen.[4]

Wie diese beiden Beispiele zeigen ist das Interesse an Minderjährigen oftmals lediglich abgeleitet und begründet sich aus der Verwandtschaft zu einem Prominenten, z.B. berühmten Eltern oder Geschwistern.[5] Selbst seriösen Medien wie der Tagesschau ist es wert zu berichten und mit entsprechenden Bildern zu zeigen, dass Sigmar Gabriel bei seinem Staatsbesuch in Paris anlässlich der Trauer um die terroristischen Anschläge vom November 2015 von Ehefrau und kleiner Tochter begleitet wird – und auch der Politiker selbst erwähnt dies explizit in seinem Statement an die Medien.[6]

Aber auch Kinder und Jugendliche ohne berühmte Verwandte können unverhofft ins Licht der Öffentlichkeit geraten. Beispielsweise können aufsehenerregende Ereignisse des realen Lebens, wie Unfälle oder Straftaten, dafür sorgen, dass die Medienöffentlichkeit ihr Augenmerk auf Minderjährige richtet

Auch freiwillig wirken Minderjährige heutzutage in bisher ungeahntem Ausmaß in den Medien mit, wobei kein Ende dieses Trends in Sicht ist.[7] Sie übernehmen Rollen im sonntäglichen Tatort; ihre künstlerischen und sportlichen Erfolge werden in Presse und Rundfunk notiert.

Minderjährige als Schauspieler sind, besonders in Kinderfilmen, seit Langem bekannt. Die Entwicklung in der Medienlandschaft hat dazu geführt, dass Kinder und Jugendliche auch in einer Vielzahl realitätsnaher Formate mitwirken, was ganz neue Gefährdungspotentiale mit sich bringt.

II. Risiken der Berichterstattung über Minderjährige

Es wäre falsch anzunehmen, dass eine Berichterstattung in den Medien im Kindesalter automatisch negative Auswirkungen auf die Persönlichkeitsentwicklung oder das spätere Leben eines Minderjährigen haben muss.[8] Unzweifelhaft stellt es jedoch eine Herausforderung dar, wenn in jungen Jahren Prominenz erlangt wird.

Medienberichterstattung kann die Persönlichkeitsentwicklung nachhaltig stören. Zum Einen gestaltet sich die Begründung eines eigenen Selbstbildes schwieriger, wenn es in Konkurrenz zu einem öffentlichen Bild der eigenen Person treten muss, wie es bei minderjährigen Schauspielern oder Popstars der Fall sein kann,[9] oder wenn Kinder stets dem öffentlichen Vergleich mit prominenten

---

4 BGH-Urteil vom 06.10.2009, Az. VI ZR 314/08 – Kinder eines ehemaligen Fußballprofis; *Maheshwari*, World Academy of Science, Engineering and Technology, 2008, 352.

5 *Heiland*, 21 f.

6 ARD Tagesschau vom 21.11.2015, 20 Uhr, ARD.

7 *Garbas*, Diskurs Kindheits- und Jugendforschung 2009, 91 ff., 92; *Frauenrath*, Grüner Bote 2010, 295 ff., 295 f.; *Damm/ Rehbock/ Smid*, 58; *Götting*, 152 f.

8 Rapport/ Meleen, 484 ff., 502.

9 Selbst das Bundesverfassungsgericht berücksichtigt in seiner Rechtsprechung bezüglich der Berichterstattung über privat verübte Straftaten Minderjähriger deren

Eltern oder Familienangehörigen ausgesetzt sind.[10] Der Schweizer Jugendpsychologe *Allan Guggenbühl* beschreibt dies im Gespräch mit *Sophie Albers Ben Chamo* wie folgt: „Eine berühmte Identität [wird] dem Ich einfach übergestülpt [...] Die andere, die eigene Identität, droht verloren zu gehen. Sie findet nicht statt".

Eine weitere Hürde für eine gesunde und altersgerechte Selbstfindung ist, dass die Interaktion mit dem sozialen Umfeld durch Prominenz verfälscht werden kann. Reagiert die Umwelt übersteigert positiv auf einen Minderjährigen, kann dieser eine narzisstische Persönlichkeitsstörung, ein völlig übersteigertes Ego, entwickeln.[11] Das andere Extrem, negative Resonanz und ständige Kritik durch die Medien, kann dem eh schon fragilen Selbstwertgefühl Minderjähriger ebenfalls großen Schaden zufügen.

Selbst einen in seiner Persönlichkeit gefestigten Minderjährigen kann Medienberichterstattung schädigen. Die Wahrnehmung des persönlichen und allgemeinen Umfelds der Minderjährigen ist wesentlich dafür, ob Medienberichterstattung im Nachhinein als persönlicher Fluch oder Segen beurteilt wird.[12] Doch es ist unmöglich diese im Vorfeld zu steuern. Die Reaktionen der Umwelt können in völlig unterschiedliche Richtungen gehen: Medienpräsenz verspricht grundsätzlich Popularität und Bewunderung. Gleichzeitig leben wir in einer digitalen Welt, in der ein sogenannter ‚Shitstorm', das heißt eine Welle der Entrüstung, die sich in über das Internet anonym geäußerter Kritik und Beleidigungen entlädt, von jeglicher Nichtigkeit ausgelöst werden kann.[13] Die Grenzen zwischen positiver und negativer Resonanz liegen eng beieinander und sind nicht immer beeinflussbar. *Bilton* berichtet, wie der sechszehnjährige Alex aus Texas ohne eigenes Zutun Berühmtheit erlangte, da ein heimlich von ihm aufgenommenes Foto, welches den attraktiven Teenager bei seiner Arbeit als Kassierer zeigte, tausendfach online geteilt wurde. Obwohl der Jugendliche keine polarisierenden oder provozierenden Verhaltensweisen an den Tag legte, brachte seine plötzliche Prominenz ihm nicht nur Bewunderung ein, sondern führte auch zu Morddrohungen gegen ihn und seine Familie.[14]

„Öffentlichkeitsimage", BVerfG-Beschluss vom 25.01.2012, Az.: 1 BvR 2499/09 u. a. – Wortberichterstattung über Prominente (Bagatelldelikte jugendlicher Prominenter), Orientierungssatz 4b.

10 *Maheshwari*, World Academy of Science, Engineering and Technology, 2008, 352, 354 f.

11 *Guggenbühl* in: *Albers Ben Chamo,* stern,de (2009).

12 *Garbas*, Diskurs Kindheits- und Jugendforschung 2009, 91 ff., 94.

13 Ein viel zitiertes Beispiel hierfür bildet ein Werbespot der ING-DiBa-Bank, in der der deutsche Basketballstar eine Wurstscheibe von der Metzgerin geschenkt bekommt und verzehrt. Gegen diese Darstellung von Fleischkonsum liefen Vegetarier und Veganer auf der Facebook-Seite der ING-DiBa-Bank dermaßen vehement Sturm, dass ein nationales Medien-Echo folgte, siehe z. B. *Brinkmann*, Sueddeutsche.de (2012).

14 *Bilton*, nytimes.com (2014).

Der Fall von Alex ist so interessant, da er die Schnelligkeit der heutigen Medienlandschaft zeigt. Im Laufe einer einzigen Arbeitsschicht wurde Alex, der von all dem zunächst nichts mitbekam, zu einer nationalen Berühmtheit.[15] Hinzu kommt, dass mit der Digitalisierung unserer Welt all das, was die Öffentlichkeit erreicht, sich verselbstständigt und dem Kontext völlig entrissen werden kann. Bilder können nicht mehr kontrolliert werden, sondern werden mit ein paar Mausklicks kopiert und verändert. Eine harmlose Mitwirkung kann den Minderjährigen auch aufgrund solcher Bearbeitungen zur Zielscheibe von Spott machen, der noch jahrelang nachwirkt und nie mehr ganz aus der Welt zu schaffen sein wird.[16]

Prominenz kann nicht nur der Persönlichkeitsentwicklung, sondern auch der Gesundheit schaden. Es ist statistisch nachgewiesen, dass prominente Personen nicht nur wesentlich häufiger Alkohol und Drogen missbrauchen, als nicht berühmte Menschen, sondern sich auch deutlich öfter das Leben nehmen.[17] Dieses Ergebnis wurde auch im Rahmen einer Studie über ehemalige erfolgreiche Kinderstars bestätigt, bei der unter diesen ein überdurchschnittlich hoher Gebrauch von Alkohol, Drogen und Medikamenten festgestellt wurde.[18] Zudem wird von einem Fall berichtet, in dem die ungewöhnlichen Erfahrungen in den Medien psychische Störungen ausgelöst haben.[19] Bei dieser Studie ist besonders bemerkenswert, dass ausschließlich erfolgreiche Kinderstars befragt wurden, die die positive Seite des Medienbusiness wie Bewunderung, Erfolgserlebnisse und finanzielle Vorteile genießen durften.[20] Ihnen steht ein Großteil nicht prominenter Minderjähriger entgegen, der ähnlichen oder gleichen Belastungen ausgesetzt ist, ohne die angenehme Kehrseite der Medaille genießen zu können und daher diese Phase als weitaus negativer erlebt haben dürfte.[21] Wenn durch Medienberichterstattung

15 S. o.

16 Eine australische Familie lud in eine Fotoplattform ein Foto ihres eineinhalbjährigen Kindes hoch, das es umringt von Bewohnern eines indischen Kinderheimes zeigte. Die Familie teilte diese freudige Urlaubserinnerung mit der Öffentlichkeit in der Hoffnung, das abgebildete Kinderheim unterstützen zu können. Tatsächlich mussten sie erleben wie das Foto, mit sinnentstellenden Bildunterschriften versehen, vielfach im Internet geteilt wurde, um die Angst vor Überfremdung zu schüren. Auch deutsche Prominente wie Erika Steinbach verbreiteten das beschriebene Foto auf ihrem Twitter-Account mit der Aufschrift „Deutschland 2030 – Woher kommst du denn?". Siehe z. B. *Stegers*, NDR.de (2016).

17 *Maheshwari*, World Academy of Science, Engineering and Technology, 2008, 352.

18 Rapport/ Meleen, 484 ff., 502; *Bieber-Delfosse*, 229.

19 *Bieber-Delfosse*, 228.

20 Die finanzielle Seite des Erfolgs kann in den USA auch ein Belastungsfaktor für die innerfamiliären Beziehungen darstellen, denn schon 68 % der zehnjährigen Kinderstars verdienen mehr als ihre Eltern, *Bieber-Delfosse*, 225 f. In Deutschland stellt sich dieses Problem weniger, da die finanzielle Entlohnung weit unter dem in den USA üblichen Beträgen liegt, *Baacke et al.*, 64.

21 *Bieber-Delfosse*, 232.

hervorgerufene Prominenz diese Gesundheitsrisiken mit sich bringt, ist die Überlegung gerechtfertigt, ob zumindest Minderjährige davor geschützt werden müssten.

III. Chancen und Risiken der Mitwirkung in Medienproduktionen

Welchen Einfluss die Mitwirkung eines Minderjährigen in Medienproduktionen auf dessen weitere Persönlichkeitsbildung hat, hängt von einer Reihe unterschiedlichster Faktoren ab. So unterschiedlich Kinder und Jugendliche sind, so verschieden können sie auch die Erfolgserlebnisse und Herausforderungen aufnehmen, die eine Mitwirkung mit sich bringt. Insbesondere die Arten der Mitwirkung in den Medien nehmen Einfluss auf die Chancen und Risiken.

1. Minderjährige als Schauspieler, Sänger oder Nachwuchstalent

Viele Minderjährige hegen das Vorhaben, in den Medien mitzuwirken, um berühmt zu werden,[22] doch können dies nur jene realisieren, die die erste Hürde des Castings überstehen. Hier zeigt sich schon das erste Konfliktpotential, das selbst Erwachsene nicht unberührt lässt. Denn dem Großteil von Casting-Teilnehmern schlägt unverhohlene und ungeschönte Ablehnung entgegen, die schwer zu verarbeiten sein kann.[23]

Ist das Casting überstanden, entsteht eine weitere Herausforderung, da Minderjährige in einen Produktionsablauf eingebunden werden, in welchem sie funktionieren müssen wie ein arbeitender Erwachsener. Eben das, was die heutige Gesellschaft sich unter Kindheit vorstellt, nämlich die Unbeschwertheit und Freiheit von Verpflichtungen des Erwachsenenlebens, muss für den Zeitraum eines Engagements in den Medien aufgegeben werden. Denn Medienproduktionen involvieren regelmäßig eine Vielzahl von Personen, sodass eine effektive Arbeitsweise zwingend notwendig ist, um die Kosten möglichst gering zu halten. Selbst wenn versucht wird, Rücksicht auf die Minderjährigen zu nehmen oder das Gesetz hierzu verpflichtet, ist eindeutig, dass sich auch die Kinder und Jugendlichen in einen Arbeitsalltag einfügen müssen, in dem sie unabhängig von der persönlichen momentanen Laune oder auch der momentanen Eignung qualitativ hochwertig eine Aufgabe erfüllen müssen.

Diese zeitliche Einbindung schließt ein, dass der Alltag des Mitwirkenden für die Dauer der Produktion stark verändert wird. Da der Minderjährige weniger Zeit zu Hause oder in seinem gewohnten Schul- oder Freizeitumfeld verbringen wird, werden seine privaten, sozialen und familiären Bindungen verflachen,[24] wobei die

---

22 *Uhls/ Greenfield*, Developmental Psychology (2012); *Uhls/ Greenfield*, Cyberpsychology (2011); Pew Research Center (2007).

23 *Garbas*, Diskurs Kindheits- und Jugendforschung 2009, 91 ff., 93; *Bieber-Delfosse*, 256 f.

24 *Guggenbühl* in: *Albers Ben Chamo,* stern,de (2009).

Intensität dieses Effekts von der zeitlichen Intensität des Engagements abhängt. Zwar ist es gut möglich, dass diese Bindungen durch neue Bindungen ersetzt werden, die an der Produktionsstätte entstehen, doch birgt auch diese Wirkung eine Herausforderung, denn nach Abschluss der Arbeiten geht das lieb gewonnene Produktionsteam auseinander, sodass der Minderjährige mit dem Ende dieser besonderen Phase und dem Verlust dieser Bindungen zurechtkommen und wieder in seinen bisherigen Alltag zurückfinden muss.[25]

Besonders schwierig kann sich dieser Übergang in ein ‚normales' Leben gestalten, wenn er nicht freiwillig geschieht, sondern erfolgt, weil keine weiteren Engagements mehr erteilt werden.[26] In solchen Situationen muss nicht nur mit der veränderten Umgebung, sondern auch mit der Ablehnung umgegangen werden. Insbesondere dann, wenn Kinder und Jugendliche sich vorrangig als Schauspieler oder sonstiger Star identifiziert haben und hierauf ihr Selbstverständnis gründen, kann der Verlust dieser Rolle eine echte Persönlichkeitskrise auslösen,[27] die sich gerade dann potenziert, wenn die Kinder-Karriere endet, da aus dem Kind ein pubertierender junger Erwachsener wird.

Die Bedeutung der eigenen Leistung für das Fortschreiten der Medienproduktion bringt es mit sich, dass die Minderjährigen einem in ihrem Alter sonst nicht vorhandenem Druck ausgesetzt sind. Dieser kann sowohl von innen, von dem Minderjährigen selber kommen, der an sich einen hohen Anspruch hat, den er womöglich nicht immer erfüllen kann. Genau so kann diese Erwartungshaltung aber unausgesprochen oder artikuliert von außen, von Produktionsmitarbeitern, Managern oder Erziehungsberechtigten erzeugt werden. Solch ein Leistungsdruck ist nicht nur negativ besetzt, kann er ja auch zu einem Erfolgserlebnis führen und dem Minderjährigen wichtige Kernkompetenzen wie Disziplin, Durchhaltevermögen und bei Erfolg, Selbstvertrauen, bescheren. Doch handelt es sich bei Minderjährigen um stark beeinflussbare Persönlichkeiten, die durch die beschriebenen Effekte auch über die eigene Belastungsgrenze hinausgehen und dabei Schaden nehmen können.[28]

Eine Befragung ehemaliger erfolgreicher Kinderstars aus dem Jahre 1998[29] zeigt auf, dass Minderjährige den Stress und Druck einer Medienproduktion unbeschadet überstehen können, wenn sie von ihren Eltern ausreichend unterstützt werden.[30] Ausdrücklich wird darauf verwiesen, dass kein Gewöhnungseffekt eintritt, der dafür sorgt, dass der Druck den Kindern – gegebenenfalls nach einigen

25 *Garbas*, Diskurs Kindheits- und Jugendforschung 2009, 91 ff., 94; *Bieber-Delfosse*, 324 ff.

26 *Guggenbühl* in: *Albers Ben Chamo*, stern,de (2009).

27 *Bieber-Delfosse*, 274, 280.

28 *Baacke et al.*, 58

29 Rapport/ Meleen, 484 ff.

30 Rapport/ Meleen, 484 ff., 502.

Engagements – nichts mehr ausmacht.[31] Sie bedürfen der elterlichen Begleitung, um die Erfahrungen bewältigen zu können.[32]

Die Mitwirkung eines Minderjährigen in einer Medienproduktion kann für diesen aber auch bereichernd sein.[33] Er bekommt die Gelegenheit, sich kreativ zu betätigen und dabei bestenfalls einem lieb gewonnen Talent nachzugehen, sodass neben einer Menge Spaß und Freude auch ein persönlicher Fortschritt im Sinne einer von der Rechtsprechung angestrebten Persönlichkeitsentfaltung erreicht werden kann.[34] Medienschaffende berichten, dass Minderjährige oft enthusiastisch bei der Sache sind und die gesetzlich verhängten Zwangspausen als Strafe empfinden.[35]

Eine Aufgabe trotz Schwierigkeiten zu bewältigen und sich als Teammitglied zu beweisen, auf das sich andere verlassen können, sind wichtige Kernkompetenzen, von denen ein Minderjähriger ein Leben lang profitieren kann und die nicht zuletzt das Selbstbewusstsein und damit die Persönlichkeit stärken und formen.[36] In einer solchen Erfahrung wird sogar die Chance für Befriedigung kindlicher Bedürfnisse und die Lösung von Entwicklungskonflikten gesehen.[37]

Zudem vermittelt die gestalterische Mitwirkung an Medien eine Grundlage für die differenzierte und kritische Betrachtung von Medieninhalten,[38] was unter dem Schlagwort ‚Medienkompetenz' in einer visualisierten, von schnelllebigen Medien geprägten Gesellschaft wie unserer, als essentielle Eigenschaft gilt.

Dabei ist es verlockend, aber zu kurz gedacht, die Motivation des Kindes für eine Mitwirkung als Gradmesser für dessen Geeignetheit und Belastbarkeit zu verwenden. Das Klischee eines Kinderstars besagt, dass dieser von seinen überehrgeizigen Eltern angetrieben wird, die ohne Rücksicht auf das Kind eine Medienkarriere für dieses anstreben. Es erscheint einleuchtend, dass solche unter Druck gesetzte Minderjährige weniger Freude bei der Arbeit haben werden, als diejenigen, die die Phase als großes Abenteuer ohne weitere Zukunftsbedeutung ansehen, dem sie sich nur aufgrund ihrer kreativen Lust stellen.

Tatsächlich existiert eine Vielzahl von Gründen, aus denen Eltern ihre Kinder bewusst oder unbewusst in Richtung einer Medienkarriere drängen.[39] Alle Eltern von Minderjährigen, die in den Medien tätig sind oder sein sollen, sehen sich dem Vorwurf der Projektion eigener Wünsche und Interessen auf das Kind ausgesetzt. Es ist daher nur natürlich, dass Erziehungsberechtigte sich bei Benennung der

---

31 Rapport/ Meleen, 484 ff., 502.

32 Rapport/ Meleen, 484 ff., 501 f.

33 *Bieber-Delfosse*, 288.

34 *Baacke et al.*, 94.

35 *Gangloff*, Frankfurter Rundschau, 09.10.2009.

36 *Baacke et al.*, 66f.

37 *Bieber-Delfosse*, 289; *Baacke et al.*, 92.

38 *Baacke et al.*, 92 f.

39 *Baacke et al.*, 64 f.; *Bieber-Delfosse*, 183, 185.

Motivation stets auf das Interesse des Kindes berufen, um sich selbst von dem Verdacht der Beeinflussung freizuhalten. Kaum ein Elternteil wird offen zugeben, dass er selber das Kind in die Medien drängt. Die Herausarbeitung der Motivationslage ist daher schwierig und ergibt oft kein klares Ergebnis. Eine amerikanische Befragung ehemaliger erfolgreicher Kinderstars kam zu dem Ergebnis, dass das durchschnittliche Verhältnis zwischen Eigen- und Fremdmotivation bei 60 % zu 40 % liegt.[40]

Es erscheint immer wieder kurios, wenn nachdrücklich versichert wird, eine Vierjährige wolle ‚schon immer Schauspielerin' werden, denn junge Kinder haben allerlei Vorstellungen bezüglich ihrer Zukunft, die schnell wechseln und Eltern in der Regel nicht veranlassen ernsthafte Schritte einzuleiten.[41] Es ist jedenfalls nicht anzunehmen, dass der Berufswunsch ‚Prinzessin', ‚Tierarzt' oder ‚Astronaut' zu ernsthaften Auswirkungen auf den Alltag der Kinder führen wird. Erst ab dem Grundschulalter wird angenommen, dass Kinder einen Berufswunsch eigenständig benennen können.[42] Selbst wenn Minderjährige konstant einen Berufswunsch artikulieren, der zu der Betätigung in den Medien passt, ist ungeklärt, ob dieser genuin entstand oder das Kind diesbezüglich bewusst oder unterbewusst beeinflusst wurde.

Bei aller Kritik darf man jedoch nicht vergessen, dass wir in einer Mediengesellschaft leben, in der Popularität als marktwirtschaftlicher Wert gelten kann. Die Faszination, die Prominente und Medienpersönlichkeiten ausstrahlen, ist der Nährboden für eine ganze Reihe von Fernsehsendungen, bei denen das Gefühl entsteht, ganz Deutschland wolle Sänger oder Schauspieler werden. Dieser Tendenz können sich Minderjährige, die regelmäßig noch nicht über genügend Abstand und Medienkompetenz verfügen, regelmäßig nicht entziehen.[43] Daher erscheint es nicht zu fernliegend, dass außer Medienberufen kein weiterer Traumberuf mehr genannt werden kann und viele Minderjährige auch aus eigenem Antrieb in die Medien drängen.[44]

Die Ambivalenz dieser Ausführungen zeigt schon, wieso die Motivation des Kindes nicht als taugliches Kriterium dafür dient, ob es zur Mitwirkung geeignet ist. Denn es ist mit praktikablen Mitteln regelmäßig nicht feststellbar, welche Motivationslage gegeben ist und ob diese oktroyiert wurde oder genuin vorliegt.

Darüber hinaus mag eine vorhandene Motivation durch den Minderjährigen zwar einen Indikator darstellen, doch kann auch solch ein Minderjähriger stark motiviert sein, der durch seine Persönlichkeitsstruktur überhaupt nicht geeignet

40 *Bieber-Delfosse*, 223.

41 *Bieber-Delfosse*, 183 f., zitiert einen Vater, der seine fünfjährige Tochter als ‚süchtig nach Schönheitswettbewerben' bezeichnet.

42 *Bieber-Delfosse*, 224.

43 *Uhls/ Greenfield*, Developmental Psychology (2012); *Uhls/ Greenfield*, Cyberpsychology (2011); Pew Research Center (2007).

44 *Guggenbühl* in: *Albers Ben Chamo*, stern,de (2009).

ist,[45] während eine nicht zu stark ausgeprägte Motivation dazu führen kann, dass der Druck und die Verantwortung, die ein Engagement mit sich bringen, leichter ertragen wird.

Ebenso einleuchtend ist, dass es eine Kontrollinstanz geben sollte, die Minderjährige, die eindeutig kein eigenes Interesse an einer Mitwirkung haben, schon in der Vorbereitungsphase entdeckt und ihre Mitwirkung verhindert.[46]

Dies wird jedoch regelmäßig schon vonseiten der Medienproduktion aus geschehen, denn sie haben die Auswahl unter vielen interessierten Kandidaten, sodass nicht vorstellbar ist, dass sie freiwillig einen Minderjährigen engagieren, dessen Leistungsniveau ähnlich gering wie sein Interesse ausfallen wird.

Dem Minderjährigenrecht ist es eigen, dass in erster Linie Eltern und Erziehungsberechtigte bestimmen, mit welchen Maßnahmen dem Kindeswohl am besten gedient ist. Leider zeigt sich auch im Bereich des Medienrechts, dass Kontrollmechanismen sinnvoll sind, da nicht immer im besten Interesse der Minderjährigen gehandelt wird.

Dies zeigt ein Versuch von „Stern TV" aus dem Jahre 2010.[47] Bei einem gestellten Casting wurden angeblich Kinder-Schauspieler für eine Verfilmung von „Sindbad" gesucht. Nach einem kurzen Vorsprechen der Kinder folgte ein heimlich gefilmtes Vier-Augen-Gespräch mit deren Eltern. Den Erziehungsberechtigten wurde dargelegt, welche Risiken ein Filmdreh mit sich bringt. Statt üblicher Risiken wurden den Eltern jedoch immer abstrusere Möglichkeiten der Kindesgefährdung beschrieben. Unter anderem wurde angefragt, ob die Eltern mit einem dreimonatigen Dreh in Bagdad ohne Begleitung durch ein Elternteil oder mit einem mehrstündigen Aussetzen der Kinder in der Wüste einverstanden wären. Von zehn Eltern verweigerte nur eine Testperson ihr Einverständnis. Alle anderen hätten ihre Kinder unumwunden physischen und psychischen Gefährdungen ausgeliefert – der Schauspielkarriere zuliebe.[48]

2. Minderjährige in realitätsnahen Produktionen

a) Reality-TV

Der Trend des sogenannten Reality-TV, das verspricht, das wahre Leben abzubilden, begann in den neunziger Jahren mit den Talk-Shows. Zwar gab es schon immer Printreportagen und auch filmische Dokumentationen, die keine fiktionalen Elemente enthielten, doch wollten diese Medienprodukte vorrangig informieren.

---

45 *Noser/ Zeigler-Hill*, 9 f. zeigen auf, dass gerade Menschen mit schlecht ausgeprägtem Selbstwertgefühl nach Prominenz streben.

46 Diese Aufgabe könnte idealerweise eine medienpädagogische Fachkraft übernehmen, s. Teil 9 II. 3 und III. 3.

47 *Bayer*, fr-online.de (2010).

48 Auch *Gangloff*, Frankfurter Rundschau, 09.10.2009, berichtet von solchen Negativbeispielen.

Neu an den Reality-Formaten war, dass sie in erster Linie der Unterhaltung dienten und sich dabei der wahren Persönlichkeit oder wahrer Lebensgeschichten bedienten. Im Gegensatz zu fiktiven Produktionen wird bei realitätsnahen Produktionen der Anschein erzeugt, dass das wahre Leben abgebildet wird. Die Protagonisten verfügen daher nicht nur über die üblichen Persönlichkeitsbestandteile, wie das Recht am eigenen Bild, Wort und Stimme, sondern sie offenbaren ihre private Lebensgestaltung, innerste Gedanken und Gefühle, womit sie tiefe Eingriffe in ihr Persönlichkeitsrecht gewähren.

Der weitere Verlauf des Genres ist allgemein bekannt. Da reguläre Geschichten nicht mehr genug Aufsehen erregten, wurden die Darstellungen immer extremer und dramatischer gestaltet. Neben Talkshows verbreitete sich eine Vielzahl weiterer Formate.

Realitätsnahe Produktionen finden sich insbesondere bei einer Vielzahl von Reality-TV-Produktionen, wie Coaching bzw. Helptainment-Formate (‚Die Super Nanny'; ‚Die strengsten Eltern der Welt'), aber auch ‚Dokutainment'-Dokumentationen, die den Alltag berühmter oder nicht-prominenter Menschen unterhaltsam darstellen sollen (‚Die Geissens'; ‚Die Wollnys'; ‚Babys – Kleines Wunder, großes Glück'). Besonders erfolgreich sind Casting-Formate. Die Resonanz Minderjähriger war derart groß, dass ‚Deutschland sucht den Superstar' oder ‚The Voice' mittlerweile eigene ‚Kids'-Ausgaben haben.

In Reality-TV-Formaten treten die Protagonisten unter ihrer wahren Identität auf. Ihre Namen und oft sogar die Wohnorte werden gezeigt, wobei die Dreharbeiten nicht selten in den Privatwohnungen stattfinden. Zudem werden oftmals private Eigenschaften, Erlebnisse oder Konflikte problematisiert, da eine größtmögliche Emotionalisierung und Dramatisierung die besten Zuschauerquoten verspricht.

Besonders beliebt sind dabei die sogenannten Helptainment-Formate, in denen ein Experte Protagonisten berät. Wenn Eltern sich von einer Super-Nanny oder einem Schuldnerberater Hilfe bei der Alltagsbewältigung versprechen,[49] rücken ihre Kinder automatisch mit ins Rampenlicht. Regelmäßig stehen schwerwiegende Probleme, wie finanzielle Schwierigkeiten oder familiäre Konflikte im Mittelpunkt der Berichterstattung. Die Formate leben davon, dass die Dargestellten der Lächerlichkeit preisgegeben werden, um der Selbsterhöhung der Zuschauer zu dienen.[50] Ohne ein gewisses Maß an Drama oder Extremen sind die Episoden nicht interessant genug für das Publikum. Die Gefahren, die sich aus Reality-Formaten für die Persönlichkeit eines Minderjährigen ergeben, sind mannigfaltig. Die Persönlichkeitsöffnung und die Offenbarung privater Probleme stellt ihn vor eine Vielzahl sozialer Herausforderungen. So muss er nicht nur mit der plötzlichen

49 *Brenton/ Cohen*, 105.

50 Die Verzweiflung der jugendlichen Protagonisten der Sendung ‚Die strengsten Eltern der Welt' ist objektv betrachtet nicht komisch, wird aber durch hämische Kommentare ins Lächerliche gezogen, s.unten in diesem Kapitel.

Aufmerksamkeit zurechtkommen, sondern auch damit, dass jedermann die geheimsten familiären Probleme kennt. Er macht sich dabei zu einem besonders verletzlichen Ziel für Anfeindungen oder Gespött.[51] Hinzu kommt, dass eine Mitwirkung in Reality-Formaten durch das Umfeld regelmäßig nicht mit einem Statusgewinn verbunden ist,[52] anders als die Arbeit eines Schauspielers in einem fiktiven Format.

Oftmals erheben die Sendungen den Anspruch, den besuchten Teilnehmern zu helfen.[53] Um dieses Engagement zu rechtfertigen, muss zuerst natürlich extensiv dargestellt werden, welche Probleme und Konflikte vorliegen. Die über Jahre erfolgreiche Sendung ‚Super Nanny' fokussierte sich beispielsweise auf Erziehungsprobleme. Kinder bis ins Kleinkindalter wurden bei familiären Konflikten, aber auch bei durch Erziehungsschwierigkeiten hervorgerufenem Fehlverhalten gezeigt. Zwar präsentiert die ‚Nanny' anschließend Verbesserungsvorschläge und es wird oft ein vermeintliches Happy End gezeigt, doch bis dahin ist der Schaden schon verursacht. Denn der Öffentlichkeit wurden schlecht erzogene Kinder in oft problembeladenen Familien gezeigt. Diese Protagonisten erwartet kein Mitgefühl, sondern Spott und Häme durch ihr Umfeld. Es erklärt sich von selbst, dass ein verhaltensauffälliges Kind, das derart in den Medien präsentiert wurde, ab Ausstrahlung mit Hänseleien und Problemen zu rechnen haben wird.

Reality-Formate filmen nicht das Leben ab. Sie bedürfen der Dramatisierung der Geschichten. Die Teilnehmer müssen gewisse Rollenerwartungen bedienen, die auch durch Auswahl des gesendeten Materials erfüllt werden können. Die Drehbedingungen erfordern die Einhaltung eines strikten Zeitplans, sodass Konflikte provoziert oder inszeniert werden müssen, da man nicht darauf warten kann, bis sie sich von alleine entfalten.[54] Gerade diese Szenen, in denen es zu Konfrontationen oder Kritik kommt, können die beteiligten Minderjährigen überfordern. Solch eine Situation, die an sich schon schwer zu verkraften ist, wird nun sogar gefilmt und anschließend veröffentlicht.[55] Dabei ist zu berücksichtigen, dass sich diese Sendungen nicht mit harmlosen Benimmtipps beschäftigen, sondern ihre Protagonisten in absoluten Extremsituationen darstellen. Im Rahmen der Sendung „Super Nanny" wurde sowohl schon gezeigt, wie Eltern Opfer massiver Gewalt ihrer jugendlichen Kinder werden, als auch, wie Eltern ihre schutzlosen Kinder durch Schläge

---

51 *Theunert*, 71 ff., 75.

52 Die Protagonisten müssen gerade als normal oder fehlerhaft dargestellt werden, denn ein wichtiger Motivator für die Rezeption von Realitätsfernsehen ist die Selbsterhöhung der Zuschauer im Vergleich zu den Protagonisten oder die Identifikation der Zuschauer mit den Protagonisten, *Reiss/ Wiltz*, 373 f.

53 *Brenton/ Cohen*, 105 zeigen auf, dass die Hoffnung auf Hilfe tatsächlich die Motivation für die Mitwirkung der Protagonisten sein kann.

54 LG Bielefeld, Urteil vom 18.09.2007, Az.: 6 O 360/07 – Super Nanny, Rz. 14.

55 *Clausen-Muradian*, 7.

misshandeln.[56] Letzteres wurde in solch effekthaschender Weise dargestellt, dass die KJM sowie das später damit konfrontierte Verwaltungsgericht Hannover in der Darstellung eine Verletzung der Menschenwürde des misshandelten Kindes gegeben sah.[57]

Selbst wenn die Produktionsumstände den Teilnehmern ein weitgehend unbeeinflusstes Agieren ermöglichen, wird kein natürliches Leben eingefangen. Sobald die Kameras anwesend sind, „werden aus Privatpersonen augenblicklich Darsteller ihrer selbst".[58] So entstehen „Unterhaltungsfilme mit Laien die sich selbst laienhaft verkörpern."[59]

Es liegt auf der Hand, dass negative Reaktionen auf solche realitätsnahen Produktionen eine ganz neue Qualität erreichen. Denn sie lehnen nicht die kreative Leistung eines Protagonisten, sondern sein Lebensbild oder seine Persönlichkeit ab und kritisieren diese explizit, was für das Selbstbild und die Persönlichkeit des Einzelnen verheerende Folgen haben kann. Die persönliche Kritik, die von Bekannten aber auch von Fremden auf die Protagonisten abgeladen wird, verlässt schnell den Bereich des Sachlichen, insbesondere durch die Möglichkeiten der anonymen Meinungsäußerung im Internet. Persönliche Attacken sind schon für Erwachsene schwer zu verkraften. Es ist jedoch offensichtlich, dass Minderjährige in ihrer Persönlichkeitsentwicklung ungleich schwerwiegender beeinflusst werden, wenn sie solch eine Phase der negativen öffentlichen Aufmerksamkeit durchleben müssen.[60] Gerade bei Minderjährigen beeinflusst die Meinung anderer, insbesondere der Gleichaltrigen, wesentlich das Selbstbild und das Selbstwertgefühl. Die Mitwirkung in einer Realityshow kann idealen Nährboden für soziale Ausgrenzung und Mobbing darstellen.

Hinzu kommt, dass das Dargestellte meist nur die halbe Wahrheit ist. Denn auch Realitätsfernsehen ist inszeniert und dramatisiert, um in einem zeitlich begrenzten Produktionsablauf das abzubilden, was für die Dramaturgie einer Sendung erforderlich ist. Daher werden Protagonisten oft bewusst in überfordernde Situationen gebracht und zu extremen Verhaltensweisen animiert, die ihrem Alltagsleben nicht entsprechen. Durch gezielte Auswahl von Szenen, Schnitten und Bearbeitungen kann die Persönlichkeit eines Teilnehmers völlig entfremdet werden. Beobachtungen zu der erfolgreichen Castingsendung ‚Germany's Next Topmodel' zeigen beispielsweise, dass in jeder neuen Staffel gewisse Rollen vertreten sind, die den teilweise noch minderjährigen Kandidatinnen zugewiesen werden. Dabei gibt es die ‚Zicke', die ‚Ambitionierte' und die ‚naive Unschuld'.[61] Ob die Teilnehmerinnen

---

56 VG Hannover, Urteil vom 08.07.2014, Az.: 7 A 4679/12 – Super-Nanny; ALM Programmbericht 2012, 231.

57 S. o.

58 *Kissler*, 47.

59 S. o.

60 *Clausen-Muradian*, 17, 19; *Klass*, Unterhaltung ohne Grenzen?, 94.

61 *Kohlmaier*, Süddeutsche.de (2013); *Kissler*, 134 ff.; *Götz/ et al.*, Sprungbrett oder Krise?, 142.

diese Wesensmerkmale wirklich aufweisen oder dies nur so präsentiert wird, verschließt sich dem Betrachter des Endprodukts. Dennoch müssen sich die Kandidatinnen nach Ende der Dreharbeiten mit diesem unverhofft verliehenen Image auseinandersetzen.

Durch Exklusivverträge mit den ausstrahlenden TV-Sendern wird den Protagonisten zudem verwehrt, das verursachte Bild öffentlich zu korrigieren.

Die Gefahr, die von der Mitwirkung in Reality-Formaten ausgeht, wird für so massiv erachtet, dass vereinzelt Jugendämter dazu übergegangen sind, den Eltern das Sorgerecht hinsichtlich des Rechts am eigenen Bildes zu entziehen und somit die Einwilligung zur Mitwirkung im Namen der Kinder zu verweigern oder zu widerrufen.[62] Hinsichtlich des Gerichtsverfahrens vor dem LG Bochum geschah dieser Sorgerechtsentzug unter Berufung auf eine drohende Gefährdung des Kindeswohls sogar pauschal unter bloßer Kenntnis, für welches Format gedreht wurde. Das beteiligte Jugendamt hatte die betreffende Folge noch nicht einmal gesehen.[63]

Gleichzeitig soll nicht unberücksichtigt bleiben, dass ein Reality-Format auch eine lohnenswerte Unterstützung für Minderjährige bieten kann, aus der sie wertvolle Fertigkeiten mitnehmen. Zudem kann solch eine Sendung ein soziales Problem in informativer Weise für die Öffentlichkeit wahrnehmbar machen.

Ein Beispiel für ein Reality-TV-Format, in dem Minderjährige im Mittelpunkt stehen, ist die Sendung „Die strengsten Eltern der Welt“. Das Konzept dieser Sendung, die seit vielen Jahren erfolgreich im Privatfernsehen läuft, lehnt sich an jenes der „Super-Nanny“ an. Verzweifelte Eltern rufen das Produktionsteam zur Hilfe, da sie mit ihren Kindern im Jugendalter nicht mehr zurecht kommen. Diese Jugendlichen haben unterschiedliche Probleme, zu denen regelmäßig ein ausgeprägter Alkohol- und/ oder Drogenkonsum gehören. Manche Jugendlichen sind gewaltbereit. Viele gehen keiner Ausbildung oder Berufstätigkeit nach. Die Grundprämisse, die die Sendung aufstellt, ist, dass die verweichlichte westliche Kultur und inkonsequente Eltern diese Probleme mitverursacht haben. Daher werden die Jugendlichen über ein bis zwei Wochen zu Familien geschickt, die vermeintlich bessere, diszipliniertere Erziehungsmaßnahmen verfolgen. Die Gastfamilien leben ausnahmslos in einfachsten, harten Verhältnissen, z.B. Bauern in der ukrainischen Einöde, bei Uiguren in China oder Kaffeebauern in Nepal.[64]

Dort werden die Jugendlichen nicht nur mit neuen strengen Regeln konfrontiert, sondern vor allem mit fremden Menschen, deren Sprache sie nicht sprechen

62 Im Fall LG Bochum, Urteil vom 12.09.2013, Az.: I-8 O 100/13, wehrte sich die involvierte Produktionsfirma gegen den Widerruf der Einwilligung hinsichtlich der bereits produzierten Sendung.

63 Ob der Sorgerechtsentzug der gerichtlichen Überprüfung standgehalten hätte, bleibt offen, da die Klage schon an der Passivlegitimation scheiterte: LG Bochum, Urteil vom 12.09.2013, Az.: I-8 O 100/13.

64 *Bandle*, Weltwoche, 12.09.2013; *Ortner*, Falter 2010, 20., 20.

und deren Kultur sie nicht teilen. Was auch schon nicht problembeladene Jugendliche an ihre Grenzen bringen würde, trifft die ausgewählten Jugendlichen natürlich umso stärker. Dabei werden die Jugendlichen auch nicht mit Samthandschuhen angefasst. Sie werden deutlich hilflos in die neue Umgebung ausgesetzt und mit ihrer Alternativlosigkeit zur Mitwirkung erpresst.

Das Jahrbuch 2011/ 2012 der Arbeitsgemeinschaft der Landesmedienanstalten (ALM) fasst die Sendung wie folgt zusammen:

> *In jeder Episode werden verwöhnte deutsche Jugendliche, deren Erziehungsberechtigte mit ihnen aufgrund ihres konfliktträchtigen oder problematischen Verhaltens nicht mehr „fertig werden", zu einer Gastfamilie in ein exotisches Land geschickt, wo sie unter völlig anderen Umständen zwei Wochen lang leben müssen. Dort werden sie einem Kulturschock ausgesetzt und mit Strenge und Disziplin konfrontiert. Während ihres Aufenthaltes sollen sie Erfahrungen sammeln, die sie in ihrem Leben weiterbringen und ein Umdenken in Bezug auf ihr bisheriges Verhalten bewirken sollen. Die* [Kommission für Jugendmedienschutz] *KJM sieht ein generelles Problempotenzial des Formats in dem Umstand, dass die Erziehung von „schwierigen" Jugendlichen zum Thema einer Unterhaltungssendung gemacht und ein antisoziales Verhalten von Jugendlichen gezeigt wird.*[65]

Eine der Episoden wurde von der KJM als entwicklungsbeeinträchtigend für Kinder unter 12 Jahren eingestuft. Dabei reisten zwei Cannabis-abhängige Jugendliche zu einer Gastfamilie nach Peru. Die KJM befand:

> *Insbesondere das Mädchen wird in extremen Situationen (Steine werfend, in die Kamera schreiend) vorgeführt, was teilweise von polemischen Kommentaren aus dem Off („nun bekommt sie die Quittung") begleitet wird. Auch körperliche Übergriffe des Gastvaters auf das Mädchen werden gezeigt. Die KJM beanstandet an dem Format generell, speziell jedoch an dieser Folge, dass dem Zuschauer der Eindruck vermittelt wird, eine Verhaltensänderung bei Jugendlichen könne durch Strenge – hier vor allem des Gastvaters – erreicht werden. Besonders fragwürdig ist das in diesem Fall angesichts des Drogenproblems des Mädchens: Es bräuchte eigentlich therapeutische Hilfe, keine Strafe. Kinder bis 12 Jahre kann die Botschaft der Sendung („wenn du nicht brav bist, kommst du zu den strengsten Eltern der Welt") nachhaltig ängstigen und verunsichern, entschied daher die KJM.*[66]

Daher stellt sich die Frage, wieso die Jugendlichen sich auf dieses ‚Abenteuer' einlassen. Die Antwort darauf ist einfach: Weil sie nicht wissen, was sie erwartet. Die Jugendlichen treten die Reise an, da ihnen ein Partyurlaub unter Begleitung eines Kamerateams versprochen wird. Eltern und Produktionsteam lassen sie absichtlich im Ungewissen, um sie zur Mitreise zu bewegen.[67] Der Schock, dass bei der

---

65 ALM Jahrbuch 2011/2012, 33 f.

66 ALM Programmbericht 2012, 230 f.

67 *Bandle*, Weltwoche, 12.09.2013; *Ortner*, Falter 2010, 20., 20.

Ankunft kein Hotel wartet, gehört zum hämischen Konzept der Sendung. Ebenso regelmäßig rebellieren die Jugendlichen gegen ihren erzwungenen Aufenthaltsort. Sie brechen die Regeln, äußern deutlich wieder nach Hause zu wollen oder rennen einfach weg, was in der Fremde automatisch ein hoffnungsloses Unterfangen ist. Dem Wunsch auf Abbruch des Projekts wird nicht nachgegeben. Dem Jugendlichen bleibt daher nichts anderes übrig, als sich zu fügen und daraufhin als vermeintlich geläutertes Musterbeispiel für den Erfolg der strengen Erziehungsmethoden präsentiert zu werden.

Dieses Sendeformat konfligiert nicht nur mit der Menschenwürde der minderjährigen Protagonisten (s. Teil 3 I. 5). Auch die Wirksamkeit der medienrechtlichen Einwilligungen ist fraglich (s. Teil 5 VIII).

b) Castingshows

Auch die zahlreichen Castingshows sind dem Genre des Reality-TV zu zurechnen, insbesondere da der Trend zu immer stärkerer Personalisierung der Sendungen geht, sodass die persönlichen Verhältnisse der Kandidaten von Anfang an in den Mittelpunkt gerückt werden.[68] Minderjährige Teilnehmer sind allgegenwärtig. Beispielsweise waren die Hälfte der Gewinnerinnen der zehn bisher ausgestrahlten Staffeln von Germany's Next Topmodel zum Zeitpunkt der Teilnahme unter 18 Jahren.[69] Während die Bandbreite realitätsnaher Produktionen eine generelle Normierung schwer macht, bietet das Genre der Castingshows bessere Ansatzpunkte, da den Formaten ein einheitliches Muster gleich ist.

Castingshows beschäftigen sich insbesondere mit öffentlichkeitsbezogenem Tätigwerden, wie Singen, Tanzen oder Modeln. Dabei ist allen Sendungen ähnlich, dass nach einer Phase der Vorauswahl eine kleinere Gruppe Teilnehmer in weiteren Sendungen zu sehen ist. Mit jeder weiteren Episode müssen Teilnehmer den Wettbewerb verlassen, bis im Finale ein Sieger gekürt wird, der je nach Show einen Künstlervertrag oder einen Geldpreis erhält. Ein wichtiges Element dieser Sendungen ist dabei die Identifizierung mit den Teilnehmern, die dem Zuschauer durch Einblicke in ihr Privatleben ermöglicht wird. Ein weiteres Kernstück sind die Entscheidungsauftritte vor einer Jury. Bei vielen der Sendungen sind die beleidigenden Kritiken der Juroren ein derart wesentliches Unterhaltungsmerkmal geworden,[70] dass sich eine Gegenbewegung an Formaten herausgebildet hat, die damit werben, Teilnehmer respektvoll zu kritisieren und nicht bloßzustellen.[71]

---

68 *Kohlmaier*, Süddeutsche.de (2013).

69 Eine Liste aller Gewinnerinnen findet sich auf der Internetseite von Pro Sieben. Internetadresse: http://www.prosieben.de/tv/germanys-next-topmodel/gewinnerinnen-aller-staffeln – letzter Aufruf am 18.04.2016.

70 Insbesondere eines der ältesten Castingformate „Deutschland sucht den Superstar" ist hierbei als Beispiel zu nennen.

71 Hiermit wirbt beispielsweise das Gesangs-Casting „The Voice" und der Tanzwettbewerb „Got to dance".

Vor allem bei den ersten der Castingformaten bestand der Schwerpunkt der Sendungen aus dem Auswahlverfahren, dem ‚Casting', von Tausenden von Kandidaten. Dabei zogen weniger die Begabten, sondern besonders die völlig ungeeigneten Teilnehmer das Augenmerk auf sich. Spott und Häme im Hinblick auf die völlige Selbstüberschätzung der Teilnehmer belustigten Millionen von Fernsehzuschauern. Die Bloßstellung der Kandidaten, an der diese sich freilich freiwillig beteiligten, nahm derartige Züge an, dass schon mehrfach Bußgelder (z.B. gegen den ausstrahlenden Sender RTL) verhängt wurden.[72]

Hat man die Vorauswahl überstanden, müssen die Kandidaten eine Reihe von Aufgaben bewältigen, an deren Ende stets die Jury-Entscheidung steht. Dabei haben der Gewöhnungseffekt des Publikums und die große Anzahl an Konkurrenzformaten dazu geführt, dass die Wettbewerbe unter immer härteren Bedingungen geführt werden.[73] Berechtigtermaßen wird kritisiert, dass die Maxime vermittelt wird, dass nur derjenige erfolgreich ist, der jede Aufgabe annimmt und klaglos meistert, ohne zu hinterfragen, ob diese sinnvoll ist.[74] Die Kompetenz der Jury anzuzweifeln, gilt als Todsünde. Gleichzeitig gehen die Formate dazu über, immer mehr von dem Privatleben der Kandidaten zu offenbaren. Dreharbeiten in deren Wohnung und die Schilderung persönlicher Schicksale sind mittlerweile Usus.[75]

Im Jahre 2013 wurde eine umfassende Befragung ehemaliger Castingshow-Teilnehmer durchgeführt.[76] Die hieraus hervorgegangene Studie kam zu folgender Zusammenfassung:

> *Das „Erlebnis Castingshow-Teilnahme" geht mit enormen physischen und psychischen Anforderungen einher, die diverse Krisenpotenziale enthalten. An ihnen können die meist jungen und mit dem Mediensystem unerfahrenen KandidatInnen wachsen, aber auch scheitern. Einige gehen nach angemessener Verarbeitungszeit als gereifte und funktionsfähige Menschen aus der Erfahrung hervor und können das „Erlebnis Castingshow-Teilnahme" zur Formung ihrer individuellen Talente und Klärung ihrer Lebensperspektiven produktiv nutzen. Andere tragen tiefliegende Verletzungen mit sich, die – nach einer angemessenen Vernarbungszeit – vielleicht weniger sichtbar sind, wahrscheinlich aber wieder aufbrechen werden, etwa beim nächsten Krisenereignis in ihrem Leben. In diesem Sinne werden sie die durch das „Erlebnis Castingshow-Teilnahme" entstandenen psychischen Schäden (z. B. Rufschädigung) noch sehr lange beeinträchtigen.*[77]

---

72 ALM Jahrbuch 2008, 47; *Klass*, Unterhaltung ohne Grenzen?, 19 f.

73 Beispiel: Gab es bei den ersten Staffeln von Germany's Next Topmodel lediglich reguläre Fotoshootings von den Teilnehmerinnen im Bikini, mussten diese bei späteren Episoden auf Eisblöcken in Badewäsche posieren, siehe *Kissler*, 128 ff.

74 *Kissler*, 134.

75 *Kohlmaier*, Süddeutsche.de (2013).

76 *Götz/ et al.*, Sprungbrett oder Krise?, 141.

77 S. o.

Während es Castingshows gibt, die speziell auf Minderjährige, meist Kinder, ausgerichtet sind und ebenfalls angeben, respektvoll mit den Kandidaten umzugehen sowie deren Eltern stets mit einzubeziehen, laufen Minderjährige bei anderen Castingshows als reguläre Kandidaten mit[78] – sie sind daher den oben genannten Risiken voll ausgesetzt. Ihr Aufgabenfeld gleicht dem der erwachsenen Teilnehmer. Sie touren als Mitglied der Show zu Auftritten durch ganz Deutschland (Deutschland sucht den Superstar) oder reisen als Teilnehmer um die Welt, um sich vor exotischer Landschaft der Jury zu präsentieren (Germany's Next Topmodel).

Minderjährige Teilnehmer setzen sich daher der Gefahr aus, vor einem Millionenpublikum entwürdigt zu werden, weil ihre Leistung als unzureichend eingestuft wird. Schaffen sie es über die erste Runde hinaus, müssen sie sich fernab von Eltern, Familie oder Alltag immer neuen Herausforderungen und damit zusammenhängendem immensem psychischem Druck stellen. Ausnahmesituationen mit Weinkrämpfen und Zusammenbrüchen werden standardmäßig gezeigt, sodass der Eindruck entsteht, dass derjenige, der das Jury-Urteil nicht unter Tränen erwartet, den Erfolg nicht wirklich wolle.

Selbst wenn sie den Wettbewerb gewinnen sollten, wartet keineswegs eine vielversprechende Medienkarriere auf die Teilnehmer. Die Kommentierung gescheiterter Castingshow-Gewinner ist mittlerweile eine Konstante der Medienberichterstattung geworden, weswegen diverse Formate dazu übergegangen sind, den Gewinnern nicht nur einen – regelmäßig bald wieder gekündigten – Künstlervertrag, sondern auch einen Geldpreis in Aussicht zu stellen. Zudem müssen Wettbewerber sich zum Zeitpunkt der Ausstrahlung damit auseinandersetzen, dass sie sich in der Darstellung gar nicht wieder erkennen. Denn die Castingshows zeigen nur vermeintlich die Realität. Tatsächlich ist zu beobachten, wie jedem Teilnehmer eine Rolle zugeschrieben wird, nach der die gezeigten Szenen und die Kommentare ausgewählt werden.[79]

Durch die Teilnahme in den ‚klassischen' Castingshows werden Minderjährige entweder schon in der Vorrunde aussortiert, was als ‚Scheitern' präsentiert und durch teilweise entwürdigende Kommentare begleitet wird. Oder sie gehören zu den ‚Glücklichen', die diese erste Sortierung überstehen, werden aber dann in bewusst überfordernde Situationen gebracht, denen sie sich während besonders lang andauernden Produktionen stellen müssen, ohne auf den Rückhalt des gewohnten familiären oder sozialen Umfelds zurückgreifen zu können. Ist die Teilnahme beendet, waren sie wochen- oder monatelang aus ihrem Umfeld gerissen, sodass Probleme bei der Wiedereingliederung in Schule oder Ausbildung vorprogrammiert sind.[80] Zudem sehen sie sich vor der inneren Konfliktlage, dass die regelmäßig unrealistische Hoffnung auf eine Karriere in den Medien genährt

---

78 *Kohlmaier*, Süddeutsche.de (2013).

79 *Kohlmaier*, Süddeutsche.de (2013); *Kissler*, 134 ff.; *Götz/ et al.*, Sprungbrett oder Krise?, 142.

80 *Grunewald*, 169.

wurde, aber durch ihr Ausscheiden auch ein Scheitern statuiert wird, das sich vor aller Augen vollzogen hat. Das soziale, private aber auch das öffentliche Interesse wird erst mit der Ausstrahlung richtig befeuert, wobei die Kandidaten sich mit einem verfremdeten und möglicherweise negativem Image auseinandersetzen müssen, ohne hierauf vorbereitet zu sein.

Den Teilnehmer wird vorgegaukelt, dass diese Sendungen ein Sprungbrett zu einer Medienkarriere sind, bei denen die Fernsehkameras lediglich begleiten. Tatsächlich besteht der Hauptzweck in der Produktion einer Unterhaltungsshow, bei der die hoffnungsvollen Protagonisten die Kandidaten sind und einen wahren Seelenstriptease hinlegen müssen, um dabeibleiben zu dürfen.[81] Ob sie im Nachgang tatsächlich erfolgreich oder auch nur für eine Medienkarriere gerüstet sind, interessiert nicht.

c) Scripted Reality

Die im obigen Kapitel an skizzierte Entwicklung des Reality-TV hat als neuestes Ergebnis ‚Scripted Reality' hervorgebracht. Damit werden Produktionen bezeichnet, die mit den Mitteln des Reality-TV arbeiten, aber vollfiktive Geschichten erzählen. Man bedient sich Laiendarstellern, Originalschauplätze und geringer technischer Ausstattung mit Handkameras, um den Eindruck einer Dokumentation zu erzeugen. Auch die Nachbearbeitung mit Bauchbinden, die vermeintliche Echtnamen und Kurzbeschreibungen wiedergeben, erweckt diesen Eindruck.

Wie bei vielen Medienphänomenen ist die Abgrenzung zu anderen Genres schwierig und oft fließend. Denn es ist ein offenes Geheimnis, dass Elemente oder Episoden der oben beschriebenen Helptainment-Formate oder sonstiger Doku-Soaps von Produzentenseite beeinflusst, ‚gescripted', sind. Die Besonderheit der ‚Scripted Reality' ist jedoch, dass die Geschichten vollständig auf einem Drehbuch basieren. Gleichzeitig lehnt man sich an der Wirklichkeit an. Da es sich um Laiendarsteller mit divergierender Schauspielbegabung handelt, werden oft Menschen ausgesucht, die von ihrer Persönlichkeit her in die jeweilige Rolle passen.

Es gibt daher für den Zuschauer zahlreiche Schwierigkeiten, Realität und Fiktion auseinanderzuhalten. Sicherlich trat mittlerweile ein Gewöhnungseffekt ein, der dazu führt, dass Zuschauer kritischer hinterfragen, um was für ein Format es sich handelt. Doch gerade bei jungen Zuschauer wurde festgestellt, dass diese mit der Einschätzung Probleme haben: Eine Studie aus dem Jahr 2012 zu dem populären Scripted-Reality Nachmittagsformat ‚Familien im Brennpunkt' kam zu dem Ergebnis, dass ein „knappes Drittel der Familien-im-Brennpunkt-Seherinnen und -Seher [...] die Sendung als Dokumentation [sieht]. Rund die Hälfte meint, die Geschichten seien nach wahren Begebenheiten nachgespielt, ein Fünftel ist sich sicher, dass es von Profis ausgedachte Geschichten sind."[82]

---

81 *Kissler*, 134 ff.

82 *Götz/ et al.*, Brennpunkt, 46.

Wenn Minderjährige in diesen Formaten mitwirken, laufen sie nicht wie bei üblichen Reality-Formaten Gefahr, in einem falschen Licht dargestellt zu werden, vielmehr werden sie bewusst mit einer zum Verwechseln ähnlichen, aber fremden Persönlichkeit ausgestattet. Die Gefahr von der Öffentlichkeit und insbesondere dem sozialen Umfeld mit dieser fiktiven Person verwechselt zu werden, ist gerade bei minderjährigen Rezipienten groß. Das Wesen der Scripted Reality-Episoden sind dramatische, schnell erzählte Geschichten, in denen extreme Charaktere extreme Situationen erleben, die in dieser Form in der Realität eben nicht zu finden wären. Eine Zuschreibung der Persönlichkeit der fiktiven Rolle ist daher geeignet, dem minderjährigen Protagonisten erheblichen Schaden und nachteilige Reaktionen zu zufügen.

IV. Minderjährige in sozialen Netzwerken

Kinder und Jugendliche sind stets darauf bedacht, ihre eigene Welt aufzubauen, in der sie sich – möglichst unbeobachtet von den Eltern – selbst ausprobieren und Kontakte zu Gleichaltrigen knüpfen können.[83] Zu diesem Zweck sind soziale Netzwerke ideal. Die Jugend, Information, (Multi-) Media-Basisuntersuchungen, sog. JIM Studie,[84] aus den Jahren 2012 und 2013 zeigen die immense Bedeutung sozialer Netzwerke für die Lebenswelt Jugendlicher auf:

Der Besuch von Online-Communities ist die häufigste Tätigkeit von jugendlichen Internetnutzern.[85] Drei Viertel der Jugendlichen loggten sich im Jahr 2013 mehrmals in der Woche oder sogar täglich ein. Insbesondere Jugendliche ab 14 Jahren gehören zu diesen aktiven Nutzern. Nur die Hälfte der 12- und 13-Jährigen besuchen die Seiten der sozialen Netzwerke regelmäßig.[86]

Wie bei den Erwachsenen ist der Anbieter Facebook das beliebteste soziale Netzwerk. 80 % der Jugendlichen sind dort registriert.[87]

Die Mehrzahl der Minderjährigen gibt in ihren Profilen persönlichkeitsrechtlich relevante Inhalte preis:

> Zwei Drittel der Nutzer von Communities haben sich dort mit ihrem richtigen Vor- und Nachnamen angemeldet, 18 Prozent nur mit ihrem Vornamen, zwei Prozent nur mit Nachnamen und 15 Prozent wählten eine andere Form der Identifizierung.[88]
>
> 67 Prozent der Internet-Nutzer haben in ihrer Community oder sonst wo im Internet Fotos oder Filme von sich selbst hinterlegt, 43 Prozent Fotos oder Filme von Freunden oder Familienmitgliedern. Informationen über Hobbies und Freizeitaktivtäten haben

83 *Jandt/ Roßnagel*, Gestaltungsvorschläge, 7 ff., 44.

84 Jugend, Information, (Multi-) Media, Basisuntersuchung zum Medienumgang 12- bis 19-Jähriger des Medienpädagogischen Forschungsverbunds Südwest.

85 JIM 2013, 31.

86 JIM 2013, 37.

87 JIM 2013, 38.

88 JIM 2012, 43.

> 62 Prozent öffentlich gemacht, bei 43 Prozent gilt dies auch für die E-Mail-Adresse. Sehr viel sparsamer sind die Jugendlichen, wenn es um die eigene Telefon- oder Handynummer geht (5 %).[89]

Die meisten Eltern überwachen die Nutzung der sozialen Netzwerke nicht. 88 Prozent der befragten Kinder und Jugendlichen können aus dem eigenen Zimmer heraus auf das Internet zugreifen.[90] Drei von vier Jugendlichen besitzen ein internetfähiges Smartphone.[91]

Diese Studienergebnisse beweisen die prägende Bedeutung sozialer Netzwerke für die Lebenswelt Jugendlicher. Ein Großteil der Kommunikation mit ihrem sozialen Umfeld hat sich vom Schulhof in das Internet verlagert.[92] Dabei werden die Risiken, die die Nutzung dieser Online-Communities mit sich bringen, oft unterschätzt.[93]

Gerade in der jugendlichen Phase der Selbstfindung werden verschiedene Rollen und Modelle der Selbstpräsentation ausprobiert, wofür sich soziale Netzwerke ideal eignen, denn in ihnen lässt sich die Selbstdarstellung bis ins Detail kalibrieren. In der heutigen Welt werden im Internet ehemalige Medienrezipienten zugleich zu Publizisten, die ihre Inhalte einem unüberschaubarem Publikum zugänglich machen, wobei sowohl bei Facebook als auch bei YouTube auch minderjährige Akteure Einblick in ihr Leben bieten.

Doch umso unangenehmer kann es sein, wenn sich in eben diesen Inhalten, die womöglich nicht mehr zum Selbstverständnis des Jugendlichen oder des jungen Erwachsenen passen, die typischen Gefahren der digitalen Kommunikation verwirklichen:[94] Sie können aus dem Kontext gerissen werden, einer Masse an Personen zugänglich gemacht werden, für deren Augen sie nicht bestimmt war, und sind mit ihrem Upload unkontrollierbar in das Internet, das nie etwas vergisst, eingespeist.[95]

Daher leuchtet es ein, dass die Europäische Kommission in ihrem Vorschlagstext zur Europäischen Datenschutzgrundverordnung ein Recht auf Vergessen insbesondere bezüglich der Daten einräumt, die im Kindesalter ins Internet hochgeladen wurden.[96] Zudem ermöglicht elektronische Kommunikation anonymes

---

89 JIM 2013, 42.

90 JIM 2013, 7.

91 JIM 2013, 7, 51.

92 *Niemann/ Schenk*, 399 ff., 399.

93 BR – Drs. 156/11, Entwurf eines Gesetzes zur Änderung des Telemediengesetzes (TMG), S. 5.

94 *Niemann/ Schenk*, 399 ff., 406.

95 *Brilli* verweist darauf, „dass die digitale Verbreitung oft mit einem ironischen Unterton oder einer boshaften Einstellung verwoben ist.“, *Brilli*, 22.

96 Art. 17 Abs. 1 S. 1 des Vorschlags der Europäischen Kommission zur Datenschutz-Grundverordnung (DGV-E), siehe KOM (2012) 11, (abrufbar unter http://eur-lex.europa.eu/LexUriServ/LexUriServ.do?uri=COM:2012:0011:FIN:DE:PDF).

Auftreten, was ganz eigene Gefahren, wie Cybermobbing, bzw. Cyberbullying, aber auch die Kontaktaufnahme durch Pädophile oder Stalker mit sich bringt.[97]

V. Fazit

Die Frage, ob ein Minderjähriger von der Berichterstattung in den Medien profitiert oder Schaden nimmt, ist von zu vielen Eventualitäten abhängig, um generell beantwortet werden zu können. Chancen und Risiken liegen nah beieinander. Mechanismen, die Minderjährige in den Medien besser schützen sollen, müssen daher die Gesamtsituation und den Einzelfall betrachten.

Gleichzeitig ist festzustellen, dass einige Formatstrukturen die minderjährigen Protagonisten stets gefährden (s.o. „Die strengsten Eltern der Welt“), weswegen hier ein generelles Vorgehen angebracht erscheint.

VI. Gang der Untersuchung

Nach einer kurzen Einführung in die Normenhierarchie und die Systematik der Grundrechte in Teil 2, werden in den folgenden Kapiteln die rechtlichen Grundlagen der besonders hohen Voraussetzungen für zulässige Medienberichterstattung über Minderjährige dargelegt.

Zunächst werden in Teil 3 die Grundrechte erläutert, die in dem von Kasuistik geprägten Medienrecht die Rechtslage gestalten. Hierbei sind aufseiten des Minderjährigenschutzes insbesondere die Menschenwürde, das Allgemeine Persönlichkeitsrecht (APR) und der Schutz der Familie zu nennen, die mit den Grundrechten der Medienschaffenden, der Meinungs-, Presse-, Rundfunk- und Kunstfreiheit, in Einklang gebracht werden müssen. Als Ergebnis wird in Teil 4 herausgearbeitet, dass Wort- oder Bildberichterstattung über Kinder und Jugendliche in der Regel nur rechtlich zulässig ist, wenn eine Einwilligung vorliegt, diese sich auf öffentlichen Veranstaltungen bewegen oder sich durch vorherige Privatsphärenöffnungen ihres Persönlichkeitsrechtsschutzes begeben haben.

Bei der Besprechung der medienrechtlichen Einwilligung (Teil 5) wird untersucht, ob der Erziehungsberechtigte oder der in seinen höchstpersönlichen Rechten betroffene Minderjährige einwilligungsberechtigt ist, wobei die Theorie der Doppelzuständigkeit vertreten wird. Anschließend wird in Teil 6 dargelegt welche Öffnungen der Privatsphäre dazu führen können, dass weitere Veröffentlichungen ohne Einwilligung zulässig werden, wobei besonders darauf eingegangen wird, ob der Öffentlichkeitsbegriff im digitalen Zeitalter einer Reform bedarf, was abgelehnt wird. Eine weitere Herausforderung des digitalen Zeitalters ist das Spannungsfeld zwischen dem Recht auf Vergessen und dem Wunsch Minderjährige nicht zu lang an ihre Privatsphärenöffnungen zu binden auf der einen, sowie

97 *Vollmers*, 65 ff., 66.

der Dauerhaftigkeit digitaler Veröffentlichungen, insbesondere im Hinblick auf Online-Archive, auf der anderen Seite.

Nach Besprechung der strafrechtlichen Bestimmungen zum Schutz des Persönlichkeitsrechts in Teil 7, wird in Teil 8 untersucht, ob das System, das Minderjährige vor Berichterstattung gegen oder ohne ihren Willen schützen soll, neuer Instrumente zur Anhebung des Schutzniveaus bedarf, was im Ergebnis verneint wird.

Wirken Minderjährige mit Einwilligung bei Medienproduktionen mit, sind sie weiterhin erhöht schutzbedürftig. Wie anschließend in Teil 9 dargestellt wird, sollen sowohl die Produktionsbedingungen als auch die auf die Produktion zu erwartende Reaktionen der Umwelt an den Standards des Minderjährigenschutzes gemessen werden. Tatsächlich klafft jedoch eine Normierungslücke, die in ineffektiver und unzureichender Weise dazu zwingt, Kinder- und Jugendschutz über wesensfremde Normierungen wie dem Arbeitsrecht herzuleiten. Hier wäre eine Normierung nach Vorbild bereits existierender landesrechtlicher Regelungen wünschenswert. Auch in sozialen Netzwerken (Teil 10) ist der Schutz minderjähriger Nutzer ein systemimmanentes Manko, das bestehen bleibt, solange keine wirksamen Altersverifikationsverfahren implementiert werden.

Wie in Teil 11 aufgezeigt wird, prägt der Dualismus der wachsenden Selbstbestimmung und der Fremdkontrolle durch die Erziehungsberechtigten das Minderjährigenrecht. Daher werden Minderjährige von ihren Eltern fremdbestimmt, obwohl im Medienrecht auch höchstpersönliche Rechte tangiert werden, sodass es zu Konflikten hinsichtlich der Medienmitwirkung kommen kann. Im Ergebnis müssen beide Seiten an einem Strang ziehen, um eine zulässige Medienberichterstattung zu ermöglichen. Sowohl die Weigerung der Erziehungsberechtigten als auch des Kindes hat regelmäßig Veto-Charakter.

Schließlich wird in Teil 12 dargelegt wie gerichtlich gegen Persönlichkeitsrechtsverletzungen vorgegangen werden kann, wobei der Rechtsweg mitunter nicht beim Bundesverfassungsgericht endet, sondern noch der Europäische Gerichtshof für Menschenrechte angerufen werden kann.

Abschließend werden in Teil 13 die im Laufe der Ausarbeitung dargelegten Reformvorschläge zusammengefasst.

Teil 2: Kurze Einführung in die Systematik und Wirkung der Grundrechte

I. Nationales Recht

1. Normenhierarchie

Das Rechtssystem der Bundesrepublik Deutschland kennt Normen von verschiedenem Rang. In der Normenhierarchie stehen die Verfassungsnormen mit den dort enthaltenen Grundrechten an der Spitze. Das Grundgesetz ist sowohl beim Erlass neuer Gesetze, als auch bei deren Anwendung durch Exekutive und Judikative zu achten (Art. 1 Abs. 3 GG i. V. m. Art. 20 Abs. 3 GG). Von der Verwaltung erlassene Rechtsverordnungen und Satzungen sind in eben diesem Maße wiederum den einfachgesetzlichen Normen untergeordnet.[98] Wie für einen föderalistischen Bundesstaat charakteristisch, besitzen auch die deutschen Bundesländer Gesetzgebungskompetenzen. Nach der rechtlichen Systematik liegen die Gesetzgebungszuständigkeiten grundsätzlich bei den Ländern, wenn sie nicht dem Bund zugewiesen sind, Art. 70 Abs. 1 GG. Tatsächlich stellt der Bund den Großteil der relevanten Gesetzgebung. Dabei bricht verfassungsgemäß erlassenes Bundesrecht Landesrecht, Art. 31 GG.

Der Grundrechtskatalog des Grundgesetzes findet sich in Art. 1 GG bis Art. 19 GG. Auch die Landesverfassungen sehen Grundrechte vor. Diese gelten als Einschränkung zu der Vorrangregelung des Art. 31 GG auch dann weiter, wenn es gleich gelagerte Grundrechte auf Bundesebene gibt, Art. 142 GG.

2. Bedeutung der Grundrechte für das Zivilrecht – Mittelbare Drittwirkung

Die Grundrechte wurden zwar ursprünglich als Abwehransprüche des Bürgers gegen den Staat konzipiert.[99] Mittlerweile ist jedoch allgemein anerkannt, dass neben dieser primären Funktion auch Ansprüche auf ihnen begründet werden können, denn ein Grundrecht ist nur dann effektiv gewährleistet, wenn sein Schutzniveau aktiv aufrechterhalten wird. Allerdings bleibt die Ausformung des Schutzes in den Händen des Gesetzgebers, sodass nur in Extremfällen tatsächlich ein individualrechtlicher Anspruch direkt aus einem Grundrecht heraus geltend gemacht werden kann.[100]

---

98 *Badura*, Kapitel D, Rz. 51.

99 *Müller-Franken*, Vorb. v. Art. 1, Rz. 12; BVerfG; Urteil vom 15.01.1958, Az.: 1 BvR 400/51 – Lüth, Leitsatz Nr. 1.

100 *Badura*, Kapitel C, Rz. 22.

Grundrechte sind weitaus mehr als unmittelbare Anspruchsgrundlagen. Als „objektive Wertordnung“[101] beeinflussen sie die gesamte Rechtsordnung. Jede weitere Norm ist im Hinblick auf die Grundrechte auszulegen und anzuwenden. Dadurch strahlen die Grundrechte auch auf das Zivilrecht aus. Staatliche Organe, also auch Zivilgerichte, sind nach Art. 1 Abs. 3 GG dazu verpflichtet die Grundrechte zu schützen. Somit können rein zivilrechtliche Streitigkeiten von Grundrechten beeinflusst werden, indem Grundrechte bei der Ausfüllung unbestimmter Rechtsbegriffe, der Auslegung von Gesetzen oder der Rechtsfortbildung zu berücksichtigen sind. Dieser Einfluss von Grundrechten auf die Rechtsbeziehungen zwischen Privaten wird als mittelbare Drittwirkung bezeichnet.[102]

Auch Grundrechte gelten nicht grenzenlos. Zahlreiche Grundrechte weisen schon gesetzlich festgelegte Grenzen, sogenannte grundrechtsimmanente Schranken auf. Die Meinungsfreiheit des Art. 5 Abs. 1 S. 1 Alt. 1 GG wird nach Art. 5 Abs. 2 Alt. 3 GG unter anderem durch die Bestimmungen zum Ehrschutz beschränkt.

Daneben findet ein jedes Freiheitsrecht eine weitere natürliche Beschränkung in dem Freiheitsrecht eines Gegenübers. Die Grundrechte beschränken sich gegenseitig. Im Falle solch einer Grundrechtskollision (verfassungsimmanente Schranken) sind beide Grundrechtspositionen gegeneinander abzuwägen. Bei Prüfung der entgegengesetzten Grundrechte ist das Prinzip der Verhältnismäßigkeit in seiner Ausprägung der „praktischen Konkordanz“ zu verfolgen.[103] Jedes Grundrecht soll einen möglichst großen, seinen „optimierten“[104] Geltungsbereich erhalten. Nur dort, wo Grundrechte nicht miteinander vereinbar sind, soll eines der Rechte dem anderen vorgezogen werden. Lediglich die Menschenwürde als oberstes Verfassungsprinzip gilt als unantastbar, d.h. nicht einschränkbar.

Die Bedeutung der Grundrechte als stets zu beachtende „Grundsatznormen“[105] führt dazu, dass zivilrechtliche Streitigkeiten in einer Gegenüberstellung entgegengesetzter Grundrechtspositionen münden können. Besonders relevant wird dies bei zivilrechtlichen, medienrechtlichen Auseinandersetzungen, die regelmäßig in einer Abwägung zwischen Allgemeinem Persönlichkeitsrecht (Art. 2 Abs. 1 GG i. V. m. Art. 1 Abs. 1 GG) und Meinungsfreiheit (Art. 5 Abs. 1 S. 1 Alt. 1 GG) entschieden werden.[106]

Zwar ist auf theoretischer Basis eine Kompetenzen-Kollision zwischen Zivilgerichten und Bundesverfassungsgericht (BVerfG) ausgeschlossen, denn der

---

101 BVerfG, Urteil vom 15.01.1958, Az.: 1 BvR 400/51 – Lüth, Leitsatz Nr. 1.

102 BVerfG, Urteil vom 15.01.1958, Az.: 1 BvR 400/51 – Lüth, Leitsatz Nr. 2; *Hoffmann-Riem*, AöR 2003, 173 ff., 190 ff.; *Müller-Franken*, Vorb. v. Art. 1, Rz. 16; *Jarass*, NJW 1989, 857 ff., 862; *Klass*, AfP 2005, 507 ff., 509.

103 *Klass* in: Westermann et al., Anh zu § 12, Rz. 5; *Müller-Franken*, Vorb. v. Art. 1, Rz. 47; *Hager*, JuS 2006, 769 ff., 771.

104 *Müller-Franken*, Vorb. v. Art. 1, Rz. 47.

105 *Hager*, JuS 2006, 769 ff., 770.

106 *Seifert*, EuZW 2011, 696 ff., 698.

zivilrechtliche Instanzenzug ist mit der Revision vor dem Bundesgerichtshof (BGH) ausgeschöpft, § 542 ff. ZPO, und das anschließend anrufbare BVerfG sollte sich auf die Prüfung verfassungsrechtlicher Positionen beschränken, da es keine Superrevisionsinstanz der Zivilgerichte darstellt. Doch in einem Rechtsgebiet, in dem die zivilrechtlichen Sachverhalte dermaßen intensiv mit Grundrechtspositionen versetzt sind, wie dem des Persönlichkeitsrechtsschutzes und der Meinungsäußerungsfreiheit, stellt jegliche Rechtsanwendung auch eine Entscheidung über dahinter stehende Grundrechte dar, sodass sich das BVerfG aufgefordert sieht, die Rechtsanwendung bis ins Detail hinein nachzuprüfen.[107] Die Einreichung einer Verfassungsbeschwerde vor dem BVerfG als letztes Mittel, um ein letztinstanzliches Urteil noch zu Fall zu bringen, resultiert darin, dass Zivilgerichte und Verfassungsgerichte oft mit der Prüfung desselben Sachverhaltes beschäftigt sind, weswegen Kompetenzprobleme immanent sind.

Zur Lösung dieses Konflikts lässt sich als Faustregel festhalten, dass das BVerfG für die Beantwortung grundsätzlicher Grundrechtsfragen in einem allgemeinen Kontext zuständig ist, während die Zivilgerichte dafür Sorge tragen, diese Grundsätze auf den Einzelfall anzuwenden.[108] Das BVerfG nimmt dabei eine Doppelfunktion wahr, da es den vorliegenden Einzelfall klärt, gleichzeitig aber Maßstäbe für ähnlich gelagerte Fälle setzt, selbst wenn – oder damit – diese nicht vor das Verfassungsgericht gebracht werden.[109]

II. Europarecht

Im Zuge der Europäisierung wurde in die deutsche Normenhierarchie eine weitere Ebene eingezogen. Nationale Gesetze stehen hinter europäischen Rechtsnormen zurück. Zwar hat das europäische Recht nicht die Macht, deutsche Normen für nichtig zu erklären, doch führt ein Konflikt mit europäischen Regelungen zur Unanwendbarkeit nationaler Normen. Es gibt keinen Geltungs-, sondern lediglich einen Anwendungsvorrang.[110] Der Vorrang des Europarechts gilt für alle Rechtsnormen des deutschen Rechts – auch für die Grundrechte[111] – und wurde in dem Vertrag von Lissabon zumindest deklaratorisch in Nr. 17 der Erklärungen zum Vertrag von Lissabon schriftlich festgehalten.[112]

107 BVerfG-Beschluss vom 11.05.1976, Az.: 1 BvR 671/70 – DGB, Rz. 13 ff.; BVerfG-Beschluss vom 19.12.1991, Az. 1 BvR 327/91 – Interpretation des Begriffs „Nazi", Rz. 26 ff.

108 *Hager*, JuS 2006, 769 ff., 774.

109 *Hoffmann-Riem*, AöR 2003, 173 ff., 176.

110 *Hopfauf*, Art. 93, Rz. 39; *Bergmann/ Mickel*, 972 f.; *Oppermann/ Classen/ Nettesheim*, § 10, Rz. 32.

111 *Oppermann/ Classen/ Nettesheim*, § 10, Rz. 34.

112 *Polzin*, JuS 2012, 1 ff., 1, Fn. 4.

Parallel zu dieser Geltungsbeschränkung der deutschen Grundrechte muss auch das BVerfG seinen Wirkbereich verringern. Denn zugunsten einer funktionierenden europäischen Zusammenarbeit mit einheitlichen Regelungen muss gewährleistet sein, dass europäisches Recht nicht durch nationale Regelungen zu Fall gebracht werden kann. Naturgemäß fiel es dem BVerfG nicht leicht, seine Prüfungskompetenz einzuschränken.[113] Wiederholt betonte es, dass die deutschen Grundrechte auch bei europäischen Rechtsakten weiterwirken, solange ein deutscher Grundrechtsträger betroffen ist.[114] Im Sinne einer „Kooperation"[115] mit dem EuGH übt das BVerfG seine Prüfungsbefugnis in Bezug auf europäische Normen jedoch nicht aus. Europäisches Recht wird nicht an nationalen Grundrechten geprüft.[116] Dies bezieht sich nicht nur auf klar als ‚europäisch' zu identifizierende Rechtsnormen. Auch ‚abgeleitetes Europarecht' ist nicht von der Prüfungskompetenz umfasst. Diese Bezeichnung umfasst deutsche Rechtsakte, die auf zwingenden europäischen Vorgaben beruhen, wie z.B. Gesetze, die Richtlinien oder an Deutschland gerichtete Entscheidungen umsetzen. Haben die Mitgliedsstaaten bei der Implementierung des europäischen Rechts einen Umsetzungsspielraum, wird dessen Eröffnung an europäischen Rechten geprüft, während seine Ausfüllung durch nationale Regelungen nur an den nationalen Grundrechten zu messen ist.[117]

Das BVerfG hat sich seiner Prüfungskompetenz nicht vorbehaltlos entledigt. Sein Zurücktreten wurde an die Bedingung geknüpft, dass ein „erforderlicher Grundrechtsstandard"[118] auf europäischer Ebene eingehalten wird. Damit wurde ein Einschreiten des BVerfG, insbesondere im Hinblick auf die aktuellsten Entwicklungen der Europäisierung, nur noch eine theoretische Möglichkeit. Denn gab es zu Beginn der Europäischen Gemeinschaft keine schriftlich fixierten Grundrechte, steht nun ein Überangebot an Grundrechtsstatuten, die untereinander konkurrieren, zur Verfügung. Zudem installierte das BVerfG noch zwei weitere „Integrationsschranken"[119]. Es wird seine Prüfungsbefugnis wieder aufnehmen,

---

113 Die Entwicklung des BVerfG von einem zurückhaltenden Standpunkt bis zur Verpflichtung zur Europarechtsfreundlichkeit lässt sich an folgenden Entscheidungen ablesen: BVerfG-Beschluss vom 29.05.1974, Az.: 2 BvL 52/71 – Solange I; BVerfG-Beschluss vom 22.10.1986, Az.: 2 BvR 197/83 – Solange II; BVerfG-Urteil vom 12.10.1993, Az.: 2 BvR 2134/92 und 2 BvR 2159/92 – Maastricht; BVerfG-Beschluss vom 7.6.2000, Az.: 2 BvL 1/97 – Bananenmarkt; BVerfG-Urteil vom 30.6.2009, Az.: 2 BvE 2/08 u. a. – Vertrag von Lissabon; BVerfG-Urteil vom 2.3.2010, Az.: 1 BvR 256/08 u. a. – Vorratsdatenspeicherung.

114 BVerfG-Urteil vom 12.10.1993, Az.: 2 BvR 2134/92 und 2 BvR 2159/92 – Maastricht, Leitsatz Nr. 7; BVerfG-Beschluss vom 7.6.2000, Az.: 2 BvL 1/97 – Bananenmarkt, Rz. 61.

115 BVerfG-Urteil vom 12.10.1993, Az.: 2 BvR 2134/92 und 2 BvR 2159/92 – Maastricht, Leitsatz Nr. 7.

116 Siehe auch Art. 51 Abs. 1 S. 1 GRCh.

117 *Schmahl*, EuR 2008, 7 ff., 16 f.

118 BVerfG-Beschluss vom 7.6.2000, Az.: 2 BvL 1/97 – Bananenmarkt, Leitsatz Nr. 1.

119 *Voßkuhle*, NVwZ 2010, 1 ff., 6.

wenn der europäische Rechtsakt als sogenannter ‚ultra vires'-Rechtsakt seine Kompetenzen überschreitet, oder mit dem unveränderlichen Verfassungskern, der Ewigkeitsklausel des Art. 79 Abs. 3 GG, unvereinbar ist.[120]

In den ersten europäischen Verträgen war kein normierter Grundrechtekatalog vorgesehen. Man hatte schlicht nicht erwartet, dass europäische Regelungen derartigen Einfluss auf den Bürger haben könnten, sodass es eines grundrechtlichen Abwehrschutzes bedürfen könnte.[121] Im Laufe der Zeit haben sich jedoch gleich drei verschiedene europäische Grundrechtsebenen herausgebildet: Die allgemeinen Rechtsgrundsätze, die Europäische Charta der Grundrechte (Charta/ GrCh), und die Europäische Konvention zum Schutz der Menschenrechte und Grundfreiheiten (Konvention/ EMRK).[122]

1. Allgemeine Rechtsgrundsätze

Mit zunehmender Europäisierung wurde das Fehlen europäischer Grundrechtsstatuten als störend empfunden, weswegen der EuGH darauf verwies, dass „die Beachtung der Grundrechte zu den allgemeinen Rechtsgrundsätzen gehört, deren Wahrung der Gerichtshof zu sichern hat."[123] Diese Formulierung erweckt den Anschein, als hätte es von Anbeginn der Union ein Verständnis über die Existenz europäischer Grundrechte als Teilgebiet allgemeiner Rechtsgrundsätze gegeben. Tatsächlich musste das Gericht die allgemeinen Rechtsgrundsätze im Wege der richterlichen Rechtsfortbildung durch den Vergleich der verschiedenen mitgliedsstaatlichen Grundrechtskataloge erst entwickeln.[124] Seit dem Vertrag von Lissabon findet sich für diese Rechtsgrundsätze in Art. 6 Abs. 3 EUV ein positivrechtlicher Anknüpfungspunkt.

2. Europäische Charta der Grundrechte

Auch für die Europäische Charta der Grundrechte ist Art. 6 EUV von zentraler Bedeutung. Die Charta wurde schon im Jahre 2000 von einem eigens eingesetzten Konvent entwickelt und 2007 leicht angepasst neu proklamiert. Allerdings entfaltet sie erst seit der Bezugnahme durch Art. 6 EUV im Jahre 2009 rechtliche Wirkung. Seitdem steht sie auf einer hierarchischen Stufe mit den europäischen Verträgen[125] und hat konsequenterweise stetig an Bedeutung gewonnen.[126]

---

120 *Hopfauf*, Art. 93, Rz. 44.

121 *Oppermann/ Classen/ Nettesheim*, § 17, Rz. 1; *Schroeder*, EuZW 2011, 462 ff., 462.

122 Die Beförderung des Grundrechtsschutzes in den europäischen Mitgliedsstaaten hat sich die ‚Agentur der Europäischen Union für Grundrechte' in Wien zur Aufgabe gemacht. Weitere Information hierzu finden sich unter: http://fra.europa.eu/de.

123 EuGH Urteil vom 17.12.1970, Az. C-11/70 – Internationale Handelsgesellschaft, Leitsatz Nr. 2.

124 *Engel*, ZUM 2000, 975 ff., 978.

125 *Huber*, NJW 2011, 2385 ff., 2385.

126 *Costa/ Skouris*, EuGRZ 2011, 95 ff., 95.

Die Anwendung der Charta auf europäischer Ebene ist mit der Handhabung der deutschen Grundrechte auf nationaler Ebene zu vergleichen. Europäische Organe müssen sie bei Rechtssetzung und Rechtsanwendung als grundlegende Wertentscheidungen beachten. Eine Drittwirkung ist in der Charta nicht ausdrücklich geregelt.[127] In Anlehnung an die für die Charta relevante Rechtsprechung zur EMRK wird das Bestehen einer Einflussmöglichkeit auf die Rechtsbeziehungen Privater angenommen.[128] Einzelne Normen statuieren ausdrücklich nicht nur Abwehr-, sondern auch Schutzpflichten.[129]

III. Europäische Konvention zum Schutz der Menschenrechte und Grundfreiheiten (EMRK)

Schon 50 Jahre vor Entwicklung der Europäischen Grundrechte-Charta, in den Jahren 1949/1950 wurde im Europarat die Europäische Konvention zum Schutze der Menschenrechte und Grundfreiheiten (EMRK) ausgearbeitet. Die EMRK hat die Rechtsqualität eines völkerrechtlichen Vertrages, den alle europäischen Mitgliedsstaaten – Deutschland im Jahre 1950 – ratifizierten.[130] Damit steht sie nach deutschem Recht auf der Stufe eines einfachen Bundesrechts (Art. 59 Abs. 2 S. 1 GG).[131]

Bei der Anwendung deutschen Rechts durch nationale Gerichte oder Behörden, ist die EMRK und deren Auslegung durch die Rechtsprechung des Europäischen Gerichtshofs für Menschenrechte (EGMR) zu beachten.[132] Diese neu konstituierte ‚Völkerrechtsfreundlichkeit'[133] der deutschen Rechtsanwendung wird jedoch nicht über den Wortlaut deutscher Gesetze hinaus strapaziert. Bei Divergenzen mit nationalen Regelungen gehen diese der EMRK vor.[134] Die nationalen Gerichte haben zudem einen Ermessensspielraum bei der Anwendung und Umsetzung der EMRK-Vorschriften inne, in den der EGMR nur dann eingreift, wenn er keine andere Möglichkeit zur Bewahrung der EMRK sieht.[135] Möchte ein Betroffener die EMRK-Regelungen durchsetzen, muss er eine Individualrechtsbeschwerde vor dem EGMR in Straßburg einlegen (Art. 34 EMRK).

Die Union selbst konnte der EMRK, hauptsächlich wegen formaler Probleme, noch nicht beitreten. Derzeit werden jedoch Vorbereitungen für eine baldige

127 *Huber*, NJW 2011, 2385 ff., 2389.
128 *Engel*, ZUM 2000, 975 ff., 976; *Seifert*, EuZW 2011, 696 ff., 702.
129 *Seifert*, EuZW 2011, 696 ff., 700.
130 *Schmahl*, EuR 2008, 7 ff., 8.
131 *Klass* in: Westermann et al., Anh zu § 12, Rz. 34.
132 BVerfG-Beschluss vom 14.10.2004, Az.: 2 BvR 1481/04 – Görgülü, Leitsatz Nr. 1; *Teichmann*, NJW 2007, 1917 ff., 1919; *Klass*, ZUM 2014, 261 ff., 261.
133 *Voßkuhle*, NVwZ 2010, 1 ff., 5.
134 *Hopfauf*, Art. 93, Rz. 45; *Klass* in: Westermann et al., Anh zu § 12, Rz. 34.
135 *Klass*, ZUM 2014, 261 ff., 261, 269.

Ratifizierung getroffen. Doch auch ohne sie ausdrücklich unterschrieben zu haben, entwickelte die EMRK zentrale Bedeutung für die EU. Denn sie war stets der Leitfaden, das „inhaltliche Rückgrat“,[136] sowohl bei der Findung der allgemeinen Rechtsgrundsätze[137] als auch bei der Formulierung der Grundrechtecharta.[138] Mittlerweile ist die EMRK über Art. 6 Abs. 3 EUV ausdrücklicher Bestandteil des Unionsrechts.

Dogmatisch lässt sich festhalten, dass die Vorschriften der EMRK ebenfalls nicht nur Abwehr- sondern auch Schutzpflichten beinhalten, die alle drei Staatsgewalten verpflichten[139] und auch das Zivilrecht im Sinne einer Drittwirkung beeinflussen,[140] wie insbesondere für die persönlichkeitsrelevante Achtung des Privatlebens festgestellt wurde.[141]

IV. Abgrenzung der Grundrechtskataloge

Während die Abgrenzung des Anwendungsbereichs deutscher und europäischer Normen eindeutig ist (s. o.), fällt die Trennung zwischen den beiden Arten europäischer Grundrechte, den allgemeinen Rechtsgrundsätzen und der Charta, und der EMRK unklarer aus.

Für den schwer denkbaren Fall einer Divergenz zwischen Charta und allgemeinen Grundsätzen wird aus der fehlenden schriftlichen Fixierung der allgemeinen Grundsätze hergeleitet, dass diese hinter der Charta zurückzustehen haben.[142] Darüber hinaus verlieren die Grundsätze weiter an Bedeutung, da seit der Rechtsverbindlichkeit der Charta ein Rechtfertigungsbedürfnis für die Schaffung neuer oder für die Weiterentwicklung bestehender allgemeiner Grundsätze durch richterliche Rechtsfortbildung nur noch selten anzunehmen sein wird.[143]

Bei Grundrechtscharta und EMRK lässt sich hingegen kein hierarchisches Verhältnis feststellen. Ab dem Beitritt der EU werden auch alle Maßnahmen der Unionsorgane und –behörden der EMRK unterworfen sein. Vor dem Hintergrund, dass Charta- und Konventionsnormen teilweise wortgleich sind, birgt die doppelte Gerichtsbarkeit bei EuGH und EGMR natürlich die Gefahr divergierender Entscheidungen. Dieses Risiko ist aber gering, da die Charta bestimmt, dass die Anwendung einander gleichender Vorschriften beider Regelungen aufeinander angepasst ergehen soll, wobei die EMRK einen Mindeststandard darstellt, Art. 52 Abs. 3 GrCh.[144] Auch die Präsidenten beider Gerichte betonen in einer gemeinsamen Erklärung,

136 *Huber*, NJW 2011, 2385 ff., 2389.
137 *Schroeder*, EuZW 2011, 462 ff., 464.
138 *Oppermann/ Classen/ Nettesheim*, § 17, Rz. 19f.
139 *Peters/ Altwicker*, § 2, Rz. 35 ff.
140 *Rebhahn*, AcP 2010, 489 ff., 490; *Seifert*, EuZW 2011, 696 ff., 698.
141 EGMR-Urteil vom 24.06.2004, Az.: 59320/00 – von Hannover.
142 *Schorkopf* in: Grabitz et al., Rz. 56.
143 *Oppermann/ Classen/ Nettesheim*, § 17, Rz. 5.
144 *Peters/ Altwicker*, § 4, Rz. 3.

dass Konflikte durch eine parallele Auslegung der Normen verhindert werden und zudem stets sichergestellt werden wird, dass der EuGH eine vorrangige interne Kontrollmöglichkeit erhält, bevor die Angelegenheit vor dem EGMR verhandelt wird.[145]

Selbst wenn man sich der Meinung anschließt, dass die allgemeinen Grundsätze hinter der Charta zurückstehen, sind Grundrechte auf europäischer Ebene durch das Nebeneinander von Charta und Konvention zumindest einfach, wenn nicht sogar doppelt, abgesichert.[146] Das vormalige Defizit an positivierten europäischen Grundrechtskatalogen ist damit mehr als ausgeglichen, sodass die Erfordernisse, wie sie in der Solange II-Entscheidung des BVerfG festgelegt wurden, als nach realistischer Einschätzung nicht mehr erreichbare Grenze erscheinen. Dennoch entsteht keine bloße Dopplung. Die Charta erwirkte eine besondere Bedeutung durch die ständige Bezugnahme der EuGH-Rechtsprechung, während die EMRK sich durch ihre Möglichkeit der Individualbeschwerde hervorhebt.

---

145 *Costa/ Skouris*, EuGRZ 2011, 95 ff., 95 f.
146 *Schorkopf* in: Grabitz et al., Rz. 57.

Teil 3: Minderjährigenschutz in den Medien durch Grundrechte

Der Schutz der Persönlichkeit ist eine moderne Erscheinung der Rechtsgeschichte. Er war weder in der Urfassung des Grundgesetzes, noch im Bürgerlichen Gesetzbuch vorgesehen. Seine rechtliche Grundlage findet er in der Menschenwürde sowie in dem aus der Judikatur entwickelten und mit Verfassungsrang versehenem Allgemeinem Persönlichkeitsrecht (APR). Das APR wird zwar an Normen von Verfassungsrang (Art. 2 Abs. 1 i.V.m. Art. 1 Abs. 1 GG) sowie an einfachgesetzlichen Normen (§ 823 Abs. 1 BGB) angeknüpft, doch wurde es von der Rechtsprechung entwickelt und ausgeformt, bis es sich in der heutigen Zeit zu allseits anerkanntem Gewohnheitsrecht verfestigte. Bis heute sind lediglich Teilaspekte des Persönlichkeitsschutzes gesetzlich normiert, z.B. der Ehrschutz (§§ 185 ff. StGB) und das Recht am eigenen Bild (§§ 22 f. KUG).

Im Gegensatz zu der unberührbaren Menschenwürde gilt der Persönlichkeitsrechtsschutz nicht unbegrenzt. Die Arbeit der Medienschaffenden ist ebenfalls durch Rechte von grundgesetzlichem Rang, allen voran den Kommunikationsrechten und der Kunstfreiheit aus Art. 5 GG, geschützt, die dem Persönlichkeitsrechtschutz diametral entgegenstehen. Zwischen diesen entgegengesetzten Interessen muss ein angemessener Ausgleich gefunden werden. Mit dieser Abwägung beschäftigt sich eine langjährige Judikatur, die im Folgenden dargestellt wird.

I. Menschenwürde, Art. 1 Abs. 1 GG

1. Bedeutung

Der erste Absatz des Grundgesetzes der Bundesrepublik Deutschland lautet:

> „Die Würde des Menschen ist unantastbar. Sie zu achten und zu schützen ist Verpflichtung aller staatlichen Gewalt." (Art 1 Abs. 1 GG)

Die Menschenwürde wird als „tragendes Konstitutionsprinzip"[147] oder „oberste[r] Verfassungswert'"[148] allen anderen Grundrechten vorangestellt. Als einziges Grundrecht ist die Menschenwürde unantastbar und somit keinerlei Abwägung unterworfen. Stellt ein Verhalten einen Eingriff in die Menschenwürde dar, ist es stets unzulässig.[149]

147 BVerfG-Urteil vom 16.01.1957, Az.: 1 BvR 253/56 – Elfes, Rz. 15.

148 *Jarass*, Art. 1, Rz. 2.

149 BVerfG-Urteil vom 03.06.1987, Az.: 1 BvR 313/85 – Strauß-Karikatur, Rz. 25; BVerfG-Urteil vom 10.10.1995, Az.: 1 BvR 1476/91 et al. – Soldaten sind Mörder, Rz. 121.

Die Schutzpflicht des Staates wird in Art. 1 Abs. 1 S. 2 GG gesondert normiert. Der besonderen Bedeutung ist es zudem geschuldet, dass die Menschenwürde explizit in der Ewigkeitsgarantie des Art. 79 Abs. 3 GG erwähnt wird.

Aus ihrer Überordnung in Bezug auf alle anderen Grundrechte ziehen Einzelne den Schluss, dass die Menschenwürde nur ein Verfassungsprinzip darstellt, aus dem kein Grundrecht abgeleitet werden kann.[150] Diese Ansicht ist abzulehnen. Die Menschenwürde kann auch isoliert als Abwehranspruch oder Anspruchsgrundlage herangezogen werden.[151] Zwar ist sie von so überragender Bedeutung, dass sie auch die weiteren Grundrechte beeinflusst, doch gerade aufgrund dieser Bedeutung wäre es absolut widersinnig, die isolierte Berufung auf die Menschenwürde zu versagen und den Anspruchssteller auf eine mittelbare Prüfung des Menschenwürdestandards innerhalb anderer Grundrechte zu verweisen.[152]

Alle weiteren Grundrechte sind mit Blick auf die Menschenwürde auszulegen und anzuwenden.[153] Einem jeden Freiheits- und Gleichheitsrecht liegt ein „Menschenwürdekern“[154] inne, in dem sich die Wertungen des obersten Verfassungsprinzips widerspiegeln, der ebenso wie die Menschenwürde an sich unantastbar ist. Ein Eingriff in diesen Kern der Grundrechte ist nicht zu rechtfertigen.

Die weiteren Grundrechte konkretisieren die Menschenwürde,[155] weswegen der Rückgriff auf eine isolierte Prüfung der Menschenwürde oft ausbleiben kann, da bei der Prüfung eines Freiheitsgrundrechtes regelmäßig schon eingehend darauf geachtet wurde, dass der in dem Freiheitsgrundrecht verkörperte Menschenwürdestandard nicht unterschritten wird.[156]

Dieser Menschenwürdekern ist bei dem zentralen Recht des Persönlichkeitsrechtsschutzes, dem APR, besonders groß. Denn bei der Entwicklung des APR durch die Judikatur war insbesondere die Aufrechterhaltung der Menschenwürdestandards die oberste Zielsetzung. Dies zeigt sich auch an der inzwischen üblichen Zitierung des APR als Recht aus Art. 2 Abs. 1 GG i. V. m. Art. 1 Abs. 1 GG.

Des Weiteren verweisen verschiedene medienrechtliche Normen explizit auf einen Schutz der Menschenwürde, wie §§ 3, 41 RStV, §§ 1, 4 Abs. 2 Nr. 8 JMStV oder § 18 JuSchG.

Träger der Menschenwürde ist jede natürliche Person. Dabei beginnt der Geltungsanspruch schon pränatal, zumindest ab der Nidation des befruchteten Eis

---

150 *Dreier*, Art 1, Rz. 127 f.

151 *Jarass*, Art. 1, Rz. 3; *Herdegen*, Art. 1 Abs. 1, Rz. 29; *Klass*, Realitätsfernsehen, 140.

152 S. o.

153 BVerfG-Urteil vom 10.10.1995, Az.: 1 BvR 1476/91 et al. – Soldaten sind Mörder, Rz. 121.

154 *Baldus*, JZ 2008, 218 ff., 223; *Herdegen*, Art. 1 Abs. 1, Rz. 26.

155 BVerfG-Urteil vom 10.10.1995, Az. 1 BvR 1476/91 u. a. – Soldaten sind Mörder, Rz. 121; *Jarass*, Art. 1, Rz. 5.

156 *Di Fabio*, Menschenwürde, 18.

in die Gebärmutter.[157] Demzufolge sind auch Kinder und Jugendliche, unabhängig von ihrem Alter, ihrer Entwicklung oder ihren geistigen Fähigkeiten vom persönlichen Schutzbereich der Menschenwürde umfasst. Der zeitliche Schutzbereich endet mit dem Tod des Menschen,[158] wobei nachwirkende Schutzpflichten bestehen bleiben.[159]

2. Internationale Dimension

Die Bedeutung der Menschenwürde ist auch auf internationaler Ebene unbestritten. Folglich bildet sie einen Kernpunkt zahlreicher Präambeln von internationaler Bedeutung, wie der Präambel der Charta der Vereinten Nationen vom 26.06.1945, der Verfassung der Organisation der Vereinten Nationen für Bildung, Wissenschaft und Kultur (UNESCO) vom 16.11.1945 und der Präambel der Allgemeinen Erklärung der Menschenrechte vom 10.12.1948.[160] Dort wird die Menschenwürde, vergleichbar mit der deutschen Systematik, in Art. 1 S. 1 zudem als Grundsatzwert betont.[161] Überdies ist sie noch in deren Art. 1, 22, 23 Nr. 3 erwähnt. Schließlich findet sich der Begriff in den Präambeln der Internationalen Pakte über bürgerliche und politische bzw. über wirtschaftliche, soziale und kulturelle Rechte, beide vom 19.12.1966.[162]

Eine UN-Konvention, die sich speziell dem Schutz der Kinder verschrieben hat, ist die UN-Kinderrechtekonvention.[163] Dort wird die Würde der Kinder schon in der Präambel mehrfach genannt, unter anderem als Grundwert einer jeden Erziehung.

157 *Jarass*, Art. 1, Rz. 8; Für ein Einsetzen des Schutzes schon ab der Konjugation: *Hofmann*, Art. 1, Rz. 11.

158 *Jarass*, Art. 1, Rz. 10.

159 *Herdegen*, Art. 1 Abs. 1, Rz. 57.

160 Nicht rechtsverbindlich: *Schiedermair*, 62 f.; *Metz*, 36.

161 Weitere Nennung in der Allgemeinen Erklärung der Menschenrechte in Art. 22 und Art. 23 Nr. 3.

162 Rechtsverbindlich – Näheres dazu *Stern*, Band IV/1, 109 ff.; *Schiedermair*, 69; allerdings mit nur geringen Durchsetzungsmöglichkeiten ausgestattet: *Metz*, 37. Zudem wird in Art. 10 Abs. 1 des Internationalen Pakts über bürgerliche und politische Rechte die Menschenwürde der Strafgefangenen betont. Laut Art. 13 Abs. 1 des Internationalen Pakts über wirtschaftliche, soziale und kulturelle Rechte ist die Bewusstwerdung über die eigene Menschenwürde eines der obersten Bildungsziele.

163 In Kraft getreten am 02.09.1990, seitdem mehrfach reformiert. Seit 2010 wird die Konvention von Deutschland vorbehaltlos anerkannt. Deutschland trat der Konvention zunächst nur mit Vorbehalten bei, die insbesondere die innerstaatliche Anwendung der Konvention verneinten. Siehe hierzu auch *Cremer*, AnwBl 2012, 327 ff.

3. Europarechtliche Dimension

Als typischer Fall eines allgemeinen Rechtsgrundsatzes der Europäischen Union galt die Menschenwürde als einvernehmlich geschütztes Rechtsinstitut.[164] Sie fand allerdings erst durch den Vertrag von Lissabon Eingang in die Europäischen Verträge.[165] Dort steht sie nun an erster Stelle der Verfassungsprinzipien des Art. 2 S. 1 EUV. Neben dieser vorangestellten Position findet sich auch ihre Unantastbarkeit in der europäischen Dogmatik wieder.[166]

Obwohl der Begriff der Menschenwürde nicht genannt wird,[167] betont der EGMR in stetiger Rechtsprechung, dass die Achtung der Menschenwürde ein Grundgebot der EMRK ist.[168] Zudem verbietet Art. 3 EMRK jegliche unmenschliche und erniedrigende Behandlung, womit sich Schnittbereiche mit dem Schutz der Menschenwürde nach dem Grundgesetz ergeben. In medienrechtlicher Sicht findet die Menschenwürde ihre Ausgestaltung im Schutz des Privatlebens (Art. 8 EMRK).[169]

In Art. 1 GRCh wird die Menschenwürde als unantastbar, achtens- und schützenswert festgelegt. Die Ausgestaltung des Schutzbereiches entspricht dabei den Regelungen des Art. 1 Abs. 1 GG.[170]

Auch andere europarechtlichen Normierungen, wie das Europäische Übereinkommen über das grenzüberschreitende Fernsehen (EÜGF), erkennen die medienrechtliche Bedeutung der Menschenwürde an. Beispielsweise wird in Art. 7 Abs. 1 S. 1 EÜGF festgelegt, dass alle Beiträge stets die Menschenwürde zu achten haben.

4. Schutzbereich

Der Menschenwürdebegriff ist stark von subjektiven Betrachtungen und gesellschaftlichen Konventionen geprägt. Es gilt als unmöglich, eine generalisierbare Definition zu finden, die auch den sich stetig wandelnden gesellschaftlichen Werten und Ansichten Stand hält und zugleich die Überhöhung als einziges unantastbares Grundrecht rechtfertigt.[171] Im Laufe der Jahre haben sich lediglich Kategorisierungs- und Charakterisierungsversuche etabliert, die den Schutzbereich der Menschenwürde umreißen sollen.

Die Aufrechterhaltung der Menschenwürde verbietet alle Verhaltensweisen, „die dem Betroffenen seinen Achtungsanspruch als Mensch absprechen".[172]

164 *Schorkopf* in: Ehlers, Rz. 1.
165 *Bitterlich*, Art. 2, Rz. 2.
166 *Schorkopf* in: Ehlers, Rz. 13 ff.
167 *Peters/ Altwicker*, § 1, Rz. 15.
168 Mit detaillierter Darstellung von Rechtsprechung *Meyer-Ladewig*, NJW 2004, 981 ff., 981 f.; *Klass*, Unterhaltung ohne Grenzen?, 41.
169 *Peters/ Altwicker*, § 25, Rz. 2.
170 *Oppermann/ Classen/ Nettesheim*, § 17, Rz. 46.
171 *Klass* in: Gornig et al., 25 ff., 29.
172 BVerfG-Beschluss vom 11.03.2003, Az.: 1 BvR 426/02 – Benetton-Werbung, Rz. 26.

Als allen Definitionsversuchen gemeinsame Elemente gelten „ein[...] enger[...] Bereich[...] der persönlichen Selbstbestimmung, die Gewährleistung seelischer und körperlicher Integrität und der soziale Geltungsanspruch des Einzelnen sowie der Schutz vor Willkür".[173] Die erfolgreichste Formel, für eine Annäherung an den Begriff der Menschenwürde auch am besten handhabbar, ist die von *Günter Dürig* gefundene sogenannten ‚Objektformel', die mittlerweile ständige Rechtsprechungspraxis des BVerfG darstellt.[174] Danach wird ein Mensch in seiner Würde verletzt, wenn er „zum bloßen Gegenstand eines ihn betreffenden staatlichen Verfahrens gemacht"[175] und ihm dadurch jeglicher Geltungsanspruch als Rechtssubjekt abgesprochen wird.[176]

Die ständige Rechtsprechungspraxis konkretisiert die Objekttheorie, indem die Menschenwürde als verletzt angesehen wird, wenn Menschen erniedrigt, gebrandmarkt, verfolgt oder geächtet werden sowie wenn ihnen durch vergleichbare Maßnahmen der Achtungsanspruch als Mensch abgesprochen wird.[177] Diesem Katalog wurde in den letzten Jahren das neue Element der „Kommerzialisierung des menschlichen Daseins"[178] hinzugefügt. *Di Fabio* erläutert, dass solch eine Kommerzialisierung vorliegt, wenn

> *„Menschen von einem überlegenen Akteur aus Gründen wirtschaftlichen Erwerbsstrebens in eine für sie unentrinnbare Situation gebracht werden, die sie weder vollständig durchschauen noch als freie Akteure beherrschen können, der sie mithin ausgeliefert sind, und wenn die Gesamtumstände den oder die ausgelieferten Menschen in ihrem sozialen Achtungsanspruch verletzen, weil sie zum Gegenstand der Anprangerung, der Schaustellung oder der Verächtlichmachung herabgewürdigt werden."*[179]

Ein Merkmal, das in medienrechtlichen Konstellationen, die oftmals geprägt sind von ungleichen Machtverhältnissen zwischen Medienschaffenden und Darstellern, Bedeutung erlangen kann.[180]

Im Medienrecht wirkt sich der Schutzbereich der Menschenwürde in dreierlei Richtung aus. Man differenziert zwischen dem Schutz der Teilnehmer, dem Schutz

---

173 *Herdegen*, Art. 1 Abs. 1, Rz. 34.

174 BVerfG-Urteil vom 16.07.1979, Az.: 1 BvL 19/63 – Microzensus, Rz. 39; BVerfG-Urteil vom 21.06.1977, Az.: Az. 1 BvL 14/76 – Lebenslange Freiheitsstrafe, Rz. 151; BVerfG-Beschluss vom 09.03.1983, Az.: 2 BvR 315/83, Rz. 22.

175 BVerfG-Beschluss vom 09.03.1983, Az.: 2 BvR 315/83, Rz. 22.

176 *Di Fabio*, Menschenwürde, 21.

177 BVerfG-Beschluss vom 19. 12. 1951, Az.: 1 BvR 220/51 – Hinterbliebenenrente, Rz. 32; BVerfG-Beschluss vom 11.03.2003, Az.: 1 BvR 426/02 – Benetton-Werbung, Rz. 26; BVerfG-Beschluss vom 04.02.2010, Az.: 1 BvR 369/04 u. a. – Augsburger Bündnis, Rz. 31.

178 BVerfG-Beschluss vom 12.11.1997, Az.: 1 BvR 479/92, 1 BvR 307/94 – Kind als Schaden, Orientierungssatz Nr. 2c.

179 *Di Fabio*, Menschenwürde, 31 f.

180 *Klass*, Realitätsfernsehen, 144. S. auch Teil 5 VII.

der Rezipienten, d. h. des Publikums, und der Wahrung von objektiven Wertvorstellungen des Grundgesetzes.[181]

a) Teilnehmerschutz – insbesondere die Indisponibilität der Menschenwürde

Während der Produktion der Medieninhalte muss auf die Menschenwürde der Protagonisten Rücksicht genommen werden. Sie ist immer zu achten, egal, ob es sich um Berichterstattung mit oder ohne Einwilligung der Betroffenen handelt. Ein Beispiel für eine deutliche Menschenwürdeverletzung der Protagonisten ist die schon in der Einführung erwähnte Sendung des Formats Super-Nanny, in der körperliche Misshandlungen einer Mutter an ihren minderjährigen Kindern dargestellt wurden, wobei die Schläge mehrfach wiederholt und auch in den Zusammenfassungen der Sendung (Teaser) gezeigt wurden.[182]

Umstritten ist, welche Konsequenzen es hat, wenn der Teilnehmer in eine Behandlung einwilligt, die objektiv als menschenunwürdig eingestuft wird. Grundsätzlich kann ein jeder Mensch als Rechtssubjekt durch die allgemeine Handlungsfreiheit, Art. 2 Abs. 1 GG, befähigt, frei über sein Leben und seine Rechte verfügen. Allerdings ist anerkannt, dass gewisse Rechtsgüter so elementar sind, dass die staatliche Schutzpflicht auch gegen den Willen des Betroffenen eingreift. Das Leben ist solch ein indisponibles Rechtsgut. Ein Lebensmüder wird auch gegen seinen Willen von einer Selbsttötung abgehalten. Ob die Menschenwürde als oberstes Rechtsgut ebenso indisponibel ist oder ob es zur Ausübung eines menschenwürdigen, selbstbestimmten Lebens gehört, den eigenen Menschenwürdeschutz bisweilen aufgeben zu können, wird in Teil 5 VII besprochen.

b) Rezipientenschutz – insbesondere der Verletzungszusammenhang der Menschenwürde

Die zweite Fallgruppe für eine isolierte Prüfung des Art. 1 Abs. 1 GG ist eröffnet, wenn Medieninhalte aufgrund ihrer Wirkung auf den Rezipienten gegen die Menschenwürde verstoßen. In der Judikatur wurde dies angenommen, wenn gewalttätige Darstellungen „darauf angelegt sind, beim Betrachter eine Einstellung zu erzeugen oder zu verstärken, die den jedem Menschen zukommenden fundamentalen Wert- und Achtungsanspruch leugnet“.[183] Da es hierbei um die Wirkung des Dargestellten auf den Zuschauer geht, kann solch eine Menschenwürdeverletzung

---

181 *Klass*, Unterhaltung ohne Grenzen?, 73.

182 VG Hannover, Urteil vom 08.07.2014, Az.: 7 A 4679/12 – Super-Nanny; ALM Programmbericht 2012, 231.

183 BVerfG-Urteil vom 20.10. 1992, BVerfGE 87, 209 – Tanz der Teufel, Leitsatz Nr. 2; Gegen die Notwendigkeit eines Rezipientenschutzes: *Hoven*, K&R 2010, 786 ff., 790.

auch bei fiktiven Formaten, bei denen die betreffenden Handlungen nur gestellt sind, vorliegen.[184]

Gerade im Rundfunk kann eine menschenunwürdige Konfrontation mit extremen Inhalten vorliegen, wenn diese unerwartet oder extrem plötzlich in Sendungen eingearbeitet sind. Denn wenn Szenen, die die Menschenwürde tangieren, zu erwarten sind oder sich eine Berührung der Menschenwürde erst durch eine Gesamtbewertung einer ganzen Sendung ergibt, kann von dem mündigen Rezipienten erwartet werden, dass er aus- oder umschaltet, um eine Menschenwürdeverletzung zu vermeiden. Konfrontiert ein erwachsener, verständiger Zuschauer sich freiwillig mit erwartungsgemäß extremen Inhalten, ist er nicht schutzwürdig.[185] Hingegen sind Kinder und Jugendliche stets schutzwürdig, da angenommen wird, dass sie noch nicht über genügend Einsichtsfähigkeit und Verstandesreife verfügen, um selbstbestimmt zu entscheiden, ob gewisse Sendeformate einen negativen Einfluss auf sie ausüben werden. Dies gilt umso mehr, da Minderjährige noch stärker beeinflussbar als Erwachsene sind.[186]

Die Menschenwürde ist jedoch keine Allzweckwaffe gegen Gewaltdarstellungen oder andere Geschmacklosigkeiten.[187] Sie ist das höchste Gut der Verfassung. Um dieser Bedeutung gerecht zu werden, müssen auch hohe Anforderungen bei ihrer vermeintlichen Verletzung gestellt werden. Die Behandlung der Menschen bzw. deren Darstellung muss in einem besonders hohen Maße verachtenswert oder herabwürdigend sein, um die Menschenwürde herauszufordern.[188] Da sich diese Intensität oft nicht aus der Behandlung an sich, sondern oft erst aus deren Kontext, der Zielsetzung und der systematischen Art der Abwicklung ergibt, wird sie auch „Verletzungszusammenhang" genannt.[189]

Der notwendige Verletzungszusammenhang kann durch die Radikalität der Gewaltdarstellungen, aber auch durch deren inhaltlichen Zusammenhang erwirkt werden. Hierbei kommt es auf die viel beschworene Moral der inhaltlichen Darstellung an. Es ist zu bewerten, ob die dargestellte menschenunwürdige Behandlung erstrebt, sogar systematisch herbeigeführt wurde oder sich selektiv gegen einzelne Personengruppen richtet.[190] Zudem ist relevant, ob dem Zuschauer diese

---

184 BVerfG-Urteil vom 20.10. 1992, BVerfGE 87, 209 – Tanz der Teufel, Rz. 109; a. A. *Erdemir*, ZUM 2000, 699 ff., 704.

185 *Klass*, Unterhaltung ohne Grenzen?, 104 f.

186 *Klass*, Unterhaltung ohne Grenzen?, 105, die ebenfalls darauf verweist, dass ein vorschneller Bezug auf die Menschenwürde hier verfehlt ist, da Jugendschutzregelungen in ausgewogener Weise die Interessen minderjähriger Rezipienten wahrnehmen.

187 *Klass* in: Gornig et al., 25 ff., 30.

188 *Erdemir*, ZUM 2000, 699 ff., 705; BVerfG-Urteil vom 20.10. 1992, BVerfGE 87, 209 – Tanz der Teufel, Orientierungssatz Nr. 2b.

189 *Di Fabio*, Menschenwürde, 27, 50.

190 *Hoven*, K&R 2010, 786 ff., 790; *Di Fabio*, Menschenwürde, 25 ff, 50.

Art der Behandlung als nachahmenswert, in sadistischer Weise genüsslich, vermittelt wird.[191]

Für den Bereich der Ehrverletzungen ist ein ausreichender Verletzungszusammenhang erreicht, wenn die Grenze zur Schmähkritik überschritten ist.[192] Dies ist der Fall, wenn die getroffenen Aussagen keinen Beitrag zu einer öffentlichen Diskussion leisten, sondern ausschließlich auf Ehrverletzungen ausgerichtet sind.[193]

c) *Schutz der gesetzlichen Werteordnung – insbesondere Menschenwürde als tragendes Konstitutionsprinzip*

Schließlich verstoßen Medieninhalte gegen die Menschenwürde, wenn sie zwar isoliert betrachtet zulässig sind, in einer Gesamtschau jedoch Wertvorstellungen vermitteln, die mit der verfassungsrechtlichen Werteordnung unvereinbar sind.[194] Diese Verletzung gegen allgemeine Wertvorstellungen ist bei der Menschenwürde zu verorten. Als „letzte Grenze für den gesellschaftlichen Wertewandel“[195] sollen gewisse Mindeststandards in den Medien nicht unterschritten werden.[196] Die Fallgruppen liegen nahe bei denen des Rezipientenschutzes, da gerade die Zuschauer vor einer Vermittlung der falschen Wertvorstellungen verschont bleiben sollen.[197] Der Schutzbereich ist auszuweiten, wenn eine junge und daher noch leicht beeinflussbare Zielgruppe anvisiert wird.[198]

Als Beispiel für einen Widerspruch zu der grundgesetzlichen Werteordnung wird das Frauenbild genannt.[199] Wenn Frauen einseitig als Sexualobjekte dargestellt werden und dies durch einen entsprechenden Verletzungszusammenhang eine notwendige Intensität erreicht, kann die Darstellung die Menschenwürde verletzen.[200] Mit Hinblick auf die im Fernsehen aktuell beliebten Realityformate,

---

191 *Erdemir*, ZUM 2000, 699 ff., 705 ff.; BVerfG-Urteil vom 20.10. 1992, BVerfGE 87, 209 – Tanz der Teufel, Rz. 109.

192 *Di Fabio*, Menschenwürde, 50.

193 BVerfG-Beschluss vom 12.05.2009, Az.: 1 BvR 2272/04 – Durchgeknallter Staatsanwalt, Rz. 28.

194 Als Beispiel abseits der Medien verbot das BVerwG eine sogenannte ‚Laserdrome‘-Anlage. Zwar sei die Menschenwürde der Teilnehmer nicht verletzt, obwohl ein Spielziel darin besteht, sich gegenseitig abzuschießen, da die Spieler sich dabei mit gleichen Chancen gegenüber stehen. Allerdings widerspricht es dem Wertebild der Menschenwürde, ein „Vergnügen an simulierten Tötungshandlungen“ zu vermitteln. (BVerwG-Urteil vom 13.12.2006, Az.: 6 C 17/06 – Laserdrome, Rz. 25).

195 *Di Fabio*, Menschenwürde, 41.

196 *Klass*, Unterhaltung ohne Grenzen?, 100 f.

197 Zu Näheverhältnis und notwendiger Differenzierung zwischen objektivem Schutzgehalt und Rezipientenschutz eingehend *Klass*, Unterhaltung ohne Grenzen?, 103 f.

198 *Di Fabio*, Menschenwürde, 40.

199 *Di Fabio*, Menschenwürde, 42 ff.

200 S.o.

die meist Geschichten aus finanzschwachen Gesellschaftsschichten zeigen, wäre auch eine Konflikt mit der grundgesetzlichen Werteordnung durch systematische Verzerrung des Bildes von Arbeitssuchenden oder Hartz-IV-Empfängern denkbar.

5. Reformvorschlag: Menschenwürde wahren

Berechtigtermaßen nehmen die Kommunikationsfreiheiten einen hohen Stellenwert im verfassungsrechtlichen Gefüge ein. Ohne freie Medien wäre eine funktionierende Demokratie undenkbar.

Aus diesem Grund ist es richtig, dass die inhaltliche Freiheit von Medien nur im äußersten Fall beschränkt werden kann. Ein solcher Eingriffsgrund ist die Verletzung der Menschenwürde eines Protagonisten (§§ 3, 41 RStV, §§ 1, 4 Abs. 2 Nr. 8 JMStV; § 18 JuSchG). Der Nachteil der begrenzten Legitimationsmöglichkeiten für Eingriffe ist, dass unliebsame Inhalte stets mit dem scharfen Schwert der Menschenwürde bekämpft werden, das daher zu trivialisieren droht.

Gleichzeitig sind Fälle offensichtlich, in denen der Schutzgehalt der Menschenwürde der Protagonisten allzu offensichtlich nicht gewahrt ist. Eben in diesen Fällen sollten Menschenwürdeverletzungen erkannt und ernst genommen werden, um mutig und proaktiv eine weitere Ausstrahlung solcher oder vergleichbarer Szenen zu vermeiden.

Im obigen Kapitel wurde bereits der Fall des kleinen Mädchens erwähnt, das während der Aufzeichnung einer „Super Nanny"-Sendung von seiner Mutter körperlich misshandelt wurde.[201] Diese Schläge wurden in theatralischer Weise aufbereitet. Das Leid des wehrlosen Mädchens wurde als Einschaltanreiz für Zuschauer und damit als Werbung missbraucht. Zwar kann man darüber streiten, ob das anwesende Fernsehteam aktiv hätte eingreifen müssen, als es zu den Schlägen kam, doch ist die Grenze zur Menschenwürdeverletzung jedenfalls durch die Aufbereitung und Ausstrahlung der Sendung verletzt.[202] Das psychische und physische Leid des kleinen Mädchens wird hinter dem kommerziellen Verwertungsinteresse völlig zurückgestellt. Damit wird das Opfer deutlich zum Objekt gemacht, dessen persönliches Wohlbefinden nicht interessiert.

Zwar hat das aufsichtsrechtliche System hier insofern funktioniert, als eine Menschenwürdeverletzung bejaht und sanktioniert wurde, doch folgte daraufhin ein monatelanger Kompetenzenstreit. Die Sendung wurde vorab der freiwilligen Selbstkontrolleinrichtung (FSF) vorgelegt, welche keinen Korrekturbedarf sah. Erst die KJM stufte den Vorfall als Menschenwürdeverletzung ein. Dies widersprach dem System, da die Vorlage an die FSF grundsätzlich bindend für die KJM ist, sodass diese vorliegend gar nicht mehr hätte entscheiden müssen.[203] Gerichtlich

201 VG Hannover, Urteil vom 08.07.2014, Az.: 7 A 4679/12 – Super-Nanny; ALM Programmbericht 2012, 231. S. o. Teil I II.2.

202 S. o.

203 *Cole*, ZUM 2010, 929 ff., 930 f.

wurde schließlich festgestellt, dass die FSF-Entscheidung dann nicht bindend ist, wenn sie den der FSF gesetzten Beurteilungsspielraum überschreitet (§ 20 Abs. 3 S. 1 JMStV), was vorliegend der Fall gewesen ist.[204]

Insbesondere von besonders schutzbedürftigen minderjährigen Protagonisten könnte viel Schaden abgewendet werden, wenn deren Menschenwürde effektiv und aktiv gewahrt würde, so wie es auch die Normen der Medienaufsicht vorsehen.

Ein Blick in die heutige Programmlandschaft zeigt weitere Formate, in denen die Menschenwürde als verletzt angesehen werden kann: Ein wichtiges Element der Menschenwürde ist die Wahrung der Selbstbestimmung. Die Entscheidung zur Öffnung des Allgemeinen Persönlichkeitsrechts, gegebenenfalls bis hin zu dessen Menschenwürdekern, soll freiwillig auf Basis einer fundierten Informationsgrundlage ergehen.[205] Diese Informationsgrundlage muss an den Einwilligenden spezifisch angepasst werden. Ist dieser besonders unerfahren oder nur eingeschränkt aufnahmefähig, muss er entsprechend ausführlich aufgeklärt werden. Daraus ergibt sich, dass Minderjährige schon per se eines hohen Aufklärungsstandards bedürfen.[206]

Daher stellt sich die Frage, wie sich das bereits näher vorgestellte Format[207] „Die strengsten Eltern der Welt“, in dem Minderjährige unter Vorspiegelung falscher Tatsachen in Erziehungsurlaube in fremde Länder gesandt werden, mit der Menschenwürde der Protagonisten zu vereinbaren ist. Die Jugendlichen mögen zwar ihre Einwilligung zur Produktion erteilen, doch wissen sie nicht, worauf sie sich einlassen. Sie werden gezielt in die Irre geführt. Jegliche zuvor erteilte Einwilligung ist vor diesem Hintergrund wertlos. Auch die Behandlung vor Ort beeinträchtigt ihre Menschenwürde deutlich. Die Jugendlichen werden in eine für sie ausweglose Situation geführt und in eben dieser einem Millionenpublikum präsentiert, dem die Behandlung als gesunde Konsequenz, als ‚gerechten Strafe‘ für die ‚schwierigen Jugendlichen‘ suggeriert wird. Obwohl die Jugendlichen überdeutlich äußern, dass sie die Produktion abbrechen und nach Hause reisen wollen,[208] wird ihrem Wunsch nicht nachgekommen. Protagonisten bewusst in eine Ausnahmesituation zu versetzen und den dabei entstehenden Kontrollverlust auszunutzen, indem man ihn zu Unterhaltungszwecken abfilmt, ist als Verletzung der Menschenwürde zu werten.[209] Von Selbstbestimmtheit und Freiwilligkeit der Mitwirkung kann keine Rede sein.[210]

---

204 VG Hannover, Urteil vom 08.07.2014, Az.: 7 A 4679/12 – Super-Nanny, Leitsatz 4.
205 *Ohly*, „Volenti non fit iniuria“, 434.
206 S. u. Teil 5 IX. 3.
207 S. o. Teil 1 III. 2 a).
208 *Ehrich*, Mitleiderregende, spekulative Doku, Hamburger Abendblatt, 02.03.2009.
209 *Frotscher*, 49, 54; *Klass*, Unterhaltung ohne Grenzen?, 110 f., 113.
210 Überdies befürchten Psychologen, dass derartige Erlebnisse ohne geeignete Nachbetreuung die teilnehmenden Minderjährigen psychisch schädigen könnten, *Ortner*, Falter 2010, 20. Zur Freiwilligkeit siehe auch Teil 4 VIII. 8.

Die Menschenwürde ist verletzt, wenn menschliches Dasein kommerzialisiert wird. Die von *Di Fabio* gefundene Definition[211] passt genau auf die Situation der minderjährigen Protagonisten von „Die strengsten Eltern der Welt“: Die Minderjährigen werden von einem überlegenem Akteur, also der Produktionsfirma, aus Gründen wirtschaftlichen Erwerbsstrebens in ein fremdes Land verbracht, in dem sie die Produktion aus tatsächlichen Gründen nicht abbrechen können, d.h. ihre Situation ist auch unentrinnbar. Sie durchschauen weder die Produktionsabläufe, noch können sie diese als freie Akteure beherrschen. Sie sind der Situation nicht nur ausgeliefert, sondern zusätzlich wird eben diese Auslieferung abgefilmt und zu Unterhaltungszwecken veröffentlicht, wobei die Szenen noch hämisch kommentiert oder bewertet werden. Die Gesamtumstände verletzen die Protagonisten daher in ihrem sozialen Achtungsanspruch als selbstbestimmte Wesen.

Dennoch wird die Sendung regelmäßig ausgestrahlt. Offensichtlich haben die Protagonisten keine juristischen Schritte hiergegen eingeleitet. Daher stellt sich die Frage, ob ein Aufsichtsgremium in paternalistischer Weise einschreiten sollte, obwohl die Protagonisten dies nicht tun. Dies ist zu bejahen, denn die Protagonisten sind noch minderjährig und bedürfen daher in besonderem Maße auch des Schutzes vor gut meinenden aber schlecht beratenen Erziehungsberechtigten. In Bezug auf „Die strengsten Eltern der Welt“ kumuliert sich ein solches Ausmaß an Menschenwürdeverletzungen, dass ein aufsichtsrechtliches Einschreiten folgen müsste. Wieso bisher keine Maßnahmen getroffen wurden, ist unbekannt.

II. Allgemeines Persönlichkeitsrecht, Art. 2 Abs. 1 GG i. V. m. Art. 1 Abs. 1 GG

1. Persönlichkeitsrechte auf internationaler Ebene

Die Allgemeine Erklärung der Menschenrechte vom 10.12.1948[212] schützt in Art. 12 S. 1 vor Verletzungen des Privat- oder Familienlebens, der Ehre und des Rufs. In Satz 2 wird jedem eine gerichtliche Durchsetzung dieser Rechte garantiert.[213] In Art. 22 werden die Mitgliedsstaaten dazu verpflichtet, die freie Persönlichkeitsentwicklung seiner Bürger zu schützen. Diese ist nach Art. 26 Abs. 2 vorrangiges Ziel jeder Bildungsmaßnahme. Die besondere Schutzbedürftigkeit von Mutter und Kind wird in Art. 25 Nr. 2 betont.

Fast wortgleich mit Art. 12 der Allgemeinen Erklärung der Menschenrechte untersagt der Internationale Pakt über bürgerliche und politische Rechte vom 19.12.1966[214] in Art. 17 Abs. 1 Eingriffe in das Privat- oder Familienleben und

211 *Di Fabio*, Menschenwürde, 31 f.
212 Nicht rechtsverbindlich: *Schiedermair*, 62 f.; *Metz*, 36.
213 Näheres hierzu in *Schiedermair*, 60 ff.
214 *Schiedermair*, 62 f.

Verletzungen seiner Ehre und seines Rufs. In Abs. 2 wird jedem Anspruch auf die gerichtliche Verfolgung solcher Eingriffe oder Verletzungen verliehen.[215] Art. 24 Abs. 1 garantiert Minderjährigen einen besonderen auf ihren jeweiligen Entwicklungsstand angepassten Schutz.

Einen ähnlichen Anspruch der Minderjährigen auf Schutz normieren überdies Art. 10 Abs. 3 des Internationalen Pakts über wirtschaftliche, soziale und kulturelle Rechte,[216] sowie Teil I Nr. 7, 17 i. V. m. Teil II Art. 16 der Europäischen Sozialcharta vom 18.10.1961.[217]

Im Rahmen der UN Kinderrechtskonvention wurde die Schutzbedürftigkeit des Privatlebens von Kindern in Art. 16 verankert, der dem Wortlaut des Internationalen Pakts über bürgerliche und politische Rechte entspricht.[218] Daneben wird in der Präambel der Konvention die Bedeutung der „vollen und harmonischen Entfaltung“ der Persönlichkeit hervorgehoben.

2. Persönlichkeitsrechte auf europäischer Ebene

a) Recht auf Achtung des Privat- und Familienlebens, Art. 8 EMRK

In der Caroline-Entscheidung von 2004 beurteilte der EGMR den Privatsphärenschutz der deutschen Rechtsprechung als in menschenrechtswidriger Weise unzulänglich.[219] Daraufhin entwickelte der BGH das modifizierte abgestufte Schutzprinzip.[220] Spätestens seit der EGMR-Entscheidung vom 07.02.2012 ist nun klar, dass der reformierte deutsche Privatsphärenschutz den Vorgaben des Art. 8 EMRK genügt.[221]

Die Bedeutung des Art. 8 EMRK für den deutschen Persönlichkeitsschutz aus Art. 2 Abs. 1 i. V. m. Art. 1 GG und §§ 22 ff. KUG ist derart offensichtlich, dass viele Gerichte dazu übergegangen sind, diese Paragraphen immer gemeinsam zu zitieren. Es scheint, als hofften die Richter, dass die Betonung der EMRK durch ihre stete Zitierung sie vor weiteren konventionswidrigen Urteilen bewahrt.

Tatsächlich sind die verbleibenden Unterschiede zwischen europäischen und deutschen Regelungsansätzen gering.[222]

---

215 Näheres hierzu in *Schiedermair*, 67 ff. Im Internationalen Pakt über wirtschaftliche, soziale und kulturelle Rechte, der gleichen Datums ist, wird die Ausbildung der Persönlichkeit in Art. 13 Abs. 1 als eines der obersten Bildungsziele festgelegt.

216 *Schiedermair*, 62 f.

217 Von Deutschland mit – hier nicht relevanten – Vorbehalten ratifiziert am 26.02.1965.

218 Zur UN Kinderrechtskonvention, Teil 3 I. 2.; *Metz*, 37.

219 EGMR-Urteil vom 24.06.2004, Az.: 59320/00 – von Hannover.

220 S. u. Teil 3 II. 3.

221 EGMR-Urteil vom 07.02.2012, Az.: 40660/08 u. a. – von Hannover Nr. 2.

222 *Heldrich*, NJW 2004, 2634 ff., 2634 verweist darauf, dass die Normierungen einander schon jeher entsprachen und lediglich die gerichtlichen Wertungen divergierten.

Als Schutzgut nennt Art. 8 EMRK das Privat- und Familienleben, Achtung der Wohnung und der Korrespondenz. Damit werden verfassungsrechtliche Garantien, die sich in Deutschland neben Art. 2 Abs. 1 i. V. m. Art. 1 GG, auch in Art. 6, 10 und 13 GG finden, zusammengefasst. Auch die besonderen Persönlichkeitsrechte wie das Recht am eigenen Bild, §§ 22 ff. KUG, und das Recht am Namen, § 12 BGB, sind einbegriffen. Nicht zuletzt, da auch das Recht der Selbstbestimmung unter Art. 8 EMRK subsumiert wird,[223] nimmt der Paragraph eine Auffangfunktion wahr, die mit der allgemeinen Handlungsfreiheit des Art. 2 Abs. 1 GG vergleichbar ist und auch fernliegenderen Inhalten, wie dem Recht auf Datenschutz, als gesetzlicher Verankerungspunkt dient.[224]

Im Einklang mit der neuen deutschen Rechtsprechung enthält das Recht auf Privatleben nicht nur den Schutz vor dem Eindringen in das Innere eines Menschen, sondern auch die Beziehungen zu anderen und zu der Außenwelt, wie das private[225] oder berufliche[226] Auftreten in der Öffentlichkeit. Der EGMR stellt hierzu fest, dass eine abschließende Definition nicht möglich ist, sodass alle persönlichen Informationen inkludiert werden, bei denen der Betroffene eine Geheimhaltung berechtigterweise erwarten kann.[227]

Auch der Schutz des Familienlebens ist weit zu verstehen und erfasst das tatsächliche Zusammenleben Verwandter, unabhängig von deren ehelicher Legitimierung.[228] Der Schutz der Wohnung und der Korrespondenz stimmt schließlich ebenfalls mit den korrespondierenden deutschen Grundrechten aus Art. 10, 13 GG überein.[229]

Vergleichbar mit der deutschen Dogmatik wird Art. 8 EMRK nicht nur eine Abwehrfunktion, sondern auch die Normierung von Schutzpflichten zugeschrieben.[230]

Um die Rechte aus Art. 8 EMRK zu beeinträchtigen, bedarf es einer gewissen Intensität des Eingriffs.[231]

Eingriffe müssen der Schrankenregelung aus Art. 8 Abs. 2 EMRK genügen. Neben einem Gesetzesvorbehalt, der allerdings auch den Eingriff aufgrund von

---

223 EGMR-Urteil vom 29.04.2002, Az.: 2346/02 – Pretty/Vereinigtes Königreich, Leitsatz Nr. 3.

224 *Metz*, 38 f.; *Stern*, Band IV/1, 309.

225 EGMR-Urteil vom 24.06.2004, Az.: 59320/00 – von Hannover, Leitsatz Nr. 1.

226 *Klass* in: Westermann et al., Anh zu § 12, Rz. 35.

227 EGMR-Urteil vom 07.02.2012, Az.: 39954/08 – Axel Springer AG/Deutschland, Leitsatz Nr. 1.

228 *Stern*, Band IV/1, 311.

229 S. o.

230 EGMR-Urteil vom 24.06.2004, Az.: 59320/00 – von Hannover, Leitsatz Nr. 2; *Engel*, ZUM 2000, 975 ff., 996; *Stern*, Das Staatsrecht der Bundesrepublik Deutschland, 2006, 309.

231 EGMR-Urteil vom 07.02.2012, Az.: 39954/08 – Axel Springer AG/Deutschland, Leitsatz Nr. 2; *Peters/ Altwicker*, 190.

Exekutivnormen ermöglicht, muss ein legitimer Zweck verfolgt werden, der für eine demokratische Gesellschaft notwendig ist.[232] Dieser legitime Zweck eröffnet eine Abwägung, die mit der deutschen Systematik der Verhältnismäßigkeitsprüfung vergleichbar ist.[233] Dabei verfolgt die EMRK eine Reihe zulässiger Ziele, die jedoch aufgrund ihrer begrifflichen Offenheit (z. B. wirtschaftliches Wohl, Schutz der Rechte und Freiheiten anderer) unproblematisch erfüllt sein werden. Diese Ziele müssen lediglich nachgewiesen werden, wenn es um die Abwehr staatlicher Eingriffe geht. Kommt der Staat seiner Schutzpflicht nach, wird eine freie Abwägung vorgenommen.[234]

Ebenso wie in der deutschen Jurisprudenz werden bei der Abwägung der verschiedenen Gesichtspunkte, zuvorderst auf einer abstrakten Ebene, die betroffenen Rechte dargestellt, um anschließend alle Umstände konkret gegeneinander abzuwägen.[235] Neben dem Inhalt und dem Informationswert der Berichterstattung sowie dem Bekanntheitsgrad der betroffenen Person werden auch deren medienspezifisches Vorverhalten und insbesondere bei Fotografien die Umstände der Ablichtung mitbeachtet.[236]

b) Achtung des Privat- und Familienlebens, Art. 7 GrCh, Rechte des Kindes, Art. 24 GrCh

Art. 7 GrCh ist wortgleich mit Art. 8 Abs. 1 EMRK und beinhaltet einen identischen Schutz des Privat- und Familienlebens, der Wohnung und Kommunikation.[237] Daneben findet sich in Art. 8 GrCh eine gesonderte Vorschrift für den persönlichen Datenschutz.

Besonders bemerkenswert ist, dass die Charta in Art. 24 GrCh besondere Kinderrechte normiert. Dabei wird festgelegt, dass Kinder besonders zu schützen sind, ihre Meinung altersgemäß berücksichtigt werden muss[238] und das Kindeswohl bei allen Maßnahmen an erster Stelle zu stehen hat, egal ob diese durch staatliche oder private Einrichtungen durchgeführt werden.[239] Obwohl der Wortlaut dies nicht vermuten lässt, wird diese Norm als besonderes Gleichheitsrecht eingestuft, das weiterhin noch mit dem Recht auf eigene Meinung (Abs. 1 S. 2) ein Freiheitsrecht und mit dem normierten Schutzanspruch des Abs. 1 S. 1 originäre Leistungsrechte umfasst.[240] Den Bestimmungen wird Horizontalwirkung zugesprochen, was

---

232 *Stern*, Band IV/1, 312 ff.
233 *Peters/ Altwicker*, 191.
234 *Peters/ Altwicker*, 191.
235 *Lenski*, NVwZ 2005, 50 ff., 50.
236 EGMR-Urteil vom 07.02.2012, Az.: 40660/08 u. a. – von Hannover Nr. 2, Leitsatz Nr. 4.
237 *Schorkopf* in: Ehlers, 510 ff; *Metz*, 40; *Stern*, Band IV/1, 313.
238 Art. 24 Abs. 1 GrCh.
239 Art. 24 Abs. 2 GrCh.
240 *Kingreen*, 639.

bedeutet, dass der Staat dafür Sorge zu tragen hat, dass das Schutzniveau auch nicht durch Maßnahmen Dritter unterschritten wird.[241] Bei der rechtlichen Prüfung, ob Medienberichterstattung über Minderjährige zulässig ist, ist demnach auch die von der EMRK statuierte besondere Schutzbedürftigkeit Minderjähriger als Maßstab einzubeziehen. Dabei kann der Artikel nicht nur ein Abwägungsergebnis beeinflussen, sondern sogar als Rechtsgrundlage für einen Leistungsanspruch auf Minderjährigenschutz herangezogen werden.

3. Verfassungsrechtliches und zivilrechtliches APR

Neben Normen, die besondere Aspekte der Persönlichkeit schützen, existiert im deutschen Recht ein Rechtsinstitut, das die Persönlichkeit in ihrer Allgemeinheit zu umfassen versucht. Genauer gesagt bestehen sogar zwei solcher Rechtsfiguren, denn der Schutz der Persönlichkeit wird sowohl durch ein Grundrecht als auch durch einen zivilrechtlichen Anspruch aus Delikt gewährleistet. Beide Rechtsinstitute wurden kasuistisch durch die Rechtsprechung entwickelt und sind mittlerweile als Gewohnheitsrecht anerkannt.[242] Unglücklicherweise wurde Verwechslungen Tür und Tor geöffnet, da sie mit demselben Namen Allgemeines Persönlichkeitsrecht belegt wurden.[243] Aus rechtsdogmatischer Sicht sind sie jedoch von völlig unterschiedlicher Natur und daher strikt auseinanderzuhalten.[244] Die parallele Existenz eines Grundrechts und eines gleichnamigen Zivilrechtsanspruches ist keine einmalige Erscheinung. Das Verhältnis des verfassungsrechtlichen zu dem zivilrechtlichen Allgemeinen Persönlichkeitsrecht entspricht dem Verhältnis der Eigentumsgarantie aus Art. 14 Abs. 1 GG zu dem zivilrechtlichen Eigentum nach § 903 ff. BGB.[245]

Dennoch werden die beiden Rechtsinstitute selbst in der Fachliteratur häufig vermischt oder verwechselt. Ein Erklärungsansatz dafür ist, dass neben dem gemeinsamen Namen auch der Schutzbereich mehr Gemeinsamkeiten als Unterschiede aufweist.

Das verfassungsrechtliche Grundrecht auf Schutz des Allgemeinen Persönlichkeitsrechts wird aus Art. 2 Abs. 1 GG i. V. m. Art. 1 Abs. 1 GG hergeleitet.[246]

Art. 2 Abs. 1 GG normiert über den Wortlaut hinaus eine allgemeine Handlungsfreiheit,[247] während sich in Art. 1 GG das oberste Verfassungsprinzip der

---

241 *Seifert*, EuZW 2011, 696 ff., 701. Zur Horizontalwirkung s. auch Teil 2 I. 2.

242 *Kunig*, Art. 2, Rz. 31; *Jarass*, NJW 1989, 857 ff., 857. Näheres zum Rechtskonstrukt des Gewohnheitsrechts findet sich bei *Krebs/ Becker*, JuS 2013, 97 ff.

243 *Ehmann* in: *Canaris/ Heldrich*, 613 ff., 673.

244 BVerfG-Urteil vom 22.08.2006, Az.: 1 BvR 1168/04, Rz. 30; *Schwerdtner*, JuS 1978, 289 ff., 291; *Helle*, AfP 2010, 531 ff.; *Klass* in: Westermann et al., Anh zu § 12, Rz. 4; *Ehmann* in: Canaris/ Heldrich, 613 ff., 673.

245 *Jarass*, NJW 1989, 857 ff., 858.

246 BGH-Urteil vom 14.02.1958, Az.: I ZR 151/56 – Leitsatz, Rz. 16.

247 BVerfG-Urteil vom 16.01.1957, Az.: 1 BvR 253/56 – Elfes, Leitsatz Nr. 2; *Degenhart*, JuS 1992, 361 ff., 361; *Jarass*, NJW 1989, 857 ff., 857.

Menschenwürde findet. Zwar werden beide Grundrechte nebeneinander zitiert, doch haben sie kein gleichrangiges Verhältnis. Das Grundrecht auf Persönlichkeitsrechtsschutz wird thematisch näher Art. 2 Abs. 1 GG zugeordnet, da es zur allgemeinen Handlungsfreiheit gehöre, die eigene Persönlichkeit zu entfalten und zu schützen.[248] Die Aufwertung dieser allgemeinen Freiheit zu einem bedeutenden Grundrecht beruht jedoch auf Art. 1 Abs. 1 GG, das als „programmatische Leit- und Auslegungsrichtlinie" dient.[249] Wegen der besonderen Bedeutung der Menschenwürde für die Entwicklung des APR bürgerte sich eine gleichberechtigte Zitierweise ein.[250]

Wie die anderen Grundrechte, wurde das verfassungsrechtliche APR als Abwehrrecht gegen den Staat konzipiert, kann nun aber auch als Anspruchsgrundlage herangezogen werden und verpflichtet den Staat insbesondere dazu, das APR aktiv vor Eingriffen Dritter zu schützen.[251] Der Staat ist verpflichtet, ein Mindest-Schutzniveau aufrechtzuerhalten, das unter anderem durch das zivilrechtliche APR gewährleistet wird.[252] Allerdings können Vorgaben des verfassungsrechtlichen APR ebenso durch andere zivilrechtliche Rechtsfiguren umgesetzt werden.[253]

Auch das verfassungsrechtliche APR entfaltet als Grundrecht mittelbare Drittwirkung.[254] Auf diese Weise nimmt das verfassungsrechtliche APR auf Rechtsansprüche aus dem Zivilrecht Einfluss – natürlich auch auf das zivilrechtliche APR.[255]

Das zivilrechtliche APR dient dem verfassungsrechtlich vorgegebenen Schutz der Persönlichkeit. In ständiger Rechtsprechung wird es als sonstiges Recht i. S. d. § 823 Abs. 1 BGB eingestuft.[256] Als Rahmenrecht bzw. sogenannter offener Tatbestand wird die Rechtswidrigkeit des Eingriffs nicht indiziert, sondern muss im Rahmen einer umfassenden Güter- und Interessenabwägung nachgewiesen werden.[257]

Das zivilrechtliche APR ist durch § 823 Abs. 1 BGB einfachgesetzlich verankert und daher durch den Gesetzgeber voll einschränkbar. Allerdings muss jede Maßnahme des Gesetzgebers im Einklang mit der Verfassung und den dort verankerten Grundrechten stehen. Verletzt eine Einschränkung des zivilrechtlichen APR das Grundrecht auf Persönlichkeitsschutz, ist sie unzulässig.[258] Wird der

248 *Metz*, 35; *Kunig*, Art. 2, Rz. 30.
249 *Dreier*, Art. 2, Rz. 68; *Jarass*, NJW 1989, 857 ff., 857.
250 *Jarass*, NJW 1989, 857 ff., 857 findet, dass der Vorrang des Art. 2 Abs. 1 GG in der Zitierweise gut zum Ausdruck kommt, während *Starck*, Art. 2, Rz. 56 die Zitierung kritisch betrachtet.
251 *Ehmann*, JURA 2011, 437 ff., 444; *Jarass*, NJW 1989, 857 ff., 860; *Kunig*, Art. 2, Rz. 40.
252 *Jarass*, NJW 1989, 857 ff., 858.
253 *Schwerdtner*, JuS 1978, 289 ff., 291; *Klass* in: Westermann et al., Anh zu § 12, Rz. 3.
254 S. o. Teil 2 I. 2.
255 *Beater* in: Soergel, § 823 Anh. IV, Rz. 6.
256 *Klass* in: Westermann et al., Anh zu § 12, Rz. 11; BGH-Urteil vom 25.05.1954, Az.: I ZR 211/53 – Leserbrief, Rz. 18 ff.
257 *Nink*, § 823 BGB, Rz. 5.
258 *Jarass*, NJW 1989, 857 ff., 858.

verfassungsrechtlich geforderte Persönlichkeitsschutz jedoch auf andere Weise gewährleistet, als mit dem deliktsrechtlichen APR, ist dessen Einschränkung unproblematisch möglich. Das Schutzniveau des verfassungsrechtlichen APR kann auch durch andere Rechtsinstitute als dem zivilrechtlichen APR aufrechterhalten werden.[259]

Die rechtliche Selbstständigkeit von verfassungsrechtlichem und zivilrechtlichem APR führt dazu, dass das zivilrechtliche APR den Schutzbereich des verfassungsrechtlichen APR überschreiten darf.[260] Dies ist bei dem zivilrechtlichen Ehrschutz und der Anerkennung der kommerziellen Bestandteile des Persönlichkeitsrechts geschehen.[261] Auch der zivilrechtliche postmortale Persönlichkeitsschutz übersteigt den aus der Verfassung abgeleiteten postmortalen Schutz.[262] Spiegelbildlich dazu kennt das verfassungsrechtliche APR Schutzbestandteile, die dem zivilrechtlichen APR fremd sind, wie z. B. das Recht auf Kenntnis der eigenen Abstammung.[263]

Gerade im hier behandelten Bereich des medienrechtlichen Persönlichkeitsschutzes, haben die Grundrechte einen so intensiven Einfluss auf die zivilrechtlichen Rechtsfiguren, dass die Rechtsprechung zum verfassungsrechtlichen APR mitunter auch den Inhalt des zivilrechtlichen APR festlegt.[264]

Trotz ihrer allgemeinen Akzeptanz sind die beiden Rechtsinstitute nicht frei von Kritik. Besonders der Mangel einer griffigen Definition stößt Einzelnen auf.[265] Allerdings entzieht sich der Begriff der Persönlichkeit sowohl im psychologischen als auch im rechtlichen Bereich jeglicher trennscharfen Definition. Daran kann man jedoch auch den Vorteil der Rechtsinstitute sehen, denn sie können aufgrund ihrer inhaltlichen Offenheit den Herausforderungen sich wandelnder Werte und Moralvorstellungen standhalten und im Umfeld einer Medienwelt, die sich ständig neu erfindet, konstante Wirkung entfalten.[266]

4. Erhöhte Schutzbedürftigkeit Minderjähriger

Kinder und Jugendliche stehen unter besonderem Schutz. Sie sollen die Möglichkeit erhalten, ungestört ihre Persönlichkeit zu entfalten, was erschwert wird, wenn

---

259 *Schwerdtner*, JuS 1978, 289 ff., 291; *Klass* in: Westermann et al., Anh zu § 12, Rz. 3.
260 BVerfG-Urteil vom 22.08.2006, Az.: 1 BvR 1168/04, Orientierungssätze 1b, c; Rz. 23, 30.
261 S. u. Teil 3 II. 6. b).
262 S. u. Teil 3 II. 6. c).
263 *Ehmann*, JURA 2011, 437 ff., 444.
264 Zur Kompetenzen-Kollision zwischen Zivilgerichten und BverfG s.o. Teil 3 I. 2.
265 Für eine detaillierte Aufarbeitung des Streitstands unter Angabe zahlreicher Quellen siehe *Baston-Vogt*, 85 f.
266 *Klass* in: Westermann et al., Anh zu § 12, Rz. 11

in den Medien über sie berichtet wird, denn das beeinflusst Minderjährige nachhaltiger als Erwachsene.[267]

Der BGH legt den erhöhten Minderjährigenschutz dar, wie folgt:

Allerdings ist anerkannt, dass Kinder eines besonderen Schutzes bedürfen, weil sie sich zu eigenverantwortlichen Personen erst entwickeln müssen und dass dieses Schutzbedürfnis auch hinsichtlich der Gefahren besteht, die von dem Interesse der Medien und ihrer Nutzer an Abbildungen von Kindern ausgehen, deren Persönlichkeitsentfaltung dadurch empfindlicher gestört werden kann als diejenige von Erwachsenen. Der Bereich, in dem Kinder sich frei von öffentlicher Beobachtung fühlen und entfalten dürfen, muss deswegen umfassender geschützt sein als derjenige erwachsener Personen (BVerfGE 101, 361, 385; 119, 1, 24; 120, 180, 199). Grundsätzlich fällt auch die spezifisch elterliche Hinwendung zu den Kindern in den Schutzbereich von Art. 2 Abs. 1 in Verbindung mit Art. 1 Abs. 1 GG. Der Schutzgehalt des allgemeinen Persönlichkeitsrechts erfährt dann eine Verstärkung durch Art. 6 Abs. 1 und 2 GG, der den Staat verpflichtet, die Lebensbedingungen des Kindes zu sichern, die für sein gesundes Aufwachsen erforderlich sind und zu denen insbesondere die elterliche Fürsorge gehört. Das Recht jedes Kindes auf Entwicklung zur Persönlichkeit umfasst sowohl die Privatsphäre als auch die kindgemäße Entfaltung in öffentlichen Räumen. Zur Entwicklung der Persönlichkeit gehört es, sich in der Öffentlichkeit angemessen bewegen zu lernen, ohne dadurch das Risiko einer Medienberichterstattung über das eigene Verhalten auszulösen. Dies gilt auch für Kinder, deren Eltern prominente Personen sind (vgl. BVerfGE 101, 361, 386; BVerfG, NJW 2000, 2191, 2192; 2005, 1857, 1858; Senatsurteil vom 5. Oktober 2004 – VI ZR 255/03, BGHZ 160, 298, 304 f.).

Wie sich die Verstärkung des Persönlichkeitsschutzes durch Art. 6 GG im Einzelnen auswirkt, lässt sich aber nicht generell und abstrakt bestimmen. Zwar kann der Schutz des allgemeinen Persönlichkeitsrechts zugunsten spezifischer Eltern-Kind-Beziehungen grundsätzlich auch dann eingreifen, wenn sich Eltern und Kinder in der Öffentlichkeit bewegen. Doch wird es regelmäßig an einem Schutzbedürfnis fehlen, wenn sich Eltern mit ihren Kindern bewusst der Öffentlichkeit zuwenden, etwa gemeinsam an öffentlichen Veranstaltungen teilnehmen oder gar in deren Mittelpunkt stehen; insoweit liefern sie sich den Bedingungen öffentlicher Auftritte aus (BVerfGE 101, 361, 386). Der erkennende Senat hat deshalb auch in Fällen, in denen es um die Abbildung von Kindern im Rahmen der Presseberichterstattung ging, eine einzelfallbezogene Abwägung zwischen dem beeinträchtigten Persönlichkeitsrecht und der Meinungs- und Pressefreiheit unter

---

267 BVerfG-Urteil vom 15.12.1999, Az.: 1 BvR 653/96 u. a. – Caroline II, Rz. 81; OLG Hamburg, Urteil vom 21.11.2006, Az.: 7 U 108/06 – Reichweite des Schutzes der Eltern-Kind-Beziehung bei Presseveröffentlichung von Fotos einer prominenten Familie im öffentlichen Raum, Leitsatz Nr. 1; OLG Hamburg, Urteil vom 13.08.2002, Az.: 7 U 27/02 – Medienberichterstattung über 15-jährige Angehörige von Personen der Zeitgeschichte, Rz. 27; BVerfG-Beschluss vom 14.02.2005, Az. 1 BvR 1783/02 – Prominentenkinder, Orientierungssatz 1a; BVerfG-Beschluss vom 06.06.2006, Az. 1 BvR 3/05 – Prominentenkinder, Bildberichterstattung, Rz. 2b.

Berücksichtigung des Informationsinteresses nicht für entbehrlich gehalten (vgl. Senatsurteile vom 9. März 2004 – VI ZR 217/03, BGHZ 158, 218, 222 ff.; vom 5. Oktober 2004 – VI ZR 255/03, BGHZ 160, 298, 305 und vom 6. Oktober 2009 – VI ZR 314/08, VersR 2009, 1675 Rn. 10; vgl. auch BVerfG, NJW 2000, 2191, 2192; 2003, 3262, 3263; ZUM-RD 2007, 1, 2 f.).[268]

Die Rechtsprechung geht demnach von einem qualifizierten Minderjährigenschutz vor Berichterstattung aus. Dieser begründet sich zum einen auf dem APR der Kinder und Jugendlichen, das zum anderen durch die staatliche Verpflichtung zum Kinderschutz nach Art. 6 GG verstärkt ist.[269] Auch Art. 5 Abs. 2 GG betont die Bestimmungen zum Schutz der Jugend als allgemeine Schranke für die Meinungsfreiheit.

Art. 6 Abs. 1 GG verstärkt nicht nur das Persönlichkeitsrecht der Minderjährigen, sondern auch deren Eltern, wenn sie von den Kindern begleitet werden.[270] Im Gegensatz zum herkömmlichen Recht am eigenen Bild, das je nach Interessenlage abwägt, ob ein Bildnis veröffentlicht werden darf, tritt hier ein genereller Schutz in Kraft, der schon die Herstellung des Bildnisses als generell unzulässig einstuft, solange eine spezifische Eltern-Kind-Situation, ein Moment der elterlichen Zuwendung zu den Kindern, betroffen ist, selbst wenn sich dieser im öffentlichen Raum abspielt.[271] Denn die Begleitung von Kindern durch ihre Eltern ist ein elementarer Teil eines ungestörten Aufwachsens. Die Rechtsprechung erkennt hierbei an, dass eine Dauerbeobachtung durch die Medien zwangsläufig zu unnatürlichem, medienkonformen Verhalten führt, das weder Eltern noch Kindern zugemutet werden soll, um ein ungestörtes Familienleben zu ermöglichen.[272] Da in erster Linie die Eltern für die Persönlichkeitsentwicklung der Kinder zuständig sind, müssen Momente der elterlichen Hinwendung ebenfalls an dem erhöhten Persönlichkeitsrechtsschutz Minderjähriger teilhaben.[273] Dabei werden die Grenzen für eine spezifische Eltern-Kind-Situation nicht zu hoch gesetzt. Kinder sollen unter Begleitung ihrer Eltern lernen, wie man sich im öffentlichen Raum bewegt. Deswegen sind sogar alltägliche Erlebnisse wie Einkäufe oder ein Spaziergang von dem generellen Schutz umfasst. Eine Gefährdung des Eltern-Kind-Verhältnisses genügt, um die

---

268 BGH-Urteil vom 28.05.2013, Az.: VI ZR 125/12 – Eisprinzessin Alexandra, Rz. 19 f.

269 BGH-Urteil vom 06.10.2009, Az. VI ZR 314/08 – Kinder eines ehemaligen Fußballprofis, Rz. 9; OLG Hamburg, Urteil vom 13.08.2002, Az.: 7 U 27/02 – Medienberichterstattung über 15-jährige Angehörige von Personen der Zeitgeschichte, Rz. 27.

270 BVerfG-Urteil vom 15.12.1999, Az.: 1 BvR 653/96 u. a. – Caroline II, Rz. 82; BVerfG-Beschluss vom 31.03.2000, Az.: 1 BvR 1454/97 – Caroline III, Orientierungssatz 1b, Rz. 4; *Beater*, JZ 2013, 111 ff., 113.

271 BVerfG-Urteil vom 15.12.1999, Az.: 1 BvR 653/96 u. a. – Caroline II, Leitsatz 3; BVerfG-Beschluss vom 26.02.2008, Az.: 1 BvR 1602/07 – Caroline IV, Rz. 48.

272 BVerfG-Urteil vom 15.12.1999, Az.: 1 BvR 653/96 u. a. – Caroline II, Rz. 81 f.; OLG Hamburg, Urteil vom 21.11.2006, Az.: 7 U 108/06 – Reichweite des Schutzes der Eltern-Kind-Beziehung bei Presseveröffentlichung von Fotos einer prominenten Familie im öffentlichen Raum, Rz. 20; *Stender-Vorwachs*, NJW 2010, 1414 ff., 1415.

273 BVerfG-Urteil vom 15.12.1999, Az.: 1 BvR 653/96 u. a. – Caroline II, Rz. 81 f.

Berichterstattung als unzulässig zu bewerten. Eine konkrete Störung des Familienlebens muss noch nicht eingetreten sein.[274]

5. Verfassungsrechtliches APR

a) Schutzbereich

Der Schutzbereich des verfassungsrechtlichen APR ist offen. Er kann sich im Laufe der Zeit verändern, vergrößern oder spezifizieren. Daher ist eine abschließende Aufzählung der Teilbereiche nicht möglich. Versucht man den Schutzbereich zu systematisieren, hilft es, die zwei Oberbegriffe Selbstentfaltung und Schutz der Privatsphäre heranzuziehen.[275]

Selbstentfaltung, die sich wörtlich in Art. 2 Abs. 1 GG wiederfindet, bezeichnet das Recht, selbst zu bestimmen, wie man im sozialen Gefüge auftritt.[276] Dies umfasst das Recht am eigenen Wort, ob geschrieben oder gesprochen[277], das Recht am eigenen Bild, den Schutz vor Verzerrung des Persönlichkeitsbildes[278], das heißt vor dem Unterschieben von Meinungsäußerungen[279] und vor der Verbreitung unwahrer Tatsachen[280], den Ehrschutz[281] sowie das Führen des Namens.[282] Darunter sind aber auch die Voraussetzungen einer Selbstentfaltung und Selbstfindung zu fassen, wie das Recht auf Kenntnis der Abstammung[283], das Recht auf sexuelle Selbstbestimmung[284] oder das Recht auf Resozialisierung.[285]

Ein zweites Schlagwort zur Gliederung des APR ist die Abschirmung der Privatsphäre. Schon hier vermischt sich der Schutzbereich mit dem ersten Oberbegriff, da insbesondere das Recht am eigenen Bild auch die Privatsphäre schützen kann.

---

274 BVerfG-Beschluss vom 06.06.2006, Az. 1 BvR 3/05 – Prominentenkinder, Bildberichterstattung, Orientierungssatz 3a; BGH-Urteil vom 05.10.2004, Az.: VI ZR 255/03 – Alexandra von Hannover, Rz. 22.

275 Beispiele für Systematisierungsversuche finden sich bei: *Jarass*, NJW 1989, 857 ff., 858 ff.; *Kunig*, Art. 2, Rz. 32; *Stern*, Band IV/1, 191; *Degenhart*, JuS 1992, 361 ff., 363 ff.

276 BVerfG-Beschluss vom 14.02.1973, Az.: 1 BvR 112/65 – Soraya, Orientierungssatz Nr. 1.

277 BVerfG-Beschluss vom 09.10.2002, Az.: 1 BvR 1611/96 u. a. – Mithörvorrichtung, Leitsatz Nr. 3.

278 BVerfG-Beschluss vom 25.10.2005, Az.: 1 BvR 1696/98 – Stolpe, Orientierungssatz Nr. 1.

279 BVerfG-Beschluss vom 03.06.1980, Az.: 1 BvR 185/77 – Eppler, Leitsatz Nr. 1.

280 BVerfG-Beschluss vom 10.11.1998, Az.: 1 BvR 1531/96 – Scientology, Leitsatz Nr. 1.

281 BVerfG-Beschluss vom 03.06.1980, Az.: 1 BvR 797/78 – Böll, Orientierungssatz Nr. 1.

282 BVerfG-Urteil vom 30.01.2002, Az.: 1 BvL 23/96 – Familiendoppelnamen, Orientierungssatz 1b.

283 BVerfG-Urteil vom 13.02.2007, Az.: 1 BvR 421/05 – heimliche Vaterschaftstest, Leitsatz Nr. 1.

284 BVerfG-Beschluss vom 11. Oktober 1978, Az.: 1 BvR 16/72 – Transsexuelle I.

285 BVerfG-Urteil vom 05.06.1973, Az.: 1 BvR 536/72 – Lebach, Rz. 72; BVerfG-Urteil vom 01.07.1998, Az.: 2 BvR 441/90 u. a. – Arbeitspflicht im Strafvollzug, Rz. 49.

Überdies fällt hierunter der Schutz persönlicher Informationen, wie Krankenakten[286] und Tagebücher[287] oder die eigene Entscheidungsgewalt im Sinne des Rechts auf informationelle Selbstbestimmung.[288]

In Anbetracht der Thematik dieser Ausarbeitung sind nicht alle Teilaspekte des verfassungsrechtlichen APR relevant. Das verfassungsrechtliche APR in medienrechtlich relevanter Hinsicht setzt sich in erster Linie aus der Abschirmung der Privatsphäre sowie dem Recht am eigenen Bild, dem Recht am eigenen Wort und dem Schutz vor Verzerrung des Persönlichkeitsbildes zusammen.

b) Grundrechtskonkurrenzen

Andere Grundrechte weisen eine ähnliche Schutzrichtung wie das APR auf, sodass zu klären ist, welches Grundrecht maßgeblich ist.

aa) Brief-, Post- und Fernmeldegeheimnis, Art. 10 GG, Unverletzlichkeit der Wohnung, Art. 13 GG

Im Gegensatz zu seinem Ursprungsrecht, der allgemeinen Handlungsfreiheit des Art. 2 Abs. 1 GG, tritt das verfassungsrechtliche APR nicht immer zurück, wenn der Schutzbereich mit dem eines anderen Grundrechts zusammenfällt.[289] Speziellere Grundrechte gehen zwar auch dem APR vor,[290] wodurch sich der Schutzbereich des APR punktuell dort verkleinert, wo die spezielleren Grundrechte einschlägig sind. Das APR entfaltet jedoch als Auffangtatbestand weiterhin Wirkung im Hintergrund.[291] Ebenso verhält sich das APR in Konkurrenz zu der räumlichen Abschirmung der Wohnung nach Art. 13 Abs. 1 GG oder dem Schutz des telefonisch oder durch anderweitige Kommunikation übermittelten gesprochenen oder geschriebenen Wortes nach Art. 10 Abs. 1 GG.[292]

bb) Schutz der Familie, Art. 6 GG

Ähnlich gestaltet sich die Sachlage bei einem Zusammentreffen des verfassungsrechtlichen APR mit dem Schutz der Familie sowie dem elterlichen Erziehungsrecht

---

286 BVerfG-Urteil vom 08.03.1972, Az.: 2 BvR 28/71 – Ärztekartei, Leitsatz Nr. 1.

287 BVerfG-Beschluss vom 01.02.2006, Az.: 2 BvR 147/06, Orientierungssatz Nr. 2.

288 BVerfG-Beschluss vom 24.01.2012, Az.: 1 BvR 1299/05 – Bestandsdatenspeicherung, Orientierungssatz Nr. 2a.

289 *Stern*, Band IV/1, 301.

290 *Kunig*, Art. 2, Rz. 32.

291 *Stern*, Band IV/1, 189 f.; *Degenhart*, JuS 1992, 361 ff., 361, 368; Zwar schützt Art. 10 Abs. 1 GG vor technischen Abhörmaßnahmen, doch für den Schutz vor heimlichen Mithören eines Dritten muss auf Art. 2 Abs. 1 GG i. V. m. Art. 1 GG zurückgegriffen werden: BVerfG-Beschluss vom 09.10.2002, Az.: 1 BvR 1611/96, u. a. – Mithörvorrichtung, Leitsatz Nr. 3.

292 *Stern*, Band IV/1, 301, 304; *Gurlit*, 4 ff., 7.

aus Art. 6 GG. Das Familienleben ist das Sinnbild der Privatsphäre, somit verstärkt der Schutz des familiären Zusammenlebens den verfassungsrechtlichen Privatsphärenschutz.[293] Diese Verstärkung tritt insbesondere ein, wenn es darum geht, den privaten Umgang von Eltern mit Kindern an öffentlichen Orten vor der Dauerbelästigung durch Presseberichterstattungen zu schützen.[294] Die Bedeutung von Art. 6 GG für das Medienrecht wird in Teil 3 III dargelegt.

In manchen Anwendungsbereichen, z.B. bei der Eheschließungsfreiheit[295], ist Art. 6 GG das speziellere und damit das einzig anwendbare Grundrecht.[296] Lediglich ergänzend sei hier noch anzumerken, dass diese beiden Grundrechte sich auch dann in entgegengesetzter Richtung begegnen können, wenn das Kind und seine Eltern verschiedener Meinung sind. In diesem Fall muss das allgemeine Persönlichkeitsrecht des Kindes mit dem Elternrecht der Erziehungsberechtigten abgewogen werden.[297] Die rechtliche Beurteilung solcher Konflikte wird in Teil 11 behandelt.

c) Einschränkungen des verfassungsrechtlichen APR

Die Schranken eines Grundrechts definieren, in welchem Umfang oder zu welchem Zweck es begrenzt werden kann. Der Wortlaut des Art. 2 Abs. 1 GG präsentiert hierbei drei verschiedene Alternativen, eine sogenannte Schrankentrias. Danach können „die Rechte anderer", „die verfassungsmäßige Ordnung" und „das Sittengesetz" die Rechte aus Art. 2 Abs. 1 GG einschränken. Parallel zu dem weiten Schutzbereich der allgemeinen Handlungsfreiheit aus Art. 2 Abs. 1 GG eröffnet die Schrankentrias vielfältige Einschränkungsmöglichkeiten. Allein schon die „verfassungsmäßige Ordnung" umfasst „die Gesamtheit der Normen, die formell und materiell der Verfassung gemäß sind."[298] In dieser extensiven Formel geht die Bestimmung „der Rechte anderer" völlig auf, denn jedes Recht eines anderen, das in der Lage sein soll, Grundrechte einzuschränken, muss durch eine Rechtsnorm begründet sein und ist daher zwingend Teil der „verfassungsmäßigen Ordnung".[299] Somit ist diese zweite Schranke eine reine Leerformel, der höchstens noch eine klarstellende Funktion zugeschrieben werden kann.[300] Gleiches Schicksal ereilt das „Sittengesetz", das schon nach seinem Wortlaut in einer Gesetzesnorm zu finden

---

293 *Stern*, Band IV/1, 302.

294 BVerfG-Urteil vom 15.12.1999, Az.: 1 BvR 653/96 u. a. – Caroline II, Leitsatz 3. S. o. Teil 3 II. 4.

295 BVerfG, Beschluss vom 04. 05. 1971, Az.: 1 BvR 636/68; Familiennachzug: BVerfG-Urteil vom 12.05.1987, Az.: 2 BvR 1226/83 u. a. – Familiennachzug, Rz. 146.

296 *Stern*, Band IV/1, 303.

297 BVerfG-Beschluss vom 14.04.1978, Az.: 1 BvR 332/86 – Herausgabe eines Kindes, Rz. 55; *Jarass*, NJW 1989, 857 ff., 859.

298 BVerfG-Urteil vom 16.01.1957, Az.: 1 BvR 253/56 – Elfes, Leitsatz Nr. 3.

299 *Jarass*, NJW 1989, 857 ff., 861; *Stern*, Band IV/1, 266.

300 *Stern*, Band IV/1, 266.

sein muss und demnach ebenfalls zwingend Bestandteil der „verfassungsmäßigen Ordnung“ ist.[301]

Das verfassungsrechtliche APR stützt sich nicht alleine auf Art. 2 Abs. 1 GG, sondern wird durch Art. 1 GG verstärkt. In Bezug auf die Definition der Schranken eine problematische Konstellation, da die Menschenwürde als einziges Grundrecht keinerlei Beschränkungen unterliegt. Zweifelsfrei kann die Unberührbarkeit der Menschenwürde nicht auch für das gesamte verfassungsrechtliche APR gelten, doch stellt sich nun die Frage, wo in der Mitte dieser beiden Extreme – allen Rechtsnormen nach Art. 2 Abs. 1 GG oder einer völligen Unberührbarkeit nach Art. 1 GG – die formellen Voraussetzungen für die Einschränkung des verfassungsrechtlichen APR anzusiedeln sind.[302]

Dabei wird vertreten, die Schrankentrias anzuwenden, jedoch die Anforderungen an einschränkende Maßnahmen zu erhöhen, indem das verfassungsrechtliche APR bei der Abwägung mit der Eingriffshandlung besonders stark gewichtet wird.[303] Andere fordern in Anlehnung an Art. 2 Abs. 2 S. 3 GG nicht nur eine Rechtsnorm als Schrankenvoraussetzung, sondern ein formelles Parlamentsgesetz.[304]

Doch auch, wer sich für eine Anwendung der regulären Schrankentrias ausspricht, kann der besonderen Wertung des Art. 1 GG Ausdruck verleihen:[305] In materieller Hinsicht muss der Grundrechtseingriff verhältnismäßig sein. Kommt ein konkurrierendes Grundrecht ins Spiel, hat eine Abwägung aller Umstände des Einzelfalls stattzufinden. Dabei muss im Sinne praktischer Konkordanz die

---

301 *Jarass*, NJW 1989, 857 ff., 861; *Stern*, Band IV/1, 268.

302 *Kunig*, Art. 2, Rz. 30.

303 *Jarass*, NJW 1989, 857 ff., 861.

304 *Kunig*, Art. 2, Rz. 42; Dieser Meinung schien selbst die höchstrichterliche Rechtsprechung zeitweise zu folgen, siehe: BVerfG-Urteil vom 08.03.1972, Az.: 2 BvR 28/71 – Ärztekartei, Rz. 23. Jarass weist jedoch richtigerweise darauf hin, dass dabei auch ein Gleichklang mit den materiellen Schrankenanforderungen des Art. 2 Abs. 2 GG beabsichtigt gewesen sein könnte: *Jarass*, NJW 1989, 857 ff., 861. Auch für den Teilbereich der informationellen Selbstbestimmung wurde ein formelles Parlamentsgesetz als formelle Schrankenvoraussetzungen gefordert, welches zusätzlich dem Gebot der Normenklarheit und der Verhältnismäßigkeit genügen solle. Diese zwei Anforderungen sind jedoch im Ergebnis bei einem jeden Parlamentsgesetz zu beachten: BVerfG-Urteil vom 15.12.1983, Az.: 1 BvR 209/83 u. a. – Volkszählung, Leitsatz Nr. 2. *Starck*, Art. 2, Rz. 23 fordert zudem den Bestimmungen des Art. 80 Abs. 1 S. 2 GG zu genügen.

305 BVerfG-Urteil vom 31.01.1989, Az.: 1 BvL 17/87 – Kenntnis der eigenen Abstammung, Rz. 46; *Degenhart*, JuS 1992, 361 ff., 363 ff.; *Germann*, JURA 2010, 734 ff., 742; *Stern*, Band IV/1, 263. Überdies bleibt anzumerken, dass Gegenstimmen, die mit BVerfG-Rechtsprechung argumentieren, keinesfalls eine ständige Rechtsprechungspraxis, die zu einem Umdenken zwingen würde, vorlegen können.

größtmögliche Wirkung für beide Grundrechte erzielt werden.[306] Bei dieser Abwägung wird die durch die Menschenwürde begründete teilweise Unberührbarkeit des verfassungsrechtlichen APR beachtet, indem der Menschenwürdekern als uneinschränkbar beibehalten wird und nur außerhalb von diesem eine Verhältnismäßigkeitsprüfung stattfindet.[307] Diese Einstufung in verschiedene Eingriffsintensitäten mit verschiedenen Rechtsfolgen wird als Sphärentheorie bezeichnet.[308]

6. Zivilrechtliches APR

a) Inhalt des zivilrechtlichen APR

Auch für das zivilrechtliche APR haben sich in den Jahren durch die Judikatur Fallgruppen gebildet. Ebenso wie bei dem verfassungsrechtlichen APR sollen diese jedoch lediglich die Handhabung erleichtern. Eine inhaltliche Begrenzung wird dadurch nicht vorgenommen.[309]

Neben dem allgemeinen zivilrechtlichen Persönlichkeitsrecht existieren besondere zivilrechtliche Persönlichkeitsrechte. Sie heißen ‚besondere' Rechte, da sie im Gegensatz zum APR nur einen Teilbereich der Persönlichkeit schützen und zudem als positives Recht Eingang in gesetzliche Normierung gefunden haben. Das APR wird durch die besonderen Persönlichkeitsrechte verstärkt.[310] Durch ihren spezielleren Anwendungsbereich gehen sie dem APR vor,[311] auf dieses kann jedoch bei Bedarf zurückgegriffen werden.[312]

Das zivilrechtliche APR schützt die Ehre[313], das Recht auf Privatheit[314], das geschriebene[315] und gesprochene Wort,[316] das Recht am eigenen Bild unter Verstärkung durch §§ 22 ff. Kunsturhebergesetz (KUG)[317], sowie das eigene Lebensbild

306 *Klass* in: Westermann et al., Anh zu § 12, Rz. 5; *Degenhart*, JuS 1992, 361 ff., 363; *Jarass*, NJW 1989, 857 ff., 862. Näheres zur praktischen Konkordanz s. o. Teil 2 I. 2.

307 *Kunig*, Art. 2, Rz. 43.

308 Näheres zur Sphärentheorie s. u. Teil 4 I. 2. a).

309 *Klass* in: Westermann et al., Anh zu § 12, Rz. 24.

310 BGH-Urteil vom 18.03.1959, Az.: IV ZR 182/58 – Caterina Valente, Rz. 15; *Klass* in: Westermann et al., Anh zu § 12, Rz. 12.

311 BGH-Urteil vom 18.03.1959, Az.: IV ZR 182/58 – Caterina Valente, Rz. 15; *Ehmann* in: Canaris/ Heldrich, 613 ff., 663; *Klass* in: Westermann et al., Anh zu § 12, Rz. 167.

312 BGH-Urteil vom 18.03.1959, Az.: IV ZR 182/58 – Caterina Valente, Leitsatz Nr. 1; *Ehmann* in: Canaris/ Heldrich, 613 ff., 663.

313 BGH-Urteil vom 12.01.1960, Az.: I ZR 30/58 – Plagiatsvorwurf, Rz. 34 ff.; BVerfG-Beschluss vom 25.02.1993, Az.: 1 BvR 151/93 – Heinrich Böll, Leitsatz Nr. 2a.

314 BGH-Urteil vom 31.05.2012, Az.: I ZR 234/10 – Playboy am Sonntag, Rz. 31 ff.

315 OLG Braunschweig, Beschluss vom 24.11.2011, Az.: 2 U 89/11 – Veröffentlichungen von E-Mails durch Hyperlink in einem Online-Artikel, Leitsatz Nr. 1.

316 BGH-Urteil vom 10.03.1987, Az.: VI ZR 244/85 – BND-Interna, Rz. 14.

317 BGH-Urteil vom 14.02.1958, Az.: I ZR 151/56 – Herrenreiterfall, Rz. 18 ff.

vor ungewollter Auswertung oder Verzerrung in den Medien.[318] Als weitere besondere Persönlichkeitsrechte treten neben dem Recht am eigenen Bild der Schutz des Namens nach § 12 BGB und das für diese Ausarbeitung zu vernachlässigende Urheberpersönlichkeitsrecht gem. §§ 12 ff. UrhG hinzu.

Für die vorliegende Ausarbeitung nicht relevant, aber auch vom Anwendungsbereich des zivilrechtlichen APR umfasst, sind das Recht auf informationelle Selbstbestimmung[319] und das Grundrecht auf Gewährleistung der Vertraulichkeit und Integrität informationstechnischer Systeme.[320]

b) *Kommerzielle Persönlichkeitsrechte*

Das zivilrechtliche APR enthält neben ideellen auch kommerzielle Bestandteile.[321] Diese erkennen an, dass die Schaffung eines Lebenswerkes, egal ob durch besondere Begabung in Beruf oder Kunst oder durch herausragendes Geschick im Umgang mit den Medien, auf einer Eigenleistung beruht, die im Sinne einer selbst erschaffenen Vermögensposition zu schützen und vor unbefugter Auswertung durch andere zu bewahren ist. Sind kommerzielle Bestandteile des Persönlichkeitsrechts verletzt, kann deren finanzieller Ausgleich verlangt werden, ohne dass es – wie bei ideellen Bestandteilen – einer schweren Persönlichkeitsrechtsverletzung bedarf.[322] Kommerzielle Bestandteile existieren nicht nur bei Persönlichkeitsrechten prominenter Personen. Sobald ein Bildnis ohne Berechtigung kommerziell genutzt wird, entsteht ein entschädigungsfähiger Anspruch, egal ob das Bildnis an sich kommerziell verwertbar gewesen wäre.[323] Im Gegensatz zu den ideellen Bestandteilen sind diese kommerziellen Bestandteile übertragbar und auch vererblich.

Die kommerziellen Bestandteile des zivilrechtlichen APR sind nicht vom verfassungsrechtlichen APR umfasst.[324] Daher stellt sich die Frage, ob sie unter den Schutzbereich eines anderen Grundrechts, insbesondere der Eigentumsgarantie, Art. 14 GG, zu stellen sind. Obwohl die vermögenswerten Persönlichkeitsbestandteile

---

318 OLG München, Beschluss vom 14.09.2007, Az.: 18 W 1902/07 – Persönlichkeitsrechtsverletzung bei der Verfilmung eines zeitgeschichtlichen Themas, Rz. 17 ff.

319 BGH-Urteil vom 23.06.2009, Az.: VI ZR 196/08 – spickmich.de, Rz. 27 ff.

320 BVerfG-Urteil vom 27.02.2008, Az.: 1 BvR 370/07 – Online-Durchsuchung, Leitsatz Nr. 1; *Roßnagel/ Schnabel*, NJW 2008, 3534 ff.

321 BGH-Urteil vom 14.02.1958, Az.: I ZR 151/56 – Herrenreiter, Rz. 19; BGH-Urteil vom 01.12.1999, Az.: I ZR 49/97 – Marlene Dietrich, Leitsatz Nr. 1; BGH-Urteil vom 05.10.2006, Az.: I ZR 277/03 – kinski-klaus.de, Leitsatz Nr. 2; BGH-Urteil vom 31.05.2012, Az.: I ZR 234/10 – Playboy am Sonntag, Leitsatz. Rechtsvergleichende und strukturelle Überlegungen hierzu finden sich bei *Büchler*, AcP 2006, 300 ff., 320 ff.

322 BGH-Urteil vom 01.12.1999, Az.: I ZR 49/97 – Marlene Dietrich, Leitsatz Nr. 1

323 BGH Urteil vom 26.10.2006, Az.: I ZR 182/04 – Rücktritt des Finanzministers, Leitsatz 1.

324 *Klass* in: Westermann et al., Anh zu § 12, Rz. 16.

schon in reichsgerichtlicher Rechtsprechung wiederzufinden sind, ist diese Problematik heute dogmatisch, aber auch wirtschaftlich relevanter denn je, denn die Persönlichkeitsvermarktung hat ein nie da gewesenes Ausmaß erreicht.[325] Dies betrifft nicht mehr nur prominente Personen. Die digitale Technik und die Verbreitung sozialer Medien es auch mit geringem Aufwand eine hohe Breitenwirkung zu erzielen. Insbesondere die bei Jugendlichen beliebten bildorientierten soziale Medien wie Instagram oder YouTube führen dazu, dass Nutzerprofile oftmals minderjähriger Teilnehmer hohe Popularität und Klickzahlen erlangen können, wodurch mit diesem durch Selbstdarstellung erzieltem Bekanntheitsgrad ein monetarisierbarer Marktwert erzielt werden kann, der insbesondere für Produktplatzierungen interessant ist.[326] Die oftmals als Kritik geäußerte Feststellung, dass in der heutigen Gesellschaft mediale Aufmerksamkeit mit gesellschaftlichem und wirtschaftlichem Erfolg gleichgesetzt wird,[327] kann sich auf diesem Wege bewahrheiten.

Von Literatur und Rechtsprechung weitgehend unbemerkt werden auch die Persönlichkeitsdaten von Internetnutzern immer mehr zu einer kommerzialisierten Ware.[328] Denn die viel gescholtene ‚Kostenlos'-Mentalität der Internetgeneration führt dazu, dass insbesondere Internetunternehmen zwar kein Geld, aber die Nutzerdaten als Entgelt für die Inanspruchnahme einer Leistung verlangen. So ist entweder eine Registrierung unter Angabe von Identitätsdaten notwendig, die den Nutzer wiederum zu einem wertvollen Rezipienten für Werbung macht. Oder die Nutzung wird davon abhängig gemacht, dass der Nutzer dem Unternehmen die Rechte an den hochgeladenen oder durch den Internetservice erst erzeugten Inhalten überträgt, sodass das Unternehmen diese kommerziell verwerten kann. Diese Inhalte sind in der Regel ebenfalls persönlichkeitsrelevant, nämlich Bildnisse, Statements oder sogar ganze Persönlichkeitsprofile mit Lebenslauf und Aufenthaltsdaten.[329]

Beachtet man, dass eine Grundregel unseres Rechtssystems besagt, dass niemand unberechtigterweise Vermögenswerte eines anderen nutzen können soll,[330]

---

325 *Helle*, Rabels Zeitschrift für ausländisches und internationales Privatrecht 1996, 448 ff., 13 f.; *Ladeur*, NJW 2004, 393 ff., 394 schlägt deswegen vor, in Anlehnung an das amerikanische Recht zwischen einem Schutz der Persönlichkeit (right of privacy) und einem Schutz der exklusiven Vermarktungsrechte an der Persönlichkeit (right of publicity) zu unterscheiden.

326 *Timm*, styleranking.de (2015), berichtet, dass 65 % der befragten Modeblogger mit ihrer Internetpräsenz Geld verdienen. Jeder zwanzigste Studienteilnehmer kann von den Einnahmen sogar seinen Lebensunterhalt bestreiten. Lediglich ein Prozent der befragten Blogger gab an, nicht darauf abzuzielen in Zukunft Geld zu verdienen.

327 *Frotscher*, 66 f.

328 *Pfeifer*, JZ 2013, 853 ff., 855.

329 Bisher wird diese Problematik unter dem Gesichtspunkt des Datenschutzes diskutiert.

330 Dieser Rechtsgedanke wird unter anderem in §§ 812 ff. BGB oder § 1 UWG zum Ausdruck gebracht.

erscheint es widersprüchlich, dass der hart erarbeitete und buchstäblich geldwerte Marktwert[331] eines kommerziell genutzten Persönlichkeitsbildes nicht verfassungsrechtlich geschützt wird.[332]

Als Begründung für diese Auffassung wird der „Blaue Engel" – Nichtannahmebeschluss des BVerfG angeführt, der festlegt, dass die vermögenswerten Bestandteile des zivilrechtlichen postmortalen Persönlichkeitsrechts nicht in den Schutzbereich des verfassungsrechtlichen Persönlichkeitsrechtes fallen.[333] Dies leuchtet ein, denn das verfassungsrechtliche postmortale Persönlichkeitsrecht wird lediglich auf die Menschenwürde, Art. 1 Abs. 1 GG zurückgeführt.[334] Der Schutzbereich der Menschenwürde umfasst den Kernbereich der menschlichen Existenz. Vor diesem Hintergrund ist es eine nachvollziehbare Annahme, Randbereiche des Persönlichkeitsschutzes, wie lediglich vermögenswerte Bestandteile einer bereits verstorbenen Person, nicht mehr unter den Schutzbereich der Menschenwürde zu stellen, da sie eben keine existentielle Bedrohung eines menschenwürdigen Lebens darstellen.

Dennoch ist es fehlerhaft, aufgrund dieses Nichtannahmebeschlusses darauf zu schließen, dass das BVerfG kommerzielle Persönlichkeitsrechte als nicht verfassungsrechtlich geschützt einstuft. Denn zum einen bezog sich der Beschluss ausdrücklich auf das postmortale Persönlichkeitsrecht, das unbestrittener Maßen geringer ausfallen muss, als das Persönlichkeitsrecht Lebender.[335]

Zum anderen sind verfassungsrechtliches und zivilrechtliches Persönlichkeitsrecht voneinander unabhängig. Die Vorgaben des verfassungsrechtlichen Persönlichkeitsrechts können auch mit einem anderen zivilrechtlichen Rechtsinstitut als dem zivilrechtlichen Persönlichkeitsrecht umgesetzt werden.[336] Parallel dazu darf das zivilrechtliche Persönlichkeitsrecht andere Themenbereiche umfassen, als das verfassungsrechtliche APR – und diese können unter den Schutzbereich anderer Grundrechte fallen.[337]

Es ist nicht ersichtlich, wieso ein erarbeiteter Status, der einen finanziell messbaren Marktwert aufweisen kann, wie die kommerziellen Persönlichkeitsrechte, nicht unter die Eigentumsgarantie des Art. 14 GG fallen sollte.[338] Selbst das BVerfG

---

331 *Schubert*, AfP 2007, 20 ff., 20.

332 BGH-Urteil vom 26.10.2006, Az.: I ZR 182/04 – Rücktritt des Finanzministers, Rz. 21; BGH-Urteil vom 05.06.2008, Az.: I ZR 223/05 – Dieter Bohlen, Orientierungssatz 1, Rz. 15; BGH-Urteil vom 05.06.2008, Az.: I ZR 96/07 – Zerknitterte Zigarettenschachtel, Rz. 18; *Schubert*, AfP 2007, 20 ff., 22.

333 BVerfG-Beschluss vom 22.08.2006, Az.: 1 BvR 1168/04 – Blauer Engel, Orientierungssatz 1c. Auf diesen Beschluss verweist unter anderem BGH-Urteil vom 05.06.2008, Az.: I ZR 223/05 – Dieter Bohlen, Rz. 15.

334 S. u. Teil 3 II. 7.

335 *Helle*, AfP 2010, 531 ff., 533.

336 S. o. Teil 3 II. 3.

337 *Alexander*, AfP 2008, 556 ff., 560, *Helle*, AfP 2010, 531 ff., 534.

338 *Götting*, 139 f.; Rz. 28; *Helle*, AfP 2010, 531 ff., 534; *Ernst-Moll*, GRUR 1996, 558 ff., 562; *Klüber*, 40.

sprach in einer aktuellen Entscheidung diese Möglichkeit an, ließ die Entscheidung aber im Ergebnis (noch) offen.[339]

Solange es um die Erarbeitung oder Erhaltung des Status ginge, wäre konsequenterweise die Berufsfreiheit, Art. 12 GG, als einschlägiges Grundrecht zu prüfen.[340]

Nur weil das Persönlichkeitsrecht auch eine ideelle Komponente hat, muss der kommerziellen Seite nicht der Verfassungsschutz versagt bleiben. Auch das Urheberrecht kennt mit dem Urheberpersönlichkeitsrecht einen ideellen Aspekt. Nichtsdestotrotz steht die kommerzielle Seite des Urheberrechts als geistiges Eigentum unstreitig unter dem Schutz des Art. 14 GG.[341]

In der bisher ergangenen BGH-Rechtsprechung wurde eine grundrechtliche Verankerung der vermögensrechtlichen Bestandteile allerdings weder anerkannt noch näher diskutiert. Besonders die Rechtsprechung zu satirisch-spöttischer Werbung, bei der in drei zeitlich nah aufeinanderliegenden Urteilen der Meinungsfreiheit der Werbetreibenden der Vorrang vor den kommerziellen Persönlichkeitsrechten der betroffenen Prominenten zugesprochen wurde, legte den Schluss nahe, dass eine Abwägung der konkreten entgegenstehenden Güter und Interessen nicht stattfinde, da schon auf abstrakter Ebene für die vermögenswerten Bestandteile kein Grundrecht streite.[342] Daraus wäre zu folgern, dass kommerzielle Persönlichkeitsrechte immer hinter der Meinungsfreiheit zurückzustehen hätten. Nur, wenn zusätzlich ideelle Persönlichkeitsrechte verletzt sind[343], findet eine Abwägung statt.

Zugegebenermaßen fiel die Abwägung in den oben angesprochenen Urteilen unter Verweis auf den fehlenden Grundrechtsschutz kurz aus, sodass der Eindruck entstehen konnte, sie fehle ganz.[344] Doch beriefen sich die Urteile sehr wohl

339 BVerfG-Beschluss vom 05.03.2009, Az.: 1 BvR 127/09 – Fernsehköchin, Orientierungssatz 1a, Rz. 11 ff.

340 *Helle*, AfP 2010, 531 ff., 536.

341 Solch ein Nebeneinanderstehen von Eigentum und persönlichkeitsrechtlichen Interessen hat das BVerfG bspw. schon mit Blick auf das Urheberrecht angenommen: BVerfG-Beschluss vom 23.01.1990, Az.: 1 BvR 306/86 – Bob Dylan, Rz. 39 ff., 49 ff.; *Helle*, AfP 2010, 531 ff., 534.

342 *Ehmann*, AfP 2007, 81 ff., 82; *Alexander*, AfP 2008, 556 ff., 562.

343 Im Falle der Werbemaßnahmen wird dies angenommen, wenn kein öffentlicher Informationswert der Aussage gegeben ist, d.h. keine satirisch-spöttische Auseinandersetzung mit einem in der öffentlichen Diskussion stehendem Thema stattfindet. Oder, wenn das Persönlichkeitsbild des Dargestellten lächerlich gemacht oder verzerrt wird, indem der Anschein erweckt wird, dass der Betroffene sich mit dem Produkt identifiziert. Siehe u. a. BGH-Urteil vom 05.06.2008, Az.: I ZR 96/07 – Zerknitterte Zigarettenschachtel, Rz. 18.

344 BGH-Urteil vom 26.10.2006, Az.: I ZR 182/04 – Rücktritt des Finanzministers, Rz. 21; BGH-Urteil vom 05.06.2008, Az.: I ZR 96/07 – Zerknitterte Zigarettenschachtel, Rz. 18 f. BGH-Urteil vom 05.06.2008, Az.: I ZR 223/05 – Dieter Bohlen, Rz. 15 ff.; BGH-Urteil vom 05.10.2006, Az.: I ZR 277/03 – kinski-klaus.de, Rz. 14 betont die

auf eine Abwägung, was grundrechtsdogmatisch auch völlig richtig ist, denn die Schrankentrias des Art. 5 Abs. 2 GG eröffnet auch einfachgesetzlichem Recht die Möglichkeit, unter Berücksichtigung der Wechselwirkungslehre einschränkend auf die Meinungsfreiheit zu wirken.[345]

Konsequenterweise fand solch eine Abwägung in einem aktuellen BGH-Urteil nicht nur statt, sie fiel sogar zugunsten der – dort als einfachrechtlich eingestuften – vermögenswerten Bestandteile aus:

> *„Im Übrigen erweist sich das Berufungsurteil im Ergebnis auch dann als richtig, wenn nur der einfachgesetzliche Schutz des vermögenswerten Bestandteils des Persönlichkeitsrechts des Klägers bei der Abwägung zugrunde gelegt wird. Denn die werbliche Vereinnahmung des Klägers für das Blatt der Beklagten hat ein ganz erhebliches Gewicht... Vor diesem Hintergrund kommt der durch Art. 5 Abs. 1 Satz 2 GG und Art. 10 EMRK geschützten Presse- und Meinungsäußerungsfreiheit im Streitfall kein überwiegendes Gewicht zu. Das Informationsinteresse der Öffentlichkeit hat hinter dem vermögensrechtlichen Bestandteil des Persönlichkeitsrechts des Klägers zurückzustehen.“*[346]

Satirische Äußerungen und Karikaturen sind oft der Meinungs- und nicht der Kunstfreiheit zu zuordnen.[347] Sollte jedoch die Kunstfreiheit eröffnet sein, dann führt die Ansicht, dass kommerziellen Persönlichkeitsrechten der grundrechtliche Schutz versagt bleiben soll, tatsächlich dazu, dass die Kunstfreiheit immer den Vorrang erhält, ohne dass eine Abwägung stattfindet. Denn die Kunstfreiheit unterliegt nur den verfassungsimmanenten Schranken. Fehlt eine verfassungsrechtliche Verankerung der vermögenswerten Bestandteile, können diese nicht im Rahmen von konkurrierenden Grundrechten berücksichtigt werden.

Obwohl auch jetzt schon richtigerweise eine Abwägung stattfindet, hätte eine Rechtsprechungsreform, die die verfassungsrechtliche Verankerung der vermögenswerten Bestandteile ausdrücklich anerkennt, große Konsequenzen.

Zum einen würden Entscheidungen zugunsten des Persönlichkeitsrechts wahrscheinlicher, denn auf der ersten abstrakten Abwägungsstufe herrschte ein Gleichgewicht zwischen den sich gegenüberstehenden Grundrechten. Aktuell überwiegt die Meinungsfreiheit schon auf abstrakter Abwägungsebene den als nur einfachrechtlich normiert eingestuften Persönlichkeitsrechtsschutz. Daher bedarf es auf

---

Notwendigkeit einer sorgfältigen Abwägung für das postmortale kommerzielle Persönlichkeitsrecht.

345 *Alexander*, AfP 2008, 556 ff., 562.

346 BGH-Urteil vom 31.05.2012, Az.: I ZR 234/10 – Playboy am Sonntag, Rz. 38 ff. Die vermögenswerten Bestandteile überwogen hier die Meinungsfreiheit, da der Kläger als Werbefigur vereinnahmt wurde. Überdies fehlte es an einem satirisch-spöttischen Bezug zu einem aktuellen gesellschaftsrelevanten Ereignis, so dass auch kein öffentlicher Informationswert zu Gunsten der Werbetreibenden stritt.

347 Teil 3 IV. 3. d).

konkreter Ebene gewichtiger Gründe, um dieses Ungleichgewicht wieder zu beheben.

Zum anderen könnte auch eine künstlerische Nutzung kommerzieller Persönlichkeitsbestandteile erfolgreich angegriffen werden. Die Kunstfreiheit wird nur von verfassungsimmanenten Schranken, wie kollidierenden Grundrechten begrenzt. Solange die vermögenswerten Persönlichkeitsrechte ohne Verfassungsschutz sind, fände eine Abwägung gegen die Kunstfreiheit gar nicht erst statt.[348]

Zwei der oben angesprochenen satirischen Werbungen wurden erfolglos zum Gegenstand von Individualbeschwerden vor dem EGMR gemacht.[349] Der EGMR bestätigte das Abwägungsergebnis des BGH insbesondere im Hinblick auf die klar erkennbare satirische Ausrichtung der Werbung und die unbestreitbare Prominenz der betroffenen Beschwerdeführer.

c) Einschränkungen des zivilrechtlichen APR

Durch die Verankerung im Deliktsrecht können allgemeine Rechtfertigungsgründe die Rechtswidrigkeit eines Eingriffs in das zivilrechtliche APR entfallen lassen.[350] Allen voran ist hierbei die Einwilligung des Betroffenen zu nennen.[351]

Nicht jeglicher Eingriff in das zivilrechtliche APR kann unterbunden oder womöglich mit einem Schadensersatzanspruch gerügt werden. Hierfür muss der Eingriff rechtswidrig sein. Die Rechtswidrigkeit wird bei einem Rahmenrecht, wie dem zivilrechtlichen APR nicht wie bei den sonstigen Fallgruppen des Deliktsrechts indiziert, sondern muss innerhalb einer umfassenden Interessen- und Güterabwägung nachgewiesen werden,[352] bei der im Rahmen der mittelbaren Drittwirkung auch Grundrechte, wie das verfassungsrechtliche APR, Einfluss nehmen.[353]

7. Postmortaler Persönlichkeitsrechtsschutz

Der Schutz der Persönlichkeit endet nicht mit dem Tode. Dies ist kein selbstverständlicher Gedanke, da die Persönlichkeit mit dem Ableben ihres Trägers unzweifelhaft nicht mehr ausgeübt und daher auch nicht mehr verletzt werden kann.[354] Dennoch wirkt das Lebensbild oder auch das Image, das der Verstorbene durch seine Lebensweise begründete, fort. Die Menschenwürde ist zu bedeutend, um sie mit dem Tode des Trägers enden zu lassen.[355] Auch bei moralischer Betrachtung

---

348 *Ehmann*, AfP 2007, 81 ff., 82.

349 EGMR, Az.: 53649/09 – Ernst August von Hannover ./. Deutschland; EGMR, Az.: 53495/09 – Dieter Bohlen ./. Deutschland.

350 *Klass* in: Westermann et al., Anh zu § 12, Rz. 228.

351 Näheres zur Einwilligung s. u. Teil 5.

352 *Degenhart*, JuS 1992, 361 ff., 364.

353 Zur Systematik dieser Abwägung s. u. Teil 4 I. 1. ff.

354 *Kunig*, Art. 2, Rz. 39.

355 BVerfG-Urteil vom 24.02.1971, Az.: 1 BvR 435/68 – Mephisto, Rz. 60.

scheint es angebracht, den Respekt, der einem jedem Lebenden gegenüber geschuldet ist, dem Andenken eines Verstorbenen nicht zu versagen.

Der verfassungsrechtliche Persönlichkeitsrechtsschutz findet seine Rechtsgrundlage ausschließlich in Art. 1 Abs. 1 GG, denn die Berufung auf die allgemeine Handlungsfreiheit aus Art. 2 Abs. 1 GG setzt eine tatsächlich noch handlungsfähige Person voraus.[356] Dadurch bedarf es immenser Verletzungen des Persönlichkeitsrechts, die den Unwertgehalt einer Menschenwürdeverletzung erreichen, um postmortalen verfassungsrechtlichen Schutz zu beanspruchen.[357]

Geschützt wird „der allgemeine Achtungsanspruch, der dem Menschen kraft seines Personseins zusteht, zum anderen der sittliche, personale und soziale Geltungswert, den die Person durch ihre eigene Lebensleistung erworben hat."[358]

Mit zunehmendem Zeitablauf verblasst die Erinnerung an Verstorbene und auch deren nächste Angehörige sterben nach und nach. Parallel dazu verringert sich auch die Schutzbedürftigkeit des Ansehens des Verstorbenen. Da die Menschenwürde auch nach dem Tode des Trägers keiner Abwägung offen steht, wird zu einem anderen Instrument gegriffen, um diese abnehmende Schutzbedürftigkeit abzubilden. Demnach wird der Schutzbereich der postmortalen Menschenwürde geringer, je länger der Tod des Trägers schon zurückliegt.[359]

Das zivilrechtliche postmortale Persönlichkeitsrecht reicht weiter als das verfassungsrechtliche, da es auch die kommerziellen Interessen Hinterbliebener oder sonstiger Erben des Verstorbenen mit umfasst.[360] Abgesehen davon ähnelt die geforderte Qualität des Eingriffs in das zivilrechtliche postmortale Persönlichkeitsrecht den hohen Anforderungen des verfassungsrechtlichen Schutzes, da nur schwere Eingriffe in das postmortale Persönlichkeitsrecht erfolgreich geltend gemacht werden können.[361] Somit ist auch der zivilrechtliche postmortale Schutz beschränkter, als der Schutz der Persönlichkeit eines Lebenden. Zwar soll das Ansehen des Verstorbenen vor Verfälschung geschützt werden, doch muss eine kritische Auseinandersetzung mit dem Leben und Werk des Betroffenen möglich sein.[362] Konsequenterweise gilt das Recht am Namen nach § 12 BGB mit dem Tode des Namensträgers als erloschen.[363]

In § 22 S. 3 KUG ist ein zehnjähriger postmortaler Persönlichkeitsschutz geregelt, der die Entscheidungsgewalt über eine Bildnisveröffentlichung gemäß § 22

356 BGH-Urteil vom 16.09.2008, Az.: VI ZR 244/07 – Ehrensache, Rz. 16; *Germann*, JURA 2010, 734 ff., 741; *Kunig*, Art. 2, Rz. 39.

357 *Jarass*, NJW 1989, 857 ff., 859 f.

358 BVerfG-Urteil vom 22.08.2006, Az.: 1 BvR 1168/04 – Blauer Engel, Rz. 25.

359 BVerfG-Urteil vom 24.02.1971, Az.: 1 BvR 435/68 – Mephisto, Rz. 95; *Klass* in: Westermann et al., Anh zu § 12, Rz. 70.

360 BVerfG-Urteil vom 22.08.2006, Az.: 1 BvR 1168/04 – Blauer Engel, Orientierungssatz 1b, c.

361 *Helle*, AfP 2010, 531 ff..

362 BGH-Urteil vom 05.10.2006, Az.: I ZR 277/03 – kinski-klaus.de, Leitsatz Nr. 2a.

363 BGH-Urteil vom 05.10.2006, Az.: I ZR 277/03 – kinski-klaus.de, Leitsatz Nr. 1.

S. 4 KUG den Ehegatten, Lebenspartner, Kindern oder Eltern des Verstorbenen zuspricht. Abgesehen davon findet sich für den zivilrechtlichen postmortalen Persönlichkeitsrechtsschutz ebenso wenig eine gesetzliche Normierung wie für den zivilrechtlichen Persönlichkeitsrechtsschutz der Lebenden.

Bei der Berichterstattung über verstorbene Minderjährige sind keine Besonderheiten zu beachten. Der Grund für eine Verstärkung des Privatsphärenschutzes von lebenden Minderjährigen wird in der Entwicklungsbedürftigkeit ihrer Persönlichkeit gesehen. Sind Minderjährige – unglücklicherweise – verstorben, ist die Entwicklung ihrer Persönlichkeit beendet und muss somit nicht mehr vor entwicklungsbeeinträchtigenden Einflüssen geschützt werden. Daher ist für eine Verstärkung des postmortalen Persönlichkeitsschutzes nach Vorbild des Persönlichkeitsschutzes der Lebenden kein Bedarf.[364]

Ebenso wie das zivilrechtliche Persönlichkeitsrecht der Lebenden kennt auch das postmortale zivilrechtliche Persönlichkeitsrecht eine Aufspaltung in ideelle und kommerzielle Bestandteile des Schutzes.

Der Schutzbereich der ideellen Bestandteile entspricht dem verfassungsrechtlichen postmortalen Persönlichkeitsschutz. Die ideellen Bestandteile sind „unauflöslich an die Person ihres Trägers gebunden und als höchstpersönliche Rechte unverzichtbar und unveräußerlich, also nicht übertragbar und nicht vererblich".[365] Sie bestehen nach dem Tode fort und können in Anlehnung an § 22 S. 4 KUG von den Angehörigen des Verstorbenen geltend gemacht werden. Ihre Aufgabe ist es, das Ansehen des Verstorbenen zu wahren. Die möglichen Rechtsfolgen sind auf Unterlassung, Beseitigung und Widerruf beschränkt. Ein Schadensersatzanspruch scheidet aus, denn das Ziel, eine Genugtuung für den Dargestellten zu sein, kann nach dessen Ableben nicht mehr erfüllt werden.[366]

Kommerzielle Bestandteile umfassen den Marktwert der Persönlichkeit des Verstorbenen und dessen wirtschaftliche Verwertbarkeit, z. B. zu Werbezwecken. Sie gelten als übertragbar und demnach auch als vererblich nach § 1922 ff. BGB. Da gerade das vermögenswerte Persönlichkeitsbild des Verstorbenen vor unberechtigter Ausnutzung durch Dritte geschützt werden soll, ist die Schadensersatzklage zulässiges Mittel der Rechtsverfolgung.[367] Allerdings spielen auch hier die ideellen Bestandteile des postmortalen Persönlichkeitsschutzes weiterhin eine Rolle, denn eine Vermarktung des Lebensbildes des Verstorbenen durch seine Erben, die dem

---

364 BVerfG-Beschluss vom 19.12.2007, Az.: 1 BvR 1533/07– Ehrensache, Rz. 16; BGH Versäumnisurteil vom 16.09.2008, Az.: VI ZR 244/07 – Ehrensache, Rz. 21; a. A. OLG Hamm, Beschluss vom 05.04.2006, Az.: 3 W 22/06 – Ehrensache, Rz. 9.

365 BGH-Urteil vom 01.12.1999, Az.: I ZR 49/97 – Marlene Dietrich, Rz. 53.

366 BGH-Urteil vom 04.06.1974, Az.: VI ZR 68/73 – Fiete Schulze, Leitsatz Nr. 1, 2; BGH-Urteil vom 06.12.2005, Az.: VI ZR 265/04 – Keine Geldentschädigung bei Verletzung des postmortalen Persönlichkeitsschutzes, Leitsatz Nr. 1, Rz. 11 ff.

367 *Klass* in: Westermann et al., Anh zu § 12, Rz. 74.

mutmaßlichen oder geäußerten Willen des Verstorbenen widerspricht, ist unzulässig.[368]

Parallel zu den unterschiedlichen Schutzzwecken unterscheidet sich auch der Wahrnehmungsberechtigte. Während die ideellen Bestandteile von den nächsten Angehörigen geltend gemacht werden können, steht die Betreuung der kommerziellen Bestandteile des postmortalen Persönlichkeitsrechts den Erben zu.[369] Abgesehen davon kann auch der Dargestellte selbst die Wahrnehmung seiner postmortalen Rechte beeinflussen, indem er eine transmortale, also über den Tod hinaus wirksame, Vollmacht ausspricht. Diese Vollmacht gilt als Einwilligung i. S. d. § 22 S. 1 KUG, sodass die Regelung des § 22 S. 4 KUG gar nicht erst bemüht werden muss.[370]

Die Schutzdauer der kommerziellen Bestandteile des postmortalen zivilrechtlichen Persönlichkeitsschutzes hat der BGH in Anlehnung an die Normierung des KUG auf zehn Jahre begrenzt.[371] Die ideellen Bestandteile unterliegen hingegen keiner solchen starren Begrenzung. Wegen ihrer starken Anknüpfung an die Menschenwürde ist – parallel zum verfassungsrechtlichen postmortalen Persönlichkeitsschutz – von einem dauerhaften Schutz auszugehen, dessen Schutzbereich mit der Zeit abnimmt.[372] Jedenfalls müssen die ideellen Bestandteile als Grundlage der kommerziellen Bestandteile mindestens so lange wie diese geschützt werden, also mindestens zehn Jahre nach dem Tod des Rechtsträgers.[373]

Daneben können Behauptungen über einen Verstorbenen auch eine eigene Persönlichkeitsrechtsverletzung Hinterbliebener bedeuten, wenn sie dadurch unmittelbar in ihrer eigenen Persönlichkeit verletzt werden. Dies ist der Fall, wenn negative Aussagen über einen verstorbenen Sohn auch die Erziehung oder Lebensweise der Eltern betreffen.[374] Solch ein Rückschluss soll nur dann möglich sein, wenn der Verstorbene zum Todeszeitpunkt unter 21 Jahren und damit jugendlichen Alters war, da nur dann noch eine Erziehungsbedürftigkeit und ein daraus folgendes Fehlverhalten der Eltern angenommen werden könne.[375] Für eine unmittelbare Verletzung des Persönlichkeitsrechts der Hinterbliebenen ist Voraussetzung, dass in der Berichterstattung in irgendeiner Weise auch auf sie eingegangen wird.

---

368 *Ehmann*, JURA 2011, 437 ff., 443; *Klass* in: Westermann et al., Anh zu § 12, Rz. 16.

369 *Rixecker*, Anh zu § 12, Rz. 36 f.; Für die kommerziellen Bestandteile: BGH-Urteil vom 01.12.1999, Az.: I ZR 49/97 – Marlene Dietrich, Leitsatz Nr. 2.

370 *Müller*, ZUM 2002, 202 ff., 203.

371 BGH-Urteil vom 05.10.2006, Az.: I ZR 277/03 – kinski-klaus.de, Leitsatz Nr. 2b.

372 BGH-Urteil vom 08.06.1989, Az.: I ZR 135/87 – Emil Nolde, Rz. 34.

373 BGH-Urteil vom 01.12.1999, Az.: I ZR 49/97 – Marlene Dietrich, Leitsatz Nr. 2.

374 *Rixecker*, Anh zu § 12, Rz. 34; BGH-Urteil vom 05.03.1974, Az.: VI ZR 89/73 – Todesgift, GRUR 1974, 794, 795.

375 BGH-Urteil vom 15.02.1969, Az. VI ZR 241/67, Rz. 20, LG Heilbronn vom 25.09.2001, Az. 3 O 713/01 III – Schmerzensgeldanspruch der Eltern bei Berichterstattung über den Tod des volljährigen Kindes, Orientierungssatz Nr. 2.

Davon zu unterscheiden ist das von der Rechtsprechung anerkannte Recht, in der Trauer alleingelassen zu werden, was als Teil der Privatsphäre angesehen wird und bei dem Versterben von Familienangehörigen durch Art. 6 Abs. 1 GG verstärkt wird.[376] Dieses berechtigt zur Abwehr von Berichten über den Trauerprozess und über die Gefühle der Hinterbliebenen.

Dass Trauernde ein Recht darauf haben, alleine gelassen zu werden, dürfte außer Frage stehen. Allerdings haben einzelne Gerichte die Grenzen dieses Rechts überdehnt, indem sie aus dem Recht auf ungestörte Trauer, ein Verbot der identifizierenden Berichterstattung über Verstorbene gemacht haben.[377] Zwar ist richtig, dass eine die Identifizierung ermöglichende Berichterstattung auch Auswirkungen auf das Leben und den Trauerprozess der Hinterbliebenen haben wird. Reflexwirkungen der Berichterstattung, wie persönliche Bestürzung der Angehörigen oder negative Reaktionen der Umwelt, die von dem Verwandtschaftsverhältnis wissen, sind jedoch lediglich mittelbare Rechtsverletzungen, die für eine

376 OLG Jena, Urteil vom 31.03.2005, Az.: 8 U 910/04 – Recht auf ungestörte Trauer um den Tod eines Kindes, Leitsatz Nr. 1, Rz. 12, 14; LG Düsseldorf, Urteil vom 27.10.2010, Az.: 12 O 309/10 – Interview mit Hinterbliebenem eines Unfallopfers – Loveparade, Orientierungssatz Nr. 1, Rz. 17.

377 OLG Dresden, Urteil vom 12.07.2011, Az.: 4 U 188/11 u. a. – Geldentschädigung wegen einer Presseberichterstattung über den Suizid eines Kindes eines ehemaligen Landesministers, Leitsatz Nr. 1; OLG Jena, Urteil vom 31.03.2005, Az.: 8 U 910/04 – Recht auf ungestörte Trauer um den Tod eines Kindes, Rz. 15. Das Gericht betont allerdings in Rz. 9, dass bislang höchstrichterliche Rechtsprechung fehle. Diese erging 9 Monate später mit dem BGH-Urteil vom 06.12.2005, Az.: VI ZR 265/04 – Keine Geldentschädigung bei Verletzung des postmortalen Persönlichkeitsschutzes, Rz. 21 ff., vor diesem Hintergrund hätte das OLG Jena womöglich anders entschieden. Besonders fehlgehend ist die Entscheidung des OLG Düsseldorf vom 21.10.1998, Az.: 15 U 232/97 – Bildveröffentlichung von getötetem Unfallopfer, Leitsatz Nr. 2, 3, in der schon wegen der menschenunwürdigen Darstellung des Leichnams des getöteten Ehemanns ein Anspruch aus postmortalem Persönlichkeitsrecht bejaht hätte werden können, stattdessen wird ein Anspruch der Ehefrau wegen deren Identifizierbarkeit zugesprochen. Noch unentschlossen: OLG Hamburg, Urteil vom 28.09.2004, Az.: 7 U 33/04 – Unterlassungsanspruch der Mutter einer im Rahmen einer Geiselnahme Getöteten gegen eine Bildveröffentlichung nach 15 Jahren, Rz. 18 ff. Selbst der BGH (BGH-Urteil vom 14.10.2008, Az.: VI ZR 271/06 – Bebilderung eines Presseartikels über die Erkrankung des Ehegatten einer Person des öffentlichen Interesses, Rz. 18; BGH-Urteil vom 14.10.2008, Az.: VI ZR 260/06 – Bebilderung eines Presseartikels über die Erkrankung des Ehegatten einer Person des öffentlichen Interesses, Rz. 19. Letzteres ist noch kritischer zu betrachten, da der Erkrankte selbst zuvor ein Interview über seine Erkrankung gegeben hatte.) entschied kurioserweise, dass die Berichterstattung über einen Kranken auch dessen gesunden Angehörigen in ihrer Privatsphäre betrifft. In diesem Fall wird besonders deutlich, dass der Erkrankte selbst gegen diese Berichterstattung hätte vorgehen können.

erfolgreiche Anspruchsstellung nicht ausreichen.[378] Für einen eigenen Anspruch der Angehörigen bedarf es einer unmittelbaren Rechtsverletzung. Solch eine Rechtsverletzung kann erst dann angenommen werden, wenn die Angehörigen zumindest erwähnt oder gezeigt werden.[379] Wird man lediglich aufgrund des Familiennamens mit einem in der Presse stattfindenden Angehörigen in Verbindung gebracht, egal ob dieser noch lebt oder bereits verstorben ist, führt dies alleine nicht zu einer Persönlichkeitsrechtsverletzung,[380] obwohl unbestritten ist, dass das eigene Leben dadurch sowohl in positiver als auch in negativer Weise beeinflusst werden kann.

Die Hinterbliebenen des Verstorbenen sind keineswegs schutzlos gestellt. Liegt eine entwürdigende, reißerische oder entstellende Berichterstattung vor, kann sie aufgrund des postmortalen Persönlichkeitsrechts des Verstorbenen zu untersagen sein. Zugegebenermaßen liegen die Schranken für einen Anspruch aus postmortalem Persönlichkeitsschutz höher, doch ist eben dies das finale Argument, wieso allein die Identifizierungsmöglichkeit der Angehörigen nicht zu einer Untersagung der Berichterstattung führen darf. Denn dies führte zu einer Umgehung der Voraussetzungen des postmortalen Persönlichkeitsrechtsschutzes. Dessen hohe Anforderungen verlangen eine die Menschenwürde verletzende Darstellung des Verstorbenen und nicht lediglich eine Identifizierungsmöglichkeit seiner Angehörigen.

III. Schutz der Familie, Art. 6 GG

1. Internationale Dimension

In der nicht rechtsverbindlichen Allgemeinen Erklärung der Menschenrechte vom 10.12.1948 wird die Familie in Art. 16 Abs. 3 als zu schützende „Grundeinheit der Gesellschaft" bezeichnet. Darüber hinaus findet sich in Art. 16 Abs. 1 das Eheschließungs- und Familiengründungsrecht. Auch in Art. 12 wird die Schutzwürdigkeit des Familienlebens betont. Nach Art. 25 Nr. 2 haben Mütter und Kinder besonderen Anspruch auf Schutz. Eltern haben nach Art. 26 Abs. 3 das vorrangige Recht, über die Bildung ihrer Kinder zu bestimmen.

Im Wesentlichen inhaltsgleich zu der Allgemeinen Erklärung der Menschenrechte verleiht der Internationale Pakt über bürgerliche und politische Rechte vom 19.12.1966[381] in Art. 17 Abs. 1 und Art. 23 Abs. 1 jeder Familie einen Anspruch

378 BGH-Urteil vom 06.12.2005, Az.: VI ZR 265/04 – Keine Geldentschädigung bei Verletzung des postmortalen Persönlichkeitsschutzes, Rz. 21 ff., 24.

379 BGH-Urteil vom 04.06.1974, Az.: VI ZR 68/73 – Fiete Schulze, Rz. 33 f.; BGH-Urteil vom 06.12.2005, Az.: VI ZR 265/04 – Keine Geldentschädigung bei Verletzung des postmortalen Persönlichkeitsschutzes, Rz. 23.

380 BGH-Urteil vom 15.04.1980, Az.: VI ZR 76/79 – Familiennamen, Leitsatz.

381 *Schiedermair*, 62 f.

auf Schutz. Eltern können die sittlichen Werte der Kindererziehung gemäß Art. 18 Abs. 4 unbeeinflusst selbst bestimmen. In Art. 24 Abs. 1 wird den Minderjährigen „das Recht auf diejenigen Schutzmaßnahmen durch seine Familie, die Gesellschaft und den Staat [garantiert], die seine Rechtsstellung als Minderjähriger erfordert."

Ebenfalls vom 19.12.1966 stammt der Internationale Pakt über wirtschaftliche, soziale und kulturelle Rechte.[382] Art. 10 Abs. 1 nennt die Familie eine „Kernzelle der Gesellschaft", die besonders schützenswert ist, „solange sie für die Betreuung und Erziehung unterhaltsberechtigter Kinder verantwortlich ist". Zudem wird in Abs. 3 festgelegt, dass Kindern und Jugendlichen Schutz und Beistand insbesondere vor Ausbeutung und Kinderarbeit zu gewähren ist. In Art. 13 Abs. 3 wird festgelegt, dass Eltern die Werte und Normen für die Erziehung ihrer Kinder selber festlegen können.

Die Europäische Sozialcharta vom 18.10.1961[383] statuiert in Teil I Nr. 7, 17 i. V. m. Teil II Art. 16, dass Kinder und Jugendliche besonderen Schutzes vor körperlichen und sittlichen Gefahren bedürfen. Überdies charakterisiert sie die Familie in Teil I Nr. 16 i. V. m. Teil II Art 17 als schützenswerte „Grundeinheit der Gesellschaft".[384]

2. Europarechtliche Dimension

Der Schutz von Familie und elterlicher Fürsorgepflicht für ihre Kinder ist auch auf europarechtlicher Ebene gewährleistet. In Art. 8 Abs. 1 EMRK findet sich unter anderem das Recht auf Achtung des Familienlebens. In Art. 12 EMRK ist das Recht auf Eheschließung und Familiengründung geregelt. In Art. 2 S. 2 des ersten Zusatzprotokolls zur EMRK vom 20.3.1952 ist ein Elternerziehungsrecht normiert, das insbesondere die Achtung der elterlichen Überzeugungen, auch im Rahmen des Schulunterrichts, sicherstellt.[385]

In Art. 7 GrCh ist ebenfalls ein Recht auf Achtung des Familienlebens normiert, das identisch mit Art. 8 EMRK auszulegen ist.[386] Zudem wird Kindern in Art. 24 Abs. 1 S. 1 ein Anspruch auf Schutz und Fürsorge zugeschrieben. Schließlich wird in S. 2 nicht nur betont, dass sie ein Recht auf freie Meinungsäußerung haben, in S. 3 wird sogar statuiert, dass ihre Meinung – je nach Angelegenheit und Reifegrad des Kindes – zu berücksichtigen ist.

3. Schutzbereich

In Art. 6 Abs. 1 GG ist der besondere Schutz von Ehe und Familie normiert. Daraus ergibt sich, dass jedermann staatliche Eingriffe in seine familiäre oder eheliche Privatsphäre abwehren kann. Zudem wird aber auch die Existenz der Institution Ehe

382 S. o.

383 Von Deutschland mit – hier nicht relevanten – Vorbehalten ratifiziert am 26.02.1965.

384 Näheres zum internationalen Schutz in: *Hövelberndt*, FRP 2004, 117 ff.

385 *Peters/ Altwicker*, 213 ff.

386 *Seifert*, EuZW 2011, 696 ff., 701.

und Familie garantiert. Schließlich gilt Art. 6 Abs. 1 GG als Grundsatznorm, deren Wertung sämtliche andere Rechtsnormen beeinflusst.[387]

In Abs. 2 S. 1 findet sich mit dem sogenannten „Elternrecht“ ein klassisches Abwehrrecht gegen Einmischung des Staates in die Pflege und Erziehung ihrer Kinder. Schon in S. 2 wird jedoch festgelegt, dass der Staat sich zum Schutz der Kinder ebenfalls in der Verantwortung sieht und ein „Wächteramt“ über die Betätigung der Eltern wahrnimmt. Die Eltern können über die Erziehung ihrer Kinder frei und selbstbestimmt entscheiden, solange staatliche Maßnahmen nicht durch die staatliche Aufgabe zur Wacht über die Kinder gerechtfertigt sind.[388]

Eltern dürfen nicht nach eigenem Belieben über ihre Kinder verfügen. Inhalt ihres Elternrechts soll die uneigennützige und verantwortungsvolle Verfolgung der Kindesinteressen sein.[389] Vor diesem Hintergrund wird der Begriff des Elternrechts auch zugunsten der Terminologie Elternverantwortung abgelehnt.[390]

In medienrechtlicher Hinsicht verstärkt Art. 6 Abs. 1 GG das Persönlichkeitsrecht von Eltern und Kindern aus Art. 2 Abs. 1 GG i. V. m. Art. 1 GG,[391] was zu einem erhöhten Persönlichkeitsrechtsschutz Minderjähriger führt, der sich reflexartig auch auf deren Eltern erstrecken kann, wie oben in Teil 3 II. 4 dargestellt wird.

Auch das Elternrecht des Art. 6 Abs. 2 GG kann medienrechtliche Bedeutung entfalten, wenn die erzieherischen Entscheidungen der Eltern im Zusammenhang mit dem Umgang der Minderjährigen mit den Medien gegen deren Kindeswohl oder gegen deren Willen verstößt. Berichterstattung ist grundsätzlich nur mit Einwilligung der Betroffenen möglich.[392] Bei Minderjährigen liegt die Einwilligungsbefugnis als Ausfluss des Elternrechts je nach Alter des Kindes auch oder ausschließlich bei den Eltern.[393] Dabei kann es vorkommen, dass Eltern nicht im besten Interesse ihrer Kinder handeln, woraufhin der Staat in seiner Rolle als Wächter des Kindeswohls gem. Art. 6 Abs. 2 S. 2 GG auf den Plan gerufen werden könnte. Andererseits könnte auch das Kind selbst sich einen anderen Umgang mit den Medien wünschen, indem es eine Karriere im Medienbereich anstrebt oder Berichterstattung in den Medien gerade ablehnt und in Ruhe gelassen werden möchte. Dieser Wunsch des Kindes nach Selbstbestimmung ist ein Ausdruck seines Allgemeinen Persönlichkeitsrechts, das mit dem Elternrecht kollidiert. Im Rahmen der dabei notwendigen Abwägung ist wiederum das Wohl des Minderjährigen das

387 BVerfG-Beschluss vom 17.01.1957, Az.: 1 BvL 4/54 – Steuersplitting, Leitsatz Nr. 5.
388 BVerfG-Urteil vom 29.07.1968, Az.: 1 BvL 20/63 u. a. – Adoption I, Rz. 40, 45.
389 BVerfG-Urteil vom 13.05.1986, Az.: 1 BvR 1542/84 – Elterliche Vertretungsmacht, Rz. 49 f.
390 S.o.
391 BVerfG-Urteil vom 15.12.1999, Az.: 1 BvR 653/96 u. a. – Caroline II, Leitsatz 3.
392 Zur Einwilligung s. u. Teil 5.
393 Zur Einwilligungsfähigkeit s. u. Teil 5 V.

maßgebliche Kriterium.[394] Inwiefern dieser mögliche Konflikt zwischen Minderjährigen und deren Erziehungsberechtigten zu lösen ist, wird in Teil 11 behandelt.

4. Kindeswohl als Gut von Verfassungsrang

Aus Art. 6 Abs. 1 GG wird nicht nur der besondere Schutz der Familie, sondern auch der besondere Schutz Minderjähriger abgeleitet. Solch eine Ableitung ist notwendig, da der Wortlaut nur die Familie, nicht die Minderjährigen als besonderes Schutzgut erwähnt.

Angesichts der großen Bedeutung, die der Schutz der nächsten Generation für eine Gesellschaft entfaltet, wird gefordert, Kinderrechte explizit in die Verfassung aufzunehmen.[395] Ob dies abseits von Symbolcharakter Wirkung entfalten würde, darf angezweifelt werden, denn schon jetzt ist der besondere Schutz Minderjähriger selbstverständlicher Standard der Rechtsprechungs- und Gesetzgebungspraxis, wie die unter Teil 3 II. 4 dargestellte Rechtsprechung zum Medienrecht zeigt. Dennoch offenbart sich gerade im Medienrecht gewichtiger Nachholbedarf bei der Normierung von Kinderrechten insbesondere, was die Beachtung des Kindeswohls angeht, weswegen angeregt wird das Kindeswohl als Kriterium einer medienrechtliche Eingriffsberechtigung zu normieren.

5. Reformvorschlag: Kindeswohl als Eingriffsberechtigung für Aufsichtsgremien

Das Ziel, Kindern eine kindgerechte und besonders geschützte Behandlung zukommen zu lassen, wird unter dem Begriff des ‚Kindeswohls' (§§ 1627 S. 1, 1626 Abs. 3 S. 1, 1697a BGB) zusammengefasst.[396] Dieser ist der zentrale Dreh- und Angelpunkt aller juristischen Entscheidungen in Bezug auf Minderjährige. Dabei legen in erster Linie die Eltern fest, was dem Kindeswohl entspricht, wobei auch der Kindeswille ein entscheidender, aber nicht allein bestimmender Faktor ist. Schließlich existiert ein objektiver Kerngehalt, der beispielsweise bei Misshandlungen

---

394 BVerfG-Beschluss vom 14.04.1987, Az.: 1 BvR 332/86 – Abwägung von Elternrecht und Persönlichkeitsrecht des Kindes, Orientierungssatz Nr. 1; Rz. 56; *Jarass*, NJW 1989, 857 ff., 859.

395 *Künast*, FPR 2008, 478 ff., 478 ff.

396 BGH-Urteil vom 02.07.1974, Az.: VI ZR 121/73 – Eingriff in ein Persönlichkeitsgut eines Minderjährigen bei kommerzieller Verwertung von Nacktaufnahmen, Rz. 34; *Muscheler*, 395; *Sommer*, FRP 2012, 374 ff. Auch in der UN-Kinderrechtekonvention (siehe hierzu Teil 3 I. 2.) wird in Art. 3 das Wohl des Kindes als zentraler Begriff, an dem alle Handlungen auszurichten sind, definiert, siehe hierzu auch *Baer*, NJW 1993, 2209 ff., 2210. Art. 24 Abs. 2 GrCh erhebt ebenfalls das Kindeswohl zum maßgeblichen Entscheidungsmaßstab. Zur Definition des Begriffs und der Bedeutung des Kindeswillens für die Bestimmung des Kindeswohls, siehe Teil 11 III.

eindeutig verletzt ist. Aufgrund des vorrangigen Elternrechts darf der Staat erst eingreifen, wenn dieser objektive Kindeswohlgehalt gefährdet ist (§ 1666 BGB).

Auch wenn die Bewahrung des Kindeswohls nicht explizit im Art. 6 GG erwähnt ist, sondern aus diesem abgeleitet wird,[397] bildet sie als grundlegendes Prinzip die Basis jeder Entscheidung, die in Bezug auf Minderjährige gefällt wird. Es scheint daher, als gäbe es keine Notwendigkeit in medienrechtlichen Normen gesondert auf die Berücksichtigung des Kindeswohls hinzuweisen.

Dass diese Einschätzung falsch ist, zeigt sich, wenn man die Normierung des Kindeswohls mit einem anderen grundlegenden Prinzip unserer Verfassung, der Menschenwürde, vergleicht. Die Menschenwürde ist das höchste aller Verfassungsgüter. Alle anderen Grundrechte stellen bis zu einem gewissen Grad Ausprägungen des Menschenwürdeprinzips dar. Sowohl das Kindeswohl, als auch die Menschenwürde stehen jedem minderjährigen Menschen zu und beeinflussen als allgemeines Prinzip alles staatliche Handeln. Die Frage ist, inwieweit auch nichtstaatliche natürliche und juristische Personen, insbesondere Medienunternehmen, diese Prinzipien beachten müssen. Grundrechte verpflichten Private grundsätzlich nur im Wege der mittelbaren Drittwirkung,[398] oder wenn zivilrechtliche Fragen über eine Grundrechtsabwägung gelöst werden, so wie es beim deliktischen Eingriff ins Allgemeine Persönlichkeitsrecht der Fall ist.

Die Menschenwürde findet sich nicht nur im Grundgesetz. Die Notwendigkeit, sie zu achten, ist auch in allen wichtigen medienrechtlichen Regularien normiert, wobei die Berührung der Menschenwürde eine Eingriffsgrundlage für Aufsichtsmaßnahmen darstellt. Obwohl die Menschenwürde als höchstes aller Verfassungsgüter gilt, wurde es für notwendig erachtet, sie gesondert als Schutzgut zu erwähnen, dessen Verletzung einen aufsichtsrechtlichen Eingriff rechtfertigt.

Im Gegensatz dazu findet sich das Kindeswohl in keiner dieser Normierungen aufgeführt. Das Jugendschutzgesetz (JuSchG) und der Jugendmedienstaatsvertrag (JMStV) beziehen sich nur auf Minderjährige als Rezipienten von Medien. Zwar ermöglicht § 7 JuSchG eine Entfernung Minderjähriger aus kindeswohlgefährdenden Betrieben, doch wird dadurch nur eine Eingriffsmöglichkeit hinsichtlich der konkreten Produktionsbedingungen gegeben. Die wahre Belastung entsteht regelmäßig durch die Veröffentlichung der Produktion. Hierauf ist § 7 JuSchG nicht anwendbar.[399]

Die rechtliche Situation von Minderjährigen als Mitwirkenden ist weitgehend ungeregelt.[400] Diese Normierungslücke wirkt sich in tatsächlicher Hinsicht gravierend aus. Denn mangels einer Normierung können die Aufsichtsgremien, wie die Landesmedienanstalten, wegen einer Kindeswohlverletzung keine Maßnahmen ergreifen. Es bedürfte einer Menschenwürdeverletzung der Minderjährigen, um

---

397 S. obige Ziffer 3.4.

398 S. o. Teil 2 I. 2.

399 *Clausen-Muradian*, 19.

400 S. u. Teil 9 I.

zu ihrem Schutze einzugreifen. Die Menschenwürde ist aber ein hohes Gut, das erst als angegriffen angesehen wird, wenn das Kindeswohl schon längst akut verletzt ist.

Zwar kann jeder, auch Mitglieder der Aufsichtsgremien, eine Kindeswohlgefährdung anzeigen und somit Maßnahmen nach § 1666 BGB erzwingen. Das Familiengericht wird in solchen Fällen von Amts wegen tätig. Eine Maßnahme nach § 1666 BGB kann sich nicht nur gegen die Eltern, sondern auch gegen Dritte wie Medienunternehmen richten. Doch stellt eine Maßnahme nach § 1666 BGB einen massiven Eingriff in das Elternrecht dar, die als familienrechtliche Maßnahme zur Verfolgung von Misshandlungen oder Vernachlässigungen eigentlich nicht recht ins Medienrecht passt.

Wie ein Blick in die Medienlandschaft zeigt, wird dieses Instrument auch nicht wahrgenommen. Über die Gründe hierfür kann man nur mutmaßen, doch es erscheint naheliegend, dass die Hemmschwelle eines ‚unbeteiligten' Kontrolleurs eine Maßnahme nach § 1666 BGB anzuregen und somit in das Gefüge einer bereits schon herausgeforderten Familie einzugreifen, sehr hoch sein dürfte. Im Gegensatz dazu ist zu erwarten, dass Kontrolleure sich nicht scheuen würden, die eigene Prüfbefugnis auszunutzen, wenn diese die Gefährdung des Kindeswohls als Eingriffsgrundlage vorsähe. Sobald dieser Prüfpunkt auf der Agenda der Organe der Selbstkontrolle existiert, wird er auch umgesetzt werden.

Es geht den Aufsichtsgremien in der Regel auch gar nicht darum, die Eltern in der Ausübung ihres Elternrechts zu kritisieren und staatliches Eingreifen nach § 1666 BGB zu fordern. Womöglich ist den Eltern auch gar kein Vorwurf zu machen, da sie einfach selber mit den Entscheidungen überfordert waren oder tatsächlich das Beste für ihr Kind wollten und von seinem Talent überzeugt waren, als sie es bspw. zum Casting begleiteten, in dem es einer vernichtenden Kritik ausgesetzt wird. Der Angriffspunkt, der zur Verletzung des Kindeswohls führt, ist oft die Präsentation durch die Medien, nämlich das Zurschaustellen von in Mediendingen unerfahrenen Laien oder die beleidigende Nachbearbeitung, die die Mitwirkenden der Lächerlichkeit preisgibt. Aufsichtsgremien sollen die Medienunternehmen kontrollieren und sanktionieren – nicht die Eltern, die oft genau so sehr unter der schlechten Erfahrung mit den Medien leiden, wie ihre Kinder.

Die Bewahrung des Kindeswohls ist auch die wahre Motivation vieler aufsichtsrechtlicher Maßnahmen, die deswegen so falsch oder überzogen scheinen, weil sie sich – in Ermangelung einer Normierung des Kindeswohls als Eingriffsmaßnahme – auf die Menschenwürde stützen, die hier noch lange nicht tangiert ist. So widerspricht es nicht der Menschenwürde eines Kleinkindes, wenn zwei Teenager auf dieses aufpassen, wie die viel diskutierte Sendung „Erwachsen auf Probe" geplant hatte. Es gibt keinen Anlass dafür, dass Kinder objektiviert werden, nur weil sie als Herausforderung für Eltern oder Betreuende dargestellt werden. Vielmehr befürchteten die Kritiker einfach, dass es dem Kindeswohl des Kleinkinds widerspricht, wenn es durch zwei fremde und sicherlich überforderte Jugendliche betreut wird.

Auch die Kritik an Helptainment-Formaten, wie der „Super Nanny“, in denen meist einkommensschwache Familien ihre Überforderung mit dem Alltag präsentieren, weil sie auf Hilfe hoffen, stellen in der Regel keine Menschenwürdeverletzung dar. Denn zum Inhalt der Menschenwürde gehört es eben auch, dass jeder leben darf, wie er will und dieses Leben auch in der Öffentlichkeit präsentieren darf, selbst wenn viele Zuschauer den Lebensstil ablehnen werden. Es verletzt aber das Wohl der betroffenen Kinder, die sich diesen Lebensstil eben nicht bewusst ausgesucht haben, sondern in ihn hineingeboren wurden und die nach Ausstrahlung der Sendung mit erheblichen sozialen Problemen in Schule und Kindergarten fertig werden müssen und womöglich nie mehr unvoreingenommen von der Gesellschaft wahrgenommen werden.

Neben der niedrigeren Eingriffsschwelle hat der Begriff des Kindeswohls im Vergleich zu der Prüfung einer Menschenwürdeverletzung einen weiteren entscheidenden Vorteil. Zwar entstammen beide Termini dem Gesetz, doch während die Menschenwürdeverletzung eine höchst juristische Frage ist, die auch unter Rechtsgelehrten stets stark umstritten ist,[401] wird der Inhalt des Kindeswohls zwar juristisch definiert, aber durch pädagogische und psychologische Inhalte ausgefüllt, sodass es keines tiefen juristischen Fachwissens bedarf, um zu einer rechtlich einwandfreien Beurteilung zu kommen. Als Beispiel hierfür sei erwähnt, dass die gesamte letzte Staffel des Formats „Super-Nanny“ der FSF vorgelegt wurde.[402] Obwohl später von der KJM eine Menschenwürdeverletzung statuiert wurde, beanstandete die FSF keine einzige Episode. Es ist davon auszugehen, dass dieses Ergebnis anders ausgesehen hätte, wenn die FSF nicht nur auf Menschenwürde-, sondern auch auf Kindeswohlverletzungen hin hätte prüfen müssen, denn dass das Kindeswohl eines geschlagenen Mädchens akut verletzt wurde, steht abseits jeglicher juristischen Diskussion eindeutig fest.[403]

Daher wird deutlich, dass das Kindeswohl unzureichend normiert ist. Man kann sich darüber streiten, ob Kinderrechte in der Verfassung stärkere explizite Berücksichtigung finden müssen.[404] Doch aus medienrechtlicher Sicht ist unabdingbar, dass das Kindeswohl als medienrechtliche Eingriffsgrundlage normiert wird. Denn die gesetzlich unbedingte Verpflichtung, das Kindeswohl zu beachten und zu schützen, wird aktuell nicht umgesetzt.

Die Regelungslücke fällt hinsichtlich der Berichterstattung ohne Einwilligung nicht auf, denn dort bewahrt die Rechtsprechung das Wohl der Kinder durch ihre Rechtsprechungspraxis.[405] Doch durch die Einwilligung der Erziehungsberechtigten in die Mitwirkung an den Medienproduktionen fällt dieses Schutzsystem völlig

---

401 S. o. Teil 3 I. 4.

402 *Cole*, ZUM 2010, 929 ff., 931.

403 S. o. Teil 3 I. 5.

404 *Künast*, FPR 2008, 478 ff., 478 ff.

405 S. o. Teil 3 II. 4.

weg. Daher bedarf es für die Berichterstattung mit Einwilligung der Ergänzung der medienrechtlichen Eingriffsgründe um das Kindeswohl.

IV. Gegenrechte

Der Persönlichkeitsschutz der Kinder und Jugendlichen wird durch die Grundrechte anderer begrenzt. Für die Medien sind insbesondere die Kommunikationsgrundrechte des Art. 5 Abs. 1 GG und die Kunstfreiheit des Art. 5 Abs. 3 GG als solche Abwägungsgegenstände zu nennen. Daher ist deren kurze Charakterisierung angebracht.

Zudem kann eine Persönlichkeitsrechtsverletzung auch als Wahrnehmung berechtigter Interessen i. S. d. § 193 StGB zulässig sein. Die Vorstellung dieses Rechtfertigungsgrundes beschließt dieses Kapitel.

1. Meinungsfreiheit, Art. 5 Abs. 1 S. 1, Alt. 1 GG

Jurisprudenz und wissenschaftliche Kommentatoren überschlagen sich bei dem Versuch, die verfassungsrechtliche Bedeutung der Meinungsfreiheit aus Art. 5 Abs. 1 S. 1, Alt. 1 GG zu beschreiben. Es ist von „einem der vornehmsten Rechtsgüter jeder freiheitlichen Demokratie“[406], von einem „geistig-kommunikative[m] Urgrundrecht“[407] die Rede. Wegweisend ist sicherlich die Charakterisierung durch das BVerfG in dem allseits bekannten „Lüth“-Urteil:

> *„Das Grundrecht auf freie Meinungsäußerung ist als unmittelbarster Ausdruck der menschlichen Persönlichkeit in der Gesellschaft eines der vornehmsten Menschenrechte überhaupt und für eine freiheitlich-demokratische Staatsordnung schlechthin konstituierend, denn es ermöglicht erst die ständige geistige Auseinandersetzung, den Kampf der Meinungen, der ihr Lebenselement ist.“*[408]

a) Internationale Dimension

Aufgrund ihrer tragenden Bedeutung wird der Meinungsfreiheit mit Art. 19 der Allgemeinen Erklärung der Menschenrechte selbstverständlich ein eigener Artikel gewidmet.[409] In Art. 19 des Internationalen Pakts über bürgerliche und politische Rechte ist ebenfalls die Meinungsfreiheit geregelt, allerdings ergänzt um eine Schrankenbestimmung in Absatz 3.[410] Die Meinungsfreiheit von Kindern ist

---

406 BVerfG-Urteill vom 17.08.1956, Az.: 1 BvB 2/51 – KPD-Verbot, Orientierungssatz Nr. 1.

407 *Stern*, Band IV/1, 1379.

408 BVerfG, Urteil vom 15.01.1958, Az.: 1 BvR 400/51 – Lüth, Orientierungssatz Nr. 1, Rz. 32 ff.

409 Nicht rechtsverbindlich: *Schiedermair*, 62 f.; *Metz*, 36.

410 Rechtsverbindlich – Näheres dazu *Stern*, Band IV/1, 109 ff.; *Schiedermair*, 69; s.o. Teil 3 I. 2.

in Art. 12, 13 der UN-Kinderrechtskonvention, ebenfalls mit einer Schrankenregelung versehen, besonders hervorgehoben.[411]

b) Europarechtliche Dimension

Auf europäischer Ebene wird das Gewicht der Kommunikationsgrundrechte ebenfalls betont.[412] In Art. 10 Abs. 1 EMRK ist die Freiheit der Meinungsäußerung geregelt. Dabei werden Presse, Rundfunk oder sonstige Medien – auch ohne gesonderte Erwähnung – selbstverständlich in den Schutzbereich mit einbezogen.[413] Die Systematik mit einer Unterscheidung zwischen Meinungen und Tatsachen[414] und einer inhaltsneutralen Definition des Schutzbereichs[415] entspricht der deutschen Dogmatik. Der Kommunikationsvorgang muss nicht in Worte gefasst werden. Auch die Verbreitung von Bildern fällt unter den Schutzbereich des Art. 10 Abs. 1 EMRK.[416]

Nach Art. 10 Abs. 2 EMRK ist eine Einschränkung der Meinungsfreiheit möglich, wenn sie gesetzlich vorgesehen und zur Erreichung einer Reihe namentlich genannter Ziele in einer demokratischen Gesellschaft notwendig ist. Diese Bestimmung zulässiger legitimer Ziele, die in einem notwendigen Rahmen verfolgt werden können, entspricht im Ergebnis der deutschen Verhältnismäßigkeitsprüfung.[417]

Trotz seiner richterrechtlichen Ausprägung gilt der deutsche zivilrechtliche Persönlichkeitsrechtsschutz mittels seiner Verankerung in § 823 Abs. 1 BGB als gesetzlich vorgesehen. Zudem dient er mit dem Schutz des guten Rufes und der Rechte anderer einem legitimen Zweck im Sinne des Art. 10 Abs. 2 EMRK.[418] Demnach können Eingriffe in die konventionsrechtlich garantierte Meinungsfreiheit aus persönlichkeitsschutzrechtlichen Gründen schließlich nur noch am Maßstab des dringenden sozialen Bedürfnisses scheitern. Hier ist – ganz wie im deutschen Recht – eine Interessenabwägung vorzunehmen.[419]

Art. 11 Abs. 1 GrCh erinnert in Wortlaut und Systematik an Art. 10 EMRK, mit dem Unterschied, dass keine Schrankenregelung normiert ist. Zudem wird in Absatz 2 die Freiheit der Medien und deren Pluralität gesondert erwähnt. Dies bedeutet jedoch nicht, dass die Medien nicht vom Schutz des Absatzes 1 ebenso

411 Zur UN Kinderrechtskonvention s. o. Teil 3 I. 2.

412 EGMR-Urteil vom 06.04.2010, Az.: 45130/06 – Ruokanen u. a./Finnland, Leitsatz Nr. 1; *Klass* in: Westermann et al., Anh zu § 12, Rz. 36; *Roßnagel/ Schnabel*, NJW 2008, 3534 ff., 1122.

413 EGMR-Urteil vom 17.12.2004, Az.: 49017/99 – Pedersen und Baadsgaard/ Dänemark, Rz. 3 ff; *Heldrich*, NJW 2004, 2634 ff., 2634.

414 EGMR-Urteil vom 17.12.2004, Az.: 49017/99 – Pedersen und Baadsgaard/ Dänemark, Rz. 3 ff.

415 EGMR-Urteil vom 07.02.2012, Az.: 40660/08 u. a. – von Hannover Nr. 2, Rz. 102.

416 *Klass*, ZUM 2014, 261 ff., 262.

417 *Stern*, Band IV/1, 1499 ff.

418 EGMR-Urteil vom 07.02.2012, Az.: 39954/08 – Axel Springer AG/Deutschland, Rz. 77.

419 EGMR-Urteil vom 06.04.2010, Az.: 45130/06 – Ruokanen u. a./Finnland, Leitsatz Nr. 1.

umfasst wären. Auch die Medien sind Rechtsträger der Meinungsäußerungsfreiheit des Art. 11 Abs. 1 GrCh. Absatz 2 unterstreicht lediglich deren wichtige Funktion in einer demokratischen Gesellschaft.[420]

c) Schutzbereich

Die Bedeutung der Meinungsfreiheit kann daher gar nicht hoch genug eingeschätzt werden. Entsprechend wird ihr ein weiter Schutzbereich zugesprochen.

Als notwendige Voraussetzung für die Freiheit, eine eigene Meinung zu äußern, betont Art. 5 Abs. 1 S. 1, Alt. 1 GG auch die Freiheit, sich eine Meinung zu bilden und diese inne zu haben.[421]

Meinungen sind Werturteile, d.h. Äußerungen, die „durch die Elemente der Stellungnahme, des Dafürhaltens oder Meinens geprägt"[422] sind. Zudem kann als Negativdefinition die Abgrenzung zu Tatsachen herangezogen werden. Tatsachen sind dem Beweis zugängliche Äußerungen mit objektivem Realitätsbezug.[423] Entgegen des Wortlauts sind auch Tatsachen von der Meinungsfreiheit umfasst, soweit sie als Voraussetzungen für die Bildung einer Meinung dienen können.[424] Deswegen genießen bewusst unwahre Tatsachenbehauptungen keinen Schutz, denn sie können solch eine Meinungsbildungsfunktion niemals wahrnehmen.[425] Oftmals ist eine Äußerung nicht deutlich einer der beiden Kategorien zuordenbar, sondern weist sowohl Meinungs- als auch Tatsachenelemente auf. Auch diese Mischformen profitieren von dem Schutz der Meinungsfreiheit, soweit nicht eine ungeschützte, da unwahre, Tatsache heraustrennbar ist.[426]

Jegliche Äußerungen sind von dem objektiven Empfängerhorizont eines unvoreingenommenen und verständigen Dritten aus zu beurteilen, wobei auch die Begleitumstände in die Prüfung mit einfließen.[427]

---

420 *Stern*, Band IV/1, 1623 ff.

421 *Stern*, Band IV/1, 1390.

422 BVerfG-Beschluss vom 11.04.1991, Az.: 2 BvR 963/90 – Üble Nachrede zum Nachteil eines Rechtsanwalts, Rz 22.

423 BVerfG-Beschluss vom 25.10.2012, Az.: 1 BvR 901/11 – Focus-Ärzteliste, Rz. 19.

424 BVerfG-Urteil vom 22.06.1982, Az.: 1 BvR 1376/79 – Wahlkampf, Rz. 13, 15; BVerfG-Beschluss vom 28.03.2000, Az.: 2 BvR 1392/96 – Wahrnehmung berechtigter Interessen im Strafverfahren, Rz. 11 m. w. N.

425 *Hoffmann-Riem*, AöR 2003, 173 ff., 203; BVerfG-Urteil vom 22.06.1982, Az.: 1 BvR 1376/79 – Wahlkampf, Rz. 13 ff.; BVerfG-Beschluss vom 11.04.1991, Az.: 2 BvR 963/90 – Üble Nachrede zum Nachteil eines Rechtsanwalts, Rz 21.

426 BVerfG-Beschluss vom 28.03.2000, Az.: 2 BvR 1392/96 – Wahrnehmung berechtigter Interessen im Strafverfahren, Leitsatz Nr. 1, Rz. 11; BVerfG-Urteil vom 22.06.1982, Az.: 1 BvR 1376/79 – Wahlkampf, Rz. 16; BVerfG-Beschluss vom 11.04.1991, Az.: 2 BvR 963/90 – Üble Nachrede zum Nachteil eines Rechtsanwalts, Rz 22.

427 BVerfG-Beschluss vom 25.10.2012, Az.: 1 BvR 901/11 – Focus-Ärzteliste, Rz. 20.

Insbesondere mehrdeutige Äußerungen müssen unter Achtung der Wertungen des Grundgesetzes ausgelegt werden. Verstößt nur eine Deutungsvariante gegen das Persönlichkeitsrecht, kann verlangt werden, die Äußerung in eben diesem Eindruck zu unterlassen.[428] Schadensersatz-, Widerruf-, sonstige Berichtigungsansprüche oder sogar die strafrechtliche Verfolgung können jedoch nicht durchgesetzt werden, solange noch andere – zulässige – Deutungsvarianten der angegriffenen Aussage ebenso naheliegend sind.[429]

Kommerzielle Kommunikation ist nur insofern vom Schutzbereich umfasst, als sie meinungsbildende Funktionen wahrnimmt. Ansonsten würde dies erhebliche Schutzlücken, insbesondere für Presseorgane, die mit den getroffenen Äußerungen stets vorrangig den Absatz ihrer Produkte bezwecken, bedeuten. Bloße Werbung ohne solchen meinungsbildenden Charakter kann daher vom Schutz des Art. 5 Abs. 1 S. 1 Alt. 1 GG ausgeschlossen sein. In diesem Fall wird die Absatzförderung als kommerzieller Zweck der Werbeanzeigen nicht von der Meinungs-, sondern insbesondere von der Berufsfreiheit umfasst.[430]

Um am öffentlichen Meinungsbildungsprozess teilhaben zu können, muss man sich erst einmal Gehör verschaffen. Daher wird auch das Erwecken von Aufmerksamkeit vom Schutzbereich der Meinungsfreiheit umfasst.[431]

d) Einschränkungsmöglichkeiten

Selbstverständlich ist auch ein so bedeutendes Grundrecht wie die Meinungsfreiheit nicht grenzenlos gewährleistet. Ihre Beschränkungen finden sich in der sogenannten Schrankentrias des Art. 5 Abs. 2 GG. Danach sind die allgemeinen Gesetze sowie die Bestimmungen zum Schutze der Jugend und der Ehre geeignet, die Meinungsfreiheit zu begrenzen. Gerade die Fallgruppe der „allgemeinen Gesetze“ eröffnet dabei schier unendliche Möglichkeiten, denn als „allgemein“ gelten alle Gesetze, „die ‚nicht eine Meinung als solche verbieten, die sich nicht gegen die Äußerung der Meinung als solche richten“, die vielmehr „dem Schutze eines schlechthin, ohne Rücksicht auf eine bestimmte Meinung zu schützenden Rechtsguts dienen‘ “.[432] Damit gelten unter anderem alle Normen des BGB, des StGB, der EMRK und natürlich auch des KUG als allgemeine Gesetze, die geeignet sind, die Meinungsfreiheit zu begrenzen.[433]

428 BVerfG-Beschluss vom 25.10.2005, Az.: 1 BvR 1696/98 – Stolpe, Leitsatz.

429 BVerfG-Beschluss vom 04.02.2010, Az.: 1 BvR 369/04 u. a. – Verfassungswidrige Verurteilung wegen Volksverhetzung – „Ausländerrückführung“, Orientierungssatz 2a, Rz. 28; *Schulz*, Rz. 61 ff.

430 *Schulz*, Rz. 24.

431 *Klass*, ZUM 2008, 432 ff., 434.

432 BVerfG, Urteil vom 15.01.1958, Az.: 1 BvR 400/51 – Lüth, Rz. 35.

433 BVerfG, Urteil vom 15.01.1958, Az.: 1 BvR 400/51 – Lüth, Leitsatz Nr. 4; BverfG-Beschluss vom 26.02.2008, Az.: 1 BvR 1602/07 u. a. – Caroline IV, Orientierungssatz

Diese weite Definition bewirkt, dass die beiden weiteren Einschränkungen der Schrankentrias, nämlich die Bestimmungen zum Schutz der Jugend (insbes. Jugendschutzgesetz, Jugendmedienschutz-Staatsvertrag, sowie die speziell jugendschützenden Bestimmungen des Rundfunkstaatsvertrages) sowie der Ehrschutz, der sowohl durch das zivilrechtliche APR, als auch durch die §§ 185 ff. StGB gewährleistet wird, lediglich Unterfälle der „allgemeinen Gesetze" darstellen.[434]

Die Anforderungen an Beschränkungen der Meinungsfreiheit sind so gering, dass sie zwingend wiederum begrenzt werden müssen, um der hohen Bedeutung der Meinungsfreiheit gerecht zu werden. Die Eingriffe in die Meinungsfreiheit selbst müssen im Lichte der Bedeutung der Meinungsfreiheit ausgelegt werden.[435] Geschütztes Grundrecht und Beschränkungsmöglichkeiten beeinflussen sich gegenseitig. Diese „Wechselwirkungslehre" stellt einen besonderen Ausfluss des Verhältnismäßigkeitsprinzips dar.[436] Die Bedeutung der Meinungsfreiheit wirkt sich bei deren Beschränkung in dreifacher Weise aus: Zum einen bei der Interpretation der Äußerung, zweitens bei der Auslegung der Schrankenbestimmung und schließlich im Rahmen der erforderlichen Interessen- und Güterabwägung.[437]

2. Presse-, Rundfunk- und Filmfreiheit, Art. 5 Abs. 1 S. 2 GG

In Art. 5 Abs. 1 S. 2 GG ist mit der Presse-, Rundfunk- und Filmfreiheit die verfassungsrechtliche Existenzgrundlage der Massenmedien normiert.

Gerade der Begriff der Pressefreiheit wird oft als „Meinungsfreiheit der Verlagshäuser" missverstanden.[438] Die Meinungsfreiheit ist jedoch nicht von der Pressefreiheit konsumiert. Die Aufgabe aller Massenmedien ist die Verbreitung von Meinungen und Tatsachen. Insofern nehmen die Medien selbst die Meinungsfreiheit des Art. 5 Abs. 1 S. 1 GG in Anspruch. Der Schutzbereich der Presse-, Rundfunk- und Filmfreiheit umfasst andere Handlungen, nämlich von der Finanzierung über die Recherche bis zur Produktion und Veröffentlichung alle Tätigkeiten, die zur Schaffung der notwendigen Rahmenbedingungen für die Ausübung der Meinungsfreiheit durch die Medien notwendig sind.[439]

Nr. 1b; BVerfG-Beschluss vom 14.02.1973, Az.: 1 BvR 112/65 – Soraya, Orientierungssatz Nr. 2.

434 *Klass* in: Westermann et al., Anh zu § 12, Rz. 248; a. A. m .w. N. *Stern*, Band IV/1, 1459 ff.

435 BVerfG, Urteil vom 15.01.1958, Az.: 1 BvR 400/51 – Lüth, Leitsatz Nr. 5, Rz. 33; BVerfG-Beschluss vom 11.04.1991, Az.: 2 BvR 963/90 – Üble Nachrede zum Nachteil eines Rechtsanwalts, Rz 23.

436 *Stern*, Band IV/1, 1448.

437 *Klass* in: Westermann et al., Anh zu § 12, Rz. 249; *Grimm*, NJW 1995, 1697 ff., 1700 ff.

438 *Kübler*, 209 ff., 210.

439 OLG München, Beschluss vom 14.09.2007, Az.: 18 W 1902/07 – Persönlichkeitsrechtsverletzung bei der Verfilmung eines zeitgeschichtlichen Themas, Rz. 22.

Die Freiheiten der Massenmedien genießen ein mit der Meinungsfreiheit vergleichbares, überragend hohes Ansehen. Erst durch die Massenmedien kann die Meinungsfreiheit in öffentlichkeitswirksamer Weise ausgeübt werden. Als Sinnbild für die elementare Funktion der Medien im demokratischen Prozess hat sich das Sinnbild des „Wächters" eingebürgert. Freie Medien kontrollieren die politischen Gremien und vermitteln deren Arbeit in meinungsbildender Art und Weise an die Öffentlichkeit.[440]

Aus dem Begriff des „Wächters" könnte sich der Fehlschluss ableiten, dass Medien ihre Daseinsberechtigung daraus schöpfen, Missstände oder Gefahren aufzudecken. Doch die Freiheit der Medien ist nicht auf den Politikteil der Zeitung beschränkt. Auch die Unterhaltungs- sogar die sogenannte Regenbogenpresse, die sich in besonders persönlichkeitsrelevanter Weise betätigt, genießt den Schutz der Kommunikationsgrundrechte.[441] Denn das Wächteramt der Medien ist nicht deren Daseinsberechtigung, sondern ein Reflex ihrer von sich aus bestehenden Freiheit.[442] Allerdings bedeutet dies nicht, dass die rein unterhaltende Funktion eines Beitrags keinerlei Bedeutung für dessen rechtliche Beurteilung entfaltet. Gerade bei einer Kollision der Meinungs- und Pressefreiheit mit dem Allgemeinen Persönlichkeitsrecht kann die Ausrichtung des Beitrags im Rahmen der Interessenabwägung zu beachten sein.

Betrachtet man den Wortlaut des Art. 5 Abs. 1 S. 2 GG fällt auf, dass lediglich drei Arten der Massenmedien: „Presse,[443] Rundfunk[444] und Filme"[445] erwähnt sind.

Dabei ist heutzutage allein schon durch die technische Weiterentwicklung eine Vielzahl weiterer Medienmodelle bekannt, die im Rahmen der Konvergenz der Medien auch noch miteinander verschmelzen. Dies wirft natürlich die Frage auf,

---

440 *Engel*, ZUM 2000, 975 ff., 977.

441 *Kübler*, 209 ff., 217; *Engels/ Jürgens*, NJW 2004, 2517 ff., 2518; BverfG-Beschluss vom 26.02.2008, Az.: 1 BvR 1602/07 u. a. – Caroline IV, Rz. 42; BVerfG-Urteil vom 15.12.1999, Az.: 1 BvR 653/96 u. a. – Caroline II, Rz. 96 ff.; BVerfG-Beschluss vom 14.02.1973, Az.: 1 BvR 112/65 – Soraya, Leitsatz 3.

442 *Engel*, ZUM 2000, 975 ff., 977.

443 „Alle zur Verbreitung geeigneten und bestimmten schriftlichen, bildlichen und akustischen Werke sowie die sonstigen Informationsträger, die nicht unter den Rundfunk- und Filmbegriff fallen." so *Stern*, Band IV/1, 1528.

444 „Rundfunk ist ein linearer Informations- und Kommunikationsdienst; er ist die für die Allgemeinheit und zum zeitgleichen Empfang bestimmte Veranstaltung und Verbreitung von Angeboten in Bewegtbild oder Ton entlang eines Sendeplans unter Benutzung elektromagnetischer Schwingungen. Der Begriff schließt Angebote ein, die verschlüsselt verbreitet werden oder gegen besonderes Entgelt empfangbar sind." § 2 Abs. 1 S. 1 RStV.

445 „Auf einem photomechanischen oder elektronischen Bildträger fixierte, durch Projektion sichtbar zu machende Bildfolgen, die zur Vorführung in der Öffentlichkeit bestimmt sind oder in der Öffentlichkeit verbreitet werden können." *Stern*, Band IV/1, 1567.

ob neuartige Massenmedien, nicht zuletzt das Internet, unter die drei Schutzbegriffe zu subsumieren sind und was es für die verfassungsrechtliche Stellung eines neuen Mediums bedeutet, wenn keine der drei Fallgruppen zu passen scheint. In diesem Fall ist zu berücksichtigen, dass die massentaugliche Verbreitung von Meinungen geschützt werden sollte. Hätte es zu Zeiten der Entstehung des Verfassungstextes bereits solch eine Bandbreite an Massenmedien gegeben, wie wir sie heute kennen, wäre sicherlich eine offenere Formulierung gewählt worden. Denn für die Schutzwürdigkeit, aber auch für die rechtlichen Anforderungen an Berichterstattung ist nicht relevant, auf welchem Wege sie transportiert wird, sondern dass sie der Meinungsbildung einer öffentlichen, undefinierbaren Menge an Personen dient.[446] In einer demokratischen Gesellschaft ist die Pluralität das oberste Gebot der Medienpolitik.[447] Vor diesem Hintergrund wäre es widersinnig, den grundrechtlichen Schutz auf einzelne Typen der Massenmedien zu begrenzen.

Die Qualifizierung als professionelles Medienunternehmen bringt nicht nur Rechte, sondern auch Pflichten mit sich. Beispielhaft wird ein Mindestmaß an Recherche und publizistischer Sorgfaltspflicht auferlegt, die auch für Telemedien gelten sollen, § 54 Abs. 2 RStV. Ob das Internet bzw. Teile davon auch in dieser Hinsicht wie Massemedien behandelt werden sollten, oder ob sogenannte „Laienprivilegien“ anwendbar sind, wird durch die Eingliederung in den Schutzbereich des Art. 5 Abs. 1 S. 2 GG nicht beantwortet und kann an dieser Stelle auch offen bleiben.[448]

Auch die Grundrechte des Art. 5 Abs. 1 S. 2 GG unterliegen der Schrankentrias des Art. 5 Abs. 2 GG in ihrer Ausprägung durch die Wechselwirkungslehre.[449]

3. Kunstfreiheit, Art. 5 Abs. 3, Alt. 1 GG

a) Schutzbereich

In Art. 5 Abs. 3 Alt. 1 GG ist die Kunstfreiheit normiert. Das größte juristische Problem der Kunstfreiheit stellt die Undefinierbarkeit des Kunstbegriffs an sich dar. Das BVerfG nähert sich diesem mit einer dreigliedrigen Erklärung an. Danach ist all das Kunst, was im Rahmen einer freien schöpferischen Gestaltung entsteht, die Gattungsanforderungen eines bestimmten Werktyps erfüllt und/oder Grundlage für stetige Neuinterpretation sein kann.[450]

---

446 *Stern*, Band IV/1, 1513.

447 Die Meinungsvielfalt findet sich in der Präambel des RStV, sowie in dessen § 25 normiert. Zudem wird die Pluralität der Medien in Art. 11 Abs. 2 GrCh sogar ausdrücklich gefordert.

448 *Rahvar*, 60 ff; *Pfeifer*, JZ 2013, 853 ff., 859.

449 S. o. Teil 3 IV. 1. d).

450 BVerfG-Beschluss vom 17.07.1984, Az.: 1 BvR 816/82 – Anachronistischer Zug, Rz. 34 ff.

Ähnlich wie die Meinungs- und Pressefreiheit ist die Kunstfreiheit inhaltsneutral. Es wird keine richterliche Qualitätskontrolle vorgenommen, die bewertet, ob das jeweilige Kunstwerk schützenswert ist. Im Gegensatz zum Urheberrecht (§ 2 Abs. 2 UrhG) bedarf es keiner Schöpfungshöhe – alles kann zu Kunst werden.[451]

Dabei werden nicht nur Kunstschaffende und das Kunstwerk, der sogenannte Werkbereich, sondern auch der Wirkbereich der Kunst vom Schutzbereich umfasst.[452] Dieser Wirkbereich bezieht sich auf alle Handlungen und Personen, die notwendig sind, um das Kunstwerk einem Publikum zugänglich zu machen, z. B. Galeristen, Fernsehsender, Filmproduzenten oder Verleger.[453]

b) Europäische Dimension

Zwar wird die Kunstfreiheit in Art. 10 EMRK nicht explizit erwähnt, doch wird sie dort als Unterfall der Meinungsäußerung mitgeregelt. Da Meinungs- und Kunstfreiheit keine eigene Schrankenregelung aufweisen, erübrigt sich eine Abgrenzung. Auch die europäische Regelung umfasst sowohl Werk- als auch Wirkbereich.[454]

c) Abgrenzung zur Meinungsfreiheit

Im Gegensatz zur Meinungsfreiheit unterliegt die Kunstfreiheit nicht der Schrankentrias des Art. 5 Abs. 2 GG, sondern lediglich den verfassungsimmanenten Schranken, wie kollidierenden Grundrechten.[455] Aus diesem Grund ist eine Abgrenzung der Kunst- von der Meinungsfreiheit bedeutsam, um die anzuwendende Schrankenregelung zu bestimmen. Eine trennscharfe Unterscheidung ist schwierig, denn oftmals enthält Kunst eine Botschaft, oder drückt zuweilen sogar Tatsachenbehauptungen aus.

Die Rechtsprechung stellt hierbei die klare Grundregel auf, dass in Kunst gehüllte Äußerungen stets der Kunstfreiheit als lex specialis unterliegen.[456]

---

451 BVerfG-Beschluss vom 03.06.1987, Az.: 1 BvR 313/85 – Strauß-Karikatur, Rz. 18; BVerfG-Beschluss vom 07.03.1990, Az.: 1 BvR 266/86 u. a. – Stahlhelm, Rz. 45; *Becker*, Persönlichkeitsrecht, 2008, 548 ff., 552.

452 *Henschel*, 1937 ff., 1939.

453 BVerfG-Beschluss vom 07.03.1990, Az.: 1 BvR 266/86 u. a. – Stahlhelm, Rz. 47; *Becker*, AfP 2001, 466 ff., 467; BVerfG-Urteil vom 24.02.1971, Az.: 1 BvR 435/68 – Mephisto, Leitsatz, Rz. 49; OLG München, Beschluss vom 14.09.2007, Az.: 18 W 1902/07 – Persönlichkeitsrechtsverletzung bei der Verfilmung eines zeitgeschichtlichen Themas, Rz. 19.

454 *Peters/ Altwicker*, 92.

455 BVerfG-Urteil vom 24.02.1971, Az.: 1 BvR 435/68 – Mephisto, Leitsatz, Rz. 55.

456 BVerfG-Beschluss vom 03.06.1987, Az.: 1 BvR 313/85 – Strauß-Karikatur, Rz. 19; BVerfG-Beschluss vom 07.03.1990, Az.: 1 BvR 266/86 u. a. – Stahlhelm, Rz. 45; BVerfG-Urteil vom 07.03.1990, Az.: 1 BvR 1215/87 – Deutschlandlied, Rz. 22; *Stern*, Band IV/1, 1488.

Umso bemerkenswerter ist es, dass die Jurisprudenz ihrem selbst verordneten Postulat nicht folgt. Oftmals prüft sie die Kunstfreiheit gar nicht mehr, da schon die Meinungsfreiheit nicht die Verletzung des Persönlichkeitsrechts des Dargestellten rechtfertigen könne.[457] Dabei wäre die als spezieller geltende Kunstfreiheit vorrangig zu prüfen gewesen. Einige erkennen in diesem Vorgehen eine Systematik. Demnach prüfe die Rechtsprechung – entgegen dem Vorrang der Kunstfreiheit – immer das sachnähere Grundrecht, als nähme sie eine Schwerpunktbetrachtung vor.[458]

Nimmt man die Spezialität der Kunstfreiheit ernst, kann die Frage, welcher Schutzbereich eröffnet ist, nicht offen gelassen werden.[459] Zwar ist stimmig, dass die Meinungsfreiheit einen geringeren Schutzbereich aufweist als die Kunstfreiheit, da die Meinungsfreiheit mit einem ausdrücklichen Schrankenvorbehalt versehen wurde, der eine Einschränkung durch einfachgesetzliche Normen ermöglicht. Allerdings kann daraus nicht der Schluss gezogen werden, dass eine Verletzung der Meinungsfreiheit erst recht einen ungerechtfertigten Eingriff in die Kunstfreiheit darstellt. Denn insbesondere wenn sich die Gegenseite auf das Allgemeine Persönlichkeitsrecht beruft, wird die Prüfung stets in einer Einzelfallabwägung unter Beachtung der praktischen Konkordanz münden. Bei solch einer Abwägung sind alle Umstände des Einzelfalls beachtlich. Natürlich auch, welches Grundrecht denn überhaupt einschlägig ist.

---

457 BVerfG-Beschluss vom 31.10.1984, Az.: 1 BvR 753/83 – Schwarzer Sheriff, Rz. 17; BVerfG-Beschluss vom 25.02.1992, Az.: 1 BvR 514/90 – Bezeichnung eines querschnittsgelähmten Reserve-Offiziers als „geb. Mörder" und „Krüppel", Rz. 32 f.

458 *Becker,* Persönlichkeitsrecht, 2008, 548 ff., 556; *Henschel,* 1937 ff., 1943; *Scholz,* Art. 5, Rz. 13. Der von *Scholz,* Art. 5, Rz. 13, Fn. 42 angestellte Verweis auf *Leisner,* UFITA 1962, 129 ff., 146 geht allerdings fehl. Richtig festgestellt ist, dass *Leisner* eine Schwerpunktbetrachtung zur Abgrenzung von Kunst und Meinungsäußerung vorschlägt. Allerdings bezieht *Leisner* diese Aussage auf eine andere Problematik. Denn für das Vorliegen einer Meinung verlangt er einen ‚politischen' Bezug der Äußerung im Sinne einer gesellschaftlichen Relevanz (*Leisner,* UFITA 1962, 129 ff., 147). Heute ist jedoch anerkannt, dass Meinungen sich auch auf rein persönliche Wertungen beziehen können. Im Zuge seines engen Meinungsbegriffs versagt *Leisner* schwerpunktmäßig künstlerischen Werken die Meinungsäußerungsqualität (*Leisner,* UFITA 1962, 129 ff., 146). *Leisner* sucht definitorisch nach dem Vorliegen eines Kunstwerks oder einer Meinung. Dass sich beide Elemente in einem Kunstwerk vereinen können, wird heutzutage jedoch nicht mehr bezweifelt. Ungewiss ist allerdings, welche Grundrechte für solch ein Kunstwerk mit Meinung streiten. Diese Frage stellt sich *Leisner,* der in solch einem Fall schon die Einstufung als Meinung verneint, nicht.

459 So geschehen bei BVerfG-Urteil vom 05.06.1973, Az.: 1 BvR 536/72 – Lebach, Rz. 90; BVerfG-Beschluss vom 23.03.1971, Az.: 1 BvL 25/61 u. a. – Sonnenfreunde, Rz. 50; BVerfG-Beschluss vom 12.11.1997, Az.: 1 BvR 2000/96 – Münzen-Erna, Rz. 14; BVerfG-Beschluss vom 25.02.1992, Az.: 1 BvR 514/90 – Bezeichnung eines querschnittsgelähmten Reserve-Offiziers als „geb. Mörder" und „Krüppel", Rz. 33.

Um die Bedeutung der hier dargelegten inkonsequenten Rechtsprechungspraxis richtig einzustufen, ist allerdings zuzugestehen, dass in den untersuchten Fällen ein technisch sauberes Vorgehen wohl zu keinem anderen Ergebnis geführt hätte. Dennoch bleibt zu hoffen, dass die undogmatische Rechtsprechungspraxis gegen selbst aufgestellte Regeln zu verstoßen, bald ihr Ende findet.[460]

Rein klarstellend bleibt festzuhalten, dass es natürlich keinen eben beschriebenen Verstoß darstellt, wenn die Einschlägigkeit der Kunstfreiheit zugunsten der Meinungsfreiheit abgelehnt wird. Insbesondere satirische Äußerungen tragen zwar der Kunst typische Wesensmerkmale der Verfremdung, Verzerrung oder Übertreibung in sich, jedoch sind nicht alle satirischen oder auch nur originellen Äußerungen Kunstwerke.[461] Insbesondere in der heutigen schnelllebigen Medienwelt ist eine Übertreibung der eigenen Meinung unter Umständen die einzige Möglichkeit, überhaupt Gehör zu finden und damit zu einer öffentlichen Diskussion beizutragen.[462]

d) Satire und Karikatur als Sonderfall der Meinungsfreiheit

Zwei Werktypen, die man auf den ersten Blick klar der Kunst zuordnen würde, die aber auffallend oft der Meinungsfreiheit zugeschlagen werden, sind Satire und Karikatur. Beiden ist gemeinsam, dass sie mit Übertreibungen und Verzerrungen arbeiten, die dargestellte Person aber, entweder durch direkte Namensnennung oder durch die Hervorhebung typischer äußerer Merkmale, klar erkennbar ist.

Satire liegt vor, wenn sich „der an einer Norm orientierte Spott über Erscheinungen der Wirklichkeit nicht direkt, sondern indirekt durch die ästhetische Nachahmung eben dieser Wirklichkeit ausdrückt".[463] Sie kommentiert das aktuelle, oft politische Geschehen in zugespitzter, übertriebener Weise. Insbesondere satirische Texte, aber auch einfache Fotocollagen werden oftmals nicht der Kunst- sondern der Meinungsfreiheit zugerechnet.

Karikatur ist eine schemenhafte, typisierte Zeichnung, die oft von satirischem Inhalt geprägt ist.

Zwar wird anerkannt, dass stets eine Verzerrung oder Übertreibung stattgefunden hat, die von dem Schöpfer kreativ erdacht wurde, doch ergibt die Benutzung

---

460 An dieser Stelle wird jedoch unbeantwortet bleiben, ob die Spezialität der Kunstfreiheit beibehalten, der Theorie der Zuordnung je nach Schwerpunkt (s.o.) oder eine andere Abgrenzungsmöglichkeit angewandt werden sollte. Diese Frage ist für die Zielsetzung dieser Arbeit nicht relevant und würde überdies deren Rahmen sprengen.

461 BVerfG-Beschluss vom 10.07.2002, Az.: 1 BvR 354/98 – Bonnbons, Rz. 8.

462 BVerfG-Beschluss vom 12.11.1997, Az.: 1 BvR 2000/96 – Münzen-Erna, Orientierungssatz Nr. 1a; BVerfG-Beschluss vom 25.02.1992, Az.: 1 BvR 514/90 – Bezeichnung eines querschnittsgelähmten Reserve-Offiziers als „geb. Mörder" und „Krüppel", Rz. 32.

463 OLG Dresden, Urteil vom 16.04.2010, Az.: 4 U 127/10 – Waldschlösschenbrücke, Rz. 6.

dieser Stilmittel nicht automatisch schon ein Kunstwerk.[464] Vielmehr sind dies auch typische Werkzeuge im öffentlichen Meinungskampf, um Aufmerksamkeit zu erregen und somit überhaupt erst einen Beitrag zu einer öffentlichen Diskussion zu leisten.[465]

Es spielt aber keine Rolle, welchem Grundrecht die Satire oder Karikatur hinzugerechnet wird. Aufgrund des realen Bezugs und der Überzeichnung stellen sie einen typischen Spannungsbereich mit dem Persönlichkeitsrecht des Besprochenen dar. Dabei wurden Gerichte vor die spannende Frage gestellt, wie satirische Äußerungen und Karikaturen, die von einer Herabsetzung oder Verfremdung des Dargestellten geprägt sind, mit dem Schutz des Persönlichkeitsrechts des Dargestellten in Einklang gebracht werden sollten.[466]

In der Rechtsprechungspraxis behilft man sich damit, das Werk in seine Aussage und in seine künstlerische Einkleidung aufzuteilen.[467]

Will das Werk eine bestimmte Aussage transportieren, ist in kunstspezifischer und werktypischer Betrachtung zu prüfen, ob diese einen Wahrheitsanspruch erhebt.[468] Die getrennte Begutachtung des Äußerungskerns wird nicht automatisch nach den Maßstäben der Meinungsfreiheit vollzogen.[469] Wurde das gesamte Werk unter den Schutzbereich der Kunstfreiheit gestellt, ist dieser weiterhin einschlägig und darf nicht verlassen werden. Allerdings kann bei der werktypischen und kunstspezifischen Betrachtung des Äußerungskerns des Kunstwerks auf die Maßstäbe zur Zulässigkeit einer Meinungsäußerung zurückgegriffen werden, falls es die Auslegung gebietet.

Auch die künstlerische Einkleidung selbst kann das Persönlichkeitsrecht des Dargestellten verletzen. Hierbei sind jedoch weniger strenge Maßstäbe als bei dem Aussagekern anzuwenden, denn einer künstlerischen Darstellung ist eine gewisse Realitätsferne und Verfremdung wesenseigen.[470]

---

464 BVerfG-Beschluss vom 10.07.2002, Az.: 1 BvR 354/98 – Bonnbons, Rz. 8.

465 BVerfG-Beschluss vom 25.02.1992, Az.: 1 BvR 514/90 – Bezeichnung eines querschnittsgelähmten Reserve-Offiziers als „geb. Mörder“ und „Krüppel“, Rz. 32

466 BVerfG-Beschluss vom 03.06.1987, Az.: 1 BvR 313/85 – Strauß-Karikatur.

467 BVerfG-Beschluss vom 12.11.1997, Az.: 1 BvR 2000/96 – Münzen-Erna, Orientierungssatz Nr. 1a; VGH München, Urteil vom 04.10.1983, Az.: 21 B 83 A 794 – Rotkäppchenszene, NJW 1984, 1136 ff., 1137. Diese für die Zulässigkeitsprüfung von Satire und Karikaturen entwickelte Methodik soll nach der Ansicht mancher sogar auf die Prüfung aller Kunstwerke angewandt werden: *Becker*, AfP 2001, 466 ff., 468.

468 BVerfG-Beschluss vom 10.07.2002, Az.: 1 BvR 354/98 – Bonnbons, Rz. 12; BVerfG-Beschluss vom 25.02.1992, Az.: 1 BvR 514/90 – Bezeichnung eines querschnittsgelähmten Reserve-Offiziers als „geb. Mörder“ und „Krüppel“, Orientierungssatz Nr. 2.

469 *Becker*, AfP 2001, 466 ff., 468.

470 BVerfG-Beschluss vom 03.06.1987, Az.: 1 BvR 313/85 – Strauß-Karikatur, Rz. 20; BVerfG-Beschluss vom 07.03.1990, Az.: 1 BvR 266/86 u. a. – Stahlhelm, Orientierungssatz Nr. 4; BVerfG-Beschluss vom 12.11.1997, Az.: 1 BvR 2000/96 – Münzen-Erna, Orientierungssatz Nr. 1a; *Becker*, Persönlichkeitsrecht, 2008, 548 ff., 568 f.

Eine Unterscheidung zwischen Aussage und künstlerischer Einkleidung kann unterbleiben, wenn das Kunstwerk aus anderen Gründen unzulässig ist. Denn weder Meinungs- noch Kunstfreiheit rechtfertigen Schmähkritik oder Verletzungen der Menschenwürde.[471] Schmähkritik ist jedoch erst dann anzunehmen, wenn keinerlei Auseinandersetzung in der Sache mehr erfolgt, sondern lediglich die Herabsetzung der dargestellten Person erstrebt ist.[472]

e) Abwägung mit Persönlichkeitsrecht

Schon seit Anbeginn der Literatur lassen sich Autoren von Mitmenschen zu ihren Romanfiguren inspirieren. So ist selbst für das Gretchen aus Goethes Faust die Frankfurter Magd Susanna Margaretha Brandt als Vorbild bekannt.[473] Die bloße Inspiration verletzt das Persönlichkeitsrecht noch nicht, sondern ist von der Kunstfreiheit geschützt.[474] Problematisch wird es erst, wenn sich ein Anspruchsteller in einer Romanfigur wiedererkennt, wobei die Figur womöglich noch negativ überzeichnet dargestellt wird. Dabei streben Künstler unter Umständen den Vergleich mit einer lebendigen Vorlage gerade an, um eine persönliche Erfahrung zu verarbeiten oder ein größeres Publikumsinteresse zu erwecken. Teilweise streiten Urheber jedoch auch jegliche Übereinstimmung ab, sondern bezeichnen ihre Figuren bewusst als fiktiv, womöglich um sich vor persönlichkeitsrechtlichen Ansprüchen zu bewahren.

Neben den oben behandelten Dokudramen im Filmbereich ist im literarischen Bereich ein typischer Fall für den Konflikt mit dem Persönlichkeitsrecht gegeben, wenn ein sogenannter „Schlüsselroman" vorliegt. Diese Romane wirken auf den ersten Blick wie rein fiktive Werke. Mit dem richtigen „Personen-Schlüssel", d.h. mit der Angabe, welche Romanfigur für welche lebende oder historische Figur steht, lassen sich allerdings Rückschlüsse auf reale Ereignisse ziehen, wobei die Grenze zwischen Realität und Wirklichkeit stets fließend ist. Es ist typisch für „Schlüsselromane", dass deren Autoren sich auf Fiktionen berufen, um sich und ihr Werk vor juristischer oder sogar politischer Verfolgung zu schützen. Das berühmteste Beispiel für solch einen „Schlüsselroman" aus der Rechtshistorie ist „Mephisto – Roman einer Karriere" von Klaus Mann, aktuelles Beispiel ist das verbotene Buch „Esra" von Maxim Biller.

471 *Di Fabio*, AfP 1999, 126 ff.; BVerfG-Beschluss vom 03.06.1987, Az.: 1 BvR 313/85 – Strauß-Karikatur, Leitsatz, Rz. 25; BVerfG-Beschluss vom 13.06.2007, Az.: 1 BvR 1783/05 – Esra, Rz. 103; OLG Hamm, Urteil vom 04.02.2004, Az.: 3 U 168/03 – Unterstellung eines Porno-Umfeldes einer Minderjährigen im Fernsehen, Leitsatz Nr. 1.

472 OLG Dresden, Urteil vom 16.04.2010, Az.: 4 U 127/10 – Waldschlösschenbrücke, Rz. 7.

473 *Maier*, Monatshefte 1953, 401 ff., 406.

474 BVerfG-Beschluss vom 13.06.2007, Az.: 1 BvR 1783/05 – Esra, Leitsatz Nr. 3.

Kommt es zu einem Konflikt zwischen Kunstfreiheit und Persönlichkeitsrecht, ist keinem der Grundrechte von Haus aus Vorrang zu geben.[475] Stets muss eine Einzelfallabwägung angestellt werden.[476]

aa) Erkennbarkeit

Um eine Kollision mit dem Allgemeinen Persönlichkeitsrecht hervorzurufen, muss der Anspruchsteller im Kunstwerk wiedererkennbar sein.[477] Das ist dann kein Problem, wenn solch eine Identifikation geradezu erstrebt ist, wie z.B. bei politischen Kunstwerken, die als Kritik aktueller Ereignisse fungieren. Dabei ist irrelevant, ob die Erkennbarkeit durch die Wiedergabe typischer äußerer Merkmale oder durch den entsprechenden Kontext, wie den Titel, hervorgerufen wird.

Schwieriger gestaltet sich die Erkennbarkeit, wenn eine reale Person als Vorbild für eine fiktive Figur gedient hat, jedoch einige Verfremdungen, wie die Umbenennung oder die Veränderung einzelner Merkmale, stattgefunden haben. Insbesondere wenn das Vorbild keine Person der Zeitgeschichte ist, wird nur Personen, die mit den Lebensumständen des Vorbilds und/ oder des Autors vertraut sind, der Rückschluss von der fiktiven Figur auf deren Vorbild gelingen. Solch eine begrenzte Wiedererkennung im engen Bekanntenkreis genügt jedoch schon zur Stellung persönlichkeitsrechtlicher Ansprüche, denn gerade in diesem engen Lebensumfeld, das für den Alltag eine bedeutende Rolle einnimmt, muss die Persönlichkeit vor Verletzungen geschützt werden.[478] Dieser im Esra-Beschluss des BVerfG gefundene Grundsatz wurde jedoch gleichzeitig wieder eingeschränkt. Danach muss sich die Erkennbarkeit des realen Vorbilds in der fiktiven Figur dem mit der Situation vertrauten Leser geradezu aufdrängen, was „eine hohe Kumulation von Identifizierungsmerkmalen voraus[setzt]“.[479] Lässt sich ein Vorbild erst durch Nachforschungen als solches identifizieren, reicht dies nicht aus.

Um solch eine Erkennbarkeit auszuschließen, muss die Verfremdung eine gewisse Qualität erreichen. Die Rechtsprechung fordert, dass sich das Abbild

475 BVerfG-Urteil vom 24.02.1971, Az.: 1 BvR 435/68 – Mephisto, Rz. 62; *Wanckel*, NJW 2006, 578 ff., 579. Auch ein Vorrang der Kunstfreiheit aus § 23 Abs. 1 Nr. 4 KUG liegt nicht vor, denn diese Ausnahmeregelung ist nur dann einschlägig, wenn Kunst der einzige Beweggrund der Darstellung ist. Zumindest kommerzielle Nebeninteressen liegen in juristisch relevanten Fällen stets vor, so dass eine Berufung auf Nr. 4 verhindert ist. Siehe Teil 4 II. 3. c).

476 Hierbei ist eine Abwägung unter Betrachtung aller konkret vorliegenden Interessen und Güter vorzunehmen. Die Grundsätze für die Abwägung zwischen Persönlichkeitsrecht und Meinungs- bzw. Pressefreiheit gelten nicht automatisch auch für die Abwägung zwischen Persönlichkeitsrecht und Kunstfreiheit. Siehe BGH-Urteil vom 24.11.2009, Az.: VI ZR 219/08 – Esra, Rz. 12 ff.

477 Zum Begriff der „Erkennbarkeit“ im Rahmen des KUG, s. u. Teil 4 II. 1.

478 BVerfG-Beschluss vom 13.06.2007, Az.: 1 BvR 1783/05 – Esra, Rz. 75.

479 BVerfG-Beschluss vom 13.06.2007, Az.: 1 BvR 1783/05 – Esra, Rz. 76.

genügend von seinem Urbild lösen müsse.[480] Ob dies im Einzelfall gelungen ist, ist im Rahmen der Güter- und Interessenabwägung festzustellen.

Künstler können sich insbesondere nicht durch die pauschale Hinzufügung von sogenannten „Disclaimern“, in denen jegliche Übereinstimmung mit lebenden Personen als rein zufällig dargestellt wird, vor einer rechtlichen Inanspruchnahme schützen.[481]

bb) Kunstspezifische Betrachtung

Bloße Erkennbarkeit alleine führt jedoch noch nicht zu einer Verletzung des Persönlichkeitsrechts, selbst dann nicht, wenn in dem Kunstwerk negative Charaktereigenschaften oder schutzbedürftige Informationen aus dem Privatleben hervorgehoben werden. Das Persönlichkeitsrecht ist erst verletzt, wenn der Betrachter dazu animiert wird, die dargelegten negativen oder intimen Merkmale der fiktiven Figur auf das reale Vorbild zu übertragen.[482] Dies geschieht, wenn die fiktiven Merkmale einen Wahrheitsanspruch erheben, wie auch immer dieser hervorgerufen wurde.

Bei der Beurteilung, ob solch ein Wahrheitsanspruch vorliegt, muss eine „kunstspezifische Betrachtung“ vorgenommen werden, um der Bedeutung der Kunstfreiheit gerecht zu werden.[483] Dem Rezipienten des Werkes wird unterstellt, dass er das in einem Kunstwerk wiedergegebene grundsätzlich als fiktiv einstuft. Aussagen in literarischen Werken unterliegen einer „Fiktionalitätsvermutung“, die erst widerlegt werden muss.[484] Ebenso wird dem Betrachter zugetraut, dass er das satirische Gemälde eines weiblichen Akts nicht für eine naturgetreue Darstellung des Körpers der Abgebildeten hält.[485]

Besonders bei den oben dargestellten Mischformen, wie bei „Dokudramen“ oder „Schlüsselromanen“, kann die Bestimmung des Wahrheitsanspruchs Schwierigkeiten bereiten, da die Werke sowohl von realistischen als auch von fiktiven Elementen geprägt sind. Der Wahrheitsanspruch ist daher für jede Textstelle oder Szene isoliert zu beurteilen.[486]

---

480 BVerfG-Urteil vom 24.02.1971, Az.: 1 BvR 435/68 – Mephisto, Rz. 63.

481 *Wanckel*, NJW 2006, 578 ff., 579.

482 BVerfG-Beschluss vom 13.06.2007, Az.: 1 BvR 1783/05 – Esra, Rz. 99.

483 BGH Versäumnisurteil vom 16.09.2008, Az.: VI ZR 244/07 – Ehrensache, Leitsatz Nr. 2; BVerfG-Beschluss vom 13.06.2007, Az.: 1 BvR 1783/05 – Esra, Leitsatz Nr. 2.

484 BVerfG-Beschluss vom 19.12.2007, Az.: 1 BvR 1533/07– Ehrensache, Rz. 11; BVerfG-Beschluss vom 13.06.2007, Az.: 1 BvR 1783/05 – Esra, Leitsatz Nr. 3; *Hahn*, ZUM 2008, 97 ff., 101.

485 OLG Dresden, Urteil vom 16.04.2010, Az.: 4 U 127/10 – Waldschlösschenbrücke, Rz. 10.

486 *Becker*, ZUM 2007, 265 ff., 268 ff.

cc) *Abwägung: Schwere Persönlichkeitsverletzung – Je-Desto-Formel*

Damit der Schutz des Allgemeinen Persönlichkeitsrechts die Kunstfreiheit überwiegt, bedarf es einer Persönlichkeitsrechtsverletzung von einiger Schwere.[487] Dabei kommt die „Je-Desto-Formel" zum Tragen. Je deutlicher das reale Vorbild zu erkennen ist, je mehr Identifikationsmerkmale für solch eine Erkennbarkeit sprechen, desto schwerer wiegen Persönlichkeitsrechtsverletzungen. Kann jedoch nur ein kleiner Bekanntenkreis das reale Vorbild benennen, oder bedarf es dafür einiger Nachforschungen, muss es sich um eine besonders schwere Persönlichkeitsrechtsverletzung handeln, um die Kunstfreiheit zu überwiegen. Entsprechend muss eine fiktive Figur, der Fakten, die eine schwere Persönlichkeitsrechtsverletzung darstellen könnten, zugeschrieben werden, besonders verfremdet werden, um einen zivilrechtlichen Anspruch des realen Vorbilds zu vermeiden.[488]

Als Grundregel lässt sich festhalten, dass auch mittels künstlerischer Werke keine schweren Persönlichkeitsverletzungen gerechtfertigt werden können.[489] Diese liegen vor, wenn Eingriffe in die Intimsphäre oder abträgliche Charakterdarstellungen wie verfälschende oder beleidigende Schilderungen vorliegen.[490]

4. Abgrenzungsprobleme bestimmter Werkarten

a) *Dokumentarfilme und Sachbücher*

Es ist umstritten, ob eine filmische Dokumentation oder ein Sachbuch, das den Anspruch erhebt, ein Geschehen realitätsgetreu nachzuerzählen, dem Schutzbereich der Meinungs- oder der Kunstfreiheit zuzuordnen ist. Da Dokumentationen durch den selbst erhobenen Wahrheitsanspruch auf der Kunst eigene Verfremdungen oder künstlerische Gestaltungen verzichtet, wird vertreten, dass hier lediglich nach Art. 5 Abs. 1 GG zu schützende Tatsachenbehauptungen oder Meinungsäußerungen vorlägen.[491] Die Mitteilung von Informationen stehe im Vordergrund, nicht die Persönlichkeitsentfaltung durch künstlerische Betätigung der Beteiligten.[492] Die Tendenz, dem Dokumentarfilm den Schutz der Kunstfreiheit zu versagen,

487 BVerfG-Beschluss vom 13.06.2007, Az.: 1 BvR 1783/05 – Esra, Rz. 80 ff.

488 BVerfG-Beschluss vom 13.06.2007, Az.: 1 BvR 1783/05 – Esra, Leitsatz Nr. 4, Rz. 90.

489 *Wanckel*, NJW 2006, 578 ff., 579.

490 BVerfG-Beschluss vom 03.06.1987, Az.: 1 BvR 313/85 – Strauß-Karikatur, Leitsatz, Rz. 25; BVerfG-Beschluss vom 13.06.2007, Az.: 1 BvR 1783/05 – Esra, Rz. 103; OLG Hamm, Urteil vom 04.02.2004, Az.: 3 U 168/03 – Unterstellung eines Porno-Umfeldes einer Minderjährigen im Fernsehen, Leitsatz Nr. 1; *Hahn*, ZUM 2008, 97 ff., 100.

491 OLG Stuttgart, Urteil vom 11.06.1975, Az.: 4 U 142/74629 – Siemens/ Delius, NJW 1976, 628, 629; *Becker*, Persönlichkeitsrecht, 2008, 548 ff., 555; In ähnlicher Tendenz: OLG Hamm, Beschluss vom 05.04.2006, Az.: 3 W 22/06 – Hagener Mädchenmord, Rz. 7.

492 OLG München, Beschluss vom 14.09.2007, Az.: 18 W 1902/07 – Persönlichkeitsrechtsverletzung bei der Verfilmung eines zeitgeschichtlichen Themas, Rz. 20.

erscheint gleichgelagert zu der Argumentation, ihn nicht als Filmwerk i. S. d. § 2 Abs. 1 Nr. 6 UrhG, sondern als Laufbilder nach § 95 UrhG einzuordnen.[493]

Beide diese Ansichten sind abzulehnen.[494] Auch Dokumentationen sind von der Kunstfreiheit geschützte Filme. Dafür spricht schon, dass sie als Film unstreitig einen Gattungstypus der Kunst erfüllen, was ein starkes Indiz für die Kunstfreiheit ist. Ein Dokumentarfilm ist ein nach der Kunstfreiheit schützenswertes Filmwerk, das von der geistig schöpferischen Leistung des Drehbuchautors, Regisseurs und anderer Mitwirkenden geprägt ist. Deren Erzählweise, Zusammenstellung der Bilder und alle weiteren individualisierenden Merkmale bestimmen den Charakter und Aussagegehalt des Films.

Ob die Ablehnung der Kunstwerksqualität auf einer antiquierten Einschätzung von Dokumentarfilmen beruht, mag dahingestellt bleiben.[495] Sie sind unstreitig jedoch als Kunstwerke einzustufen. Kein Film, der – wie behauptet – lediglich die Realität abfilmt, würde überhaupt produziert werden. Jeder Film bedarf einer eingehenden kreativen Vorbereitung, allein schon, was die Auswahl der abzufilmenden Szenen angeht, geschweige denn, von der Umsetzung der Dreharbeiten und den vielfältigen Einflussmöglichkeiten durch Technik und Beleuchtung, bis hin zur Zusammenstellung und Nachbearbeitung am Schnitttisch.

Dieselben Grundsätze gelten für das Sachbuch, auch dieses ist der Kunstfreiheit zu unterstellen, denn es ist ebenso von subjektiver Darstellung, kreativer Auswahl und Präsentation der Fakten geprägt.

Besonders verfehlt ist es, eine der Satireprüfung ähnliche Aufspaltung vorzunehmen, indem der Inhalt des Dokumentarfilms der Meinungs- und die künstlerische Ausgestaltung der Kunstfreiheit unterstellt wird.[496] Eine parallele Anwendung beider Grundrechte auf dasselbe Kunstwerk führt zu einer um jeden Preis zu verhindernden Vermischung, die nicht zuletzt die Spezialität der Kunstfreiheit umgeht.[497]

b) *Aktuelle Trends der Kino- und Fernsehlandschaft – Dokudrama und Scripted Reality*

Aktuelle Trends der Kino- und Fernsehlandschaft werfen noch schwierigere Abgrenzungsfragen auf. Zu nennen sind dabei Dokumentationen, die gar nicht den Anspruch erheben, die Realität eins zu eins nachzubilden, sondern tatsächliche Begebenheiten in Spielfilmmanier mit damit einhergehenden Veränderungen oder Hinzufügungen zugunsten des Plots nachstellen. Diese Filme haben den

493 *Hoeren*, GRUR 1992, 145 ff., 145.
494 KG Berlin, Urteil vom 25.10.2012, Az.: 10 U 136/12 – Unlike U – trainwriting in Berlin, Rz. 24; *Hoeren*, GRUR 1992, 145 ff., 148 ff.
495 *Hoeren*, GRUR 1992, 145 ff., 149.
496 OLG Stuttgart, Urteil vom 11.06.1975, Az.: 4 U 142/74 629 – Siemens/ Delius, NJW 1976, 628, 630.
497 S. u. Teil 3 IV. 3. c).

Namen „Dokudrama“ erhalten. Da schon reine Dokumentationen unter den Schutz der Kunstfreiheit zu stellen sind, sind diese Filme, die sich durch noch mehr geistige Eigenleistung der Drehbuchautoren und sonstigen Mitwirkenden auszeichnen, erst recht als Kunstwerke im rechtlichen Sinne anzusehen.[498]

Das Interesse am tatsächlichen Leben wird nicht nur in Spielfilmen aufgearbeitet. Sogenanntes „Reality TV“ ist seit der Jahrtausendwende, angestoßen durch „Big Brother“, nicht mehr aus der Fernsehlandschaft wegzudenken. Während „Big Brother“ aktuell noch ohne die Mitwirkung Minderjähriger auskommt, sind sie bei seinen Nachfolgeformaten ständig vertreten. Im Rahmen von „Reality TV“-Shows wie „Super-Nanny“ oder „Die strengsten Eltern der Welt“ werden Minderjährige sogar Kernpunkt der Berichterstattung. Dabei sind diese Formate der klare Gegenpol zu dem Format des Dokudramas. Denn während das Dokudrama die fiktive spielfilmhafte Aufarbeitung wahrer Ereignisse ist, täuschen „Scripted Reality“-Formate vor, die Wirklichkeit lediglich abzufilmen, präsentieren in Wahrheit jedoch mehr oder weniger künstlich beeinflusste Lebensvorgänge.[499]

Auch für „Scripted Reality“-Formate kann die Kunstfreiheit streiten, wenn eine schöpferische Eigenleistung von deren Machern festzustellen ist. Hier wird die Inhaltsneutralität der Kunstfreiheit besonders deutlich, denn je weiter sich das Drehmaterial von der Realität entfernt, egal, ob durch Impulse der Redaktion, Bearbeitungen, Zuschnitt, oder ähnliches, desto höher ist die schützenswerte schöpferische Eigenleistung. Je mehr sich die Formate von dem Anspruch, die Realität wiederzugeben, entfernen, desto mehr gelten sie als „Trash-TV“, das die Verachtung des Feuilletons auf sich zieht, doch umso naheliegender ist es sie aufgrund der schöpferischen Eigenleistung der Werkschaffenden als Kunstwerk im rechtlichen Sinne einzustufen. Dabei ist irrelevant, ob die Darsteller in ihrer wahren Identität oder in fremden Rollen auftreten.

5. Wahrnehmung berechtigter Interessen, § 193 StGB

a) Anwendbarkeit

Ursprünglich wurde die Wahrnehmung berechtigter Interessen lediglich als besonderer Rechtfertigungsgrund der strafrechtlichen Ehrschutzdelikte nach §§ 185 ff. StGB konzipiert. Inzwischen dehnte sich die Anwendbarkeit jedoch als genereller

498 *Becker*, ZUM 2007, 265 ff., 267; Noch unentschlossen: BVerfG-Urteil vom 05.06.1973, Az.: 1 BvR 536/72 – Lebach, Rz. 90.

499 „Reality-TV“-Beiträge gänzlich ohne redaktionelle Einflussnahme existieren wohl nicht. Allerdings wird unter diesem Begriff eine große Bandbreite an Formaten gefasst, die von der Einflussnahme durch Anregungen der Redaktion bis zur Schaffung künstlicher Szenerien, in denen Laien-Darsteller vorgegebene Dialoge aufsagen, reicht.

Rechtsgedanke auch auf den zivilrechtlichen Ehrschutz im Besonderen und das APR im Allgemeinen aus.[500]

Dabei gilt § 193 StGB als Konkretisierung der Meinungsfreiheit inklusive deren Schranken in der Ausgestaltung durch Wechselwirkungslehre und Vermutung für die Zulässigkeit der freien Rede.[501]

Durch diesen allgemeinen Rechtfertigungsgrund werden die Medien vor zivil- oder strafrechtlichen Ansprüchen geschützt, wenn sie Äußerungen tätigen, die zum Veröffentlichungszeitpunkt berechtigterweise als wahr eingestuft werden durften, sich jedoch später als falsch herausstellen.[502]

b) Voraussetzungen

Der Ehrverletzung oder der Falschbehauptung muss ein berechtigtes Interesse entgegengesetzt werden. Dieses muss rechtlich schutzwürdig, sozialethisch billigenswert sein und die durch die Ehrverletzung oder die Falschbehauptung begangene Rechtsverletzung überwiegen.[503] Dieser klassischen Interessen- und Güterabwägung werden Konturen vorgegeben, indem die Wahrnehmung der berechtigten Interessen im Sinne einer Verhältnismäßigkeitsprüfung geeignet, erforderlich und angemessen erfolgt sein muss.[504]

Ein berechtigtes Interesse i. S. d. § 193 StGB ist nicht gegeben, wenn lediglich Klatsch verbreitet oder reine Neugier gestillt wird.[505] Auch wer bewusst wahrheitswidrig Tatsachen verbreitet, Schmähkritik äußert oder andere bis zur Formalbeleidigung in ihrem Menschenwürdekern trifft, kann sich nicht auf diesen Rechtfertigungsgrund berufen.[506]

---

500 *Schmelz,* 471 ff., 473. Auf S. 474 verweist dieser richtigerweise darauf, dass der medienrechtlich relevante Anwendungsbereich des § 193 StGB im Zivilrecht insbesondere bei Ansprüchen aus § 186 StGB i. V. m. § 823 Abs. 2 BGB entsteht, denn bei Ansprüchen aus APR werden die entgegenstehenden Interessen der Veröffentlichung schon in der Interessenabwägung berücksichtigt. Allerdings wird bei der Interessenabwägung oftmals auf die Prüfungsreihenfolge des § 193 StGB Bezug genommen, so dass er auch hierbei Bedeutung erlangt. *Klass* in: Westermann et al., Anh zu § 12, Rz. 240.

501 BGH-Urteil vom 20.01.1959, Az.: 1 StR 518/58, NJW 1959, 636; *Otto,* NJW 2005, 575 ff., 575.

502 *Klass* in: Westermann et al., Anh zu § 12, Rz. 241; *Schmelz,* 471 ff., 473.

503 *Lenckner/ Eisele,* § 193 StGB, Rz. 1, 8; *Otto,* NJW 2005, 575 ff., 576.

504 BGH-Urteil vom 15.05.1959, Az.: VI ZR 98/58 – Druckaufträge, Rz. 23; *Schmelz,* 478 ff.; *Ehmann* in: Canaris/ Heldrich, 613 ff., 637 f.

505 *Lenckner/ Eisele,* § 193 StGB, Rz. 9.

506 BVerfG-Beschluss vom 28.03.2000, Az.: 2 BvR 1392/96 – Wahrnehmung berechtigter Interessen im Strafverfahren, Orientierungssatz Nr. 1d; BVerfG-Beschluss vom 19.12.1991, Az.: 1 BvR 327/91 – Interpretation des Begriffs „Nazi“, Rz 38; *Lenckner/ Eisele,* § 193 StGB, Rz. 2, 15 f., 26.

Die angefochtenen Äußerungen müssen nicht im eigenen Interesse getroffen worden sein, sie können auch in einem Fremd- oder einem öffentlichen Interesse liegen.[507]

Wer ungewollt, aber leichtfertig Unwahrheiten verbreitet, ist nicht schutzwürdig. Daraus folgt, dass der Äußernde seine Behauptungen im Rahmen des Möglichen überprüft und verifiziert haben muss, bevor er diese weitergab. Das Ausmaß dieser Pflicht hängt vom Einzelfall ab. Je intensiver die Qualität der Aussagen, umso kritischer müssen diese vorher überprüft worden sein.[508] An Medienunternehmen werden dabei besonders hohe Anforderungen gestellt,[509] während Normalpersonen ein sogenanntes „Laienprivileg" genießen.[510]

Schließlich muss die Äußerung in subjektiver Hinsicht gerade zur Wahrnehmung des berechtigten Interesses getätigt worden sein.[511]

c) *Sorgfaltspflicht der Medien*

Die geforderte Überprüfungsintensität der aufgestellten Behauptungen variiert je nach Art und Auswirkung der Tatsachenbehauptung und deren Art der Verbreitung. Die Breitenwirkung der Medien und die damit einhergehende Schwere des Persönlichkeitsrechtseingriffs führen zu einem qualifizierten Sorgfaltsmaßstab für Rundfunk und Presse. Die Recherche muss ergebnisoffen und je nach Ursprungsquelle der Information unterschiedlich intensiv ausgeführt werden. Die Mitteilungen ‚privilegierter Quellen', wie Pressemeldungen öffentlicher Behörden und der Polizei, Agenturmeldungen oder auch offizieller Presseabteilungen von Unternehmen können allerdings ungeprüft übernommen werden.[512]

Die Anforderungen an Medienunternehmen sind nicht grenzenlos. Bei der Bestimmung der Recherchepflicht wird anerkannt, dass Medienunternehmen einem hohen Aktualitätsdruck unterliegen, der die Überprüfungsmöglichkeiten einschränken kann.[513]

---

507 BVerfG-Beschluss vom 10.10.1995, Az.: 1 BvR 1476/91 u. a. – Soldaten sind Mörder, Rz. 119; *Lenckner/ Eisele,* § 193 StGB, Rz. 12. Es können sowohl eigene, als auch öffentliche Interessen geltend gemacht werden. Lediglich bei einem fremden Privatinteresse wird ein gewisses Näheverhältnis gefordert.

508 *Otto,* NJW 2005, 575 ff., 576.

509 S. nachfolgende Ziffer 4.5.3.

510 Zum Laienprivileg und der Frage, ob dieses im digitalen Zeitalter noch gelten sollte, *Pfeifer,* JZ 2013, 853 ff., 859.

511 *Otto,* NJW 2005, 575 ff., 576.

512 BVerfG-Beschluss vom 09.03.2010, Az.: 1 BvR 1891/05 – Persönlichkeitsrechtsschutz bei Berichterstattung über Strafverfahren, Rz. 35; *Lenckner/ Eisele,* § 193 StGB, Rz. 18.

513 *Cole,* Medienstrafrecht, 293; *Lenckner/ Eisele,* § 193 StGB, Rz. 18.

d) Wirkungen

Als Rechtfertigungsgrund lässt die Wahrnehmung berechtigter Interessen die Rechtswidrigkeit der angegriffenen Äußerungen entfallen. Dies schützt nicht nur vor strafrechtlicher Verurteilung, sondern auch vor zivilrechtlichen Ansprüchen wie Unterlassungsverpflichtungserklärungen und Schadensersatz bzw. Schmerzensgeld.[514]

Darüber hinaus führt § 193 StGB auch zu einer Beweislastumkehr. Denn nicht der Medienvertreter muss die Wahrheit der Äußerungen belegen. Sofern diese ordentlich recherchiert wurden und auch die weiteren Voraussetzungen des § 193 StGB vorliegen, muss der Dargestellte die Unwahrheit des Behaupteten beweisen, bevor er erfolgreich juristische Schritte einleiten kann.[515]

---

514 *Schmelz,* 471 ff., 473.

515 *Klass* in: Westermann et al., Anh zu § 12, Rz. 242; *Schmelz,* 473.

Teil 4: Unabhängigkeit und Verknüpfung von Wort- und Bildberichterstattung

Für die Wort- und Bildberichterstattung finden unterschiedliche rechtliche Maßstäbe Anwendung.[516] Somit ist die rechtliche Beurteilung unabhängig voneinander.[517] Beide Bestandteile müssen vor Gericht separat angegriffen werden.

Dank des umfassenden Schutzes der Meinungsfreiheit dürfen Texte grundsätzlich frei formuliert werden. Sie müssen lediglich wahr sein, dürfen weder beleidigen, noch das Persönlichkeitsbild eines anderen verfälschen.[518]

Hingegen stehen Bildnisse grundsätzlich unter dem Einwilligungsvorbehalt des § 22 KUG. Dieser muss erst durch das Vorliegen eines Ausnahmetatbestands überwogen werden und selbst dann finden noch die schon für die Textberichterstattung formulierten Grenzen Anwendung.

Grund für diese höheren Anforderungen ist, dass die Rechtsprechung davon ausgeht, dass Bilder beim Betrachter einen stärkeren Eindruck hinterlassen, als eine bloße schriftliche Schilderung.[519] Gerade für unterhaltende Medien ist es völlig uninteressant, über ein Ereignis zu berichten, wenn der Beitrag nicht entsprechend bebildert werden kann. Dies gilt insbesondere für den Bereich der Regenbogenpresse, die sich ja hauptsächlich mit den Äußerlichkeiten der Schönen und Reichen befasst. Zwar sind die Medien frei – fast – alles zu schreiben, doch wenn ihnen dazu kein interessantes Bildmaterial vorliegt, ist der Text kaum zu vermarkten, denn ohne Bilder kann nur schwer das Interesse der Zuschauer oder Leser erweckt

---

516 *Klass* in: Westermann/ et al., Anh zu § 12, Rz. 49; BVerfG-Beschluss vom 14.09.2010, Az.: 1 BvR 1842/08 u. a. – Wortberichterstattung, Orientierungssatz Nr. 1; BGH-Urteil vom 26.10.2008, Az.: VI ZR 230/08 – Party-Prinzessin, Leitsatz, Rz. 7.

517 BGH-Urteil vom 13.04.2010, Az.: VI ZR 125/08 – Gala-Diner im Centre Pompidou, Leitsatz; BGH-Urteil vom 26.10.2008, Az.: VI ZR 230/08 – Party-Prinzessin, Leitsatz.

518 BVerfG-Beschluss vom 14.09.2010, Az.: 1 BvR 1842/08 u. a. – Prominentenkind, Rz. 52; BGH-Urteil vom 18.03.1959, Az.: IV ZR 182/58 – Caterina Valente, Rz. 17.

519 BGH-Urteil vom 26.10.2008, Az.: VI ZR 230/08 – Party-Prinzessin, Rz. 12; OLG Hamburg, Urteil vom 13.08.2002, Az.: 7 U 27/02 – Medienberichterstattung über 15-jährige Angehörige von Personen der Zeitgeschichte, Rz. 30. Ebenso EGMR-Urteil vom 10.05.2011, Az.: 48009/08 – Mosley ./. Vereinigtes Königreich, NJW 2012, 747 ff., 751, Rz. 115. Insbesondere das Fernsehen hinterlässt einen nachhaltigeren Eindruck als Hörfunk und Presse, BVerfG, Einstweilige Anordnung vom 27.11.2008, Az.: 1 BvQ 46/08 – Bildberichterstattung über Strafprozess – „Holzklotz-Fall“, Orientierungssatz 2 b. Auch in der Literatur wird der stärkere Einfluss von Bildern, insbesondere des Rundfunks betont, z. B. bei *Dörr/ Cole*, K&R 2000, 369 ff., 369; *Klass*, Unterhaltung ohne Grenzen?, 126.

werden – insbesondere im Bereich der Unterhaltungspresse.[520] Nicht umsonst versuchen Prominente über die ausgewählte Weitergabe oder Verweigerung von Fotografien auch die Berichterstattung über ihre Person zu steuern. Bilder haben daher eine hohe wirtschaftliche Bedeutung, auch für eine schwerpunktmäßige Textberichterstattung.

Ein weiterer Grund für die strengere Beurteilung der Bildberichterstattung ist, dass schon die Fotografien meist in einer Art und Weise angefertigt werden, die den Dargestellten beeinträchtigt, z. B. bei Verfolgung durch Paparazzi.[521]

Im Gegensatz dazu kann auch die Wortberichterstattung vereinzelt stärker in das Persönlichkeitsrecht des Besprochenen eingreifen, als die Bildberichterstattung. Denn in Texten können Details, die bei bloßer Betrachtung eines Bildes unbeachtet geblieben wären, hervorgehoben werden.[522]

Trotz der eigentlichen Differenzierung nehmen Text- und Bildberichterstattung bei der jeweiligen Prüfung der Zulässigkeit auch Einfluss aufeinander.[523] Eine Prüfung des Informationswertes eines Bildes ohne Beachtung der begleitenden Textberichterstattung, ist ebenso fehlerhaft,[524] wie die Untersuchung, ob ein Text einen Beitrag zu einer Frage von öffentlichem Interesse leistet, ohne die Bebilderung zu beachten.

Bei beiden Arten der Berichterstattung findet im Rahmen der Prüfung der rechtlichen Zulässigkeit eine Abwägung des APRs des Minderjährigen gegen die Kommunikationsgrundrechte der Medienhäuser statt. Während die Zulässigkeit der Wortberichterstattung an sich durch solch eine Abwägung bestimmt wird, erhält die Abwägung bei der Bildberichterstattung Bedeutung bei der Feststellung, ob ein Bildnis aus dem Bereich der Zeitgeschichte nach § 23 Abs. 1 Nr. 1 KUG vorliegt.[525]

---

520 *Engels/ Jürgens*, NJW 2004, 2517 ff., 2522; BVerfG Beschluss vom 26.02.2008, Az.: 1 BvR 1602/07 – Caroline IV, Rz. 68.

521 BGH-Urteil vom 26.10.2008, Az.: VI ZR 230/08 – Party-Prinzessin, Rz. 12.

522 BGH-Urteil vom 26.10.2008, Az.: VI ZR 230/08 – Party-Prinzessin, Rz. 12; OLG Hamburg, Urteil vom 13.08.2002, Az.: 7 U 27/02 – Medienberichterstattung über 15-jährige Angehörige von Personen der Zeitgeschichte, Rz. 18, 30.

523 *Klass* in: Westermann et al., Anh zu § 12, Rz. 49.

524 BVerfG Beschluss vom 16.06.2008, Az.: 1 BvR 17/08, Rz. 23; BVerfG Beschluss vom 26.02.2008, Az.: 1 BvR 1602/07 – Caroline IV, Rz. 68; BGH-Urteil vom 06.10.2009, Az. VI ZR 314/08 – Kinder eines ehemaligen Fußballprofis, Rz. 7; BGH-Urteil vom 01.07.2008, Az.: VI ZR 67/08 – Vermietung der Ferienvilla, Rz. 23.

525 *Klass* in: Westermann et al., Anh zu § 12, Rz. 181.

I. Wortberichterstattung über Minderjährige

1. Abstrakte Abwägungsebene

Sowohl die Rechtfertigung von Eingriffen in das verfassungsrechtliche APR, als auch die Prüfung der Rechtswidrigkeit des Eingriffs in das zivilrechtliche APR, führen zu einer umfassenden Güter- und Interessenabwägung,[526] bei der die besonderen Umstände des Einzelfalls, die auf beiden Seiten eröffneten Grundrechte, sowie die Bestimmungen der EMRK in die Prüfung miteinzubeziehen sind.[527]

Bei der Kollision zweier Grundrechte wie dem APR und der Meinungsfreiheit, ist der Grundsatz der praktischen Konkordanz zu befolgen.[528] Dabei ist beiden Grundrechten der größtmögliche Anwendungsbereich einzuräumen. Nur falls selbst dann ein Konflikt nicht zu vermeiden ist, muss eine Abwägung zulasten eines der Grundrechte stattfinden.[529] Dabei ist nach dem allgegenwärtigen Grundsatz der Verhältnismäßigkeit darauf zu achten, dass die Verdrängung des unterlegenen Grundrechts nur so weit wie zwingend notwendig stattfindet.

Für die Abwägung zweier Grundrechte sind zu Beginn abstrakt die entgegenstehenden Interessen zu bestimmen und zu gewichten. Darauf folgt eine konkrete Einzelfallbetrachtung mit anschließender Abwägung im Einzelfall unter Berücksichtigung gesetzlicher Vorschriften, allgemeiner Rechtsgrundsätze und – im Endeffekt auch – moralischer Regeln.[530]

Verdeutlicht an der bei Wortberichterstattung relevant werdenden Abwägung zwischen Persönlichkeitsrecht und Meinungs-, Presse-, Rundfunk- oder Kunstfreiheit bedeutet dies Folgendes:

Sowohl das Allgemeine Persönlichkeitsrecht aus Art. 2 Abs. 1 i. V. m. Art. 1 Abs. 1 GG, als auch die Kommunikationsgrundrechte aus Art. 5 GG sind hohe Güter der Verfassung, die nicht leichtfertig zurückstehen können. Das verfassungsrechtliche APR schützt die Selbstbestimmung und die Würde eines jeden Menschen und spiegelt somit die höchsten Verfassungswerte wider. Doch auch die Kommunikationsgrundrechte sind für einen demokratischen Rechtsstaat unverzichtbar und

526 *Beater*, JZ 2013, 111 ff., 111.

527 BVerfG-Beschluss vom 26.02.2008, Az.: 1 BvR 1602/07 – Caroline IV, Orientierungssatz 1b, 2b; BGH-Urteil vom 20.12.2011, Az.: VI ZR 261/10, Rz. 12; BGH-Urteil vom 20.04.2010, Az.: VI ZR 245/08 – Zulässige Berichterstattung über Straftäter im Internet, Rz. 12 m. w. N.

528 *Klass* in: Westermann et al., Anh zu § 12, Rz. 5; *Degenhart*, JuS 1992, 361 ff., 363; *Jarass*, NJW 1989, 857 ff., 862.

529 BGH-Urteil vom 02.04.1957, Az.: VI ZR 9/56 – Krankenpapiere, Leitsatz Nr. 3, Rz. 18, *Hoffmann-Riem*, AöR 2003, 173 ff., 191.

530 *Ehmann* in: Canaris/ Heldrich, 613 ff., 623 ff.

nehmen wichtige gesellschaftliche Funktionen wahr.[531] Daher wäre auf der abstrakten Ebene keinem der Grundrechte Vorrang zu gewähren, sodass der Konflikt auf einer konkreten Ebene näher zu betrachten wäre.

Sind jedoch Minderjährige von einer Berichterstattung ohne Einwilligung betroffen, erfährt ihr APR eine Verstärkung durch Art. 6 Abs. 1, 2 GG, was den Staat verpflichtet Minderjährige, und damit auch deren APR, besonders zu schützen.[532]

Das APR Minderjähriger unter Verstärkung des Art. 6 GG überwiegt auf abstrakter Ebene das einschlägige Kommunikationsgrundrecht der Medienhäuser, wie Meinungs- oder Pressefreiheit.[533] Dadurch entsteht ein starkes Ungleichgewicht, das im Rahmen der konkreten Einzelfallabwägung nur durch besonders gewichtige Argumente zu einer Zulässigkeit der Berichterstattung führen kann, insbesondere wenn Minderjährige sich bei öffentlichen Auftritten oder vergleichbaren Anlässen bewusst der Presse ausgesetzt haben.[534] Dennoch muss stets eine umfassende Güter- und Interessenabwägung vorgenommen werden.[535] Es existiert kein absolutes Berichterstattungsverbot über Minderjährige.[536]

Dabei führt es auch nicht zur Zulässigkeit, wenn die Berichterstattung den Minderjährigen in einem positiven Licht erscheinen lässt.[537] Zwar ist einzugestehen, dass eine positive Ausrichtung der Berichte das Persönlichkeitsrecht weniger beeinträchtigt als negative, kritisierende Berichterstattung,[538] doch soll die Persönlichkeitsentwicklung fern von jeglichen Eingriffen bleiben, auch wenn diese gering sind.

---

531 BVerfG, Urteil vom 15.01.1958, Az.: 1 BvR 400/51 – Lüth, Leitsatz Nr. 5, Rz. 33; BVerfG-Beschluss vom 11.04.1991, Az.: 2 BvR 963/90 – Üble Nachrede zum Nachteil eines Rechtsanwalts, Rz. 23.

532 BVerfG-Urteil vom 15.12.1999, Az.: 1 BvR 653/96 u. a. – Caroline II, Rz. 81 f.; BGH-Urteil vom 28.05.2013, Az.: VI ZR 125/12 – Eisprinzessin Alexandra, Rz. 19 ff. m.w.N.; OLG Hamburg, Urteil vom 21.11.2006, Az.: 7 U 108/06 – Reichweite des Schutzes der Eltern-Kind-Beziehung bei Presseveröffentlichung von Fotos einer prominenten Familie im öffentlichen Raum, Rz. 20; *Stender-Vorwachs*, NJW 2010, 1414 ff., 1415. Zur erhöhten Schutzbedürftigkeit von Minderjährigen und deren Rechtfertigung, s.o. Teil 3 II. 4.

533 S.o.

534 *Stender-Vorwachs*, NJW 2010, 1414 ff., 1415.

535 BGH-Urteil vom 06.10.2009, Az. VI ZR 314/08 – Kinder eines ehemaligen Fußballprofis, Rz. 10.

536 Diskussion darüber s. Teil 8 I.

537 BVerfG-Beschluss vom 14.02.2005, Az. 1 BvR 1783/02 – Prominentenkinder, Orientierungssatz 1c.

538 BGH-Urteil vom 26.10.2008, Az.: VI ZR 230/08 – Party-Prinzessin, Rz. 22; BGH-Urteil vom 10.03.2009; Az.: VI ZR 261/07 – Enkel des Fürsten, Rz. 19.

Der räumliche Schutzbereich der Minderjährigen erstreckt sich dabei auch auf das Familienleben im öffentlichen Raum.[539] Die Rechtsprechung betont oftmals den Schutz „spezifischer Eltern-Kind-Situationen“.[540] Doch dieses Erfordernis entfaltet im Ergebnis keine Wirkungen, da auch Alltagshandlungen vom qualifizierten Schutz umfasst sind.[541] Schließlich machen gerade unspektakuläre Handlungen, wie Spazierengehen und Einkaufen, ein Familienleben aus.[542] Zudem müssen Minderjährige allgemein von ihren Eltern lernen, wie man sich in der Öffentlichkeit bewegt. Daher umfasst der qualifizierte Schutz Minderjähriger auch jede Situation, in der sich Kinder unter Begleitung ihrer Eltern in der Öffentlichkeit bewegen, es sei denn, dabei wird gezielt die Öffentlichkeit gesucht.

Da auch das unbefangene Verhalten der Eltern im Beisein ihrer Kinder sichergestellt werden soll, werden schon Säuglinge oder Kleinkinder, die selbst noch nichts von der medialen Berichterstattung bemerken, qualifiziert geschützt.[543] Auch bei größeren Kindern ist irrelevant, ob die Beobachtung durch Medienvertreter auffällt, denn gerade das unbemerkte Beobachten, das erst im Nachhinein durch die Veröffentlichung festgestellt wird, kann die Dargestellten verunsichern und zu dauerhaft künstlichem Verhalten verleiten.[544]

Ausnahmsweise ist eine Berichterstattung über Minderjährige ohne Einwilligung zulässig, wenn sich die Kinder oder Jugendlichen bewusst der Öffentlichkeit zuwenden. Dies wird angenommen, wenn Kinder im Pflichtenkreis ihrer Eltern öffentliche Funktionen wahrnehmen oder Kinder öffentliche Veranstaltungen besuchen.[545] Dies gilt jedoch nur, wenn von vorneherein eindeutig feststeht, dass

---

539 BVerfG-Urteil vom 15.12.1999, Az.: 1 BvR 653/96 u. a. – Caroline II, Leitsatz Nr. 3, Rz. 83; BVerfG-Beschluss vom 31.03.2000, Az.: 1 BvR 1454/97 – Caroline III, Rz. 4; BVerfG-Beschluss vom 26.02.2008, Az.: 1 BvR 1602/07 – Caroline IV, Rz. 48; BVerfG-Beschluss vom 14.02.2005, Az. 1 BvR 1783/02 – Prominentenkinder, Orientierungssatz 1b; *Beater*, JZ 2013, 111 ff., 113.

540 BGH-Urteil vom 06.10.2009, Az. VI ZR 314/08 – Kinder eines ehemaligen Fußballprofis, Rz. 9.

541 *Frauenrath*, Grüner Bote 2010, 295 ff., 301; *Di Fabio* in: Maunz/ Dürig, Art. 2, Rz. 165.

542 *Beater*, JZ 2013, 111 ff., 113.

543 Diese Grundsätze wurden für die Bildberichterstattung entschieden, finden jedoch für die Wortberichterstattung ebenso Anwendung: BVerfG-Beschluss vom 06.06.2006, Az. 1 BvR 3/05 – Prominentenkinder, Bildberichterstattung, Rz. 18; BGH-Urteil vom 05.10.2004, Az.: VI ZR 255/03 – Alexandra von Hannover, Rz. 22; *Fricke*, § 23 KUG, Rz. 20; OLG München, Urteil vom 31.03.1995, Az.: 21 U 3377/94 – Taufe des Kindes von Ann-Sophie Mutter.

544 *Fricke*, § 23 KUG, Rz. 20.

545 BGH-Urteil vom 05.10.2004, Az.: VI ZR 255/03 – Alexandra von Hannover, Rz. 19; *Frauenrath*, Grüner Bote 2010, 295 ff., 302; BVerfG-Beschluss vom 31.03.2000, Az.: 1 BvR 1454/97 – Caroline III, Rz. 4; BVerfG-Urteil vom 15.12.1999, Az.: 1 BvR 653/96 u. a. – Caroline II, Rz. 83; *Beater*, JZ 2013, 111 ff., 113. *Frauenrath*, Grüner Bote 2010, 295 ff., 305 kritisiert, dass der Persönlichkeitsrechtsschutz der Kinder somit gänzlich dem Elternverhalten untergeordnet wird.

Pressevertreter auf der Veranstaltung tätig sein werden.[546] Zudem müssen sich die Minderjährigen der Presse auch präsentieren, z. B. indem sie über den roten Teppich eintreten und entsprechend posieren.[547]

Selbst wenn die Berichterstattung von solchen öffentlichen Veranstaltungen zulässig ist, unterliegt sie Einschränkungen.[548] Der Inhalt muss auf die schutzbedürftigeren Persönlichkeiten der Kinder und Jugendlichen Rücksicht nehmen.[549] Zudem unterliegen die Fotografien einer starken Zweckbindung. Die hergestellten Fotos dürfen nur eingeschränkt zur Berichterstattung über andere Themen verwendet werden.[550] Zwar ist es zulässig in der Textberichterstattung über den Bereich des unmittelbar auf dem Foto Dargestellten hinauszugehen,[551] doch darf der öffentliche Auftritt nicht als bloßer Vorwand für eine Berichterstattung über ein anderes Thema dienen.[552]

2. Konkrete Abwägungsebene

Trotz des Ungleichgewichts auf abstrakter Abwägungsebene hält die Rechtsprechung auch bei der Prüfung der Wortberichterstattung über Minderjährige an dem Erfordernis einer konkreten Abwägung fest.[553]

a) Sphärentheorie

Die Abwägung mit dem APR wird unter Zuhilfenahme der sogenannten Sphärentheorie ausgeführt, die besagt, dass je intensiver ein Eingriff das APR verletzt, er einer desto höheren Rechtfertigung bedarf.[554] Dabei werden die verschiedenen Bereiche des Persönlichkeitsschutzes in Sphären unterteilt, von einem Kernbereich, einer Intimsphäre, vergrößern sich diese konzentrisch über eine allgemeinere

546 Abgelehnt für Gottesdienstbesuch, denn auch wenn dieser öffentlich ist, wird hier nicht mit der Anwesenheit von Reportern gerechnet: OLG München, Urteil vom 31.03.1995, Az.: 21 U 3377/94 – Taufe des Kindes von Ann-Sophie Mutter, Rz. 71.

547 Abgelehnt für die Tochter des prominenten Moderators einer Preisverleihung, die die Veranstaltung über eine Hintertür betrat und lediglich als reguläre Zuschauerin im Publikum saß: LG Berlin, Urteil vom 16.09.2003, Az.: 27 0 238/03 – zitiert nach *Wanckel*, 142.

548 Näher hierzu s. Teil 6 VII. 2.

549 BVerfG-Beschluss vom 14.02.2005, Az. 1 BvR 1783/02 – Prominentenkinder, Orientierungssatz 2b, Rz. 11.

550 BVerfG-Beschluss vom 14.09.2010, Az.: 1 BvR 1842/08 u. a. – Wortberichterstattung, Rz. 45; *Wanckel*, 122; *Frauenrath*, Grüner Bote 2010, 295 ff., 302 f.; *Stender-Vorwachs*, NJW 2010, 1414 ff., 1415.

551 BGH-Urteil vom 26.10.2010, Az.: VI ZR 190/08 – Rosenball in Monaco, Rz. 23.

552 BGH-Urteil vom 28.09.2004, Az.: VI ZR 305/03 – Charlotte Casiraghi II, Leitsatz 1, 2.

553 BGH-Urteil vom 28.05.2013, Az.: VI ZR 125/12 – Eisprinzessin Alexandra, Rz. 20 m.w.N.

554 *Wölfl*, NVwZ 2002, 49 ff., 49 f.

Privatsphäre, bis hin zur für die Öffentlichkeit wahrnehmbaren Sozialsphäre.[555] Je nachdem in welcher dieser Sphären ein Eingriff einzuordnen ist, muss dieser unterschiedlichen Rechtfertigungsanforderungen genügen.[556]

Wer diese Theorie als eigene Rechtsfigur, der womöglich noch die gesetzliche Grundlage fehlt, kritisiert,[557] unterliegt allerdings einer Fehleinschätzung. Die Sphärentheorie ist vielmehr eine systematische Anordnung von aus jahrelanger Rechtsprechung hervorgegangenen Fallgruppen, die ähnlich wie eine Skizze, die Prüfung und auch das Verständnis erleichtern sollen. Daher ist es auch nicht schädlich, wenn die verschiedenen Sphären nicht trennscharf abzugrenzen sind,[558] denn sie ersetzen keinesfalls die stets notwendige Einzelfallabwägung,[559] sondern verdeutlichen lediglich das durch die Abwägung hervorgegangene Ergebnis. Die Einordnung in eine Sphäre nimmt daher weder die Abwägung noch deren Ergebnis vorweg, allenfalls ist eine „Vermutungswirkung"[560] festzustellen.[561]

Für die Abwägung ist nicht nur die Einordnung in einer der Sphären entscheidend, sondern die tatsächliche Form der vermeintlichen Persönlichkeitsrechtsverletzung spielt ebenso eine Rolle. Relevant kann sein, ob die Privatsphäre einer Person lediglich abstrakt gefährdet oder konkret in sie eingegriffen wurde.[562] Außerdem muss beachtet werden, ob der Anspruchsteller eine öffentliche Person wie ein Politiker ist und ob er selbst Anlass zu der Berichterstattung gegeben hat.[563] Natürlich ist auch die Berichterstattung selbst näher zu untersuchen. Es ist zu unterscheiden, ob sie in einem öffentlichen Massenmedium erschienen ist oder nur für einen kleinen Kreis Interessierter wahrnehmbar war.[564] Je nach der konkreten Abwägungssituation können hier noch eine Vielzahl anderer Kriterien zu berücksichtigen sein.

555 Als Beispiel ständiger Rechtsprechung: BGH-Urteil vom 23.06.2009, Az.: VI ZR 196/08 – spick-mich.de, Rz. 30.

556 *Degenhart*, JuS 1992, 361 ff., 364; *Stern*, Band IV/1, 264 ff.

557 *Wölfl*, NVwZ 2002, 49 ff., 49 ff.; Insbesondere Kritik am Kernbereichsmodell auf S. 51, sowie auch *Ehmann* in: Canaris/ Heldrich, 613 ff., 623.

558 Ebenso unschädlich, da nicht abwägungsentscheidend, ist die unterschiedliche Benennung oder Aufteilung der Sphären durch verschiedene Autoren.

559 *Degenhart*, JuS 1992, 361 ff., 364.

560 *Klass* in: Westermann et al., Anh zu § 12, Rz. 117. Zum Menschenwürdekern s. o. Teil 3 I. 4.

561 So auch das BVerfG, das betont es läge keine „schematische Stufenordnung", sondern lediglich „Anhaltspunkte" für die Intensität des Eingriffs vor, BVerfG-Urteil vom 13.06.2007, Az.: 1 BvR 1783/05 – Esra, Rz. 89. *Nink*, § 823 BGB, Rz. 22 spricht von „Orientierungshilfen".

562 *Ehmann* in: Canaris/ Heldrich, 613 ff., 632.

563 BVerfG-Beschluss vom 13.05.1980, Az.: 1 BvR 103/77 – Kunstkritik, Rz. 27.

564 *Degenhart*, JuS 1992, 361 ff., 366.

aa) Intimsphäre/ Kernbereich

Der innerste Kern des Persönlichkeitsschutzes, der die höchsten Anforderungen an die Rechtfertigung von Eingriffen stellt, wird als Intimsphäre bezeichnet. Aus dem allgemeinen Sprachgebrauch dieser Benennung lässt sich schon der Inhalt dieser Sphäre erkennen. Die Intimsphäre schützt vor der Offenbarung alles persönlich Körperlichen, das nicht nur vor der Öffentlichkeit, sondern auch vor dem weiteren Bekannten- und Freundeskreis in der Regel verborgen bleibt. Umfasst sind sämtliche Ausprägungen des Sexuallebens, von sexueller Orientierung und Nacktfotos bis zu der Information, in wessen Wohnung man übernachtet.[565] Des Weiteren einbezogen sind innere Körperzustände, wie Krankheiten oder DNA-Profile.[566] Der Schutz beschränkt sich nicht nur auf einen physischen Aspekt, auch psychische Bestandteile des Innenlebens, wie Gedanken und Gefühle, sind mit geschützt.[567]

Die dogmatische Herleitung der Intimsphäre ist umstritten. Teilweise wird sie als gemeinsamer Ausfluss vom Wesensgehalt des Grundrechts nach Art. 19 Abs. 2 GG und dem Menschenwürdekern eingestuft.[568] Andere setzen Wesensgehalt und Menschenwürdekern gleich,[569] während wieder andere auf der strikten Trennung dieser Rechtsinstitute bestehen.[570] Ob auch der Wesensgehalt Einfluss nimmt, kann dahinstehen, da ein elementarer Einfluss des Menschenwürdegedankens unumstritten ist.[571] Aufgrund der Tatsache, dass die Legitimation des Allgemeinen Persönlichkeitsrechts auch auf die Menschenwürde gestützt wird, ist der unantastbare Menschenwürdekern sogar besonders ausgeprägt.[572]

Als Konkretisierung der Menschenwürde wird auch die Intimsphäre als unantastbar eingestuft.[573] Daher seien Eingriffe ohne jegliche Abwägung stets unzulässig.[574] Diese strikte Dogmatik verursacht zwingenderweise Umsetzungsprobleme, die – im Gegensatz zur rein rechtstheoretischen Diskussion um den dogmatischen Ursprung der Intimsphäre – rechtspraktische und daher diskussionswürdige Konflikte verursacht, z. B. wenn aus der Intimsphäre entnommene Informationen elementar für die Überführung von Kapitalverbrechern sind.[575]

---

565 LG Berlin, Urteil vom 20.03.2012, Az.: 27 O 40/12, Rz. 30.
566 BVerfG-Urteil vom 13.06.2007, Az.: 1 BvR 1783/05 – Esra, Rz. 102 ff.
567 *Stern*, Band IV/1, 266.
568 *Wölfl*, NVwZ 2002, 49 ff., 50.
569 *Degenhart*, JuS 1992, 361 ff., 363.
570 *Herdegen*, Art. 1 Abs. 1, Rz. 26.
571 *Warg*, NStZ 2012, 237 ff., 238; *Klass* in: Westermann et al., Anh zu § 12, Rz. 122.
572 *Starck*, Art. 2, Rz. 56.
573 BVerfG-Beschluss vom 14.09.1989, Az.: 2 BvR 1062/87 – Verwertung tagebuchartiger Aufzeichnungen, Orientierungssatz Nr. 1; *Nink*, § 823 BGB, Rz. 23.
574 *Warg*, NStZ 2012, 237 ff., 238.
575 BGH-Urteil vom 22.12.2011, Az.: 2 StR 509/10; BVerfG-Beschluss vom 14.09.1989, Az.: 2 BvR 1062/87 – Verwertung tagebuchartiger Aufzeichnungen.

In diesen Fällen verhält sich die Rechtsprechung nicht immer stringent. Teilweise beugt sie sich ihrem eigenen Dogma eines unantastbaren Kernbereichs und sieht von einer Verwertung von aus der Intimsphäre entstammenden Informationen ab, selbst wenn diese zur Strafverfolgung bei Kapitalverbrechen dringend notwendig wären.[576] Doch diese Konsequenz ist nicht immer zu beobachten. Sehen sich Richter damit konfrontiert, dass die Verwertbarkeit von Informationen aus der Intimsphäre rechtspolitisch gewünscht ist, ist zu beobachten, wie diese Informationen bei der Prüfung nicht in die Intimsphäre, sondern in die weiter gelagerte Privatsphäre eingestuft werden, wodurch sich das Gericht der Diskussion, ob die Intimsphäre ausnahmsweise antastbar ist, entzieht.[577] Diese Herangehensweise der Rechtsprechung ist als dogmatisch unsauber abzulehnen.

---

576 BGH-Urteil vom 22.12.2011, Az.: 2 StR 509/10 – Heimlich aufgezeichnetes Selbstgespräch, Leitsatz, Rz. 14. Die unterschiedliche Judikatur zu den Entscheidungen zur Verwertung tagebuchartiger Aufzeichnungen (BVerfG-Beschluss vom 14.09.1989, Az.: 2 BvR 1062/87) und zum Großen Lauschangriff (BVerfG-Urteil vom 03.03.2004, Az.: 1 BvR 2378/98 u. a.) wurde damit begründet, dass ein Selbstgespräch ein nicht fixierter direkter Ausfluss der Gedankenwelt ist, bei dem auch unbewusste Äußerungen hinzutreten können.

577 So geschehen in: BVerfG-Beschluss vom 14.09.1989, Az.: 2 BvR 1062/87 – Verwertung tagebuchartiger Aufzeichnungen, Orientierungssatz Nr. 2. Hierbei wurden Tagebuchaufzeichnungen, die als Ausdruck der intimsten Gedanken- und Gefühlswelt eindeutig der Intimsphäre zuzuordnen wären, wegen ihrer strafrechtlichen Bedeutung und eines daraus erwachsenden Sozialbezugs der Privatsphäre zugeordnet. Allerdings ist anzumerken, dass diese umstrittene Entscheidung auch im Senat des BVerfG keine Mehrheit finden konnte, sondern die richterlichen Ansichten 4:4 gespalten waren. Ähnliches wurde bestimmt in: BVerfG-Urteil vom 03.03.2004, Az.: 1 BvR 2378/98 u. a. – Großer Lauschangriff/ Akustische Wohnraumüberwachung, Rz. 141, in der ebenfalls darauf abgestellt wurde, ob Gespräche Bezug zu kriminellen Machenschaften haben und daher nicht in die Intimsphäre einzuordnen seien, selbst wenn sie in den eigenen vier Wänden, also dem ureigensten Rückzugsort, stattfanden. Diese Entscheidung ist zusätzlicher Kritik auszusetzen, da sie die Unantastbarkeit eines absolut geschützten Kernbereichs privater Lebensgestaltung betont, doch gleichzeitig Eingriffe in diesen Bereich ermöglicht. Die Aufnahme und Sichtung des Materials aus Privatwohnungen sei grundsätzlich zulässig, solange Inhalte mit Menschenwürderelevanz als unverwertbar gelten und sofort gelöscht würden. Auch wenn diese Regelung zu erstrebenswerten Ergebnissen führen mag, trägt sie einen Eingriff in den Kernbereich in sich, der sich schon durch die erste Aufnahme und Sichtung realisiert. Schließlich wurde in BGH-Urteil vom 19.03.2013, Az.: VI ZR 93/12 – Berichterstattung während eines laufenden Strafverfahrens über Äußerungen zu sexuellen Neigungen, Rz. 23 ff. die Schilderung sexueller Vorlieben und Abläufe nicht der Intimsphäre zugeordnet, da sie im Rahmen eines Prozesses wegen einer Sexualstraftat geäußert wurden. Doch die angegriffenen Äußerungen betrafen nicht die infrage stehende Sexualstraftat, sondern gaben Einblick in die vorgelagerten Abläufe, die eindeutig der Intimsphäre zugeordnet hätten werden müssen. Ebenfalls kritisch: *Kübler,* 209 ff., 220.

Tagebuchaufzeichnungen[578], Gespräche im eigenen Wohnraum[579] oder sexuelle Neigungen[580] sind – entgegen der Einstufung der Rechtsprechung – stets Teil der Intimsphäre. Die Berücksichtigung von Inhalt und Bedeutung der Information sollte nicht bestimmen welcher Sphäre sie zu zuordnen ist, sondern ob der Eingriff in die jeweilige Sphäre gerechtfertigt ist. Der kriminelle Inhalt einer Information als Indiz für den Sozialbezug sollte unbeachtlich sein, wenn die äußeren Umstände, z. B. im Fall des Tagebuchs, eindeutig auf eine Zuordnung zur Intimsphäre hinweisen. Liegt dermaßen klar eine Zuordnung zur Intimsphäre vor, sollte der Inhalt erst bei der Abwägungsprüfung eine Rolle spielen.

Denn entgegen der Ansicht der Rechtsprechung sollte auch die Intimsphäre als antastbar und abwägungsoffen eingestuft werden. Intimsphäre und Menschenwürdekern sind nicht als deckungsgleich anzusehen. Die Intimsphäre wird zwar durch den Menschenwürdekern bestimmt, weist aber auch einen Randbereich auf, in den der Menschenwürdekern eben nicht hineinreicht. In diesem Randbereich ist eine Abwägung vorzunehmen. Diese geht zwar in der Regel zugunsten der streng zu schützenden Intimsphäre aus, doch in Extremfällen kann z. B. auch das Strafverfolgungsinteresse überwiegen. Eine Rechtsordnung wie die unsere schützt schließlich auch das Leben absolut, erlaubt aber in Extremfällen Notwehr bis zum Tode oder auch den durch die öffentliche Hand ausgeführten finalen Rettungsschuss.[581]

Für die Einstufung in die Randbereiche können dieselben Argumente herangezogen werden, die die Rechtsprechung für die Einstufung in die Privatsphäre anführt, z. B. dass die Gedanken und Gefühlswelt in einem Tagebuch manifestiert und somit der Gefahr des Zugriffs von Dritten ausgesetzt wurden.

Dennoch macht es weiterhin Sinn, den Kernbereich als unantastbar zu bezeichnen, um seiner Bedeutung und der in ihm immanenten Menschenwürdegarantie gerecht zu werden. Gleichzeitig muss auch die idealistische Idee der Unantastbarkeit in der Realität eingeschränkt werden, wenn ihre Aufrechterhaltung zu Ergebnissen führen würde, die nicht mit der Rechtsordnung vereinbar sind.[582] Durch das Dogma der Unantastbarkeit wird verdeutlicht, dass ein Eingriff in den Kernbereich lediglich die ultima ratio zur Verteidigung hoher Rechtsgüter sein kann.[583]

---

578 BVerfG-Beschluss vom 14.09.1989, Az.: 2 BvR 1062/87 – Verwertung tagebuchartiger Aufzeichnungen, Orientierungssatz Nr. 2.

579 BVerfG-Urteil vom 03.03.2004, Az.: 1 BvR 2378/98 u. a. – Großer Lauschangriff/ Akustische Wohnraumüberwachung, Rz. 141.

580 BGH-Urteil vom 19.03.2013, Az.: VI ZR 93/12 – Berichterstattung während eines laufenden Strafverfahrens über Äußerungen zu sexuellen Neigungen, Rz. 23 ff.

581 Fischer, § 32, Rz. 34 ff.

582 *Baldus*, JZ 2008, 218 ff., 225; *Warg*, NStZ 2012, 237 ff., 242.

583 *Stern*, Band IV/1, 265.

bb) Privatsphäre

Der weitere Schutz von Tatsachen, die man der Öffentlichkeit nicht ohne Weiteres anvertrauen möchte, und die nicht ohne Zutun des Betroffenen von Außenstehenden erkennbar sind, wird als Privatsphärenschutz bezeichnet.[584]

Privatsphäre kann in inhaltlicher und in räumlicher Hinsicht definiert werden. Inhaltlich umfasst sie die Tatsachen, die nicht den Beruf oder die öffentliche Funktion eines Menschen betreffen. Dies umfasst die häusliche Lebensweise, Freizeitgestaltungen sowie das familiäre und freundschaftliche Umfeld. Zudem schützt die Privatsphäre vor der öffentlichen Wiedergabe von peinlichen oder unschicklichen Begebenheiten.[585] In räumlicher Sicht geht der Schutz über die Privatwohnung hinaus, denn jeder Mensch muss die Möglichkeit haben, auch in der Öffentlichkeit einmal unbeobachtet und entspannt zu sein, sodass öffentliche Orte vom Privatsphärenschutz umfasst sein können.[586] Dies gilt insbesondere, wenn ersichtlich ist, dass die Schaffung einer örtlichen Abgeschiedenheit in der Öffentlichkeit und somit eine größtmögliche Ungestörtheit erstrebt wurde.[587] Ein Indiz für eine Privatsphärenverletzung liegt somit vor, wenn die Beobachtung nur unter der Überwindung tatsächlicher Hindernisse, z.B. mit Teleobjektiven, Leitern oder Luftaufnahmen zustande kam.[588]

Eingriffe in die Privatsphäre sind nicht stets unzulässig. Sie bedürfen der Abwägung mit dem entgegengesetzten Grundrecht, z. B. der Meinungs- und Pressefreiheit, gem. Art. 5 Abs. 1 S. 1 GG.

cc) Sozialsphäre

Die Sozialsphäre ist der Privatsphäre nachgelagert. Sie umfasst insbesondere berufliche und politische Tätigkeiten, sowie alle in der Öffentlichkeit vollzogenen

---

584 BGH-Urteil vom 20.12.2011, Az.: VI ZR 261/10 – Berichterstattung über Parteizugehörigkeit eines Vereinsvorstands, Rz. 16; BGH-Urteil vom 22.11.2011, Az.: VI ZR 26/11 – Inka-Story, Rz. 10.

585 BVerfG-Beschluss vom 24.05.1977, Az.: 2 BvR 988/75 – Suchtkrankenberatungsstelle, Rz. 60.

586 BGH-Urteil vom 06.03.2007, Az.: VI ZR 14/06 – Caroline von Hannover in St. Moritz, Rz. 12; KG Berlin, Urteil vom 06.11.2006, Az.: 10 U 282/05, Orientierungssatz Nr. 3; Abgelehnt für Besuch eines Nachtclubs eines prominenten Paares: LG Berlin, Urteil vom 20.03.2012, Az.: 27 O 40/12 – Berichterstattung über das Beziehungsleben von Angehörigen einer fürstlichen Familie, Rz. 29; EGMR-Urteil vom 07.02.2012, Az.: 40660/08 u. a. – von Hannover Nr. 2, Orientierungssatz 1.

587 BVerfG-Urteil vom 15.12.1999, Az.: 1 BvR 653/96 u. a. – Caroline II, Leitsatz 1; BGH-Urteil vom 06.03.2007, Az.: VI ZR 14/06 – Caroline von Hannover in St. Moritz, Rz. 11.

588 BGH-Urteil vom 09.12.2003, Az.: VI ZR 404/02 – Luftbildaufnahmen vom Feriendomizil eines Prominenten, Leitsatz Nr. 1.

Handlungen, die für jeden einsichtig sind.[589] Eine Verbreitung von Tatsachen der Sozialsphäre ist demnach in der Regel zulässig, da die Informationen der Öffentlichkeit sowieso zugänglich gewesen wären.

Doch auch hier ist eine Abwägung erforderlich, denn die Verbreitung allgemein verfügbarer Informationen kann auch Rechte verletzen, z. B. wenn durch die Kumulation der Informationen ein detailliertes Charakter- oder Persönlichkeitsbild erstellt wird,[590] die Berichterstattung eine Prangerwirkung entfaltet[591] oder dadurch ein begründetes Recht auf Anonymität verletzt wird.[592]

b) Kernfrage: Beitrag zu Frage von öffentlichem Interesse

Enthält eine Äußerung einen Beitrag zu einer Frage von öffentlichem Interesse, wird vermutet, dass die Meinungsfreiheit vorrangig ist, denn was die Öffentlichkeit angeht, darüber muss auch gesprochen und berichtet werden können.[593] Die zentrale Frage, die auf der konkreten Abwägungsebene zu beantworten ist, ist daher ob solch ein Informationsinteresse der Öffentlichkeit gegeben ist. Dies lässt sich freilich nur schwer allgemein festlegen. Allerdings lassen sich Kriterien für das Vorliegen solch eines Informationsinteresses finden.[594] Dieses liegt eindeutig bei Sachverhalten mit politischem oder öffentlichkeitsrelevantem wirtschaftlichen Bezug vor.[595] Dass die Rezipienten wertvolle Informationen für die Gestaltung ihres eigenen Alltags erhalten, ist ebenfalls ein starkes Indiz für ein öffentliches Informationsinteresse.[596] Aber auch rein unterhaltende Beiträge können einen Informationswert innehaben, solange sie nicht nur der Befriedigung der Neugier dienen[597] oder Inhalte aus der Intimsphäre des Betroffenen zum Gegenstand haben.[598] Als

589 BGH-Urteil vom 20.12.2011, Az.: VI ZR 261/10 – Berichterstattung über Parteizugehörigkeit eines Vereinsvorstands, Rz. 14, 16.

590 *Kunig,* Art. 2, Rz. 41; BVerfG-Urteil vom 15.12.1983, Az.: 1 BvR 209/83 u. a. – Volkszählung, Rz. 152 ff.

591 BGH-Urteil vom 21.11.2006, Az.: VI ZR 259/05 – Rz. 13; *Klass* in: Westermann et al., Anh zu § 12, Rz. 127.

592 OLG Hamburg, Urteil vom 18.12.2012, Az.: 7 U 66/12 – Persönlichkeitsverletzung durch Nennung der (berühmten) Eltern eines Kindes, Rz. 10.

593 BVerfG-Beschluss vom 31.10.1984, Az.: 1 BvR 753/83 – Schwarze Sheriffs, Orientierungssatz.

594 Eine ausführliche Darstellung dieser Merkmale findet sich bei *Beater,* ZUM 2005, 602 ff..

595 EGMR-Urteil vom 07.02.2012, Az.: 40660/08 u. a. – von Hannover Nr. 2, Rz. 109.

596 KG Berlin, Urteil vom 16.05.2008, Az.: 9 U 122/06 – Öffentliches Informationsinteresse an der Teilnahme eines Prominenten am Straßenverkehr ohne gültige Fahrerlaubnis, Rz. 17.

597 BVerfG-Beschluss vom 06.06.2006, Az. 1 BvR 3/05 – Prominentenkinder, Bildberichterstattung, Orientierungssatz 2a; EGMR-Urteil vom 07.02.2012, Az.: 40660/08 u. a. – von Hannover Nr. 2, Orientierungssatz Nr. 5.

598 *Klass,* ZUM 2014, 261 ff., 268 m. w. N.

weitere Negativabgrenzung lassen sich all jene Angelegenheiten als von generellem Öffentlichkeitsinteresse beschreiben, die nicht nur rein persönlichen oder kommerziellen, also Profit steigernden Interessen dienen.

Man darf nicht dem Trugschluss unterliegen, dass das Privatleben prominenter Personen nur dann zu Fragen von öffentlichem Interesse beiträgt, wenn sich besonders herausragende Geschehnisse ereignen. Gerade das Alltagsleben Prominenter kann ebenfalls ein berechtigtes Informationsinteresse begründen.[599]

Während es als Indiz für ein Thema von öffentlichem Interesse gilt, wenn eine Vielzahl von Berichten darüber erscheinen[600], ist es dem Informationswert nicht abträglich, wenn ein Thema bisher überhaupt nicht in den Medien stattgefunden hat.[601] Denn es muss den Medien möglich sein, neue Themen aufzugreifen.[602]

c) Reformvorschlag: Vorwandskontrolle

Seit der Entwicklung und Anwendung des neuen modifizierten Schutzkonzepts[603] ist der Informationswert zum entscheidenden Faktor in der Abwägung zwischen Persönlichkeitsrecht und Meinungs- bzw. Presse- und Rundfunkfreiheit geworden.[604] Auf den ersten Blick erscheint es interessengerecht und wünschenswert, dass Presse und Rundfunk, auch unterhaltende Medien, gesellschaftskritisch agieren, wobei Figuren des öffentlichen Lebens, d. h. Politiker oder Menschen, die freiwillig das Licht der Öffentlichkeit suchen, in vielschichtiger Weise beleuchtet werden.

Doch wenn Informationen einen hohen Unterhaltungswert besitzen, ohne per se einen gesellschaftsrelevanten Kontext zu haben, führt dies oft nicht dazu, dass auf eine Veröffentlichung verzichtet wird. Stattdessen werden Medienvertreter dazu verleitet, gesellschaftliche Relevanz zu konstruieren, um das interessante Material verwenden zu können. Zu diesem Zweck werden normale Situationen überkritisch betrachtet oder in einen gesellschaftskritischen Kontext gestellt. In aller Regel führt diese Interpretation zu einer negativen Beurteilung der Prominenten.[605] Während der alten Rechtsprechungspraxis konnten Fotos vom Urlaubsspaziergang Prominenter veröffentlicht werden, die ein belangloser Text über die Freuden der Sommerzeit begleitete. Nun besteht das Bedürfnis, durch solche

599 EGMR-Urteil vom 07.02.2012, Az.: 40660/08 u. a. – von Hannover Nr. 2, Orientierungssatz 5; BVerfG-Beschluss vom 26.02.2008, Az.: 1 BvR 1602/07 u. a. – Caroline IV, Rz. 59; BGH-Urteil vom 01.07.2008, Az.: VI ZR 67/08 – Vermietung der Ferienvilla, Rz. 20.

600 BVerfG-Beschluss vom 09.03.2010, Az.: 1 BvR 1891/05 – Persönlichkeitsrechtsschutz bei Berichterstattung über Strafverfahren, Rz. 30.

601 *Pils*, JA 2008, 852 ff., 854.

602 S. o.

603 S. u. Teil 4 II. 3. b).

604 S. o.

605 *Müller*, ZRP 2012, 125 ff., 126.

harmlosen Bilder eine Diskussion anzustoßen, um den notwenigen Informationswert des Beitrags sicherzustellen. Dabei können sich Prominente plötzlicher Kritik bezüglich der Wahl ihres Urlaubslandes oder über die Umweltauswirkungen ihrer Flugreise ausgesetzt sehen. Es ist anzunehmen, dass ihnen ein Kommentar über die Urlaubsgarderobe und die Landschaft lieber gewesen wäre.[606]

Im Rahmen der Bildberichterstattung wurde diese Gefahr von den Gerichten bereits erkannt.[607] Das abgebildete zeitgeschichtliche Ereignis darf nicht als bloßer Anlass für die Berichterstattung über die abgebildete Person dienen, ohne dass ein darüber hinausgehender Informationswert für die Öffentlichkeit besteht.[608] Diesen Prüfschritt kann man als „Vorwandskontrolle" bezeichnen. Die Überprüfung, ob lediglich ein Anlass für eine Berichterstattung gesucht wird, findet bei einer Wortberichterstattung bisher nicht statt. Als Grund wird die unterschiedliche Schutzsystematik angegeben: Bildberichterstattung ohne Einwilligung ist grundsätzlich untersagt und nur ausnahmsweise erlaubt, wohingegen bei Texten der „Grundsatz der freien Berichterstattung" gilt.[609]

Dieses Argument gilt bei Wortberichterstattungen über Minderjährige nicht. Aufgrund des Ungleichgewichts zugunsten des Persönlichkeitsrechts Minderjähriger auf abstrakter Abwägungsebene, hat Wortberichterstattung über Minderjährige regelmäßig zu unterbleiben und ist nur ausnahmsweise zulässig – ebenso wie dies bei der Bildberichterstattung grundsätzlich geregelt ist. Auch bei der Wortberichterstattung über Kinder und Jugendliche sollte der behauptete Informationswert daher einer Vorwandskontrolle unterzogen werden. Dies ist auch sachgemäß: Erwachsene Prominente müssen wegen der ihnen zugeschriebenen Kontrast- und Vorbildfunktion damit leben, dass sie an ihrem öffentlichen Verhalten gemessen werden.[610] Minderjährige dienen jedoch nicht als Vorbilder oder Kontrastbilder. Sie sollen sich möglichst ungestört entwickeln können, um später selbst bestimmen zu können, wie sie sich in der Öffentlichkeit präsentieren wollen. Dennoch gilt auch für sie die Maßgabe, dass ein gewichtiger Informationswert als Berichterstattungsanlass dienen kann.

Die gesellschaftsrelevante und daher meist kritische Betrachtung, die einem Erwachsenen noch zugemutet werden kann, betrifft Minderjährige umso stärker. Nicht nur müssen sie damit klar kommen, dass über sie in den Medien berichtet wird. Zudem werden sie noch ohne ihre Zustimmung in den größeren Zusammenhang einer gesellschaftskritischen Diskussion eingeordnet. Dadurch wird ihr öffentliches Image entscheidend beeinflusst. Denn wer als Symbolbild einer bestimmten Verhaltensweise oder Bevölkerungsgruppe gilt, dem werden schnell

---

606 *Engels/ Jürgens*, NJW 2004, 2517 ff., 2522.

607 BGH-Urteil vom 26.10.2010, Az.: VI ZR 190/08 – Rosenball in Monaco, Rz. 17 m.w.N.

608 S.o.

609 BGH-Urteil vom 26.10.2008, Az.: VI ZR 230/08 – Party-Prinzessin, Rz. 19.

610 BGH-Urteil vom 26.10.2010, Az.: VI ZR 190/08 – Rosenball in Monaco, Rz. 26; BGH-Urteil vom 01.07.2008, Az.: VI ZR 67/08 – Vermietung der Ferienvilla, Rz. 30.

auch Eigenschaften zugeschrieben, die für diese Gruppierungen typisch sein können. Dabei möchte die Rechtsprechung gerade solch eine Vorbeeinflussung oder Stigmatisierung von außen her vermeiden.

Noch gravierender sind die Minderjährigen betroffen, wenn die beschriebenen Probleme tatsächlich zutreffen. Kaum eine Pubertät verläuft konfliktfrei. Eine öffentliche Berichterstattung, die Privatprobleme zudem noch als allgemeingesellschaftliche Tendenzen darstellt, erschwert die Bewältigung der Situation für alle Beteiligten.

Minderjährige haben in aller Regel nur ein privates Leben. Sie sind weder beruflich noch gesellschaftlich engagiert.[611] Jeglicher Informationswert wird sich daher mit ihrem privaten Leben und ihrer Person auseinandersetzen. Das sind aber Bereiche, in denen eine öffentliche Diskussion besonders unerwünscht ist und besonders verletzend sein kann.

Die Forderung nach einem Informationswert der Berichterstattung entfaltet eine „Bumerangwirkung". Der Zweck des Begriffs des Informationswerts liegt darin, Minderjährige vor der Neugier der Öffentlichkeit zu schützen. Tatsächlich bewirkt er eine Überinterpretation und Kritik „normaler" Verhaltensweisen, um einen Informationswert zu schaffen, der zu allem Überfluss noch zu einer Stigmatisierung der Dargestellten führen kann.

Der Informationswert bedarf immer dann eines Korrektivs, wenn er nur konstruiert wird. Die Gefahr, dass das Erfordernis eines Informationswertes zur künstlichen Schaffung von Diskussionen führen kann, wurde – für den Bereich der Bildberichterstattung – nicht nur durch den BGH,[612] sondern auch durch den EGMR erwähnt.[613] Dieser vertraut darauf, dass die Einzelfallprüfung der zuständigen Gerichte solchen Entwicklungen Einhalt gebieten wird.[614] Dieses Vertrauen ist gerechtfertigt, allerdings bleibt zu hoffen, dass die Gerichte auch bei Wortberichterstattungen über Minderjährige die Notwendigkeit einer Vorwandskontrolle anerkennen, bei der ebenfalls strenge Maßstäbe angewandt werden müssen.

3. Fallgruppen der Abwägung

Für die Abwägungsergebnisse bei Wortberichterstattungen über Minderjährige lassen sich folgende Fallgruppen finden:

611 *Havemann/ Klofat*, 297 ff., 300.
612 BGH-Urteil vom 26.10.2010, Az.: VI ZR 190/08 – Rosenball in Monaco, Rz. 17 m.w.N.
613 EGMR-Urteil vom 07.02.2012, Az.: 40660/08 u. a. – von Hannover Nr. 2, Rz. 119.
614 EGMR-Urteil vom 07.02.2012, Az.: 40660/08 u. a. – von Hannover Nr. 2, Rz. 119.

a) Prominenz

Nicht jede Handlung berühmter Personen hat einen Informationswert für die Öffentlichkeit. Allerdings nimmt Prominenz natürlich Einfluss auf den Berichterstattungswert einer Information.[615]

Ein Informationswert wird bejaht, wenn die Berichterstattung aufzeigt, inwiefern die öffentliche Selbstdarstellung eines Prominenten von seinen tatsächlichen Lebensverhältnissen abweicht.[616] Überdies geht die Rechtsprechung davon aus, dass berühmte Personen Leitbild- und Kontrastfunktionen innehaben, wegen derer die Berichterstattung über den Alltag der Prominenten Orientierungswirkung für die allgemeine Leserschaft bietet.[617]

Kinder haben sich ihre in der Regel durch prominente Eltern hervorgerufene Bekanntheit nicht ausgesucht. Vor diesem Hintergrund ist kritisch zu begutachten, dass diese Prominenz zulasten der Minderjährigen in die Abwägung mit einbezogen wird. Dies erscheint umso fragwürdiger, da Kinder unabhängig von ihrem Bekanntheitsgrad qualifiziert vor Berichterstattung geschützt werden sollen.[618] Gleichzeitig muss berücksichtigt werden, dass sich manche Jugendliche umfassend den Medien präsentieren, genauso wie es Erwachsene tun. In diesen Fällen muss auch eine unliebsame, weil kritische Betrachtung dieser Medienperson möglich sein.[619]

b) Wahrheitsgemäße Aussagen

Unwahre Tatsachenbehauptungen können nicht zur Bildung einer objektiven Meinung beitragen. Daher gibt es von dem Schutzzweck der Meinungsfreiheit her auch kein Bedürfnis, sie zu ermöglichen. Hingegen sind wahre Tatsachenbehauptungen in der Regel vom Betroffenen hinzunehmen, es sei denn, sie beziehen sich auf dessen geschützte Privatsphäre.[620] Ein problematischer Grenzbereich sind Tatsachenbehauptungen, deren Wahrheitsgehalt (noch) offen ist. In Anbetracht der Bedeutung, die Journalisten zum Beispiel bei der Aufdeckung von

---

615 *Starck*, Art. 2, Rz. 182; EGMR-Urteil vom 19.09.2013, Az.: 8772/10 – von Hannover Nr. 3, Rz. 53.

616 LG Berlin, Urteil vom 20.03.2012, Az.: 27 O 40/12- Berichterstattung über das Beziehungsleben von Angehörigen einer fürstlichen Familie, Rz. 26.

617 BVerfG-Beschluss vom 26.02.2008, Az.: 1 BvR 1602/07 – Caroline IV, Rz. 105; LG Berlin, Urteil vom 20.03.2012, Az.: 27 O 40/12- Berichterstattung über das Beziehungsleben von Angehörigen einer fürstlichen Familie, Rz. 26; BGH-Urteil vom 01.07.2008, Az.: VI ZR 67/08 – Vermietung der Ferienvilla, Rz. 20,30.

618 S. o. Teil 3 II. 4.

619 BVerfG-Beschluss vom 25.01.2012, Az.: 1 BvR 2499/09 u. a. – Wortberichterstattung über Prominente (Bagatelldelikte jugendlicher Prominenter), Rz. 31.

620 BVerfG-Beschluss vom 25.10.2012, Az.: 1 BvR 901/11 – Focus-Ärzteliste, Orientierungssatz 1a; *Heiland*, 352.

Wirtschaftsstraftaten hatten, lässt sich nicht verleugnen, dass es möglich sein muss, Verdachtsmomente öffentlich zu machen. Allerdings müssen diese Vermutungen gründlich recherchiert werden. Zudem muss offen gelegt werden, dass lediglich ein Verdacht, kein Wahrheitsbeweis vorliegt.[621]

c) *Öffentlicher Meinungskampf*

Wer sich freiwillig dem öffentlichen Meinungskampf hingibt, indem er sich in publikumswirksamer Weise in Diskussionen einschaltet, hat mehr Gegenangriffe hinzunehmen, als derjenige, der die eigene Meinung im persönlichen Gespräch vertritt. Bei medialer Kommunikation sind auch extreme, verzerrende oder bildliche Formulierungen zulässig.[622] Denn wenn der Meinungsaustausch über Massenmedien hinweg stattfindet, bedarf es solcher Sprachmittel, um überhaupt gehört zu werden.[623] Insbesondere das sogenannte Recht auf Gegenschlag ermöglicht Eingriffe in das Allgemeine Persönlichkeitsrecht, die unter normalen Umständen nicht gerechtfertigt wären.[624] Wer mit sprachlich scharfen Mitteln angegriffen wurde, darf in gleicher Weise reagieren, ohne das Persönlichkeitsrecht des Gegenübers zu verletzen.

d) *Schmähkritik und Formalbeleidigung*

Eine absolute Grenze, die selbst die Meinungsfreiheit nie überwinden kann, sind Schmähkritik und Formalbeleidigung. Hierin liegen neben nicht zu rechtfertigenden Verletzungen des Allgemeinen Persönlichkeitsrechts meist auch Verletzungen der Menschenwürde. Wegen dieser absoluten Rechtsfolge wird die Schmähkritik eng definiert. Sie liegt erst dann vor, wenn es in keiner Weise mehr um die Auseinandersetzung in der Sache, sondern lediglich um die Herabsetzung der Person geht.[625] Ein Regelbeispiel hierfür ist die Benennung mit Verbalinjurien, die stets auch den Tatbestand der Beleidigung nach § 185 StGB erfüllen.

e) *Rechtswidrig erlangte Informationen*

Das Schicksal rechtswidrig erlangter Informationen hängt entscheidend von deren Veröffentlichungszweck ab.

Dienen die Informationen zur Behandlung einer die Öffentlichkeit berührenden Frage, so wie es zum Beispiel bei geheimen Dokumenten im Bereich des

621 *Schulz*, Rz. 68. Siehe hierzu auch *Peters*, NJW 1997, 1334 ff.; *Molle*, ZUM 2010, 331 ff..

622 BVerfG-Beschluss vom 12.05.2009, Az.: 1 BvR 2272/04 – Durchgeknallter Staatsanwalt, Rz. 28.

623 BVerfG-Beschluss vom 12.11.1997, Az.: 1 BvR 2000/96 – Münzen-Erna, Rz. 12.

624 BVerfG-Beschluss vom 25.01.1984, Az.: 1 BvR 272/81 – Springer/Wallraff, Rz. 90.

625 BVerfG-Beschluss vom 12.05.2009, Az.: 1 BvR 2272/04 – Durchgeknallter Staatsanwalt, Rz. 28.

Wirtschaftsjournalismus der Fall sein kann, ist die Veröffentlichung zulässig, insofern die aufzuklärende Sachfrage das Geheimhaltungsinteresse überwiegt.[626]

Im Gegensatz dazu ist die rechtswidrige Erlangung von Informationen über das Privatleben einer Person ein starkes Indiz für die Unzulässigkeit der Veröffentlichung – gleichermaßen für Wort- und Bildberichterstattung. Denn wenn Prominente den Lebensbereich durch räumliche Abschottung vor Einblicken der Öffentlichkeit zu bewahren versuchen, wirkt sich die Überwindung dieser Hindernisse durch die Anstiftung oder Begehung von Straftaten oder die Ausreizung technischer Möglichkeiten, wie Teleobjektiven, umso stärker auf das Privatleben des Betroffenen aus.[627]

f) Straftaten und Gerichtsverhandlungen

Straftaten und dadurch veranlasste Gerichtsverfahren erwecken seit jeher das Interesse der Allgemeinheit. Dieses kann in der Regel leicht befriedigt werden, da Gerichtsverhandlungen grundsätzlich öffentlich sind, § 169 S. 1 GVG. Nicht öffentlich sind Strafverfahren gegen minderjährige Angeklagte, § 48 Abs. 1 JGG. Wie wichtig der Zugang zu Gerichtsverhandlungen für Pressevertreter sein kann, zeigte sich in jüngster Vergangenheit bei der Diskussion um die Sitzplatzverteilung im NSU-Prozess. Dennoch wird deutlich zwischen Gerichtsöffentlichkeit und Medienöffentlichkeit unterschieden, denn Ton- und Filmaufnahmen sind in Gerichtssälen nicht gestattet, § 169 S. 2 GVG.

Vor Verurteilung eines Angeklagten ist die Unschuldsvermutung zu wahren, die ein elementarer Bestandteil des Rechts auf ein faires Verfahren ist (Art. 6 Abs. 2 EMRK, Art. 20 Abs. 3, 28 Abs. 1 GG). Hierfür sind die Regeln der Verdachtsberichterstattung einzuhalten, die unter anderem besagen, dass stets hervorgehoben werden muss, dass noch keine Verurteilung stattgefunden hat.[628]

Die Öffentlichkeit ist in Gerichtsverfahren gegen jugendliche Straftäter ausgeschlossen. Daraus wird gefolgert, dass eine identifizierende Wort- oder Bildberichterstattung über jugendliche Straftäter in der Regel unzulässig ist.[629] Das BVerfG lehnt jedoch die Annahme solch einer Regelvermutung ab.[630] Doch auch die stärkere Beeinflussung des Jugendlichen durch Berichterstattung und die Tatsache, dass er seine soziale Stellung in der Gesellschaft noch aufbauen muss und

---

626 BVerfG-Beschluss vom 25.01.1984, Az.: 1 BvR 272/81 – Springer/Wallraff, Leitsatz 2.2.

627 *Pils*, JA 2008, 852 ff., 852 f; *Heiland*, 353.

628 *Schulz*, Rz. 68. Siehe hierzu auch *Peters*, NJW 1997, 1334 ff.; *Molle*, ZUM 2010, 331 ff.

629 OLG Hamburg, Urteil vom 11.08.2009, Az.: 7 U 37/09 – Unterlassungsanspruch gegen eine identifizierende Bildberichterstattung über einen jugendlichen Straftäter, Orientierungssatz; LG Hamburg, Urteil vom 27.02.2009, Az.: 324 O 703/08 – Unterlassungsanspruch eines minderjährigen Straftäters gegen die Veröffentlichung eines Bildes, Rz. 22, 33.

630 BVerfG-Beschluss vom 25.01.2012, Az.: 1 BvR 2499/09 u. a. – Wortberichterstattung über Prominente (Bagatelldelikte jugendlicher Prominenter), Orientierungssatz 3b.

dabei negatives Vorwissen besonders hinderlich ist, streiten für einen Vorrang des Persönlichkeitsrechts.[631] Zudem wird darauf verwiesen, dass die Haftstrafen für jugendliche Straftäter weit kürzer ausfallen, als für Erwachsene, wodurch ein schnellerer Resozialisierungsbedarf entsteht, der durch die noch präsente Berichterstattung vereitelt werden könnte.[632]

Für Wort- und Bildberichterstattung gilt gleichermaßen, dass bei der Abwägung, ob über ein strafrechtliches Verfahren berichtet werden darf, die Schwere der Tat in gleich zweifacher Hinsicht zu beachten ist. Je geringer die Tat wiegt, desto geringer fällt auch der Eingriff in das Persönlichkeitsrecht durch eine Berichterstattung aus. Wegen eines Bagatelldelikts droht keine gesellschaftliche Stigmatisierung.[633] Gleichzeitig fällt das öffentliche Interesse an der strafrechtlichen Verurteilung gering aus.[634] Im Gegensatz dazu erregen schwere Verbrechen immenses Öffentlichkeitsinteresse, bedeuten aber parallel intensive Persönlichkeitsrechtseingriffe, wenn über sie berichtet wird.[635]

Dies gilt auch für die Straftaten Minderjähriger.[636] Um der doppelten Bedeutung der Schwere der Tat für die Zulässigkeit der Berichterstattung gerecht zu werden, muss stets eine Einzelfallabwägung stattfinden.[637]

In Bezug auf Jugendliche wurde entschieden, dass die Berichterstattung über kleinere Vergehen, zum Beispiel über sogenannte Jugendsünden, zulässig sein kann, wenn der Jugendliche schon vor der Tat das Licht der Öffentlichkeit gesucht

---

631 LG Hamburg, Urteil vom 27.02.2009, Az.: 324 O 703/08 – Unterlassungsanspruch eines minderjährigen Straftäters gegen die Veröffentlichung eines Bildes, Rz. 25.

632 OLG Hamburg, Urteil vom 11.08.2009, Az.: 7 U 37/09 – Unterlassungsanspruch gegen eine identifizierende Bildberichterstattung über einen jugendlichen Straftäter, Rz. 12.

633 BVerfG-Beschluss vom 25.01.2012, Az.: 1 BvR 2499/09 u. a. – Wortberichterstattung über Prominente (Bagatelldelikte jugendlicher Prominenter), Rz. 41.

634 S. o.; OLG Hamburg, Beschluss vom 05.04.2012, Az.: 3 – 14/12 (REV) – 1 Ss 29/12 – Notwehr des Angeklagten gegen Fotografieren vor dem Gerichtssaal, Orientierungssatz 6.

635 BVerfG-Beschluss vom 25.01.2012, Az.: 1 BvR 2499/09 u. a. – Wortberichterstattung über Prominente (Bagatelldelikte jugendlicher Prominenter), Rz. 41; BVerfG, Einstweilige Anordnung vom 27.11.2008, Az.: 1 BvQ 46/08 – Bildberichterstattung über Strafprozess – „Holzklotz-Fall", Rz. 15; BVerfG-Beschluss vom 09.03.2010, Az.: 1 BvR 1891/05 – Persönlichkeitsrechtsschutz bei Berichterstattung über Strafverfahren, Orientierungssatz 3, Rz. 32.

636 *Beater*, JZ 2013, 111 ff., 114f.

637 *Beater*, a.a.O., 114; BVerfG-Beschluss vom 25.01.2012, Az.: 1 BvR 2499/09 u. a. – Wortberichterstattung über Prominente (Bagatelldelikte jugendlicher Prominenter), Rz. 42; OLG Hamburg, Urteil vom 11.08.2009, Az.: 7 U 37/09 – Unterlassungsanspruch gegen eine identifizierende Bildberichterstattung über einen jugendlichen Straftäter, Rz. 13.

hatte.[638] In solch einem Fall ist insbesondere zu darauf zu achten, dass durch Presseberichte keine Prangerwirkung erzeugt wird.

Bei schweren Straftaten Minderjähriger führte die Abwägung zwischen intensiverem Persönlichkeitseingriff auf der einen und höheren Informationsinteresse auf der anderen Seite bisher dazu, dass die Rechtsprechung ein Überwiegen des Persönlichkeitsschutzes der jugendlichen Straftäter annahm,[639] sodass eine schwere Straftat eines Minderjährigen, über die identifizierend berichtet werden darf, nur schwer denkbar ist.[640] Wenn es zu einer zulässigen Berichterstattung käme, erlaubt der Resozialisierungsgedanke nur im zeitlichen Zusammenhang mit der Tat oder deren Verurteilung identifizierende Berichterstattung.

Noch wichtiger als der Täterschutz ist der Opferschutz zu gewichten. Opfer von Straftaten sollen nicht durch die Berichterstattung über die Gerichtsverhandlung ein zweites Mal zum Opfer werden. Daher ist es nur konsequent, dass der EGMR festlegt, dass eine Straftat, die öffentliches Interesse erregte, nicht auch das Opfer zu einer Person des öffentlichen Interesses macht.[641] In zeitlichem Zusammenhang mit dem Gerichtsverfahren kann zwar im Einzelfall auch eine Berichterstattung über die Opfer zulässig sein.[642] Diese sind jedoch insbesondere dann besonders schutzwürdig, wenn sie noch minderjährig sind.[643]

II. Bildberichterstattung über Minderjährige

Das Recht am eigenen Bild ist stärker geschützt als die Wortberichterstattung. Während Texte sich nur an den Grenzen des APR messen lassen müssen, ist die

---

638 BVerfG-Beschluss vom 25.01.2012, Az.: 1 BvR 2499/09 u. a. – Wortberichterstattung über Prominente (Bagatelldelikte jugendlicher Prominenter), Orientierungssatz 3b. Kritisch: *Schertz*, NJW 2013, 721 ff., 725, der in seiner Kritik jedoch die themenbezogene Prominenz der Jugendlichen als ‚Wilde Kerle' völlig vernachlässigt.

639 OLG Hamburg, Urteil vom 11.08.2009, Az.: 7 U 37/09 – Unterlassungsanspruch gegen eine identifizierende Bildberichterstattung über einen jugendlichen Straftäter, Rz. 12; LG Hamburg, Urteil vom 27.02.2009, Az.: 324 O 703/08 – Unterlassungsanspruch eines minderjährigen Straftäters gegen die Veröffentlichung eines Bildes, Rz. 28.

640 Ebenso BGH-Urteil vom 30.10.2012, Az.: VI ZR 4/12 – Gazprom-Manager, Rz. 13.

641 EGMR-Urteil vom 17.01.2012, Az.: 3401/07 – Kurier Zeitungsverlag und Druckerei GmbH/Österreich, Leitsatz der Bearbeiter 3, Rz. 51, NJW 2013, 771, 773.

642 In der Regel genügt eine anonymisierte Wiedergabe der Zeugenaussage des Opfers dem Berichterstattungsinteresse. Besondere Rücksicht ist bei Sexualdelikten zu gewähren, bei denen die Zeugenaussage Tatsachen aus der Intimsphäre preisgibt, KG Berlin, Urteil vom 02.11.2010, Az.: 9 U 208/09 – Anonymitätsschutz für Verbrechensopfer, Rz. 17 ff.; *Starck*, Art. 2, Rz. 184.

643 EGMR-Urteil vom 17.01.2012, Az.: 3401/07 – Kurier Zeitungsverlag und Druckerei GmbH/Österreich, Leitsatz der Bearbeiter 4, Rz. 53, NJW 2013, 771, 773.

Bildberichterstattung zusätzlich an den Vorgaben des KUG zu prüfen.[644] Diese sind sogar älter als das APR, da sie schon 1907 als Reaktion auf die Veröffentlichung von Leichenbildern Bismarcks normiert wurden.[645]

Das Recht am eigenen Bild bietet allerdings keinen Schutz gegen die Herstellung von Bildnissen. Tathandlungen sind das „Verbreiten" und das „öffentliche zur Schau stellen". Die Herstellung von Bildnissen, deren Bearbeitung oder die begleitende Textberichterstattung sind an den Vorgaben des APR zu messen.[646]

1. Bildnis, § 22 KUG

„Ein Bildnis i.S. von § 22 S. 1 KUG ist die Darstellung einer Person, die deren äußere Erscheinung in einer für Dritte erkennbaren Weise wiedergibt."[647] Dies umfasst nicht nur Fotografien, sondern auch Zeichnungen oder sogar die Darstellung durch Doppelgänger.[648] Für ein Bildnis nach § 22 S. 1 KUG muss die Wiedergabe persönlicher äußerer Merkmale angestrebt werden. Soll der Anspruchssteller zwar dargestellt werden, orientiert sich diese Darstellung jedoch nicht an seinem Erscheinungsbild, sondern lediglich an seinem Lebensbild, z.B. an seiner Anwesenheit bei bedeutenden Ereignissen, ist dies kein Bildnis im Sinne des KUG. Die Darstellung des eigenen Lebensbildes kann in diesem Falle nach APR angefochten werden.[649] Wird die Identifizierung anhand anderer als der äußeren Merkmale hervorgerufen, liegt kein Bildnis nach KUG vor.[650]

Ein Bildnis ist auch dann gegeben, wenn es nicht mehr dem aktuellen äußeren Erscheinungsbild des Anspruchstellers entspricht, so wie es bei aufwachsenden

---

644 *Müller*, ZRP 2012, 125 ff., 126. Trotz dementsprechender Entwürfe fand das Recht am eigenen Bild nach KUG keinen Eingang in das 1965 verkündete UrhG, da es stattdessen in das geplante „Gesetz über den zivilrechtlichen Persönlichkeits- und Ehrenschutz" aufgenommen werden sollte, welches niemals realisiert wurde. Um eine gesetzliche Regelung des Bildnisschutzes beizubehalten, bediente man sich der bis heute wirksamen Behelfslösung, die Bestimmungen des KUG, die den Bildnisschutz betreffen, ausdrücklich nicht aufzuheben, gemäß § 141 Nr. 5 UrhG. Siehe hierzu auch *Werhahn*, UFITA 1962, 22 ff., 23.

645 *Klass* in: Westermann et al., Anh zu § 12, Rz. 167.

646 *Ehmann* in: Canaris/ Heldrich, 613 ff., 652 f., 663; *Klass* in: Westermann et al., Anh zu § 12, Rz. 167. Zum Schutz vor Herstellung von Bildaufnahmen s. u. Teil 4 II. 7.

647 BGH-Urteil vom 01.12.1999, Az.: I ZR 49/97 – Marlene Dietrich, Rz. 71.

648 BGH-Urteil vom 01.12.1999, Az.: I ZR 226/97 – Blauer Engel, Leitsatz, Rz. 21.

649 OLG München, Beschluss vom 14.09.2007, Az.: 18 W 1902/07 – Persönlichkeitsrechtsverletzung bei der Verfilmung eines zeitgeschichtlichen Themas, Rz. 16; KG Berlin, Urteil vom 23.10.2008, Az.: 10 U 140/08 – Darstellung einer Person durch einen Schauspieler in einem Spielfilm, Orientierungssatz.

650 OLG Karlsruhe, Beschluss vom 28.07.2004, Az.: 6 U 39/04 – Bildnisschutz für Bildfragment ohne Wiedergabe der charakteristischen Merkmale einer Person, Leitsatz 1; OLG Zweibrücken, Beschluss vom 07.06.2010, Az.: 4 W 53/10 – Wiedergabe eines verschatteten Bildes ohne typische Erkennungsmerkmale, Rz. 4.

und sich dadurch verändernden Kindern regelmäßig der Fall ist. Denn wer die Dargestellten zum Zeitpunkt der Entstehung des Bildnisses kannte, wird sie auch aufgrund einer inzwischen veralteten Darstellung wiedererkennen.[651] Selbst die Darstellung von Säuglingen oder Kleinkindern, die sich für einen neutralen Beobachter nur wenig voneinander unterscheiden, ist ein Bildnis im Sinne des KUG.[652]

Der zweite Schlüsselbegriff für das Recht am eigenen Bild ist die Erkennbarkeit.[653] Diese liegt vor, wenn die Dargestellten nachvollziehbarerweise annehmen, dass ein, wenn auch kleiner, Bekanntenkreis sie als die Dargestellten identifizieren könnten.[654] Sofern ein Bildnis i. S. d. § 22 S. 1 KUG vorliegt, kann sich der Wiedererkennungswert auch aus der begleitenden Textberichterstattung[655] oder der dargestellten Umgebung ergeben.

2. Verbreiten und zur Schaustellen eines Bildnisses mit Einwilligung, § 22 KUG

Liegt solch ein Bildnis vor, darf es gemäß § 22 S. 1 KUG grundsätzlich nur mit Einwilligung verbreitet (körperliche Weitergabe) oder zur Schau gestellt werden (nichtkörperliche Wiedergabe). In Satz 2 findet sich die widerlegbare Vermutungsregel, dass solch eine Einwilligung bei einer Ablichtung gegen Entgelt vorliegt.[656]

3. Keine Einwilligung erforderlich bei Ausnahmetatbeständen, § 23 Abs. 1 KUG

Die nach der ersten Stufe erforderliche Einwilligung ist entbehrlich, wenn einer der Ausnahmetatbestände des § 23 Abs. 1 KUG greift.

---

651 OLG Düsseldorf, Urteil vom 09.02.2010, Az.: 20 U 151/09 – Unterlassung der Verwendung von Fotos der Abgebildeten als Kleinkind für Filmaufnahmen, Orientierungssatz 1, Rz. 19; OLG Frankfurt, Urteil vom 23.12.2008, Az.: 11 U 21/08 – Unterlassungsanspruch eines seit Jahrzehnten abgeurteilten inhaftierten Straftäters gegenüber einer Bildagentur, Orientierungssatz 1.

652 BVerfG-Beschluss vom 06.06.2006, Az. 1 BvR 3/05 – Prominentenkinder, Bildberichterstattung, Orientierungssatz 3a.

653 Zum Begriff der „Erkennbarkeit" im Rahmen von Kunstwerken, s. o. Teil 3 IV. 3. e) aa).

654 BGH-Urteil vom 26.06.1979, Az.: VI ZR 108/78 – Fußballtor, Rz. 11.

655 *Klass* in: Westermann et al., Anh zu § 12, Rz. 169; OLG Zweibrücken, Beschluss vom 07.06.2010, Az.: 4 W 53/10 – Wiedergabe eines verschatteten Bildes ohne typische Erkennungsmerkmale, Rz. 4.

656 Näheres zur Einwilligung findet sich in Teil 5.

a) § 23 Abs. 1 Nr. 1 KUG – Bildnisse aus dem Bereich der Zeitgeschichte

Der praxisrelevanteste Tatbestand findet sich dabei gleich in Nr. 1, nach dem Bildnisse aus dem Bereich der Zeitgeschichte zu ihrer Verbreitung keiner Einwilligung bedürfen. Damit soll sichergestellt werden, dass das berechtigte Informationsinteresse der Öffentlichkeit, zu dem auch Bildnisse gehören, befriedigt werden kann.

Seit jeher stellte die Rechtsprechung klar, dass die Frage, ob ein Ereignis der Zeitgeschichte gegeben ist, durch eine Abwägung aller Umstände festzustellen ist. Die Bedeutung dieser Abwägung wurde zwar früher formal betont, aber nicht durchgeführt.[657] Aus dem Ausnahmetatbestand Nr. 1 wurden die Rechtsfiguren der „absoluten" und „relativen Person der Zeitgeschichte" hergeleitet, die faktisch jegliche Abwägung verdrängten.

Als „absolute Personen der Zeitgeschichte" wurden Menschen bezeichnet, die sich aufgrund ihrer durch Beruf, sozialer Stellung oder sonstigen Verhaltens erworbenen Prominenz dauerhaft im Licht der Öffentlichkeit bewegten. Das Auftreten einer absoluten Person der Zeitgeschichte galt schon für sich als zeitgeschichtliches Ereignis, sodass stets das Informationsinteresse als überwiegend eingestuft wurde, selbst wenn sich der Prominente in rein privater Natur in der Öffentlichkeit bewegte.[658]

„Relative Personen der Zeitgeschichte" standen hingegen nur vorübergehend und meist ereignisbezogen in der Öffentlichkeit. Folglich galt eine Bildberichterstattung auch nur oder im Zusammenhang mit dieser Zeit der Prominenz oder dem öffentlichkeitswirksamen Ereignis als zulässig. Eine eigene Fallgruppe bildete hierbei die sogenannte Begleiterrechtsprechung, bei der das zeitgeschichtliche Interesse an der absoluten Person der Zeitgeschichte auf deren „vertraute Begleitperson" abfärbte, sodass auch über diese berichtet werden konnte.[659]

Minderjährige wurden schon damals als besonders schützenswert anerkannt.[660] Alleine das Verwandtschaftsverhältnis zu einer „absoluten Person der Zeitgeschichte" führte noch nicht zu einer Einstufung als „relative Person der Zeitgeschichte".[661] Dies galt sogar dann, wenn Kinder ihre Eltern in der Öffentlichkeit begleiteten.[662] Berichterstattung war erst dann zulässig, wenn die Minderjährigen bewusst in ihrer Funktion als Kinder oder Verwandte auftraten oder wenn

---

657 *Haug*, 33, 225; *Klass* in: Westermann et al., Anh zu § 12, Rz. 176.

658 BVerfG-Beschluss vom 14.07.1994, Az.: 1 BvR 1595/92 u. a. – Erich Honecker, Rz. 26; BVerfG-Urteil vom 15.12.1999, Az.: 1 BvR 653/96 u. a. – Caroline II, Rz. 25, 104; BGH-Urteil vom 19.12.1995, Az.: VI ZR 15/95 – Caroline von Monaco, Leitsatz Nr. 4.

659 BVerfG-Beschluss vom 26.04.2001, Az.: 1 BvR 758/97 u. a. – Prinz Ernst August von Hannover, Orientierungssatz Nr. 2b.

660 *Teichmann*, NJW 2007, 1917 ff., 1917.

661 OLG München, Urteil vom 31.03.1995, Az.: 21 U 3377/94 – Taufe des Kindes von Ann-Sophie Mutter, Leitsatz Nr. 1.

662 BVerfG-Urteil vom 15.12.1999, Az.: 1 BvR 653/96 u. a. – Caroline II, Rz. 83; BVerfG-Beschluss vom 31.03.2000, Az.: 1 BvR 1454/97 – Caroline III, Orientierungssatz 1b, Rz. 4.

sie öffentlich Funktionen im Pflichtenkreis ihrer Eltern wahrnahmen.[663] Der bloße Aufenthalt in der Öffentlichkeit galt schon nach damaligen Maßstäben als nicht ausreichend für die Berichterstattung.[664]

b) Neues modifiziertes Schutzkonzept

Die stetige Rechtsprechungspraxis wurde abrupt beendet, als Caroline von Hannover im Jahr 2004 erreichte, dass der EGMR die Figur der „absoluten Person der Zeitgeschichte" als menschenrechtswidrig wegen Verletzung der Privatsphäre gemäß Art 8 EMRK einstufte.[665] Der EGMR legte fest, dass statt der steten Bejahung des Berichterstattungsinteresses bei öffentlichem Auftreten einer prominenten Person, eine tatsächliche Betrachtung und Abwägung des Informationswertes der jeweiligen Darstellung stattfinden muss.[666] Die bisher verwendete Kategorie der „absoluten Person der Zeitgeschichte", die in der Öffentlichkeit nur dann Privatsphärenschutz beanspruchen könne, wenn sie sich in „örtlicher Abgeschiedenheit" aufhält, werde der „berechtigten Erwartung" nicht gerecht, die der Betroffene auf Schutz seiner Privatsphäre haben dürfe.[667] Insbesondere wurde kritisiert, dass der Betroffene in dem Moment, in dem er sich in der Öffentlichkeit aufhält nicht einschätzen kann, ob er in seiner Privatsphäre geschützt ist, und es ihm auferlegt wird, im Falle eines Rechtsstreits nachzuweisen, dass er sich in „örtlicher Abgeschiedenheit" befand.[668]

Infolge entwickelte der BGH das sogenannte modifizierte abgestufte Schutzkonzept,[669] das inzwischen vom BVerfG akzeptiert[670] und vonseiten des EGMR mehrfach als mit der Konvention übereinstimmend bestätigt wurde.[671] Danach wird stets eine Einzelfallabwägung vorgenommen, bei der nicht nur der Grad

---

663 BVerfG-Urteil vom 15.12.1999, Az.: 1 BvR 653/96 u. a. – Caroline II, Orientierungssatz 1d zu Leitsatz 3, Rz. 83; BVerfG-Beschluss vom 31.03.2000, Az.: 1 BvR 1454/97 – Caroline III, Rz. 4; *Fricke,* § 23 KUG, Rz. 20.

664 BVerfG-Beschluss vom 31.03.2000, Az.: 1 BvR 1454/97 – Caroline III, Rz. 4; *Frauenrath,* Grüner Bote 2010, 295 ff., 301.

665 EGMR-Urteil vom 24.06.2004, Az.: 59320/00 – von Hannover. *Klass,* AfP 2007, 517 ff., 519 ff.

666 EGMR-Urteil vom 24.06.2004, Az.: 59320/00 – von Hannover, insbes. Leitsatz 3, 5.

667 EGMR-Urteil vom 24.06.2004, Az.: 59320/00 – von Hannover, Rz. 72 ff.

668 EGMR-Urteil vom 24.06.2004, Az.: 59320/00 – von Hannover, Rz. 72 ff.

669 BGH-Urteil vom 06.03.2007, Az.: VI ZR 14/06 – Caroline von Hannover in St. Moritz; BGH-Urteil vom 06.03.2007, Az.: VI ZR 50/06 u. a. – Caroline in St. Moritz; BGH-Urteil vom 06.03.2007, Az.: VI ZR 52/06 – Vermietung der Ferienvilla in Kenia; Hierzu im Einzelnen: *Klass,* AfP 2007, 517 ff., 521 ff.

670 BVerfG-Beschluss vom 26.02.2008, Az. 1 BvR 1602/07 u. a. – Caroline IV.

671 EGMR-Urteil vom 07.02.2012, Az.: 40660/08 u. a. – von Hannover Nr. 2, Rz. 114 ff.; EGMR-Urteil vom 19.09.2013, Az.: 8772/10 – von Hannover Nr. 3. Hierzu auch *Klass,* ZUM 2014, 261 ff., 263 ff.

des notwendigen Privatsphärenschutzes, sondern auch die jeweilige Bedeutung der Kommunikationsgrundrechte bzw. der Kunstfreiheit nach Art. 5 Abs. 1, 3 GG anhand des Informationswertes des Beitrags festgestellt und anschließend gegeneinander abgewogen wird.[672] Diese Abwägung findet zudem nicht wie bisher auf der dritten Stufe der berechtigten Interessen gemäß § 23 Abs. 2 KUG, sondern richtigerweise schon bei der Feststellung eines Ereignisses der Zeitgeschichte nach § 23 Abs. 1 Nr. 1 KUG statt.[673]

Somit wurden die Figuren der „absoluten" und „relativen Person der Zeitgeschichte" zugunsten einer „allgemeinen Person der Zeitgeschichte" aufgelöst,[674] denn bloße Prominenz reicht nun für die Begründung eines Berichterstattungsinteresses nicht mehr aus, sie wird lediglich innerhalb der Abwägung berücksichtigt.[675] Neben „allgemeinen Personen der Zeitgeschichte" existieren noch die beiden Fallgruppen „Politiker" und „Privatpersonen".[676]

Bei der Frage, ob es sich bei dem Bewegen in der Öffentlichkeit um ein zeitgeschichtliches Ereignis handelt, ist mithin nunmehr zu prüfen, ob die dargestellte Situation einen Beitrag zu Fragen von allgemeinem gesellschaftlichem Interesse leistet.[677] Leistet das Auftreten der berühmten Person nicht zusätzlich einen Beitrag zu einer Diskussion von öffentlichem Interesse, sondern befriedigt es einzig und allein die Neugier der Öffentlichkeit, ist die Berichterstattung unzulässig, egal wie prominent die Dargestellten sein mögen.[678] Bei der Feststellung des Informationswertes kann auch die begleitende Textberichterstattung Bedeutung erlangen.[679] Um all diesen Kriterien gerecht zu werden, muss das APR des Betroffenen mit den Gegenrechten der Medienhäuser abgewägt werden.[680] Hierbei kommen dieselben Grundsätze zur Anwendung, die für die Abwägung bei der Wortberichterstattung bereits aufgezeigt wurden.[681]

---

672 *Germann*, JURA 2010, 734 ff., 744; *Frauenrath*, Grüner Bote 2010, 295 ff., 300; *Lenski*, NVwZ 2005, 50 ff., 51.

673 BGH-Urteil vom 06.03.2007, Az.: VI ZR 14/06 – Caroline von Hannover in St. Moritz, Rz. 14; *Haug*, 225.

674 *Müller*, ZRP 2012, 125 ff., 125.

675 BGH-Urteil vom 06.03.2007, Az.: VI ZR 14/06 – Caroline von Hannover in St. Moritz, Rz. 21; *Teichmann*, NJW 2007, 1917 ff., 1919.

676 *Dreier/ Specht*, § 23 KUG, Rz. 13.

677 BGH-Urteil vom 06.03.2007, Az.: VI ZR 14/06 – Caroline von Hannover in St. Moritz, Rz. 17.

678 *Lenski*, NVwZ 2005, 50 ff., 51. Dies kritisieren *Engels/ Jürgens*, NJW 2004, 2517 ff., 2522, die die Dauerbeobachtung, auch während privater Betätigungen in der Öffentlichkeit, als Kehrseite des selbst gewählten Ruhms ansehen.

679 BGH-Urteil vom 06.03.2007, Az.: VI ZR 14/06 – Caroline von Hannover in St. Moritz, Rz. 26; *Teichmann*, NJW 2007, 1917 ff., 1919.

680 *Klass* in: Westermann et al., Anh zu § 12, Rz. 181.

681 S. o. Teil IV I. 1. ff.

Nachrichten mit gesellschaftlichem Informationswert sind nicht auf politische oder wirtschaftliche Themen beschränkt. Auch unterhaltende Beiträge wie Sportberichterstattungen können zeitgeschichtliche Ereignisse sein, selbst wenn das Sportereignis nur regionale Bedeutung hat, die Berichterstattung aber überregional erfolgt.[682]

Ebenfalls der besonders persönlichkeitsrechtlich relevante Gesellschaftsjournalismus, der zu Unterhaltungszwecken vom Leben der Schönen und Reichen berichtet, kann Informationswert aufweisen.[683] Dieser ist nach der Rechtsprechung des BVerfG unter anderem dann zu bejahen, wenn Divergenzen zwischen dem Image und dem tatsächlichen Verhalten von Prominenten aufgezeigt werden.[684] Auch können Prominente Leitbildfunktionen oder negative sowie positive Kontrastfunktionen erfüllen.[685] Dabei wird ein Informationswert nicht nur durch außergewöhnliche Verhaltensweisen der Dargestellten erzeugt. Vielmehr kann auch deren Alltagsleben zu öffentlichen Diskussionen beitragen.[686]

Zu Recht wird angemerkt, dass das neue Erfordernis eines objektiven Informationswerts der Berichterstattung die Gefahr einer Inhaltskontrolle der Medien und dadurch das Risiko der Einschränkung der Pressefreiheit in sich trägt.[687] Dem wird entgegnet, dass die Rechtsprechung keine Qualitätskontrolle vornimmt. Die

---

682 BGH-Urteil vom 28.05.2013, Az.: VI ZR 125/12 – Eisprinzessin Alexandra, Rz. 12.

683 BGH-Urteil vom 26.10.2010, Az.: VI ZR 190/08 – Rosenball in Monaco, Rz. 26; BGH-Urteil vom 06.03.2007, Az.: VI ZR 14/06 – Caroline von Hannover in St. Moritz, Rz. 17; BGH-Urteil vom 01.07.2008, Az.: VI ZR 67/08 – Vermietung der Ferienvilla, Rz. 13; *Dreier/ Specht*, § 23 KUG, Rz. 11.

684 BVerfG-Beschluss vom 26.02.2008, Az. 1 BvR 1602/07 u. a. – Caroline IV, Rz. 60 m.w.N.

685 BGH-Urteil vom 26.10.2010, Az.: VI ZR 190/08 – Rosenball in Monaco, Rz. 26; BGH-Urteil vom 01.07.2008, Az.: VI ZR 67/08 – Vermietung der Ferienvilla, Rz. 30. Ein Beispiel hierfür ist eine Prominente, die als Testimonial für ein Auto wirbt, selbst aber ohne gültigen Führerschein am Straßenverkehr teilnimmt, KG Berlin, Urteil vom 16.05.2008, Az.: 9 U 122/06 – Öffentliches Informationsinteresse an der Teilnahme eines Prominenten am Straßenverkehr ohne gültige Fahrerlaubnis, Rz. 15.

686 BVerfG-Beschluss vom 26.02.2008, Az. 1 BvR 1602/07 u. a. – Caroline IV, Rz. 60. Die weiterhin schwierige Handhabung des Begriffs des Informationsinteresses kritisiert *Haug*. Dabei spricht er sich insbesondere dafür aus, das Informationsinteresse ohne Berücksichtigung des Persönlichkeitsrechts festzulegen: *Haug*, 110. Zudem schlägt er eine Bestimmung des Informationswertes mittels empirischer Befragungen der Öffentlichkeit vor: *Haug*, 110, 228. Ein Vorgehen, dessen Aufwand und Kosten wohl kaum im Verhältnis zu den erlangten Informationen steht und welches zudem die Gefahr der Bejahung eines Informationsinteresses aufgrund der bloßen Neugier der Befragten in sich trägt.

687 *Lenski*, NVwZ 2005, 50 ff., 51, der jedoch ebenfalls anführt, dass solch eine Konstellation nichts Ungewöhnliches sei, da z. B. die Einstufung als Versammlung – und damit die Entscheidung über grundrechtlichen Schutz einer Zusammenkunft – durch die Rechtsprechung vorgenommen wird.

Presse kann nach publizistischen Gesichtspunkten selbst bestimmen, was sie für berichtenswert erachtet.[688]

Die Bestimmungen für den Umgang mit Minderjährigen haben sich durch die neue Prüfungssystematik nicht verändert. Werden Kinder in der Öffentlichkeit mit ihren Eltern abgelichtet, treten diese Bilder mit dem verstärkten Schutz des Art. 6 Abs. 1 GG in Konflikt, wenn es sich um Situationen der spezifischen elterlichen Hinwendung handelt.[689] Zu diesen Situationen gehören auch die Verrichtungen einfachster Dinge, wie der gemeinsame Schulweg oder Einkauf, da auch im Alltag elterliche Zuwendung notwendig ist.

Natürlich ist auch weiterhin eine Berichterstattung möglich, wenn Eltern und Kinder sich bewusst der Öffentlichkeit zuwenden. In Fortführung der alten Rechtsprechung wird dies angenommen, wenn Eltern und Kinder gemeinsam öffentliche Veranstaltungen besuchen oder Kinder im Pflichtenkreis ihrer Eltern öffentliche Funktionen wahrnehmen.[690]

c) Weitere Ausnahmetatbestände des § 23 Abs. 1 Nr. 2–4 KUG

Die drei weiteren Ausnahmetatbestände des § 23 Abs. 1 Nr. 2–4 KUG sind um ein Vielfaches unbedeutender als der Begriff der Zeitgeschichte in Nr. 1.

§ 23 Abs. 1 Nr. 2 KUG ermöglicht die Verbreitung oder Zurschaustellung von Bildnissen, wenn der Betroffene lediglich ein Beiwerk einer Landschaft oder sonstigen Örtlichkeit darstellt. Dabei muss die Erscheinung der einzelnen Person so

---

688 BGH-Urteil vom 28.05.2013, Az.: VI ZR 125/12 – Eisprinzessin Alexandra, Rz. 15; BGH-Urteil vom 26.10.2010, Az.: VI ZR 190/08 – Rosenball in Monaco, Rz. 20; BGH-Urteil vom 26.10.2008, Az.: VI ZR 230/08 – Party-Prinzessin, Rz. 20; BGH-Urteil vom 06.03.2007, Az.: VI ZR 14/06 – Caroline von Hannover in St. Moritz, Rz. 18; BVerfG-Beschluss vom 26.02.2008, Az.: 1 BvR 1602/07 – Caroline IV, Orientierungssatz 1a. Dies konnte jedoch nicht verhindern, dass die Gerichte, die nun den Informationswert zu beurteilen hatten, insbesondere zu Beginn als zu restriktiv und „bildungsbürgerlich" kritisiert wurden, siehe *Klass*, ZUM 2008, 432 ff., 433. *Haug*, 227 ff. sieht eine gesellschaftliche Relevanz auch bei Berichten über das Privatleben stets gegeben, denn Klatsch sei wichtig für den Zusammenhalt und die Funktionstüchtigkeit einer Gesellschaft. *Di Fabio*, AfP 1999, 126 ff. betont die Bedeutung der Unterhaltungspresse in ähnlicher Weise, warnt jedoch auch vor einem „überschäumenden Interesse in der Öffentlichkeit". *Engels/Jürgens*, NJW 2004, 2517 ff., 2522 bezeichnen die Fixierung auf einen Informationswert als systematische Diskriminierung der Unterhaltungspresse.

689 S. o. Teil 3 II. 4; BGH-Urteil vom 28.05.2013, Az.: VI ZR 125/12 – Eisprinzessin Alexandra, Rz. 19 ff.; OLG Hamburg, Urteil vom 21.11.2006, Az.: 7 U 108/06 – Reichweite des Schutzes der Eltern-Kind-Beziehung bei Presseveröffentlichung von Fotos einer prominenten Familie im öffentlichen Raum, Rz. 19 ff.

690 BVerfG-Beschluss vom 14.02.2005, Az. 1 BvR 1783/02 – Prominentenkinder, Orientierungssatz 2a; BGH-Urteil vom 05.10.2004, Az.: VI ZR 255/03 – Alexandra von Hannover, Rz. 19; *Frauenrath*, Grüner Bote 2010, 295 ff., 302.

unbedeutend für den Bildcharakter sein, dass dieser durch ein Wegfallen der Person nicht verändert würde.[691] Der Dargestellte muss als anonymer Passant wirken. Wird eine Beschäftigung mit seiner Person nahe gelegt, da er als „Blickfang“ dient, werden die Grenzen des Ausnahmetatbestands verlassen.[692]

Der dritte Ausnahmetatbestand ermöglicht die Darstellung im Rahmen von Versammlungen, Aufzügen und anderen Ansammlungen von Menschen, die sich zu Verfolgung eines gemeinsamen Zwecks zusammengefunden haben. Der Schutzbereich ist daher nicht auf den Versammlungsbegriff des Art. 8 GG zu begrenzen, da es keiner öffentlichen Meinungskundgabe bedarf.[693] Auch hierbei gilt natürlich, dass das Herausstellen einzelner Teilnehmer der Versammlung nicht mehr von den Grenzen des Schutzbereichs gedeckt ist.

Die letzte Ziffer des § 23 Abs. 1 privilegiert Bildnisse, deren Verbreitung im Interesse der Kunst geschieht. Da das Interesse der Kunst der ausschließliche Zweck sein muss und nicht einmal parallel andere, z.B. finanzielle, Interessen verfolgt werden dürfen, hat diese Bestimmung so gut wie keine Praxisrelevanz.[694]

4. Ausschluss der Abbildungsfreiheit, § 23 Abs. 2 KUG

Liegt ein Ausnahmetatbestand nach § 23 Abs. 1 KUG vor, ist auf einer dritten Stufe zu prüfen, ob eine Verbreitung oder Zurschaustellung dennoch unzulässig ist, da berechtigte Interessen der Abgebildeten entgegenstehen. Sind die Abgebildeten zwischenzeitlich verstorben, werden die berechtigten Interessen ihrer Angehörigen geschützt.

War die dritte Stufe früher Prüfungsort für die Abwägung zwischen Pressefreiheit und Persönlichkeitsrecht im Rahmen der absoluten und relativen Figur der Zeitgeschichte, ist sie heute das Einfallstor für eine Prüfung des APR. Hier werden Bilder für unzulässig erklärt, die zwar ein zeitgeschichtliches Ereignis nach § 23 Abs. 1 Nr. 1 KUG darstellen, aber peinlich sind, die Persönlichkeit des Dargestellten verzerrt wiedergeben oder unter Verletzung seiner Privat- oder Intimsphäre entstanden sind.[695] Zudem kann ein Bildnis wegen des unzulässigen oder einen falschen Eindruck vermittelnden Begleittextes Interessen des Dargestellten verletzen.[696] Auch wenn dem Bildnis durch nicht erkennbare Nachbearbeitung oder

---

691 OLG Oldenburg, Urteil vom 14.11.1988, Az.: 13 U 72/88 – Oben-ohne-Aufnahme, Rz. 28.

692 S. o.

693 Nach *Dreier/ Specht,* § 23 KUG, Rz. 39 sollen sogar Hochzeitsgesellschaften oder Trauerfeiern unter den Schutzbereich des Ausnahmetatbestands fallen. Gleichzeitig wird jedoch betont, dass private Veranstaltungen nicht umfasst sind, so dass diese weite Auslegung nur in seltenen Fällen Bedeutung erlangen wird.

694 *Klass* in: Westermann et al., Anh zu § 12, Rz. 187; *Dreier/ Specht,* § 23 KUG, 43 f.

695 LG Hamburg vom 29.05.2009, Az.: 324 O 951/08 – Nacktaufnahmen am Strand, Leitsatz Nr. 2, Rz. 21 ff.

696 *Ehmann* in: Canaris/ Heldrich, 613 ff., 663.

Montage kein Wahrheitsgehalt mehr inne liegt, steht der Veröffentlichung ein berechtigtes Interesse entgegen.[697]

Natürlich können auch Interessen außerhalb des APR entgegenstehen, insbesondere wenn durch die Verbreitung der Bildnisse Gefahren für Leib oder Leben begründet würden.[698]

5. Ausnahmen im öffentlichen Interesse, § 24 KUG

Neben § 23 KUG gibt es noch eine weitere Norm, die eine Verbreitung und Zurschaustellung ohne Einwilligung der Abgebildeten erlaubt. § 24 KUG stellt eine Sondernorm für Behörden zugunsten der Rechtspflege und der öffentlichen Sicherheit dar. Somit dürfen Strafverfolgungsbehörden Bildnisse dringend Tatverdächtiger zur öffentlichen Fahndung vervielfältigen und verteilen.

6. Fallgruppen der Abwägung

Die Prüfung der Zulässigkeit eines Beitrags ist stets eine Einzelfallabwägung. Es lassen sich jedoch Fallgruppen mit typischen Abwägungsergebnissen feststellen.

a) Eltern in Begleitung ihrer minderjährigen Kinder

Für die Bildberichterstattung ist anerkannt, dass der absolute Schutz Minderjähriger eine Reflexwirkung auf deren Eltern entfaltet.[699] Bewegen sie sich in Begleitung ihrer Kinder in der Öffentlichkeit, dürfen Fotos von ihnen weder angefertigt, noch veröffentlicht oder verbreitet werden, selbst wenn die Kinder auf diesen überhaupt nicht abgebildet sind und die Situation eine normale Alltagssituation ohne besondere Zuwendung zu den Kindern ist.[700] Der Grund dafür besteht darin, dass den Eltern ein unbefangener Umgang mit ihren Kindern möglich sein muss, um Kindern ein unbeschwertes Aufwachsen zu ermöglichen. Sollen sowohl Eltern als auch Kinder ungezwungen miteinander umgehen können, müssen beide vor unerwünschten Fotografien geschützt sein.[701]

---

697 *Klass* in: Westermann et al., Anh zu § 12, Rz. 167.

698 OLG München, Urteil vom 13.07.1989, Az.: 29 U 2063/89, BVerfG-Beschluss vom 31.03.2000, Az.: 1 BvR 2223/96 – Bildberichterstattung über Flick-Tochter, Orientierungssatz Nr. 1a,b.

699 OLG Hamburg, Urteil vom 21.11.2006, Az.: 7 U 108/06 – Reichweite des Schutzes der Eltern-Kind-Beziehung bei Presseveröffentlichung von Fotos einer prominenten Familie im öffentlichen Raum, Leitsatz Nr. 2, Rz. 18.

700 OLG Hamburg, Urteil vom 21.11.2006, Az.: 7 U 108/06 – Reichweite des Schutzes der Eltern-Kind-Beziehung bei Presseveröffentlichung von Fotos einer prominenten Familie im öffentlichen Raum, Leitsatz Nr. 3; *Wanckel*, 122; *Fricke*, § 23 KUG, Rz. 20.

701 OLG Hamburg, Urteil vom 21.11.2006, Az.: 7 U 108/06 – Reichweite des Schutzes der Eltern-Kind-Beziehung bei Presseveröffentlichung von Fotos einer prominenten Familie im öffentlichen Raum, Rz. 19; *Frauenrath*, Grüner Bote 2010, 295 ff., 302.

b) Prominenz

Seit der Abschaffung der „absoluten Person der Zeitgeschichte“ zugunsten einer „allgemeinen Person der Zeitgeschichte“ reicht Prominenz alleine zur Begründung eines Informationsinteresses nicht mehr aus.[702] Der Einfluss, den der Bekanntheitsgrad einer Person auf die Abwägung haben kann, entspricht bei der Bilderberichterstattung den oben dargelegten Grundsätzen der Wortberichterstattung, sodass auf diese verwiesen wird (s. o. Teil 4 I. 3 a)).

c) Berechtigte Annahme unbelästigt zu bleiben

Auch außerhalb örtlicher Abgeschiedenheit hat der Dargestellte einen erhöhten Anspruch, in Ruhe gelassen zu werden, wenn es sich um Momente der Entspannung und des Sich-Gehen-Lassens handelt.[703] Zwar umfasst dies nicht jegliche Urlaubssituation, doch all jene, während derer sich der Dargestellte sichtlich entspannt und darauf vertraut, in Ruhe gelassen zu werden.[704]

d) Entstehung in Atmosphäre ständiger Belästigung

In seiner Caroline-Entscheidung aus dem Jahre 2004 hob der EGMR hervor, dass die Herstellung von Bildnissen in einer Situation ständiger Belästigung gegen deren Zulässigkeit spricht.[705] Während zu Beginn noch bemängelt wurde, dass dieser Aspekt in der deutschen Rechtsprechung zu wenig Beachtung gefunden hat,[706] konnte der EGMR in seiner zweiten Caroline-Entscheidung aus dem Jahre 2012 feststellen, dass die deutschen Gerichte auch diesen Umstand berücksichtigen.[707] Die Umstände, unter denen Aufnahmen zustande gekommen sind, können sich auf die Zulässigkeit von deren Veröffentlichung auswirken, ebenso wie die Zulässigkeit der Veröffentlichung die Zulässigkeit der Herstellung von Aufnahmen beeinflussen kann.[708] Wurden Aufnahmen in einer Situation konstanter Belästigung geschaffen, ist dies ein Indiz gegen die Zulässigkeit ihrer Veröffentlichung, auch wenn die Grenze des § 238 StGB noch nicht erreicht ist.[709]

---

702 S. o. Teil 4 II. 3. b).

703 BVerfG-Urteil vom 15.12.1999, Az.: 1 BvR 653/96 u. a. – Caroline II, Rz. 74.

704 BGH-Urteil vom 06.03.2007, Az.: VI ZR 52/06 – Vermietung der Ferienvilla in Kenia, Rz. 27; *Pils*, JA 2008, 852 ff., 853.

705 EGMR-Urteil vom 24.06.2004, Az.: 59320/00 – von Hannover, Rz. 59, 68.

706 *Teichmann*, NJW 2007, 1917 ff., 1919 ff.

707 EGMR-Urteil vom 07.02.2012, Az.: 40660/08 u. a. – von Hannover Nr. 2, Rz. 121 ff.

708 Die Zulässigkeit der Herstellung von Aufnahmen wird beeinflusst, da die Aufnahmen nicht angefertigt werden dürfen, die unter keinen denkbaren Umständen zulässigerweise veröffentlicht werden können. S. u. Teil 4 II. 7. c).

709 BVerfG-Beschluss vom 26.02.2008, Az.: 1 BvR 1602/07 – Caroline IV, Rz. 96; BGH-Urteil vom 01.07.2008, Az.: VI ZR 67/08 – Vermietung der Ferienvilla, Rz. 24; BGH-Urteil vom 24.06.2009, Az.: VI ZR 156/06 – Heide Simonis nach ihrer Abwahl bei

e) *Straftaten und Gerichtsverhandlungen*

Auch hinsichtlich der Bildberichterstattung ist bei Straf- oder Gerichtsverfahren die doppelte Bedeutung der Schwere des Tatvorwurfs zu beachten. Die Ausführungen zur Wortberichterstattung sind dabei auch auf die Bildberichterstattung anwendbar (s. o. Teil 4 I. 3 f)).

7. Schutz vor Herstellung von Bildaufnahmen

Die wahre Beeinträchtigung im Alltag einer Person, an deren Leben Medieninteresse besteht, ist mitunter gar nicht die Veröffentlichung von Bildnissen an sich, sondern der Moment, in dem das Foto entsteht. Die stete Verfolgung durch Paparazzi, oder alleine schon die Vermutung, dass hinter jeder Ecke ein Beobachter steht, führt zu einer ständigen Belastungssituation. Zwar legt die Rechtsprechung fest, dass auch im öffentlichen Raum Privatsphäre zu gewähren ist, doch wird jegliche Chance darauf zunichtegemacht, wenn jede Bewegung vermeintlich fotografiert wird.

a) *Schutz nach KUG*

Die Herstellung von Bildaufnahmen ist nicht von den Vorschriften des KUG umfasst.[710] Diese beziehen sich nach ihrem Wortlaut nur auf das Veröffentlichen und Verbreiten von Bildnissen. Eine analoge Ausweitung auch auf das Anfertigen von Aufnahmen ist wegen des aus der Strafbewehrung des § 33 KUG resultierenden strafrechtlichen Analogieverbots nicht möglich.[711]

b) *Schutz nach Datenschutzrecht*

Es wird diskutiert, ob auch das Datenschutzrecht ein geeignetes Instrument zur Untersagung unerwünschter Aufnahmen sei.[712] Dabei ist schon umstritten, ob Bildnisse personenbezogene Daten darstellen.[713]

---

privaten Einkäufen, Rz. 26; *Klass*, ZUM 2014, 261 ff., 269; *Klass* in: Westermann et al., Anh zu § 12, 42; *Engels/ Jürgens*, NJW 2004, 2517 ff., 2522; *Pils*, JA 2008, 852 ff., 853.

710 *Wanckel*, 35; OLG Hamburg, Beschluss vom 05.04.2012, Az.: 3 – 14/12 (REV) – 1 Ss 29/12 – Notwehr des Angeklagten gegen Fotografieren vor dem Gerichtssaal, Orientierungssatz 2, Rz. 14.

711 *Klass* in: Westermann et al., Anh zu § 12, Rz. 143. Für eine Erweiterung des Anwendungsbereichs des KUG auch auf die Herstellung von Bildnissen argumentiert *Ernst*, NJW 2004, 1277 ff., 1279.

712 *Schnabel*, ZUM 2008, 657 ff., 657 ff.

713 *Jandt/ Roßnagel*, Gestaltungsvorschläge, 307 ff., 365 bejaht dies, sofern die Gefahr besteht, dass durch heutzutage allgegenwärtige Gesichtserkennungssoftware, die Verknüpfung der Fotos mit Identitätsdaten wie dem Namen ermöglicht wird.

Bejaht man dies, ist der Anwendungsbereich eröffnet. Das Bundesdatenschutzgesetz ist auch nicht verdrängt, da das KUG nur die Veröffentlichungs- und Verbreitungs-, nicht aber die Herstellungshandlung der Bilder normiert. Daher könne die Herstellungshandlung mittels des Datenschutzrechts angegriffen werden.[714]

Dieser Auffassung kann nicht gefolgt werden, da die Regelungen zur Herstellung von Fotografien und Bildnissen im Gleichklang mit den Regelungen zur Veröffentlichung und Verbreitung von Bildnissen stehen müssen. Denn wenn Fotos nach KUG-Standards veröffentlicht werden dürfen, darf dies nicht unterminiert werden, indem die Herstellung oder Zwischenspeicherung nach Datenschutzrecht untersagt wird.

Dies wäre aber nach derzeitiger datenschutzrechtlicher Rechtslage möglich, denn die datenschutzrechtliche Einwilligung unterscheidet sich in elementaren Punkten von der Einwilligung nach KUG. Die datenschutzrechtliche Einwilligung kann nicht stillschweigend ergehen und ist jederzeit frei widerruflich.[715] Im Gegensatz dazu ist eine konkludente Einwilligung im KUG anerkannt und Widerrufsmöglichkeiten sind eingeschränkt.[716]

Geht man davon aus, dass die Herstellung und Zwischenspeicherung nach datenschutzrechtlichen Gesichtspunkten zu prüfen wären, bedeutete dies, dass die Einwilligung hierfür schwerer einzuholen und jederzeit wieder zu entziehen wäre, während die Einwilligung nach KUG noch vorläge. Somit würden die Regelungen zur Einwilligung nach KUG umgangen, was kein befriedigendes Ergebnis darstellen kann.[717]

c) Schutz nach APR

Das APR verbietet die Herstellung von Bildnissen, wenn auch die Verwertung, d. h. die Veröffentlichung oder Verbreitung dieser Fotografien gegen das Persönlichkeitsrecht des Abgebildeten verstößt.[718] Doch was auf den ersten Blick wie ein umfassender Schutz vor ungewollter Fotografie erscheint, wirft in der Praxis Umsetzungsprobleme auf. Denn eine presserechtliche Unzulässigkeit kann in der Regel nur aufgrund einer umfangreichen Abwägung ermittelt werden.[719] Es ist keinem Fotografen, der mitunter nur wenige Sekunden Zeit hat, um ein Ereignis zu fotografieren, zuzumuten, erst eine solche Abwägung vorzunehmen. Zudem hängt das Abwägungsergebnis auch von der begleitenden Textberichterstattung und der Auswahl und Komposition der Abbildungen ab, die zum Zeitpunkt der Erstellung

---

714 *Schnabel*, ZUM 2008, 657 ff., 657 ff.

715 *Zimmermann*, 61 ff., 274 f.

716 *Zimmermann*, 61 ff., 274 f.

717 *Schnabel*, ZUM 2008, 657 ff., 657 ff.

718 OLG Hamburg, Beschluss vom 05.04.2012, Az.: 3 – 14/12 (REV) – 1 Ss 29/12 – Notwehr des Angeklagten gegen Fotografieren vor dem Gerichtssaal, Orientierungssatz 4, Rz. 14.

719 *Wanckel*, 38; *Walter*, ZUM 2002, 886 ff., 890.

noch völlig unbekannt sind. Daher wird gefolgert, dass ein Herstellungsverbot von Fotografien aus APR nur dann vorliegt, wenn die Bildmotive in keiner denkbaren Konstellation zulässig veröffentlicht werden dürften.[720] Anwendungsfälle des umfassend formulierten Schutzstandards verbleiben daher nur noch Extremfälle, wie Verstöße gegen die Menschenwürde, Einbrüche in die Intimsphäre und erschlichene Bildnisse.[721]

Allerdings wurden auch Bildberichterstattungen über Kinder und Jugendliche bisher stets von den Gerichten als unzulässig bewertet, es sei denn eine Einwilligung, eine vorangegangene Privatsphärenöffnung oder ein Auftritt auf einer öffentlichen Veranstaltung liegt vor.[722] Doch daraus darf nicht geschlossen werden, dass auch das Abfotografieren von Minderjährigen nach APR versagt ist. Die Rechtsprechung betont die Notwendigkeit einer Abwägung, trotz des bisher immer gleichen Abwägungsergebnisses.[723] Solange eine Abwägung verlangt wird, besteht die theoretische Möglichkeit, dass diese zugunsten des Fotografierenden ausfällt, sodass kein Herstellungsverbot aus APR greift, obwohl derzeit kein Fall bekannt ist, in dem solche Fotografien als verwertbar eingestuft worden wären. Dies bedeutet gleichzeitig, dass die Aufgabe des Abwägungserfordernisses bezüglich der Fotografien Minderjähriger zur Folge hätte, dass auch ein Herstellungsverbot aus APR greifen würde.

d) Schutz mittels Strafrecht und Gewaltschutzgesetz

Wegen des geringen Schutzstandards des APR, wird in anderen Rechtsgebieten nach Anspruchsgrundlagen gesucht, die die Verfolgung durch Pressefotografen verhindern könnten. Die ungenehmigte Ablichtung in privaten Lebensräumen wird von § 201a StGB erfasst, der gemeinsam mit § 823 Abs. 2 StGB auch zu zivilrechtlichen Ansprüchen führen kann. Allerdings bietet dieser Paragraph keinen Schutz vor Ablichtung in der Öffentlichkeit.[724]

Besonders belastend für den Betroffenen ist es, wenn das Medieninteresse sich auf ihn konzentriert, z. B. weil ein neuer Skandal, egal ob dieser rein privater

720 KG Berlin, Urteil vom 02.03.2007, Az.: 9 U 212/06 – Verbreitung von Fotoaufnahmen eines sich gegen Bildaufnahmen durch Journalisten zur Wehr setzenden Prominenten, Leitsatz Nr. 1, Rz. 48.

721 Privat-/ Intimsphäre: BGH-Urteil vom 10.05.1957, Az.: I ZR 234/55 – Spätheimkehrer, Leitsatz Nr. 2; BGH-Urteil vom 16.09.1966, Az.: VI ZR 268/64 – Vor unserer eigenen Tür, Orientierungssatz; OLG Karlsruhe, Urteil vom 14.10.1998, Az.: 6 U 120/97 – Wachkomapatient, Leitsatz Nr. 2; LG München I, Urteil vom 30.07.2003, Az.: 21 O 4369/03 – Ungenehmigte Verwendung von Nacktaufnahmen in Fernsehsendung, NJW 2004, 617, 618; Bildniserschleichung: *Ernst*, NJW 2004, 1277 ff., 1278 f.

722 S. o. Teil 4 II. 3.

723 BGH-Urteil vom 28.05.2013, Az.: VI ZR 125/12 – Eisprinzessin Alexandra, Rz. 20 m.w.N.

724 *Ernst*, NJW 2004, 1277 ff., 1278. Näheres zu § 201a StGB, s.u. Teil 7 II.

oder wirtschaftlicher bzw. politischer Natur ist, ans Licht gekommen ist. In diesen Momenten kann es passieren, dass ganze Heerscharen von Journalisten vor dem Wohnhaus des Betroffenen campieren, um ein Foto zu erhalten, das, je größer der Skandal, umso mehr wert ist. Demnach ist zu untersuchen, ob diese belastende Belagerungssituation unterbunden werden kann.

Bei Bildnissen, die im Rahmen einer ständigen Belästigung oder Belagerung von Fotografen entstanden, geht die Abwägung zwischen Persönlichkeitsrecht und Meinungsfreiheit bzw. Pressefreiheit tendenziell zugunsten des Persönlichkeitsrechts aus.[725] Doch diese Indizwirkung ist nur eine geringe Sanktion, verglichen mit den Auswirkungen, die die konstante Beobachtung und Verfolgung auf das Leben der Betroffenen hat.

Obwohl es einleuchtend scheint, dass solch eine stete Beobachtung, das durch das APR geschützte Recht darauf in Ruhe gelassen zu werden, erheblich verletzt,[726] ist ungeklärt, ob das APR einen Rechtsanspruch auf Unterlassung gegenüber den Pressevertretern verleiht.[727] Bei hartnäckiger Verfolgung kann das Verhalten der Fotografen sogar nach § 238 StGB strafbar sein, woraus sich in Verbindung mit § 823 Abs. 2 BGB zivilrechtliche Ansprüche ergeben können.[728]

Darüber hinaus wird diskutiert, ob die wiederholte Nachstellung trotz ausdrücklich erklärtem entgegenstehendem Willen des Verfolgten mithilfe des § 1 Abs. 2 S. 1 Nr. 2b des Gewaltschutzgesetzes unterbunden werden kann.[729] In der öffentlichen Wahrnehmung soll dieses Gesetz in erster Linie effektive Gefahrenabwehr und Reaktionsmöglichkeiten im Falle häuslicher Gewalt gewährleisten. Jedoch müssen Täter und Opfer im Sinne des Gewaltschutzgesetzes nicht zwangsläufig partnerschaftlich verbunden sein, sie müssen sich noch nicht einmal persönlich kennen.[730]

In den Gesetzesmaterialien des Gewaltschutzgesetzes wird gesondert darauf hingewiesen, dass das APR aufgrund dessen Vielschichtigkeit und dem steten Abwägungserfordernis, gezielt nicht als Schutzgut des GewSchG aufgenommen wurde.[731] Doch mit dem Schutz vor unzumutbaren Belästigungen durch Nachstellungen umfasst das Gesetz einen Teilbereich des APR, der auch auf die Verfolgung

---

725 EGMR-Urteil vom 24.06.2004, Az.: 59320/00 – von Hannover, Rz. 59; *Klass* in: Westermann et al., Anh zu § 12, Rz. 42; *Engels/ Jürgens*, NJW 2004, 2517 ff., 2522; *Pils*, JA 2008, 852 ff., 853.

726 BGH-Urteil vom 17.02.2009, Az.: VI ZR 75/08 – Lebensgefährte von Sabine Christiansen, Rz. 13; BVerfG Beschluss vom 26.02.2008, Az.: 1 BvR 1602/07 – Caroline IV, Rz. 46 f.

727 *Klass* in: Westermann et al., Anh zu § 12, Rz. 145.

728 Näheres zu § 238 StGB, s. u. Teil 7 III.

729 *Walter*, ZUM 2002, 886 ff., 893.

730 *Heinke*, § 1 Rz. 15.

731 BT-Drs. 14/5429, S. 18; OLG Hamm, Urteil vom 23.05.2011, Az.: 8 UF 77/11 u. a. – Anwendbarkeit des Gesetzes bei der Veröffentlichung von Nacktbildern und der Zusendung eines ehrenrührigen Briefes an einen Dritten, Leitsatz Nr. 2.

durch Pressevertreter passen könnte.[732] Dabei werden „Persönlichkeitsrechtsverletzungen durch die Presse“ in den Gesetzesmaterialien sogar als Regelbeispiel für unzumutbare Belästigungen aufgeführt.[733]

Ob Betroffene sich im Extremfall tatsächlich erfolgreich mittels des Gewaltschutzgesetzes gegen allzu aufdringliche Medienvertreter wehren könnten, ist aktuell noch nicht abzusehen. Bisher ist kein Fall bekannt, in dem sich ein Prominenter diesbezüglich auf das GewSchG berufen hat. Dies kann auch daran liegen, dass der neue Straftatbestand der Nachstellung i. S. d. § 238 StGB auf solche Fallkonstellationen ebenfalls passt und leichter zu handhaben ist.[734]

e) Reformvorschlag: Sperrzonen für Paparazzi

Das Leben Minderjähriger wird nicht nur von der Berichterstattung an sich stark beeinträchtigt. Die Produktion der Berichterstattung, gerade die Belagerung oder heimliche Verfolgung durch Paparazzi, stellt eine starke Belastung des alltäglichen Lebens dar. Offiziell ist die Privatsphäre Minderjähriger auch in der Öffentlichkeit zu schützen. Zudem gibt es sogar strafrechtliche Vorschriften, die das konstante Beobachten unter Strafe stellen.[735]

aa) Unzureichender Rechtsschutz in der Öffentlichkeit

Doch die Privatsphäre in der Öffentlichkeit bleibt eine theoretische Forderung. Eine Vielzahl von Medienberichten belegen, wie Minderjährige in der Öffentlichkeit ungehemmt fotografiert werden.[736] Selbst die strafrechtlichen Vorschriften bieten keinen effektiven Schutz vor Belästigungen im Alltag, da sie eine hohe Eingriffsschwelle aufweisen und nur schwer erbringbare Beweise erfordern.

Nach derzeitiger Rechtsprechungspraxis dürfen Fotos von Kindern oder Jugendlichen, die deren Privatleben abbilden, bis auf wenige Ausnahmen weder angefertigt noch veröffentlicht werden. Dennoch werden sie hergestellt und eine Veröffentlichung wird immer wieder riskiert. Den Medienhäusern kann noch nicht einmal ein vorsätzlicher Verstoß vorgeworfen werden. Denn da stets eine Abwägung notwendig ist, kann man sich mit guten Gründen auf den Standpunkt stellen, dass die betroffenen Fotos zulässig seien. Ist das Foto interessant genug, macht es also Sinn für die Medien die Veröffentlichung zu riskieren. Sollte tatsächlich eine Unterlassungserklärung gefordert werden, können sie diese bereitwillig abgeben und konnten somit zumindest einmal von den Fotografien profitieren.

Die derzeitige Rechtslage schützt Minderjährige daher nicht vor der Herstellung von Fotos, obwohl diese auf legalem Weg nicht verwertbar sind. In Anbetracht der

732 BT-Drs. 14/5429, S. 19.
733 BT-Drs. 14/5429, S. 18.
734 S. u. Teil 7 III.
735 § 238 StGB; S. Teil 4 II. 7. d) und Teil 7 III.
736 *Heiland*, 405.

schweren Folgen und der geringen Bedeutung der Fotografien für die rechtstreue journalistische Arbeit bietet es sich an, gewisse öffentliche Zonen zum Sperrgebiet für Paparazzi zu erklären. Bisher ist nur das Hineinfotografieren in Wohnungen oder andere als privat geschützte Räume strafrechtlich sanktioniert.[737] Aus APR greift ein Herstellungsverbot gegenüber Fotos, die unter keinen Umständen legal veröffentlicht werden könnten, z.B. bei Eingriffen in die Intimsphäre.[738]

bb) Sperrzonen in schutzwürdigen Gebieten

Die öffentlichen Sperrzonen sollten dort eingerichtet werden, wo Minderjährige rein privat und besonders unbefangen agieren. In diesen Bereichen dürften keinerlei zu veröffentlichende Fotos angefertigt werden. Auf diesem Wege erzielte man einen präventiven und daher besonders wirksamen Schutz, der keine strengeren Auswirkungen hat, als die aktuelle ständige Rechtsprechungspraxis.

Bei den „Sperrzonen" muss es sich um Bereiche handeln, in denen sich Kinder besonders frei bewegen können sollen, wie Spiel- oder Sportplätze. Auch Orte, an denen regelmäßig wichtige Ereignisse für das Familienleben stattfinden, z. B. Gotteshäuser, können betroffen sein. Um den Alltag der Kinder zu erleichtern, könnten auch Gebiete aufgenommen werden, die der Minderjährige regelmäßig aufsuchen muss, ohne dass ihm hierfür Alternativen offen stehen, wie Kindergarten, Schule oder der Weg dorthin.

cc) Ausgestaltung

Die Sperrzonen könnten auf unterschiedlichste Weise rechtlich verankert werden. Ein zivilrechtliches Verbot, das z. B. im KUG verankert wird, ist ebenso denkbar, wie eine Ordnungswidrigkeiten- oder eine Strafvorschrift. Insbesondere bei letzteren Möglichkeiten ist von einem immensen Hemmeffekt der möglichen Sanktionen auszugehen.

Festzuhalten bleibt, dass eine Berichterstattung von den von der Sperrzone umfassten Gebieten weiterhin möglich bleibt. Lediglich die identifizierende Berichterstattung über Minderjährige ohne deren Einwilligung wäre von einem Verbot umfasst. Besteht ein Interesse von einem gewissen Spielplatz zu berichten, kann der Fotograf entweder die Einwilligung der Abgebildeten einholen oder diese in nicht identifizierender Weise ablichten. Auch eine Ausnahme nach Systematik der § 23 Abs. 1 Nr. 2–4 KUG könnte aufgenommen werden, wodurch Berichterstattungsmöglichkeiten eröffnet würden, ohne den Schutz der Minderjährigen zu gefährden.

Bei der Diskussion eines Rechts auf „prior notification",[739] d. h. auf Vorwarnung bei persönlichkeitsrechtsrelevanten Veröffentlichungen, erwähnt der EGMR, dass

---

737 § 201a StGB. S. o. Teil 4 II. 7. d) und Teil 7 III.
738 S. o. Teil 4 II. 7. c).
739 Näheres zur „prior notification", s. u. Teil 8 II.

ein solches Recht – falls es gewährt werden sollte – einer Ausnahme bedürfte. Diese Ausnahme solle für den Fall greifen, dass das öffentliche Informationsinteresse den Schutz des Persönlichkeitsrechts überwiege.[740]

Sollte schon für den Fall einer „prior notification", die ja lediglich eine Vorab-Informationspflicht regelt, eine Ausnahme notwendig sein, könnte man argumentieren, dass solch eine Ausnahme für ein lokales Berichterstattungsverbot, das ja nicht nur ein zusätzliches Formerfordernis statuiert, sondern eine Bildberichterstattung gänzlich untersagt, erst recht benötigt wird, um der Bedeutung der Kommunikationsgrundrechte Genüge zu tun.

Allerdings funktioniert dieser erst-recht-Schluss nicht einwandfrei, denn der EGMR entschied in Bezug auf einen erwachsenen Betroffenen. Da die Rechtslage bei Minderjährigen durch einen verstärkten Persönlichkeitsrechtsschutz geprägt ist, ist nicht zwangsläufig anzunehmen, dass auch für diesen Fall eine Ausnahme gefordert würde.

Zudem ergibt eine Ausnahme für das Überwiegen eines öffentlichen Informationsinteresses für die hier vorgeschlagenen Sperrzonen auch keinen Sinn. Zum einen ist der Begriff des öffentlichen Informationsinteresses sehr offen. Er müsste mit dem Persönlichkeitsrecht des Dargestellten abgewogen werden, um festzustellen, ob er überwiegt. Eben diese Abwägungspflicht und damit einhergehende Ausweich- und Rechtfertigungsmöglichkeiten für Medienvertreter sollen jedoch durch Sperrzonen ausgeklammert werden. Des Weiteren ist kein Fall denkbar, bei dem das öffentliche Informationsinteresse den Persönlichkeitsrechtsschutz Minderjähriger überwiegt. Bis auf die bekannten Ausnahmen Einwilligung und Privatsphärenöffnung wird regelmäßig angenommen, dass das Persönlichkeitsrecht Minderjähriger vorrangig ist. Selbst wenn man extreme Beispiele, wie Berichte über systematische Kindesmisshandlungen an einer Schule heranzieht (angenommen Schulgebäude wären als solche Sperrzone definiert), bei denen ohne Zweifel ein äußerst großes öffentliches Informationsinteresse besteht, gibt es keinen Grund, in identifizierbarer Weise über Minderjährige zu berichten.[741] Die Opfer von Straftaten genießen besonderen Schutz vor den Medien.[742] Auch bedarf es

740 EGMR-Urteil vom 10.05.2011, Az.: 48009/08 – Mosley ./. Vereinigtes Königreich, NJW 2012, 747 (747).

741 Im September 2013 deckte ein Reporterteam im Auftrag von RTL auf, dass die Kinder von Familien, die in der sektenähnlichen Glaubensgemeinschaft „Zwölf Stämme" lebten, systematisch misshandelt wurden. Das kurz zuvor alarmierte Jugendamt entfernte 40 Kinder vorläufig aus der Obhut ihrer Familien. Vorherige Versuche auf eine mögliche Kindeswohlgefährdung hinzuweisen, z. B. durch parlamentarische Anfragen der Grünen-Fraktion im Bayerischen Landtag, schlugen fehl. Im Rahmen der Medienberichte wurden Archivfotos der „Zwölf Stämme"-Kinder verwendet, bei denen alle Dargestellten anonymisiert waren. Dies ist ein erfolgreiches Beispiel für öffentlichkeitswirksame Berichterstattung, ohne Identifizierungsmöglichkeit der minderjährigen Opfer. Z.B. *Kistner*, Spiegel.de (2013); *Mayr*, Süddeutsche.de (2013).

742 S. o. Teil 4 I. 3. f).

keiner identifizierenden Berichterstattung, um das öffentliche Informationsinteresse zu befriedigen und die Kommunikationsfreiheiten auszuüben. Ohne entsprechendes medienrechtliches Vorverhalten gewährt die Rechtsprechung noch nicht einmal die Nennung des Namens von Minderjährigen.[743] Diese haben das Recht, anonym zu bleiben.

Vor diesem Hintergrund wird deutlich, dass es keinen Anlass für eine Ausnahme zugunsten eines öffentlichen Informationsinteresses gibt, da dieses nicht das erhöht geschützte Persönlichkeitsrecht Minderjähriger überwiegt.

Es ist jedoch zuzugestehen, dass die Kommunikationsfreiheiten durch die Einführung von Sperrzonen in einem Falle stärker beschränkt würden, nämlich falls der Minderjährige sich durch vorangegangene Privatsphärenöffnungen seines Minderjährigenschutzes begeben hat. Dies könnte beispielsweise der Fall sein, wenn ein Kinderschauspieler in einem Interview berichtet, er habe aufgrund seiner Schauspielkarriere keine Zeit sich auf einem Spielplatz zu vergnügen, wie andere Kinder seines Alters dies tun. Besteht die Möglichkeit diesen Minderjährigen beim unbeschwerten Spielen auf einem Spielplatz zu fotografieren, könnte dies nach derzeitiger Rechtslage zulässig sein, während eine Sperrzone die Bildberichterstattung strikt untersagen würde. Doch diese Einschränkung ist aus Gründen des Minderjährigenschutzes hinzunehmen. Denn trotz seiner thematisch passenden Äußerungen hat auch dieser Kinderschauspieler das Recht auf unbeschwerte Momente von Kindheit in der Öffentlichkeit,[744] sodass es ihm gegönnt sei von ungewollten Fotografien verschont zu bleiben. Eine Wortberichterstattung mit kontextneutralem Foto wäre weiterhin möglich, sodass das Informationsinteresse der Öffentlichkeit nicht gänzlich unbefriedigt bleiben müsste.[745]

dd) Durchsetzung

Gegen die Einführung von Sperrzonen kann vorgebracht werden, dass eine effektive Durchsetzung ebenso unrealistisch ist, wie bei den schon vorhandenen strafrechtlichen Vorschriften, die vor Paparazzi schützen sollen. Es wäre eine utopische Forderung, jeden Spielplatz überwachen zu lassen. Erst recht, wenn man die neuen technischen Möglichkeiten der versteckten Fotografie einbezieht, offenbart sich die Hoffnungslosigkeit dieses Unterfangens.

Im Gegensatz zur jetzigen Situation wären Verstöße allerdings leichter nachweisbar. Die bisherigen Strafvorschriften erfordern den Nachweis der beharrlichen Nachstellung durch eine Person. Die Betroffenen können den Beweis dafür in der Regel nicht erbringen, denn das wichtigste Beweismaterial, die erstellten Fotos,

---

743 OLG Hamburg, Urteil vom 18.12.2012, Az.: 7 U 66/12 – Persönlichkeitsverletzung durch Nennung der (berühmten) Eltern eines Kindes; LG Berlin, Urteil vom 24.02.2005, Az.: 27 O 994/04 – Nennung der Namen minderjähriger Kinder eines Schauspielerpaares.

744 S. o. Teil 3 II. 4.

745 S. u. Teil 6 VII. 2.

die darlegen, wie der Betroffene über einen längeren Zeitraum begleitet wurde, liegen bei den Fotografen. Um aufgrund eines Zeitungsartikels nachzuweisen, dass ein Fotograf einer Familie nachstellt, bedürfte es schon einer Fotoserie unter Angabe der jeweiligen Uhrzeit. Kein erfahrenes Magazin würde sich durch die derart ungeschickte Zusammenstellung von Material dem Vorwurf der Nachstellung aussetzen.

Sind jedoch Fotos auf Spielplätzen oder vor dem Schulgelände generell untersagt, lässt sich durch das Foto selbst darlegen, dass gegen das räumliche Fotografie-Verbot verstoßen wurde. Wegen der Absolutheit des Verbots, erübrigt sich eine Abwägung. Dadurch wird Rechtsunsicherheit, aber auch die Möglichkeit für Ausflüchte vermieden.

ee) Fazit

Können Fotos nicht mehr legal veröffentlicht werden, verlieren sie an wirtschaftlichem Wert. Für eindeutig wertlose Fotos wird sich kein Fotograf mehr auf die Lauer legen. Eines der größten Alltagsprobleme prominenter Minderjähriger würde dadurch gelöst. Man käme dem theoretischen Ziel eines unbelasteten Aufwachsens wieder ein gutes Stück näher. Zwar erweckt die Neuregelung den Eindruck, Medien stärker zu beeinträchtigen, doch in Anbetracht der aktuell gängigen Rechtsprechungspraxis ändert sich deren Rechtsposition nicht nachteilig. Stattdessen erhöht sich die Rechtssicherheit.

Teil 5: Medienrechtliche Einwilligung Minderjähriger

I. Systematik der Einwilligung

Das Einverständnis zu medienrechtlicher Berichterstattung bezeichnet man als „Einwilligung". Die Einwilligung, die nicht ausdrücklich normiert und lediglich für das Recht am eigenen Bild in §§ 22 f. KUG vorausgesetzt wird,[746] ist für das gesamte APR das maßgebliche Instrument zur Rechtfertigung von Eingriffen.[747]

Die Einwilligung wird aus dem anerkannten Rechtssatz „volenti non fit iniuria" hergeleitet,[748] der besagt, dass „dem Einwilligenden kein Unrecht geschieht". Wer sich mit einer Behandlung einverstanden erklärt, kann später keine Ansprüche aus eben jener Behandlung herleiten. Gleichzeitig wird in diesem Grundsatz normiert, dass jeder selbst bestimmen kann, welche Behandlung ihm widerfährt.[749]

Das Einwilligungsprinzip, das sich im gesamten Zivil- und sogar im Strafrecht wiederfindet, ist damit Ausfluss des Selbstbestimmungsrechts der Person (Art. 2 Abs. 1 GG), das sich auch in der vertraglichen Dispositionsfreiheit oder allgemeiner gefasst, im Prinzip der Privatautonomie ausdrückt.[750]

Während die Einwilligungsthematik im sonstigen Zivil- und Strafrecht geklärt scheint, gibt es drei Rechtsgebiete, in denen die Thematik der Einwilligung noch kontrovers diskutiert wird. Neben der medienrechtlichen Einwilligung, stehen auch die Einwilligungen im Arzt- und Datenschutzrecht noch im Zentrum juristischer Streitfragen.[751]

Der größte Diskussionspunkt im Medienrecht ist die dogmatische Einordnung sowie die Rechtsnatur der Einwilligung. Die praktischen Konsequenzen dieser Entscheidung erschöpfen sich in der Frage, ob die Regelungen zu Rechtsgeschäften,

---

746 *Götting*, 143. Dieser verweist auch darauf, dass im ersten BGB-Entwurf die Regelung einer Einwilligung vorgesehen war, aber wegen der selbstverständlichen Existenz der Rechtsfigur, die jegliche Regelung überflüssig mache, wieder aufgegeben wurde. Ebenso *Kohte*, AcP 1985, 105 ff., 108 ff.

747 *Soehring/ Hoene*, 489.

748 *Kohte*, AcP 1985, 105 ff., 108; *Klass*, Realitätsfernsehen, 255. Eingehend zu diesem Prinzip, *Ohly*, „Volenti non fit iniuria", 25 ff., 63 ff.

749 *Körner*, 131 ff., 131.

750 *Klass* in: Westermann et al., Anh zu § 12, Rz. 229; *Helle*, AfP 1985, 93 ff., 97; *Götting*, 143; *Kohte*, AcP 1985, 105 ff., 110.

751 *Körner*, 131 ff., 131. *Klass*, AfP 2005, 507 ff., 507 weist darauf hin, dass in Bezug auf die Einwilligung in Persönlichkeitsrechtseingriffe neben der Privatautonomie auch das allgemeinen Persönlichkeitsrecht (Art. 2 Abs. 1 i. V. m. Art. 1 Abs. 1 GG) sowie die Menschenwürde (Art. 1 Abs. 1 GG) als verfassungsrechtliche Grundlagen herangezogen werden können.

insbesondere die Normen zu Geschäftsfähigkeit und Anfechtung, anwendbar sind.[752]

II. Dogmatische Einordnung

Da die Rechtsfigur der Einwilligung nicht normiert ist, entzündet sich die juristische Diskussion bereits daran, welche dogmatische Einordnung sie erfahren soll.[753] Dabei ist man sich über das Ergebnis einig, das zudem von § 22 KUG für das Recht am eigenen Bild explizit vorgegeben ist. Nach einer wirksamen Einwilligung sollen keine Rechtsansprüche geltend gemacht werden. Unklar ist lediglich, wie dieses Ergebnis erreicht wird.[754]

Dabei wird die Einwilligung sowohl als schuldrechtlicher Gestattungsvertrag als auch als negatives Tatbestandsmerkmal oder als eine Rechtfertigung eingeordnet.[755]

1. Schuldrechtlicher Gestattungsvertrag

Es wurde vorgeschlagen, die Einwilligung als schuldrechtlichen Gestattungsvertrag einzuordnen.[756] Diese Konstruktion hätte auch Einfluss auf die Diskussion über die Rechtsnatur der Einwilligung, denn als elementarer Bestandteil eines schuldrechtlichen Vertrags wäre sie als Willenserklärung einzustufen.[757]

Die Einwilligung sei entweder ein antizipierter Erlassvertrag oder die schuldrechtliche Verpflichtung, eigentlich zustehende Ansprüche nicht geltend zu machen (sog. pactum de non petendo).[758] Diese Einordnung kann jedoch nicht überzeugen, denn sie hätte zur Voraussetzung, dass zumindest für eine logische Sekunde Ansprüche entstehen, die sodann erlassen oder verpflichtend nicht geltend gemacht werden. Solche Abwehransprüche entstehen aber nur bei rechtswidrigen Handlungen. Findet mit Einwilligung oder sogar auf Wunsch des Betroffenen eine Berichterstattung statt, kann darin keine rechtswidrige Verletzungshandlung zu sehen sein.[759]

Das Modell der Einwilligung als Gestattungsvertrag ist daher abzulehnen.

---

752 *Helle*, AfP 1985, 93 ff., 93; *Frauenrath*, Grüner Bote 2010, 295 ff., 296; *Körner*, 131 ff., 132; *Klass*, Realitätsfernsehen, 270.

753 *Dasch*, 27 ff.

754 *Dasch*, 27.

755 *Helle*, AfP 1985, 93 ff., 94.

756 *Dasch*, 28 ff.

757 *Helle*, AfP 1985, 93 ff., 94; *Dasch*, 39.

758 *Dasch*, 28 ff.

759 *Kaulbach*, AfP 1971, 67 ff., 67; *Helle*, AfP 1985, 93 ff., 94; *Dasch*, 29 ff. Letzerer verweist zudem darauf, dass es einem Erlass aller zukünftig entstehenden Ansprüche an der Bestimmtheit mangelte.

2. Negatives Tatbestandsmerkmal

Alternativ wird vorgeschlagen, dass die Einwilligung ein negatives Tatbestandsmerkmal sei.[760] Negative Tatbestandsmerkmale sind aus dem Strafrecht bekannt.[761] Dort verhindert beispielsweise das ‚tatbestandsausschließende Einverständnis' mit dem Besitzerwechsel an einer Sache, dass diese als den Diebstahl kennzeichnende ‚Wegnahme' definiert wird.[762] Tatsächlich bewirkt auch ein durch Einwilligung gedeckter Eingriff in das Persönlichkeitsrecht, dass dieser als rechtmäßig anzusehen ist.[763] Offen bleibt, ob die Einwilligung auf Tatbestandsebene oder auf Rechtfertigungsebene wirkt.

Betrachtet man das APR wird man vor das Problem gestellt, dass bei solch einem offenen Rahmenrecht die Rechtswidrigkeit erst durch umfassende Abwägung unter Einbeziehung aller Umstände nachgewiesen werden muss. Die klare Aufteilung zwischen Tatbestand und Rechtfertigungsebene schlägt daher fehl. Lediglich das speziell geregelte Recht am eigenen Bild weist einen eigenen Tatbestand auf, gibt aber durch seine Formulierung auch keinen entscheidenden Hinweis darauf, wo die Einwilligung einzuordnen ist.[764]

Die Lösung gibt dabei eine Betrachtung des Regel-Ausnahme-Verhältnisses der aus dem Strafrecht bekannten Einverständnisse und Einwilligungen. Der Übergang eines Besitzes ist grundsätzlich rechtlich neutral. Er kann sowohl im Sinne des Berechtigten sein, als auch gegen dessen Willen geschehen. Daher schließt ein Einverständnis schon die Tatbestandsmäßigkeit eines Diebstahls aus.

Davon ist die Einwilligung zu einer Körperverletzung abzugrenzen (§ 228 StGB). Diese ist unstrittig nicht als tatbestandsausschließende, sondern als rechtfertigende Einwilligung einzuordnen, denn eine Körperverletzung ist rechtlich nicht neutral, sondern wird grundsätzlich missbilligt. Nur ausnahmsweise und in engen Grenzen kann eine Einwilligung den Verletzenden vor Rechtsverfolgung schützen.[765]

Vergleichbar hierzu sind auch Eingriffe in das APR keineswegs rechtlich neutral. Das APR ist umfassend geschützt. Selbst wenn eine Einwilligung einen Eingriff legitimiert, ist dieser nur in engen Grenzen und im Umfang der jeweiligen Einwilligung zulässig. Die Einwilligung ist daher eine Ausnahme zur Regel des geschützten APR,[766] daher macht eine Einordnung auf Rechtfertigungsebene, vergleichbar

760 *Ohly*, GRUR 2012, 983 ff., 984.
761 *Helle*, AfP 1985, 93 ff., 95.
762 *Beckert*, JA 2013, 507 ff., 510.
763 *Kaulbach*, AfP 1971, 67 ff., 67. Ebenso *Heidenreich*, AfP 1971, 67 f., 68.
764 *Helle*, AfP 1985, 93 ff., 95; a. A. *Götting*, 146 f., der die Einwilligung bezüglich der § 22 f. KUG als negatives Tatbestandsmerkmal einstuft.
765 § 228 StGB.
766 *Dasch*, 33; a. A. *Helle*, AfP 1985, 93 ff., 96.

zu der Einwilligung zur Körperverletzung, mehr Sinn als die Annahme eines tatbestandsausschließenden Einverständnisses.

Auch die Existenz der Vermutungsregelung des § 22 S. 2 KUG weist darauf hin, dass die Einwilligung nur die Ausnahme darstellt. Wäre die Einwilligung die Regel, bedürfte es schließlich keiner solchen Vermutungsregel zugunsten der Einwilligung.[767]

Die oben dargelegte Argumentation geht allerdings fehl, wenn man den ärztlichen Heileingriff heranzieht. Denn dieser stellt unzweifelhaft erwünschtes Verhalten dar, wird aber dogmatisch als durch eine Einwilligung gedeckte Körperverletzung (§ 223 StGB) und damit als ‚Ausnahme' eingestuft.[768] Diesem Sonderfall sollte jedoch keine zu große Bedeutung beigemessen werden, denn nicht umsonst wird die Einstufung des ärztlichen Heileingriffs als Körperverletzung im Sinne des § 223 StGB mit guten Argumenten abgelehnt.[769]

Betrachtet man das Regel-Ausnahme-Verhältnis des APR und der medienrechtlichen Einwilligung im Vergleich zu entsprechenden Vorschriften des StGB, spricht vieles dafür, die medienrechtliche Einwilligung als Rechtfertigungsgrund einzustufen. Zugegebenermaßen führt der offene Tatbestand des APR jedoch dazu, dass auch eine andere Auffassung von Regel und Ausnahme mit guten Argumenten vertreten werden könnte.[770]

3. Rechtfertigung

Das stärkste Argument, das für die Einwilligung als Rechtfertigungsgrund streitet, ist hingegen ein prozessuales. Denn wäre die Einwilligung ein negatives Tatbestandsmerkmal, müsste der Anspruchssteller vor Gericht beweisen, dass sie nicht vorlag.[771] Er trägt die Beweislast für alle – auch für negative – Tatbestandsmerkmale. Neben dem bekannten Problem der Beweisführung bezüglich der Nichtexistenz einer Tatsache, führte dies dazu, dass jeder, der sich gegen eine unzulässige Berichterstattung wehren möchte, darlegen müsste, dass diese nicht durch eine Einwilligung gedeckt ist, obwohl ihm die Umstände, unter denen die Berichterstattung entstanden ist womöglich gänzlich unbekannt sind.

Hier ist es interessen- und sachgerechter, wenn derjenige, der eine Berichterstattung zu verantworten hat, vor Gericht darlegen muss, dass diese wegen einer Einwilligung zulässig ist. Denn ihm sind die Umstände der Berichterstattung bekannt. Ist die Dokumentation der Einwilligung ungenügend oder bruchstückhaft, sollte dies ebenfalls zulasten des Veröffentlichenden gehen. Denn

767 *Dasch*, 35.
768 *Dasch*, 34.
769 Fischer, § 223, Rz. 19 m. zahlreichen w. N.
770 *Helle*, AfP 1985, 93 ff., 96.
771 *Dasch*, 34.

insbesondere hinsichtlich der hier betrachteten Medienunternehmen, die Minderjährigen als Inhabern von Persönlichkeitsrechten gegenüberstehen, macht es Sinn, denen die Nachweispflicht aufzuerlegen, die sowohl über das notwendige Fachwissen als auch über die zu einer Dokumentation erforderliche Organisation verfügen.

Daher ist die Einwilligung als Rechtfertigungsgrund einzustufen, der vom Anspruchsgegner bewiesen werden muss.

4. Fazit

Da Tatbestands- und Rechtfertigungsebene beim offenen Rahmenrecht des APR verschwimmen, kann sowohl nachvollziehbarerweise vertreten werden, dass die medienrechtliche Einwilligung ein negatives Tatbestandsmerkmal als auch ein Rechtfertigungsgrund darstellt. Insbesondere wegen der Konsequenzen für die prozessuale Beweislast ist die dogmatische Einstufung als Rechtfertigungsgrund vorzugswürdig.[772]

Eine Aufspaltung der dogmatischen Einordnung je nach Art des betroffenen Persönlichkeitsrechts ist wegen der Einheitlichkeit des APR, die auch durch spezielle Normierungen von Teilbereichen nicht aufgehoben wird, abzulehnen.[773]

Ebenso ist die Einstufung der medienrechtlichen Einwilligung als schuldrechtlicher Gattungsvertrag zurückzuweisen. Aus diesem Grund gibt die dogmatische Einstufung auch keinen Hinweis auf die ebenfalls umstrittene Rechtsnatur der Einwilligung, denn nur im Falle des schuldrechtlichen Gattungsvertrages hätte es sich bei ihr zwingend um eine rechtsgeschäftliche Willenserklärung handeln müssen.

III. Rechtsnatur

Der im Folgenden dargelegte Meinungsstreit um die Rechtsnatur der Einwilligung wird sogar noch kontroverser geführt, als derjenige um die dogmatische Einordnung. Ein Grund für die unterschiedlichen Ansichten liegt darin, dass auch die Rechtsprechung uneinheitliche Charakterisierungen der medienrechtlichen Einwilligung vornahm und dadurch widersprüchliche Signale aussandte.[774]

---

772 *Kohte*, AcP 1985, 105 ff., 110 f.

773 Solch eine Aufspaltung nimmt *Götting* vor, der die Einwilligung bezüglich des Namensrechts aus § 12 BGB als Rechtfertigungsgrund, bezüglich des Rechts am eigenen Bild als negatives Tatbestandsmerkmal und bezüglich des sonstigen APR als ungeklärt, aber auch irrelevant einstuft, *Götting*, 146 f.

774 Eine Aufzählung und Besprechung der maßgeblichen Urteile findet sich unter anderem bei *Ohly*, „Volenti non fit iniuria", 38 ff.; *Kohte*, AcP 1985, 105 ff., 112 f.; *Klass*, Realitätsfernsehen, 257; *Dasch*, 41 ff.

1. Realakt

Eine Lehre, die von ihren Gegnern als „überwunden"[775] bezeichnet wird, aber aktuell noch gewichtige Vertreter findet,[776] sieht in der medienrechtlichen Einwilligung einen bloßen Realakt. Die Einwilligung sei eine bloße tatsächliche Handlung, der es nicht auf die Herbeiführung einer Rechtsfolge ankommt. Es sei geradezu unmöglich, jede Berichterstattung rechtsgeschäftlichen Maßstäben zu unterwerfen.[777]

Diese Ansicht lehnt sich an die Einwilligung zu Heilbehandlungseingriffen an. Die Einwilligung zu ärztlichen Heileingriffen unterscheidet sich allerdings von der medienrechtlichen Einwilligung. Denn bei einem ärztlichen Heileingriff bilden der tatsächliche Eingriff, dessen korrekte Ausführung, damit verbundene Risiken und tatsächliche (körperliche) Wirkungen die Entscheidungsgrundlage für den Einwilligenden. Der rechtsgeschäftliche Überbau eines Behandlungsvertrages und dessen Konditionen werden regelmäßig in den Hintergrund treten und keine ausschlaggebende Wirkung entfalten.

Die medienrechtliche Einwilligung ist hingegen untrennbar mit der Herbeiführung einer Rechtsfolge verknüpft. Bei der Entscheidung, ob sie erteilt wird, sind die Verwendungsart, die Reichweite der Veröffentlichung und möglicherweise auch die dadurch erzielte Entlohnung maßgebliche Entscheidungskriterien. Dies sind aber typische Vertragskonditionen, die beeinflussen, ob die rechtfertigende Einwilligung erteilt wird.

Während Einwilligung und Behandlungsvertrag im Arztrecht keine zwingende gedankliche Verknüpfung eingehen, stellen sie im Medienrecht zwei selbstständige, aber untrennbar miteinander verwobene, einander beeinflussende Elemente desselben Rechtsgeschäfts dar. Es ist daher stimmig, die Unterschiede zwischen Arzt- und Persönlichkeitsrecht auch durch divergierende Rechtsnaturen der jeweiligen Einwilligungen kenntlich zu machen.[778]

Eine medienrechtliche Einwilligung ist nicht nur eine natürliche Handlung, sondern darüber hinaus auch eine wertende Entscheidung über die Gestaltung der eigenen Privatsphäre im Verhältnis zur Öffentlichkeit.[779]

---

775 *Frömming/ Butz*, NJW 1996, 958 ff., 489; *Klass*, Realitätsfernsehen, 256.

776 *Breutz/ Weyhe*, 1115; mit Ausnahme für kommerzielle Persönlichkeitsrechte ebenso *Pfeifer*, JZ 2013, 853 ff., 861. BGH-Urteil vom 14.03.1961, Az.: VI ZR 189/59 – Wirkungen des Handelns auf eigene Gefahr, NJW 1961, 655, 657; BGH-Urteil vom 24.4.1961, Az. III ZR 45/60 – Einwilligung in Rechtsgutverletzung keine Willenserklärung, MDR 1961, 666 (Ls.); BGH-Urteil vom 02.12.1963, Az.: III ZR 222/62 – Durch Irrtum beeinflußte Einwilligung in Freiheitsentziehung, NJW 1964, 1177, 1177; OLG Karlsruhe, Urteil vom 31.03.1983, Az.: 4 U 179/81 – Wirksame Einwilligung einer beschränkt Geschäftsfähigen in Beeinträchtigung ihres Persönlichkeitsrechts, Rz. 31.

777 *Pfeifer*, JZ 2013, 853 ff., 861.

778 Zudem wird auch für die medizinrechtliche Einwilligung mitunter auf die Regelungen zur Willenserklärung zurückgegriffen, zum Beispiel bei Auslegungsfragen, *Körner*, 132.

779 *Helle*, AfP 1985, 93 ff., 96 f.

Selbst wenn es dem Handelnden nicht bewusst ist, erzielt sie eine Rechtsfolge, sodass zwingend zumindest eine rechtsgeschäftsähnliche Handlung vorliegt.[780]

2. Rechtsgeschäftsähnliche Handlung

Die Charakterisierung der Einwilligung als Realakt hinterlässt jedoch auch Spuren in den Köpfen derer, die diese Ansicht strikt ablehnen, denn so wird dafür gestritten, dass die medienrechtliche Einwilligung eben keine rechtsgeschäftliche Willenserklärung, sondern lediglich eine rechtsgeschäftsähnliche Handlung sei.[781]

Dies sind natürliche Handlungen, an die zwar Rechtsfolgen geknüpft sind, auf deren Verursachung es dem Handelnden jedoch nicht ankommt.[782] Die rechtliche Konsequenz beeinflusst seine Entscheidung zum Handeln nicht, sondern ist lediglich die automatische Folge der Tat.

Eine Definition, die auf die medienrechtliche Einwilligung nicht zu passen scheint. Denn dem Einwilligenden kommt es ja gerade darauf an, dass ein Eingriff in das APR ohne negative Rechtsfolgen für den Handelnden möglich gemacht wird. Es ist dem Einwilligenden sehr wohl bewusst, dass die Handlung ohne Einwilligung nicht zulässig wäre. Eben diese Rechtmäßigkeit des Eingriffs, also diese Rechtsfolge, will er durch seine Einwilligung herbeiführen.[783]

Zwar ist zuzugestehen, dass die rechtsgeschäftliche Willenserklärung zunächst nicht auf die medienrechtliche Einwilligung zu passen scheint, denn Rechtsgeschäfte haben den Austausch wirtschaftlicher Güter zum Inhalt, während die medienrechtliche Einwilligung Ausdruck der Selbstbestimmung ideeller

780 *Klass*, Realitätsfernsehen, 258.

781 Dieser Ansicht folgt wohl auch das BGH-Urteil vom 05.12.1958, Az:: VI ZR 266/57 – Einwilligung des Minderjährigen in eine Operation, das fälschlicherweise oft von Vertretern der Realakt-Theorie angeführt wird. Der BGH charakterisiert die Einwilligung jedoch als geschäftsähnliche Handlung, wenn er darauf hinweist, dass es „nicht um die Zustimmung zu einem Rechtsgeschäft, also nicht um eine rechtsgeschäftliche Willenserklärung, sondern um eine Gestattung oder Ermächtigung zur Vornahme tatsächlicher Handlungen“ geht (BGH-Urteil vom 05.12.1958, Az.: VI ZR 266/57 – Einwilligung des Minderjährigen in eine Operation, Rz. 12). Diese Interpretation vertritt auch *Kohte*, AcP 1985, 105 ff., 105. Während *Ohly*, „Volenti non fit iniuria“, 45 die Charakterisierung als rechtsgeschäftsähnliche Handlung noch als wohl herrschende Lehre bezeichnete, stufen aktuelle Kommentatoren die Rechtsnatur als modifizierte rechtsgeschäftliche Willenserklärung ein (s. u. Fn. 768 – 770) oder unterlassen es, eine Entscheidung zwischen geschäftsähnlicher Handlung und Willenserklärung vorzunehmen, da die Beantwortung dieses Streits keinen Erkenntnisgewinn verspricht (s. u. Fn. 772 u. 773).

782 *Helle*, AfP 1985, 93 ff., 97; *Dasch*, 44.

783 *Dasch*, 57.

Persönlichkeitsrechte ist.[784] Lediglich der Teilbereich kommerzieller Persönlichkeitsrechte ist mit vermögenswerten Wirtschaftsgütern gleichzustellen.

Demzufolge ist eindeutig, dass die Regelungen zu Willenserklärungen nicht ohne Anpassung auf die medienrechtliche Einwilligung angewandt werden können. Daher scheinen die rechtsgeschäftsähnlichen Handlungen, auf die die Normen zu Willenserklärungen entsprechend – aber nur soweit im Einzelfall sinnvoll – angewandt werden, als geeignete Lösung.[785]

Tatsächlich gelangt man jedoch zu den gleichen rechtlichen Konsequenzen, egal ob man sich für die Einstufung der Einwilligung als Willenserklärung oder als rechtsgeschäftsähnliche Handlung entscheidet. Denn auch die Verfechter der medienrechtlichen Einwilligung als Willenserklärung gestehen ein, dass es Modifikationen der Normen bedarf, um dem besonderen Charakter der medienrechtlichen Einwilligung als Ausprägung des Selbstbestimmungsrechts gerecht zu werden.[786]

Es ist daher müßig zu entscheiden, ob die Anwendung der Regelungen zu Willenserklärungen mit Modifikationen geschieht, weil es sich um eine rechtsgeschäftsähnliche Handlung oder weil es sich um eine Willenserklärung handelt.[787]

Stimmen, die wegen der persönlichkeitsrechtlichen Besonderheiten der medienrechtlichen Einwilligung eine Einstufung als Willenserklärung ablehnen, sind nachvollziehbar, aber nicht die einzige Option, die mit guten Argumenten vertreten werdenkann.

---

784 *Dasch*, 56, der die Rechtsnatur der Einwilligung jedoch im Ergebnis als rechtsgeschäftliche Willenserklärung bestimmt. Als weiteres Argument wird angeführt, dass die durch die Einwilligung geschützten Güter wie körperliche Unversehrtheit und Ehre kein Eigentum des Trägers und nicht disponibel seien und demnach über sie nicht im Rahmen eines Rechtsgeschäfts verfügt werden könne (BGH-Urteil vom 05.12.1958, Az.: VI ZR 266/57 – Einwilligung des Minderjährigen in Operation, Rz. 12). Dem entgegnet *Ohly* dass man selbst, wenn man die Verfügung der genannten Güter ablehne, nicht vergessen dürfe, dass Verfügung und Einwilligung sich sehr ähnlich sind, denn beide dienen der Selbstbestimmung. Daher macht es Sinn, beide Rechtsfiguren unter die Rechtsgeschäfte zu subsumieren, auch wenn dies bedeutet, dass der Rechtsgeschäftsbegriff dafür ausgeweitet werden muss, „Volenti non fit iniuria“, 212 f.

785 So auch *Ellenberger*, Einf v § 104, Rz. 6. Weitere Nachweise bei *Ohly*, „Volenti non fit iniuria“, 45 in Fn. 71.

786 *Ohly*, „Volenti non fit iniuria", 214; *Götting*, 165 f.; *Klass*, Realitätsfernsehen, 258; *Dasch*, 57.

787 *Ohly*, GRUR 2012, 983 ff., 985; *Kohte*, AcP 1985, 105 ff., 118 f.; *Rixecker*, Anh zu § 12, 53; *Klass* in: Westermann et al., Anh zu § 12, Rz. 229; *Götting* in: Loewenheim, § 60/ § 22 KUG, Rz. 39; *Klass*, Realitätsfernsehen, 258 f.

3. Rechtsgeschäftliche Willenserklärung

Auch wenn rechtliche Konsequenzen nicht festzustellen sind, ist der Festlegung der Rechtsnatur der medienrechtlichen Einwilligung als rechtsgeschäftliche Willenserklärung der Vorzug zu geben.[788] Denn der Einwilligende ist bei der Vornahme seiner Handlung gerade auch durch seinen Rechtsfolgewillen motiviert, da er die Rechtmäßigkeit der Berichterstattung herbeizuführen wünscht.[789]

Zudem wird vorgebracht, dass die Regelungen zu Willenserklärungen aus §§ 104 ff. BGB Gesetz seien, von dem hier nicht ohne Grund abgewichen werden müsse.[790]

Die persönlichkeitsrechtlichen Besonderheiten, insbesondere die Bedeutung des grundrechtlich geschützten Rechts auf Selbstbestimmung, zwingen jedoch zu Anpassungen der Norm in Einzelfragen.[791]

4. Fazit

Auch wenn vorliegend die Ansicht vertreten wird, dass die medienrechtliche Einwilligung als rechtsgeschäftliche Willenserklärung einzustufen ist, bleibt es eindeutig, dass keine beachtenswerten rechtlichen Divergenzen zu der Ansicht bestehen, die für eine rechtsgeschäftsähnliche Handlungsqualität plädiert. Beide Haltungen führen dazu, dass die Regelungen zu Willenserklärungen (§§ 104 ff. BGB) mit Modifikationen bezüglich der persönlichkeitsrechtlichen Besonderheiten anzuwenden sind.[792]

Vielmehr ist jedoch festzustellen, dass die Festlegung der Rechtsnatur keinen Erkenntnisgewinn für die Entscheidung von kritischen Einzelfragen mit sich bringt, sondern diese unabhängig davon gelöst werden müssen.[793] Es kann nicht

---

788 *Soehring/ Hoene*, 489; *Ohly*, „Volenti non fit iniuria", 214; OLG München, Urteil vom 21.12.1981, Az.: 21 U 3951/81 – Recht am eigenen Bild und Veröffentlichungsbefugnis, Leitsatz 2, AfP 82, 230, 231 f.

789 *Frömming/ Butz*, NJW 1996, 958 ff., 958; *Helle*, AfP 1985, 93 ff., 97; *Kohte*, AcP 1985, 105 ff., 118.

790 *Beater*, JZ 2013, 111 ff., 116. Dieses Argument verliert freilich an Durchschlagkraft, wenn man bedenkt, dass Modifikationen der Regelungen zu Willenserklärungen notwendig werden, die ebenso dazu veranlassen, vom Gesetzestext abzuweichen. *Ohly* betont, dass die „Sicherung der Selbstbestimmung im höchstpersönlichen Bereich [...] einem Gebot der Verfassung" entspricht, das durch Normen ohne Anknüpfung im Gesetzestext schlechter umgesetzt würde, als durch die Gesetzesanwendung, bei der in Ermangelung entsprechender Vorgaben des Gesetzgebers der Rechtsanwender selbst für pragmatische Lösungen, d.h. Modifikationen, sorgen müsse, „Volenti non fit iniuria", 214.

791 *Götting*, 165 f.; *Klass*, Realitätsfernsehen, 258; *Dasch*, 57.

792 *Ohly*, GRUR 2012, 983 ff., 985; *Kohte*, AcP 1985, 105 ff., 118 f.

793 *Rixecker*, Anh zu § 12, 53; *Klass* in: Westermann et al., Anh zu § 12, Rz. 229; *Götting* in: Loewenheim, § 60/ § 22 KUG, Rz. 39; *Klass*, Realitätsfernsehen, 258 f.

deduktiv von der abstrakten Rechtsnatur auf die konkrete Entscheidung dieser Streitpunkte geschlossen werden, vielmehr lässt die Vorgehensweise mit den kritischen Bereichen der medienrechtlichen Einwilligung induktiv Rückschlüsse auf deren Rechtsnatur zu.[794]

IV. Umstände und Konsequenzen der Erteilung einer medienrechtlichen Einwilligung

1. Einwilligungsarten, insbesondere die konkludente Einwilligung

Einigkeit besteht darüber, dass die medienrechtliche Einwilligung in jeder Form ergehen kann. Sie kann mündlich oder schriftlich,[795] ausdrücklich oder konkludent erteilt werden.[796] Wer die Rechtsgeschäftslehre vertritt, kann dies mit der generellen Formfreiheit einer jeden Willenserklärung begründen.[797] Andere Auffassungen müssen sich ausschließlich auf die hierzu ergangene Judikatur stützen.[798]

Zwar lehnt man sich bei der Beschäftigung mit der medienrechtlichen Einwilligung oft an die Einwilligung in den ärztlichen Heileingriff an, doch ist keine Parallele zu ziehen, insofern im Medizinrecht mutmaßliche und hypothetische Einwilligungen anerkannt sind. Medienrechtliche Einwilligungen werden bezüglich der Abgabe- und Zugangserfordernisse strikt den Regelungen zu Willenserklärungen unterworfen, sodass eine Abgabe nicht fingiert werden kann.[799]

Die Möglichkeit eine Einwilligung konkludent, d.h. stillschweigend zu erteilen, bringt automatisch die Diskussion mit sich, ab wann eine Einwilligung anzunehmen ist.

---

794 *Götting*, 148; *Kohte*, AcP 1985, 105 ff., 120; *Klass*, AfP 2005, 507 ff., 511.

795 Wird jedoch ein schriftlicher Vertrag vorgelegt, in dem die Einwilligung erteilt werden soll, gilt diese erst dann als abgegeben, wenn der Vertrag unterschrieben ist, OLG Hamburg, Urteil vom 22.09.1994, Az.: 3 U 106/94 – Zur Einwilligung der Veröffentlichung eines Fotos in einer erotischen Zeitschrift, Leitsatz 1; *Frömming/ Butz*, NJW 1996, 958 ff., 958.

796 BGH-Urteil vom 28.09.2004, Az.: VI ZR 305/03 – Charlotte Casiraghi II, Leitsatz 1; *Kröner*, 1037; *Soehring/ Hoene*, 490.

797 *Soehring/ Hoene*, 490.

798 Z.B. BGH-Urteil vom 02.07.1974, Az.: VI ZR 121/73 – Eingriff in ein Persönlichkeitsgut eines Minderjährigen bei kommerzieller Verwertung von Nacktaufnahmen, Rz. 42; OLG Hamburg, Urteil vom 28.06.2011, Az.: 7 U 39/11 – Veröffentlichung eines Fotos ohne Einwilligung des Abgebildeten, Ls. 11, Rz. 17.

799 *Klass* in: Westermann et al., Anh zu § 12, Rz. 230; *Klass*, AfP 2005, 507 ff., 511. Zu der Diskussion um eine Einwilligungsfiktion, wie sie im Urheberrecht durch die Vorschaubilder-Urteile des BGH angenommen wurde, s. u. Teil 5 IV. 4.

Dabei ist wichtig festzustellen, dass an bloßes Schweigen keine rechtliche Konsequenz geknüpft wird.[800] Wer die Frage nach einer Einwilligung offen lässt oder die anwesenden Journalisten und Kameras schlichtweg ignoriert, erteilt keine stillschweigende Einwilligung in einen Eingriff in seine Persönlichkeitsrechte.[801] Auch derjenige, der öffentliche Ein- und Ausgänge zu einem Gerichtssaal nutzt, ohne aktiv sein Gesicht zu verdecken, gibt keine konkludente Einwilligung in die Berichterstattung.[802] Eine konkludente Einwilligung kann gegeben sein, wenn der Abgelichtete erfasst, dass er aufgenommen oder von einem Journalisten befragt wird und dabei in die Kamera posiert, durch Gesten oder Körperhaltung sein Einverständnis zeigt, oder Fragen der Journalisten beantwortet, wobei ihm klar sein muss, mit was für einer Art Veröffentlichung er zu rechnen hat.[803] An eine konkludente Einwilligung werden daher höhere Anforderungen gestellt, als an das bloße Schweigen. Dabei bedarf es umso deutlicherer Anhaltspunkte für eine konkludente Einwilligung, je intensiver die Berichterstattung in die Persönlichkeitsrechte eingreift.[804] Bei der Frage, ob das Verhalten als konkludente Einwilligung verstanden werden durfte, ist gemäß §§ 133, 157 BGB auf den objektiven Empfängerhorizont abzustellen.[805]

Es wird vermutet, dass eine Einwilligung zum Eingriff in das Recht am eigenen Bild erteilt wurde, wenn im Gegenzug eine Vergütung, in der Regel Geld, geleistet wurde (§ 22 S. 2 KUG). In diesem Fall muss der Abgebildete nachweisen, dass keine Einwilligung vorlag oder die Nutzung das gerechtfertigte Maß überschreitet.[806]

---

800 *Ohly*, GRUR 2012, 983 ff., 985 f.; *Klass* in: Westermann et al., Anh zu § 12, Rz. 231; *Kröner*, 1037.

801 *Ohly*, GRUR 2012, 983 ff., 985 f.; *Kohte*, AcP 1985, 105 ff., 123, 126. AG Kleve, Urteil vom 21.01.2009, Az.: 2 O 229/07 – Geldentschädigung bei Fernsehbericht über Drogenkontrolle. Auch der Besuch einer Diskothek, in der üblicherweise Fotografien der Gäste angefertigt werden, ist nicht mit einer Einwilligung in die Anfertigung und Verbreitung solcher Fotografien gleichzusetzen, AG Ingolstadt, Urteil vom 03.02.2009, Az.: 10 C 2700/08 – Veröffentlichung von Fotos aus einer Diskothek im Internet, Rz. 45 f. Daher abzulehnen: OLG Köln (Urteil vom 22.02.1994, Az.: 15 U 138/93 – Konkludente Zustimmung zu Filmaufnahmen, NJW-RR 1994, 865 f.) hierbei wird das bloße Bewusstsein, sich im Aufnahmebereich einer Fernsehkamera zu befinden, mit einer konkludenten Einwilligung gleichgesetzt.

802 KG Berlin, Urteil vom 02.11.2010, Az.: 9 U 208/09 – Anonymitätsschutz für Verbrechensopfer, Rz. 24.

803 *Klass* in: Westermann et al., Anh zu § 12, Rz. 231; *Kröner*, 1037. Auch in der Mitwirkung an einer in der eigenen Wohnung produzierten Reality-TV-Show kann eine Einwilligung gesehen werden, LG Bielefeld, Urteil vom 18.09.2007, Az.: 6 O 360/07 – Super Nanny, Rz. 13.

804 *Ohly*, „Volenti non fit iniuria", 339; *Klass* in: Westermann et al., Anh zu § 12, Rz. 231; *Klass*, AfP 2005, 507 ff., 511.

805 *Frömming/ Butz*, NJW 1996, 958 ff., 958; *Breutz/ Weyhe*, 1115.

806 *Kröner*, 1037.

2. Reichweite der Einwilligung

Die Einwilligung ist auf den verabredeten Zweck in sachlicher und zeitlicher Hinsicht beschränkt.[807] Eine darüber hinausgehende Verwertung ist nicht gerechtfertigt.

Ist die Reichweite einer Einwilligung nicht ausdrücklich mit vereinbart, muss sie durch Auslegung ermittelt werden (§§ 133, 157 BGB).[808] Im Zweifel kann die Zweckübertragungslehre aus dem Urheberrecht (§ 31 Abs. 5 UrhG) weiterhelfen, wobei stets einer engen Auslegung der Einwilligungsreichweite der Vorrang gewährt werden sollte.[809] Eine restriktive Reichweitenbestimmung ist insbesondere bei konkludenten Einwilligungen geboten.[810]

Bei der Auslegung sind alle betroffenen Rechtsgüter gegeneinander abzuwägen.

Daher können in sachlicher Hinsicht auch Verwertungshandlungen von der Einwilligung mitumfasst sein, die nicht ausdrücklich mit abgesprochen wurden.[811] Eine Einwilligung zur Mitwirkung in einem Fernsehbeitrag schließt regelmäßig ein, dass dieser Beitrag auch online zur Verfügung gestellt wird.[812] Im Gegensatz dazu gilt die Mitwirkung in einer Dokumentation nicht als Einwilligung zur Weiterverwendung von Ausschnitten in einem komödiantischen Fernsehbeitrag, der die Protagonisten der Dokumentation lächerlich macht.[813]

Je stärker die Veröffentlichung in das Persönlichkeitsrecht eingreift, desto enger ist die Einwilligung auszulegen.[814] Eingriffe in die Intimsphäre rechtfertigen daher regelmäßig nur die konkrete Verwertungshandlung. Es überschreitet deutlich die sachlichen Grenzen einer Einwilligung, wenn Nacktfotos, die für ein Biologie-Schulbuch gedacht waren, in einem Satiremagazin Verwendung finden.[815] Die Einwilligung kann so eng auszulegen sein, dass sie nur die Veröffentlichung in der vereinbarten Zeitschrift rechtfertigt.[816]

---

807 *Kröner*, 1037.

808 *Kohte*, AcP 1985, 105 ff., 125; *Frömming/ Butz*, NJW 1996, 958 ff., 958 f.

809 *Frömming/ Butz*, NJW 1996, 958 ff., 958 f.; *Soehring/ Hoene*, 492; *Kröner*, 1038; *Klass* in: Westermann et al., Anh zu § 12, Rz. 232; *Breutz/ Weyhe*, 1117.

810 *Soehring/ Hoene*, 492; *Kröner*, 1038; *Breutz/ Weyhe*, 1116.

811 *Kröner*, 1038.

812 *Kröner*, 1037.

813 LG Köln, Urteil vom 20. 12. 2006 – 28 O 155/06 – TV Total, Leitsatz der Redaktion.

814 *Breutz/ Weyhe*, 1116.

815 OLG Stuttgart, Urteil vom 03.11.1982, Az.: 4 U 85/82 – Höhe des Schmerzensgeldes wegen Veröffentlichung eines Nacktbildes, Orientierungssatz.

816 OLG Hamburg, Urteil vom 27.04.1995, Az.: 3 U 292/94 – Unterlassungsanspruch einer absoluten Person der Zeitgeschichte gegen die ungenehmigte Veröffentlichung eines Nacktfotos, Orientierungssatz 4. Es wurde sogar als Überschreitung des sachlichen Rechtfertigungsbereichs gewertet, dass ein Foto, das absprachegemäß in einer Zeitschrift mit pornographischen und nicht pornographischen Texten veröffentlicht werden sollte, ohne weitere Einholung einer Einwilligung in pornographischem Textkontext stattfand, OLG Hamburg, Urteil vom 22.09.1994, Az.: 3 U 106/94 – Zur

Dabei wird in der Regel nicht von zeitlich unbeschränkten Einwilligungen auszugehen sein, denn nur so kann man der stetig im Wandel befindlichen Persönlichkeit gerecht werden.[817] Soll eine Einwilligung zeitlich unbefristet gelten, muss dies ausdrücklich vereinbart werden,[818] wobei selbst dann – je nach Intensität des Eingriffs in das Persönlichkeitsrecht – nicht ausgeschlossen werden kann, dass der Einwilligende der Verwertungshandlung durch einen Widerruf die Rechtfertigung entzieht.[819]

3. ‚Digitale Einwilligung' als neue Einwilligungskategorie

Die Allgegenwärtigkeit digitaler Kommunikationsmöglichkeiten führt dazu, dass immer mehr Einwilligungen nicht mündlich oder schriftlich, sondern digital erteilt werden. Dies ist aufgrund der Formfreiheit der medienrechtlichen Einwilligung auch grundsätzlich möglich.[820]

Doch insbesondere im Hinblick auf Rechtsprechung, die zur urheberrechtlichen Einwilligung ergangen ist,[821] stellt sich die Frage, ob Voraussetzungen und Konsequenzen einer digitalen Einwilligung von den sonstigen medienrechtlichen Einwilligungen zu unterscheiden sind.

4. ‚Vorschaubilder'-Entscheidungen des BGH

Geradezu beiläufig stellte der BGH im ‚Paperboy'-Urteil fest, dass Inhalte, die ohne technische Schutzmaßnahmen ins Internet hochgeladen werden, als veröffentlicht gelten.[822] Allerdings äußert er sich nicht dazu, ob er den Upload-Vorgang als womöglich konkludente Einwilligung ansieht.[823]

Einwilligung der Veröffentlichung eines Fotos in einer erotischen Zeitschrift, Leitsatz 2.

817 *Klass* in: Westermann et al., Anh zu § 12, Rz. 32.

818 *Klass*, AfP 2005, 507 ff., 511.

819 Hierfür muss ein wichtiger Grund vorliegen. Zudem muss der Widerrufende unter Umständen den daraus resultierenden Vertrauensschaden ersetzen, s. u. Teil 5.X..

820 Zur Formfreiheit der Einwilligung, s. o. Teil 5.IV. 1.

821 BGH-Urteil vom 17.07.2003, Az.: I ZR 259/00 – Paperboy; BGH-Urteil vom 29.04.2010, Az.: I ZR 69/08 – Vorschaubilder I; BGH-Urteil vom 19.10.2011, Az.: I ZR 140/10 – Vorschaubilder II.

822 BGH-Urteil vom 17.07.2003, Az.: I ZR 259/00 – Paperboy, Leitsatz 2b, Rz. 51.

823 BGH-Urteil vom 17.07.2003, Az.: I ZR 259/00 – Paperboy, Leitsatz 2b, Rz. 51. *Ohly*, GRUR 2012, 983 ff., 992 wirft die Frage auf, ob das Einstellen eines Bildnisses ins Internet durch den minderjährigen Abgebildeten eine Selbstschädigung oder eine einwilligungsbedürftige Fremdschädigung ist. Diese Frage ist hier zu vernachlässigen, denn eine ausschließliche Selbstschädigung kommt nur dann in Betracht, wenn kein Dritter die persönlichkeitsrelevanten Inhalte verarbeitet. Daher ist bei allen praxisrelevanten Fällen im Internet stets eine Fremdschädigung gegeben (z. B. Einstellen der Inhalte in soziale Netzwerke, Zugriff auf die Inhalte durch Suchmaschinen, Wiedergabe durch professionelle digitale oder analoge Medienangebote).

Die beiden ‚Vorschaubilder'-Entscheidungen des BGH[824] beschäftigten sich mit der Frage, ob die Wiedergabe von Fotografien durch Suchmaschinen in verkleinerten ‚Thumbnails' oder eben ‚Vorschaubildern' eine Verletzung des Urheberrechts darstellt. Dabei waren die streitgegenständlichen Werke durch den Urheber, bzw. mit dessen Zustimmung, aber auch durch Dritte auf Internetseiten hochgeladen worden, ohne sie gegen den Zugriff von Suchmaschinen zu schützen, was technisch möglich gewesen wäre.

Der BGH sah in einem technisch ungeschützten Hochladen eine Einwilligung in den Zugriff durch Suchmaschinen.[825] Dabei bediente er sich jedoch nicht der gängigen Einwilligungskategorien, sondern schöpfte eine neue Art namens ‚schlichter Einwilligung'.[826]

Diese Rechtsprechung des BGH wird massiv kritisiert.[827] Zwar ist eindeutig, dass der digitale Raum wie man ihn heutzutage kennt und nutzt, ohne Suchmaschinen kollabieren würde, da nur so die Flut an Informationen kategorisiert und bewältigt werden kann. Doch die dogmatische Lösung des BGH über eine Einwilligungsfiktion ist fehlerhaft.

Dieser schließt aus der Notwendigkeit von Suchmaschinen darauf, dass deren Vorgehensweise legal sein muss. Damit stellt er jedoch lediglich fest, dass das betroffene Allgemeininteresse das infrage stehende Individualinteresse einschränkt. Solch eine Interessenabwägung ist typischerweise die Legitimation einer Schrankenregelung, nicht die Grundlage für die Konstruktion einer Einwilligung.[828]

Doch der BGH entschied sich für die Fiktion einer ‚schlichten' Einwilligung, womöglich mangels einer geeigneten gesetzlichen Schrankenregelung.[829]

Dass das Instrument der Einwilligung nicht richtig passt, zeigt sich auch darin, dass der Senat es für notwendig erachtet, eine neue ‚schlichte' Einwilligungsart zu konstruieren, die keine Willenserklärung sei, da es dem Äußernden am Rechtsfolgewillen mangele.[830] Doch auch dies kann nicht überzeugen, denn es leuchtet nicht ein, wieso derjenige, der Inhalte ohne Schutz vor Zugriff durch Suchmaschinen online stellt, dabei keinen Rechtsfolgewillen innehaben sollte.

Schließlich sind die Funktionsweisen und Abläufe des Internets allgemein bekannt, insbesondere unter denjenigen, die es aktiv dazu nutzen, um Inhalte zu veröffentlichen. Ihnen ist beim Upload klar, dass sie diese Inhalte nun einer unüberschaubaren Anzahl von Internetnutzern zugänglich und auffindbar machen. Dabei

---

824 BGH-Urteil vom 29.04.2010, Az.: I ZR 69/08 – Vorschaubilder I; BGH-Urteil vom 19.10.2011, Az.: I ZR 140/10 – Vorschaubilder II.

825 BGH-Urteil vom 19.10.2011, Az.: I ZR 140/10 – Vorschaubilder II, Leitsatz 1.

826 BGH-Urteil vom 19.10.2011, Az.: I ZR 140/10 – Vorschaubilder II, Rz. 18; BGH-Urteil vom 29.04.2010, Az.: I ZR 69/08 – Vorschaubilder I, Rz. 33.

827 *Ohly*, GRUR 2012, 983 ff., 991; *Klass*, ZUM 2013, 1 ff., 3 ff.

828 *Ohly*, GRUR 2012, 983 ff., 991; *Klass*, ZUM 2013, 1 ff., 2 ff., 5.

829 *Klass*, ZUM 2013, 1 ff., 4.

830 BGH-Urteil vom 29.04.2010, Az.: I ZR 69/08 – Vorschaubilder I, Rz. 34 f.

wird regelmäßig ein größtmögliches Publikum erstrebt.[831] Wer den Zugriff auf ein urheberrechtlich geschütztes Werk durch Upload ins Internet ermöglicht, weiß demnach regelmäßig, dass eine an Anzahl und Person nicht zu kontrollierende Öffentlichkeit nun einen Zugang zu dem Werk erhält.[832] Daher besitzt er in seiner Laiensphäre ein ausreichendes Wissen darüber, mit seinem Handeln gewisse Konsequenzen zu erzielen, was als Rechtsfolgewillen definiert werden kann. Demnach liegt bei jedem Upload ohne technische Schutzmaßnahmen eine Willenserklärung in Form einer konkludenten Einwilligung vor.[833]

Hierbei wird auch nicht fälschlicherweise einem Schweigen ein Rechtsinhalt zugesprochen. Bei einer konkludenten Einwilligung ist stets die Frage zu stellen, ob ein objektiver Empfänger einem Verhalten Erklärungswert beimessen würde.[834] Diese Frage ist für den Fall eines technisch ungeschützten Uploads klar zu beantworten, da hier regelmäßig davon ausgegangen werden muss, dass bekannt oder sogar erwünscht ist, dass Suchmaschinen zugreifen und somit die Auffindbarkeit erleichtern.[835]

Der Unterschied der ‚schlichten' zu einer regulären Einwilligung besteht laut BGH zudem darin, dass sie dem Gegenüber keinerlei geschützte Rechtsposition, weder ein dingliches Recht noch einen schuldrechtlichen Anspruch verleihe.[836] Doch auch dies schließt die Einstufung als Willenserklärung nicht notwendigerweise aus. Denn auch die medienrechtliche Einwilligung wird unter bestimmten Voraussetzungen als frei widerruflich eingestuft, sodass jegliche Rechtsposition mit sofortiger Wirkung entfällt.[837] Der Effekt wäre derselbe, wie bei der ‚schlichten' Einwilligung, denn auch der Entzug der ‚schlichten' Einwilligung könnte allenfalls eine ‚ex tunc'-Wirkung entfalten.

Der Umfang dieser konkludenten Einwilligung, die durch das technisch ungeschützte Hochladen ins Internet ausgesprochen wird, ist – wie bei konkludenten Einwilligungen mangels eines ausdrücklichen Erklärungsgehaltes üblich – durch die Zweckübertragungsregel zu ermitteln.[838] Während der Zugriff durch Suchmaschinen zu erwarten sein wird, dürfte die Kopie und Weiterverbreitung regelmäßig nicht von der Einwilligung umfasst sein.[839]

Mangels einer legislativen Schrankenregelung, muss es derzeit als taugliches Mittel angesehen werden, eine Einwilligung zu konstruieren, um die Funktionalität von Suchmaschinen auf legalen Grund zu stellen. Jedoch bedarf es dafür nicht

831 *Ohly*, GRUR 2012, 983 ff., 987.
832 *Ohly*, AfP 2011, 428 ff., 432.
833 *Ohly*, GRUR 2012, 983 ff., 987.
834 S. o. Teil 5 IV. 1.
835 Im Ergebnis ebenso: *Ohly*, GRUR 2012, 983 ff., 987.
836 BGH-Urteil vom 29.04.2010, Az.: I ZR 69/08 – Vorschaubilder I, Rz. 34.
837 S. u. Teil 5 X.
838 *Ohly*, GRUR 2012, 983 ff., 988.
839 S. o.

der Neuschöpfung einer ‚schlichten' Einwilligung. Vielmehr entspricht das Hochladen von Inhalten ohne technische Schutzmaßnahmen einer konkludenten Einwilligung in den Zugriff durch Suchmaschinen.

5. Digitale Einwilligungen Minderjähriger

Dieser Maßstab kann auch im Persönlichkeitsrecht Geltung beanspruchen. Wer ein Bildnis ohne technische Schutzmaßnahmen ins Internet hoch lädt, gibt damit seine konkludente medienrechtliche Einwilligung zu dem Zugriff durch Suchmaschinen.[840] Dies gilt auch für Minderjährige, die besonders in sozialen Netzwerken vielfach persönlichkeitsrelevante Inhalte mit der (Netzwerk-)Öffentlichkeit teilen.[841]

Problematisch ist, dass Einschränkungen der Rechtsgeschäftslehre, insbesondere der Minderjährigenschutz durch den Charakter der digitalen konkludenten Einwilligung nicht ausreichend umgesetzt werden können.[842] Minderjährige bedürfen bis zu ihrer Volljährigkeit (auch) der Einwilligung ihrer gesetzlicher Vertreter, um persönlichkeitsrechtliche Einwilligungen wirksam zu erteilen. Lädt ein Minderjähriger ohne Kenntnis oder Einverständnis seiner gesetzlichen Vertreter ein Bild hoch, auf das daraufhin eine Suchmaschine zugreift, liegt mangels der Einwilligungsfähigkeit des Minderjährigen keine konkludente Einwilligung vor. Dem Suchmaschinenbetreiber ist es aufgrund der Masse der Daten aber unmöglich und nicht zumutbar, jede Datei vor ihrer Verarbeitung zu prüfen.[843] Selbst ein Betreiber eines sozialen Netzwerks, der das Alter der Nutzer aufgrund der Registrierungsdaten kennen kann (vorausgesetzt dieses wurde wahrheitsgemäß angegeben), kann nicht überprüfen, ob die Erziehungsberechtigten mit dem Upload von Inhalten einverstanden sind.

Eine rechtliche Lösung hierfür ist noch nicht gefunden worden. Das Internet ermöglicht Minderjährigen als Urheber und als Rezipient von Inhalten, die Rolle eines Erwachsenen einzunehmen, sodass der Minderjährigenschutz weitgehend auf der Strecke bleibt. Erst zaghaft werden taugliche Mittel, wie Altersverifikationssysteme gefunden, die ein erstes Schutzniveau ermöglichen. Bisher ist Minderjährigenschutz im Internet jedoch kaum existent.

---

840 LG Hamburg, Urteil vom 16.06.2010, Az.: 325 O 448/09 – Unterlassungsanspruch hinsichtlich der Abbildung eines Fotos auf der Internetseite einer Personensuchmaschine, Leitsatz. Dies entschied für soziale Netzwerke bereits OLG Köln, Urteil vom 09.02.2010, Az.: 15 U 107/09 – Konkludente Einwilligung in Foto-Verwendung durch Suchmaschinen mangels Opt-out-Nutzung, Orientierungssatz. *Ohly*, GRUR 2012, 983 ff., 991.

841 Zu der Bedeutung und rechtlichen Gestaltung der Registrierung und Teilnahme an sozialen Netzwerken für Minderjährige siehe Teil 1 IV sowie Teil 6 V. und Teil 10.

842 *Klass*, ZUM 2013, 1 ff., 6, 9; *Ohly*, GRUR 2012, 983 ff., 992.

843 BGH-Urteil vom 29.04.2010, Az.: I ZR 69/08 – Vorschaubilder I, Rz. 37; *Ohly*, GRUR 2012, 983 ff., 988 f.

Dieses Problem wird auch dann nicht gelöst, wenn die vorliegende konkludente Einwilligungslösung abgelehnt wird. Denn selbst wenn man eine ausdrückliche Einwilligung als Voraussetzung fordern würde, wäre es dem digitalen Raum immanent, dass auch Minderjährige leicht solch eine Einwilligung aussprechen könnten, ohne die hierfür erforderliche Einwilligungsfähigkeit zu besitzen.

Für das Urheberrecht wird vertreten, dass die fehlende Einwilligungsfähigkeit dann kein Problem wäre, wenn die Vorgehensweise der Suchmaschinenbetreiber mittels einer Schrankenregelung legalisiert würde, da so keine Einwilligung, bei der es an der Einsichtsfähigkeit mangeln könnte, ausgesprochen werden müsste.[844] Dies wäre auch dogmatisch sauberer,[845] würde jedoch nicht das Problem des mangelnden Minderjährigenschutzes lösen. Denn eine Schranke wirkt für alle Werke, unabhängig vom Alter des Urhebers. Somit würden minderjährige Urheber nicht besonders geschützt. Möchte man Minderjährigenschutz in eine Schranke integrieren, indem man diese nur auf die Werke Erwachsener bezieht, widerspräche dies nicht nur der im Urheberrecht üblichen Schrankensystematik. Es erzeugte überdies wieder das bekannte Problem, dass es Suchmaschinenbetreibern nicht zugemutet werden kann, jede Information vor ihrer Weiterverarbeitung darauf zu prüfen, ob sie von einem Erwachsenen oder von einem Minderjährigen stammt. Daher ist nicht ersichtlich, wie sie Minderjährige herausfiltern können sollten. Dies wäre nur durch eine technische Kennzeichnung möglich, die wiederum eines Altersverifikationssystems bedürfte. Auch wenn eine Schrankenregelung dogmatisch vorzugswürdig wäre, bietet sie aktuell keine Verbesserung des Schutzstandards für Minderjährige im Urheberrecht und folglich auch nicht im Persönlichkeitsrecht.

Zudem existiert im Persönlichkeitsrecht bekanntermaßen keine so klare Regelungsalternative wie die der urheberrechtlichen Schranken. Aus dogmatischer Sicht wäre hier an eine ständige Rechtsprechungspraxis zugunsten von Suchmaschinen als Regelungsalternative zu denken. Da der Minderjährigenschutz jedoch nicht an der Einwilligungskonstruktion, sondern an der mangelnden Überprüfungsfähigkeit durch Suchmaschinenbetreiber scheitert, kann die Frage an dieser Stelle dahinstehen.

Erst wenn ausreichende technische Möglichkeiten, wie Altersverifikationssysteme, gefunden worden sind, wird diese Problematik zu bewältigen sein.[846]

Daher bleibt es eine interessante Frage, wie der BGH entscheiden würde, wenn das von einer Suchmaschine verarbeitete und als Vorschaubild wiedergegebene Bildnis das Foto eines Minderjährigen wäre, das ohne Einwilligung der gesetzlichen Vertreter hochgeladen wurde. Dabei muss berücksichtigt werden, dass bei einem Bildnis eines Minderjährigen, das ohne Einwilligung der Eltern durch Suchmaschinen als Vorschaubild wiedergegeben wird, nicht nur die Verarbeitung durch

---

844 *Ohly*, GRUR 2012, 983 ff., 992.
845 S. o. Teil 5 IV. 4.
846 Siehe hierzu auch die Ausführungen in Teil 10 bezüglich der Registrierung von Minderjährigen in sozialen Netzwerken.

die Suchmaschine an einem Einwilligungsmangel krankt, sondern regelmäßig schon die initiale Veröffentlichung im Internet ohne Zustimmung der gesetzlichen Vertreter geschieht, sodass schon diese Veröffentlichung den nicht funktionierenden Minderjährigenschutz darlegt. Würde diese unzulässige Erstveröffentlichung verhindert, käme es auch nicht zu der sekundären Rechtsverletzung durch Suchmaschinen.

Folgt man der hier vertretenen Ansicht, dass die Veröffentlichung bzw. die darauffolgende Nutzung durch Suchmaschinen eine zumindest konkludente Einwilligung darstellt, ist diese nur wirksam, wenn die Erziehungsberechtigten mitwirken. Selbst wenn das verwertende Medienunternehmen die hochgeladenen Inhalte prüft, wird der Wirksamkeitsmangel nicht bemerkbar sein. Zwar kann die Minderjährigkeit der abgebildeten Person mitunter noch feststellbar sein, doch dies gilt nicht für die fehlende Mitwirkung der Eltern.[847] In solch einem Fall könnten die Erziehungsberechtigten daher die Löschung des hochgeladenen Inhalts verlangen,[848] denn es handelt sich um eine nicht durch eine Einwilligung gedeckte Persönlichkeitsrechtsverletzung. Die Löschung eines Inhalts nach entsprechendem Hinweis ist ein im Internet übliches sog. ‚notice and take down'-Verfahren, das der BGH auch für den Fall von ungewollter Verarbeitung von Werken durch Suchmaschinen vorschlägt[849] und welches beispielsweise auch für die Konfliktfälle im Bereich der Online-Archive als Lösung vertreten wird.[850]

Die fehlende Zumutbarkeit oder Möglichkeit den Einwilligungsmangel festzustellen, führt allerdings dazu, dass dem Medienunternehmen kein Verschulden vorzuwerfen ist, was Bedeutung für etwaig geltend gemachte zivilrechtliche Ansprüche entfaltet und auch vor strafrechtlicher Verfolgung schützt.

Die Umsetzung eines ausreichenden Minderjährigenschutzes im digitalen Raum wird eine der großen Aufgaben und Herausforderungen der nächsten Jahre sein.[851]

6. Weitere Konsequenzen der Einstufung des Uploads als konkludente Einwilligung

Die Einstufung des Uploads als konkludente Einwilligung bringt noch weitere Rechtskonflikte mit sich.

---

847 *Ohly*, GRUR 2012, 983 ff., 992.
848 So auch *Ohly*, AfP 2011, 428 ff., 434.
849 BGH-Urteil vom 29.04.2010, Az.: I ZR 69/08 – Vorschaubilder I, Rz. 39.
850 *Kirchberg*, GRUR-Prax 2013, 237 ff., 238.
851 In Bezug auf soziale Netzwerke, siehe Teil 10. Hinsichtlich des Rechts auf Vergessen, siehe Teil 6 VI. f.

a) *Übergehung des ausdrücklich geäußerten Willens*

Zum einen kann der ausdrücklich geäußerte entgegenstehende Willen im Falle eines Uploads keine Wirkung entfalten, obwohl er selbstverständlich jeder konkludenten Einwilligung vorgehen müsse.[852] Insbesondere, wenn ein Rechteinhaber gegenüber einzelnen Beteiligten, wie Suchmaschinenbetreibern oder Rezipienten, darauf hinweist, dass seine Einwilligung nur unter gewissen Einschränkungen gelten soll, reicht dies nicht aus, um die durch das ungeschützte Hochladen geschaffenen Fakten zu überstimmen.[853]

Dieses Problem ist dem Internet inhärent, es stellt sich auch hinsichtlich anderer Einwilligungsfaktoren. Als Beispiel: Lädt ein Urheber ein Werk ohne technische Schutzmaßnahmen in das ‚World Wide Web' hoch, obwohl er das Werk nur in bestimmten Ländern zugänglich machen möchte, wird es regelmäßig nicht ausreichen, wenn er auf der Homepage seinen ausdrücklichen Willen kundtut, nur bestimmten Nationen Zugang zu seinem Werk verschaffen zu wollen. Da das Werk unproblematisch weltweit abrufbar ist, muss er akzeptieren, dass es als weltweit veröffentlicht gilt. Erst mit der Implementierung von technischen Schutzmaßnahmen, wie z. B. „Geo-Blocking", verleiht er seinem Willen ausreichend Gewicht, selbst wenn technisch versierte Nutzer auch diese Hindernisse umgehen können.

Diese Entwicklung kommt nicht von ungefähr. Der BGH aber auch seine Kritiker sind sich darüber einig,[854] dass im Massendatenverkehr des Internets nicht allen Beteiligten Prüfpflichten auferlegt werden können. Wer solche Prüferfordernisse auf einer Seite ablehnt, wenn auch nicht aus rechtlichen, sondern aus tatsächlichen Gesichtspunkten, wie der Masse der Daten, muss akzeptieren, dass diese Pflichten auf die Seite des Rechteinhabers in Form von Verhaltenspflichten oder -obliegenheiten verlagert werden. Da den eingreifenden Suchmaschinen nicht zugemutet werden soll, jede Homepage auf Rechtevorbehalte in Schriftform zu durchsuchen und womöglich noch die Legitimationskette der Einwilligungen zu überprüfen, wird es dem Rechteinhaber aufgegeben, durch technische Einstellungen dafür zu sorgen, dass die faktisch konkludent vermittelte Einwilligung seinen tatsächlichen Willen korrekt wiedergibt. Wird eine Seite, wie die Suchmaschinenbetreiber, entlastet, führt dies zwangsläufig zur Belastung einer anderen Seite. Wer sich daran stört, dass den Rechteinhabern neuartige Verhaltensobliegenheiten auferlegt werden, um ihrem ausdrücklichen Willen Ausdruck zu verleihen, müsste konsequenterweise Wege finden, wie die Daten verarbeitende Seite, z. B. die Suchmaschinenbetreiber, stärker in die Rechtspflicht genommen werden können. Solange

852 *Klass*, ZUM 2013, 1 ff., 5 f.; Der BGH verweist insbesondere auf die protestatio contra factoria und die Zumutbarkeit der Aufnahme von technischen Schutzmaßnahmen (Urteil vom 29.04.2010, Az.: I ZR 69/08 – Vorschaubilder I, Rz. 37).

853 *Klass*, ZUM 2013, 1 ff., 5 f.

854 BGH-Urteil vom 29.04.2010, Az.: I ZR 69/08 – Vorschaubilder I, Rz. 37; *Ohly*, GRUR 2012, 983 ff., 988 f.

betont wird, dass dies nicht möglich ist, muss die neue Stellung des Rechteinhabers akzeptiert werden.

Wurde versäumt, rechtzeitig entsprechende technische Schutzmaßnahmen einzurichten, kann der ausdrückliche Wille wenigstens für die Zukunft durchgesetzt werden. Die Rechtsprechung gibt den Suchmaschinenbetreibern auf, nach entsprechendem Hinweis dafür zu sorgen, dass der Inhalt nicht mehr als Vorschaubild angezeigt wird.[855]

b) Unbefugter Upload durch Dritte

Gerade da die Einwilligungslösung die derzeit einzige Möglichkeit ist, um Suchmaschinen legal zu halten, sollte man sie ernst nehmen und dogmatisch sauber konstruieren. Daher ist es strikt abzulehnen, eine Einwilligung auch dann anzunehmen, wenn Dritte unbefugt und ohne technische Schutzmaßnahmen Inhalte hoch stellen, nur weil der Berechtigte diese Inhalte ebenfalls ohne technische Schutzmaßnahmen online verfügbar gemacht hat,[856] so wie es der BGH vertritt.[857]

In diesem Fall mangelt es schlicht an dem notwendigen Anknüpfungspunkt, um eine Einwilligung anzunehmen, denn dafür bedarf es einer Legitimationskette, die im Falle eines unberechtigten Uploads nicht vorliegt. Selbstverständlich kann man darüber diskutieren, wie schwer das Unrecht solch einer Tat wiegt, wenn der unbefugte Upload nur ein bereits veröffentlichtes Werk oder Bildnis betrifft. Zudem ist zuzugeben, dass den Suchmaschinenbetreibern regelmäßig unbekannt ist, ob sie berechtigt oder unberechtigt hochgeladene Inhalte wiedergeben. Doch die Fiktion einer Einwilligung ist keine taugliche Lösung für diese Probleme.

7. Fazit

Es gibt keine Notwendigkeit dafür, eine besondere ‚schlichte Einwilligung' für das Internet einzuführen. Vielmehr kann auch im digitalen Raum die übliche Einwilligungssystematik angewandt werden, wobei der Verzicht auf Schutzvorkehrungen, die als allgemeinübliche Standards anzusehen sind, als konkludente Einwilligung in bestimmte Handlungsweisen Dritter angesehen werden kann.[858]

Dabei ist die Konstruktion über die Einwilligung nicht dogmatisch fehlerfrei, doch in Ermangelung einer anderweitigen gesetzlichen Rechtsgrundlage oder ständigen Rechtsprechung, ist sie zumindest aktuell ein wirksames Instrument.

Problematisch ist aber die Entwicklung, dass die Einwilligung im digitalen Raum statt einem Instrument der Selbstbestimmung mehr und mehr zu einem Werkzeug multinationaler Unternehmen wird, um über ungeprüfte AGB-Regelungen

855 BGH-Urteil vom 29.04.2010, Az.: I ZR 69/08 – Vorschaubilder I, Rz. 39.
856 *Klass*, ZUM 2013, 1 ff., 6 f.
857 BGH-Urteil vom 19.10.2011, Az.: I ZR 140/10 – Vorschaubilder II, Leitsatz 2.
858 *Ohly*, GRUR 2012, 983 ff., 987; Kritisch: *Klass*, ZUM 2013, 1 ff., 8 f.

einen nahezu grenzenlosen Zugriff auf die Rechtsposition ihrer Nutzer zu haben. Gerade die hier vertretene Theorie der konkludenten Einwilligung stützt sich auf den Rechtsgehalt, den ein objektiver Empfänger in das Verhalten des Betroffenen hineininterpretieren darf. Dies birgt die Gefahr, dass mit zunehmender Erosion von Persönlichkeits- und Urheberrechten ein Gewöhnungseffekt eintritt, der den objektiven Empfängerhorizont beeinflusst, sodass zunehmend Rechtseingriffe über die konkludente Einwilligung legitimiert werden.

Denn auch Suchmaschinen griffen erst jahrelang auf urheberrechtlich geschützte Werke zu, bis dies gerichtlich angefochten wurde und durch die inzwischen eingetretene Standardmäßigkeit dieses Verhaltens für rechtmäßig erklärt wurde.

Es ist offensichtlich, dass nicht alles, was im digitalen Raum zur Norm wird, auch rechtmäßig ist oder werden darf. Nur weil ein Nutzer einen Internetservice in Kenntnis oder Vermutung der Rechtseingriffe, die dieser vornimmt, weiter in Anspruch nimmt, bedeutet dies nicht, dass er seine Einwilligung zu den Rechtseingriffen gibt.[859] Bloße Akzeptanz oder Gewöhnungseffekte bieten keine ausreichende Legitimation für die Einbuße von geschützten Rechtspositionen.

Gerade die Herleitung einer konkludenten Einwilligung birgt diese Gefahr, die genau im Auge behalten werden muss. Gleichzeitig muss eingesehen werden, dass auch die ausdrückliche Einwilligung in diesen Konstellationen als bloße Förmelei behandelt wird, was ihrem Charakter als wichtigstes Instrument unserer Selbstbestimmung nicht gerecht wird.[860] Es gilt daher nicht nur drohende Gefahren durch die Konstruktion von konkludenten Einwilligungen zu begegnen, sondern vielmehr die aktuelle allumfassende Übertragung von Rechten durch AGB zu prüfen und hier wieder eine wirksame Selbstbestimmung zu ermöglichen. Diese Aufgabe ist nicht rein persönlichkeitsrechtlich gefärbt, sondern betrifft insbesondere auch das Urheber- und das Datenschutzrecht.

Deutlich wird kritisiert, dass die Einwilligung durch ungeschützten Upload nicht genügend Anknüpfungspunkte bietet, um Einwilligungsmängel wie Irrtümer oder Minderjährigkeit des Einwilligenden zu berücksichtigen. Die digitale Preisgabe persönlichkeitsrelevanter Inhalte findet heutzutage hauptsächlich im Rahmen sozialer Netzwerke statt. Gerade dort gäbe es jedoch einfache Methoden, um Einwilligungsmängeln effektiv vorzubeugen und damit der teilweise durchaus berechtigten Kritik an der hier vertretenen Einwilligungstheorie zu begegnen.[861]

V. Einwilligungsfähigkeit Minderjähriger

In Anbetracht des Ausmaßes, in dem über die Rechtsnatur der Einwilligung gestritten wird, hat die Auswirkung dieses Streits geradezu verschwindende Bedeutung. Eines der wenigen Gebiete, auf denen die verschiedenen Ansichten zu praktischen

859 Diese Frage wird aufgeworfen von *Klass*, ZUM 2013, 1 ff., 9.
860 *Hoffmann-Riem*, JZ 2014, 53 ff., 54.
861 Siehe hierzu Teil 10.

Unterschieden führen, ist die Frage der Einwilligungsfähigkeit Minderjähriger. Denn es ist umstritten, ab wann Minderjährige in die Einwilligung zu persönlichkeitsrechtlich relevanten Entscheidungen eingebunden werden müssen, oder ob sie sogar schon vor Erreichen der Volljährigkeit selbstständig medienrechtliche Einwilligungen aussprechen können.

1. Geschäftsunfähige

Einigkeit besteht darüber, dass Geschäftsunfähige keine wirksame medienrechtliche Einwilligung aussprechen können.[862] Minderjährige im Alter bis zum vollendeten siebten Lebensjahr sowie alle weiteren Geschäftsunfähigen im Sinne des § 104 BGB werden daher von ihren Erziehungsberechtigten vertreten.

2. Elternzuständigkeit – Anwendbarkeit der §§ 107 ff. BGB

Eine Ansicht erkennt §§ 107 ff. BGB als die maßgeblichen Vorschriften an, die in regulärer Weise auf die medienrechtliche Einwilligung anzuwenden seien, schließlich handele es sich dabei um eine Willenserklärung.[863] Danach sind gesetzliche Vertreter für die Erteilung einer medienrechtlichen Einwilligung alleine zuständig, ohne dass die minderjährigen beschränkt Geschäftsfähigen beteiligt werden müssten. Im Regelfall sind die Eltern eines Kindes dessen gesetzliche Vertreter (§§ 1626, 1629 BGB).[864]

Die medienrechtliche Einwilligung verpflichtet die Einwilligenden Eingriffe in ihre Persönlichkeitsrechte zu dulden.[865] Daher handelt es sich niemals um ein lediglich rechtlich vorteilhaftes Geschäft nach § 107 BGB, das beschränkt Geschäftsfähige auch selbstständig vornehmen könnten. Auch § 110 BGB ist auf die medienrechtliche Einwilligung nicht anwendbar, denn bei den dort erwähnten ‚Mitteln' muss es sich um Vermögenswerte handeln, nicht um Rechtspositionen, die aufgegeben werden.[866]

---

862 *Beater*, JZ 2013, 111 ff., 117; *Frauenrath*, Grüner Bote 2010, 295 ff., 296; *Klass*, AfP 2005, 507 ff., 517; *Kohte*, AcP 1985, 105 ff., 150.

863 *Kröner*, 1036; *Soehring/ Hoene*, 491; *Helle*, AfP 1985, 93 ff., 97. OLG München, Urteil vom 21.12.1981, Az.: 21 U 3951/81 – Recht am eigenen Bild und Veröffentlichungsbefugnis, Leitsatz 2.

864 Ist ein Elternteil nicht sorgeberechtigt, bedarf es der Einwilligung des anderen Elternteils oder sonstiger Sorgeberechtigter, AG Menden, Urteil vom 03.02.2010, Az.: 4C526/09 – Veröffentlichung von Kinderfotos auf einer Internetseite des nicht sorgeberechtigten nichtehelichen Vaters, Leitsatz; OLG Düsseldorf, Urteil vom 09.02.2010, Az.: I-20 U 151/09 u. a. – Unterlassung der Verwendung von Fotos der Abgebildeten als Kleinkind für Filmaufnahmen, Rz. 15.

865 *Beater*, JZ 2013, 111 ff., 117.

866 *Jandt/ Roßnagel*, Gestaltungsvorschläge, 307 ff., 339.

Eltern vollumfänglich die Angelegenheiten und Rechte ihres minderjährigen Kindes wahrnehmen zu lassen, entspricht den rechtsgeschäftlichen Regelungen. Dieses Recht der Eltern legitimiert sich aus dem Elternrecht aus Art. 6 Abs. 2 S. 1 GG. Die Vertretungsmacht der Eltern gilt nicht grenzenlos. Sie unterliegt gesetzlichen Schranken, wie sie beispielsweise in §§ 1629 Abs. 2, 1795, 1821 f. BGB normiert sind. In medienrechtlicher Hinsicht ist insbesondere das Verbot des Insichgeschäfts aus § 181 BGB relevant, das betroffen wäre, wenn der gesetzliche Vertreter auch gleichzeitig der Einwilligungsempfänger wäre, also die Eltern die betreffenden Inhalte auch selber veröffentlichen oder verwerten. Eine Konstellation, die in den hier im Schwerpunkt behandelten Massenmedien selten der Fall sein dürfte.

Die Stimmen, die die §§ 107 ff. BGB unverändert auf die medienrechtliche Einwilligung eines beschränkt Geschäftsfähigen anwenden wollen, betonen, dass auch die Grundrechtsmündigkeit und Einsichtsfähigkeit eines beschränkt Geschäftsfähigen nichts an dem eindeutig formulierten Gesetzestext ändern. Der Gesetzgeber habe der Grundrechtsmündigkeit und der zunehmenden Selbstbestimmungsfähigkeit des fast Volljährigen offensichtlich keine Außenwirkung für den Rechtsverkehr verleihen wollen.[867] Die Modifikation der §§ 107 ff. BGB wäre daher nichts anderes als ein Gesetzesverstoß.[868]

Der Minderjährige sei zudem nicht schutzlos gestellt. Über die elterliche Betätigung wacht der Staat (Art. 6 Abs. 2 S. 2 GG), der bei gerichtlich festgestellten Gefährdungen des Kindeswohls nach § 1666 BGB eingreifen kann.[869]

3. Einschränkungen der Elternzuständigkeit

Eltern dürfen die Geschäfte ihrer Kinder nicht eigennützig besorgen.[870] Vielmehr sollen sie treuhänderisch all jene Maßnahmen treffen, die dem Wohl des Kindes dienen. Dabei obliegt ihnen zwar die Interpretationsfreiheit darüber, was dem Kindeswohl entspricht, doch auch ein objektiv bestimmter Kerngehalt des Kindeswohls ist zu berücksichtigen. Die gesetzlichen Vertreter haben daher bei den Angelegenheiten des Kindes sehr wohl auf dieses Rücksicht zu nehmen.

Die elterlichen Erziehungsmaßnahmen sollen darauf ausgerichtet sein, das Kind zu einer eigenverantwortlichen Persönlichkeit auszubilden, welches selbstbestimmt Rechte wahrnehmen kann.[871] Daher müssen sowohl Eltern als auch der

---

867 *Helle*, AfP 1985, 93 ff., 98; *Dasch*, 102.

868 *Kaulbach*, AfP 1971, 67 ff., 67.

869 *Kaulbach*, AfP 1971, 67 ff., 67; *Helle*, AfP 1985, 93 ff., 98.

870 BVerfG vom 13.05.1986, Az.: 1 BvR 1542/84 – Elterliche Vertretungsmacht, Rz. 50.

871 BVerfG-Urteil vom 27.06.2008, Az.: 1 BvR 311/08 – Verletzung von Art. 6 Abs. 2 S. 1 GG durch Ablehnung der Abänderung einer Sorgerechtsentscheidung, Leitsatz 3c, Rz. 32; BGH Urteil vom 02.07.1974, Az.: VI ZR 121/73 – Eingriff in ein Persönlichkeitsgut eines Minderjährigen bei kommerzieller Verwertung von Nacktaufnahmen, Rz. 34.

Staat daran interessiert sein, frühzeitig die Selbstbestimmungsfähigkeit Minderjähriger auszubilden und zu fördern.

Diverse gesetzliche Normierungen, wie §§1626 Abs. 2, 1631a BGB, weisen darauf hin, dass Kindern nicht nur Anhörungs- sondern auch Mitspracherecht gewährt werden sollen, das umso mehr Bedeutung erlangt, je näher sie an die Volljährigkeitsgrenze heranrücken. Es ist umstritten, inwiefern diese Vorschriften ausnahmsweise Außenwirkung entfalten können und dabei sogar in der Lage sind, das Elternrecht einzuschränken.[872] Im Regelfall ist dies jedoch abzulehnen, sodass die Eltern nach §§ 1626, 107 ff. BGB grundsätzlich die entscheidungsbefugte Partei bleiben.[873]

Des Weiteren gibt es durchaus gesetzliche Regelungen, nach denen Minderjährige in persönlichen Angelegenheiten ein echtes Mitbestimmungsrecht geltend machen können (§ 40 Abs. 4 Satz 3 AMG, § 45 JArbSchG, § 4 Abs. 3 KastrationsG). Daraus lässt sich mit guten Gründen das allgemeine Prinzip ableiten, dass der Wille Minderjähriger in persönlichen Angelegenheiten zu berücksichtigen ist.[874]

Bedenkt man nun noch, dass die medienrechtliche Einwilligung nicht nur den Rechtsverkehr regelt, sondern auch ein Instrument der persönlichen Selbstbestimmung darstellt, wird verständlich, wieso die Mehrzahl der Stimmen in Literatur und Rechtsprechung dafür plädieren,[875] beschränkt Geschäftsfähigen ein Mitbestimmungsrecht bei der Erteilung der medienrechtlichen Einwilligung einzuräumen, weswegen die Normen des §§ 107 ff. BGB nicht uneingeschränkt Anwendung finden können sollen.

Dabei teilen sich die Befürworter in zwei Lager auf, in denen eine Seite Minderjährigen die Möglichkeit verleihen möchte, alleinig und selbstbestimmt Einwilligungen auszusprechen,[876] während die wohl herrschende Ansicht berechtigterweise vertritt, dass einsichtsfähige beschränkt Geschäftsfähige nur gemeinsam mit ihren gesetzlichen Vertretern einwilligungsfähig sind.[877] Da im letzteren Fall die gesetzlichen Vertreter als auch der beschränkt Geschäftsfähige einwilligen müssen, wird diese Ansicht als ‚Theorie der Doppelzuständigkeit' bezeichnet.[878]

---

872 Bejahend: *Ohly*, „Volenti non fit iniuria", 320; *Kohte*, AcP 1985, 105 ff., 145. Ablehnend: *Helle*, AfP 1985, 93 ff., 98; *Dasch*, 102.

873 Zu der Rechtslage bei Konflikten zwischen Eltern und Kindern in Bezug auf den Umgang mit Medieninteresse siehe Teil 11.

874 *Kohte*, AcP 1985, 105 ff., 144 f. *Ohly*, „Volenti non fit iniuria", 319, verweist auf Art. 19c S. 1 des Schweizer Zivilgesetzbuchs (ZGB), nach dem Minderjährige in höchstpersönlichen Angelegenheiten grundsätzlich selbstständig handlungsfähig sind.

875 Siehe hierzu Teil 5 V. 5 f.

876 Siehe hierzu Teil 5 V. 5.

877 Siehe hierzu Teil 5 V. 6.

878 *Götting*, 154; *Ohly*, „Volenti non fit iniuria", 323.

4. Grundrechtsmündigkeit/ Einsichtsfähigkeit

Die medienrechtliche Einwilligung ist nicht nur eine Regelung der wirtschaftlichen Rechtsverhältnisse zwischen Einwilligendem und Einwilligungsempfänger, sondern auch ein Akt der Persönlichkeitsentfaltung, eine Ausübung des Selbstbestimmungsrechts. Daher wird diskutiert, ob es sachgerecht ist, dass Minderjährige in Bezug auf ihre Persönlichkeitsrechte, die ja sogar die Intimsphäre umfassen, bis zum Erreichen der Volljährigkeit durch ihre gesetzlichen Vertreter fremdbestimmt werden. Fremdbestimmung ist immer auch Minderjährigenschutz, da den Minderjährigen nicht zugemutet werden soll, Entscheidungen zu treffen, die sie überfordern oder ihnen nachhaltig schaden können. Doch sobald Minderjährige sich ihrer Persönlichkeit und deren Bedeutung bewusst sind, sodass sie selbstbestimmt hierüber entscheiden können, verliert die Fremdbestimmung ein stückweit ihre Legitimation. Denn das Elternrecht tritt in den Bereichen automatisch zurück, in denen der Minderjährige selbstbestimmt agieren kann.

Die Grenze, ab der eine Mitbestimmung oder Selbstbestimmung Minderjähriger diskutiert werden sollte, ist daher nicht automatisch erreicht, wenn der Minderjährige beschränkt geschäftsfähig ist, das heißt das siebte Lebensjahr vollendet hat. Vielmehr muss er in der Lage sein, seine betroffenen Grundrechte eigenständig zu erkennen und auszuüben.

Diese Fähigkeit wird als Grundrechtsmündigkeit oder auch als Einsichtsfähigkeit bezeichnet. Einsichtsfähigkeit liegt nach Definition des BGH vor, „wenn der Minderjährige nach seiner geistigen und sittlichen Reife die Bedeutung und Tragweite des Eingriffs und seiner Gestattung zu ermessen vermag."[879] Einsichtsfähigkeit – nach einem weiteren BGH-Urteil – sei „eine solche verstandesmäßige, geistige und sittliche Reife, die es gestattet, die Bedeutung und Tragweite des Eingriffs zu erkennen, sowie die Urteilskraft, um das Für und Wider abzuwägen, und die Fähigkeit, das Handeln nach dieser Einsicht zu bestimmen."[880]

Die Einsichtsfähigkeit in Bezug auf das Allgemeine Persönlichkeitsrecht und den daraus resultierenden Umgang mit Medien ist dann anzunehmen, wenn der Jugendliche erkennt, welche Konsequenzen aus der Mitwirkung erwachsen können, nicht nur in Bezug auf die Aufgabe von geschützten Rechtspositionen, sondern auch hinsichtlich der zu erwartenden gesellschaftlichen Reaktionen und deren Auswirkungen auf sein Selbstverständnis und seinen Alltag.[881]

Die Einsichtsfähigkeit muss für jedes betroffene Grundrecht und jeden Grundrechtsträger gesondert festgestellt werden. Gerade darin besteht auch der größte Kritikpunkt. Da das Vorliegen von Einsichtsfähigkeit erst ausführlich geprüft

879 BGH-Urteil vom 05.12.1958, Az.: VI ZR 266/57 – Einwilligung des Minderjährigen in Operation, Leitsatz 1.

880 BGH-Urteil vom 02.12.1963, Az.: III ZR 222/62 – Durch Irrtum beeinflußte Einwilligung in Freiheitsentziehung, NJW 1964, 1177, 1178.

881 *Klass*, AfP 2005, 507 ff., 517.

werden muss, sei sie ein untaugliches Kriterium für den Rechtsverkehr, insbesondere im Vergleich zu den festen – und daher praktikablen – Altersgrenzen der Geschäftsfähigkeit.[882]

Im Medienrecht stelle die Berücksichtigung einer Einwilligungsfähigkeit eine besondere Schwierigkeit dar, da – im Gegenzug zum Medizinrecht, bei dem der Arzt als Einwilligungsempfänger immer persönlichen Kontakt mit dem Einwilligenden hat und sich daher selbst von dessen Einsichtsfähigkeit ein Bild machen kann – der Einwilligende und der Verwerter des Persönlichkeitsrechts sich oft nicht persönlich begegnen.[883] Zwar ist richtig, dass im Medienrecht oft kein persönlicher Kontakt zwischen Einwilligendem und Veröffentlichendem besteht, doch gibt es durchaus eine persönliche Begegnung am Beginn der Medienproduktion, zum Beispiel zwischen Fotograf und minderjährigem Fotomodell. Der Fotograf kann sich ein Bild von Alter und Einsichtsfähigkeit des Modells machen. Die Tatsache, dass die weiteren Glieder der Verwertungskette sich auf die Einschätzung des Fotografen verlassen müssen, ist dem Geschäftsablauf immanent, schließlich müssen sie sich auch bei einem volljährigen Modell darauf verlassen, dass dem Fotograf eine ausreichende und wirksame Einwilligung vorliegt. Dies kann auch durch schriftliche Nachweise belegt werden. In Zweifelsfällen besteht zudem immer die Möglichkeit, die Einwilligung des Minderjährigen und dessen gesetzlicher Vertreter durch wiederholte Einholung bestätigen zu lassen.[884]

Dem Vorwurf, dass die Einsichtsfähigkeit als fließende Grenze unsicher und daher abzulehnen sei, kann leicht begegnet werden, denn da mit höheren Alter regelmäßig zunehmende geistige und sittliche Reife einhergeht, ist das Alter ein elementares Kriterium für die Feststellung der Einsichtsfähigkeit.[885] Die Befürworter orientieren sich dabei an anderen gesetzlichen Altersgrenzen. Das Gesetz sieht für eine Vielzahl von Angelegenheiten mit Grundrechtsberührungspunkten die Altersgrenze von 14 Jahren für ein Selbstbestimmungsrecht von Jugendlichen vor.[886] Ab dem Erreichen dieser Altersgrenze wird daher berechtigterweise eine widerlegbare Regelvermutung für das Vorliegen von Einsichtsfähigkeit angenommen.[887]

---

882 *Helle*, AfP 1985, 93 ff., 97; *Heidenreich*, AfP 1970, 960 ff., 962; *Dasch*, 102.

883 *Ohly*, „Volenti non fit iniuria", 319; *Dasch*, 104; *Helle*, AfP 1985, 93 ff., 98.

884 *Dasch*, 105.

885 BGH-Urteil vom 16.11.1971, Az.: VI ZR 76/70 – Umfang der ärztlichen Aufklärungspflicht; Einwilligung bei minderjährigem Patienten, Rz. 21.

886 *Muscheler*, 330, verweist auf §§ 1596 Abs. 2, 1617c Abs. 1 S. 2, 1618 S. 6, 1671 Abs. 1 S. 2, 1746, 1762 ff., 1887 BGB, §§ 9 Abs. 1 Nr. 3, 60, 159, 164, 167, 175 FamFG, § 7 SGB VIII, § 5 S. 1 RelKErzG, § 19 StGB, § 1 Abs. 2 JGG; erwähnt aber an selber Stelle auch, dass es ebenso gesetzliche Regelungen gibt, die auf ein Alter von 5, 7, 12 und 16 Jahren abstellen. Für eine Regelvermutung für Einsichtsfähigkeit ab dem 14. Geburtstag: *Dasch*, 105; LG Bielefeld, Urteil vom 18.09.2007, Az.: 6 O 360/07 – Super Nanny, Rz. 12. *Kröner*, 1037; *Frauenrath*, Grüner Bote 2010, 295 ff., 299.

887 *Ohly*, „Volenti non fit iniuria", 320 f.; *Götting*, 156.

Diese Regelvermutung mag zwar nicht jegliche Zweifel ausräumen. Eine Einzelfallbetrachtung ist weiterhin erforderlich. Doch der Gesetzgeber hat auch in anderen Vorschriften, die sich auf Einsichtsfähigkeit berufen (§ 828 Abs. 3 BGB; § 3 JGG), gezeigt, dass er diese Unsicherheit für vereinbar mit dem Rechtsverkehr hält.[888]

Zwar wird das Konzept der Grundrechtsmündigkeit oder Einsichtsfähigkeit größtenteils anerkannt, doch streitet man sich über dessen Konsequenzen, insbesondere darüber, ob die Einsichtsfähigkeit Außenwirkung entfalten kann, sodass die elterliche Vertretungsmacht beschränkt oder modifiziert wird.[889]

5. Alleinzuständigkeit ab Einsichtsfähigkeit

Aus der regelmäßig schon vor der unbeschränkten Geschäftsfähigkeit eintretenden Einsichtsfähigkeit wird von einem Teil der Literatur geschlossen, dass nur auf diese Einsichtsfähigkeit abzustellen sei, um festzustellen, ab wann beschränkt Geschäftsfähige wirksame medienrechtliche Einwilligungen ohne Mitwirkung ihrer gesetzlichen Vertreter aussprechen können.[890]

Verständlicherweise folgen dieser Ansicht all jene, die die Einwilligung für einen Realakt halten, da die Geschäftsfähigkeit für die Erteilungsfähigkeit eines Realakts völlig irrelevant ist.[891] Dabei stützen sie sich insbesondere auf ein BGH-Urteil aus dem Jahre 1958. Hier wurde einem Minderjährigen, der drei Monate vor seiner Volljährigkeit stand, zugebilligt, selbstständig eine medizinrechtliche Einwilligung auszusprechen, da seine Eltern nicht erreicht werden konnten.[892] Dieser spezielle Sachverhalt ist nicht ohne Weiteres verallgemeinerungsfähig, sodass es fehlerhaft erscheint, hieraus allgemeine Wertungen für die Einwilligungsfähigkeit im Medienrecht abzuleiten.

---

888 *Heidenreich*, AfP 1970, 960 ff., 963.

889 *Klass*, Realitätsfernsehen, 271; *Helle*, AfP 1985, 93 ff., 98; *Heidenreich*, AfP 1970, 960 ff., 960; *Soehring/ Hoene*, 491.

890 *Breutz/ Weyhe*, 1115; *Heidenreich*, AfP 1970, 960 ff., 962. *Ohly*, „Volenti non fit iniuria", 324 f., sieht ein Alleinentscheidungsrecht einsichtsfähiger Minderjähriger dann als gegeben an, wenn es sich um absolut geringfügige Nutzungshandlungen, wie die Weitergabe von Fotografien an ausgewählte Freunde, handelt. Auch *Zimmermann*, 172 ff., empfiehlt eine Alleinzuständigkeit als de minimis-Ausnahmeregelung für Fälle, in denen Minderjährige Inhalte nur an einen ihnen bekannten Personenkreis veröffentlichen. Solch eine Alleinzuständigkeit für minimale Eingriffe ist abzulehnen, da der Minderjährigenschutz auf diese Weise verwässert wird.

891 *Breutz/ Weyhe*, 1115.

892 BGH-Urteil vom 16.11.1971, Az.: VI ZR 76/70 – Umfang der ärztlichen Aufklärungspflicht; Einwilligung bei minderjährigem Patienten: Der Minderjährige war ohne seine Eltern aus der DDR geflohen. Jeglicher Kontakt zu seinen Eltern hätte als Anlass zu Repressalien vonseiten des DDR-Regimes dienen können.

Denn auch der BGH stellt lediglich fest, dass das Elternrecht „jedenfalls dann" nicht entgegensteht, wenn die elterliche Einwilligung „aus besonderen Gründen" nicht erfragt werden kann.[893] Abgesehen davon, dass der Patient hier sehr kurz vor Erreichen der Volljährigkeit stand, beschränkte der BGH die Alleinzuständigkeit einsichtsfähiger Minderjähriger auf besondere Sachverhalte. Es lässt sich demnach keine Aussage darüber treffen, wie der Senat entschieden hätte, wenn die Eltern erreichbar gewesen wären oder der Behandlung womöglich sogar widersprochen hätten.[894]

Auch wenn das BGH-Urteil nicht als Präzedenzfall zu dienen vermag, vertritt die heutige herrschende Ansicht, dass die Einwilligung in einen ärztlichen Heileingriff einen Realakt darstelle, bei dem die Frage der einwilligungsbefugten Person „nach der Einsichtsfähigkeit des Minderjährigen, dem Zuschnitt der betreffenden Operation und ihrer medizinischen Notwendigkeit"[895] entschieden wird.[896] Womöglich könnten diese Wertungen auf die medienrechtliche Einwilligung anzuwenden sein.

Obwohl die Einwilligung sowohl im Medien- als auch im Medizinrecht ein wichtiges Werkzeug ist und daher Wertungen zwischen den verschiedenen Rechtsgebieten übertragen werden können, gibt es auch gewichtige Unterschiede, die ebenso Beachtung finden müssen.

Das Arztrecht ist weitaus abgekoppelter vom allgemeinen Rechtsverkehr als das Medienrecht, denn hierbei wird sich der Arzt regelmäßig intensiv mit seinem Patienten und dessen Behandlungswünschen auseinandersetzen. Es bedarf keines Schutzes des Rechtsverkehrs, da nur der Arzt und der Patient von der Einwilligung betroffen sind.[897] Im Gegensatz zu diesem intimen Arzt-Patienten-Verhältnis, bei dem vorausgesetzt werden kann, dass der Arzt regelmäßig nur das Beste für den Patienten möchte, agieren im Medienrecht rein wirtschaftlich motivierte Unternehmen.[898] Einwilligungen werden im Rahmen einer langen Verwertungskette übertragen, sodass schnell keinerlei persönliche Bindung oder Verpflichtung zwischen Verwertendem und Einwilligendem existiert. Das Medizinrecht beschäftigt sich mit existentiellen Rechtsgütern, dem Leben und der Gesundheit, deren elementare Bedeutung schon junge Minderjährige nachvollziehen können.[899] Hingegen sind

---

893 BGH-Urteil vom 16.11.1971, Az.: VI ZR 76/70 – Umfang der ärztlichen Aufklärungspflicht; Einwilligung bei minderjährigem Patienten, Leitsatz 2.

894 BGH-Urteil vom 16.11.1971, Az.: VI ZR 76/70 – Umfang der ärztlichen Aufklärungspflicht; Einwilligung bei minderjährigem Patienten, Rz. 14; OLG Düsseldorf, Urteil vom 29.05.1984, Az.: 15 U 174/83 – Schmerzensgeldanspruch einer Minderjährigen bei Veröffentlichung von Nacktfotos, Rz. 5.

895 *Beater*, JZ 2013, 111 ff., 117.

896 *Frauenrath*, Grüner Bote 2010, 295 ff., 298, verweist darauf, dass sich im österreichischen Recht mit § 146c ABGB sogar eine Normierung findet, die festlegt, dass nur der einsichtsfähige Minderjährige selbst in ärztliche Behandlungen einwilligen kann.

897 *Kohte*, AcP 1985, 105 ff., 146.

898 *Ohly*, „Volenti non fit iniuria", 323.

899 *Frauenrath*, Grüner Bote 2010, 295 ff., 299.

die Konsequenzen einer medienrechtlichen Einwilligung, die daraus erwachsende partielle Aufgabe von Persönlichkeitsrechtsschutz und die Reaktion des sozialen Umfelds weitaus schwerer abzuschätzen und zu erfassen.

Es macht daher durchaus Sinn, die medizinrechtliche Einwilligungsfähigkeit anders zu bewerten, als die medienrechtliche Einwilligungsfähigkeit.

Neben den Parallelen zum Arztrecht verweisen die Befürworter einer Alleinzuständigkeit darauf, dass das Elternrecht für Teilgebiete, in denen der Minderjährige schon selbstbestimmt entscheiden könne, automatisch zurücktrete.[900] Demnach sei eine Alleinzuständigkeit keine Beschränkung des Elternrechts, vielmehr entbehre die Fremdbestimmung durch gesetzliche Vertreter mit Erreichen der Einsichtsfähigkeit jeglicher Legitimation.[901]

Die einzige Streitfrage, die dann noch offen bleibt, ist, ob die Einwilligungsfähigkeit des Minderjährigen auch die wirtschaftlichen Konditionen sowie den vertraglichen Überbau einer medienrechtlichen Einwilligung umfasst. Während die meisten Vertreter §§ 107 ff. BGB in diesem Gebiet als abschließend betrachten,[902] wird vereinzelt angenommen, dass der Minderjährige auch diese rechtsgeschäftlichen Einwilligungen selbstständig aussprechen kann, schließlich wäre es inkonsequent ein grundsätzliches Alleinentscheidungsrecht anzunehmen, aber die wirtschaftlichen Konditionen, die für die Entscheidung zur Einwilligungserteilung maßgeblich sein können, nicht mitbestimmen zu dürfen.[903]

Nach Wertung der angeführten Argumente muss man zu dem Schluss kommen, dass die Alleinzuständigkeit einsichtsfähiger Minderjähriger abzulehnen ist.

Es wäre widersinnig, Minderjährigen einen erhöhten Schutzstandard gegenüber der Berichterstattung ohne Einwilligung zukommen zu lassen, damit sie sich möglichst frei und ungestört entwickeln können, aber gleichzeitig keinen Schutz hinsichtlich der Risiken der Berichterstattung mit Einwilligung zu gewähren.[904] Denn nur, weil eine Einwilligung erteilt wurde, heißt dies nicht, dass die Berichterstattung wunschgemäß ausfällt. Vielmehr ist es stets eine risikoreiche Angelegenheit, in den Medien vorzukommen. Die Ausrichtung der Berichterstattung und die Reaktionen des gesellschaftlichen Umfelds sind während der Produktion oft noch nicht abzusehen.

---

900 *Heidenreich*, AfP 1970, 960 ff., 962; *Kohte*, AcP 1985, 105 ff., 148 f.

901 OLG Karlsruhe, Urteil vom 31.03.1983, Az.: 4 U 179/81 – Wirksame Einwilligung einer beschränkt Geschäftsfähigen in Beeinträchtigung ihres Persönlichkeitsrechts, Rz. 31; *Heidenreich*, AfP 1970, 960 ff., 962; *Kohte*, AcP 1985, 105 ff., 148 f. *Körner*, 131 ff., 132 verweist hierbei insbesondere auf die Vorschrift des § 1626 Abs. 2 BGB.

902 BGH-Urteil vom 16.11.1971, Az.: VI ZR 76/70 – Umfang der ärztlichen Aufklärungspflicht; Einwilligung bei minderjährigem Patienten, Rz. 15; OLG Karlsruhe, Urteil vom 31.03.1983, Az.: 4 U 179/81 – Wirksame Einwilligung einer beschränkt Geschäftsfähigen in Beeinträchtigung ihres Persönlichkeitsrechts, Rz. 43. *Breutz/Weyhe*, 1115

903 *Heidenreich*, AfP 1970, 960 ff., 963.

904 *Beater*, JZ 2013, 111 ff., 118; *Ohly*, „Volenti non fit iniuria", 323.

Es ist ein Grundgedanke des Minderjährigenschutzes, Jugendliche vor den Konsequenzen unüberlegten Verhaltens zu schützen, indem gesetzliche Vertreter in gewissen Angelegenheiten (mit-) bestimmen können. Auf diese Weise soll ein möglichst unbelastetes Aufwachsen ermöglicht werden. Medienberichterstattung entfaltet jedoch stets Konsequenzen für die Zukunft der Jugendlichen. Nicht nur geben sie dadurch partiell Persönlichkeitsrechte auf, sie werden sich auch in ihrem sozialen Umfeld mit den Auswirkungen auseinandersetzen müssen.

Schließlich ist die Mitwirkung bei Medienproduktionen oft eine Teilnahme am Wirtschaftsleben, die beschränkt Geschäftsfähigen nur mit Zustimmung ihrer gesetzlichen Vertreter ermöglicht werden soll.[905] Denn wieso sollte es beschränkt Geschäftsfähigen verwehrt bleiben, unbedeutende alltägliche Transaktionen selbstständig vorzunehmen, aber gleichzeitig möglich sein, ungehindert strengstens geschützte Teile ihrer Intimsphäre aufzugeben.[906]

Daher käme es einer eklatanten Schutzlücke gleich, Minderjährigen völlig selbstständig zu ermöglichen, medienrechtliche Einwilligungen auszusprechen, selbst, wenn sie bereits einsichtsfähig sind.

Im Gegensatz zu der Entscheidung über die Religionszugehörigkeit oder einen ärztlichen Heileingriff, entfaltet die medienrechtliche Einwilligung Außenwirkung. Der Minderjährige muss nicht nur über einen inneren Gemütszustand befinden, der höchstens mittelbar nach außen dringt, vielmehr muss er eine Entscheidung treffen, die unmittelbar beeinflusst, wie er in der Gesellschaft wahrgenommen wird.[907]

Zudem bedeutet die Mitwirkung an Medienproduktionen, dass man sich mit übermächtigen Medienunternehmen auseinandersetzen muss. Es fällt schon Erwachsenen schwer, ihre Selbstbestimmungsrechte bei solch einer Konfrontation aufrechtzuerhalten.[908] Minderjährige dürften ohne Unterstützung durch einen Erwachsenen erst recht Durchsetzungsprobleme haben.[909]

6. Doppelzuständigkeit ab Einsichtsfähigkeit

Es ist mithin zwingend notwendig, Minderjährigen besonderen Schutz zukommen zu lassen, selbst wenn sie schon einsichtsfähig sind, denn die Konsequenzen einer medienrechtlichen Einwilligung können immens sein. Gleichzeitig muss berücksichtigt werden, dass es zur geschützten Persönlichkeitsentfaltung einsichtsfähiger Minderjähriger dazugehört, dass sie sich durch die Erteilung medienrechtlicher

905 *Klass*, Realitätsfernsehen, 274; *Dasch*, 103; *Götting*, 155.

906 *Pawlowski*, 5 ff., 18.

907 *Beater*, JZ 2013, 111 ff., 118.

908 *Klass*, Realitätsfernsehen, 274.

909 *Kohte*, AcP 1985, 105 ff., 149 f., formuliert dies besonders treffend: „Minderjährige [sollen] nicht Fremdbestimmung durch die Eltern mit Fremdbestimmung durch Medienunternehmen austauschen“. Ebenso: *Klass*, AfP 2005, 507 ff., 516.

Einwilligungen ausprobieren und somit auch das eigene gesellschaftliche Bild mitgestalten.

Daher ist der von der herrschenden Meinung vertretene Kompromiss zu befürworten, der als Doppelzuständigkeit bezeichnet wird.[910] Dieser stellt den gelungenen Ausgleich zwischen Minderjährigenschutz durch ein Zustimmungserfordernis vonseiten der gesetzlichen Vertreter und Selbstbestimmungsbedürfnis der Minderjährigen durch ein echtes Mitentscheidungsrecht dar und erkennt an, dass sich die medienrechtliche Einwilligung sowohl aus rein persönlichkeitsrechtlichen als auch aus vermögenswerten Bestandteilen zusammensetzt.[911]

Doppelzuständigkeit bedeutet, dass ab Einsichtsfähigkeit des Minderjährigen, das heißt regelmäßig ab Vollendung des vierzehnten Lebensjahres, medienrechtliche Einwilligungen sowohl von ihm als auch von seinen gesetzlichen Vertretern erteilt werden müssen.[912] Jede Partei kann durch die Verweigerung ihrer Zustimmung verhindern, dass eine wirksame Einwilligung zustande kommt.[913]

Die höchstrichterliche Rechtsprechung scheint die Theorie der Doppelzuständigkeit zu befürworten. Hierauf weist sowohl ältere,[914] als auch aktuelle Rechtsprechung hin.[915]

---

910 LG Bielefeld, Urteil vom 18.09.2007, Az.: 6 O 360/07 – Super Nanny, Rz. 12. *Ohly*, GRUR 2012, 983 ff., 992; *Ohly*, AfP 2011, 428 ff., 434; *Strobl-Albeg*, 415 ff., 448; *Frömming/Butz*, NJW 1996, 958 ff., 958; *Kröner*, 1037; *Klass*, AfP 2005, 507 ff., 516; *Götting*, 154 ff.; *Pawlowski*, 5 ff., 19, 21.

911 *Götting*, 154 ff.; *Frauenrath*, Grüner Bote 2010, 295 ff., 298; *Ohly*, „Volenti non fit iniuria", 323.

912 LG Bielefeld, Urteil vom 18.09.2007, Az.: 6 O 360/07 – Super Nanny, Rz. 12; *Strobl-Albeg*, 415 ff., 448; *Frömming/Butz*, NJW 1996, 958 ff., 958; *Kröner*, 1037; *Klass*, AfP 2005, 507 ff., 516; *Götting*, 154 ff.; *Pawlowski*, 5 ff., 19, 21.

913 *Klass* in: Westermann et al., Anh zu § 12, 234; *Zimmermann*, 165.

914 BGH-Urteil vom 02.07.1974, Az.: VI ZR 121/73 – Eingriff in ein Persönlichkeitsgut eines Minderjährigen bei kommerzieller Verwertung von Nacktaufnahmen, Rz. 37.

915 BGH-Urteil vom 02.07.1974, Az.: VI ZR 121/73 – Eingriff in ein Persönlichkeitsgut eines Minderjährigen bei kommerzieller Verwertung von Nacktaufnahmen, Rz. 33, 37. An dieser Stelle wird stets auf das BGH-Urteil vom 28.09.2004 (Az.: VI ZR 305/03 – Charlotte Casiraghi II, Rz. 10) verwiesen, das jedoch lediglich erwähnt, dass weder die minderjährige Tochter, noch ihre Mutter eine Einwilligung erteilt haben. Dennoch kann das Urteil als Argument für die Theorie der Doppelzuständigkeit herangezogen werden, da die dort angegebenen Quellen aus der Literatur (u. a. *Wenzel et al.*, 448), eindeutig die Doppelzuständigkeit befürworten. (Dies übersieht *Beater*, JZ 2013, 111 ff., 118.) Aus diesem Grund sollte man auch das BGH-Urteil vom 05.10.2004 (Az.: VI ZR 255/03 – Alexandra von Hannover, Rz. 17) nicht als Ablehnung der Doppelzuständigkeit auslegen (wie es *Beater*, a. a. O. vertritt), obwohl nur auf die fehlende Einwilligung der gesetzlichen Vertreter, nicht auf diejenige des Minderjährigen, abgestellt wurde. Denn die als Quelle herangezogenen Literaturnachweise befürworten die Doppelzuständigkeit. Diese konnte im konkreten Fall aber unerwähnt bleiben, da die minderjährige Anspruchsstellerin noch nicht einsichtsfähig war. Ebenso für ein Mitbestimmungsrecht einer Minderjährigen: BayObLG,

Diese Regelung stellt eine Reduktion der grundsätzlichen Alleinvertretung der Eltern nach §§ 107 ff. BGB dar,[916] die aufgrund der grundrechtlich geschützten Selbstbestimmungsfreiheit der Persönlichkeit notwendig wird. Die gesetzliche Grundlage für diese Reduktion wird teilweise auch aus § 1626 Abs. 2 BGB gezogen, der in diesem Zusammenhang Außenwirkung entfalte.[917]

Jedenfalls kann dahinstehen, ob dem Minderjährigen ein Alleinentscheidungsrecht unter Zustimmungsvorbehalt der gesetzlichen Vertreter zugesprochen wird, oder ob das Vertretungsrecht der Eltern nach §§ 107 ff. BGB mit einem Vetorecht des einsichtsfähigen Minderjährigen versehen wird, denn beide dieser Konstruktionen kommen zu den gleichen Ergebnissen und sind deswegen unter dem Überbegriff der Doppelzuständigkeit zusammenzufassen.[918]

Die elterliche Erziehung soll zum Ziel haben, dass das Kind in der Lage ist, selbstbestimmte Entscheidungen zu treffen, um seiner Persönlichkeit Ausdruck zu verleihen.[919] Vor diesem Hintergrund erscheint es ideal, dass Eltern und Kind in medienrechtlichen Entscheidungen in einen Diskurs treten und zusammenwirken müssen, da der Minderjährige so unter Anleitung seiner Erziehungsberechtigten an einen selbstbestimmten Umgang mit Medieninteresse herangeführt wird, bis er mit Erreichen der Volljährigkeit schließlich völlig autonom medienrechtliche Einwilligungen erteilen kann.

Es ist umstritten, ob sich die Doppelzuständigkeit auch auf die vertraglichen oder wirtschaftlichen Rahmenbedingungen der medienrechtlichen Einwilligung bezieht. Dies betrifft beispielsweise die Frage, welche Vergütung als Gegenleistung gezahlt wird, oder wie die sonstigen Konditionen der Zusammenarbeit ausgestaltet sind.

Während darauf hingewiesen wird, dass für diesen rein wirtschaftlichen Bereich kein Bedarf bestehe, die Geschäftsfähigkeitsvorschriften der §§ 107 ff. BGB zu korrigieren,[920] verweist die Gegenmeinung nachvollziehbarerweise darauf, dass die wirtschaftlichen Konditionen regelmäßig ein maßgebliches Entscheidungskriterium dafür sind, ob die Einwilligung erteilt wird oder nicht.[921] Es wäre nicht interessengerecht anzunehmen, dass ein Minderjähriger zwar selbstständig mitbestimmen darf, ob die Einwilligung erteilt wird, dabei aber nicht beeinflussen darf,

---

Beschluss vom 05.09.1986, Az.: BReg 1 Z 41/86 – Zur Frage von Maßnahmen des Vormundschaftsgerichts, Orientierungssatz 3.

916 *Dasch*, 103 erkennt stattdessen eine Reduktion des § 1626 Abs. 1 BGB.

917 *Ohly*, „Volenti non fit iniuria", 320; *Kohte*, AcP 1985, 105 ff., 145.

918 *Pawlowski*, 5 ff., 7.

919 BGH-Urteil vom 02.07.1974, Az.: VI ZR 121/73 – Eingriff in ein Persönlichkeitsgut eines Minderjährigen bei kommerzieller Verwertung von Nacktaufnahmen, Rz. 34.

920 BGH-Urteil vom 02.07.1974, Az.: VI ZR 121/73 – Eingriff in ein Persönlichkeitsgut eines Minderjährigen bei kommerzieller Verwertung von Nacktaufnahmen, Rz. 40 ff. *Dasch*, 106; *Strobl-Albeg*, 415 ff., 449; *Ricker/ Weberling*, 381; *Beater*, JZ 2013, 111 ff., 120.

921 *Ohly*, „Volenti non fit iniuria", 320, 325 f.; *Götting*, 155.

zu welchen Bedingungen dies geschieht. Schließlich gehört es auch zur Selbstbestimmung festzulegen, wie viel einem der Eingriff in ein Persönlichkeitsrecht wert ist.[922] Wären die Eltern die einzig Einwilligungsbefugten für die wirtschaftlichen Konditionen, wären Konflikte mit dem Minderjährigen vorprogrammiert, da dieser seine Eltern mit der drohenden Verweigerung seiner Einwilligung zwingen müsste, seine wirtschaftlichen Bedingungen durchzusetzen, anstatt dies direkt gegenüber dem Vertragspartner deutlich zu machen. Schließlich begründet sich das Risiko innerfamiliärer Konflikte auch darauf, dass die Eltern sich vertraglich zu Leistungen verpflichten, die der nicht an den Vertragsverhandlungen beteiligte Minderjährige eigentlich verweigern möchte, aber angesichts drohender Sekundäransprüche aus dem wirksam geschlossenen Vertrag erbringt.[923] Solch eine unfreie, erzwungene Einwilligung muss stets vermieden werden, denn die medienrechtliche Einwilligung soll der freiwilligen und selbstbestimmten Persönlichkeitsentfaltung dienen.

7. Einwilligung im Rahmen einer Berufsausübung, § 112 f. BGB

Wie oben schon dargestellt, ist § 110 BGB nicht auf die medienrechtliche Einwilligung anwendbar. Dafür ermöglichen jedoch die § 112 f. BGB dem beschränkt Geschäftsfähigen eigenmächtig medienrechtlich einzuwilligen, wenn diese Einwilligung im Rahmen einer selbstständigen oder im Angestelltenverhältnis organisierten Berufsausübung geschieht.[924] Zu der Berufsausübung an sich, beispielsweise dem Dienstvertrag, muss der gesetzliche Vertreter zwar zustimmen, ab dann ist der beschränkt Geschäftsfähige jedoch selbstständig befugt, im Rahmen seiner Tätigkeit medienrechtliche Einwilligungen auszusprechen. Dies wäre beispielsweise bei selbstständigen, beschränkt geschäftsfähigen Fotomodellen der Fall.[925]

Sobald die konkrete Einwilligung sich jedoch außerhalb der Tätigkeit nach § 112 f. BGB bewegt, wären die Minderjährigen wieder auf die Zustimmung ihrer gesetzlichen Vertreter im Rahmen der Doppelzuständigkeit angewiesen, um eine wirksame medienrechtliche Einwilligung auszusprechen.[926]

922 *Götting*, 155.

923 *Götting*, 157 f.

924 *Dasch*, 100; *Götting*, 153. Der BGH lässt die Frage, ob die § 112 f. BGB auf die medienrechtliche Einwilligung anwendbar sind, in seinem Urteil vom 02.07.1974 (Az.: VI ZR 121/73 – Eingriff in ein Persönlichkeitsgut eines Minderjährigen bei kommerzieller Verwertung von Nacktaufnahmen, Rz. 26 ff.) ausdrücklich als nicht entscheidungserheblich offen. Allerdings spricht er sich auch nicht gegen diese Möglichkeit aus.

925 *Dasch*, 100; *Götting*, 153.

926 BGH-Urteil vom 02.07.1974, Az.: VI ZR 121/73 – Eingriff in ein Persönlichkeitsgut eines Minderjährigen bei kommerzieller Verwertung von Nacktaufnahmen, Rz. 29.

8. Fazit

Minderjährige sind daher nur im Rahmen der § 112 f. BGB selbstständig zur Erteilung von wirksamen medienrechtlichen Einwilligungen befugt.

Während Geschäftsunfähige niemals wirksam einwilligen können, wird bei Minderjährigen ab 14 Jahren vermutet, dass sie einsichtsfähig sind, sodass ihre Einwilligung zusätzlich zu der der gesetzlichen Vertreter eingeholt werden muss. Minderjährige im Alter von sieben bis 14 Jahren können theoretisch auch einsichtsfähig sein, sodass ihre Einwilligung ebenfalls vorliegen muss. Hierfür müssen jedoch konkrete Anhaltspunkte gegeben sein, da die Regelvermutung erst von einer ausreichenden Grundrechtsmündigkeit ab Vollendung des 14. Lebensjahres ausgeht.

Mit Vollendung des 18. Lebensjahres werden Minderjährige zu Volljährigen, die selbstständig medienrechtliche Einwilligungen aussprechen können.

VI. Sittenwidrigkeit der Einwilligung

Eine sittenwidrige Einwilligung ist unwirksam (§ 138 Abs. 1 BGB).

Während Nacktbilder oder pornographische Werke heutzutage nicht mehr automatisch als sittenwidrig gelten,[927] kann sich die Sittenwidrigkeit einer medienrechtlichen Einwilligung insbesondere aus dem Ausnutzen einer Zwangslage bzw. der Unerfahrenheit oder dem auffälligen Missverhältnis zwischen Leistung und Gegenleistung nach § 138 Abs. 2 BGB ergeben.[928] Ein auffälliges Missverhältnis von Leistung und Gegenleistung wurde beispielsweise angenommen, als im Gegenzug für kommerziell genutzte Nacktaufnahmen nur Abzüge oder Verpflegung geleistet wurden.[929]

Gerade im Hinblick auf die ungleiche Verhandlungsposition, die ein Einzelner insbesondere nichtprominenter Laie in Mediendingen im Gegensatz zu Medienunternehmen innehat, ist offensichtlich, dass viele Vereinbarungen im Verdacht der Sittenwidrigkeit stehen. Denn wenigen Medienunternehmen steht eine Vielzahl von Interessenten gegenüber, die gerne in den Medien präsent wären. Betrachtet man aufwendige Produktionen, wie zum Beispiel Castingshows, wird deutlich, dass die Protagonisten keine Vertragsverhandlungen durchführen, die den Namen verdienen, sondern jegliches Vertragswerk unterzeichnen werden, um ihre Chance im Rampenlicht zu erhalten.[930] Auf der anderen Seite sind Medienunternehmen

---

927 *Frömming/ Butz*, NJW 1996, 958 ff., 958. Eine Ausnahme bilden hier natürlich kinder- und jugendpornographische Werke, deren Besitz nach § 184 b f. StGB verboten ist. Die auf die Herstellung solcher Werke bezogenen medienrechtlichen Einwilligungen und Verträge sind daher gemäß §§ 134, 138 BGB nichtig.

928 *Ohly*, „Volenti non fit iniuria“, 445 ff.; *Klass*, Realitätsfernsehen, 287; *Klass*, AfP 2005, 507 ff., 518.

929 *Frömming/ Butz*, NJW 1996, 958 ff., 958.

930 *Klass*, AfP 2005, 507 ff., 518.

darauf angewiesen, gleichförmige Verträge zu verhandeln, um die engen Produktionsabläufe möglichst effektiv zu gestalten. Des Weiteren gibt es auch Produktionen, in denen der Wissensvorsprung der Zuschauer und Produzenten im Vergleich zu den Protagonisten Teil des Konzepts ist.

Die Tatsache, dass mündige Bürger so sehr ins Scheinwerferlicht drängen, dass sie jedes Vertragswerk akzeptieren, führt alleine noch nicht zur Sittenwidrigkeit der Verträge. Den Einwilligungsempfängern ist jedoch dazu zu raten, das faktisch ungleiche Machtverhältnis durch umfassende Aufklärungsmaßnahmen der Protagonisten so gut wie möglich anzugleichen, um dem Anschein der Sittenwidrigkeit vorzubeugen, indem das Selbstbestimmungsrecht der Teilnehmer ernst genommen wird.[931]

Im Herbst 2011 strahlte der Fernsehsender Sat.1 die achtteilige Vorabendserie „Schwer verliebt" aus.[932] In diesem Dating-Format sollten übergewichtige Personen bei der Partnersuche begleitet werden. Dem Zuschauer wurde dabei vermittelt, dass die Sendung dokumentarischen Charakter habe. Während der Ausstrahlung meldeten sich jedoch Protagonisten zu Wort, die berichteten, dass ein straffes Skript den Ablauf der abgefilmten Szenen bis ins Detail hinein vorgegeben habe.[933] Die Teilnehmer berichteten, dass der Druck der Produktionsfirma so groß war, dass sie sich gezwungen fühlten, den Anweisungen zu folgen.[934] Bei der Ausstrahlung mussten sie erkennen, dass die fertig produzierte Sendung darauf abzielte die Mitwirkenden lächerlich zu machen. Der Sender stritt die Vorwürfe kategorisch ab.[935]

Legt man die Darstellung der Protagonisten zugrunde, ist die erteilte medienrechtliche Einwilligung mangelhaft, da die Mitwirkenden offensichtlich nicht wussten worauf sie sich einließen.[936] Die Mitwirkenden vertrauten der Produktionsfirma, dass eine dokumentarische sog. ‚Kuppel-Show' gefilmt wird, bei der sie die große Liebe finden können und fanden sich in einem voll-gescripteten Format wieder.[937]

Der in diesem Zusammenhang teilweise veröffentlichte Mitwirkungsvertrag offenbart ein derartiges Ungleichgewicht zwischen den Vertragsparteien, dass zudem von einer Sittenwidrigkeit der Vereinbarung auszugehen ist.[938] Besonders eklatant ist, dass der Vertrag den Mitwirkenden jegliche Beeinflussungsmöglichkeit ihrer eigenen Darstellung raubt, indem er sie dazu verpflichtet „[i]m Rahmen

931 *Klass*, AfP 2005, 507 ff., 518.
932 *Müller*, „Schwer verletzt statt schwer verliebt", Rheinzeitung.de (2011).
933 *Rhein-Zeitung*, Drehpläne (2011); *Müller*, „Schwer verletzt statt schwer verliebt", Rheinzeitung.de (2011).
934 *Rhein-Zeitung*, Drehpläne (2011); *Müller*, „Schwer verletzt statt schwer verliebt", Rheinzeitung.de (2011).
935 *Rhein-Zeitung*, Drehpläne (2011)
936 *Müller/ Theunissen*, Rheinzeitung.de (2011); *Müller*, „Schwer verletzt statt schwer verliebt", Rheinzeitung.de (2011).
937 *Rhein-Zeitung*, Drehpläne (2011)
938 So auch *Theunissen*, Rheinzeitung.de (2011); *Rhein-Zeitung*, Knebelvertrag (2011).

der Dreharbeiten [...] etwaigen Anordnungen und Weisungen des Produzenten Folge [zu] leisten und Verhaltensregeln und Vorschriften, die während des Aufenthalts am Drehort gelten, strikt ein[zu]halten",[939] sowie gleichzeitig Rechtsschutzmöglichkeiten einschränkt, da vertraglich auf die Inanspruchnahme von einstweiligen Rechtsschutzverfahren und die Geltendmachung von Urheberpersönlichkeitsrechten verzichtet werden muss.[940] Nicht mal außergerichtlich kann der Protagonist das von seiner Person erzeugte Bild gerade rücken, ohne vertragsbrüchig zu werden, denn Kontakt zur Presse, Äußerungen in sozialen Medien und generell der Bericht über die Produktion sind untersagt.[941] Schon diese Kombination aus einer absoluten Weisungsgebundenheit und der Aufgabe von gerichtlichen und außergerichtlichen Abwehrmöglichkeiten legt eine Sittenwidrigkeit nahe. Das Medienunternehmen erhält einseitig die Deutungshoheit über die Persönlichkeit der Protagonisten.

Die Annahme einer sittenwidrigen Vereinbarung wird durch die weiteren Vertragskonditionen noch gestützt: Das unliebsame Portrait des Dargestellten kann unbegrenzt weiter verbreitet werden, denn die Übertragung aller Nutzungsrechte gilt nicht nur exklusiv, sondern auch zeitlich unbefristet.[942] Auch die Produktionsdauer kann einseitig ausgeweitet werden.[943] Die Mitwirkenden stehen zwei Wochen ununterbrochen für die Dreharbeiten vor der Kamera, müssen sich aber vor und nach der Ausstrahlung für eine zeitlich unbestimmte Dauer für Promotionmaßnahmen aller Art verfügbar halten.[944] Überdies erhält der Produzent die erste Option, um einen etwaig benötigten Managementvertrag mit ihnen abzuschließen. Für all diese Verpflichtungen erhält der Mitwirkende eine Gegenleistung von pauschal 700 €.[945]

Die – volljährigen – Protagonisten von „Schwer verliebt" sind nicht nur den Produzenten, sondern auch ihrer eigenen Naivität zum Opfer gefallen. In blindem Vertrauen ließen sie sich auf die Produktion ein, ohne zu hinterfragen, was sie erwartet. Als die Dreharbeiten ihren Lauf nahmen, waren sie von dem Auftreten der Produzenten zu eingeschüchtert, um sich zu widersetzen. Naivität und fehlende Selbstbehauptungsmöglichkeiten sind Eigenschaften, die typischerweise Minderjährigen zugeschrieben werden, sodass diese besonders gefährdet sind, an solch unseriösen Produktionen teilzunehmen. Die Tatsache, dass vorliegend erwachsene Mitwirkende von ihren Problemen mit der Darstellung berichten, zeigt zudem, dass auch Erziehungsberechtigte mit der für ihre Kinder getroffenen Entscheidung überfordert sein können.

---

939 *Rhein-Zeitung*, Knebelvertrag (2011).
940 S. o.
941 S. o.
942 S. o.
943 S. o.
944 S. o.
945 S. o.

Wird die Sittenwidrigkeit festgestellt, umfasst diese nach § 139 BGB sowohl die medienrechtliche Einwilligung als auch deren vertraglichen Überbau.[946]

VII. Menschenwürde als Grenze der Dispositionsbefugnis

Zu der Frage des Umfangs einer medienrechtlichen Einwilligung gehört auch die Diskussion, ob die Einwilligungsmöglichkeiten rechtlichen Grenzen unterliegen. Kann ein Mensch in jegliche Form der persönlichkeitsrelevanten Berichterstattung einwilligen oder gibt es Extremfälle, bei denen auch das Einverständnis des Betroffenen eine Unzulässigkeit nicht verhindern kann.

Grundsätzlich gilt „volenti non fit inuria" – dem Einwilligenden geschieht kein Unrecht. Doch gibt es Ansichten, die vertreten, dass die Schutzpflicht des Staates mitunter schwerer wiegt als die Entscheidungsgewalt bzw. das Selbstbestimmungsrecht des Betroffenen.[947]

Bei Grundrechten wird diese Problematik unter dem Schlagwort „Grundrechtsschutz gegen sich selbst" diskutiert.[948] Dabei herrscht weitgehend Einigkeit darüber, dass die Inhaberschaft über Grundrechte auch dazu berechtigt, diese (partiell) nicht wahrzunehmen.[949]

Sobald die Menschenwürde betroffen ist, herrscht jedoch ein intensiverer Meinungsstreit.[950] Denn als unantastbares Grundrecht, dessen staatliche Schutzpflicht auch noch ausdrücklich normiert ist, Art. 1 Abs. 1 GG, weist die Menschenwürde zwei elementare Alleinstellungsmerkmale auf. Aus der Unantastbarkeit wird geschlossen, dass nicht einmal der Träger selbst seine eigene Menschenwürde antasten dürfe. Demnach sei der Staat verpflichtet, aktiv einzugreifen, sobald die Gefahr besteht, dass die Menschenwürde berührt wird, unabhängig davon, ob der Betroffene eingewilligt hat oder nicht.

Insbesondere im Zusammenhang mit dem ersten „Reality-TV"-Format des deutschen Fernsehens, „Big Brother", wurde in der Fachliteratur heftig darüber gestritten,[951] ob die Menschenwürde der Teilnehmer gegen deren Willen zu schützen sei.

---

946 *Ohly*, „Volenti non fit iniuria", 445; *Kohte*, AcP 1985, 105 ff., 136.

947 *Hufen*, JuS 2010, 1 ff., 9 f.; *Frotscher*, 41; *Hinrichs*, NJW 2000, 2173 ff., 2174; *Gern*, NJW 1983, 1585 ff., 1588; *Suchomel*, 19; *Bethge*, Staatsrecht, 1168; *Münch*, 113 ff., 127 f.

948 *Höfling*, NJW 1983, 1582 ff., 1582; *Ohlshausen*, NJW 1982, 2221 ff., 2223; *Klass*, Unterhaltung ohne Grenzen?, 77.

949 *Klass*, Unterhaltung ohne Grenzen?, 77. *Bethge*, a. a. O., 1166 f., kritisiert die dogmatisch unsaubere Terminologie, die von der Verzichtbarkeit eines Grundrechts und von der Unverzichtbarkeit der Menschenwürde spricht. Alle Grundrechte seien unverzichtbar, man könne lediglich darauf verzichten, sie auszuüben.

950 S. u. Teil 5 VII. 2.

951 *Frotscher*, 41; *Hinrichs*, NJW 2000, 2173 ff., 2174; *Dörr*, 53; *Klass*, Realitätsfernsehen, 144.

1. Berührungsmöglichkeiten der Menschenwürde und deren Rechtsfolgen

In medienrechtlichem Kontext entfaltet die Menschenwürde drei Schutzrichtungen.[952] Wird die Menschenwürde von Protagonisten geschützt, betrifft dies den sogenannten „Teilnehmerschutz". Eine Berührung der Menschenwürde der Teilnehmer ist in vielerlei Arten denkbar.

Die Menschenwürde wäre berührt, wenn die Protagonisten als bloße Objekte degradiert oder instrumentalisiert werden, denen keine zu berücksichtigende Subjektqualität zugutekommt.[953] Ebenso unzulässig wäre es, eine Situation der erzwungenen Selbstbezichtigung herbeizuführen, die deren sozialem Achtungsanspruch Schaden zufügen könnte[954] oder in taktischer Weise Einzelne in Momente des Steuerungs- oder Kontrollverlustes zu manövrieren, um diese Schwäche auszunutzen.[955]

Auch wird die Menschenwürde verletzt, wenn Personen in unzulässiger Weise kommerzialisiert werden. Dies ist der Fall, wenn

> *„Menschen von einem überlegenen Akteur aus Gründen wirtschaftlichen Erwerbsstrebens in eine für sie unentrinnbare Situation gebracht werden, die sie weder vollständig durchschauen noch als freie Akteure beherrschen können, der sie mithin ausgeliefert sind, und wenn die Gesamtumstände den oder die ausgelieferten Menschen in ihrem sozialen Achtungsanspruch verletzen, weil sie zum Gegenstand der Anprangerung, der Schaustellung oder der Verächtlichmachung herabgewürdigt werden."*[956]

Die elementaren Tatbestandsmerkmale einer menschenwürdeverletzenden Kommerzialisierung sind dabei eine Situation der Auslieferung, die zur Herabwürdigung des Betroffenen genutzt wird.[957]

Gerade im Hinblick auf den heute weitverbreiteten Trend des Realitätsfernsehens, wird vielfach die Gefahr einer solchen Kommerzialisierung ausgemacht.[958] Denn in Mediendingen unerfahrene Laien begeben sich unter Preisgabe ihrer tatsächlichen Identität und sozialen Rolle bereitwillig in die Hände eines übermächtigen Medienunternehmens, ohne die Konsequenzen dieses Handelns abschätzen zu können.

Sollte die Menschenwürde eines Teilnehmers verletzt werden, gäbe es vielfältige Institutionen, die eingreifen könnten, um den Verstoß im Vorfeld zu unterbinden

952 S. o. Teil 4 I. 4.
953 *Di Fabio*, Menschenwürde, 21.
954 *Di Fabio*, Menschenwürde, 38.
955 *Klass*, Realitätsfernsehen, 144.
956 *Di Fabio*, Menschenwürde, 31 f.; S. auch o. Teil III I. 4.
957 *Dörr*, 53.
958 *Erdemir* in: Spindler/ Schuster, § 4 JMStV, Rz. 22; *Hahn/ Witte*, § 3 RfStV, Rz. 17; *Dörr/ Cole*, K&R 2000, 369 ff., 375 ff.

oder im Nachgang zu sanktionieren. Denn die Menschenwürde findet sich in verschiedensten medienrechtlichen Normierungen wie § 4 JMStV, den Mediengesetzen der Bundesländer oder den Programmgrundsätzen der Rundfunkanstalten.[959] Der Begriff ist jedoch stets identisch mit dem Menschenwürdebegriff des Grundgesetzes auszulegen.[960]

2. Widerstreit zwischen Autonomie und Paternalismus

Die Diskussion, ob die Einwilligung von Protagonisten unbeachtlich sein kann, da die Berichterstattung gegen ihre Menschenwürde verstößt, läuft im Endeffekt auf die Grundfrage hinaus, ob ein paternalistisch agierender Staat bestimmt, was das Beste für seine Bürger ist, oder ob die Selbstbestimmungsfreiheit der Bürger staatliche Bevormundungsversuche überwiegt. Schließlich lässt sich der Konflikt auch daran aufzeigen, ob man die Menschenwürde von ihrem objektiven Gehalt her oder subjektiv durch ihren Träger definieren möchte.[961]

Es wäre verfehlt, darüber zu streiten, ob man auf die eigene Menschenwürde verzichten kann und diese Frage mit Verweis auf die Unantastbarkeit schnell zu verneinen: Denn im Widerspruch zu ihrer überragenden Bedeutung steht die generelle Undefinierbarkeit der Menschenwürde. Entscheidet sich ein Teilnehmer, an einer Berichterstattung mitzuwirken, obwohl andere dabei seine Menschenwürde in Gefahr sehen, bewertet er die Mitwirkung sicherlich nicht als Menschenwürdeverzicht. Vielmehr begreift er sich weiterhin als menschenwürdiges Wesen. Aus seiner subjektiven Sicht heraus berührt die Mitwirkung gar nicht seine Menschenwürde, da er ihr einen anderen Gehalt zuschreibt, als die Kritiker einer solchen Berichterstattung. Nicht der Verzicht, sondern die selbstbestimmte Definition der Menschenwürde steht im Mittelpunkt des Widerstreits zwischen Selbstbestimmung und paternalistischem Fremdschutz der Menschenwürde.[962]

a) Bisherige Rechtsprechung

Ob die Menschenwürde disponibel ist, müsste als Grundfrage der Grundrechtsdogmatik typischerweise vom Bundesverfassungsgericht geklärt werden. Doch eine eindeutige Entscheidung hierzu steht noch aus. Ebenso lässt sich eine einheitliche Rechtsprechungslinie nicht ausmachen.[963]

Diese Uneinheitlichkeit zeigt sich exemplarisch am Beschluss zum Transplantationsgesetz.[964] Einerseits betont die Kammer, dass sogar „selbstgefährdendes

959 *Klass*, Unterhaltung ohne Grenzen?, 50.
960 *Dörr/ Cole*, K&R 2000, 369 ff., 374.
961 *Klass* in: *Gornig et al.*, 25 ff., 32.
962 *Dörr/ Cole*, K&R 2000, 369 ff., 375; *Höfling*, NJW 1983, 1582 ff., 1583; *Klass*, Realitätsfernsehen, 148.
963 *Klass*, Unterhaltung ohne Grenzen?, 79 ff. mit vielfältigen Rechtsprechungsnachweisen.
964 BVerfG-Beschluss vom 11.08.1999, Az.: 1 BvR 2181/98 u. a. – Transplantationsgesetz.

Verhalten [...] Ausübung grundrechtlicher Freiheit“[965] ist. Auf der anderen Seite zieht sie den „Schutz des [Organ]spenders gegen sich selbst“[966] als Legitimationsgrundlage heran und bezeichnet solch einen Schutz vor Selbstgefährdung als „legitimes Gemeinwohlanliegen“.[967] Sie betont, dass eine Entscheidung, die Würde und Selbstbestimmungsrecht tangiert, freiwillig getroffen werden muss,[968] sieht aber keinen Widerspruch darin, die eben betonte Freiwilligkeit durch hoheitliche Beschränkungen sicherzustellen.[969]

Da die Rechtsprechung des BVerfG nicht als Leitlinie taugt, stammt das berühmteste Urteil auf Bundesebene vom BVerwG.[970] Dieses verbat sogenannte „Peep Shows“, um die Menschenwürde der sich zur Schau stellenden Frauen zu schützen. Diese Maßnahme sei unabhängig von einer Einwilligung der Damen notwendig, denn die Menschenwürde sei unverzichtbar. In späteren Peep-Show-Urteilen stützte sich das BVerwG zwar nicht mehr auf die Menschenwürde der Teilnehmerinnen, sondern auf die Sittenwidrigkeit des Gewerbebetriebs,[971] doch dies bedeutete keinen Rechtsprechungswandel des BVerwG.

Die Linie einer unverzichtbaren, objektiv zu bestimmenden Menschenwürde führte das BVerwG in seinen Urteilen zu unzulässigen Aufnahme- oder Bestrafungsritualen bei der Bundeswehr fort.[972] Selbst der BGH entschied in einem ähnlich gelagerten Fall entsprechend.[973]

Gerichte niedrigerer Instanz folgten teilweise der Rechtsprechung des BVerwG,[974] aber auch die subjektive Definierbarkeit der eigenen Menschenwürde wird vertreten.[975]

965 S. o., Rz. 72.
966 S. o., Rz. 82.
967 S. o., Rz. 72.
968 S. o., Rz. 88.
969 S. o., Rz. 75.
970 BVerwG-Urteil vom 15.12.1981, Az.: 1 C 232/79 – Peep-Shows.
971 BVerwG, Urteil vom 30.01.1990, Az.: 1 C 26/87 – Sittenwidrigkeit von Peep-Shows; BVerwG, Beschluss vom 23.08.1995, Az.: 1 B 46/95 – Sittenwidrigkeit von Peep-Shows.
972 BVerwG, Urteil vom 17.10.2000, Az.: 2 WD 12/00, 13/00 – Disziplinare Ahndung einer als „Aufnahmeritual“ durchgeführten Unteroffiziersprüfung, Leitsatz Nr. 3; BVerwG, Urteil vom 27.11.1990, Az.: 2 WD 20/90 – Zur disziplinarrechtlichen Würdigung eines „Bestrafungsrituals“, Rz. 9. Die im Zusammenhang mit der Menschenwürde viel zitierte „Laserdrome“-Entscheidung beschäftigte sich hingegen nicht mit dem Schutz der Menschenwürde des Einzelnen, sondern der Menschenwürde als objektivem Wert, der vor allgemeiner Verrohung zu bewahren ist, BVerwG-Urteil vom 13.12.2006, Az.: 6 C 17/06 – Laserdrome, Orientierungssatz 2.
973 BGH Urteil vom 14.01.2009, Az.: 1 StR 158/08 – Entwürdigende Behandlung von Soldaten bei einer Geiselnahmeübung, NStZ 2009, 289 ff., 292, Rz. 66.
974 VG Neustadt-Beschluss vom 21.05.1992, Az.: 7 L 1271/92 – Zwergenweitwurf, NVwZ 1993, 98, 99.
975 VG Berlin, Urteil vom 01.12.2000, Az.: 35 A 570/99 – Widerruf der Gaststättenerlaubnis wegen Anbahnung der Prostitution, NJW 2001, 983, Leitsatz Nr. 4.

b) Paternalismus

Die Vertreter der Ansicht, dass die Menschenwürde nicht disponibel ist, sondern der Staat in paternalistischer Absicht festlegen kann, welche Anforderungen erfüllt werden müssen, um sich noch menschenwürdig zu verhalten bzw. behandeln zu lassen, beziehen sich vorrangig auf die Unantastbarkeit der Menschenwürde.[976] Aus der Tatsache, dass der Schutzbereich der Menschenwürde noch nicht einmal berührt werden darf, wird geschlossen, dass nicht mal der Träger seine eigene Menschenwürde tangieren dürfe. Dabei wird betont, dass die Menschenwürde unverzichtbar und unverwirkbar ist.[977]

Wer die Menschenwürde selbst definieren möchte, verkenne, dass deren Inhalt nach den allgemeinen Auslegungsregeln der Gesetzessystematik zu ermitteln sei.[978]

Zwar sei die Selbstbestimmungsmöglichkeit eines jeden grundrechtlich geschützt, doch könne sich diese Autonomie nur in den Grenzen der Menschenwürde entfalten.[979] Obwohl das Recht auf Selbstbestimmung direkt aus der Menschenwürde abgeleitet wird, stellt die Indisponibilität der Menschenwürde die Umgrenzung der Freiheit dar.[980] Denn das „Tugendprinzip" sei der Autonomie des Einzelnen vorzuziehen.[981] Ansonsten drohe eine „Wertethik inhaltsleerer Freiheit".[982]

Wiederholt wird darauf verwiesen, dass der Verzicht auf die Menschenwürde durch den Einzelnen sich negativ auf die gesamte Gesellschaft auswirkt. Der Staat könne nicht zulassen, dass das elementarste aller Grundrechte missachtet werde.[983]

Auch wer die Meinung vertritt, dass paternalistischer Grundrechtsschutz gegen sich selbst ermöglicht werden sollte, sobald die getroffenen Entscheidungen, die vermeintliche Selbstschädigung, irreparable Konsequenzen hat, der ist in Zeiten des Internets, das bekanntlich nichts vergisst, als Befürworter des Grundrechtsschutzes gegen sich selbst einzustufen.[984]

---

976 *Hufen*, JuS 2010, 1 ff., 9 f.; *Frotscher*, 41; *Hinrichs*, NJW 2000, 2173 ff., 2174.
977 S. o.
978 *Gern*, NJW 1983, 1585 ff., 1588.
979 *Hinrichs*, NJW 2000, 2173 ff., 2175; *Gern*, NJW 1983, 1585 ff., 1590.
980 *Suchomel*, 19.
981 *Gern*, NJW 1983, 1585 ff., 1588.
982 *Gern*, NJW 1983, 1585 ff., 1590.
983 *Bethge*, Staatsrecht, 1168; *Hinrichs*, NJW 2000, 2173 ff., 2175.
984 *Münch*, 113 ff., 127 f.

c) *Selbstbestimmung*

Dem entgegnen Anhänger einer durch Autonomie geprägten Menschenwürde, dass das Selbstbestimmungsrecht der Kerngehalt der Menschenwürde sei.[985] Als Ausdruck dieser Selbstbestimmung können alle den Inhalt ihrer persönlichen Menschenwürde subjektiv selbst definieren.

Eine objektive Definition der Menschenwürde, die die Einzelnen dazu zwingen könne, gewisse Verhaltensweisen an den Tag zu legen, pervertiere die Menschenwürde, denn diese solle Freiheit verleihen, nicht beschränkend und verpflichtend wirken.[986] Kein Mensch sei verpflichtet, sein Leben in einer gewissen „richtigen“ Weise zu leben.[987]

Wer sich freiwillig – nach objektiver allgemeiner Definition – menschenunwürdig behandeln lässt, macht eben dadurch von seiner Menschenwürde Gebrauch.[988] Gut intendierte Eingriffe von außen, die die Menschenwürde schützen sollen, seien tatsächlich Eingriffe und Gefährdungen der durch Autonomie definierten Menschenwürde.[989] Auch paternalistisch motivierte Eingriffe durch den Staat sind nach dem Dogma der Unantastbarkeit stets unzulässig.[990]

Die objektive Definition von Menschenwürde führe daher zu „letztlich totalitären Werte-Absolutismus“.[991] Dies ist umso gefährlicher, da auch die objektive Definition einer Menschenwürde nicht festgeschrieben steht, sondern ebenso von Menschen subjektiv festgelegt würde.[992] Es wird daher nicht die objektive Definition einer Menschenwürde abgelehnt, denn solch eine objektive Definition existiert nicht. Vielmehr ist abzuweisen, dass einem Dritten ermöglicht werden soll, seine Vorstellung von Menschenwürde anderen aufzuzwingen.

In Anlehnung an die Objekttheorie wird gefolgert, dass ein selbstbestimmt handelnder Mensch erst recht ein Subjekt und kein Objekt darstelle.[993] Zwar sei eine Mitwirkung in den Medien womöglich eine Kommerzialisierung der eigenen

---

985 *Köhne*, GewArch 2004, 285 ff., 285 ff.; *Hoven*, K&R 2010, 786 ff., 789; *Kübler.* 209 ff., 221; *Klass* in: Gornig et al., 25 ff., 34; *Scherer,* 55 ff., 70; *Dörr*, 63; *Dörr/ Cole*, K&R 2000, 369 ff., 375; *Frotscher*, 42 f.; VG Berlin, Urteil vom 01.12.2000, Az.: 35 A 570/99 – Café Psst, NJW 2001, 983 ff., Leitsatz 4.

986 *Klass*, Unterhaltung ohne Grenzen?, 88; *Klass* in: *Gornig/ Schöbener/ Bausback u. a.* (Hrsg.), Iustitia et pax, 2008, 25 ff., 34; VG Berlin, Urteil vom 01.12.2000, Az.: 35 A 570/99 – Café Psst, NJW 2001, 983 ff., 986.

987 VG Berlin, Urteil vom 01.12.2000, Az.: 35 A 570/99 – Café Psst, NJW 2001, 983 ff., 986.

988 *Möller*, 117; *Klass* in: Gornig et al., 25 ff., 35; VG Berlin, Urteil vom 01.12.2000, Az.: 35 A 570/99 – Café Psst, NJW 2001, 983 ff., 986.

989 *Ohlshausen*, NJW 1982, 2221 ff., 2222.; VG Berlin, Urteil vom 01.12.2000, Az.: 35 A 570/99 – Café Psst, NJW 2001, 983 ff., Leitsatz 4.

990 *Dörr*, 66.

991 *Ohlshausen*, NJW 1982, 2221 ff., 2224.

992 *Hösch*, GewArch 2001, 112 ff.

993 *Klass*, Realitätsfernsehen, 176.

Person, doch eine unzulässige Kommerzialisierung menschlichen Daseins im Sinne einer Menschenwürdeverletzung sei ausgeschlossen, solange der Protagonist selbstbestimmt und freiwillig agiert.[994]

Eine Begrenzung des Selbstbestimmungsrechts finde sich erst dann, wenn der Einzelne nicht wirklich autonom handele, da er mit fremdbestimmenden Zwängen konfrontiert wird oder aufgrund von Unreife oder psychischen Krisensituationen nicht in der Lage ist, einen selbstbestimmten freiwilligen Entschluss zu fassen.[995] Auch die immanenten Grundrechtsschranken wie die Rechte anderer beschränken das – im Gegensatz zur Menschenwürde sehr wohl antastbare – Selbstbestimmungsrecht.[996]

d) Fazit

Bei der Entscheidung, welche Seite man für vorzugswürdig hält, sind nur scheinbar die Argumentationen das ausschlaggebende Kriterium. Tatsächlich ergeben die angeführten Begründungen keine dogmatisch zwingende Entscheidung für eine Seite. Vielmehr lässt sich die Frage, ob der Staat paternalistisch zum Schutz seiner Bürger auch gegen deren erklärten, selbstbestimmten und unbeeinflusst gebildeten Willen tätig werden kann, auf die Kernfrage herunterbrechen, ob die Autonomie des Einzelnen staatlichen Paternalismus überwiegt. Eine Frage, die man je nach persönlicher Prägung und Einstellung unterschiedlich beantwortet.

Die Verfasserin dieser Arbeit hält den Schluss für zwingend, dass die Bedeutung der Autonomie und der Individualität staatlichen Paternalismus verbietet. Denn was nützt eine über allem stehende und absolut geschützte Menschenwürde, wenn deren Inhalt von außen bestimmt wird. Menschenwürde verpflichtet den Staat zu einem Mindestmaß an Respekt vor der Person und Individualität des Bürgers. Könnte der Staat die Menschenwürde einseitig interpretieren, wäre die Menschenwürde eine bloße Worthülse, die keinen konkreten Schutz für den Einzelnen bietet. Schließlich wäre auch die Festlegung des Menschenwürdeinhalts durch den Staat ein „Antasten" der Menschenwürde.

Der Verweis darauf, dass der Staat die Missachtung der Menschenwürde nicht hinnehmen könne, da dies bedeutenden Schaden an der Gesellschaft verursachen könnte, vermischt die verschiedenen Schutzrichtungen der Menschenwürde.[997] Die Diskussion um die Disponibilität der Menschenwürde bezieht sich lediglich auf den Teilnehmerschutz von Protagonisten. Es ist unbestritten, dass Arten medienrechtlicher Berichterstattung unzulässig sein können, da sie gegen den objektiven Wertgehalt der Menschenwürde verstoßen.[998] Auch die Menschenwürde der

994 *Di Fabio*, Menschenwürde, 31.
995 VG Berlin, Urteil vom 01.12.2000, Az.: 35 A 570/99 – Café Psst, NJW 2001, 983 ff., 986.
996 *Huster*, NJW 2000, 3477 ff., 3477.; *Ohlshausen*, NJW 1982, 2221 ff., 2223.
997 *Huster*, NJW 2000, 3477 ff., 3477.
998 *Klass*, Unterhaltung ohne Grenzen?, 100 f.; S. o. Teil 3 I. 4. c).

Rezipienten ist zu achten.[999] Die Frage, ob die freiwillig mitwirkenden Protagonisten in ihrer Menschenwürde verletzt sind, ist jedoch von der Diskussion um die Aufrechterhaltung des objektiven Wertgehalts der Menschenwürde zu unterscheiden.

3. Menschenwürdeberührung durch Medienproduktionen

Vertreter beider Argumentationslinien weisen darauf hin, dass die Anlässe, anhand derer diskutiert wurde, ob die Menschenwürde von Mitwirkenden gegen deren Willen geschützt werden sollte, viel zu geringfügig waren, um auch nur in die Nähe einer Menschenwürdeverletzung zu gelangen.[1000]

Medien haben einen großen Einfluss auf unsere Gesellschaft und sind ein wichtiger Bestandteil unseres Alltags. Medien werden jedoch von Wirtschaftsunternehmen gemacht, die Tabubrüche und Schockinhalte gezielt zur Erzielung von Rendite einsetzen. Diese Tendenz zur Provozierung kombiniert mit dem hohen Wirkungsgrad der Medien steht im Widerspruch zu einer geringen inhaltlichen Kontrolldichte.

Obwohl eine Vielzahl an Institutionen existiert, die in irgendeiner Art Medienaufsicht innehaben, gibt es nur wenige Momente, in denen tatsächliches Eingreifen ermöglicht wird. Denn die überragende Bedeutung der Kommunikationsfreiheiten führt dazu, dass kaum ein Inhalt nicht in den Medien verbreitet werden darf. Dies ist auch richtig, denn eine informierte Demokratie sollte an pluralistischen Meinungen festhalten.

Ein Fall, in dem medienrechtliche Kontrollgremien immer tätig werden dürfen, ist die Verletzung der Menschenwürde. Vor diesem Hintergrund leuchtet es ein, dass in der Medienlandschaft so viele Menschenwürdeverletzungen behauptet werden, wie sonst nirgends. Denn wenn die Berichterstattung an sich unerwünscht ist, aber ‚Geschmacklosigkeit' kein Eingriffskriterium darstellt, wird auf die Menschenwürde zurückgegriffen. Diese wird durch ihre inhaltliche Unbestimmtheit als Allheilmittel missverstanden. Die Tatsache, dass die zuständigen Gremien oft nicht ausreichend juristisch geschult sind, mag dazu ihr Übriges tun.

Die Argumentation mit einer vermeintlich vorliegenden Verletzung der Menschenwürde darf jedoch nicht als Mittel gegen Geschmacklosigkeiten oder unerwünschte Inhalte missbraucht werden. Solch einer Abwertung der Menschenwürde muss entgegengetreten werden, um ihrer Bedeutung als oberstem Verfassungsprinzip gerecht zu werden.[1001]

---

999 S. o. Teil 3 I. 4. b).

1000 *Frotscher*, 59; *Suchomel*, 52; *Dörr*, 48; *Dörr/ Cole*, K&R 2000, 369 ff., 375 ff.

1001 *Schmitt Glaeser*, ZRP 2000, 395 ff., 396; *Klass* in: Gornig et al., 25 ff., 30; *Hufen*, JuS 2010, 1 ff., 2; *Suchomel*, 15f.; 52.

Schließlich schützt die Menschenwürde den „Kernbereich menschlicher Existenz"[1002], und stellt „keine jederzeit verwendbare Norm gegen schlechten Geschmack, mangelndes Niveau oder menschliche Rohheiten"[1003] dar.[1004]

Die Menschenwürde in den Medien ist daher nicht schon dann zu diskutieren, wenn Protagonisten sich freiwillig seelisch selbst entblößen oder unter Dauerbeobachtung stellen, sondern erst dann, wenn absolute Extremsituationen herbeigeführt oder ausgenutzt werden. Als Beispiele werden hier medial begleitete Gladiatorenkämpfe oder Russisch-Roulette-Turniere genannt.[1005]

Sollen als zu niveaulos eingestufte Medientendenzen unterbunden werden, muss dies mit dafür geeigneten Instrumenten bewerkstelligt werden.[1006] Stehen solche Eingriffswerkzeuge nicht zur Verfügung, weil lediglich die Menschenwürde als gewichtig genug betrachtet wird, um Medien zu beschränken, muss dies akzeptiert werden. Der Gesetzgeber hat sich klar gegen eine „Geschmackszensur"[1007] entschieden, die nicht über die Hintertür der Menschenwürde wieder eingeführt werden darf.

Vor dem Hintergrund, dass die Menschenwürde oft fehlerhafterweise als Standardinstrument für umstrittene Berichterstattungen missbraucht wird, gilt umso mehr, dass das Selbstbestimmungsrecht des Einzelnen staatlich verordneten Paternalismus überwiegen muss. Denn auch wenn Befürworter der paternalistischen Argumentation sich stets auf den Schutz der Menschenwürde als zwingende Eingriffsgrundlage berufen, verbirgt sich dahinter oft „bloße moralische Entrüstung",[1008] die mit einigen Jahren Abstand von der ersten „Big Brother"-Staffel nur noch belächelt werden kann.

Darin zeigt sich die immense Missbrauchsgefahr, die dem Paternalismus innewohnt. Moralische Bedenken alleine müssen sich nach unserer Rechtsordnung der Autonomie der Bürgers unterordnen.

4. Paternalismus aus Jugendschutzgründen

zugunsten Minderjähriger ist paternalistischer, aufgedrängter Schutz hingegen anerkannt, wenn Kindern und Jugendlichen nicht die Fähigkeit zugesprochen wird, die Konsequenzen ihrer Handlungen zu überblicken und ausreichend gewichten zu können. Hierfür findet sich im staatlichen Wächteramt aus Art. 6 Abs. 2 S. 2 GG auch eine ausreichende gesetzliche Grundlage.[1009]

1002 *Frotscher*, 64.

1003 *Dörr*, 48.

1004 *Kübler*, 209 ff., 221.

1005 *Huster*, NJW 2000, 3477 ff., 3478. *Hufen*, JuS 2010, 1 ff., 7, erkennt eine Verletzung der Menschenwürde trotz freiwillig agierender Protagonisten bei „Extremfälle[n] von nahezu masochistischer Qualität" an.

1006 *Suchomel*, 244 f.

1007 *Ohly*, „Volenti non fit iniuria", 434.

1008 *Möller*, 119.

1009 *Möller*, 27 f, 145 ff.

Dadurch sind sowohl Maßnahmen des direkten Paternalismus, die Minderjährigen direkt Verhaltensweisen verbieten, als auch des indirekten Paternalismus, bei denen Dritte durch Vorschriften verpflichtet werden, um Minderjährige zu schützen, gerechtfertigt.[1010] Im Medienbereich sind hierbei insbesondere die medienrechtlichen Vorschriften des Jugendschutzgesetzes (JuSchG) und der Jugendmedienstaatsvertrag (JMStV) hervorzuheben. Diese beiden Normierungen konzentrieren sich allerdings auf Minderjährige als Rezipienten von Medieninhalten. Die Mitwirkung Minderjähriger in den Medien wird lediglich von arbeitsrechtlichen Vorschriften reguliert, wobei schon das Ergebnis der nächsten Kapitel vorauszunehmen ist, dass diese Normierung völlig unzureichend ist und keinen ausreichenden Schutzstandard errichtet.[1011]

VIII. Freiwilligkeit der Einwilligung

Argumentiert man damit, dass die selbstbestimmte Mitwirkung an Medienproduktionen nicht gegen die Menschenwürde der Protagonisten verstoßen könne, muss man als notwendige Voraussetzung definieren, dass die Mitwirkung tatsächlich selbstbestimmt erfolgt. Bestandteile einer selbstbestimmten Entscheidung sind das Vorliegen von Entscheidungsfähigkeit, das Vorhandensein einer ausreichenden Informationsbasis, die sicherstellt, dass der Agierende weiß, worauf er sich einlässt sowie die Freiwilligkeit der getroffenen Entscheidung.

Während die Entscheidungsfähigkeit in Bezug auf Minderjährige in der Regel abzulehnen ist[1012] und eine ausreichende Entscheidungsgrundlage durch Aufklärung geschaffen werden soll,[1013] ist von Freiwilligkeit der Entscheidung auszugehen, wenn diese frei von Druck und Zwang getroffen wird.[1014]

Entscheidungsfreiheit kann dabei insbesondere infrage zu stellen sein, wenn die Medienproduktion dabei helfen soll, eine finanzielle oder sonstige Notlage zu bewältigen. Diverse sogenannte Helptainment-Formate beschäftigen sich mit realen Protagonisten und deren akuten Problemen. Doch obwohl dies teilweise in den Programmen derart geschildert wird, lässt sich hierbei nicht feststellen, dass die Medienproduktion der einzige Ausweg aus der Notlage ist, sodass die Einwilligungsfreiheit der Protagonisten infrage zu ziehen wäre. Denn auch, wenn es sich in einem neu dekorierten oder umgebauten Haus schöner leben mag, oder der RTL-Schuldnerberater einen wirksamen Ausweg aus der Schuldenfalle aufzeigen konnte, ist davon auszugehen, dass den Betroffenen auch angesichts ihres als belastend empfundenen Lebenszustands noch eine freie Abwägung der Vor- und Nachteile der Mitwirkung an solchen Medienproduktionen möglich war,

1010 *Möller*, 15 f.
1011 S. u. Teil 9.
1012 S. o. Teil 5 V.
1013 S. u. Teil 5 IX.
1014 *Klass*, Unterhaltung ohne Grenzen?, 95.

insbesondere da bekannt sein dürfte, dass die Mehrzahl der Schuldnerberater auch ohne Kamerabegleitung wertvolle Hilfestellungen gibt.

Nicht wegzudiskutieren dürfte eine Verzerrung der öffentlichen Wahrnehmung sein. Denn es ist nicht auszuschließen, dass Eltern, die Probleme mit ihren Kindern haben, dem fehlerhaften Eindruck unterliegen, dass außer der Super-Nanny niemand mehr helfen könne und dabei vergessen, dass Jugendämter wertvolle Maßnahmen zur Kinder- und Jugendhilfe anbieten. Auch mag jemand, der eine Karriere im Rampenlicht anstrebt, davon überzeugt sein, dass nur eine Teilnahme bei einer Castingshow diesen Karrieretraum verwirklichen kann. Doch im Ergebnis ist festzustellen, dass eine akute Zwangslage der Protagonisten, die nur mithilfe einer Medienproduktion bewältigt werden kann und daher die Freiwilligkeit ihrer Teilnahme infrage stellt, bei den heute gängigen Medienproduktionen nicht beobachtet werden kann.

Angesichts des in der Medienlandschaft allgegenwärtig vorherrschenden Kostendrucks dürften auch soziale Zwangslagen nicht durch die Teilnahme an Medienproduktionen gelöst werden. Zwar gibt es keine offiziellen Angaben über die Gelder, die Protagonisten gezahlt werden, doch ist bekannt, dass diese den Rahmen einer Aufwandsentschädigung regelmäßig nicht übersteigen.[1015] Berücksichtigt man hingegen Formate, die offiziell hohe Geldsummen versprechen, wie einige Castingshows, Gewinnspiele oder auch Reality-Formate, wird hier keine finanzielle Zwangslage ausgenutzt, sondern lediglich eine Gewinnchance eingeräumt, so wie dies bei sonstigen Gewinnspielen oder Lotterien auch üblich ist.

Es ist vielmehr zu begrüßen, wenn eine Mitwirkung an einer Medienproduktion durch die Medienunternehmen, die mit dem Ergebnis ja ihre Profite erzeugen, vergütet wird, mögen die Zahlungen auch gering ausfallen. Problematisch könnten allerdings Fälle sein, in denen eine vor Produktionsbeginn gezahlte Kaution bei vorzeitigem Ausstieg nicht mehr zurückerstattet wird, denn diese Konstellation kann finanzielle Notlagen verschärfen und somit die Freiwilligkeit der weiteren Teilnahme infrage stellen.[1016]

Eine wirklich freiwillige Entscheidung liegt überdies nur vor, wenn der Berechtigte Gelegenheit erlangt, einen freien Willen zu fassen und auszusprechen. Vor diesem Hintergrund sind auch Einwilligungen, die unter extremem Gruppen- oder Zeitdruck ausgesprochen werden, regelmäßig nicht das Ergebnis einer selbstbestimmten Entscheidung.[1017]

1015 Eine Teilnahme an der Reality-Doku ‚Super Nanny' wurde mit einer Aufwandsentschädigung von nur € 2.000,-- für die Familie vergütet, *Hees*, 79 ff., 81.

1016 *Klass*, Unterhaltung ohne Grenzen?, 95.

1017 *Klass*, Unterhaltung ohne Grenzen?, 96. Dies lässt sogenannte ‚Interviewüberfälle' (*Klass*, AfP 2005, 507 ff., 512; *Libertus*, ZUM 2007, 621 ff., 625) als kritisch erscheinen, da der Angesprochene hier nicht genügend Zeit hat, um seine Reaktion und deren Auswirkungen zu überdenken. *Grunewald*, 170.

Schließlich kann von der Freiwilligkeit einer Teilnahme dann keine Rede mehr sein, wenn zwar die Entscheidung zur Teilnahme selbstbestimmt gefällt wurde, aber später nicht ermöglicht wird, die Mitwirkung an der Produktion jederzeit zu beenden.[1018] Dies ist besonders relevant, wenn die Vorstellungen, die die Protagonisten vor der Teilnahme hegten, sich nicht bewahrheiteten, wohingegen die Produzenten der Formate von Anfang an mit der tatsächlich eingetretenen Entwicklung der Geschehnisse rechneten. Problematisch ist hierbei, dass Formate zwar die sofortige Beendigung der Dreharbeiten akzeptieren, aber durch die Nachbearbeitung die Deutungshoheit der Geschehnisse behalten. Wer Dreharbeiten abbricht, muss daher befürchten, als unbelehrbar oder unmotiviert charakterisiert zu werden. Denn es ist schon aus wirtschaftlicher Sicht klar, dass eine angefangene Produktion mit massiven Kosten im Vorfeld durch Recherche und Vorbereitung und dem engagierten Personal vor Ort, das bei einem kurzfristigen Abbruch nicht anderweitig sinnvoll eingesetzt werden kann, nur im Extremfall nicht verwertet wird. Die Entschließung von Mitwirkenden, die Hilfe der Medienproduktion abzulehnen, kann schon aus Gründen der Dramaturgie und der Glaubwürdigkeit nicht als vernünftig oder sinnvoll dargestellt werden, denn die angebotene Hilfe wird vorher regelmäßig als letzte Rettung dargestellt. Kritik an Maßnahmen oder Methoden durch die Teilnehmer ist nicht vorgesehen.

Ähnliches wird auch an erfolgreichen Castingshows wie „Germany's next Topmodel" kritisiert, bei denen diejenigen als Gewinner hervorgehen, die jegliche als Ratschlag getarnte Anweisung befolgen und jede Behandlung ertragen, egal wie entwürdigend diese ist.[1019]

Auch Formate, in denen schwer erziehbare Jugendliche unter Kamerabeobachtung im Ausland therapiert werden sollen,[1020] erscheinen im Blick auf die Freiwilligkeit der Teilnahme als kritisch. Denn diese wehren sich – je nach Format durchaus nachvollziehbarerweise – regelmäßig gegen die Kamerabeobachtung und das Projekt an sich. Während der Bitte in die Kamera, diese auszuschalten regelmäßig kurzzeitig gefolgt wird (alles andere erzeugte auch kein tragbares Bild der Produktion bei den Zuschauern), wird der Jugendliche nicht ermächtigt,

---

1018 *Dörr/ Cole*, K&R 2000, 369 ff., 376; „Keine Auslieferung auf Gedeih und Verderb", *Schmitt Glaeser*, ZRP 2000, 395 ff., 399.

1019 *Kissler*, 134.

1020 Bei dem Format „Teenager außer Kontrolle – Letzter Ausweg Wilder Westen" von RTL findet eine Gruppentherapie unter Begleitung von Sozialpädagogen statt, während der die Jugendlichen durch das australische Outback wandern. Das Format „Die strengsten Eltern der Welt" von Kabel1 verzichtet hingegen auf fachkundige Anleitung, sondern schickt problematische Jugendliche unter der Legende, dass sie einen Partyurlaub antreten würden, zu einer Gastfamilie nach Sibirien, Zentralafrika oder in andere extreme Gegenden, um sie dort durch die strengen und vermeintlich effektiven Erziehungsmethoden der Gasteltern zu erziehen. Näheres hierzu s. o. Teil 1 III. 2 a) und Teil 3 I. 5.

eigenständig das Projekt abzubrechen, obwohl die Protagonisten oftmals deutlich zu verstehen geben, dass sie nach Hause reisen möchten.[1021]

Das Aufenthaltsbestimmungsrecht der Erziehungsberechtigten ist selbstverständlich zu beachten. Genauso ist anzuerkennen, dass Jugendliche im Rahmen von therapeutischen Maßnahmen diese regelmäßig zu Beginn oder zwischendurch ablehnen werden, doch kann man sich hier schon darüber streiten, ob tatsächlich eine ernst zu nehmende therapeutische Maßnahme vorliegt. Zudem steht außerhalb jeder Diskussion, dass die Aufzeichnung keine zuträgliche Wirkung auf den Erfolg der Therapie hat, und die anschließende Veröffentlichung, die Minderjährige in Extremsituationen zeigt, geeignet ist, jeglichen therapeutischen Erfolg wieder zunichtezumachen. Darüber hinaus kann die Ausstrahlung unvorhersehbare negative Konsequenzen auf den sozialen Alltag des Protagonisten haben.

Im Ergebnis ist eindeutig festzustellen, dass die Freiwilligkeit der Teilnahme in diesen Situationen nicht vorliegt. Die Jugendlichen können das Set aufgrund der tatsächlichen Gegebenheiten nicht verlassen, wobei verzweifelte Fluchtversuche selbstverständlich mit der Kamera begleitet werden.[1022] Sie sind daher gezwungen, an der Medienproduktion mitzuwirken. Aus diesem und weiteren Gründen wird vorliegend die Ansicht vertreten, dass solche Formate als unvereinbar mit der Menschenwürde einzustufen sind (näher hierzu s. o. Teil 3 I. 5), weswegen die Medienaufsicht verpflichtet wäre hiergegen einzuschreiten.

IX. Aufklärung

Die Einwilligung kann nur dann der Selbstbestimmung Ausdruck verleihen, wenn die Entscheidung zur Erteilung der Einwilligung auf der Grundlage einer ausreichenden Informationsbasis getroffen wird.[1023] Der Einwilligende ist nur dann zur Bildung eines selbstbestimmten Willens in der Lage, wenn ihm alle relevanten Fakten bekannt sind. Bei der Aufklärung des Einwilligenden geht es daher nicht darum, ihn zu einer objektiv richtigen oder vernünftigen Entscheidung zu bringen, sondern die richtige Grundlage für eine selbstbestimmte, nach subjektiven Kriterien passende Entscheidung zu bilden, um eine tatsächliche Selbstbestimmung zu ermöglichen. Die Pflicht, den Entscheidungsberechtigten ausreichend zu informieren, wird daher als ‚weicher Paternalismus' bezeichnet, der sich nicht über Entscheidungen hinwegsetzt, sondern lediglich zur Schaffung einer ausreichenden Informationsgrundlage verpflichtet.[1024] Eine Einwilligung bei der Art und Umfang der geplanten Berichterstattung nicht klar sind, wäre reine Förmelei, die keine tatsächliche Schutzwirkung hat.[1025]

1021 *Ehrich*, Hamburger Abendblatt, 02.03.2009.
1022 *Ehrich*, Hamburger Abendblatt, 02.03.2009.
1023 *Ohly*, „Volenti non fit iniuria", 386 ff.
1024 *Klass* in: Gornig et al., 25 ff., 28; *Möller*, 16 f.
1025 *Körner*, 131 ff., 132.

Das notwendige Ausmaß der Aufklärung wird durch den Widerstreit zwischen eigenverantwortlicher Informationspflicht des Einwilligenden auf der einen und Fürsorgepflicht des regelmäßig im Informationsvorteil stehenden Medienunternehmens auf der anderen Seite bestimmt.

Als bedeutende Voraussetzung für eine wirksame Einwilligung, deren Inhalt jedoch gesetzlich – ebenso wie die Einwilligung – nicht festgelegt ist und zudem je nach konkretem Einzelfall stark variiert, ist die Aufklärung im Medienrecht ein ebenso beliebtes Streitthema, wie im Arzt- oder Datenschutzrecht.[1026] Da andere wissenschaftliche Ausarbeitungen diese Diskussion schon extensiv begleitet haben,[1027] soll sie an dieser Stelle nur in ihren Grundzügen angerissen werden, um sich dabei auf die speziellen Fragen der Aufklärung bei der derzeit praktizierten Berichterstattung über Minderjährige zu konzentrieren.

Eine unzureichende Aufklärung führt nicht etwa zu Schadensersatzansprüchen wegen vertraglichen Nebenpflichtverletzungen, sondern zur Unbeachtlichkeit der Einwilligung.[1028] Die Einwilligung ist daher essentielle Voraussetzung für die Verwertbarkeit der Medienproduktion.

1. Aufklärungsempfänger

Die Aufklärung muss an denjenigen gerichtet werden, der berechtigt ist, in die Berichterstattung einzuwilligen. Im Rahmen der Doppelzuständigkeit sind dabei sowohl Minderjährige als auch deren Eltern aufzuklären, wobei darauf zu achten ist, dass Kindern und Jugendlichen mittels einer Sprache begegnet wird, die sie auch verstehen.

2. Zeitpunkt

Die Aufklärung muss vor Erteilung der Einwilligung stattfinden.[1029] Ändern sich während der Produktion die Umstände oder die Teilnahmeregeln, muss der Informationsvorsprung des Produzenten so schnell wie möglich durch eine ergänzende Aufklärung der Protagonisten ausgeglichen werden.[1030]

1026 Der medizinrechtliche Behandlungsvertrag hat 2013 eine Kodifizierung in den §§ 630 a ff. BGB erfahren, wobei der Arzt zu einer umfassenden Aufklärung verpflichtet wurde, deren genaue Ausformung freilich nicht gesetzlich festgelegt werden konnte, da sie vom Einzelfall abhängt.

1027 Bspw.: *Ohly*, „Volenti non fit iniuria", 372 ff.; *Wussow*, VersR 2002, 1337 ff.

1028 *Ohly*, „Volenti non fit iniuria", 386 ff.

1029 *Ohly*, „Volenti non fit iniuria", 344 ff.

1030 *Klass*, AfP 2005, 507 ff., 513.

3. Kriterien für Aufklärungsintensität

Die Intensität, in der eine Aufklärung ergehen muss, ist für die Wirksamkeit der Einwilligung und dadurch auch für die Verwertbarkeit der Medienproduktion essentiell. Umso schwieriger ist es für die Aufklärungsverantwortlichen, dass die notwendige Intensität der Aufklärung je nach Einzelfall unterschiedlich zu bewerten ist. Daher können an dieser Stelle lediglich Eckpunkte und besonders strittige Fragen der Aufklärungsintensität aufgezeigt werden, die je nach der konkreten Situation unterschiedliche Bedeutung erlangen.

Ohly benennt vier Elemente zur Bestimmung der Aufklärungsintensität: „das Berufsbild des Einwilligungsempfängers, sein Informationsvorsprung, die Natur des betroffenen Rechts und die Schwere des Eingriffs".[1031]

a) Berufsbild und Informationsvorsprung

Wer professionell Medien produziert, wie Journalisten und Fernsehproduktionsfirmen, muss deshalb auch besonders intensiv über die geplante Medienproduktion und deren Auswertung aufklären. Dies scheint angemessen, da gerade diese Berufsgruppen einen immensen Informationsvorsprung gegenüber einwilligenden Laien haben, der durch eine extensive Aufklärung ausgeglichen werden muss, um ein gleichwertiges Machtverhältnis herzustellen.[1032] Solch eine weite Aufklärung kann beschränkt werden, wenn professionelle Medienbeteiligte, wie Schauspieler, Politiker oder sonstige regelmäßig in den Medien präsente Persönlichkeiten betroffen sind, da diese Personen regelmäßig schon an die Mechanismen der Medienwelt gewöhnt sind.

b) Natur des betroffenen Rechts und Intensität des Eingriffs

Im Vergleich zu Print- oder Hörfunkmedien stellt der Auftritt in einer Fernsehsendung den intensivsten Eingriff in das Persönlichkeitsrecht dar, weil das Fernsehen regelmäßig die größte Breitenwirkung entfaltet,[1033] wobei diese Vorreiterrolle bald von Internetvideos übernommen werden könnte. Damit geht eine besonders intensive Aufklärungspflicht einher. Tritt ein Laie womöglich nicht als Statist, sondern in einem Reality-Format unter Angabe seiner echten Personalien auf, intensiviert dies den Eingriff und damit auch die Aufklärungspflicht, da nicht nur sein Recht am eigenen Bild, sondern auch seine Identitätsdaten und womöglich sein Lebensbild oder Charaktermerkmale dargestellt werden.

Daher wäre Medienunternehmen zu empfehlen, ihre zukünftigen Teilnehmer auch darauf hinzuweisen, was es bedeuten kann, sich einem Millionenpublikum zu präsentieren, ohne das letzte Wort über Art und Inhalt der Darstellung zu haben.[1034]

1031 *Ohly*, „Volenti non fit iniuria", 391.
1032 *Klass*, AfP 2005, 507 ff., 513.
1033 *Cole*, Big Brother, 59.
1034 *Di Fabio*, Menschenwürde, 51.

Auch die verschiedenen Verwertungsarten, zum Beispiel die mitunter jahrzehntelangen Wiederholungen, die grenzenlose Verbreitung übers Internet und die damit einhergehende Verselbstständigung und Verfremdung vieler Inhalte, sollte den Teilnehmern deutlich vor Augen geführt werden, um ihrem Selbstbestimmungsrecht jedenfalls gerecht zu werden.[1035]

4. Tendenziöse Darstellung von Protagonisten und Überraschungsmomente als Aufklärungsproblem

Die Frage der Freiwilligkeit und der vorherigen Information über alle relevanten Bestandteile eines Medienformats ist differenziert zu beurteilen, wenn die Sendung eine bestimmte Dramaturgie hat.[1036] Es ist allgemein anerkannt, dass sogenanntes Realitätsfernsehen vorgibt, das tatsächliche Geschehen abzubilden, doch tatsächlich einem Drehbuch folgt wie ein rein fiktives Format. Teilweise ist dies den Protagonisten bewusst, wenn sie sogar explizite Handlungsanweisungen erhalten, doch oft wird der Handlungsverlauf erst in der Postproduktion gestrickt und so mancher Teilnehmer wundert sich nach der Veröffentlichung darüber, was für ein Image ihm verliehen wurde.[1037] Realitätsfernsehen steht anderen Formaten in seiner Künstlichkeit und Beeinflussbarkeit in nichts nach, doch der Effekt den es auf den Alltag seiner Mitwirkenden haben kann, ist ungleich größer, da behauptet wird, die Realität zu dokumentieren, weswegen der Rezipient den Eindruck erhält, er lerne den Protagonisten kennen, so wie er wirklich ist.

Daher drängt sich die Frage auf, ob den Teilnehmern vorher dargelegt werden muss, in was für einem Licht sie erscheinen werden. Muss den oftmals minderjährigen Teilnehmerinnen von „Germany's next Topmodel" vorher erläutert werden, ob sie als das „Naivchen", die „Zicke" oder das „graue Entlein", das sich zum schönen Schwan mausert, dargestellt werden sollen? Muss ein minderjähriger Castingteilnehmer darauf hingewiesen werden, dass er keinerlei Talent hat und sein Auftritt lediglich der Belustigung dienen wird?

Einem außenstehendem Beobachter ist es unmöglich zu eruieren, ob den Teilnehmern bewusst ist, worauf sie sich eingelassen haben, das heißt in welchem Maße sie beabsichtigter Weise über ihre Rechte verfügt haben. Dabei muss man zugestehen, dass das Medium des Realitätsfernsehens mittlerweile etablierter Bestandteil der Fernsehlandschaft ist und daher kaum ein Element solch einer

---

1035 Sämtliche Folgen des im Rahmen dieser Arbeit mehrfach kritisierten Fernsehformats „Die strengsten Eltern der Welt", das ab 2009 ausgestrahlt wurde, finden sich im Jahre 2016 noch ständig verfügbar auf der Online-Plattform „Maxdome", Internetadresse: https://www.maxdome.de/die-strengsten-eltern-der-welt-b219046.html (2016).

1036 *Hartwig*, JZ 2000, 967 ff., 969; *Di Fabio*, Menschenwürde, 36.

1037 *Kohlmaier*, Süddeutsche.de (2013); *Kissler*, 134 ff.; *Götz/ et al.*, Sprungbrett oder Krise?, 142; *Hartwig*, JZ 2000, 967 ff., 971.

Unterhaltungssendung wirklich neu ist. Daher ist davon ausgehen, dass die Teilnehmer grundsätzlich wissen oder wissen könnten, auf was sie sich einlassen.[1038] Das LG Bielefeld unterstellt in seinem Super-Nanny-Urteil sogar schon einer 15-jährigen Protagonistin die Kenntnis, dass derartige TV-Formate gewissen künstlichen Produktionsabläufen unterliegen.[1039]

Es wäre verfehlt, aus einer negativen Darstellung zu schließen, dass der Einwilligende offensichtlich nur ungenügend aufgeklärt wurde. Der eigene Wertemaßstab, der mitunter die Teilnahme an solch einer Sendung verbieten würde, darf nicht die Diskussion über die notwendige Reichweite der Aufklärung beeinflussen.

Zudem ist man auch in ‚klassischen' Medienformaten nicht vor der Verzerrung der eigenen Persönlichkeit gefeit. Selbst ein wörtlich wiedergegebenes Zitat kann in einen derartigen Kontext gestellt werden, dass der Äußernde sich wundert, was ihm in den Mund gelegt wird.

Enthält das Medienformat Überraschungsmomente insbesondere konfrontativer Natur, muss der Protagonist Gelegenheit haben, nach einer ausreichenden Information freiwillig und selbstbestimmt zu entscheiden, ob er weiterhin mitwirken möchte. Dies bedeutet nicht, dass Überraschungsmomente nicht denkbar sind. Jedoch muss zum einen darauf hingewiesen werden, was und in welchem Umfang nicht offen gelegt wird, um dem Teilnehmer einen wirksamen Aufklärungsverzicht zu ermöglichen. Zudem darf der derart unvorbereitete Dargestellte nicht in Situationen gebracht werden, die ihn derart überrumpeln oder überfordern, dass er nicht mehr klar darüber entscheiden kann, ob er sich dieser Situation unter medialer Begleitung aussetzen möchte.[1040] Eine bewusste Täuschung der Protagonisten oder aktives unangekündigtes Vorenthalten von Informationen nimmt daher jeder vorher erteilten Einwilligung ihre Wirkung, da sie für Selbstbestimmung keinen Raum lässt.[1041]

5. Aufklärungsverzicht

Die Frage des Aufklärungsverzichts ist nicht mit der Frage gleichzusetzen, ob eine extensive Aufklärung stattfindet. Da sich das Maß der Aufklärung stets an dem Betroffenen orientiert, müssen erfahrene Medienpersönlichkeiten wie Prominente mitunter nur rudimentär informiert werden, ohne dass es sich hierbei um einen Aufklärungsverzicht handeln würde. Ein Verzicht liegt nur vor, wenn Aufklärung an sich notwendig ist, aber diese bewusst abgelehnt wird.

Angesichts der Tatsache, dass die Aufklärung Voraussetzung der Selbstbestimmung ist, durch die die mediale Darstellung als Ausübung der Menschenwürde und

1038 *Hartwig*, JZ 2000, 967 ff., 973, nennt es „Big Brother" Effekt, dass Teilnehmer eine „hemmungslos und unkontrolliert verzerrende Präsentation ihrer selbst riskieren."

1039 LG Bielefeld, Urteil vom 18.09.2007, Az.: 6 O 360/07 – Super Nanny, Rz. 14.

1040 *Di Fabio*, Menschenwürde, 48 f., 52; *Klass*, AfP 2005, 507 ff., 512.

1041 *Dörr*, 73; *Klass*, Unterhaltung ohne Grenzen?, 99; *Grunewald*, 168 f.

nicht als stets unzulässiger Eingriff gilt, ist eindeutig, dass ein Aufklärungsverzicht nur eine eng umgrenzte Ausnahme sein kann.[1042] Es ist daher nicht denkbar, dass Medienunternehmen generelle Verzichte in ihre Standard-Mitwirkungsvereinbarungen aufnehmen. Wie oben schon angesprochen, steht es dem Einzelnen jedoch frei, auf die Kenntnis gewisser Elemente eines Formats zu verzichten, solange hierdurch seine selbstbestimmte Entscheidung zur Mitwirkung nicht entkräftet wird.

Ein Aufklärungsverzicht ist daher nur im engen Rahmen möglich.[1043] Selbst wenn Protagonisten kein Interesse an einer Aufklärung bekunden, muss ihnen diese zuteilwerden, was ebenfalls den verpflichtenden Selbstschutzgedanken eines weichen Paternalismus widerspiegelt.

6. Formularaufklärungen

Angesichts der Tatsache, dass Medienhäuser Wirtschaftsunternehmen sind, die auf effektive Arbeitsprozesse angewiesen sind, sind Formularaufklärungen vielfach praktizierte Realität. Hierbei ist aber darauf zu achten, dass die Besonderheiten des Einzelfalls, das heißt das geplante Ausmaß und die Form der medialen Darstellung, insbesondere aber der individuell zu beachtende Empfängerhorizont der Protagonisten berücksichtigt werden muss, um zu einer wirksamen Aufklärung zu gelangen.[1044]

Als vielfach verwendete standardisierte Bestandteile von Willenserklärungen unterliegen Formularaufklärungen der Inhaltskontrolle Allgemeiner Geschäftsbedingungen nach §§ 305 ff. BGB.[1045]

7. Anfechtung der Einwilligung

Die Diskussion, ob die medienrechtliche Willenserklärung anfechtbar sein soll, ist ein beliebter Ansatzpunkt für die Grundsatzfrage nach der Rechtsnatur der medienrechtlichen Einwilligung. Doch wie schon oben dargestellt,[1046] hilft die Entscheidung für oder gegen die Charakterisierung als Willenserklärung tatsächlich nicht bei der Frage weiter, ob die Anfechtungsregeln der §§ 119 ff. BGB vor ihrer Anwendung auf die medienrechtliche Einwilligung einer Modifikation bedürfen oder nicht.

1042 *Kohte*, AcP 1985, 105 ff., 132.

1043 *Klass*, Realitätsfernsehen, 283.

1044 Im Hinblick auf die medizinrechtliche Einwilligung entschied das OLG Hamm, dass die bloße Unterzeichnung von Standard-Aufklärungsformularen nicht für eine wirksame Aufklärung ausreicht, OLG Hamm, Urteil vom 18.06.2013, Az. 26 U 85/12.

1045 *Kohte*, AcP 1985, 105 ff., 128 ff; *Klass*, Realitätsfernsehen, 284; *Ohly*, „Volenti non fit iniuria", 476.

1046 S. o. Teil 5 III. 4.

Wie so oft bei der Einwilligung werden hier wiederum alle möglichen Bandbreiten eines Meinungsspektrums vertreten. Während manche jedwede Anwendung der Anfechtungsregeln ablehnen,[1047] wenden andere diese regulär an.[1048]

Wichtig ist, dass man bei Prüfung einer Anfechtungsmöglichkeit nicht übersieht, dass die medienrechtliche Einwilligung mit dem Erfordernis einer Aufklärung ein eigenes Element innewohnt, das sie von anderen Willenserklärungen unterscheidet. Während reguläre Willenserklärungen anfechtbar sein müssen, um den Gedanken der Privatautonomie auch im Falle eines Irrtums oder einer Drohung gerecht zu werden, ist die medienrechtliche Einwilligung mitunter schon gar nicht wirksam erteilt, wenn die Aufklärung unzureichend oder fehlerhaft ausfiel, sodass eine gesonderte Anfechtung gar nicht mehr nötig ist, da ein Aufklärungsmangel zur Unwirksamkeit der Einwilligung führt.[1049]

Sollte jedoch ein Fall eintreten, in dem die Aufklärung ordnungsgemäß erfolgt ist, die medienrechtliche Einwilligung aber dennoch einem Anfechtungsgrund unterliegt, so ist kein Grund denkbar, wieso die Anfechtung nicht auch durchführbar sein sollte. Denn was für eine reguläre rechtsgeschäftliche Willenserklärung gilt, muss für die in der Menschenwürde mitverankerte medienrechtliche Einwilligung erst recht Geltung erlangen. Vielmehr ist zu fragen, ob die Regelungen über die Anfechtung nicht in Bezug auf die medienrechtliche Einwilligung ausgeweitet werden müssen, wobei insbesondere die zeitliche Begrenzung der Anfechtungsmöglichkeiten durch die Fristen der §§ 121, 124 BGB in der Kritik stehen.[1050]

Der Schutz der Menschenwürde-Bestandteile des Persönlichkeitsrechts wird im Rahmen der medienrechtlichen Einwilligung jedoch durch die Verpflichtung zur umfassenden Aufklärung abgedeckt. Ist diese Grundvoraussetzung erfüllt, ist kein Grund mehr dafür ersichtlich, dass die medienrechtliche Einwilligung im Vergleich zu anderen rechtsgeschäftlichen Erklärungen bevorzugt behandelt werden sollte.

Dabei ist zu berücksichtigen, dass die Anfechtungsfristen erst laufen, sobald der Anfechtungsberechtigte vom Vorliegen des Anfechtungsgrundes Kenntnis erlangt.

In Bezug auf Minderjährige, die Einwilligungen zu Medienberichterstattung anfechten wollen, stellt sich die Frage, ob der Minderjährige selbst oder dessen gesetzliche Vertreter zur Anfechtung berechtigt sind. Eine ausgewogene Lösung kann hier in Anlehnung an die Theorie der Doppelzuständigkeit gefunden werden.[1051] Danach bedarf es zu einer wirksamen medienrechtlichen Einwilligung Minderjähriger neben der Einwilligung der gesetzlichen Vertreter auch der Einwilligung des Minderjährigen selbst, um dessen Selbstbestimmungsrecht Ausdruck zu

1047 *Ohly*, „Volenti non fit iniuria", 366.

1048 *Frömming/ Butz*, NJW 1996, 958 ff., 959; *Kohte*, AcP 1985, 105 ff., 140; *Dasch*, 77 ff.; *Soehring/ Hoene*, 494.

1049 Aus diesem Grund sieht *Ohly*, „Volenti non fit iniuria", 366 keinen Raum für die Anwendung der Anfechtungsregelungen auf die medienrechtliche Einwilligung.

1050 *Klass*, AfP 2005, 507 ff., 514; *Ohly*, „Volenti non fit iniuria", 371.

1051 S. o. Teil 5 V. 6.

verleihen, aber ihn gleichzeitig noch der schützenden elterlichen Supervision zu unterstellen.

Angesichts der restriktiv zu handhabenden medialen Verwertung der Persönlichkeit Minderjähriger und der doppelten Absicherung, wenn es um eine Einwilligung hierzu geht, erscheint es angebracht, sowohl dem einsichtsfähigen Minderjährigen als auch dessen gesetzlichem Vertreter ein eigenständiges Anfechtungsrecht zu verleihen. Da für jede wirksame Anfechtung ein Anfechtungsgrund bestehen muss, birgt solch ein zweifaches Anfechtungsrecht auch keine Missbrauchsgefahr.

Der Kritik, dass solch eine Anfechtung auch eine vermögensrechtliche Folge, nämlich die Verpflichtung zum Ersatz des Vertrauensschadens nach § 122 BGB nach sich zieht und Minderjährige in der Regel keine Entscheidungen mit Vermögensfolgen treffen können sollen,[1052] kann entgegnet werden, dass auch die Entscheidung, ob eine Einwilligung erteilt wird oder nicht, eine Vermögensfolge enthält, nämlich bei einer Verweigerung den Verlust von Gegenleistung. Im Vordergrund der Anfechtungs- und der Einwilligungsberechtigung des Minderjährigen steht die Aufrechterhaltung seines Selbstbestimmungsrechts. Die hierdurch hervorgerufene mittelbare Vermögensfolge ist nicht entscheidend.

Zudem wird ein Vertrauensschaden regelmäßig nach § 122 Abs. 2 BGB nicht zu ersetzen sein, da der Vertragspartner damit rechnen muss, dass ein Minderjähriger sich mit Erreichen eigener Entscheidungsgewalt von den Entscheidungen seiner gesetzlichen Vertreter lösen wird.[1053] Man kann es kritisch sehen, ob in diesem Fall der anfechtende Minderjährige, der zum Produktionszeitpunkt noch kein Mitspracherecht genoss, überhaupt in der Lage war, ein nun auszugleichendes Vertrauen aufzubauen.[1054]

8. Keine Ausweitung der medienrechtlichen Aufklärungspflicht Minderjähriger

Viel rechtliches Konfliktpotential im Rahmen der Mitwirkung Minderjähriger in den Medien entsteht, weil den Minderjährigen und deren Eltern nicht bewusst ist, auf was sie sich einlassen. Daher scheint es naheliegend, die medienrechtliche Aufklärung auszuweiten, um jederzeit das notwendige Maß an Freiwilligkeit und Selbstbestimmung aufrechtzuerhalten.

Doch eine Ausweitung der medienrechtlichen Aufklärung verspricht keine Besserung der Situation. Das Manko der Aufklärungspflicht ist jetzt schon ihre Unbestimmtheit, die es den Beteiligten schwer macht, alle gesetzlichen Anforderungen zu erfüllen. Zudem entsteht der Eindruck, dass die Protagonisten von den ihnen

---

1052 So *Dasch*, 107 ff., für die verwandte Frage der eigenständigen Widerrufsberechtigung Minderjähriger.

1053 *Ohly*, „Volenti non fit iniuria", 355; *Götting*, 157.

1054 Verneint von *Götting*, 156 f; *Klass*, Realitätsfernsehen, 275.

zur Verfügung gestellten Aufklärungstexten nicht zu beeindrucken sind, sodass es sinnlos erscheint, diese noch weiter aufzublähen. Denn ein Großteil der Protagonisten muss sich vorwerfen lassen, dass die Medienformate altbekannt sind und daher bewusst sein müsste, wie die Berichterstattung aussehen kann. Die Möglichkeit negativer Aussagen ist bekannt und hält von einer Teilnahme offensichtlich nicht ab.

X. Widerruf

Auch die Diskussion darum, ob und unter welchen Voraussetzungen eine medienrechtliche Einwilligung widerrufen werden kann, ist ein Ansatzpunkt für die Frage nach der Rechtsnatur der medienrechtlichen Einwilligung,[1055] wobei wiederum die Entscheidung für eine der Theorien bezüglich der Rechtsnatur nicht die Frage beantwortet, ob ein Widerruf möglich sein soll.

Aus rein rechtsgeschäftlicher Sicht sind Widerrufe nach wirksamem Abschluss eines gegenseitigen Vertrages grundsätzlich nicht möglich. Es gilt ‚pacta sunt servanda', die Bindungswirkung an den Vertrag, die auch in §130 BGB postuliert ist. Jedoch kann auch hier nicht verkannt werden, dass die medienrechtliche Einwilligung höchstpersönliche Rechte betrifft, weswegen es mitunter einer Modifizierung bedarf.

1. Widerrufsvoraussetzungen

Es ist sachgerecht, zwischen einseitigen Einwilligungen und Einwilligungen im Rahmen eines vertraglichen Austauschverhältnisses zu unterscheiden.

Einseitige Gestattungen, bei denen der Einwilligende keine Gegenleistung erhält, könnten zum Beispiel die Erlaubnis an ein Restaurant sein, dort mit seinem prominenten Stammgast zu werben. In diesem Falle bedeutete der Widerruf dieser Einwilligung sicherlich einen Rechtsverlust für den Restaurantbetreiber, der nun unter Aufwendung finanzieller Mittel auf andere Werbemöglichkeiten zurückgreifen muss, um einen ähnlichen Werbewert zu erzielen. Gleichzeitig hatte er jedoch kein großes Vertrauen in die Aufrechterhaltung der kostenlosen Werbemaßnahme, da ihm bewusst gewesen sein muss, dass die Einwilligung nur auf dem Goodwill seines Gastes basierte.

Anders stellt sich die Sachlage dar, wenn ein Restaurantbetreiber mit einem Prominenten einen Vertrag darüber geschlossen hat, dass dieser für ein Fotoshooting zur Verfügung steht und gegen Zahlung einer Geldsumme mit dem Konterfei des Prominenten geworben werden darf. Es erscheint eindeutig, dass der Restaurantbetreiber in diesem Falle schützenswerter ist, da er darauf angewiesen ist, dass sich der organisatorische und finanzielle Aufwand amortisiert. Es wäre verfehlt,

1055 *Götting* in: Loewenheim, § 60/ § 22 KUG, 40 ff.

ihn in diesem Fall alleine dem Willen des ja ebenfalls in einem professionellen Umfeld handelnden Prominenten zu unterwerfen.

Problematisch ist allerdings, dass der Imagetransfer, den der Restaurantbetreiber sich in diesem Beispiel von dem Prominenten erhofft, in beide Richtungen verläuft. Nicht nur der Prominente verhilft dem beworbenen Produkt zu Aufmerksamkeit und gewissen Assoziationen, auch das beworbene Produkt wirkt sich auf das öffentliche Bild des Prominenten aus. Daher leuchtet es ein, dass einem Einwilligenden mitunter viel daran gelegen ist, eine Einwilligung rückgängig machen zu können, auch wenn er zum Einwilligungszeitpunkt ausreichend aufgeklärt war und voll hinter seiner Entscheidung stand, sodass weder Aufklärungsmängel noch Anfechtungsgründe ersichtlich sind.

Der Wunsch, sich von einer voll wirksam erteilten Einwilligung zu lösen, kann durch persönliche Entwicklungen und einen Überzeugungswandel, aber auch durch geänderte Assoziationen bezüglich des Formats oder Produkts, auf das sich die Einwilligung bezieht, geweckt werden. Angesichts der Tatsache, dass durch einen Widerruf das Grundprinzip der Bindung an den Vertrag durchbrochen wird, leuchtet ein, dass der Widerrufende einen wichtigen Grund geltend machen muss, um zum Widerruf berechtigt zu sein. Dies könnte bei der zweiten Fallgruppe, bei der das Schicksal des Formats oder des Produkts dem Prominenten im Nachhinein wünschen lässt, dass er nicht daran mitgewirkt hätte, schwierig nachzuweisen sein, da es Medienprodukten und auch Konsumgütern eben immanent ist, dass sie sich einer schwankenden Gunst des Publikums ausgesetzt sehen.

Doch insbesondere bei den hier besprochenen Minderjährigen ist gut vorstellbar, dass wirksam erteilte Einwilligungen schon nach nicht allzu langer Zeit ungewollt sein können, da sie ihrer zwischenzeitlich weiter entwickelten Persönlichkeit oder Überzeugung widersprechen und bei Aufrechterhaltung der Einwilligung tatsächlich eine negative Persönlichkeitsentwicklung zu befürchten wäre.

Bei der Suche nach einer ausgeglichenen Lösung zwischen Selbstbestimmungsrecht und Vertrauensschutz des Vertragspartners erscheint der § 42 UrhG sowie der § 35 VerlG schnell als der geeignete Anknüpfungspunkt.[1056] Diese setzten sich mit der gleichen Konfliktlage für den Fall auseinander, dass ein Urheber die Verwertung eines seiner Werke stoppen möchte. Dies ist möglich, wenn der Urheber einen Überzeugungswandel geltend macht, der dazu führt, dass ihm die weitere Verwertung des Werkes nicht zumutbar ist.[1057]

Dieselben Voraussetzungen ergeben auch für die medienrechtliche Einwilligung eine ausgewogene Lösung.[1058] Kann der Einwilligende einen wichtigen

1056 *Frömming/ Butz*, NJW 1996, 958 ff., 959.

1057 S. o.

1058 *Klass* in: Westermann et al., Anh zu § 12, Rz. 233; *Klass*, Realitätsfernsehen, 268; *Ohly*, „Volenti non fit iniuria“, 354; *Frömming/ Butz*, NJW 1996, 958 ff., 959; *Breutz/ Weyhe*, 1115. *Götting*, 150 ff., verweist zusätzlich auf die Regelungen der §§ 723, 626 BGB. Mit teilweise zu strengen Anforderungen an den dargelegten wichtigen Grund: *Kröner*, 1039. *Soehring/ Hoene*, 494 betont, dass ein Widerruf nicht vor der

Grund insbesondere einen Überzeugungswandel geltend machen, der die weitere Auswertung des Produkts nicht mehr zumutbar erscheinen lässt, kann er seine Einwilligung widerrufen. Dabei ist ein wichtiger Grund umso leichter glaubhaft zu machen, je näher die Einwilligung an den Kern des Persönlichkeitsrechts heranrückt.

Im oben erwähnten Beispiel einer einseitigen Einwilligung, die lediglich auf der Großzügigkeit des Einwilligenden basiert, gilt zwar grundsätzlich dasselbe, da auch eine medienrechtliche Einwilligung ohne Gegenleistung eine rechtsgeschäftsähnlich bindende Wirkung entfaltet, doch regelmäßig wird der Vertrauensschutz des Einwilligungsempfängers derart gering einzustufen sein, dass an den wichtigen Grund oder den Überzeugungswandel nur Mindestanforderungen zu stellen sind.[1059]

Aufgrund der hohen Bedeutung, die der mögliche Widerruf einer Einwilligung auf die Aufrechterhaltung des Persönlichkeitsrechtsschutzes hat, geht hervor, dass auf eine Widerrufsmöglichkeit nicht im Vorhinein wirksam verzichtet werden kann, wie es auch § 42 Abs. 2 UrhG für das Rückrufsrecht des Urhebers vorsieht.[1060]

Durch die Anerkennung eines Widerrufsrechts wird eine Entscheidung, wie sie im Urteil ‚Shields v Gross'[1061] in Amerika getroffen wurde, vermieden. Dort versuchte die inzwischen erwachsene Brooke Shields, die von ihrer Mutter erteilte Einwilligung in ein Nacktfoto der zehnjährigen Brooke Shields zu widerrufen, scheiterte jedoch vor Gericht. In solch einem Fall wäre nach deutschem Recht ein Widerruf in jedem Falle möglich, da ein Überzeugungswandel der inzwischen erwachsenen Betroffenen glaubhaft gemacht war, an den aufgrund der hohen persönlichkeitsrechtlichen Relevanz auch keine übersteigerten Anforderungen zu stellen gewesen wären. Auch ein Vertrauensschaden wäre in Anbetracht der zwischenzeitlich erfolgten Verwertung nicht oder nur als gering einzustufen gewesen.

---

ersten Verwertung der Produktion, sondern erst nach gewisser Zeit erlaubt sein sollte, um den Medien planbare Arbeit zu ermöglichen. Da der notwendige wichtige Grund bzw. der Überzeugungswandel und der ggf. zu zahlende Vertrauensschadensersatz den Einwilligungsempfänger schon ausreichend schützen, ist solch eine zeitliche Grenze abzulehnen. Im Urteil des LG Düsseldorf vom 27.10.2010, Az.: 12 O 309/10 – Interview mit Hinterbliebenem eines Unfallopfers – Loveparade, Rz. 23, wird im Gegensatz dazu sogar positiv hervorgehoben, dass ein Widerruf in enger zeitlicher Nähe zu der erteilten Einwilligung stattfand.

1059 Aufgrund des niedrig anzusetzenden Vertrauens unterscheidet sich diese Lösung kaum von der Annahme einer ständigen voraussetzungslosen Widerrufbarkeit solch einseitiger Einwilligungen, z.B. vertreten von *Ohly*, „Volenti non fit iniuria", 348; *Klass* in: Westermann et al., Anh zu § 12, Rz. 233. Der Annahme einer ständigen Widerrufbarkeit ist dennoch entgegenzutreten, da nicht zu verkennen ist, dass auch eine einseitige Einwilligung schon ein, wenn auch geringes, schützenswertes Vertrauen des Einwilligungsempfängers hervorrufen kann.

1060 *Dusch*, 85 f.; *Klass*, Realitätsfernsehen, 270.

1061 114 Shields v. Gross, 58 N.Y.2d 388, 461 N.Y.S. 2d 254 (1983).

2. Ersatz des Vertrauensschadens

Problematisch ist lediglich, wie der Rechtsverlust des Vertragspartners ausgeglichen werden soll. Die urheberrechtliche bzw. verlagsrechtliche Regelung sieht hierfür vor, dass der Urheber den Vertragspartner angemessen entschädigen muss, wobei mindestens dessen Aufwendungen ersetzt werden müssen. Bevor solch eine Zahlung geleistet wurde, kann der Urheber sein Werk nicht zurückrufen, § 42 Abs. 3 UrhG, § 35 Abs. 2 VerlG.

Das Urheberrecht enthält zwar mit den Urheberpersönlichkeitsrechten ebenfalls eine persönlichkeitsrechtliche Seite, doch ist seine Ausprägung weitaus kommerzieller geprägt. Urheberrechtliches Schaffen ist zumeist in erster Linie ein Beruf, der persönlichkeitsrechtliche Elemente enthält. Im Gegensatz dazu stehen die Persönlichkeitsrechte bei der hier betrachteten medienrechtlichen Einwilligung klar im Vordergrund, es sind lediglich kommerzielle Aspekte enthalten. Daher ist fraglich, ob die Entschädigungsregel des § 42 Abs. 3 UrhG auch auf den medienrechtlichen Widerruf angewandt werden sollte, denn diese wird den Widerrufsberechtigten regelmäßig in die Situation versetzen, dass er sich einen Widerruf schlicht und einfach nicht leisten kann. Dies gilt umso mehr, wenn man bedenkt, dass nur wenige der in den Medien präsenten Personen über große finanzielle Mittel verfügen. Im Gegensatz dazu aber Produktionskosten von Medienprodukten äußerst hoch sind.

Daher erscheint es vorzugwürdig, die Entschädigungsregel des § 122 BGB analog anzuwenden, nach der lediglich der Vertrauensschaden zu ersetzen ist.[1062] Auch diese Summe kann beträchtlich sein, bleibt jedoch hinter der urheberrechtlichen Entschädigung regelmäßig deutlich zurück. Die Höhe des Vertrauensschadens bestimmt sich nach den von der Einwilligung betroffenen Rechtsgütern, den Umständen der Einwilligung und der geplanten Art der Verwertung.[1063]

Der Vertrauensschutz kann sowohl bei dem Widerruf einseitig gewährter Einwilligungen als auch bei Einwilligungen in Gegenseitigkeitsverträgen zu wahren sein, denn auch eine einseitige Einwilligung kann dazu führen, dass der Einwilligungsempfänger Aufwendungen im Vertrauen auf ihren Bestand tätigt. In diesem Falle ist jedoch genau zu untersuchen, ob und in welchem Umfang solch ein Vertrauen berechtigt war.

1062 *Klass*, Realitätsfernsehen, 268 f.; *Ohly*, „Volenti non fit iniuria“, 354 f.; *Götting*, 150 ff.; *Frömming/ Butz*, NJW 1996, 958 ff., 959, plädiert hingegen für eine analoge Anwendung des § 42 Abs. 3 UrhG, wobei er anerkennt, dass kein voller Ersatz im Sinne des Schadensersatzrechts, zumindest aber die Produktionskosten gezahlt werden sollten.

1063 *Klass*, Realitätsfernsehen, 269.

3. Widerrufsberechtigung

Auch hier ist wieder zu überlegen, wer dazu berechtigt ist, die Einwilligung bezüglich der Darstellung eines Minderjährigen zu widerrufen. Im Gleichklang zu den Ausführungen bezüglich der Anfechtung[1064] der Minderjährigen ist festzustellen, dass sowohl der einsichtsfähige Minderjährige als auch dessen gesetzlicher Vertreter ein eigenständiges Widerrufsrecht innehaben.

An dieser Ansicht wird kritisiert, dass kein wichtiger Grund vorliegen kann, wenn nicht der Minderjährige, sondern lediglich die Erziehungsberechtigten einen Überzeugungswandel durchlaufen.[1065] Doch ist diesem Schluss nicht zuzustimmen, da der Minderjährige bis zum Erreichen der Volljährigkeit nun einmal unter der gesetzlich gewollten Aufsicht der Erziehungsberechtigten steht, weswegen deren Ansichten und eine Änderung ihrer Überzeugungen sich stets auch auf das Leben des Minderjährigen auswirken.

Die mittelbar durch einen Widerruf hervorgerufene finanzielle Folge der Verpflichtung zum Vertrauensschadensersatz nach § 122 BGB analog ist, wie schon bei der Anfechtung näher ausgeführt, für die Frage nach der Widerrufsberechtigung nicht entscheidend, insbesondere da regelmäßig ein Fall des § 122 Abs. 2 BGB vorliegen wird.[1066]

4. Gesondertes Widerrufsrecht Minderjähriger

In Bezug auf Darstellungen Minderjähriger ist einleuchtend, dass ein wichtiger Grund, zum Beispiel ein Überzeugungswandel, oft anzunehmen sein wird, da ein Älterwerden regelmäßig auch mit einer Neubewertung des persönlichen Auftretens in der Öffentlichkeit einhergeht. Es ist einzugestehen, dass die Zusammenarbeit mit minderjährigen Darstellern daher regelmäßig einer Widerrufsgefahr ausgesetzt ist. Doch in Anbetracht der Besonderheiten des Einzelfalls, die bei der Einstufung eines Widerrufsgrundes als wichtig berücksichtigt werden müssen, wird auch dieser besondere Umstand Gehör finden.

Ein eindeutiger Sonderfall liegt vor, wenn die Einwilligung von dem gesetzlichen Vertreter des Minderjährigen alleine erteilt wurde, weil der Minderjährige zu diesem Zeitpunkt noch nicht einsichtsfähig war oder sich von seinen Eltern noch nicht genügend emanzipiert hatte, um sich ihrer Einwilligung zu widersetzen. Es ist zu überlegen, ob dem Minderjährigen nach Erreichen der Einsichtsfähigkeit ein gesondertes Widerrufsrecht zugesprochen werden sollte. Ähnlich hierzu sieht das Gesellschaftsrecht ein Sonderkündigungsrecht des minderjährigen Gesellschafters nach Vollendung des 18. Lebensjahres vor, § 723 Abs. 1 S. 3 Nr. 2 BGB.

1064 S. o. Teil 6 VII.
1065 *Dasch*, 109.
1066 S. o. Teil 6 VII.

Einerseits erscheint dies nicht notwendig, denn bei der Unzufriedenheit mit einer im Zeitraum der Fremdbestimmung erteilten Einwilligung wird regelmäßig ein wichtiger Grund, der zum Widerruf berechtigt, gegeben sein. Zudem ist durch die Unwirksamkeit eines antizipierten Widerrufsverzichtes sichergestellt, dass ein Widerruf stets möglich sein wird.

Andererseits erscheint es daher auch nicht verfehlt, es als stets wichtigen Grund anzuerkennen, wenn der nun einsichtsfähige Minderjährige sich erstmals von Mediendarstellungen, die im Zeitraum der Fremdbestimmung durch gesetzliche Vertreter entstanden, lösen will.[1067] In Anbetracht dessen ist darauf zu achten, dass ein Ersatz des Vertrauensschadens nach § 122 Abs. 2 BGB nicht infrage kommt, da der Vertragspartner mit eben dieser Neuausrichtung der medialen Darstellung nach Erreichen eigener Entscheidungsgewalt rechnen muss, sodass schon kein schutzwürdiges Vertrauen aufgebaut werden konnte.[1068] Da kein Vertrauensschaden ersetzt werden muss, kann der Minderjährige sein Selbstbestimmungsrecht frei ausüben, ohne finanzielle Folgen fürchten zu müssen.

Wegen der Anknüpfung an das Erreichen der Einsichtsfähigkeit könnte der Gedanke nahe liegen, dass der Minderjährige innerhalb einer gewissen Frist entscheiden muss, ob und welche Darstellungen er widerruft. Angesichts der Bedeutung des Selbstbestimmungsrechts und der von Person zu Person unterschiedlichen Zeitpunkte, in denen die Einsichtsfähigkeit erreicht wird, ist dies jedoch abzulehnen. Lediglich Darstellungen, die von dem Minderjährigen nach Erreichen der Einsichtsfähigkeit bestätigt wurden, können nur noch nach den regulären Widerrufsvoraussetzungen, insbesondere dem Vorliegen eines anderweitigen wichtigen Grundes, widerrufen werden. Bloßes Schweigen auf Mediendarstellungen ist nicht als solch eine Bestätigung anzusehen.[1069]

XI. Kein Verbot der präventiven Einwilligung

Um zu vermeiden, dass Protagonisten nicht wissen, worauf sie sich einlassen und somit ihrer Selbstbestimmung beraubt werden,[1070] oder dass ein verzerrtes Bild in den Medien präsentiert wird, könnte eine präventive Einwilligung in Bezug auf die medienrechtliche Mitwirkung Minderjähriger verboten werden. Den Betroffenen müsste in solch einem Fall erst das fertig bearbeitete Produkt vorgeführt werden, bevor sie wirksam einwilligen können. Nicht nur würde den Beteiligten deutlich das Ergebnis präsentiert, sie könnten ihre Rechte auch effektiver wahrnehmen, da die Medienproduzenten auf ihre Einwilligung angewiesen sind, bevor sie das Werk

---

1067 *Ohly*, „Volenti non fit iniuria“, 354; *Götting*, 156; *Klass*, AfP 2005, 507 ff., 516 f.; *Klass*, Realitätsfernsehen, 275.

1068 *Götting*, 156 f.; *Ohly*, „Volenti non fit iniuria“, 355; *Klass*, Realitätsfernsehen, 275.

1069 OLG Düsseldorf, Urteil vom 29.05.1984, Az.: 15 U 174/83 – Schmerzensgeldanspruch einer Minderjährigen bei Veröffentlichung von Nacktfotos, Rz. 6.

1070 *Di Fabio*, Menschenwürde, 37, 52.

veröffentlichen können. Bisher sind Protagonisten damit konfrontiert, dass sie ihre Rechte zu verteidigen versuchen, wenn die Veröffentlichung bereits stattgefunden hat und somit der Schaden bereits verursacht wurde.

Ein solches Verbot einer präventiven Einwilligung ist jedoch nicht realisierbar, da es mit der Kommunikationsfreiheit der Medienunternehmen unvereinbar ist. Teil der Meinungsfreiheit ist es eben, nicht nur unterhaltend tätig zu sein, sondern auch, sich kritisch zu äußern. Solche kritischen Äußerungen wären nicht mehr denkbar, wenn präventive Einwilligungen verboten sind. Die Medien müssten um ihre Einwilligung bangen und würden so dazu erpresst, gefällig zu berichten. Nicht zuletzt könnten auch andere Mitwirkende an ihrer grundrechtlich geschützten Meinungsäußerungsfreiheit gehindert werden, wenn ein Einziger im Nachhinein seine Einwilligung verweigert.[1071]

Zudem wäre es auch unbillig, den Medienunternehmen, denen erhebliche Produktionskosten entstehen, nach Fertigstellung die Verwertungsmöglichkeit zu nehmen. Jede Schadensersatzpflicht des Protagonisten, der die Einwilligung verweigert, würde wiederum dazu führen, dass er seine Einwilligung schon aus Angst vor den finanziellen Folgen erteilen wird.

1071 *Di Fabio*, Menschenwürde, 36 f.

Teil 6: Privatsphärenöffnungen durch medienrelevantes Vorverhalten

Persönlichkeitsrechte müssen dort nicht geschützt werden, wo der Betroffene sie selbst aufgegeben hat. Es steht dem Einzelnen frei, Informationen, selbst aus der am strengsten geschützten Intimsphäre, freizugeben,[1072] jedoch muss er es dann ertragen, wenn diese Tatsachen, jedenfalls über einen zeitlich und thematisch angemessenen Rahmen hinweg, weiter verbreitet werden, obwohl er dies nicht mehr wünscht.[1073] Ein allgemeiner Schutz vor Kommerzialisierung der eigenen Person wird nicht gewährleistet.[1074]

I. Öffentlichkeit und Privatsphäre in einer digitalen Welt

Als Kanzlerin Merkel das Internet im Juni 2013 als Neuland bezeichnete, wurde sie nicht umsonst dem Spott der „Bewohner des Neulands“ ausgesetzt.[1075] Denn eine Trennung zwischen digitaler und analoger Welt ist längst nicht mehr möglich.

War das Internet zu Beginn noch ein Ort, an den man sich wandte, um Informationen zu erhalten, ähnlich wie eine Bibliothek, so ist es heute weit über diesen Rahmen hinausgewachsen. Was als Alternative zu einer Bibliothek begann, hat den Alltag so allumfassend verändert, dass heutzutage jede Bibliothek in diese digitale Welt integriert ist. Statt Karteikästen, in denen man Signaturen recherchiert, orientiert man sich heute über – selbstverständlich online abrufbare – digitale Kataloge. Neuanschaffungen landen nicht zwangsläufig in den Regalen, sondern werden in Form von E-Books und Datenbank-Zugriffsrechten vorgenommen.

Man wendet sich daher nicht mehr aktiv an das Internet oder an digitale Medien. Sie sind längst schon da. Untrennbar sind sie mit unserer Umgebung verschmolzen, sodass wir sie gar nicht mehr bewusst wahrnehmen. Wir haben kein Neuland

---

1072 Zum Beispiel durch die Mitwirkung in einem Pornofilm: BGH-Urteil vom 25.10.2011, Az.: VI ZR 332/09 – Wenn Frauen zu sehr lieben, Rz. 12, 13; *Degenhart*, JuS 1992, 361 ff., 364.

1073 *Klass* in: Westermann et al., Anh zu § 12, Rz. 121; *Beater*, ZUM 2005, 602 ff., 609; BVerfG-Urteil vom 15.12.1999, Az.: 1 BvR 653/96 u. a. – Caroline II, Leitsatz 2; BGH-Urteil vom 20.12.2011, Az.: VI ZR 261/10 – Berichterstattung über Parteizugehörigkeit eines Vereinsvorstands, Rz. 16; Zur Überschreitung des zeitlich und inhaltlich zulässigen Rahmens OLG Dresden, Urteil vom 12.07.2011, Az.: 4 U 188/11 u. a. – Geldentschädigung wegen einer Presseberichterstattung über den Suizid eines Kindes eines ehemaligen Landesministers, Rz. 23

1074 BVerfG-Urteil vom 15.12.1999, Az.: 1 BvR 653/96 u. a. – Caroline II, Leitsatz 2.

1075 *Frickel*, Focus (2013).

entdeckt, das wir betreten oder verlassen können. Vielmehr durchlief jeder unserer Lebensbereiche eine digitale Evolution.

Daneben ist das Internet ein Medium in bisher nie da gewesenem Ausmaß. Denn es transportiert Inhalte und Meinungen in Sekundenschnelle über den ganzen Globus, ohne dass für die Mitwirkung hohe Zugangshürden zu überschreiten wären. Jede Aussage, jedes Bild, das hochgeladen wird, kann weltweite Aufmerksamkeit erfahren. Die Hegemonie der althergebrachten Massenmedien wurde dadurch abrupt beendet.

Vor diesem Hintergrund ist zu untersuchen, ob Rechtsmodelle reformiert oder angepasst werden müssen, um mit der gesellschaftlichen Entwicklung Schritt zu halten. Womöglich hat sich die Bedeutung von Rechtsbegriffen überholt oder bekannte Erfahrungssätze stimmen nicht mehr. Zudem stellt sich die Frage, ob die Dauerhaftigkeit der digitalen Welt es erfordert, neue Instrumente einzuführen, die unter dem Schlagwort „Recht auf Vergessen" diskutiert werden.[1076]

Insbesondere was den grenzübergreifenden Rechtsschutz und die damit verbundenen Gerichtszuständigkeiten angeht, stellt das „grenzenlose Neuland" Internet neue Fragen. Auch die Haftung für Inhalte kann extensiv untersucht und unterschieden werden. Vor dem Hintergrund der spezifisch medienrechtlichen Ausrichtung dieser Arbeit wird diesbezüglich auf nähere Ausführungen verzichtet, um konzentriert darzustellen, wie sich die Digitalisierung unserer Welt auf das materielle Medienrecht auswirkt.

Der Siegeszug des Internet stellt die Frage, ob unser bisheriges Verständnis von Privatsphäre und Öffentlichkeit überholt ist. Doch diese Überlegung ist nicht neu: Schon als Ende der Neunziger Jahre Mobiltelefone von den Kosten her für jedermann erschwinglich wurden, hielten sie zunehmend Einzug in den Alltag. Parallel zu dieser Entwicklung kehrten Normalbürger in Talkshows ihr Innerstes nach außen, wobei selbst intimste Geheimnisse einem Millionenpublikum offenbart wurden.

Diese Phänomene waren der Anlass dafür, eine Auflösung der Privatsphäre zu konstatieren.[1077] Denn wenn allerorts und für jeden mithörbar private Gespräche am Telefon geführt würden und Personen sich freiwillig und ohne nennenswerten Anreiz im Fernsehprogramm zur Schau stellen, wären privateste Tatsachen von einer breiten Öffentlichkeit wahrnehmbar. Die Privatsphäre wäre vollständig in der Öffentlichkeit aufgelöst.[1078]

1076 S. u. Teil 6 VI.

1077 *Cole*, Big Brother, 66. Diese Diskussion wurde auch unter dem schon 1986 als Buchtitel verwendeten Schlagwort „Tyrannei der Intimität" (*Richard Sennet*) geführt, siehe *Schneider*, 5 ff., 7; *Gurlit*, 4 ff., 19 ff. *Güntner*, 68, formuliert treffend, dass es nur auf die Akzentuierung ankomme, ob man diese Entwicklung als „Auflösung der Privatsphäre" oder als „Zerstörung der Öffentlichkeit" bezeichne, denn es ist müßig darüber zu streiten, welche der beiden Sphären überlagert wird, wenn die Grenzen verschwimmen.

1078 S. o.

Solche Befürchtungen haben sich nicht bestätigt. Mittlerweile hat man festgestellt, dass auch die Mobiltelefonie nicht vergessen ließ, dass gewisse Telefonate nicht in einem überfüllten Raum geführt werden sollten und selbst die letzte Nachmittags-Talkshow wurde inzwischen eingestellt.

Zudem wird darauf hingewiesen, dass schon seit Anbeginn der Mediengeschichte Privates zur Unterhaltung der Gesellschaft diente.[1079] Mit der Fokussierung auf Privates in den Massenmedien verursachen diese keinen Gesellschaftswandel, sondern sind vielmehr der Spiegel eines stetig im Wandel befindlichen Verständnisses von Privatem und Mitteilungswertem.[1080] Auch die Digitalisierung und die Allgegenwärtigkeit des Internets haben diese Entwicklung nicht verursacht, allerdings zweifelsohne beschleunigt.[1081]

1. Einfluss der Digitalisierung: Von der ‚Religion der Offenheit' zu ‚Post-Privacy'

Die Digitalisierung beeinflusst unseren Alltag in vorher unvorstellbarem Ausmaß. Aus Handys wurden Smartphones und die Selbstentblößung in Talkshows wurde durch massenhaften digitalen Exhibitionismus in sozialen Netzwerken ersetzt.

Vor dem Hintergrund dieser Entwicklung muss untersucht werden, ob das rechtlich definierte Verständnis von Privatsphäre noch mit dem gesellschaftlichen Bild übereinstimmt, oder ob mit einer Anpassung des Rechtsbegriffs reagiert werden muss.[1082]

Dies kann durchaus kritisch gesehen werden, denn es wird ebenso vertreten, dass die zunehmende Auflösung der Unterscheidung der Lebenswelten kein rechtliches, sondern ein gesellschaftliches Problem darstellt, das konsequenterweise nicht auf rechtlicher Ebene gelöst werden sollte.[1083]

Frühere Diskussionsansätze zielten stets darauf ab, die Privatsphäre vor neuen oder altbekannten Bedrohungen zu verteidigen. Im Gegensatz dazu, wird heutzutage ergebnisoffen gefragt: „Ist Privatheit unter- oder überbewertet?"[1084]

Tatsächlich gibt es Stimmen, die das Konzept der Privatsphäre völlig ablehnen. *Eric Schmidt*, CEO von Google, nennt „Offenheit" seine „Religion".[1085] Er empfiehlt, dass man Dinge, die keiner erfahren solle, am besten nicht tun und Gedanken, die man geheim halten wolle, nicht aufschreiben solle.[1086] *Mark Zuckerberg*, Gründer

---

1079 *Schneider*, 5 ff., 6.
1080 *Cole*, Big Brother, 67; *Schneider*, 5 ff., 8.
1081 *Fast*, 205.
1082 *Jandt/ Roßnagel*, Gestaltungsvorschläge, 307 ff., 321.
1083 *Gurlit*, 4 ff., 24.
1084 *Brüggen et al.*, 32 ff., 142.
1085 Eric Schmidt nach *Brüggen et al.*, 32 ff., 141 f.
1086 Eric Schmidt nach *Brüggen et al.*, 32 ff., 141 f.; auf dieses Zitat verweist auch *Schertz*, NJW 2013, 721 ff., 721.

und Vorstandsvorsitzender von Facebook, ist davon überzeugt, dass „Offenheit und Kommunikation" zu einer „besseren Welt" führen.[1087]

Schließlich existiert die Bewegung des „Post-Privacy", die die Idee einer Privatsphäre zwar begrüßt, wegen der Allmacht der Datensammler aber nur noch für eine theoretische Größe hält, die man daher auch nicht mehr zwanghaft verteidigen müsse.[1088] Das Konzept der Privatsphäre sei ein „Auslaufmodell", der „Kampf zu ihrer Rettung längst verloren."[1089] Der Mitbegründer des Technologiekonzerns SUN Microsystems, *Scott McNealy*, fasste diese Resignation mit dem heute legendären Ausspruch zusammen: „You have zero privacy anyway. Get over it."[1090] (dt.: Du hast eh keine Privatsphäre. Finde dich damit ab.).

Das angloamerikanische Verständnis von Privatsphäre unterschied sich schon immer von der deutschen Definition von Privatem. Doch entfalten die der eben dargestellten Privatsphäre feindlichen Zitate deswegen eine so große Bedeutung für die deutsche Gesellschaft, weil amerikanische Internetservices allgegenwärtig sind und somit ihre Haltung zur Privatsphäre in unser tägliches Leben implementiert wird.

Besonders besorgniserregend ist dabei, dass die prägenden Unternehmen Verantwortung für die Privatsphäre ihrer Nutzer von sich weisen. Wenig konsequent beruft sich *Zuckerberg* zuerst darauf, dass Facebook einen Wandel der Privatsphäre nicht steuere, sondern begleite, um anschließend zuzugestehen, dass Facebook wohl das derzeit einzige Unternehmen sei, das diesem gesellschaftlich – angeblich unabhängig von Facebook verursachten – Wandel überhaupt folgen könne.[1091] Doch wenn die Verwendung von Facebook eine gewandelte Auffassung von Privatsphäre widerspiegelt, muss auch anerkannt werden, dass die Gestaltung dieser Software, z. B. die angebotenen Möglichkeiten zum Schutz der Privatsphäre, das gesellschaftliche Verständnis von Privatsphäre mit beeinflusst.[1092]

2. Bedeutung der Separierung von Privatsphäre und Öffentlichkeit

Sollte das Konzept der Privatheit aufgegeben oder elementar verändert worden sein, müssten grundlegende Aspekte des Medienrechts reformiert werden. Die Einordnung von Informationen in die verschiedenen Sphären ist ein entscheidender Faktor für die rechtliche Beurteilung von Medienberichten.

Nicht nur bedeutet die Zuordnung zur öffentlichen Sozialsphäre, dass eine Berichterstattung grundsätzlich möglich ist.[1093] Auch für die Rechtsfigur des

1087 Mark Zuckerberg nach *Brüggen et al.*, 32 ff., 145.
1088 *Schmidt*, 37.
1089 *Heller*, 7.
1090 *Scott McNealy* nach *Sprenger*, wired.com (1999).
1091 *Mark Zuckerberg* nach *Brüggen et al.*, 32 ff., 148.
1092 *Schmidt*, 20; *Jandt/ Roßnagel*, Gestaltungsvorschläge, 307 ff., 321.
1093 Zur Bedeutung der Sphärentheorie, siehe Teil 4 I. 2. a).

'medienrelevanten Vorverhaltens' ist es relevant, ob eine Information öffentlich gemacht wurde.[1094] Wer selber daran beteiligt war, private Gegebenheiten in die Öffentlichkeit zu transportieren, z. B. indem er sich entsprechend äußerte oder bei einer öffentlichen Veranstaltung zeigte, kann sich später nur noch eingeschränkt auf die Privatheit eben dieser Tatsachen berufen. Was einmal einen Sozialbezug durch freiwillige Veröffentlichung erfahren hat, darf auch dann in den Medien behandelt werden, wenn es dem Betroffenen nicht mehr angenehm ist.[1095]

Durch die Digitalisierung unserer Lebenswelten verschwimmen die Grenzen zwischen Privatsphäre und Öffentlichkeit immer mehr.[1096] Die Schwierigkeit der Abgrenzung hat dabei zwei miteinander verknüpfte Ursachen, die sich anschaulich an dem Aufkommen von sozialen Netzwerken (9.1.3) und von Smartphones (9.1.4) aufzeigen lassen.

3. Reformbedarf des Privatsphärenbegriffs wegen extensiver Privatsphärenöffnung?

Unter den Begriff der 'sozialen Medien' wird eine Vielzahl von Internetangeboten zusammengefasst. Ihnen allen ist gleich, dass sie dem Nutzer ohne bemerkenswerte technische Vorkenntnisse ermöglichen, Inhalte zu veröffentlichen und in den Austausch mit anderen Nutzern zu treten.[1097] Die populärste Art bilden Netzwerkplattformen wie soziale Netzwerke und Online Communities.[1098] Daneben gibt es Multimediaplattformen, auf denen Fotos, Videos oder andere Inhalte vorgeführt und kommentiert werden können.[1099] Schließlich existieren Blogs und Wikis, die auf die einseitige Wissensrezeption fokussiert sind, aber dennoch meist Möglichkeiten zur Interaktion bieten.[1100]

Diese sozialen Medien leben von der Öffnung der Privatsphäre. Sie funktionieren nur dank der Selbstdarstellung ihrer Nutzer, die dadurch der Öffentlichkeit die Anteilnahme an ihrem Leben ermöglichen. Dabei hilft den Betreibern der psychologische Effekt, dass computergesteuerte Kommunikation den Nutzer im Vergleich zur Kommunikation von Angesicht zu Angesicht dazu verleitet, sich offener mitzuteilen.[1101]

1094 Zur Rechtsfigur der 'Privatsphärenöffnung durch medienrelevantes Vorverhalten', siehe Teil 6 II.

1095 S. o.

1096 *Schmidt*, 25. *Zuckerberg* nennt dies „Gradualität" statt „Binarität" von Privatsphäre und Öffentlichkeit, siehe *Brüggen et al.*, 32 ff., 148 f.

1097 *Schmidt*, 11.

1098 S. o.

1099 *Schmidt*, 12.

1100 S. o.

1101 *Jandt/ Roßnagel*, Gestaltungsvorschläge, 7 ff., 43.

a) Versehentliche Privatsphärenöffnungen als besondere Gefahr der sozialen Medien

Doch geschieht die Öffnung der Privatsphäre für die Öffentlichkeit nicht immer bewusst. Die subjektive Einschätzung, welchen Adressatenkreis das Hochgeladene haben wird und dessen tatsächliche Reichweite, klaffen mitunter eklatant auseinander. Solch ein Missverständnis kann weitreichende Konsequenzen haben. Denn gilt die Privatsphäre einmal als geöffnet, ist sie kaum wieder zu schließen. Eine Weiterveröffentlichung und Besprechung des Inhalts ist möglich, solange die Berichterstattung von medienrelevantem Vorverhalten gedeckt ist.

Dieses Phänomen der ‚versehentlichen Privatsphärenöffnung' ist nicht auf soziale Netzwerke beschränkt. Doch diese bergen besonderes Gefahrenpotential für die Vermischung von privatem und beruflichem, d. h. öffentlichem Auftreten.[1102] Des Weiteren werden in sozialen Netzwerken mitunter Informationen preisgegeben, die man strikt aus seinem Berufsleben heraushält, z. B. religiöse und politische Überzeugungen oder sexuelle Vorlieben.[1103]

Beispielsweise sind privat registrierte Personen oft auch als Arbeitnehmer eines Unternehmens erkennbar. Im Rahmen der privaten Netzwerknutzung getätigte Aussagen können dadurch in öffentlich wahrnehmbarer Weise auch auf das Unternehmen zurückfallen.[1104]

Vor deutschen Arbeitsgerichten wurde bereits festgestellt, dass selbst das Betätigen des „Gefällt mir"-Buttons auf Facebook bezüglich einer auf einer fremden Profilseite veröffentlichten Beleidigung ausreichend sein kann, um eine außerordentliche Kündigung zu rechtfertigen.[1105] Dies betrifft auch Äußerungen und Inhalte, die auf den ersten Blick in keinerlei Zusammenhang mit der beruflichen Tätigkeit stehen. Internationales Aufsehen erregte der Fall des ‚drunken pirate'. Eine junge amerikanische Lehrerin verlor ihre Anstellung, weil sie in ein soziales Netzwerk ein Foto hoch lud, das sie in sichtlich alkoholisiertem Zustand zeigte. Die Kündigung bezog sich darauf, dass dieses Verhalten ein schlechtes Beispiel für ihre Schüler abgebe.[1106]

1102 Die Multimediaplattform YouTube, die in erster Linie zum Betrachten von Videos genutzt wird, erlaubt den Nutzern nicht nur das Hochladen eigener Videos, sondern auch das Anlegen von Nutzerprofilen sowie das Kommentieren oder Bewerten von Videos. Jeder zehnte Jugendliche kommentiert während seiner YouTube-Nutzung die gesehenen Inhalte, JIM 2013, 34. Auch diese Äußerungen können Relevanz für das Persönlichkeitsrecht entfalten.

1103 *Roßnagel/ Richter/ Nebel*, 281 ff., 292 f.

1104 *Ulbricht*, 162.

1105 ArbG Dessau-Roßlau, Urteil vom 21.03.2012, Az.: 1 Ca 148/11 – Außerordentliche Kündigung wegen Aktivierung des „Gefällt-mir-Buttons" unter einer Beleidigung, Leitsatz. Allerdings wurde die außerordentliche Kündigung im konkreten Urteil unter anderem deswegen aufgehoben, da nicht nachgewiesen konnte, dass die Arbeitnehmerin selbst den Button betätigte.

1106 *Pfeifer*, JZ 2013, 853 ff., 856.

In privat genutzten sozialen Netzwerken können berufliche Kontakte für den Arbeitgeber bares Geld wert sein. So verurteilte ein britisches Gericht einen für Kundenakquise zuständigen Angestellten nach Beendigung seiner Tätigkeit zur Herausgabe des während der Anstellung aufgebauten Kundenkontos des sozialen Netzwerks.[1107]

Das Problem der Vermischung von beruflicher und privater Sphäre in sozialen Netzwerken wurde auch vonseiten des Gesetzgebers erkannt, der im Entwurf des Arbeitnehmerdatenschutzgesetzes festlegte, dass es Arbeitgebern untersagt wird, über Bewerber in privat genutzten Netzwerken zu recherchieren.[1108] Für typischerweise beruflich genutzte soziale Netzwerke[1109] sollte dieser Ausschluss nicht gelten.

In den Gesetzesmaterialien werden die typischen Probleme, die jedem sozialen Netzwerk inhärent sind, als Motiv für diese Vorschrift genannt.[1110] Die Aktualität der im Netzwerk veröffentlichten Angaben sei für einen potentiellen Arbeitgeber ebenso unklar, wie der Kontext und die Frage, ob die Daten überhaupt vom Bewerber selbst angegeben wurden und ob dieser (noch) Zugriff auf sie hat. Zudem verstoße die Auswertung der Daten womöglich gegen die AGB des Anbieters.[1111]

Doch auch abseits von sozialen Netzwerken im Hinblick auf andere Privatsphärenöffnungen, z. B. im Realitätsfernsehen, macht es Sinn, die Abgrenzung von Öffentlichkeit und Privatsphäre in der heutigen Zeit neu zu prüfen. Denn was geschaffen wurde, um vor hoheitlichen Eingriffen des Staats zu schützen, muss möglicherweise angepasst werden, wenn die größte Bedrohung für die Privatsphäre die Handlungen des Rechteinhabers selbst sind.[1112]

b) Öffentlichkeit

Um die Auswirkungen auf die Abgrenzung von Privatsphäre und Öffentlichkeit untersuchen zu können, ist zuvor die Definition von Öffentlichkeit im

---

1107 *Ulbricht*, 162.

1108 § 32 Abs. 6 S. 3 BDSG-E, BT- Drs. 17/4230, lautet: „Bei Daten aus sozialen Netzwerken, die der elektronischen Kommunikation dienen, überwiegt das schutzwürdige Interesse des Beschäftigten; dies gilt nicht für soziale Netzwerke, die zur Darstellung der beruflichen Qualifikation ihrer Mitglieder bestimmt sind." Die Bundesregierung gab das Gesetzesvorhaben zum Arbeitnehmerdatenschutzgesetz am 26. Februar 2013 wegen heftiger Widerstände (bzgl. anderer Vorschriften) auf, verkündete aber, es in der nächsten Legislaturperiode ab Herbst 2013 wieder aufnehmen zu wollen.

1109 Populärstes Online-Karrierenetzwerk auf dem deutschen Markt ist der Anbieter ‚Xing'.

1110 BT- Drs. 17/4230, Entwurf eines Gesetzes zur Regelung des Beschäftigtendatenschutzes, S. 16.

1111 BT- Drs. 17/4230, Entwurf eines Gesetzes zur Regelung des Beschäftigtendatenschutzes, S. 16.

1112 *Di Fabio*, Menschenwürde, 22 f.

medienrechtlichen Sinne genau zu untersuchen. Der Öffentlichkeitsbegriff findet sich in einer der Kernnormen des Medienrechts, § 22 S. 1 KUG, die besagt, dass Bildnisse nur mit Einwilligung öffentlich zur Schau gestellt werden dürfen.

Zur Definition der „Öffentlichkeit" lehnt man sich dabei an § 15 Abs. 3 UrhG an:[1113]

> *Die Wiedergabe ist öffentlich, wenn sie für eine Mehrzahl von Mitgliedern der Öffentlichkeit bestimmt ist. Zur Öffentlichkeit gehört jeder, der nicht mit demjenigen, der das Werk verwertet, oder mit den anderen Personen, denen das Werk in unkörperlicher Form wahrnehmbar oder zugänglich gemacht wird, durch persönliche Beziehungen verbunden ist.*

Eine Information wird demnach öffentlich gemacht, wenn durch eine bewusste Handlung veranlasst wird, dass eine Mehrzahl von Personen, mit denen keine persönliche Verbindung besteht, von ihr Kenntnis nehmen können.

c) Mehrzahl von Personen

Der Begriff der ‚Mehrzahl' von Personen bedeutet, dass die Anzahl der Kenntnis nehmenden Personen nicht zahlenmäßig bestimmt sein darf, sondern eben eine unüberschaubare und unbeeinflussbare Menge an Personen erreicht werden.[1114] Eine Faustregel, ab wie vielen informierten Personen zwangsläufig eine Einstufung als öffentlich vorzunehmen ist, verbietet sich, denn jede gewählte Zahl wäre willkürlich.[1115] Selbst die Information Einzelner nicht persönlich mit dem Betroffenen verbundener Personen kann Öffentlichkeit darstellen,[1116] denn der Informationsvorgang muss nicht für die Öffentlichkeit wahrnehmbar sein, sondern kann auch im Rahmen der Individualkommunikation vor sich gehen.[1117]

d) Persönliche Verbundenheit

Die Anforderungen, die an eine ‚persönliche Verbundenheit' gestellt werden, sind nicht zu unterschätzen. Es genügt nicht, dass zwischen Betroffenem und informierter Person schon einmal persönlicher Kontakt stattgefunden hat. Vielmehr wird eine tatsächlich vorhandene persönliche Beziehung gefordert, sodass Familienfeiern und Betriebsfeste kleiner Betriebe keine Öffentlichkeit darstellen, während große Betriebs- oder Vereinsversammlungen als öffentlich einzustufen sind.[1118]

1113 *Helle*, 123; LG Oldenburg, Urteil vom 21.04.1988, Az.: 5 S 1656/87 – Grillfest, GRUR 1988, 694, 695.

1114 *Piltz*, 193.

1115 *Piltz*, 194.

1116 LG Oldenburg, Urteil vom 21.04.1988, Az.: 5 S 1656/87 – Grillfest, GRUR 1988, 694, 695.

1117 VG Köln, Urteil vom 15.05.1987, Az.: 20 K 168/86 – Polizeiliche Sicherstellung von belichteten Filmen, NJW 1988, 367, 369.

1118 *Helle*, 124.

e) EuGH-Rechtsprechung – Zahnarztpraxis

Der EuGH fand in seinem ‚Zahnarztpraxis'-Urteil,[1119] dessen Wertungen inzwischen auch vom BGH aufgenommen wurden,[1120] eine hiermit kohärente Definition von Öffentlichkeit, die dann vorliegt, wenn „eine unbestimmte Zahl potenzieller Leistungsempfänger [erreicht wird, die] ferner aus recht vielen Personen bestehen muss".[1121]

4. Reformbedarf des Öffentlichkeitsbegriffs wegen Dauerbeobachtung?

Wie bei dem Aufkommen von Handys befürchtet, haben diese tatsächlich prägenden Einfluss auf Privatsphäre und Öffentlichkeit.

Denn die ständige Verfügbarkeit von Kommunikationsmitteln führt dazu, dass Informationen sich immer schneller verbreiten. Früher wurden Gerüchte von Mund zu Mund weiter getragen. Jeder mündlichen Überlieferung vom Hörensagen wurde mit einer berechtigten Portion Skepsis begegnet, die die Glaubwürdigkeit der Neuigkeit anzweifelte. Heutzutage können sofort vermeintliche Beweise mitgeliefert werden. Denn jedes Mobiltelefon kann auch fotografieren und diese Bilder mit einem weltweiten Empfängerkreis teilen. Die Gerüchte werden dadurch jedoch nicht mehr oder weniger wahrhaftig. Fotos können aus dem Kontext genommen, falsch interpretiert oder manipuliert werden. Dennoch verstärken sie die Überzeugungskraft der Gerüchte um ein Vielfaches.

Auch ist man bei der Weitergabe der Information nicht auf den eigenen Bekanntenkreis beschränkt. Durch die Entwicklung des sogenannten Web 2.0 sind keine nennenswerten technischen Hürden mehr zu überschreiten, bis eine Information für jedermann sichtbar veröffentlicht werden kann.

Selbst alt hergebrachte Medien können die Relevanz dieses neuartigen ‚Laienjournalismus' nicht leugnen. Beispielsweise veröffentlicht die „Bild-Zeitung" täglich das Foto eines Leserreporters, ein von einem Leser digital übersandtes Foto, auf dem ein aktuelles Ereignis abgebildet ist.

Die Rechtsprechung zum Allgemeinen Persönlichkeitsrecht legt fest, dass auch in der Öffentlichkeit Privatsphäre existieren muss.[1122] Somit soll auch prominenten Personen ein Alltag und eine freie Selbstentfaltung unbeobachtet von den Augen der Öffentlichkeit ermöglicht werden. Natürlich kalkuliert diese Rechtsprechung mit ein, dass bei einem gemeinsamen Spaziergang in der Öffentlichkeit sehr wohl eine Reihe von Passanten mitbekommen, welches Paar zusammen den Sonntag

1119 EuGH-Urteil vom 15.03.2012, Az.: C 135/10 – Zahnarztpraxis.

1120 BGH-Urteil vom 18. Juni 2015, Az.: I ZR 14/14 – Hintergrundmusik in Zahnarztpraxen.

1121 EuGH-Urteil vom 15.03.2012, Az.: C 135/10 – Zahnarztpraxis, Rz. 84 ff.

1122 U. a. BVerfG-Urteil vom 15.12.1999, Az.: 1 BvR 653/96 u. a. – Caroline II, Leitsatz 2; EGMR-Urteil vom 24.06.2004, Az.: 59320/00 – von Hannover, Leitsatz 1.

verbringt. Doch diese sehr begrenzte „Park-Öffentlichkeit“ wird rechtlich vernachlässigt. Es wird fingiert, dass der Betroffene sich weiterhin in seiner Privatsphäre aufhält, um ihm einen unbeobachteten, privaten Alltag überhaupt erst zu ermöglichen. Die Öffentlichkeit einer Situation für deren zufällige Zeugen – im diesem Fall die „Park-Öffentlichkeit“ – ist von der „Medien-Öffentlichkeit“ der Massenmedien zu unterscheiden.[1123]

Dank Smartphones existiert solch eine „Park-Öffentlichkeit“ nicht mehr. Jeder Passant könnte die von ihm beobachtete Situation – gegebenenfalls mit Fotobeweis – binnen Minuten ins Internet hochladen. Sobald das Bild sich dort befindet, ist der Inhalt nicht mehr kontrollierbar. Die digitale Technik hat die Kopie und Weitergabe von Informationen und Fotografien in einem Maße erleichtert, wie es vor kurzem noch undenkbar war. Die „Park-Öffentlichkeit“ kann in Sekundenschnelle zur „Medien-Öffentlichkeit“ werden.

Die Veröffentlichung einer „Leserreporter“-Einsendung in der Bild-Zeitung durchläuft zuvor noch mindestens eine Redaktionssitzung. Doch die Weitergabe durch Private, die Veröffentlichung in Blogs und sozialen Netzwerken wird von keiner Kontrollinstanz mehr gefiltert oder redaktionell bearbeitet. Ihre Veröffentlichung und Verbreitung gehorcht nicht den Gesetzen der Medieninteressen, sondern der unverfälschten Aufmerksamkeit der Internetgemeinde, die sich – geschützt als anonym handelnde Masse – auch pikantesten und intimsten Details aus dem Privatleben anderer widmet.[1124]

Vor diesem Hintergrund ist zu untersuchen, ob die bisherige Abgrenzung von Privatsphäre und Öffentlichkeit angepasst werden muss.

Macht es noch Sinn, öffentliche Räume theoretisch als Privatsphäre zu behandeln und erst dann eine bewusste Veröffentlichung anzunehmen, wenn eine sogenannte „öffentliche Veranstaltung“ besucht wird, bei der mit Medienvertretern zu rechnen ist, wenn in jeder privaten Situation, die sich in der Öffentlichkeit abspielt, genau so viele „Laien-Medienvertreter“ anwesend sind, denen heutzutage ebenfalls umfassende Veröffentlichungsmechanismen zur Verfügung stehen? Ist der Begriff der „öffentlichen Veranstaltung“ bedeutungslos geworden, da jeder Schritt in eine öffentliche Sphäre von genau so vielen Beobachtern begleitet wird?

Da überall eine theoretische Medienöffentlichkeit lauert und ständig mit Beobachtung und Dokumentation durch Smartphones zu rechnen ist, muss möglicherweise der Begriff der „öffentlichen Veranstaltung“ angepasst werden.

a) Definition der „öffentlichen Veranstaltung“

Dabei wird der Begriff der „öffentlichen Veranstaltung“ nirgends allgemeingültig definiert. Eine Negativdefinition durch die Abgrenzung von einer „geschlossenen Veranstaltung“ schlägt fehl. Denn nur, weil nicht jedem Zutritt zu der

1123 *Schmidt*, 44.

1124 *Pfeifer*, JZ 2013, 853 ff., 858.

Veranstaltung gewährt wird, bedeutet dies nicht, dass sie privat ist. Regelmäßig stehen Empfänge und Bälle nur geladenen Gästen offen, doch nichtsdestotrotz gelten sie als „öffentliche Veranstaltungen", an denen eine Vielzahl von Medienvertretern teilnehmen.[1125]

Eine öffentliche Veranstaltung ist jedenfalls dann anzunehmen, wenn an ihr typischerweise Pressevertreter teilnehmen. Wer solch eine Veranstaltung besucht, muss damit rechnen, dass er sich in den Medien wiederfindet und auch sein Auftreten und Verhalten auf dieser Veranstaltung besprochen wird. Ihm fehle das „Schutzbedürfnis", da er sich „den Bedingungen öffentlicher Auftritte aus[liefere]".[1126]

Die Rechtsfigur der ‚öffentlichen Veranstaltung' ist mit der Privatsphärenöffnung verwandt. Beiden liegt der Gedanke zugrunde, dass derjenige, der sich bewusst den Medien aussetzt, nicht schutzwürdig ist. Es wird darauf abgestellt, ob der Betroffene vor der Veranstaltung damit rechnen muss, dass in den Medien über ihn berichtet wird.[1127] Doch muss eindeutig klar sein, welche Veranstaltung als ‚öffentlich' gilt, um die Sanktion des partiellen Privatsphärenverlusts zu rechtfertigen.

b) Aktuelle Rechtsprechung des BGH

Wenn Pressefotografen jedoch nicht mehr das Monopol auf veröffentlichte Bilder haben, sondern jedermann ständig Fotografien in hoher Qualität anfertigen kann, die ebenso an Massenmedien verkauft oder auf anderem Wege veröffentlicht werden können, stellt sich die Frage, welche Veranstaltung noch als öffentlich anzusehen ist. Denn heutzutage schützt die Abwesenheit von Pressefotografen nicht mehr vor der Entstehung von Fotografien.

Der BGH trägt der Entwicklung der allgegenwärtigen Fotografie in einer aktuellen Entscheidung dadurch Rechnung, dass er auch die Teilnahme an einem nur regional bedeutenden Sportwettkampf mit einem Auftritt auf einer öffentlichen Veranstaltung gleich setzt, indem er die Veröffentlichung von dort angefertigten Fotos für zulässig erachtet.

Zur Begründung gibt er an, dass bei solch einem Wettkampf

> *Foto- und Videoaufnahmen heute weitgehend üblich [sind], und zwar auch dann, wenn es sich um Veranstaltungen handelt, die nur in einer begrenzten Öffentlichkeit stattfinden.*

1125 *Frömming/ Butz*, NJW 1996, 958 ff., 961.

1126 BVerfG-Urteil vom 15.12.1999, Az.: 1 BvR 653/96 u. a. – Caroline II, Rz. 82; BVerfG-Beschluss vom 14.02.2005, Az. 1 BvR 1783/02 – Prominentenkinder, Leitsatz 2a; BGH-Urteil vom 06.10.2009, Az. VI ZR 314/08 – Kinder eines ehemaligen Fußballprofis, Rz. 10.

1127 OLG Hamburg, Urteil vom 21.10.2008, Az.: 7 U 11/08 – Persönlichkeitsrechtsverletzung durch redaktionelle Berichterstattung, Rz. 26.

[...] Auf Foto- und Videoaufnahmen müssen sich Teilnehmer einer Sportveranstaltung grundsätzlich auch dann einstellen, wenn keine Pressefotografen zugegen sind.[1128]

Zwar ist nicht neu, dass eine Sportveranstaltung an sich als öffentliche Veranstaltung gilt, doch wurde dies bisher nur für internationale oder überregional bedeutende Wettkämpfe festgestellt.[1129] Durch die Ausweitung auf nur regional bedeutsame Wettbewerbe definiert der BGH den Begriff der öffentlichen Veranstaltung neu.

Demnach ist nicht mehr nur auf die zu erwartende Anwesenheit von Pressefotografen abzustellen. Vielmehr dürfen Fotos einer Veranstaltung immer dann veröffentlicht werden, wenn nach dem Typ der Veranstaltung üblicherweise damit zu rechnen ist, dass Fotografien angefertigt werden.

Zweifelsohne trägt der BGH damit der Ubiquität von Smartphones und deren technischen Möglichkeiten Rechnung. Doch macht dies seine Rechtsprechung nicht besser, denn das Signal, das er aussendet, ist fatal.

Das Grundrecht auf „Privatsphäre in der Öffentlichkeit" ist nicht mehr aufrechtzuerhalten, wenn die Üblichkeit von Fotografien auf einmal die Annahme einer „öffentlichen Veranstaltung" rechtfertigt. Denn die Tatsache, dass jedermann mit seinem Mobiltelefon sogleich einen leistungsstarken Fotoapparat ständig in der Tasche führt, bewirkt auch, dass ungleich mehr Fotografien gemacht werden, als früher. Kaum ein Anlass ist denkbar, der nicht fotografisch festgehalten wird. Da fragt sich, welche öffentlich zugängliche Veranstaltung oder auch nur Situation noch als privat gelten sollte.

Damit beantwortet der Senat die oben aufgeworfene Frage nach der Zukunft des Rechtsbegriffs der öffentlichen Veranstaltung. Jede Veranstaltung, bei der mit Fotografien gerechnet werden muss, ist seiner Ansicht nach als öffentliche Veranstaltung anzusehen. Dabei ist nicht die Anwesenheit von Pressevertretern, die das Interesse der „Medienöffentlichkeit" verkörpern, entscheidend. Da schon kleinste und regionale Sportveranstaltungen als öffentlich gelten, die schon aus Kapazitätsgründen nicht sämtlich von Pressevertretern begleitet werden können, reicht ihm jede zu erwartende Fotografie aus.

Dies weitet den Begriff der öffentlichen Veranstaltung so extensiv aus, dass jegliche Situation, die sich in der Öffentlichkeit abspielt und irgendeinen auch nur geringfügig interessanten Ansatzpunkt bietet, als öffentlich anzusehen ist. Die Privatsphäre in der Öffentlichkeit, die selbst vom EGMR gefordert wurde,[1130] wäre damit weitestgehend abgeschafft. Eine Konsequenz, die nicht erwünscht sein kann.

1128 BGH-Urteil vom 28.05.2013, Az.: VI ZR 125/12 – Eisprinzessin Alexandra, Rz. 21.
1129 BGH, Urteil vom 28.09.2004, Az.: VI ZR 303/03 – Drei Reiterinnen, Rz. 11.
1130 EGMR-Urteil vom 24.06.2004, Az.: 59320/00 – von Hannover, Leitsatz 1.

c) Kritik

Nur weil es üblich und akzeptiert ist, dass Privatpersonen auf einer Veranstaltung Fotos machen, kann nicht angenommen werden, dass auch die Presse ein gerechtfertigtes Interesse an dieser Veranstaltung hat. Denn schon zu Zeiten der analogen Fotografie war es üblich, sein Kind und seine Mitbewerber oder Schulkameraden bei Sportwettkämpfen oder Schulaufführungen zu fotografieren. Doch dadurch änderte sich der Charakter der Veranstaltung nicht von privat zu öffentlich.

Selbstverständlich werden auch bei einem kleinen Sportwettkampf Fotos von Kindern und Jugendlichen angefertigt werden. Doch wird in der Regel hauptsächlich das eigene Kind fotografiert. Man stelle sich vor, welche Irritationen es hervorriefe, wenn ein Familienvater bei einem Wettkampf konstant ein ihm fremdes Kind abfotografiert oder filmt.

Insbesondere da der BGH diese Entscheidung bezüglich der Berichterstattung über eine Minderjährige getroffen hat, ist sie abzulehnen, denn das APR von Kindern und Jugendlichen ist durch Art. 6 GG verstärkt. Sie sollen sich in der Öffentlichkeit in besonderem Maße ungestört bewegen können. Zu einer freien Persönlichkeitsentfaltung gehört dabei auch, ein sportliches Hobby auszuüben.

Die Teilnahme an einem kleinen nur regional bedeutenden Wettkampf ist noch solch einer gewöhnlichen privaten Betätigung zuzuordnen. Erst bei überregionaler Bedeutung, bei der auch Zuschauer aus anderen Orten anreisen, sollte eine öffentliche Veranstaltung angenommen werden.

Auch in Zeiten von Smartphones und ubiquitären Fotoaufnahmen büßt der Begriff der öffentlichen Veranstaltung in seiner bisher bekannten Gestalt nicht an Bedeutung ein. Folgte man dem BGH darin, eine Veranstaltung als öffentlich zu charakterisieren, wenn Aufnahmen angefertigt werden und somit jegliche Veranstaltung zu einer öffentlichen zu machen, käme dies einer Abschaffung der „Privatsphäre in der Öffentlichkeit" gleich, die selbst vom EGMR gefordert wird.[1131]

Es darf nicht als Indiz für eine öffentliche Veranstaltung gelten, ob üblicherweise Fotografien angefertigt werden. Vielmehr sollte weiterhin – entgegen der Rechtsprechung des BGH – berücksichtigt werden, ob auf solch einer Veranstaltung üblicherweise Pressvertreter anwesend sind, die über das Geschehen berichten. Eine öffentliche Veranstaltung ist erst dann gegeben, wenn nicht nur die Öffentlichkeit an sich Zugang hat, sondern typischerweise mit durch Journalisten vermittelter Medienöffentlichkeit zu rechnen ist.

II. Differenzierung zwischen konkludenter Einwilligung und Konsequenzen einer Privatsphärenöffnung

Die Privatsphärenöffnung durch medienrelevantes Vorverhalten ist klar von einer konkludenten Einwilligung zu trennen. Eine Berichterstattung über die Handlung,

1131 S. o.

durch die die Privatsphäre geöffnet wird, wie das Geben eines Interviews oder das Posieren für Fotografen auf einer öffentlichen Veranstaltung ist zulässig, wenn sie von der (konkludenten) Einwilligung des Dargestellten gedeckt ist.[1132] Gleichbedeutend mit der eigenmächtigen Veröffentlichung ist die Einwilligung zur Veröffentlichung eines Dritten, z. B. durch den Abschluss von Exklusiv-Verträgen.[1133]

Die Bedeutung einer Privatsphärenöffnung erschöpft sich jedoch nicht in dieser einmaligen Berichterstattung. Vielmehr wird auch in Zukunft weitere Berichterstattung über den durch die Einwilligung erstmals geöffneten Privatsphärenbereich möglich.

Der Privatsphärenschutz wird auch dann aufgegeben, wenn die Handlungen des Dargestellten zwar nicht eindeutig darauf abzielen, aber die Information der Öffentlichkeit ein zwingendes Nebenprodukt ist. Dies ist der Fall, wenn ein Prominenter öffentliche Veranstaltungen besucht, bei denen bekanntermaßen Presse anwesend ist.[1134] Wer beispielsweise auf solchen Events ersichtlich als Paar auftritt, transportiert diese Information in die Öffentlichkeit und muss schließlich hinnehmen, dass über das Ende dieser Beziehung berichtet wird, selbst wenn dieses im Privaten und ohne Benachrichtigung der Öffentlichkeit vollzogen wurde. Denn durch die Demonstration der Beziehung erzeugte der Betroffene ein berechtigtes Informationsinteresse der Öffentlichkeit an eben dieser Verbindung.[1135]

III. Umfang und Konsequenzen der Privatsphärenöffnungen Minderjähriger

Die Konsequenzen einer einmaligen Privatsphärenöffnung sind nicht zu unterschätzen. Das BVerfG fordert, dass die Privatheit einer Tatsache „situationsübergreifend und konsistent“ zum Ausdruck gebracht wird.[1136] Durch einmaliges Veröffentlichen der Information erhält sie bereits eine gesellschaftliche Bedeutung

---

1132 Zu Voraussetzungen und Reichweite einer Einwilligung, s. o. Teil 5.

1133 BVerfG-Urteil vom 15.12.1999, Az.: 1 BvR 653/96 u. a. – Caroline II, Rz. 80; KG Berlin, Urteil vom 06.11.2006, Az.: 10 U 282/05, Orientierungssatz Nr. 2.

1134 BVerfG-Beschluss vom 14.09.2010, Az.: 1 BvR 1842/08, u. a. – Carolines Tochter, Orientierungssatz 2, Rz. 56; BGH-Urteil vom 18.10.2011, Az.: VI ZR 5/10 – Die lange Nacht der Goldkinder, Rz. 10; OLG Hamburg, Urteil vom 13.08.2002, Az.: 7 U 27/02 – Medienberichterstattung über 15-jährige Angehörige von Personen der Zeitgeschichte, Rz. 33. Abgelehnt für Gottesdienstbesuch, denn auch wenn dieser öffentlich ist, wird hier nicht mit der Anfertigung von Fotografien gerechnet: OLG München, Urteil vom 31.03.1995, Az.: 21 U 3377/94 – Taufe des Kindes von Ann-Sophie Mutter, Rz. 71; so auch *Pils*, JA 2008, 852 ff., 853.

1135 LG Berlin, Urteil vom 20.03.2012, Az.: 27 O 40/12 – Berichterstattung über das Beziehungsleben von Angehörigen einer fürstlichen Familie, Rz. 28.

1136 BVerfG-Beschluss vom 21.08.2006, Az.: 1 BvR 2606/04 u. a. – Promi-Partner, Rz. 31.

und damit einen Sozialbezug, der zukünftige Berichterstattung regelmäßig ermöglicht.[1137]

Sobald ein Lebensbereich mit Einwilligung des Betroffenen in den öffentlichen Fokus gerückt wurde, gilt dies als Indiz dafür, dass spätere Berichterstattungen über diesen Bereich auch zulässig sind, obwohl für die neue Veröffentlichung keine Einwilligung vorliegt und sie die Privatsphäre berührt. In der Abwägung zwischen Kommunikationsfreiheiten und APR sind vorangegangene themenspezifische Privatsphärenöffnungen als gewichtige Argumente für die Zulässigkeit einer Veröffentlichung zu werten. Tritt ein Jugendlicher in erfolgreichen Kinoproduktionen wiederholt als „wilder" Teenager auf, darf zulässigerweise darüber berichtet werden, dass er in der Realität in der Innenstadt randaliert hat.[1138] Erwähnt ein Prominenter, dass seine erstmalig öffentlich auftretende neue Begleiterin einen Imbissstand betreibt und diese duldet diese Äußerung, dürfen Fotos, die sie beim Betrieb eben dieses Imbissstandes zeigen, verbreitet werden.[1139] Genau so darf über die dem Sohn des Hauses gehörende Cannabispflanze berichtet werden, die während der Produktion einer Homestory auf der Veranda einer Politikerin entdeckt wird.[1140]

Der Schutz wird allerdings nur punktuell für den betroffenen Bereich aufgegeben. Eine Einlassung zu einem Thema aus der Privatsphäre bedeutet keine „Generaleinwilligung" zu privatsphärenrelevanter Berichterstattung. Veröffentlichte Hochzeitsfotos stellen keine Einwilligung in die Berichterstattung über die Jahre später vollzogene Taufe des Kindes dar.[1141]

Die Rechtsfigur der Privatsphärenöffnung durch medienrelevantes Vorverhalten ist nicht frei von Kritik. Insbesondere die Dauerhaftigkeit und die Interpretationsweite, die eine einmalige punktuelle Öffnung annehmen kann, werden als unverhältnismäßig bewertet.[1142] Die Gefahren der Privatsphärenöffnung führten beispielsweise zu der kuriosen Situation, dass Günther Jauch, der dafür bekannt ist, seine Privatsphäre so strikt wie nur irgend möglich abzuschirmen, sich in einem Interview zu den negativen Auswirkungen dieser Rechtsprechung auf sein öffentliches Auftreten äußern möchte, anschließend jedoch einem Großteil des

---

1137 EGMR-Urteil vom 14.01.2014, Az.: 73579/10 – Ruusunen, Rz. 50; BGH-Urteil vom 22.12.2011, Az.: 2 StR 509/10 – Heimlich aufgezeichnetes Selbstgespräch, Rz. 19; *Gurlit*, 4 ff., 21; *Dix*, 70 ff., 73 f.

1138 BVerfG-Beschluss vom 25.01.2012, Az.: 1 BvR 2499/09 u. a. – Wortberichterstattung über Prominente (Bagatelldelikte jugendlicher Prominenter), Rz. 37, 42.

1139 BVerfG-Beschluss vom 21.08.2006, Az.: 1 BvR 2606/04 u. a. – Promi-Partner, Rz. 33.

1140 BVerfG-Beschluss vom 09.03.2010, Az.: 1 BvR 1891/05 – Persönlichkeitsrechtsschutz bei Berichterstattung über Strafverfahren, Rz. 30.

1141 OLG München, Urteil vom 31.03.1995, Az.: 21 U 3377/94 – Taufe des Kindes von Ann-Sophie Mutter, Rz. 61 ff.

1142 *Pfeifer*, JZ 2013, 853 ff., 861.

Interviews die Freigabe verweigert, da selbst aus diesen Inhalten Rückschlüsse auf eine Privatsphärenöffnung gezogen werden könnten.[1143]

Es ist zu überlegen, ob diese Maßstäbe auch bei Minderjährigen angewandt werden sollten,[1144] oder ob hierbei Einschränkungen oder Modifikationen notwendig wären. Minderjährigenschutz soll Kinder und Jugendliche immer auch vor den unbedachten Konsequenzen eigener Taten bewahren. Minderjährige vor den weitreichenden Konsequenzen jugendlichen Handelns zu schützen und sie – soweit möglich – mit einer weißen Weste in das Erwachsenenleben zu entlassen, ist ein Grundgedanke des Minderjährigenschutzes, der auch im Medienrecht Anwendung finden sollte.[1145]

Schon bisher wurde mit dem Vorverhalten Jugendlicher differenzierter umgegangen, als mit dem der Erwachsenen. Die bloße Begleitung prominenter Eltern durch Kinder erzeugt noch keinen Berichterstattungsanlass. Selbst wenn sich Minderjährige auf einer öffentlichen Veranstaltung bewegen, darf nur dann darüber berichtet werden, wenn sie sich der Presse präsentierten.[1146]

Trotz aller Bemühungen um den Minderjährigenschutz wäre es jedoch sachfremd, schon erzeugte Bekanntheit zu leugnen. Es ist anzuerkennen, dass es heutzutage Jugendliche gibt, die in den Medien omnipräsent sind und sich auf dieser Berichterstattung Karrieren und Lebensgrundlagen aufgebaut haben[1147]. Wer Minderjährige aus der Berichterstattung verbannt, selbst wenn sie dafür Anlass gegeben haben, schützt sie womöglich gegen ihren Willen.

Des Weiteren darf der Minderjährigenschutz nicht missbraucht werden. Es ist zu beobachten, wie versucht wird, Artikel und Beiträge unter dem Deckmantel des Persönlichkeitsrechtsschutzes zu selektieren, um nur dem Image förderliche Berichterstattung zu zulassen. Auch darf der Persönlichkeitsrechtsschutz nicht

---

1143 So geschehen in einem Interview mit Günther Jauch auf dem Online-Portal „Topf voll Gold", das sich kritisch mit den Praktiken der Boulevardmagazine auseinandersetzt: Topfvollgold.de (2013).

1144 Wohl bejahend für Jugendliche nahe der Volljährigkeitsgrenze: BGH-Urteil vom 06.10.2009, Az. VI ZR 314/08 – Kinder eines ehemaligen Fußballprofis, Rz. 11; Eindeutig bejahend: BVerfG-Beschluss vom 25.01.2012, Az.: 1 BvR 2499/09 u. a. – Wortberichterstattung über Prominente (Bagatelldelikte jugendlicher Prominenter), Orientierungssatz 4b, Rz. 31, 37, 42; OLG Hamburg, Urteil vom 11.11.2008, Az.: 7 U 86/08 – Tochter eines ehemaligen Fußballprofis, Rz. 2b. Daher ist die Ansicht, die Rechtsprechung habe sich noch nicht mit dem Vorverhalten Jugendlicher beschäftigt, nicht zutreffend, bringt aber zum Ausdruck, dass über dieses Thema noch zu wenig entschieden wurde, sodass weiterhin Klärungsbedarf besteht, *Beater*, JZ 2013, 111 ff., 113.

1145 *Beater*, JZ 2013, 111 ff., 113.

1146 *Frauenrath*, Grüner Bote 2010, 295 ff., 302.

1147 BGH-Urteil vom 06.10.2009, Az. VI ZR 314/08 – Kinder eines ehemaligen Fußballprofis, Rz. 11.

dazu genutzt werden, gezielte Presseberichte zu verbieten, um den Preis für Exklusivberichterstattungen in die Höhe zu treiben.

Eine Besonderheit des medienrechtlichen Vorverhaltens Minderjähriger ist, dass ihr öffentliches Auftreten in der Regel auch von Dritten bestimmt wird. Öffentliche Auftritte in Begleitung der prominenten Eltern finden meist auf deren Veranlassung hin statt. Ein Interview mit Aussagen zum Privatleben wird von den Eltern abgesegnet oder maßgeblich beeinflusst. Die Homestory, die auch die nichtprominenten minderjährigen Kinder und deren Kinderzimmer vorstellt, wurde sicherlich nicht von den Kindern genehmigt. Schließlich können Informationen auch deswegen in die Öffentlichkeit gelangen, weil die stolzen Eltern sie – meist ohne böse Absicht – verbreiten.

Sind Minderjährige regelmäßig in öffentlichkeitswirksamer Weise aufgetreten, hat sich die Öffentlichkeit einen bestimmten Eindruck von ihnen gebildet. Dieses Image darf nach derzeitiger Rechtsprechung – genau wie bei Erwachsenen[1148] – auch ohne Einwilligung der Minderjährigen mit der Realität abgeglichen werden.[1149] Auch hier ist zu fragen, ob diese Maßstäbe auf Minderjährige angewandt werden können, da diese ihr Image in aller Regel nicht selber geschaffen haben, sondern ihre Eltern oder ein Management dies maßgeblich mit beeinflussten.

Schließlich kann bei erwachsenen Prominenten zugunsten der Zulässigkeit einer Berichterstattung berücksichtigt werden, dass sie nicht gegen vergleichbare Berichte vorgegangen sind.[1150] Bei Minderjährigen bedeutet die Anwendung dieser Regel wiederum eine Sanktion, die auf das Verhalten Dritter zurückzuführen ist, da Minderjährige selbst in aller Regel noch nicht die geistige Reife und die tatsächlichen Möglichkeiten haben,[1151] um sich – gegebenenfalls anwaltlich – zu wehren.

Diese Beispiele zeigen, dass die Fallgruppe des medienrelevanten Vorverhaltens regelmäßig dazu führt, dass das Verhalten von Dritten zulasten des Persönlichkeitsrechtsschutzes zu werten ist. Es erscheint fragwürdig, ob dies sachgerecht ist.

Um dies zu beantworten, muss man das Modell des medienrelevanten Vorverhaltens näher untersuchen. Der Grund für die Beachtung von Vorverhalten ist, dass der Dargestellte durch sein medienfreundliches Verhalten ein Berichterstattungsinteresse an seinem Privatleben begründet haben kann, an dem er sich konsequenterweise auch messen lassen muss. Ob dieses Berichterstattungsinteresse in

---

1148 BVerfG-Urteil vom 15.12.1999, Az.: 1 BvR 653/96 u. a. – Caroline II, Rz. 105; BVerfG-Beschluss vom 26.02.2008, Az.: 1 BvR 1602/07 – Caroline IV, Rz. 73.

1149 BVerfG-Beschluss vom 25.01.2012, Az.: 1 BvR 2499/09 u. a. – Wortberichterstattung über Prominente (Bagatelldelikte jugendlicher Prominenter), Rz. 37, 42; OLG Hamburg, Urteil vom 11.11.2008, Az.: 7 U 86/08 – Tochter eines ehemaligen Fußballprofis, Rz. 2b.

1150 LG Berlin, Urteil vom 20.03.2012, Az.: 27 O 40/12 – Berichterstattung über das Beziehungsleben von Angehörigen einer fürstlichen Familie, Rz. 27.

1151 Zu den eingeschränkten Möglichkeiten, die Minderjährigen selbstständig zur Verfügung stehen siehe Teil 11.

zulässiger Weise begründet wurde, ist von der Frage zu trennen, welche Folgen das erzeugte Informationsinteresse mit sich bringt.

Medienrelevantes Vorverhalten kann durch freiwillige Einlassungen, durch das Erzeugen eines öffentlichen Images oder durch das Hinnehmen vorhergehender Medienberichterstattung entstehen. In all diesen Fällen beeinflussen die Eltern bzw. die Erziehungsberechtigten das medienrechtliche Vorverhalten der Minderjährigen, denn sie willigen in Privatsphäreneinlassungen ein oder geben sie selber. Sie sind es auch, die ein öffentliches Image erzeugen oder genehmigen. Schließlich läge es in ihrer Hand, gerichtlich gegen Berichterstattungen vorzugehen. Wie Eltern oder Erziehungsberechtigte Minderjährige wirksam bei medienrechtlichen Einwilligungen oder Gerichtsverfahren vertreten, wird im Rahmen dieser Ausarbeitung eingehend besprochen, weswegen an dieser Stelle auf weitere Ausführungen verzichtet wird.[1152]

Festzustellen bleibt jedoch, dass es für diese Vertretungsregeln detaillierte Gesetzesvorgaben bzw. Rechtsprechung gibt. Die Art des Zustandekommens des medienrechtlichen Vorverhaltens ist an dieser Stelle nicht problematisch.

Allerdings fragt sich, ob die Konsequenz des medienrechtlichen Vorverhaltens modifiziert werden sollte, wenn die Minderjährigen es nicht alleine verursacht haben, sondern es von Dritten beeinflusst wurde. Dies ist grundsätzlich zu verneinen. Zwar sollten die Regelungen für Privatsphärenöffnungen von Minderjährigen aus Gründen des Minderjährigenschutzes modifiziert werden,[1153] doch die bloße Tatsache, dass die Privatsphärenöffnung durch Dritte beeinflusst wurde, führt noch nicht zu deren Unzulässigkeit.

Wurde das Vorverhalten in zulässiger Weise, das heißt durch ordnungsgemäße Einwilligung oder Vertretung der Zuständigen, begründet, ist es dem Minderjährigen konsequenterweise auch im Rahmen des Vorverhaltens zuzurechnen. Die Bestimmungen zur ausdrücklichen und konkludenten Einwilligung bzw. zur gesetzlichen Vertretung durch die Eltern übernehmen hierbei den Minderjährigenschutz und bedürfen keines einschränkenden Korrektivs. Insofern ist eine Privatsphärenöffnung durch Dritte möglich. Denn es ist ein Grundprinzip des Minderjährigenrechts, dass das Verhalten der gesetzlichen Vertreter sich auf Minderjährige auswirkt – sowohl im positiven, als auch im negativen Sinne. Es wäre absolut lebensfremd und daher den Medien auch nicht zumutbar, zu fordern, dass sie herausfinden, ob das medienrechtliche Vorverhalten alleine auf Veranlassung des Minderjährigen entstanden ist, oder ob dessen Eltern ihn zu einem öffentlichen Auftritt mitbrachten, obwohl er auf den Medienrummel keine Lust hat.

Selbst wenn die Berichterstattung in rechtsfehlerhafter Weise durch Dritte zustande kam, ist sie als Vorverhalten relevant, solange nicht kommuniziert wird, dass die Berichterstattung unerwünscht oder in unzureichender Weise genehmigt ist. Den Pressevertretern ist es schließlich nicht möglich, die Hintergründe für jede

1152 S. Teil 5 und Teil 12.
1153 S. u. Teil 4 VII.

vergangene Berichterstattung nachzuprüfen, ohne dass es Anlass gäbe, an ihrer Zulässigkeit zu zweifeln.

Daher ist ein medienrelevantes Vorverhalten auch dann anzunehmen, wenn dieses überwiegend oder ausschließlich aufgrund des Zutuns anderer geschieht, aber dem Minderjährigen in der öffentlichen Wahrnehmung zuzurechnen ist.

Doch das Vorverhalten Minderjähriger ist nicht völlig mit dem Erwachsener gleichzustellen.

Minderjährigen fehlt es an Erfahrung in Bezug auf den richtigen Umgang mit Öffentlichkeit und Medien. Auch wenn durch Privatsphärenöffnungen Berichterstattung grundsätzlich zulässig wird, sollte inhaltlich auf die erhöhte Schutzwürdigkeit Minderjähriger und die intensivere Beeinträchtigungsschwere, die durch Berichterstattungen erzielt wird, Rücksicht genommen werden, indem die Regelungen modifiziert werden.[1154]

Ein weiterer Grund für die Gebotenheit einer Anpassung auf Kinder und Jugendliche ist, dass Minderjährige oft zwangsweise Privates preisgeben. Denn im Gegensatz zu Erwachsenen haben Minderjährige keinen beruflichen oder gesellschaftlichen Werdegang vorzuweisen. Ihr gesamter Lebensbereich ist privater Natur.[1155] Dies gilt allerdings nicht, wenn die Minderjährigen aufgrund ihrer künstlerischen oder sportlichen Leistungen zu Prominenz gelangen. In diesem Fall ist es ihnen möglich, auf diese öffentlichkeitsbekannten Themen auszuweichen.

In anderen Fällen, insbesondere dann, wenn die Bekanntheit nur aufgrund der Verwandtschaft zu prominenten Personen entstanden ist, müssen die Minderjährigen zwangsläufig Privates preisgeben, um in den Medien beachtet zu werden. Hinter dieser Privatsphärenöffnung steckt kein kalkuliertes Spiel mit den Medien, wie bei Erwachsenen, sondern lediglich die Alternativlosigkeit in Äußerungen.

Zudem sind Kinder und Jugendliche in ihren öffentlichen Äußerungen viel unbefangener als Erwachsene. Es ist ein Grundgedanke des Minderjährigenrechts, dass die Naivität von Kindern und Jugendlichen keine zu weitreichenden Folgen mit sich bringen soll, da sie eben erst noch lernen müssen, sich in der Öffentlichkeit zu bewegen. Nicht umsonst existiert der feststehende Begriff der ‚Jugendsünde', die man als Erwachsener gerne vergessen lassen möchte. Auch bei der Diskussion um eine neue europäische Datenschutzverordnung war ein explizit ausgeführter Beweggrund für eine Reform, dass Kinder und Jugendliche unbedachter mit ihren Daten umgehen.[1156]

Selbst wenn die Darstellungen nicht von Eltern oder Betreuern, sondern von den Jugendlichen selbst veranlasst sind, sollten sie im Hinblick auf eine möglichst ungestörte Entwicklungsmöglichkeit nur für einen relativ kurzen Zeitraum veröffentlicht werden dürfen. Denn die Persönlichkeit Jugendlicher unterliegt im Laufe des Selbstfindungsprozess der Adoleszenz typischerweise heftigen Schwankungen,

---

1154 *Beater*, JZ 2013, 111 ff., 113 f.; S. u. Teil 4 VII.
1155 *Havemann/ Klofat*, 297 ff., 300.
1156 *Pfeifer*, JZ 2013, 853 ff., 862.

mit denen divergierende Einstellungen und Geschmäcker einhergehen. Zu einer möglichst ungestörten Entwicklung gehört es auch, dass solche jugendlichen Eskapaden nicht übermäßige Folgen in der öffentlichen Darstellung entfalten.

Folglich sollte die Berücksichtigung des medienrechtlichen Vorverhaltens modifiziert werden, soweit Minderjährige betroffen sind. Vorschläge hierfür finden sich in den unten folgenden Reformvorschlägen.

Finden sich Prominente im Mittelpunkt eines Skandals oder einer ‚Enthüllungsgeschichte' wieder, die sie in ihrer Privatsphäre verletzt, werden sie zu Beginn versuchen, die Meldungen zu ignorieren und die Aufregung ‚auszusitzen' oder ‚wegzulächeln'. Wird der mediale Druck zu groß, sodass sich die Gerüchte nicht mehr leugnen lassen, gibt es oftmals viel beachtete öffentliche Einlassungen zu diesem unliebsamen Thema. Tatsächlich kann ein groß angekündigtes Interview dazu führen, dass Spekulationen beendet werden, wodurch das öffentliche Interesse rapide abnimmt.

Natürlich sind dies keine rein freiwilligen Privatsphärenöffnungen, denn der Betroffene versucht hierdurch lediglich, den medialen Druck zu verringern und die Angelegenheit zu beenden. Dennoch willigt er damit in eine Berichterstattung ein, was nicht ohne Konsequenzen für seine weitere Rechtsposition bleiben kann. In diesen Fällen wird bei der Prüfung späterer Folgeberichterstattungen berücksichtigt, dass die damalige Einlassung unter großem medialem Druck geschah.[1157] Dennoch kann sein Verhalten dazu führen, dass zuvor untersagte Fotografien nun zulässigerweise verwendet werden dürfen. Denn der Dargestellte selber hat den betreffenden Sachverhalt öffentlich bestätigt. Die öffentliche Bestätigung eines mit einer Unterlassungserklärung belegten Sachverhalts lässt die Wiederholungsgefahr des Unterlassungsanspruches entfallen, sodass der Sachverhalt zulässigerweise veröffentlicht werden darf.[1158]

Wer Berichterstattungen zu einem Thema zulässt und nicht gegen diese vorgeht, hat geringere Erfolgsaussichten, wenn er sich später gegen vergleichbare Veröffentlichungen wenden möchte.[1159] Diese Rechtsprechung könnte man als „Privatsphärenöffnung durch Unterlassen" bezeichnen, da das Unterlassen einer rechtlichen Maßnahme zulasten des Privatsphärenschutzes gewertet wird.

Diese Wertung ist sicherlich nicht ohne Kritik zu sehen, denn sie verleiht dem schon durch die ursprüngliche Berichterstattung in seiner Privatsphäre Verletzten eine „Abwehrobliegenheit", die der sonstigen Rechtssystematik eigentlich fremd ist. Ein deliktischer Anspruch nutzt sich nicht ab, nur weil das geschützte Rechtsgut schon viele Male zuvor verletzt wurde.

1157 BGH-Urteil vom 19.10.2004, Az.: VI ZR 292/03 – „Rivalin" von Uschi Glas, Rz. 25 ff.; BVerfG-Beschluss vom 21.08.2006, Az.: 1 BvR 2606/04 u. a. – Promi-Partner, Rz. 33.

1158 BVerfG-Beschluss vom 21.08.2006, Az.: 1 BvR 2606/04 u. a. – Promi-Partner, Rz. 34.

1159 LG Berlin, Urteil vom 20.03.2012, Az.: 27 O 40/12 – Berichterstattung über das Beziehungsleben von Angehörigen einer fürstlichen Familie, Rz. 27.

Allerdings ist der persönlichkeitsrechtliche deliktische Anspruch nur im Rahmen einer Abwägung zwischen Kommunikationsfreiheit und APR durchzusetzen. Dabei ist nicht zu verleugnen, dass die Veröffentlichung einer wahren Tatsache, die schon allgemein öffentlich bekannt ist, das Persönlichkeitsrecht nur in geringerem Maße verletzt als die Erstveröffentlichung.[1160]

Besondere Brisanz erhält die Beachtung des prozessualen Vorverhaltens in internationalen Konflikten. Viele Prominente sind weltweit bekannt. Wer sich aber in den USA gegen Berichterstattung gerichtlich wehrt, muss sich damit abfinden, dass alle Prozessdokumente der Öffentlichkeit zugänglich gemacht werden.[1161] Mitunter sind sogar Live-Übertragungen aus dem Gerichtssaal möglich.

Solch eine Gerichtsberichterstattung kann detaillierte erzwungene Privatsphärenöffnungen nach sich ziehen, gegenüber denen die eigentlich angegriffene Berichterstattung verblasst.[1162] Aus diesem taktischen Grund kann ein Prozess vermieden werden, obwohl eigentlich gute Erfolgsaussichten bestünden. Dieser Gesichtspunkt dürfte vor deutschen Gerichten nicht außer Acht gelassen werden.

IV. Privatsphärenöffnungen im Web 2.0

Gerade im digitalen Bereich ist die Grenze zwischen privatem Auftreten und Öffentlichkeit oft schwer zu ziehen, weswegen näher untersucht werden muss, ab wann eine Information als veröffentlicht gilt.

1. Upload als Privatsphärenöffnung

Nicht jeder Upload ins Internet gilt schon als Veröffentlichung. Auch in einem öffentlichen Raum, wie dem Internet, kann es private Sphären geben.[1163] Gerade der aktuelle IT-Trend des ‚Cloud Computing' demonstriert, wie persönlichste und privateste Daten zwar im Internet gespeichert werden, die Zugangsdaten erhält

---

1160 BVerfG-Beschluss vom 09.03.2010, Az.: 1 BvR 1891/05 – Persönlichkeitsrechtsschutz bei Berichterstattung über Strafverfahren, Orientierungssatz 4.

1161 Tom Cruise wehrte sich im Herbst 2013 gerichtlich gegen zwei in den USA erschienen Zeitschriften, die auf ihrem Titel behaupteten, er hätte nach der Scheidung von seiner Ehefrau seine Tochter ‚verlassen'. Seine Zeugenaussage offenbarte Details zu den Gründen seiner Ehescheidung, seinen Erziehungsmethoden und seinem Alltag, die weltweites Gehör fanden. Diese neuen Informationen waren nicht nur um ein Vielfaches privater und aufsehenerregender, als die ursprünglich angegriffenen Schlagzeilen. Durch die Aussage vor Gericht erhielten sie auch das Maximum an Glaubwürdigkeit, während zwei Schlagzeilen der Unterhaltungspresse mit einer Grundskepsis begegnet wird. Zum Medienecho siehe beispielhaft einen Artikel von „Spiegel Online", der direkt auf die veröffentlichten US-Prozessprotokolle verlinkt: *Spiegel Online (Hrsg.)*, Scheidungsfall Cruise-Holmes (2013).

1162 S. o.

1163 *Piltz*, 194.

jedoch nur derjenige, der die Cloud eingerichtet und damit auch die Inhalte hochgeladen hat. Es hat keine „Mehrzahl von Personen" Zugriff auf die Daten, daher handelt es sich nicht um eine Veröffentlichung.

Der schiere Upload-Vorgang stellt noch keine Öffentlichkeit an den hochgeladenen Inhalten her.

Dies gilt auch in Anbetracht der neuesten Datenschutzaffären, wie dem durch die NSA ausgelösten globalen Skandal. Zwar ist mittlerweile anerkannt, dass jedes Datum, das ins Internet gestellt wird, nicht nur von dem Berechtigten, sondern auch von den Anbietern der Dienste und nicht zuletzt von technisch versierten Spezialisten aufgerufen werden kann. Doch schadet dies nicht der grundsätzlichen Privatheit der Informationen. Schließlich kann auch eine Wohnung heimlich verwanzt und überwacht werden, ohne ihre Einstufung als privaten Rückzugsort zu verlieren.[1164]

2. Einsehbar für jedermann

Wer Inhalte ohne technische Schutzmaßnahmen wie Zugangssperren oder Passworterfordernisse auf einer Webseite hinterlässt, veröffentlicht diese unstreitig, denn das Internet ermöglicht jedem von überallher auf diese zuzugreifen. Daher haben eine Vielzahl völlig unbekannter Personen Zugriff. Die Inhalte sind veröffentlicht.[1165]

Registriert sich jemand in einem sozialen Medium, z. B. in einem sozialen Netzwerk wie Facebook, wird er ebenfalls Inhalte online stellen. Dabei ist die Motivation für die Nutzung sozialer Medien äußerst unterschiedlich. Während Prominente und Unternehmen dadurch klassische Öffentlichkeitsarbeit betreiben, sieht sich ein Großteil der Nutzer dort in einer privaten Sphäre, in der es ausschließlich um Freizeitgestaltung und die Pflege persönlicher Beziehungen geht. Diese Motivationen können sich auch vermengen, wenn die Kontaktliste bei einem sozialen Netzwerk sowohl private Kontakte als auch Arbeitskollegen oder Geschäftsfreunde umfasst.

Die Anbieter sozialer Medien haben schnell erkannt, dass es ein Bedürfnis gibt, zu steuern, wer private Informationen einsehen kann. Daher werden teilweise sogenannte „Privatsphäreneinstellungen" angeboten, durch die festgelegt werden kann, wer Zugang zu welchen Daten erhält.

Die weitreichendste Einstellung ermöglicht hierbei keinerlei Schutz, sondern lässt die Information von jedermann einsehen. Dabei muss der Leser noch nicht einmal selbst in dem sozialen Netzwerk registriert sein. Er kann die „Profilseite" mit den persönlichen Daten einsehen, als wäre sie eine allgemein zugängliche Homepage oder ein Blog. Externe Suchmaschinen können die Inhalte als Suchergebnisse anzeigen. Wer soziale Medien professionell nutzt, z. B. Unternehmen oder

1164 *Piltz*, 197.
1165 BGH-Urteil vom 17.07.2003, Az.: I ZR 259/00 – Paperboy, Leitsatz 2b.

Prominente, wird regelmäßig diese Einstellung wählen, um den größtmöglichen Wirkungsgrad zu erzielen.

Entscheidet man sich, die privaten Daten in dieser Form, also ohne jegliche Schutzmaßnahme, die die Sichtbarkeit einschränkt, verfügbar zu machen, muss man die Konsequenz tragen, dass sie für eine unüberschaubare Vielzahl an nicht selbst-bekannten Personen einsehbar und damit öffentlich sind.[1166]

3. Registrierte Nutzer

Manche soziale Netzwerke und technische Angebote ermöglichen nur denjenigen Zugriff, die ebenfalls registriert sind. Für solch eine Registrierung bedarf es in der Regel der Angabe einer gültigen E-Mail-Adresse und eines Nutzernamens oder des wahren Namens.[1167]

a) Privatsphäreneinstellungen als Kriterium für Veröffentlichung

Werden Inhalte für alle registrierten Nutzer eines Netzwerkes sichtbar gemacht, entspricht dies keinem effektiven Schutz der Inhalte, da jeder sich mittels einer – möglicherweise anonymisierten – E-Mail-Adresse und eines ebenfalls anonymisierten Nutzernamens bei einem sozialen Netzwerk registrieren kann. Die Anzahl

---

1166 BGH-Urteil vom 29.04.2010, Az.: I ZR 69/08 – Session-ID, Rz. 27; BGH-Urteil vom 17.07.2003, Az.: I ZR 259/00 – Paperboy, Leitsatz 2b; *Pfeifer*, JZ 2013, 853 ff., 860, fragt, ob vor dem Hintergrund der Steuerung durch Privatsphäreneinstellungen noch die Notwendigkeit dafür besteht, nicht durch Einstellungen verborgene private Daten speziell zu schützen. Auch die Vorschaubilder-Urteile des BGH enthalten die Wertung, dass der Verzicht auf technische Schutzmaßnahmen dazu führen kann, dass spätere Schutzansprüche verwehrt bleiben, BGH-Urteil vom 19.10.2011, Az.: I ZR 140/10 – Vorschaubilder II, Leitsatz 1. Ebenso: OLG Köln, Urteil vom 09.02.2010, Az.: 15 U 107/09 – Konkludente Einwilligung in Foto-Verwendung durch Suchmaschinen mangels Opt-out-Nutzung, Rz. 21.

1167 Das erfolgreichste soziale Netzwerk, Facebook, wollte seine Mitglieder zur Offenbarung ihres wahren Namens zwingen. Der Datenschutzbeauftragte von Schleswig Holstein, *Thilo Weichert*, sah in diesem „Klarnamenzwang" einen Verstoß gegen deutsches Datenschutz- und Telemedienrecht, wegen dem er Bußgelder gegen Facebook verhängte. Vor dem OVG Schleswig wurde festgestellt, dass deutsches Datenschutzrecht nicht anwendbar sei, da die Datenverarbeitung an dem europäischen Sitz von Facebook in Irland stattfinde. (OVG Schleswig, Beschlüsse vom 22.04.2013, Az.: 4 MB 10/13 u. a. (nicht veröffentlicht); Pressemitteilung abrufbar unter http://www.schleswig-holstein.de/OVG/DE/Service/Presse/Pressemitteilungen/23042013OVG_Facebook_Klarnamen.html.) Daher besteht offiziell noch die von Facebook ausgesprochene Verpflichtung, dass sich alle Nutzer unter Angabe ihres wahren bürgerlichen Namens anmelden müssen. In der Praxis lässt sich allerdings noch eine Vielzahl von Pseudonymen bei Facebook entdecken, so dass der Eindruck entsteht, dass diese Vorgaben nicht mit aller Härte durchgesetzt werden.

derer, die potentiell auf die Daten zugreifen können, ist daher in keiner Weise beschränkt. Die Inhalte sind veröffentlicht.[1168]

Diese rechtliche und tatsächliche Konsequenz wird nicht von allen Nutzern erkannt. Viele sehen ihre Inhalte als durchgehend privat an, obwohl sie öffentlich sichtbar sind, weil die Inanspruchnahme solcher Plattformen ausschließlich privat motiviert ist. Sichtbar und fühlbar interagieren sie nur mit ihren bestätigten Kontakten, die sie auch im realen Leben an privaten Dingen teilhaben lassen. Zwar ist die theoretische Möglichkeit bekannt, dass jeder die Daten einsehen kann, doch wird dies nicht realisiert.

Besonders problematisch ist es, dass ein Hochladen von Inhalten zwar eine selbstbestimmte Handlung ist, jedoch die Freigabe für alle Mitglieder des Netzwerks mitunter darin begründet ist, dass Privatsphäreneinstellungen falsch verstanden oder falsch verwendet werden. Denn die Voreinstellungen der Netzwerke geben regelmäßig alle Daten für jedermann frei. Es ist fraglich, ob es zulasten der Nutzer zu werten sein darf, wenn er lediglich unterlässt, diese Voreinstellungen zu korrigieren. Diese Gefahr ist recht groß, da die Einstellungen oft detailliert zwischen den verschiedenen Inhalten unterscheiden und daher für jede Datenart erneut gesetzt werden müssen.

Wendet man die vom BGH in den ‚Vorschaubilder'-Urteilen gefundenen Maßstäbe an, müsste eine Veröffentlichung angenommen werden. Denn dort wurden Anspruchssteller mit dem Argument abgewiesen, dass sie technisch mögliche Schutzmaßnahmen nicht aktiv ergriffen haben.[1169]

Dem wird entgegnet, dass deutsches Recht einem Schweigen bzw. einer Nichthandlung grundsätzlich keinen Rechtsgehalt zuweist.[1170] Doch dieser Einwand geht fehl. Es wird nicht an ein Unterlassen, sondern an eine Handlung, nämlich den Upload, angeknüpft.[1171] Der Nutzer macht persönliche Angaben oder lädt Inhalte hoch, ohne Maßnahmen zu ihrem Schutz zu ergreifen. Daher macht er sie durch eine bewusste Handlung einer Vielzahl von Personen zugänglich, deren Anzahl und Identität er nicht kontrollieren kann. Die Inhalte sind öffentlich.

1168 LG Berlin, Urteil vom 25. Oktober 2007, Az.: 27 O 602/07 – Öffnung eigener privater Bereiche in einem Internet-Forum, Rz. 21, stuft Aussagen vor Mitgliedern eines Internetforums, für das man sich erst registrieren muss, als öffentlich ein. AG Menden, Urteil vom 03.02.2010, Az.: 4 C 526/09 – Veröffentlichung von Kinderfotos auf Internetseite durch den nicht sorgeberechtigten Vater, NJW 2010, 1614 ff., 1614, verneint eine Veröffentlichung erst dann, wenn ein Passwort- und Registrierschutz sicherstellt, dass nur der engste Familien- und Bekanntenkreis Zugriff auf die im Internet befindlichen Daten hat. *Piltz*, 200.

1169 BGH-Urteil vom 19.10.2011, Az.: I ZR 140/10 – Vorschaubilder II, Leitsatz 1. Ebenso: OLG Köln, Urteil vom 09.02.2010, Az.: 15 U 107/09 – Konkludente Einwilligung in Foto-Verwendung durch Suchmaschinen mangels Opt-out-Nutzung, Rz. 21.

1170 *Höch/ Kadelbach*, WRP 2012, 1060 ff., 1064.

1171 *Ohly*, GRUR 2012, 983 ff., 987.

Der Nutzer erteilt durch den Upload ohne technische Schutzmaßnahmen wie Privatsphäreneinstellungen eine Einwilligung zum Zugriff Fremder auf die veröffentlichten Inhalte. Unklar ist jedoch, wie Willensmängel bei dieser technischen Betrachtung der Einwilligung berücksichtigt werden können.[1172] Denn für eine rechtsfehlerfreie Einwilligung muss dem Nutzer bewusst sein, dass die Privatsphäreneinstellungen nicht gesetzt sind. Es muss ihm klar sein, dass er die eingestellten Inhalte für jeden sichtbar macht.

Dies ist dann anzuzweifeln, wenn Nutzer neu auf einer Plattform angemeldet sind oder wenn der Anbieter die Einstellungen versteckt oder missverständlich ausgestaltet.[1173] Die mangelnde Aufklärung von Nutzern und die benutzerfeindliche Ausgestaltung der Schutzmaßnahmen sind tatsächlich zwei der größten Kritikpunkte an die Anbieter von sozialen Medien.[1174] Das Interesse, diese Schutzmöglichkeiten zu propagieren, ist vonseiten der Anbieter sozialer Netzwerke gering, denn deren Geschäftskonzept basiert darauf, möglichst viele Daten so öffentlich wie möglich zu halten.[1175] So erregte Facebook negative Aufmerksamkeit, als mit der Einführung neuer Privatsphäreneinstellungen die Einstellung aller Nutzerprofile auf „öffentlich" gesetzt wurde.[1176]

Insbesondere unerfahrene Nutzer laufen daher Gefahr, Inhalte gegen oder ohne ihren Willen einer breiten Öffentlichkeit zugänglich zu machen, obwohl sie diesen Zugriff nur einem engen Freundes- oder Bekanntenkreis ermöglichen wollten. Nach aktueller technischer Betrachtung der Einwilligung durch Upload ohne Schutzmaßnahmen gelten die Inhalte dennoch als veröffentlicht, obwohl keine wirksame, da vollinformierte Einwilligung vorliegt. Darauf muss jedoch nicht mittels einer Anpassung des rechtlichen Öffentlichkeitsbegriffs reagiert werden. Vielmehr wäre die Entstehung solcher Willensmängel leicht zu vermeiden, wenn Anbieter sozialer Netzwerke dazu verpflichtet würden, den Standard der Privatsphäreneinstellungen maximal restriktiv zu setzen.

Eine Veröffentlichung setzte dann die aktive Wahl der „öffentlichen Einstellung" voraus, was berechtigter Maßen mit einer Veröffentlichung auf einer Homepage gleich gesetzt wird. Daher schützen standardisierte enge Voreinstellungen nicht nur den Nutzer vor ungeahnten Konsequenzen, sondern bringen Klarheit in die juristisch notwendige Abgrenzung von Öffentlichkeit oder Privatsphäre. Diese Lösung begegnete gleichzeitig manchen Kritikpunkten, die an der technischen Betrachtung der digitalen Einwilligung geübt werden.[1177] Denn eine aktive

1172 *Klass*, ZUM 2013, 1 ff., 6, 9.

1173 BR-Drs. 156/11, Entwurf eines Gesetzes zur Änderung des Telemediengesetzes, S. 11; *Jandt/ Roßnagel*, Gestaltungsvorschläge, 307 ff., 383.

1174 M. w. N. *Jandt/ Roßnagel*, Gestaltungsvorschläge, 7 ff., 48.

1175 *Jandt/ Roßnagel*, Gestaltungsvorschläge, 7 ff., 48.

1176 *Brüggen et al.*, 32 ff., 144 f.; *Knoke*, Spiegel.de (2009).

1177 *Klass*, ZUM 2013, 1 ff., 6, 9, benennt den mangelnden Vorrang des ausdrücklichen Willens, sowie die Behandlung von Irrtumsfällen und den Minderjährigenschutz als

Wahl der Einstellung wäre keine konkludente Einwilligung mehr, sodass der Vorrang des ausdrücklichen Willens ebenso sichergestellt werden könnte. Überdies wäre – in Kombination mit tauglichen Altersverifikationssystemen – ein effektiver Minderjährigenschutz denkbar, denn minderjährigen Nutzern könnten gewisse Privatsphäreneinstellungen schlicht verwehrt bleiben. Diese Voreinstellung auf ein „privacy by default", die erst aktiv vom Nutzer selbst gelockert werden muss, wird daher auch in verschiedenen Gesetzgebungsverfahren angestrebt.[1178]

Zumindest sollten soziale Netzwerke zu einer möglichst umfassenden und andauernden Information ihrer Nutzer angehalten werden. Seit Oktober 2013 ermöglicht Facebook auch Minderjährigen Statusupdates oder sonstige Inhalte auf „öffentlich" zu setzen und damit für jeden Nutzer einsehbar zu machen. Zuvor war dies Minderjährigen nicht möglich. Bevor Minderjährige etwas „öffentlich" posten, informiert Facebook sie durch zwei separate Textfelder darüber, dass die Information nun auch ihnen fremden Personen zugänglich gemacht wird.[1179]

Daran zeigt sich, dass es den sozialen Netzwerken durchaus möglich ist, Strategien zugunsten einer verbesserten Information seiner Nutzer zu finden. Somit wird sichergestellt, dass die Selbstentfaltung der Persönlichkeit durch öffentliche Äußerungen in sozialen Netzwerken auch tatsächlich selbstbestimmt und nicht aus Versehen geschieht.

Aus diesem Grund bestimmt auch der Änderungsentwurf zum TMG, dass der Nutzer in verständlicher einfacher Form über die getroffenen Voreinstellungen unterrichtet werden muss.[1180] Die Verpflichtung zu einer verbesserten Information der Nutzer strebt zudem die EU-Datenschutz-Grundverordnung an.[1181]

Auch wenn Maßnahmen zu begrüßen wären, die es Nutzern erleichtern, ihre Inhalte auf sozialen Netzwerken zu schützen, ist anzuerkennen, dass Inhalte, die trotz theoretischer Schutzmöglichkeiten uneingeschränkt für jeden registrierten Nutzer zu sehen sind, als veröffentlicht gelten.

b) Zwingend öffentliche Inhalte

Doch die Anknüpfung der Bestimmung der Öffentlichkeit an Privatsphäreneinstellungen trägt auch Schwächen in sich. Neben der fehlenden Information durch

---

maßgebliche Kritikpunkte an der aktuellen technischen Betrachtung der digitalen Einwilligung.

1178 Siehe Art. 23, Art. 37 Abs. 1c DGV-E, bzw. *Europäische Kommission*, Soziale Netzwerke (2012). Zu einem Entwurf zur Änderung des TMG, siehe § 13a TMG-E BR-Drs. 156/11. Ebenfalls für striktere Voreinstellungen: *Niemann/ Schenk,* 399 ff., 404.

1179 *Facebook* – Teen Privacy (2013); *Handelsblatt*, Facebook erlaubt Jugendlichen öffentliche Beiträge (2013).

1180 § 13a Abs. 1 S. 2, Abs. 2 TMG-E, BR-Drs. 156/11.

1181 Art. 23, Art. 37 Abs. 1c DGV-E; bzw. *Europäische Kommission*, Soziale Netzwerke (2012).

die Betreiber der sozialen Netzwerke gibt es regelmäßig Teile des Profils, die nicht verborgen werden können, z. B. der Name und das Profilbild.

Es ist fraglich, ob auch solche Bestandteile, die nicht verborgen werden können, als veröffentlicht gelten sollen, insbesondere vor dem Hintergrund, dass einige soziale Netzwerke ihre Nutzer dazu verpflichten, sich unter ihrem richtigen bürgerlichen Namen anzumelden.[1182] Wer nun über seinen Namen und das Profilbild identifiziert werden kann, gibt zusätzlich die Information preis, dass er in solch einem Netzwerk registriert ist.

Natürlich liegt es nahe, den Nutzer an seiner bewussten Entscheidung der Registrierung festzuhalten, für die er auch die Konsequenzen tragen muss. Schließlich steht es ihm frei, sich nicht zu registrieren und somit seine Privatsphäre zu schützen.

Allerdings ist zu berücksichtigen, dass das Internet in manchen sozialen Sphären, die zur freien Entfaltung der Persönlichkeit notwendig sind, alternativlos wird. Dies gilt insbesondere für Selbsthilfegruppen oder „special interest communities".[1183] Konnte man früher in einschlägige Zentren oder Bars gehen, um Ansprechpartner oder Gleichgesinnte zu finden, verlagern sich diese Szenen immer mehr in den digitalen Raum. Dabei wird insbesondere die Anonymität des Internets geschätzt, die Hemmschwellen abbaut und dann aufgegeben werden kann, wenn man „unter sich" ist.

Wie ist nun der Fall zu beurteilen, wenn eine prominente Person, die ihr Privatleben konsequent und stringent schützt, in solch einem Netzwerk registriert ist? Schon die Information über die Registrierung verrät viel über die Privatsphäre des Betroffenen. Gilt dies als veröffentlicht, können die Medien ungehindert über diese privaten Lebensbereiche berichten. Hier greift das Argument nicht, dass jeder, der seine Privatsphäre schützen möchte, von einer Registrierung Abstand nehmen kann, denn dies bedeutet mitunter, dass identitätsprägende Inhalte der Persönlichkeit nicht mehr ausgelebt werden können.

Bisher hat diese Überlegung noch keinen Einfluss in die Rechtsprechung oder Literatur gefunden. Zieht man jedoch eine Parallele in die reale Welt, lässt sich eine mögliche Rechtsprechungslinie absehen. Denn ob eine Privatsphärenöffnung angenommen werden kann, wird nicht nur an dem Verhalten des Betroffenen, sondern auch von dem betroffenen Sphärenbereich abhängig gemacht.

Privatsphäre bestimmt auch das als privat, was als peinlich, unschicklich oder etwaig diskussionswürdig gilt. Dies bedeutet, es wird sehr wohl unterschieden, ob ein Prominenter in einem Nachtclub oder in einem Krankenhaus zu sehen ist, obwohl beide Aufenthaltsorte in vergleichbarer Weise öffentlich wahrnehmbar sind. Ein Nachtclub wird je nach Größe und Zusammensetzung des anwesenden Publikums mitunter als öffentlicher Ort anzusehen sein, über dessen Besuch

---

1182 S. o. Fn. 1146.

1183 *Theunert*, 71 ff., 76, legt die durch das Internet eröffneten, neuen Möglichkeiten der Eltern- und Familienberatung dar.

Berichterstattung zulässig ist. Eine etwaige Krankheit ist jedoch der Intimsphäre zuzuordnen, sodass darüber nicht berichtet werden darf. Die Tatsache, dass der Aufenthalt im Krankenhaus öffentlich wahrnehmbar ist, ändert nichts an dieser Einstufung. Eine Privatsphärenöffnung wird erst dann angenommen, wenn der Betroffene sich aktiv dazu äußert.

Registriert sich ein Prominenter in einem sozialen Netzwerk, das dem allgemein üblichen Freizeitverhalten dient, darf darüber unter Umständen berichtet werden, wobei es durchaus als Privatsphärenöffnung angesehen werden kann, dass Profilbild und Nutzername öffentlich abrufbar sind. Registriert sich derselbe Prominente jedoch in einem Netzwerk, das der Bekämpfung einer Suchtkrankheit oder der Verfolgung einer sexuellen Vorliebe dient, sollte darin keine Privatsphärenöffnung gesehen werden, selbst wenn die Registrierung genauso öffentlich wahrnehmbar ist, wie die erstgenannte Registrierung. Denn diese Bereiche sind der Intimsphäre zuzuordnen.

Es ist anerkannt, dass die Medien nicht überall das Privatsphärenrelevante, das ihnen bekannt ist, auch berichten dürfen. Dies gilt auch im Internet. *Schmidt* vermutet,[1184] dass es in wenigen Jahren ein übliches Phänomen sein wird, dass über jede Person Privates oder sogar Intimes im Internet zu finden ist. Allerdings wird sich ein gesellschaftliches Verständnis darüber etabliert haben, dass über gewisse öffentlich einsehbare Inhalte hinweggesehen wird, da diese nicht für die Augen der Öffentlichkeit bestimmt sind oder klar dem privaten Lebensbereich zugeordnet werden.[1185] Ein Ansatz, der als wünschenswert, aber sehr optimistisch einzustufen ist. Jedenfalls für die Zwischenzeit, bis dieser Idealzustand erreicht ist, muss es rechtliche Regelungen geben, die die Privatsphäre auch dann schützen, wenn sie öffentlich wahrnehmbar ist.

Anders wäre der Fall mitunter zu beurteilen, wenn der Betroffene seine Netzwerkseite bewusst öffentlich einstellt und dabei weitere Informationen, z. B. zu der Geschichte seiner Suchterkrankung preisgibt. Solch ein offensiver Umgang könnte wiederum als Privatsphärenöffnung angesehen werden.

4. Bestätigte Kontakte

Jedes soziale Netzwerk und fast jedes soziale Medium eröffnet die Möglichkeit, Mitglieder als bekannt zu bestätigen. Je nach Anbieter unterscheidet sich die Terminologie für diese bestätigten Kontakte. Der verbreitetste Begriff dafür stammt von Facebook. Dort werden diese Kontakte als „Freunde“ bezeichnet.

Manche Nutzer gehen mit der Bestätigung von Kontakten verschwenderisch um. Dies ist insbesondere dann der Fall, wenn das Profil auf Außenwirkung angelegt ist, um einen Prominentenstatus zu erzeugen oder zu festigen oder in anderer Weise Marketing zu betreiben, z. B. für die eigene selbstständige Tätigkeit oder das

1184 *Schmidt*, 40 f.

1185 S. o.

ehrenamtliche Engagement. Wer jeden Kontakt bestätigt, wird in der Regel auch die Privatsphäreneinstellungen seines Profils dergestalt treffen, dass die Netzwerk- oder die Internet-Öffentlichkeit alle Informationen einsehen kann. Hier wird die Möglichkeit einen Kontakt zu bestätigen, nicht dafür genutzt, eine Selektion der Öffentlichkeit vorzunehmen. In der Regel werden andere Effekte angestrebt, denn die Bestätigung führt auch dazu, dass Profile stärker verknüpft und Nutzer auf die Aktivitäten des jeweils anderen hingewiesen werden.

Der durchschnittliche private Nutzer eines Netzwerks überlegt jedoch genau, welche Kontakte er seiner „Freundesliste" hinzufügt.[1186] Er beschränkt sich dabei in der Regel auf Personen, die er aus dem echten Leben kennt, akzeptiert aber auch von den ihm bekannten Personen nicht jeden. Somit eröffnet sich innerhalb der allgemeinen Netzwerköffentlichkeit eine kleinere, selektierte Öffentlichkeit. In dieser ausgewählten Öffentlichkeit herrscht ein Vertrauensverhältnis. Mit privaten Daten und Inhalten wird leichtfertiger umgegangen.[1187]

Daher wird in diesem Umfeld der bestätigten Kontakte bezüglich jeder Person eine persönliche Verbundenheit anzunehmen sein. Eine Öffentlichkeit nach oben dargestellter Definition liegt damit nicht vor und wäre auch sachfremd anzunehmen.

Private Daten und Inhalte, die nur den bestätigten Kontakten mitgeteilt werden, gelten daher nicht als veröffentlicht, solange die Freundesliste das Ergebnis einer tatsächlichen Selektion ist und nicht wahllos auch persönlich nicht bekannte Nutzer umfasst.

Für soziale Medien, in denen die Möglichkeit, Kontakte zu bestätigen, nicht existiert,[1188] findet dieser Rechtsgedanke ebenfalls Anwendung, indem ein Inhalt dann als nicht öffentlich gilt, wenn ein Zugangshindernis, z B. ein Kennwort, existiert, das nur persönlichen Bekannten mitgeteilt wird, sodass nur sie auf die Inhalte zugreifen können.[1189]

Die Einstufung dessen als privat, was nur von bestätigten Kontakten einsehbar ist, ist nicht frei von Kritik. Zwar ist die Nutzung von Privatsphäreneinstellungen Standard geworden.[1190] Ganze 87 Prozent aller jugendlichen Nutzer eines sozialen Netzwerks haben Privatsphäreneinstellungen eingerichtet,[1191] sodass davon ausgegangen werden kann, dass die Unterscheidung zwischen Privatsphäre und Öffentlichkeit anhand der gewählten Privatsphäreneinstellung ein lebensnahes Kriterium ist.

1186 *Fast*, 179.
1187 *Fast*, 172 ff.
1188 Z. B. Web 2.0-Angebote wie Videoportale.
1189 AG Menden, Urteil vom 03.02.2010, Az.: 4 C 526/09 – Veröffentlichung von Kinderfotos auf Internetseite durch den nicht sorgeberechtigten Vater, NJW 2010, 1614 ff., 1614.
1190 *Niemann/ Schenk*, 399 ff., 402, 404; *Jandt/ Roßnagel*, Gestaltungsvorschläge, 7 ff., 52.
1191 JIM 2012, 43.

Gleichzeitig wird darauf hingewiesen, dass der durchschnittliche jugendliche Nutzer 290 Kontakte bestätigt hat.[1192] Selbst wenn unterstellt wird, dass gänzlich fremde Personen in der Regel nicht als Kontakte bestätigt werden, zeigen Studienergebnisse, dass Jugendliche nur mit einem Drittel dieser „Freunde" alltäglichen Umgang pflegen.[1193] Dies wirft die Frage auf, ob der Nutzer wirklich mit all diesen 290 Personen im Sinne obiger Privatsphärendefinition „persönlich verbunden" ist.[1194]

Zudem werden Privatsphäreneinstellungen zwar grundsätzlich verwendet, doch die detaillierte und abgestufte Eingruppierung der Kontaktliste ist wohl zu aufwendig, als dass regelmäßig zwischen unterschiedlichen Arten von Bekannten und Freunden unterschieden würde.[1195] Gerade aber, weil man in den unterschiedlichen sozialen Lebenswelten unterschiedliche Rollen einnimmt, müsste jede dieser Bekanntengruppen auch in einem sozialen Netzwerk auseinander sortiert und voneinander separiert werden, um eine Kontrolle über die Privatsphäre zu erreichen, die mit der Kontrollmöglichkeit in der realen Welt vergleichbar ist.[1196]

Diese Kritik ist berechtigt, ändert jedoch nichts daran, dass die Anzahl und Personen der potentiellen Empfänger einer Botschaft das einzige denkbare Abgrenzungskriterium bleiben, um zu bestimmten, ob die Botschaft privat ist.[1197] Wie in der realen Welt kann auch in sozialen Netzwerken diese Unterscheidung nicht automatisch gefällt werden. Vielmehr sind die Gesamtumstände zu berücksichtigen.

Durch die Möglichkeit, Inhalte nur bestimmten Nutzern zugänglich zu machen, kann Privatsphäre in einem ansonsten grundsätzlich öffentlichen Raum wie einem sozialen Netzwerk geschaffen werden.

5. Bestätigte Kontakte zweiten Grades – „Freunde von Freunden"

Die letzte Kategorie der Kontaktart ist ebenfalls aus dem meistverbreiteten sozialen Netzwerk Facebook bekannt. Dort existiert die Möglichkeit, Inhalte für „Freunde von Freunden" sichtbar zu machen. Das bedeutet, dass nicht nur die eigenen bestätigten Kontakte, sondern auch Nutzer, die mit ihnen verknüpft sind, Zugriff haben.

Unter diesen bestätigten Kontakten zweiten Grades sind zwangsläufig auch Personen zu finden, die man nicht persönlich kennt. Zwar ist der Öffentlichkeitskreis kleiner einzustufen als die Netzwerköffentlichkeit, dennoch herrscht keine persönliche Verbundenheit zu den Rezipienten, die notwendig wäre, um die Privatheit

1192 JIM 2013, 39.
1193 JIM 2013, 40.
1194 S. o. Teil 4 I. 3; JIM 2013, 42.
1195 *Niemann/ Schenk*, 399 ff., 404.
1196 *Schmidt*, 36; *Güntner*, 85.
1197 *Höch/ Kadelbach*, WRP 2012, 1060 ff., 1067.

einer Information anzunehmen. Zudem hat der Äußernde keinerlei Einfluss darauf, wen er mit dieser Einstellung erreicht, denn Freunde können Kontakte hinzufügen oder entfernen, ohne dass man dies beeinflussen kann oder auch nur mitbekommt.

Daher ist eine Privatsphäreneinstellung, die auch bestätigten Kontakten zweiten Grades Zugriff erlaubt, als Öffentlichkeit einzustufen.[1198]

6. „Gefällt mir"-Button

Der „Gefällt mir"-Button, ein blau umrandeter nach oben gereckter Daumen, wurde zum Symbol von Facebook und damit einer ganzen Generation. In der englischen Sprachversion des Netzwerks trägt er den Namen „Like"-Button. Dadurch hat der Begriff „Likes" in den deutschen Sprachgebrauch Einzug gehalten, der ausdrückt, auf wie viel Zustimmung etwas in den sozialen Netzwerken stößt.

Betätigt man den „Like"-Knopf unter einer Statusmeldung oder einem Profil, wird dieser Ausdruck der Zustimmung für andere – teilweise sogar außerhalb des Netzwerks – sichtbar. Der Empfängerkreis kann nicht beschränkt werden. Zwar kann möglicherweise nicht jeder Nutzer die Zustimmungshandlung sehen, z. B. wenn sie sich auf einer durch Privatsphäreneinstellungen geschützten Profilseite befindet, auf die nur die bestätigten Kontakte des Profilseiteninhabers Zugriff haben. Doch liegt diese Einflussmöglichkeit nicht in den Händen desjenigen, der die Zustimmung ausgedrückt hat, da er nicht bestimmen kann, welche Privatsphäreneinstellung gewählt wird. Daher ist die Betätigung des „Gefällt mir"-Buttons regelmäßig mit einer öffentlichen Zustimmungsäußerung gleichzusetzen, die keine Privatsphäre genießt.[1199]

7. Fazit

Privatheit und Öffentlichkeit in digitalen Räumen kann genauso definiert und abgegrenzt werden, wie in der realen Welt. Die Anmeldung und Benutzung eines sozialen Mediums ist nicht mit der völligen Entäußerung der Privatsphäre gleichzusetzen. Vielmehr gibt es auch in einer digitalen Welt das Bedürfnis, Privates vor dem Zugriff Fremder zu schützen.

Soziale Netzwerke haben dieses Verlangen erkannt und darauf mit der Einrichtung von individuell bestimmbaren Privatsphäreneinstellungen reagiert, die im Umkehrschluss als Indiz dafür dienen können, ob ein Inhalt veröffentlicht wurde.

Allerdings läuft die aktive Benutzung von Privatsphäreneinstellungen dem Interesse der Netzwerke entgegen. Denn Netzwerke sind für Nutzer umso attraktiver, je mehr Informationen sie bieten können. Daher besteht das Risiko, dass Privatsphärenschutz zwar theoretisch angeboten wird, aber praktisch deren Inanspruchnahme durch Voreinstellungen oder schwierige Handhabung vereitelt wird.

1198 *Redeker*, Rz. 434; *Piltz*, 200.

1199 *Wahlers*, jurisPR-ITR 2012, 12/2012, Anmerkung 2.

Abgesehen davon lässt sich die Definition von Öffentlichkeit nach § 22 S. 1 KUG nahtlos in die digitale Sphäre übertragen. Sobald ein Inhalt auch einer Mehrzahl von Personen mitgeteilt wird, mit denen der Äußernde nicht persönlich verbunden ist, gilt dies als Veröffentlichung. Lediglich Daten, deren Veröffentlichung sich nicht verhindern lassen, wenn man einen Service in Anspruch nehmen möchte, rechtfertigen unter Umständen eine Sonderbehandlung, nach der Massenmedien selbst dann eine Berichterstattung versagt bleibt, wenn die Information öffentlich wahrnehmbar ist.

V. Verjährungsfrist für Privatsphärenöffnungen

Menschen, die mit ihrer Prominenz ihren Lebensunterhalt bestreiten, sind stets darum bemüht, im Gespräch zu bleiben, um weitere Engagements zu erhalten. Andere wünschen sich jedoch nichts sehnlicher, als nicht mehr in der Öffentlichkeit zu stehen, um mit ihrem normalen Leben fortfahren zu können. Dies gilt umso mehr, wenn die Erfahrung in den Medien negativer als erwartet ausfiel.

Es steht jedem frei, sich aus der Öffentlichkeit zurückzuziehen. Niemand kann dazu gezwungen werden, sich in den Medien zu präsentieren. Wer jedoch seine Privatsphäre geöffnet hat und durch sein Verhalten oder durch entsprechende Einwilligungen Anlass dafür gegeben hat, dass die Medien über ihn berichten, muss es ertragen, dass auch dann noch Berichterstattungen über ihn zulässig sind, wenn er dies nicht mehr wünscht.

Privatsphärenöffnungen gelten jedoch nicht zeitlich unbegrenzt.[1200] Vielmehr verblassen sie automatisch immer mehr, je mehr Zeit vergeht.[1201]

Wie lange es dauert, bis eine vergangene Privatsphärenöffnung keinen ausreichenden Anlass für rechtlich zulässige Berichterstattung mehr bietet, hängt vom Einzelfall ab.

Im Fall einer prominenten Moderatorin, die sich in einem Interview zu ihrem privaten Beziehungsleben geäußert hat, wurde angenommen, dass sich eine drei Jahre später erschienene Berichterstattung nicht mehr auf diese Privatsphärenöffnung stützen könne.[1202] Auch die wiederholte Veröffentlichung einer drei Jahre zuvor mit Einwilligung publizierten Krankengeschichte wurde als unzulässig

---

1200 LG Berlin, Urteil vom 03.11.2009, Az.: 27 O 343/09 – Schadensersatzanspruch einer Fernsehmoderatorin, Rz. 40.

1201 OLG Oldenburg, Urteil vom 26.11.1982, Az.: 6 U 107/82 – Nierentransplantation, Rz. 13; OLG Dresden, Urteil vom 12.07.2011, Az.: 4 U 188/11 u. a. – Geldentschädigung wegen einer Presseberichterstattung über den Suizid eines Kindes eines ehemaligen Landesministers, Rz. 24.

1202 LG Berlin, Urteil vom 03.11.2009, Az.: 27 O 343/09 – Schadensersatzanspruch einer Fernsehmoderatorin, Leitsatz 3.

verurteilt, da sich die Privatsphäre nach drei Jahren automatisch wieder geschlossen habe.[1203]

Doch schon bevor keinerlei Berichterstattung mehr auf die Privatsphärenöffnungen gestützt werden kann, verringert sich das Spektrum der daraus ableitbaren Themen mit zunehmendem Zeitablauf.[1204] Darf bei Politikern während ihrer aktiven Karriere durchaus auch aus dem privaten Alltag berichtet werden, so gilt dies sechs Jahre nach Beendigung der Politikerkarriere und Rückzug aus der Öffentlichkeit nicht mehr. Dann sind lediglich noch Meldungen, die mit dem politischen Wirken in Verbindung stehen, zulässig.[1205]

Als Argument wird angeführt, dass auch Berichterstattungen mit Einwilligung nur im Rahmen des bei der Einwilligungserteilung zu erwartenden Empfängerhorizonts verwendet werden dürfen.[1206] Wenn die Reichweite einer direkt durch eine Einwilligung gerechtfertigte Berichterstattung irgendwann endet, ist es nur folgerichtig, auch die von solchen Privatsphärenöffnungen abgeleiteten weiteren Berichterstattungsmöglichkeiten mit zunehmenden Zeitablauf zu verringern.

Ändern sich gewichtige Einstellungen des Dargestellten, kann eine Einwilligung sogar mit Wirkung ex tunc widerrufen werden.[1207] Ist die direkt durch Einwilligung gerechtfertigte Berichterstattung nach dem Widerruf der Einwilligung nicht mehr verwertbar, muss auch die Berichterstattung, die sich auf die durch die Einwilligung verursachte Privatsphärenöffnung stützt, beschränkt werden. Alles andere würde die Effektivität des Widerrufs konterkarieren.

Selbst Einträge in offiziell zu führende Register sind nach einigen Jahren zu entfernen,[1208] um den Betroffenen zu ermöglichen, sich von ihrer Vergangenheit zu lösen. Einträge in das Bundeszentralregister, das sogenannte Vorstrafenregister, werden je nach Schwere der verhängten Strafe nach fünf bis 15 Jahren gelöscht (§ 45 ff. Bundeszentralregistergesetz – BZRG).

Wie im Folgenden dargestellt wird, streiten gewichtige Gründe dafür, die Privatsphärenöffnungen Minderjähriger schneller verblassen zu lassen, als diejenigen

---

1203 OLG Oldenburg, Urteil vom 26.11.1982, Az.: 6 U 107/82 – Nierentransplantation, Rz. 13.

1204 OLG Dresden, Urteil vom 12.07.2011, Az.: 4 U 188/11 u. a. – Geldentschädigung wegen einer Presseberichterstattung über den Suizid eines Kindes eines ehemaligen Landesministers, Rz. 24.

1205 OLG Dresden, Urteil vom 12.07.2011, Az.: 4 U 188/11 u. a. – Geldentschädigung wegen einer Presseberichterstattung über den Suizid eines Kindes eines ehemaligen Landesministers, Rz. 24.

1206 S. o. Teil 5 IV. 2. *Soehring/ Hoene*, 493. Zeitablauf kann unschädlich sein, wenn ausdrücklich festgelegt wurde, dass die Einwilligung beliebig viele zukünftige Veröffentlichungen umfasst, s. OLG Oldenburg, Urteil vom 26.11.1982, Az.: 6 U 107/82 – Nierentransplantation, Rz. 12 f.

1207 S. o. Teil 5 X.

1208 *Ehmann* in: Canaris/ Heldrich, 613 ff., 661.

von Erwachsenen. Dabei wäre die Zeitdauer von einem Jahr ein guter Anhaltspunkt.[1209]

VI. Recht auf Vergessen?

„Das Internet vergisst nichts“– so lautet ein bekanntes Schlagwort des digitalen Zeitalters. Damit wird die Problematik beschrieben, dass all das, was ins Internet hochgeladen wird, nie mehr ganz aus dem digitalen Gedächtnis zu löschen sein wird.

Während in der analogen Welt das Erinnern einer aktiven Handlung bedarf, ist es im digitalen Raum das Löschen, das Vergessen, das zum Handeln zwingt und daher selten vorgenommen wird. Dies liegt zum einen daran, dass sich Inhalte im Internet nicht verflüchtigen, wie es im Rundfunk durch Ausstrahlung oder in der Presse durch die am nächsten Tag erscheinende neue Ausgabe einer Zeitung der Fall ist. Speicherplatz im Internet ist billig und schier endlos verfügbar, sodass alte Meldungen zwar immer weiter nach hinten rücken, aber so gut wie nie ganz verschwinden.

Zum anderen verselbstständigen sich digitale Inhalte leicht und in atemberaubender Geschwindigkeit.[1210] Digitale Daten, egal ob Texte oder Bilder, können ohne Qualitätsverlust kopiert und weitergegeben werden. Eine technische Lösung, die die Weitergabe wirksam verhindert, wurde noch nicht entwickelt. Denn alles, was bei einem Endnutzer auf einem digitalen Abspielgerät, wie einem PC, Tablet oder Mobiltelefon, abgerufen werden kann, muss vorher von diesem Gerät verarbeitet werden, sodass eine Vervielfältigung – wenn auch nur für den technisch Versierten – möglich ist.

Dabei ist es fehlerhaft zu behaupten, das Internet könne nicht vergessen. Als Zusammenschluss von Servern und PCs quer über den Globus kann theoretisch auf jedem dieser technischen Geräte ein Datum gelöscht werden, sodass die betreffende Datei nirgends mehr auffindbar ist. Doch solch eine globale Maßnahme lässt sich nicht mit angemessenen Mitteln durchsetzen.[1211] Daher erinnert sich das Internet nicht wegen technischer Vorgaben an alles, sondern weil es an effektiven Rechtsdurchsetzungsmaßnahmen mangelt.

In Anbetracht dieser zwei Ursachen ist zu untersuchen, welchen Einfluss die Dauerhaftigkeit des Internets auf den Persönlichkeitsrechtsschutz hat.

Mit Zeitablauf schließen sich die selbst verursachten Öffnungen der Privatsphäre wieder. Doch gibt es daneben auch die Möglichkeit, aktiv die Löschung von persönlichkeitsrelevanten Inhalten zu verlangen? Kann ein Betroffener die selbst verursachte Privatsphärenöffnung aktiv schließen, ohne dass er abwarten muss,

---

1209 S. o. Teil 4 VII. 1.
1210 *Schmidt*, 38.
1211 *Nolte*, ZRP 2011, 236 ff., 237.

bis der Zeitablauf seinen vollumfänglichen Privatsphärenschutz wieder herstellt? Gibt es ein Recht darauf, vergessen zu werden?

Der Vorschlagstext zur Europäischen Datenschutzgrundverordnung[1212] sieht in Art. 17 ein Recht auf Vergessen vor, das die Daten verarbeitende Stelle verpflichtet, Daten aus abschließend aufgeführten Gründen zu löschen. Dieses Recht soll insbesondere in Bezug auf Daten gelten, die der Betroffene im Kindesalter öffentlich zugänglich gemacht hat (Art. 17 Abs. 1). Die Freizügigkeit, die Minderjährige in Bezug auf ihre Daten und Persönlichkeitsrechte an den Tag legen, soll demnach auch nach Ansicht der Europäischen Kommission keine zu weitreichenden Konsequenzen entfalten, sondern durch später verfügbare Gegenmaßnahmen beschränkt werden können. Nach Art. 17 Abs. 1 Ziff. b sind Daten zu löschen, wenn der Betroffene seine Einwilligung zur Bearbeitung widerruft.

Hat die Daten verarbeitende Partei die Daten an Dritte weitergegeben, muss sie auch diese Dritten von der Löschungsverpflichtung informieren, Art. 17 Abs. 2.

Auch wenn schon ein ausdifferenzierter Vorschlagstext existiert, ist die Datenschutzgrundverordnung derzeit noch nicht beschlossen.[1213]

Nach aktueller Rechtslage kann früher bewilligte Berichterstattung mit persönlichkeitsrechtlichen Instrumenten für die Zukunft untersagt werden. Soll die (wiederholte) Auswertung von mit Einwilligungen ergangenen Berichterstattungen in Presse, Rundfunk und Internet verhindert werden, kann die dazu ergangene Einwilligung wirksam widerrufen werden.[1214]

Dass die Voraussetzungen für solch einen Widerruf vorliegen, wird man regelmäßig nicht direkt nach Erteilung der Einwilligung geltend machen können. Vielmehr sind hiervon Fälle erfasst, in denen nach einiger Zeit und womöglich zwischenzeitlich erfolgter Auswertung, keine weiteren Veröffentlichungen mehr vorgenommen werden sollen.

Auch bei Berichterstattungen, die ohne vorherige Einwilligung ergingen, aber wegen der partiell geöffneten Privatsphäre ursprünglich zulässig waren, spricht mit zunehmendem Zeitablauf immer mehr für die Unzulässigkeit der Veröffentlichung, insbesondere wenn sich die betroffene Person zwischenzeitlich konsequent aus der Öffentlichkeit zurückgezogen hat oder über ihr Privatleben völlig bedeckt hielt.[1215]

Die derzeitige Rechtslage verleiht daher nur ein weiches Recht auf Vergessen, das insbesondere dann durchgesetzt werden kann, wenn seit der Einwilligung schon einige Zeit vergangen ist. Dieses entfaltet seine Wirkung lediglich in Bezug auf zukünftige Berichterstattung.

1212 Art. 17 DGV-E.
1213 Ein Parlamentsbeschluss wird im Frühjahr 2016 erwartet
1214 S. o. Teil 5 X..
1215 S. o. Teil 5 IV. und Teil 5 VII. 1.

1. Persistenz des Internets

Dies war bis vor wenigen Jahren auch ausreichend, denn solange gesichert war, dass in Zukunft keine Berichterstattung mehr stattfinden wird, konnte man sich darauf verlassen, dass das Interesse an der betroffenen Person rapide nachlassen wird und auch die privatsphärenrelevanten Informationen in Vergessenheit geraten werden, um aktuellen Neuigkeiten Platz zu schaffen.

Problematisch ist jedoch, wenn die damals rechtmäßige Berichterstattung, die gegenwärtig vom Betroffenen nicht mehr gewünscht wird, in tatsächlicher Weise weiter fortwirkt, ohne erneut veröffentlicht zu werden. Während früher verkaufte Zeitschriftenausgaben oder ausgestrahlte Fernsehsendungen von der Bildfläche und damit aus dem kollektiven Gedächtnis verschwanden, sind sie heutzutage in Online-Archiven und Mediatheken weiterhin abrufbar.

Veröffentlichungen im Internet sind typischerweise persistent.[1216] Sie werden so gut wie nie gelöscht. Gibt es neuere Informationen, rücken sie zwar nach hinten, doch da digitaler Speicherplatz im Gegensatz zu analoger Archivierung so gut wie keine Kosten verursacht, werden die Berichte stets zugänglich gehalten. Wegen der technischen Aufarbeitung sind Inhalte auch leicht und effektiv durchsuchbar.[1217]

Früher hätte es zum Auffinden alter Meldungen womöglich eine zeitintensive Recherche in einem nicht jedermann zugänglichen Archiv gebraucht. Dementsprechend gering war die Privatsphärenberührung dieser Archivmeldung. Heutzutage finden sich solche Nachrichten mitunter rein zufällig, wenn der Name des Betroffenen auf der Suche nach aktuellen Informationen in eine Suchmaschine eingetippt wird.[1218]

2. Online-Archive: Konfliktpotential der digitalen Archivierung

Was auf den ersten Blick wie der Hinzugewinn nützlicher neuer Informationsarten erscheint, wird problematisch, wenn Berichterstattungen, die zum Erscheinungsdatum rechtlich zulässig waren, später nicht mehr in dieser Form rechtlich zulässig sind.[1219]

Dies kann verschiedene Ursachen haben. Die Einwilligung kann inzwischen widerrufen worden sein oder die Privatsphäre kann sich durch Zeitablauf wieder geschlossen haben. Gab es zum Ersterscheinungszeitpunkt ein Informationsinteresse, das eine Person zu einer Person der Zeitgeschichte machte, wird auch dies sich nach einiger Zeit erledigt haben. Schließlich kann sich auch ein strafrechtlicher Anfangsverdacht inzwischen als unbegründet herausgestellt haben. Oder der

---

1216 *Pfeifer*, JZ 2013, 853 ff., 853.
1217 S. o.
1218 *Mann*, 133 ff., 133.
1219 *Mann*, 133 ff., 134.

verurteilte Straftäter steht kurz davor, aus dem Gefängnis entlassen zu werden und hofft auf Resozialisierung.

Die stete Auffindbarkeit der Meldung führt dazu, dass die Privatsphärenbeeinträchtigung nie endet, obwohl die Rechtfertigung für die Berichterstattung nur für den Zeitpunkt der Veröffentlichung bestand. Womöglich reichen daher die bisherigen „weichen" Instrumente, um ein Vergessen werden aktiv herbeizuführen, nicht mehr aus. Denn nicht nur die zukünftige Veröffentlichung, sondern auch die Fortwirkung der ursprünglich gerechtfertigten Berichterstattung, berührt das Persönlichkeitsrecht.

Besonders problematisch ist, dass sich im Internet auch Berichterstattungen finden, die lange vor dem digitalen Zeitalter produziert wurden, als die gegenwärtige technische Entwicklung noch nicht absehbar war. So kann man in den online verfügbaren Mediatheken großer Fernsehsender Jahrzehnte alte Talkshows abrufen.[1220] Alte Zeitschriftenausgaben sind ebenso verfügbar. Während heute die digitale Verwertung und deren Konsequenzen als bekannt vorausgesetzt werden können, gilt dies nicht für Veröffentlichungen aus den Jahren vor dem Siegeszug des Internets.

3. Höchstrichterliche Rechtsprechung zu Online-Archiven

Höchstrichterliche Rechtsprechung musste sich schon mehrfach damit auseinandersetzen, unter welchen Voraussetzungen die digitale Bereitstellung von alten Nachrichten zulässig ist.

Dabei legte der BGH fest, dass eine Auffindbarkeit von Berichterstattungen, die mittlerweile in dieser Form nicht mehr veröffentlicht werden dürften, zulässig ist, wenn sie nur durch eine gezielte Suche erreicht wird. Zudem muss erkennbar sein, dass es sich um eine Altmeldung handelt, z. B. durch die Angabe eines Datums.[1221]

Diese Voraussetzungen wirken nicht absolut. Ebenso wie bei der Prüfung der Zulässigkeit von aktuellen Meldungen ist eine Abwägung zwischen APR und den Kommunikationsfreiheiten vorzunehmen.[1222] Neben den eben genannten Kriterien sind wesentliche Indizien, ob die Meldung bei Erstveröffentlichung rechtlich zulässig war,[1223] wie alt die Nachricht schon ist, ob ihr Erstveröffentlichungsdatum

---

1220 Sämtliche Folgen des im Rahmen dieser Arbeit mehrfach kritisierten Fernsehformats „Die strengsten Eltern der Welt", das ab 2009 ausgestrahlt wurde, finden sich im Jahre 2016 noch ständig verfügbar auf der Online-Plattform „Maxdome", Internetadresse: https://www.maxdome.de/die-strengsten-eltern-der-welt-b219046.html (2016). Auf dem Onlineauftritt des Fernsehsenders „Sat.1 Gold" sind alte Talkshowsendungen von Sat.1 verfügbar.

1221 BGH-Urteil vom 30.10.2012, Az.: VI ZR 4/12 – Gazprom-Manager, Rz. 27; BGH-Urteil vom 13.11.2012, Az.: VI ZR 330/11 – Apollonia/ Spiegel, Rz. 17; BGH-Urteil vom 15.12.2009, Az.: VI ZR 227/08 – Online-Archive, Leitsatz.

1222 BGH Urteil vom 15.12.2009, Az.: VI ZR 227/08 – Online-Archive, Leitsatz, Rz. 11, *Alexander*, ZUM 2011, 382 ff., 387 f.

1223 BGH-Urteil vom 15.12.2009, Az.: VI ZR 227/08 – Online-Archive, Leitsatz.

erkennbar ist,[1224] zudem wie groß das zum Erstveröffentlichungszeitpunkt existierende öffentliche Interesse war[1225] und wie persönlichkeitsrelevant der Beitrag inhaltlich ist, insbesondere im Hinblick auf eine mögliche Prangerwirkung oder Stigmatisierung.[1226]

In Bezug auf das durch das verfassungsrechtliche APR geschützte Recht auf Resozialisierung, das durch die namentliche Berichterstattung über Straftäter aus Zeiten der Tat bzw. der Gerichtsverhandlung beeinträchtigt sein könnte, entschied der BGH, dass zwar mit zunehmender Distanz zur Begehung der Straftat auch die Berechtigung des Straftäters steige, nicht mehr mit Berichterstattung konfrontiert zu werden.[1227] Dennoch befand er im Hinblick auf Online-Archive stets, dass das Persönlichkeitsrecht des Straftäters hinter den Kommunikationsfreiheiten zurückzutreten habe, denn auch das Recht auf Resozialisierung berechtige nicht zu einer „vollständigen Immunisierung vor der ungewollten Darstellung“[1228] oder zur „Tilgung von Geschichte“.[1229]

Der Unterschied von Online-Archiv-Meldungen zum berühmten „Lebach“-Urteil des BVerfG,[1230] in dem ein Fernsehspiel, das die Nachbildung einer Straftat unter Identifizierung der Täter zum Inhalt hatte, wegen des Rechts der Täter auf Resozialisierung untersagt wurde, bestehe darin, dass Online-Archive nur denjenigen informieren, der gezielt nach diesen Informationen sucht. Daher werde eine ganz andere „Breitenwirkung“ erzielt.[1231]

Gezielt möchte der BGH verhindern, dass Autoren zu einer Kontrolle ihrer Altmeldungen verpflichtet werden, da der hierdurch entstehende Zeit- und Personalaufwand zu groß sei.[1232] Zudem wird befürchtet, dass solch eine Pflicht von dem Verfassen und Veröffentlichen von Meldungen abschrecken könne, was die verfassungsrechtlich geschützte Vielfalt der Meinungen bedrohe.[1233]

1224 BGH-Urteil vom 15.12.2009, Az.: VI ZR 227/08 – Online-Archive, Leitsatz.
1225 BGH-Urteil vom 30.10.2012, Az.: VI ZR 4/12 – Gazprom-Manager, Rz. 28.
1226 BGH-Urteil vom 13.11.2012, Az.: VI ZR 330/11 – Apollonia/ Spiegel, Rz. 21; BGH-Urteil vom 15.12.2009, Az.: VI ZR 227/08 – Online-Archive, Rz. 17 f.
1227 BGH-Urteil vom 13.11.2012, Az.: VI ZR 330/11 – Apollonia/ Spiegel, Rz. 13; BGH-Urteil vom 15.12.2009, Az.: VI ZR 227/08 – Online-Archive, Rz. 16.
1228 BGH-Urteil vom 13.11.2012, Az.: VI ZR 330/11 – Apollonia/ Spiegel, Rz. 13; BGH-Urteil vom 15.12.2009, Az.: VI ZR 227/08 – Online-Archive, Rz. 16, 20.
1229 BGH-Urteil vom 13.11.2012, Az.: VI ZR 330/11 – Apollonia/ Spiegel, Rz. 19; BGH-Urteil vom 15.12.2009, Az.: VI ZR 227/08 – Online-Archive, Rz. 20. Im Ergebnis gleich: BGH-Urteil vom 30.10.2012, Az.: VI ZR 4/12 – Gazprom-Manager, Rz. 15.
1230 BVerfG-Urteil vom 05.06.1973, Az.: 1 BvR 536/72 – Lebach.
1231 Zudem sei die journalistische Archivmeldung in ihrer Intensität klar von der emotionalen, darstellerischen Nachstellung einer Straftat zu unterscheiden; BGH-Urteil vom 15.12.2009, Az.: VI ZR 227/08 – Online-Archive, Rz. 19.
1232 BGH-Urteil vom 15.12.2009, Az.: VI ZR 227/08 – Online-Archive, Rz. 21.
1233 S. o.

Da auch Archivnachrichten ein gesellschaftliches Informationsinteresse befriedigen,[1234] wird kein Anlass dafür gesehen, nur denjenigen Zugang zu ermöglichen, die zu Print-Archiven Zutritt erhalten, z. B. Journalisten oder Wissenschaftlern.[1235]

Auch der EGMR musste sich mit persönlichkeitsrelevanten Inhalten in Online-Archiven auseinandersetzen[1236] und kam dabei zu einem mit der BGH-Rechtsprechung im Einklang stehenden Ergebnis. Der Gerichtshof sah von einer Löschpflicht für Online-Archive ab, da dies einer Tilgung von Geschichte gleichkäme.[1237] Er verwies gleichzeitig darauf, dass die Interessen des Betroffenen auf andere Weise verfolgt werden könnten, z.B. indem man die Meldung um einen aktuellen Nachtrag ergänzt.[1238]

Dies mag zwar dann nützlich sein, wenn eine Verdachtsberichterstattung über einen inzwischen freigesprochenen Verdächtigen vorliegt. Wird jedoch begehrt eine privatsphärenrelevante Information, über die aktuell keine Berichterstattung mehr zulässig wäre, auch aus einem Online-Archiv zu tilgen, ist fraglich welchen Nutzen ein Hinweis haben soll. Hierbei geht es nicht um eine Berichtigung der Meldung, sondern lediglich eine Löschung führt zum Ziel.

Diese Problematik kann durch den EuGH aufgelöst werden, der Online-Archive und Suchmaschinen unterschiedlich behandelt.[1239] Da Suchmaschinen das Auffinden der angegriffenen Information erst ermöglichen, kann ein Betroffener verlangen, dass ein Suchergebnis gelöscht wird, auch wenn die Meldung auf der hinter dem Ergebnislink befindlichen Online-Archivseite weiter existiert.[1240] Dem Löschbegehren muss nur dann nicht nachgekommen werden, wenn überwiegende Rechte entgegenstehen, die eine Information der Öffentlichkeit über die Altmeldung angebracht erscheinen lassen.[1241] Der EuGH verweist explizit darauf, dass die Rolle des Betroffenen im öffentlichen Leben solch einen überwiegenden Grund darstellen kann.[1242]

1234 Schließlich nenne § 11d Abs. 2 Nr. 4 RfStV explizit das Archivieren kultur- und zeitgeschichtlicher Inhalte als Aufgabe des Rundfunks, BGH-Urteil vom 15.12.2009, Az.: VI ZR 227/08 – Online-Archive, Rz. 20.

1235 BGH-Urteil vom 13.11.2012, Az.: VI ZR 330/11 – Apollonia/ Spiegel, Rz. 20.

1236 EGMR-Urteil vom 16.07.2013, Az.: 33846/07 – Wegrzynowski u. Smolczewski v. Polen.

1237 EGMR-Urteil vom 16.07.2013, Az.: 33846/07 – Wegrzynowski u. Smolczewski v. Polen, Rz. 59 ff.

1238 S. o.

1239 EuGH-Urteil vom 13.05.2014, Az.: C 131/12 – Google Spain, Rz. 87 f.

1240 S. o.

1241 EuGH-Urteil vom 13.05.2014, Az.: C 131/12 – Google Spain, Rz. 97.

1242 S. o.

4. Kritik an der BGH-Rechtsprechung

Die Rechtsprechung des sechsten Zivilsenats des BGHs steht vonseiten der Literatur unter starker Kritik[1243] und ist aktuell Gegenstand eines Verfahrens vor dem BVerfG,[1244] dessen Prüfergebnis im Laufe des Jahres 2016 erwartet wird. Bisher forderte das BVerfG in seiner hier maßgeblichen Lebach-Entscheidung eindeutig, dass ein Straftäter nur zeitlich befristet in den Medien mit seiner Tat konfrontiert werden darf, um eine Resozialisierung zu ermöglichen.[1245]

a) Zumutbarer Kontrollaufwand

Als zentrales Argument der oben dargestellten Urteile wird vorgebracht, dass eine Kontrollpflicht daraufhin, ob vergangene Meldungen noch rechtmäßig sind, den Autoren bzw. sonstigen Verantwortlichen aufgrund des dafür erforderlichen hohen Zeit- und Personalaufwands nicht zugemutet werden könne.[1246] Müssten sie ständig Ansprüche wegen Altberichten befürchten, könnten sie davor zurückschrecken, überhaupt Nachrichten zu verfassen, was eine Beschränkung der Meinungspluralität zur Folge hätte.

Diesbezüglich wird kritisiert, dass der BGH von solch einem unzumutbaren Kontrollaufwand ausgeht, ohne mögliche organisatorische oder technische Maßnahmen daraufhin zu überprüfen, ob wirklich ein unzumutbar hoher Personal- und Zeitaufwand notwendig wird.[1247] An einem übermäßig hohen Aufwand kann man berechtigterweise zweifeln, insbesondere da der für Urheberrecht zuständige erste Zivilsenat des BGH keine solchen Probleme sah, als er Webseitenbetreibern aufgab, urheberrechtlich geschützte Werke, die sie nur nach § 50 UrhG ohne Einwilligung des Urhebers abbilden durften, zu entfernen, sobald das für die Schrankenregelung nach § 50 UrhG notwendige tagesaktuelle Berichterstattungsinteresse wegfällt.[1248]

In dieser Entscheidung bemängelt der erste Zivilsenat ausdrücklich, dass vorherige Instanzen versäumt haben, Feststellungen zu treffen, die einen unzumutbar hohen Kontrollaufwand belegen. Von einem unzumutbaren Aufwand sei aber nicht auszugehen, denn Betreibern von Internetangeboten sei es möglich, Bilder nach Ablauf einer gewissen Frist automatisch löschen zu lassen oder von Anfang an ohne Verwendung von urheberrechtlich geschützten Werken über das tagesaktuelle Ereignis zu berichten.[1249]

1243 *Krüger/ Backer*, WRP 2012, 1211 ff.; *Kirchberg*, GRUR-Prax 2013, 237 ff.

1244 BVerfG-Verfahren, Az.: 1 BvR 16/13 – Apollonia/ Spiegel.

1245 BVerfG-Urteil vom 05.06.1973, Az.: 1 BvR 536/72 – Lebach. *Kirchberg*, GRUR-Prax 2013, 237 ff., 239.

1246 *Krüger/ Backer*, WRP 2012, 1211 ff., 1213.

1247 S. o.

1248 BGH-Urteil vom 05.10.2010, Az.: ZR 127/09 – Kunstausstellung im Online-Archiv.

1249 BGH-Urteil vom 05.10.2010, Az.: ZR 127/09 – Kunstausstellung im Online-Archiv, Rz. 16.

Solch eine automatische Löschung oder ein Verzicht auf identifizierende Hinweise wäre auch in persönlichkeitsrechtlicher Hinsicht eine taugliche Lösung. Insbesondere müssten dabei nicht alle Inhalte daraufhin überprüft werden, ob sie eine Identifikation ermöglichen, da die spezifische Belastung durch Online-Archivierung über Suchmaschinen entsteht, in die der Name einer Person eingegeben wird, um sich allgemein über sie zu informieren. Wird bei solch einer Suchanfrage ein Bericht über eine Straftat gefunden, ist dies unzweifelhaft eine schwere Persönlichkeitsrechtsverletzung. Anonymisiert man nur die Namen in einer Berichterstattung, ist diese Problematik bewältigt.

Dabei ist es angesichts der heutigen Technik ohne Weiteres möglich, den Namen der Betroffenen zu nennen, solange an dem Ereignis noch ein hohes Berichterstattungsinteresse besteht, diese Namensnennung aber automatisch nach Ablauf einer gewissen Zeitspanne zu anonymisieren oder zu entfernen.

Sicherlich gibt solch eine Lösung nicht zu jeder Zeit treffsicher die Rechtslage wieder, da für jeden Einzelfall abgewogen werden müsste, wie lange der Name noch genannt werden darf. Doch wäre solch eine generalisierende Lösung schon ein erster Schritt, um den Persönlichkeitsrechtsschutz mit der Zeit wieder aufleben zu lassen, so wie es die Rechtslage verlangt.

Zwar verlangt auch solch ein Vorgehen eine gewisse Beschäftigung mit den Online-Archiven, doch ist dies in Anbetracht der Schwere der Privatsphärenbeeinträchtigung der von der Berichterstattung Betroffenen kein unzumutbarer Aufwand. Zudem benötigen archivierte Internetmeldungen, genau wie jede andere Form der öffentlich zugänglichen Datenspeicherung, einer gewissen technischen Beobachtung und Pflege,[1250] sodass ein gewisser Personal- und damit verbundener Kostenaufwand jedem Internetangebot immanent ist.

Neben der technisch automatisierten Löschung der Namen wird oftmals noch ein anderes Mittel vorgeschlagen, um den Kontrollaufwand in Grenzen zu halten: Im Rahmen eines sogenannten „notice and take down" – Verfahrens könnte man eine Pflicht zur Entfernung des Namens oder der identifizierenden Merkmale erst dann annehmen, wenn der Betroffene auf die Rechtswidrigkeit dieser Angaben hingewiesen hat.[1251]

b) *Große Breitenwirkung*

Ein zweiter Kritikpunkt besteht darin, dass sich die BGH-Urteile auf die geringe Breitenwirkung der Altmeldung berufen, da diese nur für diejenigen auffindbar wären, die gezielt nach ihnen suchen.[1252] Schließlich fände sich die Nachricht in der Regel nicht auf der Startseite eines Nachrichtenportals, sondern sei als Altmeldung gekennzeichnet.[1253]

1250 *Krüger/ Backer*, WRP 2012, 1211 ff., 1213.
1251 *Kirchberg*, GRUR Prax 2013, 237 ff., 238.
1252 BGH-Urteil vom 15.12.2009, Az.: VI ZR 227/08 – Online-Archive, Rz. 19.
1253 S. o.

Mit Erwähnung dieser Tatsache grenzt der BGH die Sachlage insbesondere von der im Lebach-Urteil des BVerfG ab, in dem ein im Fernsehen zur Hauptsendezeit übertragener Spielfilm untersagt wurde.[1254]

Doch diese Einschätzung des BGH passt nicht mehr in den heutigen Umgang mit Internetberichterstattung. Sicherlich stimmt es, dass eine Meldung auf der Startseite eines Internetangebots eine gänzlich andere Breitenwirkung entfaltet als eine archivierte Nachricht. Doch ist dem sechsten Zivilsenat keinesfalls darin zuzustimmen, dass nur derjenige auf eine archivierte Meldung stößt, der gezielt nach ihr sucht.

Möchte man sich heutzutage über eine Person informieren, ist es üblich, ihren Namen in eine Internetsuchmaschine einzugeben – man „googelt". Dabei wird solch eine Suchanfrage nicht nur im Freizeitbereich durchgeführt. Besondere Bedeutung erlangt sie für Personen, die entscheidenden Einfluss auf die Lebensgestaltung nehmen können, z. B. Arbeitgeber oder Vermieter.[1255]

Googeln diese Personen einen Namen, suchen sie zwar gezielt nach der Person, aber nicht nach der Altmeldung, die womöglich ein äußerst negatives Licht auf den Recherchierten wirft. Es ist nicht vergleichbar, ob jemand sich gezielt über vergangene Kriminalfälle oder sonstiges politisches Geschehen informieren möchte und dabei auch auf den Namen der Beteiligten stößt oder ob jemand, der schlicht den Namen eingibt, dieselbe Information erhält. Denn während der Erste regelmäßig zwar einen gewissen Eindruck von den Tatbeteiligten erhalten wird und diese im Folgenden auch anhand ihres Namens identifizieren könnte, wird er regelmäßig keinen Einfluss auf deren tägliches Leben und ihre Chance auf Wiedereingliederung nach verbüßter Strafe nehmen. Dagegen zieht ein potentieller Arbeitgeber oder Vermieter keinen Gewinn aus dem zeitgeschichtlichen Informationswert der Meldung, schreckt aber regelmäßig davor zurück, seine Arbeitsstelle oder Wohnung an eine dermaßen negativ vorbelastete Person zu vergeben.

Der selbe Zivilsenat des BGH, der eine geringe Breitenwirkung durch Altmeldungen feststellt, urteilt in der sogenannten „Autocomplete"-Rechtsprechung, dass die Ergänzung von Wörtern, die im Eingabefeld von Internetsuchmaschinen vorgenommen werden, nachdem dort ein Name eingetragen worden ist, eine Persönlichkeitsrechtsverletzung darstellen kann, wenn aus den ergänzten Wörtern eine unwahre Tatsachenbehauptung entsteht.[1256] Genau so sollte es als nicht hinnehmbare Persönlichkeitsrechtsverletzung anerkannt werden, wenn nach Eingabe eines Namens und Auslösen der Suche, Tatsachen gefunden werden, die zwar wahr sind,

---

1254 BVerfG-Urteil vom 05.06.1973, Az.: 1 BvR 536/72 – Lebach, Leitsatz 3.

1255 *Kirchberg*, GRUR-Prax 2013, 237 ff., 238.

1256 BGH-Urteil vom 14.05.2013, Az.: VI ZR 269/12 – Suchwortergänzungsfunktion. Allerdings wird auch hier dem Suchmaschinenbetreiber keine generelle Kontrollpflicht auferlegt. Lediglich nach dem Hinweis einer betroffenen Person ist er verpflichtet die Persönlichkeitsrechtsverletzung einzustellen.

die aber wegen ihres Alters inzwischen als unrechtmäßiger Weise veröffentlicht einzustufen sind.[1257]

Im Gegensatz zu der Persistenz einer Internetmeldung erzielt die Nennung des Namens in einem Spielfilm, wie im Lebach-Urteil des BVerfG verfahrensgegenständlich, eine geradezu zu vernachlässigende Breitenwirkung. Denn solch eine Nennung ist flüchtig. Es ist anzuzweifeln, wie viele der Zuschauer sich den Namen merken werden. Dabei bedürfte es schon eines Zufalls, dass eben einer dieser Zuschauer in der Zukunft Einfluss auf das Leben und die Resozialisierungschancen des Betroffenen haben könnte.

Der erste Zivilsenat schätzt daher die Betroffenheit durch Internetmeldungen falsch ein. Die Breitenwirkung einer archivierten Nachricht ist bedeutend groß.[1258] Gerade im Vergleich zur Lebach-Rechtsprechung des BVerfG erscheint es unmöglich, diese Auffassung des ersten Zivilsenats aufrechtzuerhalten.

c) Keine drohende „Tilgung von Geschichte“

Auch die vom BGH befürchtete „Tilgung von Geschichte“ liegt wahrlich nicht vor, wenn lediglich ein Name anonymisiert werden soll. Denn das gesellschaftliche Informationsinteresse wird in der Regel nicht durch die bloße Nennung eines Namens, sondern durch die gesamte Meldung, wie die Schilderung des Charakters des Betroffenen befriedigt.[1259]

Sinnvolle Alternativen zu der derzeitigen Rechtsprechungspraxis des BGH werden im unten folgendem Kapitel Reformvorschläge dargestellt.

5. Soziale Netzwerke

Ein Sonderfall beim Recht auf Vergessen sind die sozialen Netzwerke. Denn da die Inhalte hier vom Betroffenen selbst ins Internet gestellt wurden, sollte dieser auch selber dafür sorgen können und müssen, dass sie wieder entfernt werden.

Doch die Betreiber sozialer Medien sind daran interessiert, möglichst viele Inhalte bereitzustellen. Zudem sichern sie sich über ihre Geschäftsbedingungen weitreichende Rechte an hochgeladenem Material zu, sodass ein Upload oftmals einer Rechteübertragung gleichkommt.

Daher wird in dem Entwurf zu einer Europäischen Datenschutzgrundverordnung das Bedürfnis gesehen, den Nutzern rechtlich die Fähigkeit zuzusichern, jederzeit ihr Profil bei einem sozialen Medium entfernen zu können und dabei auch die während der aktiven Zeit bereitgestellten Daten löschen zu lassen.[1260] Die

1257 *Kirchberg*, GRUR-Prax 2013, 237 ff., 238.
1258 *Kirchberg*, GRUR-Prax 2013, 237 ff., 238.
1259 *Ruttig*, AfP 2013, 372 ff., 376.
1260 Art. 17 DGV-E.

Möglichkeit, Profile und Daten zu löschen, muss Nutzern digital und einfach verständlich zur Verfügung gestellt werden.[1261]

Besonders interessant an der vorgeschlagenen Regelung ist, dass das Recht auf Vergessen bzw. Löschung speziell dann zur Verfügung gestellt werden soll, wenn die betroffenen Daten im Kindesalter hochgeladen wurden.[1262] Die besondere Leichtfertigkeit, mit denen Kinder in sozialen Netzwerken agieren, wird demnach auch von der Europäischen Kommission als Problem erkannt.

Ein Entwurf zur Reform des TMG sieht neben dem Bedürfnis nach einfacher Löschmöglichkeit die Gefahr, dass Nutzer ihre Profile und damit auch die bereit gestellten Inhalte vergessen. Daher sollen Anbieter dazu verpflichtet werden, die Profile von Nutzern, die sich ein Jahr nicht angemeldet haben, zu sperren oder zu löschen.[1263] Auch wenn zum jetzigen Zeitpunkt noch unklar ist, ob dieser Vorschlag jemals in einem Gesetz berücksichtigt würde, wäre er sehr zu begrüßen. Denn wer sich über ein Jahr lang nicht bei dem sozialen Medium einloggt, läuft tatsächlich Gefahr, Daten und Inhalte zu vergessen und zu einem unliebsamen Zeitpunkt wieder mit ihnen konfrontiert zu werden. Auch handelt es sich nicht um eine unnötige Bevormundung der Nutzer, da diese die Sperrung bzw. Löschung, vor der sie durch den Anbieter bequem per E-Mail gewarnt werden könnten, einfach verhindern können, indem sie sich in dem sozialen Medium wieder einloggen.

VII. Reformvorschläge

1. Kurze Verjährungsfrist für Vorverhalten

Wie schon erwähnt, ist es bei dem Minderjährigenschutz in allen Rechtsgebieten üblich, dass Minderjährige vor zu weitreichenden Konsequenzen ihres jugendlichen Verhaltens geschützt werden.

Aus diesem Grunde können sie sich nur in Sonderfällen zivilrechtlich verpflichten[1264] und werden bei Straftaten als strafunmündig behandelt oder nach einem gesonderten Jugendstrafrecht verurteilt.[1265] Dieser Gedanke sollte sich auch auf die Berücksichtigung des Vorverhaltens auswirken.

Im Bürgerlichen Recht wird durch eine Haftungsbegrenzung verhindert, dass der Minderjährige schon zum Zeitpunkt des Erreichens der Volljährigkeit überschuldet ist, § 1629a BGB. Im Gesellschaftsrecht steht dem Jugendlichen mit Vollendung des 18. Lebensjahres ein Sonderkündigungsrecht zu.[1266] Beide Vorschriften

1261 Art. 12 DGV-E.

1262 Art. 17 Abs. 1 S. 1 DGV-E.

1263 § 13 Abs. 4 S. 1 Ziffer 4 TMG-E, BR-Drs. 156/11. Siehe auch die Erläuterung auf S. 9 BR-Drs. 156/11.

1264 §§ 104 ff. BGB.

1265 § 19 StGB; §§ 1, 3 JGG.

1266 § 723 Abs. 1 Nr. 2 BGB.

bezwecken einen möglichst unbelasteten Start in das Erwachsenenleben. Parallel könnte man überlegen, den Minderjährigen nicht an seinem Auftreten in den Medien vor dem 18. Geburtstag festzunageln. Ab dann wird unterstellt, dass es keinerlei Anhaltspunkte für ein medienrelevantes Vorverhalten gäbe. Solch ein klarer Schnitt mit Erreichen der Volljährigkeit wäre im Medienrecht allerdings verfehlt. Schutzziel ist die unbelastete Persönlichkeitsentwicklung. Diese Entwicklung findet jedoch auch schon vor dem 18. Geburtstag statt, weswegen schon vorher eine Entfaltung des Schutzes notwendig ist.

Ein weiterer allgemeiner Rechtsgedanke ist die mit dem Alter zunehmende Selbstständigkeit und Selbstverantwortung von Minderjährigen.[1267] Dieser Grundsatz und der Gedanke, nicht unendlich für „Jugendsünden" haften zu müssen, könnte verwirklicht werden, indem das medienrelevante Vorverhalten Minderjähriger mit einem kurzen Haltbarkeitsdatum ausgestattet wird.[1268] Ähnlich wie die Forderung, Berichterstattungen über Jugendliche einer Zweckbindung zu unterwerfen,[1269] ist es angebracht, Minderjährigen stets nur den unmittelbaren medienrechtlichen Konsequenzen ihrer Handlungen zu unterwerfen. Geben sie ein Interview zu einem bestimmten Bereich ihres Privatlebens, sollte nur gewisse Zeit nach dieser Privatsphärenöffnung über den Lebensbereich berichtet werden dürfen.

Die Idee den Zeitablauf zu berücksichtigen, ist Rechtsprechungspraxis. Auch bei Erwachsenen beeinflusst es die Prüfung, wann sie sich zu einem bestimmten Thema öffentlich eingelassen haben.[1270] Doch bei Minderjährigen sollte die „Verjährung des Vorverhaltens" absoluter wirken. Sie sollte nicht nur als weicher Faktor in die Prüfung einfließen, sondern diese maßgeblich mitbestimmen.

Dadurch wird eine unbelastete Entwicklung möglich, denn wenn die Minderjährigen sich durch die Berichterstattung gestört fühlen, können sie sich einerseits darauf verlassen, dass sie zeitlich begrenzt ist und andererseits ergibt sich für sie die Möglichkeit, solcher Berichterstattung zu entgehen, indem sie ihr medienrelevantes Verhalten anpassen. Erreichen die Minderjährigen im Laufe ihrer Entwicklung die Erkenntnis, dass sie nicht in den Medien präsentiert werden möchten, oder dass gewisse Lebensbereiche ausschließlich privat bleiben sollen, können sie dies noch entsprechend steuern. Sie werden demnach nicht übermäßig lange an eventuelle Missgeschicke und Jugendsünden gebunden bleiben.

Dennoch müssen sie zumindest eine Zeit lang die Konsequenzen ihres medienrelevanten Verhaltens tragen. Dies ist nicht nur ein Ausfluss der Kommunikationsfreiheiten, sondern auch ein Lernprozess, der in der Entwicklung der

1267 Z. B. durch Erreichen der beschränkten und später der vollen Geschäftsfähigkeit, §§ 106 ff. BGB oder durch die Abstufung des § 828 BGB.

1268 In Grundzügen ebenso *Beater*, JZ 2013, 111 ff., 114.

1269 Siehe unten Teil 4 VII. 2.

1270 S. o. Teil 4 V.

Minderjährigen bedeutend sein kann, indem es ihnen aufzeigt, dass ihr Handeln Konsequenzen nach sich zieht und eine Medienpersönlichkeit immer nur in begrenztem Maße beherrschbar bleibt.

Bei der Frage, wie lange die Minderjährigen an ihr Vorverhalten gebunden werden sollten, ist stets der Einzelfall zu bemühen. Dabei hängt die „Haltbarkeitsdauer" des Vorverhaltens nicht nur von Alter und Reifegrad des Minderjährigen, sondern auch davon ab, wie medienwirksam das Vorverhalten ausgeübt wurde und wie hoch das Berichterstattungsinteresse daran war. Die Meinungsfreiheit darf nicht unverhältnismäßig beschränkt werden. Gleichzeitig ist auf die Schnelllebigkeit der Medienwelt hinzuweisen, in der all das bald verblasst, auf das nicht stetig hingewiesen wird.

Präzise zeitliche Fristen können immer nur willkürlich gewählt werden und dürfen daher keine Güter- und Interessenabwägung ersetzen. Gleichzeitig erhöhen sie als Regelvermutungen die Sicherheit des Rechtsverkehrs. Im Hinblick darauf, dass erwachsene Prominente keine drei Jahre auf vergangene Privatsphärenöffnungen verwiesen werden dürfen[1271] und dass jugendliche Überzeugungen sich schnell ändern, wäre eine automatische Schließung der Privatsphäre nach einem Jahr ein geeigneter Anhaltspunkt.

In Bezug auf Erwachsene und Minderjährige verwendet ein Entwurf zur Reform des TMG ebenfalls eine Jahresfrist. Dieser sieht vor, dass Profile bei sozialen Netzwerken, die ebenfalls Privatsphärenöffnungen darstellen, vom Anbieter gesperrt oder gelöscht werden müssen, wenn sich der Nutzer ein Jahr lang nicht mehr bei dem Netzwerk angemeldet hat.[1272] Dies ist ein gelungener Vorschlag, um aus vergessenen Privatsphärenöffnungen abgeleitete, nicht (mehr) gewünschte Berichterstattungen zu verhindern und somit auch in sozialen Netzwerken dafür zu sorgen, dass sich Privatsphärenöffnungen mit der Zeit verengen, bis sie sich letztlich wieder ganz schließen.

2. Erhöhte Anforderungen an Fotos von öffentlichen Veranstaltungen

Ein weiterer Ansatz, das Schutzniveau für Minderjährige zu verbessern, liegt darin, das Bildmaterial über Minderjährige zu verknappen und somit die Berichterstattung zu minimieren. Je weniger Berichterstattungen über Minderjährige veröffentlicht werden, desto unbelasteter können sie aufwachsen.

1271 S. o. Teil 4 V. LG Berlin, Urteil vom 03.11.2009, Az.: 27 O 343/09 – Schadensersatzanspruch einer Fernsehmoderatorin, Leitsatz 3; OLG Oldenburg, Urteil vom 26.11.1982, Az.: 6 U 107/82 – Nierentransplantation, Rz. 13.

1272 § 13 Abs. 4 S. 1 Nr. 4 TMG-E, BR-Drs. 156/11. Siehe ebenfalls die Erläuterung, S. 9, BR-Drs. 156/11.

Eine Berichterstattung ohne Bebilderung ist insbesondere bei der besonders persönlichkeitsrechtsrelevanten Unterhaltungspresse so gut wie wertlos. Die „bunten Blättchen" existieren nicht nur sprachbildlich.[1273]

Die Verwendung von Fotografien, die bei öffentlichen Veranstaltungen entstanden sind, ist stets zulässig. Allerdings besteht Uneinigkeit darüber, unter welchen Voraussetzungen die bei öffentlichen Veranstaltungen angefertigten Bilder weiterverwendet werden dürfen.

a) Zweckbindung

Zum Teil wird festgelegt, dass diese nicht unbegrenzt veröffentlicht werden dürfen, sondern einen Mindestzusammenhang mit der Textberichterstattung aufweisen müssen. Wird das Foto eines öffentlichen Auftritts verwendet, muss der begleitende Text diesen Auftritt zumindest am Rande behandeln, ohne ihn als bloßen Vorwand zu missbrauchen.[1274]

Wendet man diese Vorgaben bei Minderjährigen streng an, führt dies dazu, dass Bilder und damit auch Berichterstattungsmöglichkeiten nur eingeschränkt und zweckbezogen verwendet werden können. Da man nur begrenzt oft über dasselbe Ereignis berichten kann, wird die Berichterstattung über die Minderjährigen eine Zeit lang verstummen, solange keine neuen Fotos nachkommen, die wiederum bei öffentlichen Auftritten oder mit Einwilligung der Minderjährigen entstehen. Die Minderjährigen können Medienberichterstattung dadurch, wenn auch nur sehr indirekt und ungenau, steuern.

1273 *Engels/ Jürgens*, NJW 2004, 2517 ff., 2522. Bedeutung der Bildberichterstattung betonen BVerfG Beschluss vom 26.02.2008, Az.: 1 BvR 1602/07 – Caroline IV, Rz. 68; BGH-Urteil vom 26.10.2008, Az.: VI ZR 230/08 – Party-Prinzessin, Rz. 12; OLG Hamburg, Urteil vom 13.08.2002, Az.: 7 U 27/02 – Medienberichterstattung über 15-jährige Angehörige von Personen der Zeitgeschichte, Rz. 30. Ebenso EGMR-Urteil vom 10.05.2011, Az.: 48009/08 – Mosley ./. Vereinigtes Königreich, NJW 2012, 747 ff., 751, Rz. 115. Hingegen betont *Teichmann* dass reine Wortberichterstattung dasselbe Informationsinteresse deckt wie bebilderte Berichterstattung, NJW 2007, 1917 ff., 1920.

1274 BGH-Urteil vom 28.09.2004, Az.: VI ZR 305/03 – Charlotte Casiraghi II, Leitsatz 1, 2; BVerfG-Beschluss vom 14.09.2010, Az.: 1 BvR 1842/08 u. a. – Wortberichterstattung, Rz. 45; BGH-Urteil vom 26.10.2010, Az.: VI ZR 190/08 – Rosenball in Monaco, Rz. 23; BVerfG-Beschluss vom 14.02.2005, Az. 1 BvR 1783/02 – Prominentenkinder, Orientierungssatz 2a.

b) *Kontextneutrale Portraitfotos und Symbolbilder*

Auf der anderen Seite wird die Verwendung von kontextneutralen Portraitfotos und Symbolbildern zur Bebilderung von Berichterstattungen begrüßt.[1275] Richtigerweise wird betont, dass die Verwendung solcher Abbildungen auch den Dargestellten zugutekommt.[1276] Da stets Symbolbilder zur Verfügung stehen, wird die stetige Jagd nach neuen Fotografien, die für den Betroffenen sehr belastend sein kann, abnehmen.[1277]

Zudem wird hervorgehoben, dass ein kontextneutrales Portraitfoto lediglich das Aussehen der Dargestellten zeigt, während situative Bilder viel mehr Informationen transportieren können und daher einen stärkeren Eingriff bedeuten können.[1278]

Kontextneutrale Fotografien dürfen nur dann nicht weiterverwendet werden, wenn sie den Abgebildeten besonders unglücklich oder unvorteilhaft darstellen, wenn ihnen ein falscher Kontext zugeteilt wird, der das Dargestellte sinnentstellend wirken lässt, oder wenn die Beeinträchtigung des Persönlichkeitsrechts des Dargestellten nur durch eine Begrenzung der Weiterverwendungsmöglichkeiten auf ein Mindestmaß beschränkt werden könnte.[1279]

c) *Fazit*

Die Verwendung kontextneutraler Portraitfotos oder von Symbolbildern ist unvereinbar mit der Forderung nach dem Zweckbezug der Berichterstattung. Denn ein Symbolbild lebt ja gerade davon, dass es von seinem zeitgeschichtlichen Kontext abgelöst und zur Illustration eines neuen Kontextes genutzt werden kann.

Wird das Erfordernis der Zweckbindung ernst genommen, nutzt dies dem Minderjährigenschutz, da eine Verknappung der zur Verfügung stehenden Bilder zwangsläufig auch zu weniger Berichterstattung führen wird. Diese Verknappung könnte jedoch auch dazu führen, dass neue Bildmotive immer bedeutender werden und somit die Belästigungen durch Paparazzifotografen noch zunehmen.

1275 BVerfG-Beschluss vom 26.04.2001, Az.: 1 BvR 758/97 u. a. – Prinz Ernst August von Hannover, Orientierungssatz 2g, Rz. 38 ff.; BGH-Urteil vom 13.04.2010, Az.: VI ZR 125/08 – Gala-Diner im Centre Pompidou, Rz. 19 f.

1276 BVerfG-Beschluss vom 26.04.2001, Az.: 1 BvR 758/97 u. a. – Prinz Ernst August von Hannover, Rz. 41; BVerfG Beschluss vom 26.02.2008, Az.: 1 BvR 1602/07 – Caroline von Monaco IV, Rz. 68.

1277 S. o.

1278 BVerfG-Beschluss vom 13.06.2006, Az.: 1 BvR 565/06 – Prinz Ernst August von Hannover – Keine Verletzung des Persönlichkeitsrechts durch eine mit dem Abdruck eines Portraitfotos verbundene Wortberichterstattung über einen Verkehrsverstoß, Orientierungssatz 4b.

1279 BGH-Urteil vom 14.05.2002, Az.: VI ZR 220/01 – Werbung für Presseerzeugnis mit Bildnis einer Person der Zeitgeschichte, Rz. 18 f.

Allerdings machen Paparazzi schon jetzt vor Minderjährigen nicht halt, obwohl aus rechtlicher Perspektive keines der aus dem Privatleben stammenden Fotos verwendet werden dürfte. Es scheint daher fraglich, ob die Veränderung der rechtlichen Grundlagen wirklich positiven Einfluss auf die Situation nehmen kann. Zudem definiert die Rechtsprechung zu kontextneutralen Portraitfotos selbst, dass eine Ausnahme von der Zulässigkeit solcher Fotos gemacht werden kann, wenn das Persönlichkeitsrecht des Dargestellten dies erfordert. Das gesteigert schutzwürdige Persönlichkeitsrecht Minderjähriger macht diese Ausnahme notwendig.

Das Erfordernis des Zweckbezugs wurde in erster Linie entwickelt, um Missbrauch vorzubeugen. Bilder von öffentlichen Veranstaltungen dürfen ohne Einwilligung des Dargestellten veröffentlicht werden, um den Medien zu ermöglichen von dieser – eben öffentlichen – Veranstaltung zu berichten. Die Ausnahme soll nicht dazu genutzt werden, Bildermaterial für die Verbreitung wilder Spekulationen oder Gerüchte zu erzeugen. Daher wird verlangt, dass die öffentliche Veranstaltung in der Textberichterstattung Raum findet.

Eine Verneinung des Zweckbezugs zugunsten neutraler Aufnahmen macht diesen Schutzeffekt zunichte und lässt dadurch vermehrt Berichterstattung befürchten. Daher sollte in Bezug auf die Berichterstattung über Minderjährige stets ein Zweckbezug zwischen Bild- und Textberichterstattung gefordert werden.

3. Digitale Veröffentlichungen, insbesondere Online-Archive

In Anbetracht der Tatsache, dass an den Hauptargumenten des BGH gewichtige Kritik geübt wird,[1280] ist zu überlegen, wie sinnvolle Alternativen zu der derzeitigen Rechtsprechungspraxis aussehen könnten.

a) Reaktionspflicht nach Hinweis

Ein möglicher Ansatz wäre die Einführung einer sogenannten „notice and take down“-Regelung, wie sie auch in der „Autocomplete“-Rechtsprechung zulasten von Suchmaschinenbetreibern angenommen wurde.[1281] Dabei muss ein Anbieter erst dann auf eine Persönlichkeitsrechtsverletzung reagieren, wenn der Betroffene ihn auf diese hinweist. In der Regel wird eine Reaktionspflicht, die noch als angemessen gilt, festgelegt. Erst wenn diese Frist versäumt wird, können erfolgreich gerichtliche Schritte geltend gemacht werden.

Durch diese Regelung könnte der vom sechsten Zivilsenat des BGH besonders bemängelte Kontrollaufwand auf ein Minimum reduziert werden, da erst nach einem Hinweis Maßnahmen ergriffen werden müssen.[1282] Zwar wird die

1280 S. o. Teil 4 VI. 4.

1281 BGH-Urteil vom 14.05.2013, Az.: VI ZR 269/12 – Suchwortergänzungsfunktion, Leitsatz 2.

1282 *Mann*, 133 ff., 136; *Ruttig*, AfP 2013, 372 ff., 376.

Erstverantwortung für die Rechtmäßigkeit von Meldungen vom Anbieter auf den von der Persönlichkeitsrechtsverletzung Betroffenen verlagert, jedoch kann dies mit Hinweis auf die anfängliche Rechtmäßigkeit der Nachricht gerechtfertigt werden.

b) Digitales Verfallsdatum

Wie schon vom ersten Zivilsenat des BGH in Fragen des Urheberrechts angenommen,[1283] wäre auch denkbar, Anbietern aufzuerlegen, dass Namen bei Persönlichkeitsrecht betreffenden Berichterstattungen mit einem technisch verwalteten Ablaufdatum zu versehen sind. Auf diese Weise könnten die Meldungen nach einiger Zeit nur noch anonymisiert abgerufen werden, wodurch zwar noch ein gewisser Informationswert geboten wird, aber die Betroffenheit des Persönlichkeitsrechts verringert wäre und insbesondere die Auffindbarkeit durch Suchmaschinen bei genereller Eingabe des Namens verhindert würde.

Die Nachteile solch einer Regelung liegen ebenfalls auf der Hand. Die generelle Schwärzung von Namen durch technische Maßnahmen führt naturgemäß zu Unschärfen und Fehlern. So müsste eine Frist festgelegt werden, ab der die Namen zu anonymisieren sind, die aber keinesfalls der in persönlichkeitsrechtlichen Fragen notwendigen Abwägung gerecht würde, sodass sie stets den Betroffenen oder den Anbieter der Internetmeldung unrechtmäßig benachteiligt. Zudem kann eine automatische Anonymisierung zu kontraproduktiven Effekten führen, wenn ein Interview, das der Betroffene als positiv ansieht und trotz der persönlichkeitsrechtlichen Relevanz auch in Zukunft gefunden wissen möchte, nicht mehr den Namen des Befragten angibt, obwohl dieser sich aus dem Kontext klar ergibt.

Schließlich ist die Argumentation des sechsten Zivilsenats des BGH zu berücksichtigen, dass solch eine Pflicht Autoren von der Ausübung ihrer Meinungsfreiheit abschrecken könnte. Allerdings ist dem zu entgegnen, dass jede Bindung an Recht und Gesetz die Beachtung gewisser Regeln einfordert, die auch abschreckend wirken können. Zudem steht es jedem frei, ohne Nennung des Namens über ein Ereignis zu berichten und somit die größte Breitenwirkung durch die Auffindbarkeit durch Suchmaschinen zu verhindern. Auf diese Möglichkeit verweist auch der erste Zivilsenat des BGH in urheberrechtlichen Fragen.[1284]

c) Verpflichtung zum Nachtrag

In der Gazprom-Entscheidung hebt der BGH lobend hervor, dass die Altmeldung zu einem Nachtrag über die zwischenzeitliche Einstellung des Ermittlungsverfahrens

---

1283 BGH-Urteil vom 05.10.2010, Az.: ZR 127/09 – Kunstausstellung im Online-Archiv, Rz. 16.

1284 BGH-Urteil vom 05.10.2010, Az.: ZR 127/09 – Kunstausstellung im Online-Archiv, Rz. 16.

die Betroffenheit des Erwähnten vermindere[1285] und auch der EGMR scheint solch eine Verpflichtung als Lösung im Sinn zu haben.[1286]

Daher ist zu überlegen, ob den Anbietern von Internetmeldungen die Pflicht auferlegt werden sollte, archivierte Nachrichten durch entsprechende Nachträge in den zeitgeschichtlichen Kontext einzuordnen, um so zu verhindern, dass die isolierte Altmeldung einen falschen Eindruck erweckt. Insbesondere bei sogenannter Verdachtsberichterstattung und bei Meldungen über Ermittlungsverfahren, bei denen der Tatverdacht sich nicht bestätigt, scheint dies als angemessene Lösung.[1287]

In der Verpflichtung zu einer Meldung kann zwar ein Eingriff in die negative Meinungsfreiheit gesehen werden, allerdings trägt sie in beträchtlichem Maße zum Informationswert der Nachricht bei, da sie einen Kontext oder eine Information über die weitere Entwicklung liefert. Viele Nachrichtenportale fügen aus diesem Grund schon jetzt Nachträge bei.

Negativ an diesem Vorschlag ist jedoch, dass der vom sechsten Zivilsenat befürchtete Kontroll- und Pflegeaufwand um ein Vielfaches steigen würde, denn eine technische Lösung wäre hier kaum denkbar.

Zudem berührt es weiterhin die Privatsphäre des Betroffenen, wenn dauerhaft abrufbar ist, dass er unter Tatverdacht stand, auch wenn gleichzeitig angegeben wird, dass der Verdacht sich zwischenzeitlich aufgelöst habe oder aus anderen Gründen keine Verurteilung erging. Denn die Gründe für die Entstehung des Tatverdachts werden in der Regel ebenfalls ein schlechtes Licht auf den Betroffenen werfen. Angesichts der Tatsache, dass es womöglich noch nicht einmal zu einer Verurteilung kam, ist umso weniger gerechtfertigt, dass der Betroffene solch eine Berichterstattung dauerhaft hinnehmen muss.

d) Regulierung von Suchmaschinen

Betrachtet man die Wurzel des Problems, erkennt man, dass diese nicht darin besteht, dass jemand, der systematisch nach Altmeldungen sucht oder sich auch nur beliebig durch eine alte Zeitschriftenausgabe klickt, eine identifizierende Berichterstattung findet, die so heute nicht mehr rechtmäßig wäre. Die wahre Belastung für den Betroffenen besteht darin, dass er immer wieder mit den Nachrichten konfrontiert werden wird, da sie auffindbar sind, wenn man seinen Namen in eine Suchmaschine eingibt. Es ist nicht sonderlich belastend, dass der Name gefunden wird, wenn man nach dem Ereignis sucht. Das Auffinden des Ereignisses, beim ‚googeln' des Namens stellt die Belastung dar.

Daher würde es eine bedeutende Erleichterung sein, wenn das Ereignis nicht mehr aufgefunden wird, wenn man nach dem Namen sucht. Möchte man die

1285 BGH-Urteil vom 30.10.2012, Az.: VI ZR 4/12 – Gazprom-Manager, Rz. 23.

1286 EGMR-Urteil vom 16.07.2013, Az.: 33846/07 – Wegrzynowski u. Smolczewski v. Polen, Rz. 59 ff.

1287 *Mann*, 133 ff., 139.

Autoren nicht zu einer Anonymisierung zwingen, weil dies den Informationswert unrechtmäßig beschneidet, könnte man dasselbe Ergebnis erreichen, wenn man Dritte, insbesondere die Suchmaschinenbetreiber, verpflichtet dafür zu sorgen, dass der Name nach einiger Zeit nicht mehr auf das Ereignis hinweist.

Wie schon in der ‚Autocomplete'-Rechtsprechung festgestellt[1288] und vom EuGH in seinem ‚Google Spain'-Urteil dargelegt,[1289] müsste dies im Rahmen einer Entfernungspflicht nach Hinweis geschehen, da die Suchmaschinen weitestgehend technisch mit Algorithmen gesteuert werden und es deshalb nicht möglich ist, dass alle Treffer präventiv überprüft werden können.

Man könnte diese Verpflichtung durchaus auch rechtlich begründen, denn auch wenn die Suchmaschinenbetreiber die Meldung nicht ins Netz gestellt haben, ist sie erst durch sie effektiv auffindbar, wodurch sie mittelbar mitverantwortlich sind.

Dennoch erscheint es fragwürdig, den Betreibern einen derartigen Aufwand für die Störungshandlung eines Dritten aufzubürden. Zudem könnte es sich daraufhin einbürgern einen Namen direkt in die Suchmaschinen der Archivseiten einzugeben, um so die „wirklich interessanten" Details ans Licht zu bringen.[1290] Zwar ist der Argumentation des EuGH beizupflichten,[1291] dass die Persönlichkeitsrechtsverletzung durch Löschung der Suchergebnisse um ein Vielfaches verringert wäre, doch da die Rechtsverletzung dadurch nicht aus der Welt geschafft wird, verschafft eine Inanspruchnahme der Suchmaschinen nur Linderung anstatt das eigentliche Problem zu lösen.

1288 BGH-Urteil vom 14.05.2013, Az.: VI ZR 269/12 – Suchwortergänzungsfunktion, Leitsatz 2.

1289 EuGH-Urteil vom 13.05.2014, Az.: C 131/12 – Google Spain, Rz. 87 f.

1290 Aus diesem Grund stellt es auch keine Lösung dar, Archivbetreibern aufzuerlegen ihre Webseiten so zu gestalten, dass sie nicht von den gängigen Suchmaschinen durchsucht werden können, wie es *Pfeifer*, JZ 2013, 853 ff., 861 vorschlägt.

1291 EuGH-Urteil vom 13.05.2014, Az.: C 131/12 – Google Spain, Rz. 87.

Teil 7: Strafrechtlicher Schutz des Persönlichkeitsrechts Minderjähriger

Angriffe auf das Persönlichkeitsrecht können nicht nur nach dem Zivilrecht geahndet werden, sondern zugleich auch strafrechtliche Tatbestände erfüllen. Das Strafrecht ist in der deutschen Rechtsordnung stets ultima ratio, das letzte Mittel. Konsequenterweise führen die wenigsten Persönlichkeitsrechtsverletzungen zu einer strafrechtlichen Verfolgung. Insbesondere der persönlichkeitsrechtliche Teilbereich der Ehre als auch die räumliche Abschottung eines privaten Lebensbereiches gegen öffentliche Einblicke sind im Strafrecht gesondert verankert.

Selbstverständlich können Pressevertreter einen schier endlosen Katalog an Straftatbeständen erfüllen, während sie ihren Beruf ausüben. Wenn Paparazzi Prominenten den Weg absperren, kann dies eine Nötigung darstellen, § 240 StGB. Wer sich unbefugt in fremde Gärten oder Häuser schleicht, begeht einen Land- oder Hausfriedensbruch, § 123 StGB. Unerlaubte Berichterstattung aus Gerichtsverfahren wird nach § 353d StGB sanktioniert. Im Folgenden wird jedoch nur auf die persönlichkeitsrechtlich relevanten Tatbestände eingegangen.

Die hier dargestellten strafrechtlichen Vorschriften müssen als reguläre strafrechtliche Begehungsdelikte (in Abgrenzung zum Fahrlässigkeitsdelikt) auf der subjektiven Tatbestandsebene mit Vorsatz begangen worden sein, § 15 StGB. Darunter versteht man das Wissen um die Tatumstände mit dem Willen der Begehung.[1292]

I. Strafrechtlicher Ehrschutz, § 185 ff. StGB

Die §§ 185 ff. StGB gewähren der persönlichen Ehre strafrechtlichen Schutz. Im Gegensatz dazu bietet das Allgemeine Persönlichkeitsrecht einen umfassenderen Anwendungsbereich, weil danach auch Tatsachenbehauptungen untersagt werden können, die zwar nicht ehrenrührig, aber schlicht und einfach falsch sind.[1293]

Wird eine Äußerung strafrechtlich verfolgt, beschneidet dies die verfassungsrechtlich verliehene Meinungsfreiheit des Art. 5 Abs. 1, S. 1, Alt. 1 GG. Die Strafgesetze sind als allgemeine Gesetze taugliche Schrankenbestimmungen gemäß Art. 5 Abs. 2 GG, sodass im Rahmen der Wechselwirkungslehre die Wertungen der Meinungsfreiheit auch bei der Anwendung der §§ 185 ff. StGB zu beachten ist.[1294]

1292 *Lackner/ Kühl*, § 15, Rz. 3.

1293 *Schwerdtner*, JuS 1978, 289 ff., 290; *Lenckner/ Eisele*, § 185 StGB, Rz. 2.

1294 BVerfG-Beschluss vom 28.03.2000, Az.: 2 BvR 1392/96 – Wahrnehmung berechtigter Interessen im Strafverfahren, Leitsatz Nr. 1b; BVerfG-Beschluss vom 07.12.1976, Az.: 1 BvR 460/72 – Politisches Flugblatt, Leitsatz Nr. 1,2; Zu den Schranken der

Zur Verfolgung der Ehrschutzdelikte muss der Betroffene oder der sonstige Antragsberechtigte Strafantrag nach § 194 StGB stellen. Dieses Antragserfordernis wird eingeschränkt, wenn die Beleidigung durch Print-Presse oder Rundfunk verbreitet wurde und sich in diskriminierender Weise gegen eine – ehemals – verfolgte Bevölkerungsgruppe wendet, § 194 Abs. 1 S. 2 StGB.

1. Beleidigung, § 185 StGB

Grundnorm des Ehrschutzes ist die Beleidigung nach § 185 StGB. Sie ist bei einem Angriff auf die Ehre eines anderen durch die Kundgabe von Nicht-, Gering- oder Missachtung gegeben, die dessen sittlichen, sozialen oder personalen Geltungswert durch das Zuschreiben negativer Qualitäten mindert.[1295] Der Anwendungsbereich des § 185 StGB umfasst Werturteile und ehrenrührige Tatsachenbehauptungen, während §§ 186 f. StGB auf Tatsachenbehauptungen beschränkt sind.[1296] Zudem muss für eine Strafbarkeit nach § 185 StGB die eigene Missachtung kundgetan werden. Wer lediglich die beleidigende Äußerung eines anderen verbreitet, ohne sich diese zu eigen zu machen, erfüllt nicht selbst den Tatbestand.[1297] Währenddessen bildet den Strafbarkeitszweck der üblen Nachrede und Verleumdung die Ermöglichung fremder Missbilligung.[1298]

Alle Menschen tragen Ehre in sich, sodass jeder grundsätzlich beleidigungsfähig ist.[1299] Jedoch muss die Entscheidung, ob tatsächlich eine beleidigende Aussage getroffen wurde, je nach der betroffenen Person unterschieden werden. Äußerungen, die gegenüber Erwachsenen eindeutige Beleidigungen darstellten, könnten sich gegenüber Kindern, je nach deren Entwicklungsstand, noch im Rahmen des Zulässigen halten.[1300] Versteht ein Kind eine Beleidigung als solche, ist es in jedem Fall beleidigungsfähig.[1301]

Verstorbene sind nicht mehr beleidigungsfähig. Äußerungen können strafrechtlich lediglich als Verunglimpfung des Andenkens Verstorbener nach § 189 StGB geltend gemacht werden, der jedoch keinerlei persönlichkeitsrechtliche Praxisrelevanz aufweist.[1302]

Aufgrund der Wechselwirkungslehre sind die Wertungen der Meinungsfreiheit auf jeder Stufe der Tatbestandsprüfung zu beachten. Sie beeinflusst insbesondere

---

Meinungsfreiheit allgemein und der Wechselwirkungslehre im Besonderen siehe oben Teil 3 IV. 1. d).

1295 M. w. N. *Lenckner/ Eisele,* § 185 StGB, Rz. 1; *Heuchemer,* 411 ff., 439.

1296 *Liesching* in: Paschke et al., 1650; Zur Abgrenzung zwischen Werturteilen und Tatsachenbehauptungen s. o. Teil 3 IV. 1. c).

1297 *Cole,* Medienstrafrecht, 292; *Lenckner/ Eisele,* § 185 StGB, Rz. 1.

1298 *Liesching* in: Paschke et al., 1652.

1299 *Heuchemer,* 411 ff., 439.

1300 *Lenckner/ Eisele,* Vorb. zu §§ 185 ff., Rz. 2; *Regge/ Pegel* Vorb. v. §§ 185 ff., Rz. 43.

1301 *Zaczyk,* Vorb. §§ 185 bis 200, Rz. 10; *Regge/ Pegel* Vorb. v. §§ 185 ff., Rz. 44.

1302 *Rixecker,* Anh zu § 12, Rz. 32.

die Auslegung der angegriffenen Äußerung sowie deren Einstufung als Tatsachenbehauptung oder Werturteil.[1303]

Generalisierend lässt sich feststellen, dass eine Beleidigung vorliegt, wenn das Werturteil die Menschenwürde des Betroffenen berührt. Auch Formalbeleidigungen (§ 192 StGB) und Schmähkritik, bei denen die Auseinandersetzung in der Sache völlig hinter der Diffamierung der Person zurücktritt, lassen in der Regel die Meinungsfreiheit zurücktreten. Indizien für einen Sachbezug liegen vor, wenn das Werturteil im Rahmen eines öffentlichen Meinungskampfs in einer gesellschaftlich relevanten Sache ergeht.[1304]

2. Üble Nachrede, § 186 StGB

Die soeben besprochene Beleidigung, § 185 StGB, bezieht sich auf Werturteile, wohingegen die üble Nachrede die Behauptung einer nicht beweisbaren Tatsache, die ehrenrührig ist, als Tathandlung bestimmt. Dabei muss die Behauptung mindestens einem Dritten zu Ohren gekommen sein, um eine Strafbarkeit nach § 186 StGB zu begründen.[1305] Im zweiten Halbsatz findet sich eine höhere Strafandrohung für die öffentliche Verbreitung der nicht nachweislich wahren, ehrenrührigen Tatsachenbehauptung, wie es bei Presseberichterstattung regelmäßig der Fall sein wird. Die üble Nachrede ist ein typischer Anwendungsfall für § 193 StGB als Rechtfertigungsgrund.

3. Verleumdung, § 187 StGB

Eine Verleumdung nach § 187 StGB liegt vor, wenn eine unwahre Tatsache wider besseren Wissens verbreitet oder behauptet wird. Dies bedeutet, dass der Täter bewusst die Unwahrheit behauptet oder verbreitet. Auch hier erhöht eine Qualifikation im zweiten Halbsatz den Strafrahmen für das öffentliche Behaupten, Verbreiten oder die Tatbegehung durch Schriften.

II. Verletzung des höchstpersönlichen Lebensbereichs durch Bildaufnahmen, § 201a StGB

Die Paragraphen §§ 201 ff. StGB schützen den persönlichen Lebensbereich vor Geheimnisverrat und Ausspähungen. Im Jahre 2004 wurde als Reaktion auf neue technische Möglichkeiten wie Handykameras und damit verbundene Vorfälle, wie das heimliche Fotografieren in Umkleidekabinen von Kaufhäusern, § 201a StGB

1303 BVerfG-Beschluss vom 19.12.1991, Az.: 1 BvR 327/91 – Interpretation des Begriffs „Nazi“, Rz 27.

1304 *Liesching* in: Paschke et al., 1651 f.

1305 *Liesching* in: Paschke et al., 1652.

eingeführt, der zunächst nur den höchstpersönlichen Lebensbereich vor der Verletzung durch Bildaufnahmen schützen sollte.[1306]

Bedarf für den neuen Straftatbestand galt als gegeben, da die – ebenfalls strafbewehrten – Vorschriften des KUG nicht die Aufnahme an sich, sondern lediglich die Verbreitung oder Veröffentlichung der Aufnahme sanktionierten. Wegen des strafrechtlichen Analogieverbots konnten diese Vorschriften auch nicht auf den Fotografievorgang ausgeweitet werden.[1307]

In Verbindung mit § 823 Abs. 2 BGB ist auch hier eine Geltendmachung zivilrechtlicher Ansprüche neben der strafrechtlichen Verfolgung möglich. Der Straftatbestand ist als relatives Antragsdelikt ausgestaltet, § 205 StGB.

Im Rahmen der Reform des Sexualstrafrechts im Januar 2015 wurde auch § 201a StGB um weitere Fallgruppen ergänzt, um dem Phänomen des „Cyber-Mobbings“ begegnen zu können sowie um die am Beispiel des Strafverfahrens gegen den Politiker Edathy entbrannten Reformvorschläge bezüglich sogenannter „Posing-Fotos“ Minderjähriger umzusetzen.

1. Verletzung des höchstpersönlichen Lebensbereichs durch Bildaufnahmen, § 201a Abs. 1 Nr. 1 StGB

Nach § 201a Abs. 1 Nr. 1 StGB wird bestraft, wer von einer anderen Person, die sich in einer Wohnung oder einem gegen Einblick besonders geschützten Raum befindet, unbefugt Bildaufnahmen herstellt bzw. überträgt und dadurch deren höchstpersönlichen Lebensbereich verletzt. Nach Absatz 1 Nr. 3 ist auch das Gebrauchen oder zugänglich machen solcher rechtswidrig entstandenen Aufnahmen eine taugliche Tathandlung. Schließlich umfasst Absatz 1 Nr. 4 die unbefugte Weitergabe von befugt hergestellten Aufnahmen.

Die Herstellung der Bildaufnahmen gelten als unbefugt, solange keine Einwilligung[1308] oder sonstige strafrechtliche Rechtfertigungsgründe, wie Notwehr, § 32 StGB, oder rechtfertigender Notstand, § 34 StGB, vorliegen.[1309]

Die Tathandlung ist schon erfüllt, wenn der höchstpersönliche Lebensbereich durch die Herstellung der Aufnahmen verletzt wurde. An die Aufnahmen selbst werden daraufhin keine weiteren Anforderungen gestellt. Sie müssen noch nicht einmal erkennbar eine Person zeigen.[1310]

Während des Gesetzgebungsprozesses und nach Erlass der Vorschrift war besonders von journalistischer Seite massive Kritik zu vernehmen. Insbesondere der investigative Journalismus sei bedroht, da sich der Pressefotograf nun schon bei der Ablichtung der beobachteten Szene unmittelbar strafbar mache, ohne dass

---

1306 *Wanckel*, 223.
1307 *Klass* in: Westermann et al., Anh zu § 12, Rz. 143.
1308 Die medienrechtliche Einwilligung wird umfassend in Teil 5 behandelt.
1309 *Wanckel*, 225.
1310 *Ernst*, NJW 2004, 1277 ff., 1278.

der Informationsgehalt im Rahmen einer Interessenabwägung beachtet würde, so wie es bei der Bestimmung der Zulässigkeit der Veröffentlichung der Fall ist. Vor diesem Hintergrund werden Reformvorschläge geäußert, wie eine neue – auf legale Vorgänge beschränkte – Definition von höchstpersönlichen Lebensvorgängen,[1311] eine Bagatellklausel oder auch ein speziell presserechtlicher Rechtfertigungsgrund.[1312]

Diese Kritik schlägt jedoch fehl. So ehrenwert und für den demokratischen Prozess relevant der Bereich des investigativen Journalismus auch sein mag. Auch wenn das Ergebnis eines Recherchevorgangs eine im Endeffekt gewünschte Information ist, so hat dies keine Auswirkungen auf die Zulässigkeit der während der Recherche vorgenommenen Handlungen. Auch ein der Geldwäsche verdächtiger Politiker ist nicht verpflichtet, Journalisten Zutritt zu seinen Privaträumen zu gestatten. Verschafft sich der Journalist unter Vorspiegelung falscher Tatsachen Zutritt, bleibt dies ein Hausfriedensbruch, egal welches Ergebnis der Recherchevorgang haben mag. Ebenso bleiben hergestellte Bildaufnahmen rechtwidrig. Die Verletzung höchstpersönlicher Rechte wie der Privatsphäre muss in einem Rechtsstaat den Strafverfolgungsbehörden vorbehalten bleiben.

2. Zurschaustellen der Hilflosigkeit einer anderen Person § 201a Abs. 1 Nr. 2 StGB

Der Straftatbestand des § 201a StGB bot vor Januar 2015 keinen Schutz vor ungerechtfertigten Aufnahmen in der Öffentlichkeit. Diese mussten weiterhin zivilrechtlich über das APR oder – im Extremfall – strafrechtlich als Nachstellung nach § 238 StGB verfolgt werden.[1313]

Während dies für reguläre Paparazzi-Abschüsse weiterhin gilt, wurde die neue Fallgruppe des Zurschaustellen der Hilflosigkeit einer anderen Person eingeführt, um dem Phänomen des Cyber-Mobbings zu begegnen. Die Darstellung der Hilflosigkeit muss zu einer Verletzung des höchstpersönlichen Lebensbereichs des Dargestellten führen.

Wann eine Person als hilflos gilt, wird der Klärung durch die Rechtsprechung überlassen, wobei mit überzeugenden Argumenten vonseiten der Literatur vertreten wird, dass Hilflosigkeit vorliegt, wenn „eine Person auf Grund ihrer körperlichen oder psychischen Konstitution oder wegen äußerer Einflüsse nicht (mehr) in der Lage ist, einen Willen zu bilden oder sich einem gebildeten Willen entsprechend zu verhalten und sich ohne eigene oder fremde Hilfe dieser Situation zu entziehen."[1314]

1311 *Wanckel*, 224.
1312 *Tillmanns/Führ*, ZUM 2005, 441 ff., 445 ff.
1313 *Ernst*, NJW 2004, 1277 ff., 1278.
1314 *Busch*, NJW 2015, 977 ff., 978.

3. Zugänglichmachung von dem Ansehen erheblich schadenden Bildaufnahmen, § 201a Abs. 2 StGB

Ein weiteres Symptom des Cyber-Mobbings soll durch § 201a Abs. 2 StGB bekämpft werden, der es unter Strafe stellt Bildaufnahmen Dritten zugänglich zu machen, die geeignet sind das Ansehen der dargestellten Person zu schädigen. Dass hierbei nicht die Herstellung, sondern explizit die Zugänglichmachung unter Strafe gestellt wird, zeigt bereits, dass die Vorschrift auf die digitale Verbreitung von Bildnissen abzielt.

Die genaue Definition der Beschädigung des Ansehens wird noch zu finden sein. Anlehnungen an die Ehrschutzvorschriften der §§ 185 ff. StGB scheinen angebracht.[1315] Allerdings droht insbesondere unter Berücksichtigung der Tatsache, dass eine Verletzung des höchstpersönlichen Lebensbereichs nicht gefordert wird, dass dem § 201a Abs. 2 StGB ein zu extensiver Anwendungsbereich verliehen wird, was durch eine ebenfalls an die Vorschriften des §§ 185 ff. StGB angelehnte Abwägungssystematik verhindert werden kann, wie sich an dem Rechtfertigungstatbestand der Wahrnehmung berechtigter Interessen zeigt, § 201a Abs. 4 StGB.

4. Entgeltliche Herstellung oder Verbreitung von Nacktfotos Minderjähriger, § 201a Abs. 3 StGB

Während die Strafvorschriften zu Kinder- und Jugendpornographie stets Bildmaterial mit sexuellem Bezug voraussetzen,[1316] wird durch den neu eingeführten § 201a Abs. 3 StGB verhindert, dass Nacktfotos Minderjähriger ohne solch sexuellen Inhalt gegen Entgelt hergestellt oder weitergegeben werden.

Der Gesetzgeber sah sich zu dieser Ausweitung veranlasst, als im Rahmen des Skandals um den Politiker Edathy der breiten Bevölkerung bekannt wurde, dass auch Nacktfotos ohne primär sexuellen Bezug in Szenekreisen verkauft und getauscht werden, um pädophile Neigungen zu befriedigen. Es entspricht daher einer einheitlichen Strategie zur Bekämpfung dieser Szene und zur Vermeidung von Anreizeffekten die Pönalisierung derart auszuweiten. Die Vorgabe, dass nur die Weitergabe gegen Entgelt von den Strafvorschriften umfasst ist, ermöglicht die Beschränkung des Anwendungsbereichs auf die anvisierte Zielgruppe. Eltern ist es somit weiterhin möglich Urlaubsfotos im Familien- und Bekanntenkreis vor zu zeigen, auch wenn diese ihre minderjährigen Kinder unbekleidet zeigen.

Gegen Entgelt bedeutet hierbei nicht, dass Geld fließen muss. Auch ein Tauschvorgang oder eine Weitergabe als „Vorschuss“, um Zutritt zu einem Tauschzirkel zu gelangen, sind hiervon umfasst, da den Abbildungen in diesen Kreisen regelmäßig ein monetärer Gegenwert zu zuschreiben ist, der bei einem Tausch in entsprechendem Maße erspart wird, sodass ebenfalls eine Bereicherung eintritt.[1317]

1315 *Busch*, NJW 2015, 977 ff., 978.
1316 S. u. Teil 7 V.
1317 *Busch*, NJW 2015, 977 ff., 979. S. u. Teil 7 V.

III. Nachstellung, § 238 StGB

Ähnlich wie § 201a StGB, war auch der 2007 neu in das StGB aufgenommene Straftatbestand der Nachstellung, § 238 StGB, nicht in erster Linie auf Pressevertreter ausgelegt. Vielmehr sollte dadurch das Phänomen des sogenannten „Stalking" gesetzlich geregelt werden. Dabei entwickeln Täter eine Verhaltensauffälligkeit, die sie dazu veranlasst, ständig Kontakt zu ihren Opfern zu suchen, selbst wenn diese das ausdrücklich ablehnen. Oftmals sind dabei die Grenzen von der Verehrung zur Bedrohung fließend. Die psychischen und physischen Auswirkungen auf die Opfer solcher Nachstellungen sind gravierend, sodass eine strafrechtliche Ahndung zu begrüßen ist.[1318]

Allerdings können auch Journalisten, insbesondere die als Paparazzi titulierten Fotografen der Sensationspresse, von diesem Straftatbestand betroffen sein.[1319] Als Nebeneffekt sanktioniert dieser einen Zustand, der schon lange als nicht mehr hinnehmbar eingestuft wurde, nämlich die Belagerung und ständige Verfolgung von Prominenten. Schon nach dem von Paparazzi mitverursachten Unfalltod Prinzessin Dianas forderte die Parlamentarische Versammlung Europas, dass die Mitgliedsstaaten Regelungen erlassen, die „die Verfolgung oder Jagd von Personen, um sie zu fotografieren, filmen oder Aufnahmen von ihnen zu machen in einer Art und Weise, die dazu führt, da[ss] sie daran gehindert werden, ein normales, ruhiges und ungestörtes Privatleben zu genießen oder sogar dazu, da[ss] sie körperliche Schäden erleiden",[1320] verbieten.

Dieser Vorgabe wurde mit § 238 StGB Genüge getan. Nach § 238 Abs. 1 Nr. 1 StGB ist es verboten, einem Menschen unbefugt nachzustellen, indem man beharrlich seine räumliche Nähe aufsucht und dadurch seine Lebensgestaltung schwerwiegend beeinträchtigt. Absatz 1 Nr. 5 normiert als Auffangtatbestand eine Strafbarkeit von unbefugtem Nachstellen durch „vergleichbare Handlungen", die ebenfalls die Lebensgestaltung des Opfers schwerwiegend beeinträchtigen müssen.

Zur Strafverfolgung muss das Opfer nach § 238 Abs. 4 StGB Strafantrag stellen.

Die Tathandlungen des Nachstellens werden als „unmittelbare oder mittelbare Annäherungen an das Opfer[, um] in dessen persönlichen Lebensbereich einzugreifen und dadurch seine Handlungs- und Entschließungsfreiheit zu beeinträchtigen", definiert.[1321] Diese Erläuterung wird als schlichte Umformulierung des notwenigen Taterfolgs, der „schwerwiegende[n] Beeinträchtigung der Lebensgestaltung"

1318 Näheres zu Erscheinungsformen und Auswirkungen auf die Opfer bei *Schöch*, NStZ 2013, 221 ff., 222.

1319 Erwähnung von Journalisten als potentielle Täter finden sich u. a. in den Gesetzesmaterialien BT-Drs. 16/575, S. 8., sowie bei *Mitsch*, NJW 2007, 1237 ff., 1240; *Schöch*, NStZ 2013, 221 ff., 222.

1320 Entschließung 1165 (1998) der Parlamentarischen Versammlung des Europarats über das Recht auf Achtung des Privatlebens; angenommen von der Parlamentarischen Versammlung am 26. Juni 1998, Nr. 14, Rz. 28.

1321 BT-Drs. 16/575, S. 7.

kritisiert.[1322] Auch die Annahme, dass die Tatvarianten des Abs. 1 Nr. 1–4 einer Legaldefinition gleichkommen,[1323] zeigt, dass das „Nachstellen" an sich keinen eigenständigen Gehalt im Sinne einer Tatbestandsvoraussetzung aufweist, sondern vielmehr als Überbegriff für die sonstigen Tatbestandsmerkmale dient.

Pressefotografen werden am ehesten die Tatvariante des § 238 Abs. 1 Nr. 1 StGB erfüllen, indem sie die räumliche Nähe des Opfers aufsuchen. Die Voraussetzungen an die Nähe dürfen nicht überspannt werden. Weder wird physischer Kontakt erwartet, noch muss das Opfer die Nähe des Fotografen zum Zeitpunkt der Nachstellung überhaupt mitbekommen. Denn gerade, wenn es sich erst im Nachhinein der Verfolgung bzw. Beobachtung bewusst wird, z. B. wenn es die veröffentlichten Fotos in der Presse sieht, kann dies umso verunsichernder wirken.[1324]

Wird die erforderliche räumliche Nähe nicht hergestellt, da die Verfolgung mittels technischer Geräte wie Teleobjektiven geschieht, kann dies den Auffangtatbestand des Abs. 1 Nr. 5 StGB erfüllen.[1325]

Die Nachstellung muss in beharrlicher Weise, d.h. in einer gewissen Dauer bzw. wiederholt geschehen. Die in den Gesetzesmaterialien angedachte zahlenmäßige Grenze von fünf Wiederholungstaten wird inzwischen zugunsten einer Gesamtwürdigung der Umstände abgelehnt.[1326] Sollte die Strafbarkeit an der Beharrlichkeit der Nachstellungshandlung scheitern, ist das Opfer nicht automatisch schutzlos. Wiederholte Persönlichkeitsrechtsverletzungen, die zwar nicht die Grenze des § 238 StGB erfüllen, können aufgrund der Häufigkeit als schwerwiegende Persönlichkeitsrechtsverletzung qualifiziert werden, die zu einem Anspruch auf Geldentschädigung führen.

Die räumliche Nähe muss unbefugt gesucht werden. Dies ist nicht gegeben, wenn mit ausdrücklicher oder konkludenter Einwilligung des Dargestellten gehandelt wird, wie es bei aufstrebenden Prominenten der Fall sein kann, die die Verfolgung durch die Presse als Möglichkeit nutzen, um ins Gespräch zu kommen und entsprechend mit dieser interagieren und für sie posieren. Auch wenn die Kontaktaufnahme gegen den ausdrücklichen Willen des Angesprochenen geschieht, kann sie in zulässiger Weise geschehen, wenn eine Befugnisnorm diese Handlungen rechtfertigt.[1327] Pressevertreter, die gegenüber Vertretern öffentlicher Behörden ein Recht auf Stellungnahme haben, können dieses demnach in beharrlicher und nachdrücklicher Weise durch mehrfache Kontaktaufnahme einfordern.

Eine generelle Befugnis zu Belagerungen auch von Privatpersonen verleiht die Pressefreiheit allerdings nicht. Auch Pressevertreter müssen sich grundsätzlich den Voraussetzungen des § 238 StGB beugen.[1328]

1322 *Eisele*, § 238, Rz. 6.
1323 *Krüger*, NStZ 2010, 546 ff., 549.
1324 *Eisele*, § 238, Rz. 8.
1325 *Eisele*, § 238, Rz. 22.
1326 *Krüger*, NStZ 2010, 546 ff., 550.
1327 BT-Drs. 16/575, S. 7.
1328 *Mitsch*, NJW 2007, 1237 ff., 1240.

Die unbefugte und beharrliche Nachstellung muss zu einer schwerwiegenden und unzumutbaren Beeinträchtigung der Lebensgestaltung des Opfers geführt haben. Dieses muss auf die konstante Belagerung reagiert haben, indem es seine Lebensgewohnheiten in einschneidender Weise darauf anpasst, z. B. Hobbys nicht mehr ausübt oder gewisse Örtlichkeiten meidet, oder sonstige Vorsichtsmaßnahmen trifft, die gerade darauf abzielen, die Nachstellung einzuschränken oder zumindest zu erschweren.[1329]

Die erforderliche Unzumutbarkeit der Beeinträchtigung ist das Einfallstor für eine Interessenabwägung zwischen APR des Betroffenen und Pressefreiheit. Auch hier ist das schon bekannte Kriterium des Informationswerts der Medienberichterstattung das entscheidende Kriterium, das in diesem Fall sogar eine Strafbarkeit abwenden kann.[1330]

IV. Strafrechtliche Sanktionen des Rechts am eigenen Bild, § 33 KUG

Das Recht am eigenen Bild der § 22 f. KUG ist in § 33 KUG strafbewehrt. Hierbei muss eine unzulässige Veröffentlichung oder Verbreitung eines Personenbildnisses nach § 22 KUG stattgefunden haben, ohne dass ein überwiegender Ausnahmetatbestand des § 23 KUG einschlägig ist. Nach § 33 Abs. 2 KUG wird eine Strafverfolgung nur auf Antrag hin aufgenommen. In der Praxis hat diese Vorschrift, erst recht seit Einführung des § 201a StGB, so gut wie keine Bedeutung mehr.[1331]

V. Kinder- und Jugendpornographie, § 184 b ff. StGB

Eine absolute Grenze für die Kommunikationsfreiheiten stellt das Verbot der Kinder- und Jugendpornographie dar. Dabei wird nicht nur der Besitz, Erwerb und die Verbreitung gemäß §§ 184b, 184c StGB unter Strafe gestellt, sondern auch die Verbreitung solcher Inhalte durch Rundfunk, Medien und Teledienste, § 184d StGB, sowie nach § 184e StGB die Veranstaltung und der Besuch kinder- und jugendpornographischer Darbietungen.

1. Schutzgüter – Darstellerschutz und Vermeidung von Anreizeffekten

Natürlich soll zum einen die Produktion von kinder- oder jugendpornographischen Inhalten unterbunden werden, um den sexuellen Missbrauch von Kindern aber auch die Kommerzialisierung der grundsätzlich legalen Sexualität Jugendlicher zu verhindern.[1332] Zudem soll aber auch die Bestätigung solchen Verhaltens

---

1329 *Krüger*, NStZ 2010, 546 ff., 551.
1330 BT-Drs. 16/575, S. 8.
1331 *Dreier/ Specht*, §§ 33–50 KUG, Rz. 3.
1332 *Frommel*, Rz. 7.

durch ihre mediale Verbreitung verhindert werden, weswegen auch Inhalte vom Verbot umfasst sind, in denen Protagonisten lediglich minderjährig erscheinen, tatsächlich aber schon volljährig sind,[1333] ebenso wie die Darstellung sexueller Handlungen durch fiktive, z. B. animierte Charaktere, die minderjährig wirken.[1334] Indem der Konsum kinder- oder jugendpornographischen Materials so gut wie möglich unterbunden wird, soll erst gar keine Nachfrage nach solchen Inhalten entstehen, damit es sich nicht lohnt, entsprechende Angebote zu schaffen.[1335]

Durch die Reform des Sexualstrafrechts im Januar 2015 wurden auch die Definition von Kinder- und Jugendpornographie erweitert. Da bisher Kinderpornographie nach Definition des Strafgesetzbuches vorlag, wenn „sexuelle Handlungen von, an oder vor einer Person unter 14 Jahren“[1336] gezeigt oder beschrieben werden, diese aber nur als pornografisch galten „wenn die Gesamttendenz des Werkes ausschließlich oder überwiegend auf die Erregung eines sexuellen Reizes zielt[e]“,[1337] wurde auf einen Pornographiebegriff abgestellt, der auch für die Einstufung sexueller Darstellungen Erwachsener galt.

Im Zuge der gesellschaftlichen Diskussion, die durch das Strafverfahren gegen den Politiker *Edathy* ausgelöst wurde, wurde der Wunsch einer strafrechtlichen Pönalisierung sog. „Posing“-Abbildungen nackt posierender Minderjähriger offenbar.

In medienrechtlicher Hinsicht herrschte bereits ausdrücklich ein engerer Sanktionsmaßstab, da auch der JMStV und das JuSchG die Verbreitung kinder- und jugendpornographischer Inhalte untersagte, hierbei neben der bloßen Pornographie die Darstellung Kinder und Jugendlicher „in unnatürlich geschlechtsbetonter Haltung“ umfasste, § 4 Abs. 1 S. 1 Nr. 9 JMStV, § 15 Abs. 2 Nr. 4 JuSchG. Hier existierte demnach bereits eine Form der Sanktionierung von „Posing“. Diese Vorschriften stellen einen der wenigen Fälle dar, in denen Minderjährige im Rahmen des JMStV und des JuSchG nicht nur als Rezipienten sondern auch als Protagonisten geschützt werden, wobei sich auch hier Regelungslücken offenbaren. Denn während der Anwendungsbereich des JMStV, also die Darstellungen in Rundfunk und Telemedien diese absolut verbieten, beschränkt das JuSchG, das Trägermedien wie DVDs reguliert, lediglich die Abgabe an Minderjährige. Volljährige dürfen entsprechende Medienträger erwerben und besitzen.[1338]

Durch die Reform im Januar 2015 wurde der strafrechtliche Kinder- und Jugendpornographiebegriff ebenfalls um die Fallgruppe der Wiedergabe eines ganz oder teilweise unbekleideten Kindes oder Jugendlichen in unnatürlich geschlechtsbetonter Körperhaltung ergänzt (§ 184 b Abs. 1 Nr. 1b, 184c Abs. 1 Nr. 1b StGB),

1333 *Frommel*, Rz. 3.
1334 *Braml/ Hopf*, ZUM 2007, 354., 356 f.
1335 *Krings*, ZRP 2014, 69 ff., 70.
1336 S. o.
1337 S. o.
1338 *Liesching*, lto.de (2014).

sodass ein Gleichklang mit den bereits existierenden medienrechtlichen Vorschriften hergestellt wurde. Die Definition der kinderpornographischen Schrift umfasst als dritte Fallgruppe jegliche „sexuell aufreizende Wiedergabe der unbekleideten Genitalien oder des unbekleideten Gesäßes eines Kindes“ (§ 184 b Abs. 1 Nr. 1c StGB), womit auch die Fälle als strafwürdig anerkannt werden, in denen der Minderjährige nicht identifizierbar ist, da lediglich Ausschnitte des Körpers abgebildet werden.[1339]

Die Pornographie-Strafvorschriften werden durch den ebenfalls novellierten § 201a StGB ergänzt, der es in Absatz 3 unter Strafe stellt, Nacktfotos Minderjähriger gegen Entgelt weiter zu geben oder zum Zwecke solch einer entgeltlichen Weitergabe herzustellen. Durch dieses Verbot des gewerbsmäßigen Handels mit Nacktfotos Minderjähriger wurde ein oft gefordertes Reformvorhaben umgesetzt, ohne dass sich die oft geäußerte Befürchtung bestätigte, dass Eltern kriminalisiert werden, die ihre nackten Kinder am Strand fotografieren und diese Abbildungen später im Verwandten- und Bekanntenkreis teilen.[1340]

Trotz der eben ergangenen Gesetzesnovelle sind die Delikte der Kinder- und Jugendpornographie ständig reformbedürftig, denn es ist zu beobachten, wie die Täter die Graubereiche jeder neuen Regelung ausloten, um sich weiter zulasten der Minderjährigen an der Grenze zur Legalität zu bewegen.

2. Spannungsfeld mit Kunstfreiheit

Immer, wenn Berührungspunkte mit Kinder- und Jugendpornographie vorliegen, entfaltet die Diskussion eine besondere Brisanz. Dies zeigt sich nicht nur bei den aktuellen Überlegungen zum Thema „Posing“, sondern auch bei der Abwägung zwischen dem den Persönlichkeitsrechten und der Menschenwürde entspringendem Verbot der Kinder- und Jugendpornographie auf der einen und der Kunstfreiheit auf der anderen Seite.

Nach Aufgabe der sogenannten Exklusivitätsrechtsprechung ist es eindeutig, dass Kunst und Pornographie sich nicht per se ausschließen.[1341] Doch stellt sich insbesondere in Berücksichtigung der Tatsache, dass sogar die Abbildung sexueller Handlungen von fiktiven minderjährigen Figuren als Kinderpornographie verboten ist, die Frage, wie dieser Widerspruch zwischen Kunstfreiheit und Pornographieverbot aufgelöst werden kann.

Diese Frage spielt im Alltag eine größere Rolle, als man auf den ersten Blick denken könnte. Die „Tate Gallery of Modern Art“ entschied sich nachträglich dazu, das Werk „Spitirual America“ von Richard Prince, das die zehnjährige nackte Brooke

---

1339 *Busch*, NJW 2015, 977 ff., 979.

1340 Zu weiteren Strafbarkeitslücken und Reformvorschlägen siehe insbesondere *Röder*, NStZ 2010, 113 ff., 117 ff.; *Liesching*, lto.de (2014)

1341 BVerfG-Urteil vom 27.11.1990, Az.: 1 BvR 402/87 – Josephine Mutzenbacher, Leitsatz 1, Orientierungssatz 1, Rz. 30; *Erdemir*, MMR 2003, 628 ff., 632; *Frommel*, Rz. 12.

Shields porträtiert, aus seiner Ausstellung „Pop Art" zu entfernen, welche auch Station in Hamburg machte.[1342] Das Essener „Folkwang Museum" nahm im Februar 2014 eine Ausstellung aus dem Programm, die sich Polaroids widmen sollte, die dem Maler Balthus (Balthasar Kossowski de Rola) als Vorlage für seine Gemälde dienten und sein minderjähriges Modell teilweise unbekleidet zeigten. Dabei beriefen sich die Kuratoren des Museums bemerkenswerterweise nicht auf eigene moralische Überzeugungen, sondern gaben an, „juristische Konsequenzen" und insbesondere eine „zwangsweise Schließung" der Ausstellung vermeiden zu wollen.[1343]

Vor dem EGMR wurde ein Fall ausgetragen, in dem eine finnische Künstlerin mit einer Collage aus kinderpornographischem Material darauf aufmerksam machen wollte, wie erschreckend leicht solche Inhalte im Internet verfügbar sind. Der EGMR hat es als zulässig angesehen, dass das Werk beschlagnahmt und die Künstlerin wegen Besitzes von Kinderpornographie strafrechtlich verfolgt wurde.[1344] Das Gericht beurteilt es zwar nicht als zwingend notwendig, aber als zulässig, der Pönalisierung von Kinderpornographie Vorrang vor der Meinungsfreiheit und damit auch der Kunstfreiheit einzuräumen.[1345]

Die Bedeutung der Kunstfreiheit erfordert eine gesonderte Abwägung für den jeweiligen Einzelfall, die auch bei der Anwendung der Straftatbestände der §§ 184 ff. StGB stattzufinden hat.[1346] *Kühl* fordert, dass kein Platz für „künstlerisch verbrämte[n] Kindesmissbrauch" sei.[1347] *Erdemir* ist darin zuzustimmen, dass die Kunsteigenschaft kein negatives Tatbestandsmerkmal ist, das einem Kunstwerk vor der Einstufung als pornographisch bewahrt. Dennoch lässt die Pauschalität seiner Aussage, dass eine pornographische Darstellung niemals durch die Kunstfreiheit gerechtfertigt werden könnte, insbesondere im Hinblick darauf, dass auch fiktive Darstellungen dem Kinderpornographieverbot unterfallen, die notwendige Betrachtung des Einzelfalls vermissen.[1348] *Braml/ Hopf* verweisen darauf, dass der eng gefasste § 184 b StGB keiner erneuten Abwägung bedürfe,[1349] doch auch dieser Generalisierung des Abwägungsergebnisses ist nur insoweit zuzustimmen, als die Produktion der vermeintlichen Kunstwerke sexuellen Missbrauch oder sonstige möglicherweise schädigende Mitwirkungshandlungen von Kindern befürchten lässt bzw. ihre spätere Weiterverarbeitung Gefährdungen oder Schädigungen der beteiligten Kinder verursachen könnte. Auch wenn eine Abwägung auf der

1342 *Cumming*, The Guardian (2009).

1343 *Spiegel Online (Hrsg.)*, Pädophilie-Debatte: Museum Folkwang sagt Balthus-Ausstellung ab, Spiegel.de (2014).

1344 EGMR-Urteil vom 10.05.2011, Az.: 1685/10 – Ulla Annikki Karttunen/Finnland, NJW 2012, 745 ff.; MMR-Aktuell 2011, 320046.

1345 EGMR-Urteil vom 10.05.2011, Az.: 1685/10 – Ulla Annikki Karttunen/Finnland, NJW 2012, 745, Leitsatz 3.

1346 *Frommel*, Rz. 13.

1347 *Lackner/ Kühl*, § 184, Rz. 3.

1348 *Erdemir*, MMR 2003, 628 ff., 632.

1349 *Braml/ Hopf*, ZUM 2007, 354, 358.

Rechtfertigungsebene in der Regel zugunsten des Verbots der Inhalte ausgehen wird, sollte auf diese nicht verzichtet werden, um dem Bedeutungsgehalt der Kunstfreiheit in einem pluralistischen Rechtsstaat gerecht zu werden.

Dabei sollte Einigkeit darüber herrschen, dass die Kunstfreiheit regelmäßig zurück zu treten hat, wenn die Erstellung eines Kunstwerks eine auch nur – möglicherweise schädigende – Mitwirkung Minderjähriger verlangt, wenn das Werk bejahend zu den gezeigten Inhalten Stellung nimmt oder einen Nachahmungseffekt auslösen könnte.[1350]

Sind künstlerische Nacktdarstellungen Minderjähriger ohne vordergründigen sexuellen Bezug betroffen, bei deren Produktion Minderjährige nicht mitwirken und nicht zu Schaden kommen, kann die Abwägung zugunsten der Kunstfreiheit ausgehen.

Sicherlich wird eine allgemeingültige Antwort auf diese Frage nie gefunden werden. Nacktdarstellungen Minderjähriger in der Kunst werden stets umstritten sein. Der Verzicht hierauf kann als zivilisatorischer Fortschritt oder als unnötige gesamtgesellschaftliche Selbstzensur eingestuft werden.[1351] Diese Diskussion gipfelt in der Frage des moralisch korrekten Umgangs mit allgemein anerkannten Kunstwerken alter Meister, die ebenfalls Nacktheit Minderjähriger oder minderjährig erscheinender Figuren darstellen. Die Kunstkritikerin des britischen „The Observer", *Laura Cumming*, verweist zurecht darauf, dass in der britischen Nationalgalerie Bronzinos „Allegorie der Liebe (Triumph der Venus)" hängt, das einen eindeutig minderjährigen Sohn beim Sexualkontakt mit seiner Mutter darstellt, aber auch in der „Alten Pinakothek" in München minderjährig wirkende Modelle nackt auf einem Bett dargestellt werden.[1352]

3. Pornographieverbot in anderen Vorschriften

Neben den strafrechtlichen Verboten untersagen auch der JMStV und das JuSchG die Verbreitung kinder- und jugendpornographischer Inhalte, insbesondere die Darstellung Kinder und Jugendlicher in unnatürlich geschlechtsbetonter Haltung, § 4 Abs. 1 S. 1 Nr. 9 JMStV, § 15 Abs. 2 Nr. 4 JuSchG. Hier existiert demnach ebenfalls eine Form der Sanktionierung von „Posing". Diese Vorschriften stellen einen der wenigen Fälle dar, in denen Minderjährige im Rahmen des JMStV und des JuSchG nicht nur als Rezipienten, sondern auch als Protagonisten geschützt werden, wobei sich auch hier Regelungslücken offenbaren. Denn während der Anwendungsbereich des JMStV, also die Darstellungen in Rundfunk und Telemedien diese absolut verbieten, beschränkt das JuSchG, das Trägermedien wie DVDs reguliert, lediglich die Abgabe an Minderjährige. Volljährige dürfen entsprechende Medienträger erwerben und besitzen.[1353]

1350 *Frommel*, Rz. 13.

1351 *Krings*, ZRP 2014, 69 ff., 71 f.

1352 *Cumming*, The Guardian (2009).

1353 *Liesching*, lto.de (2014).

Teil 8: Neue Instrumente zur Anhebung des Schutzniveaus bei Berichterstattungen ohne oder gegen den Willen der Minderjährigen

Im Laufe dieser Ausarbeitung wurde bereits empfohlen Sperrzonen zu definieren, innerhalb derer Minderjährige nicht ohne Einwilligung von Medienvertretern fotografiert werden dürfen.[1354] Im Folgenden wird untersucht, ob es sinnvoll ist, weitere Rechtsschutzinstrumente zu implementieren, um den von Berichterstattungen ohne oder gegen ihren Willen betroffenen Kindern und Jugendlichen zu ihrem Recht zu verhelfen. Hierbei ist stets auch die Position der Medien zu berücksichtigen, denn deren Kommunikationsgrundrechte dürfen nicht über Gebühr eingeschränkt werden. Im Ergebnis scheitern die vorgestellten drei Maßnahmen jedoch nicht an einer übermäßigen Einschränkung der Kommunikationsgrundechte, sondern an der mangelnden Umsetzbarkeit bzw. im Falle der Unkenntlichmachung Minderjähriger daran, dass die Rechtsposition der Minderjährigen nicht ausreichend verbessert wird, um eine Etablierung zu rechtfertigen.

Doch eine Reihe anderer Reformvorschläge sind durchsetzbar und geeignet den Schutzstandard effektiv zu erhöhen. Eine abschließende Zusammenfassung dieser Reformvorschläge findet sich in Teil 13.

I. Absolutes Berichterstattungsverbot

Die Zielvorgabe der Rechtsprechung ist, dass Minderjährige möglichst unbelastet aufwachsen und ihre Persönlichkeit dabei ungestört entwickeln können sollen. Alle Kinder sind gleich schutzwürdig. In der Realität erhält jedoch nur das Kind Schutz, dessen Eltern sich darum bemühen.

1. Schutzlücken

Dies benachteiligt gerade die Minderjährigen, die besonders gefährdet sind. Dies können zum einen Kinder sein, deren Eltern sie ins Rampenlicht drängen, weswegen die Erziehungsberechtigten keine Berichterstattung untersagen werden. Aber auch die Kinder sind betroffen, deren Eltern mit dem medienrechtlichen Geschehen überfordert sind und daher nicht wissen, wann die Grenzen der Zulässigkeit überschritten sind oder wie sie sich dagegen wehren können. Oft rücken Kinder

1354 S. o. Teil IV II. 7. e).

gerade dann in den Fokus der Medien, wenn die Eltern sich besonders intensiv um sie kümmern müssen, z.B. wenn die Kinder Opfer eines Unfalls oder eines Verbrechens wurden. Um in solch einer Situation das Verbreiten von Fotos oder persönlichen Daten zu verhindern, wäre sofortiges Handeln notwendig. Doch dies ist Eltern in solchen Situationen oft nicht möglich.

Will man das Idealbild der Rechtsprechung umsetzen, nach dem allen Minderjährigen ein völlig unbelastetes Aufwachsen ermöglicht werden soll, muss jegliche Berichterstattung über Kinder und Jugendliche ohne deren Einwilligung verboten werden. Dieses Extrem kann als absolutes Berichterstattungsverbot bezeichnet werden.

Wahrhaft unbelastetes Aufwachsen ist nur möglich, wenn über Minderjährige überhaupt nicht ohne ihren Willen in den Medien berichtet wird. Denn jegliche Wort- oder Bildberichterstattung kann eine Störung der Persönlichkeitsentwicklung zur Folge haben, unabhängig davon, ob sie positive oder negative Schlüsse zieht.[1355] Aus diesem Grunde ist anerkannt, dass Kinder ein erhöhtes Recht auf Anonymität haben.[1356]

Die Argumente, die man gegen ein absolutes Berichterstattungsverbot erwarten muss, ähneln den Argumenten, die gegen einen generellen Unterlassungsanspruch vorgebracht werden.[1357] Im Vergleich zu diesem stellt ein absolutes Berichterstattungsverbot einen noch massiveren Eingriff in die Kommunikationsgrundrechte dar. Denn jegliche Berichterstattung würde unzulässig, egal ob der Betroffene zustimmt oder sich dagegen wehrt.

Ein aus dem APR begründetes absolutes Berichterstattungsverbot müsste ebenfalls einen verhältnismäßigen Eingriff in die Kommunikationsgrundrechte darstellen.

2. Zensurverbot, Art. 5 Abs. 1 S. 3 GG

Das Zensurverbot des Art. 5 Abs. 1 S. 3 GG ist die einzige schriftlich normierte Grenze, die im Rahmen der Pressefreiheit einzuhalten ist. Rechtsdogmatisch gilt dieses als sogenannte Schranken-Schranke, nämlich eine Begrenzung der durch die Schrankentrias ermöglichten Eingriffe. Entgegen dem Wortlaut „Eine Zensur findet nicht statt“, verbietet Art. 5 Abs. 1 S. 3 GG lediglich die Vorzensur.[1358] Dies

1355 *Beater*, JZ 2013, 111 ff., 112.

1356 OLG Hamburg, Urteil vom 18.12.2012, Az.: 7 U 66/12 – Persönlichkeitsverletzung durch Nennung der (berühmten) Eltern eines Kindes, Leitsatz 1, Rz. 10; LG Berlin, Urteil vom 24.02.2005, Az.: 27 O 994/04 – Nennung der Namen minderjähriger Kinder eines Schauspielerpaares, Orientierungssatz; *Müller*, ZRP 2012, 125 ff., 125. *Mutius*, 12 ff., 15 f., weist darauf hin, dass das APR alleine das Recht auf Anonymität noch nicht ausreichend umsetzt, sondern durch andere Schutzmaßnahmen, z. B. das Datenschutzrecht, ergänzt werden muss.

1357 S. u. Teil 12 II. 3.

1358 BVerfG-Urteil vom 25.04.1972, Az.: 1 BvL 13/67 – Verbringungsgesetz, Leitsatz; *Herzog* in: Maunz/ Dürig, Grundgesetz, Art. 5, Rz. 298.

umfasst „einschränkende Maßnahmen vor der Herstellung oder Verbreitung eines Geisteswerkes, insbesondere das Abhängigmachen von behördlicher Vorprüfung und Genehmigung seines Inhalts".[1359]

Ein absolutes Berichterstattungsverbot erfasst ein Medium im Vorfeld und von gesetzlicher, also hoheitlicher Seite aus. Dennoch ist das Zensurverbot nicht verletzt, denn die Untersagung lediglich einzelner Inhalte stellt keine Zensur dar. So sind nach § 131 StGB gewaltverherrlichende Darstellungen oder nach § 185 StGB beleidigende Inhalte unter Strafandrohung verboten, ohne das Zensurverbot zu verletzen. Dies hängt auch damit zusammen, dass Medien nicht vor Veröffentlichung von einer staatlichen Stelle genehmigt werden müssen, jedoch bei strafbaren Inhalten Konsequenzen auf die Verantwortlichen zukommen können.

3. Legitimer Zweck

Ein absolutes Berichterstattungsverbot dient auch einem legitimen Zweck, nämlich dem Schutz des Persönlichkeitsrechts Minderjähriger.

4. Geeignetheit

Mehr als jedes andere Instrument wäre ein absolutes Berichterstattungsverbot zur Erhöhung des Schutzniveaus des Persönlichkeitsrechts Minderjähriger geeignet, da durch ein präventives generelles Verbot jegliche Persönlichkeitsrechtsverletzung geahndet würde, sodass von einem extensiven Hemmeffekt ausgegangen werden kann.

5. Erforderlichkeit

Zwar ist eine Vielzahl milderer Instrumente denkbar, doch ist keines ebenso effektiv, wie ein präventives Verbot, auf dessen Verstoß eine von hoheitlicher Seite initiierte Sanktion folgt. Denn im Gegensatz zu sonstigen Mitteln können sich Medienvertreter weder auf ein angenommenes anderes Abwägungsergebnis berufen, noch hoffen, dass der Betroffene sich nicht gegen die unzulässige Berichterstattung wehrt.

Eine Ausgestaltung als Ordnungswidrigkeit oder Straftat entfaltet einen ungleich höheren Hemmeffekt, als zivilrechtliche Instrumente, da hierbei den Verantwortlichen persönlich Sanktionen drohen.

Die oben angesprochenen Sperrzonen für Paparazzi sind weniger effektiv, da sie sich nur auf begrenzte Örtlichkeiten beziehen. Dahingegen ist ein absolutes Berichterstattungsverbot lokal nicht begrenzt. Die Verpflichtung zur Vorabinformation oder zur Unkenntlichmachung des Betroffenen sind ebenfalls nicht gleich effektiv, da Berichterstattung gegen den Willen der minderjährigen Betroffenen

1359 BVerfG-Urteil vom 25.04.1972, Az.: 1 BvL 13/67 – Verbringungsgesetz, Rz. 72.

hierbei weiterhin möglich ist. Bei der Verpflichtung zur Vorabinformation kann der Betroffene zwar mitunter gerichtliche Eilverfahren einleiten und Berichterstattung somit verhindern, doch sobald dies scheitert oder nicht mehr rechtzeitig geschieht, werden Veröffentlichungen stattfinden. Überdies umfasst nur das absolute Berichterstattungsverbot auch die Minderjährigen umfasst, deren Eltern sich nicht um eine Verteidigung der Persönlichkeitsrechte kümmern. Schließlich ist die Verpflichtung zur Vorabinformation auch deswegen kein gleich effektives milderes Mittel, da eine taugliche Umsetzung dieser Verpflichtung nicht denkbar ist.

Die Einführung eines generellen Unterlassungsanspruchs wird im Ergebnis zwar empfohlen, stellt aber im Rahmen dieser Verhältnismäßigkeitsprüfung ebenfalls kein gleich effektives milderes Mittel dar, da solch ein Anspruch vor einem Gericht erwirkt werden muss, sodass diejenigen Minderjährigen nicht von den Schutzmöglichkeiten profitieren, deren Erziehungsberechtigte nicht gegen Berichterstattung vor Gericht ziehen. Hingegen umfasst ein absolutes Berichterstattungsverbot alle Minderjährige.

6. Angemessenheit

Der letzte Prüfungspunkt ist schließlich die Angemessenheit, die auch als Verhältnismäßigkeit im engeren Sinne bezeichnet wird. Hier ist nun eine Abwägung der gegeneinander streitenden Interessen unter Beachtung der dahinter stehenden Grundrechtspositionen maßgeblich.

a) Bedeutung der Einzelfallabwägung

Ein zentrales Argument aller Gegner eines absoluten Berichterstattungsverbots ist die Bedeutung der Einzelfallabwägung.[1360] Jahrelang wurde die Abwägung zwar betont, aber im Endeffekt nicht durchgeführt. Stattdessen wurden sklavisch Erfahrungssätze verfolgt.[1361] Dem wurde durch die EGMR-Caroline-Rechtsprechung und das daraufhin entwickelte modifizierte Schutzkonzept Einhalt geboten. Seitdem ist die Abwägung berechtigterweise der zentrale Prüfungspunkt bei Urteilen zu Persönlichkeitsrechtsverletzungen.[1362]

Wenn die Abwägung an dieser Stelle zum Argument erhoben wird, wird allerdings vernachlässigt, dass die Abwägung kein Selbstzweck ist. Vielmehr ist sie

---

1360 BGH-Urteil vom 09.03.2004, Az.: VI ZR 217/03 – Charlotte Casiraghi I, Rz. 15; BGH-Urteil vom 06.10.2009, Az. VI ZR 314/08 – Kinder eines ehemaligen Fußballprofis, Rz. 10; BGH-Urteil vom 13.11.2007, Az.: VI ZR 269/06 – Vorbeugende Unterlassungsklage gegen eine ähnliche oder „kerngleiche“ Bildberichterstattung, Rz. 12; *Feyock*, GRUR-Prax 2009, 59., 59; *Klass* in: Westermann et al., Anh zu § 12, Rz. 283.

1361 S. o. Teil 4 II. 3. a).

1362 BGH-Urteil vom 13.11.2007, Az.: VI ZR 269/06 – Vorbeugende Unterlassungsklage gegen eine ähnliche oder „kerngleiche“ Bildberichterstattung, Rz. 13; *Frauenrath*, Grüner Bote 2010, 295 ff., 304.

das Instrument, um ein interessengerechtes Ergebnis zu finden. Wenn von vorneherein feststeht, wie dieses Ergebnis ausfällt, ist eine umfassende Abwägung nicht notwendig.[1363] Dies ist hier der Fall. Berichterstattungen ohne oder gegen den Willen von Minderjährigen sind nie zulässig, es sei denn, es handelt sich um öffentliche Auftritte oder die Veröffentlichung bezieht sich auf medienrelevantes Vorverhalten, was im Rahmen eines generellen Unterlassungsanspruchs ebenfalls berücksichtigt werden kann.[1364]

Schon bei abstrakter Abwägung der entgegenstehenden Grundrechtspositionen überwiegt der Persönlichkeitsschutz Minderjähriger, kombiniert mit ihrem Recht auf eine unbelastete Persönlichkeitsentwicklung und die Kommunikationsgrundrechte, sodass kein Fall bekannt ist, in dem die Abwägung des konkreten Einzelfalls zu einer Zulässigkeit der Berichterstattung geführt hätte.

Zwar berufen sich alle Urteile auf die konkrete Einzelfallabwägung unter Berücksichtigung der Gesamtumstände, doch tatsächlich wiederholen auch sie nur die altbekannten Grundsätze und kommen zum selben Ergebnis, ohne eine wirklich ergebnisoffene Einzelfallabwägung vorzunehmen.[1365] Im Unterschied zur alten Prüfungssituation ist dieses Vorgehen bezüglich der Berichterstattung über Minderjährige unschädlich, da die Abwägung immer dasselbe Resultat erzeugt.[1366]

Man könnte einwenden, dass das APR eine Abwägung erfordert, da es ein nicht normiertes, schwer greifbares Rechtsgut ist. Verbote gewissen Inhalts ohne Möglichkeit der Abwägung sind jedoch auch das Verbot der Gewaltdarstellungen nach § 131 StGB oder der Beleidigung, § 185 StGB. Die dahinter stehenden Rechtsgüter sind der öffentliche Friede und zum anderen die persönliche Ehre.[1367] Beide Rechtsgüter sind nicht trennscharf definierbar oder schriftlich normiert. Dennoch wird auf eine Abwägung verzichtet, sobald die Rechtsgüter als verletzt gelten. Gerade in die persönliche Ehre sind viele Eingriffe zulässig, Schmähkritik hingegen nie. Genau so könne man argumentieren, dass viele Eingriffe in das APR zulässig sind, jedoch nie zulasten von Minderjährigen.

Aus diesen Gründen muss nicht an einer bloß noch formal betonten Abwägung festgehalten werden. Es ist verständlich, dass Gerichte befürchten, alte Fehler zu wiederholen, wenn sie auf eine Abwägung verzichten.[1368] Doch sollte man

1363 OLG Hamburg, Urteil vom 11.11.2008, Az.: 7 U 86/08 – Tochter eines ehemaligen Fußballprofis, Rz. 2b.

1364 S. u. „Berücksichtigung von Sonderfällen".

1365 OLG Hamburg, Urteil vom 24.06.2008, Az.: 7 U 38/08 – Generelles Verbot der Veröffentlichung von Bildnissen eines minderjährigen Kindes eines Prominenten, Rz. 19; LG Hamburg, Urteil vom 13.06.2008, Az.: 324 O 23/08 – Generelles Veröffentlichungsverbot für Fotos minderjähriger Kinder prominenter Eltern ohne deren Einwilligung, Rz. 28.

1366 *Heiland*, 364 ff.

1367 Zu § 131 StGB: *Schäfer*, § 131, Rz. 1. Zu § 185 StGB: *Regge/ Pegel*, Vorb. v. §§ 185 ff., Rz. 7.

1368 S. o. Teil 4 II. 3. a).

daran denken, dass das neue modifizierte Schutzkonzept nicht nur die Abwägung betonte, sondern ebenso die Bedeutung des Schutzes Minderjähriger hervorhob und eine deutliche Abkehr von der Begleiterrechtsprechung forderte.[1369] Diese Punkte werden erst durch ein absolutes Berichterstattungsverbot ausreichend ernst genommen.

Nur in wenigen genau bestimmbaren Fällen ergibt die Abwägung eine Zulässigkeit der Berichterstattung. Diese Sonderfälle müssen freilich von einem Verbot ausgenommen werden. Die Notwendigkeit einer Abwägung können aber auch sie nicht begründen, denn in diesen Fällen ist eine Berichterstattung stets zulässig, ohne dass es einer Abwägung bedarf.

b) Berücksichtigung von öffentlichen Auftritten und medienrechtlichem Vorverhalten

Eine Berichterstattung über Minderjährige ohne oder gegen deren Einwilligung ist nur zulässig, wenn sie sich bei öffentlichen Veranstaltungen präsentieren oder der betroffene Persönlichkeitsteil durch entsprechendes medienrechtliches Vorverhalten der Öffentlichkeit zugänglich gemacht wurde.[1370] Diese Fälle müssen bei Implementierung eines absoluten Berichterstattungsverbots ausgenommen werden. Dies ist wegen der Klarheit der Ausnahmen auch ohne Weiteres möglich.

Wird das Berichterstattungsverbot als strafrechtliche Norm ausgestaltet, muss die besonders hohe Grenze des Bestimmtheitsgebots gewahrt werden, Art. 103 Abs. 2 GG, § 1 StGB. Eine gewisse Auslegungsbedürftigkeit von Begrifflichkeiten steht diesem Bestimmtheitsgebot jedoch nicht im Wege, sodass die beiden Ausnahmen unproblematisch formuliert werden können.[1371] Auch die Begrenzung des absoluten Berichterstattungsverbots auf Minderjährige kann ohne Weiteres in den Wortlaut aufgenommen werden.

c) Ausnahme für öffentliches Informationsinteresse

Auch bei der Prüfung eines absoluten Berichterstattungsverbots stellt sich die Frage, ob dieses einen Ausnahmetatbestand beinhalten müsste, der Berichterstattung rechtlich zulässig macht, wenn ein solch gewichtiges öffentliches Informationsinteresse vorliegt, dass dieses das besonders geschützte Persönlichkeitsrecht der Minderjährigen überwiegt. Diese Überlegung gleicht der Frage, ob Sperrzonen

---

1369 OLG Hamburg, Urteil vom 11.11.2008, Az.: 7 U 86/08 – Tochter eines ehemaligen Fußballprofis, Rz. 2b; OLG Hamburg, Urteil vom 24.06.2008, Az.: 7 U 38/08 – Generelles Verbot der Veröffentlichung von Bildnissen eines minderjährigen Kindes eines Prominenten, Rz. 14; LG Hamburg, Urteil vom 13.06.2008, Az.: 324 O 23/08 – Generelles Veröffentlichungsverbot für Fotos minderjähriger Kinder prominenter Eltern ohne deren Einwilligung, Rz. 23.

1370 S. o. Teil 5 III.

1371 *Kühl* in: Lackner/ Kühl, § 1, Rz. 2.

für Paparazzi mit solch einer Ausnahmeregelung versehen werden sollten, sodass ergänzend auf diese Ausführungen in Teil 4 II. 7 e) verwiesen wird.

Auch für den Fall eines absoluten Berichterstattungsverbotes wäre solch ein Ausnahmetatbestand abzulehnen, denn der angestrebte Zustand ist die Absolutheit des Berichterstattungsverbotes, die eben nicht durch die Abwägung mit einem Informationsinteresse untergraben werden soll.

Bis auf die bekannten Ausnahmen der vorangegangenen Privatsphärenöffnung oder des Auftritts bei öffentlichen Veranstaltungen, ist keine Situation bekannt, bei der Berichterstattung ohne oder gegen den Willen der Minderjährigen zulässig ist, da das öffentliche Informationsinteresse das Persönlichkeitsrecht der Kinder und Jugendlichen überwiegt. Daher besteht keine Notwendigkeit dafür eine Ausnahmeregelung für diesen Fall aufzunehmen.

d) Fazit

Zugegebenermaßen kann man bei dieser Verhältnismäßigkeitsprüfung zu verschiedenen Ergebnissen kommen. Es ist jedoch mit guten Argumenten vertretbar, dass ein absolutes Berichterstattungsverbot einen verhältnismäßigen Eingriff in die Kommunikationsgrundrechte darstellt.

Man könnte die Ansicht vertreten, dass ein absolutes Berichterstattungsverbot auch am APR der Dargestellten zu messen sei, da diesen die Chance genommen würde, ihr Privatleben für die Kameras zu inszenieren. Vermeintliche Paparazzi-„Abschüsse“, die in Wahrheit gestellt waren, sind schon jetzt gang und gäbe. Allerdings handelt es sich dann auch nicht um eine hier behandelte Abbildung ohne Einwilligung. Durch die Verabredung mit den Fotografen wird zumindest eine konkludente Einwilligung erteilt, sodass das absolute Berichterstattungsverbot nicht zum Tragen käme.

7. Ausgestaltung

Das Manko des absoluten Berichterstattungsverbots liegt weniger in der rechtlichen Zulässigkeit, als in der Praxistauglichkeit. Es zeigt sich, dass die auf theoretischer Ebene erzielten Vorteile, nicht in die Praxis übertragen werden können.

Denn der Vorzug des absoluten Berichterstattungsverbots ist, dass auch die Minderjährigen geschützt werden, deren Eltern sich nicht aktiv gegen Berichterstattung wehren. Strebt man eine Umsetzung an, zeigt sich, dass ohne eine Mitwirkung der Dargestellten, bzw. deren Erziehungsberechtigten keine praxistaugliche Ahndung von Verstößen möglich ist.

Zunächst ist zu überlegen, wie ein absolutes Berichterstattungsverbot zu verankern wäre. Man könnte es als zivilrechtliches Verbot, als strafrechtliches Delikt, als Ordnungswidrigkeit oder im Sinne einer Verwaltungsvorschrift ausgestalten. Schließlich bliebe noch die Möglichkeit einer Selbstverpflichtung der Medien.

Jegliche Ausgestaltung, die, wie ein zivilrechtliches Verbot, wiederum die Einschaltung der Erziehungsberechtigten erfordert, um zu einer Verfolgung zu gelangen, verbessert die Rechtssituation nicht, da eben die Kinder von Eltern, die nicht gegen Berichterstattung vorgehen, umfasst werden sollen.

Allen Maßnahmen bei denen ein neutraler Dritter, wie die Staatsanwaltschaft oder die zuständige Verwaltungsbehörde für Ordnungswidrigkeiten Sanktionen beantragen könnten, ist gleich, dass die ermittelnde Behörde zunächst irgendeine Art der Anzeige erhalten müsste, um von der unzulässigen Berichterstattung über Minderjährige Kenntnis zu erlangen. Eine Anzeige nimmt jedoch wieder die Eltern oder Erziehungsberechtigten in die Pflicht, da Minderjährigen noch nicht die notwendige Einsichtsfähigkeit zugesprochen wird, um diese Aufgabe eigenständig zu übernehmen.[1372]

Eine Anzeige kann nicht von dritter, objektiver Seite aus ergehen, denn die Berichterstattung selbst gibt keinen Aufschluss darüber, ob sie ohne oder gegen den Willen der Beteiligten ergangen ist. Zwar kann man vermuten, dass negative Berichterstattungen oder die Verbreitung von Gerüchten, bei denen keine direkte Äußerung der Betroffenen wiedergegeben ist, ohne deren Einwilligung ergangen sind. Doch kann man hierbei nicht sicher sein. Selbst verwaschene Fotografien in Paparazzi-Optik sind oftmals gestellt, indem Prominente und Paparazzi zusammenwirken.[1373]

Es bedeutete einen unverhältnismäßigen Aufwand, für jede Veröffentlichung anzufragen, ob die Besprochenen und Dargestellten hierzu ihr Einverständnis gegeben haben. Eben dies wäre aber notwendig, denn dem neutralen Dritten, der objektiv jeden Verstoß sanktionieren soll, fehlt es typischerweise an dem notwendigen Hintergrundwissen.[1374]

Hinzu kommt, dass eine strafrechtliche Ausgestaltung sicherlich dem Opportunitätsprinzip im Wege der Privatklage und eines Strafantrags unterworfen würde, da das geschützte Rechtsgut ein höchstpersönliches Recht ist. Somit wäre wiederum ein Tätigwerden der Erziehungsberechtigten notwendig, um zu einer Verhandlung zu gelangen.

Daher ist es nur sinnvoll, die Entscheidung, ob man gegen eine Berichterstattung vorgehen möchte, denjenigen in die Hand zu geben, die sie betrifft. Es passt nicht zu einem höchstpersönlichen Recht, wie dem APR, ohne ein Zutun der Betroffenen eine Sanktion zu verhängen.

1372 S. u. Teil 12 V.

1373 *Klass*, AfP 2007, 517 ff., 524.

1374 Auch andere Medienhäuser, die ein Recht darauf haben sich auf eine Privatsphärenöffnung durch solch heimlich „abgestimmte“ Berichterstattung zu beziehen, können nicht erkennen, ob es sich um Berichterstattung mit Einwilligung oder um unzulässige Veröffentlichungen handelt, die nicht als Anknüpfungspunkt für eine Privatsphärenöffnung dienen.

8. Fazit

Es ist erstrebenswert, allen Minderjährigen gleichwertigen Schutz ihrer Persönlichkeit zu bieten. Doch die durch ein absolutes Berichterstattungsverbot in der Theorie geschlossenen Schutzlücken, stehen außer Verhältnis zu dem Aufwand, den die tatsächliche Umsetzung in die Praxis mit sich brächte. Werden Minderjährige in einer Weise in den Medien behandelt, die ihnen schaden könnte, ohne dass Eltern dagegen vorgehen, stellt sich die Frage, ob die Erziehungsberechtigten im besten Interesse ihres Kindes handeln. Die Bewahrung des Kindesinteresses oder des Kindeswillens stellt ein Problem des Familienrechts dar, weswegen auch eine familienrechtliche Lösung herbeigeführt werden sollte.

Zudem kann auch ein absolutes Berichterstattungsverbot nicht jene Eltern stoppen, die das Privatleben ihrer Kinder medienwirksam inszenieren und dabei eine Berichterstattung, die ohne Einwilligung angefordert wird, begrüßen. Wird eine Berichterstattung ohne Einwilligung verboten, liegen andere Methoden zur Präsentation in den Medien nahe, z. B. die Berichterstattung mit Einwilligung. Auch die Erteilung möglichst pauschaler Dauer-Einwilligungen könnte zur Umgehung eines Verbots genutzt werden.

Der einzige Anwendungsfall, in dem ein Berichterstattungsverbot mit angemessenem Aufwand eine Verbesserung der Rechtssituation herbeiführen könnte, ist der der Minderjährigen, deren Eltern sie vor der Öffentlichkeit schützen wollen. Durch ein striktes Verbot könnte der Rechtsschutz erleichtert werden. Insbesondere könnten Medien sich nicht mehr auf ein vermeintlich überragendes Informationsinteresse berufen. Auch die Inkaufnahme der geringen Folgen eines Unterlassungsanspruchs zugunsten einer Berichterstattung fiele weg. Diese Ziele könnte man jedoch auch mit der Einführung des leichter realisierbaren generellen Unterlassungsanspruchs verwirklichen.[1375]

Die Einführung eines absoluten Berichterstattungsverbots kann daher nicht empfohlen werden.

II. Recht auf Vorabinformation

Ein weiterer Ansatz, der den persönlichkeitsrechtlichen Schutz Minderjähriger verstärken könnte, ist die Einführung eines Rechts auf Vorabinformation bei persönlichkeitsrechtsrelevanten Veröffentlichungen.

Würden Minderjährige bzw. deren Eltern vor einer Veröffentlichung über diese in Kenntnis gesetzt, könnten sie womöglich noch vor Verbreitung der streitgegenständlichen Berichterstattung den Erlass einer einstweiligen Verfügung erwirken.

1375 S. u. Teil 12 II. 3.

Somit könnte eine Verletzung des Allgemeinen Persönlichkeitsrechts präventiv unterbunden werden.[1376]

Selbst wenn eine Berichterstattung nicht gerichtlich gestoppt würde, hätten Erziehungsberechtigte die Möglichkeit, ihre Kinder oder deren Umfeld vorzubereiten, wenn der Bericht einen medialen Sturm erwarten lässt.

Zu Recht wird vielfach kritisiert, dass Minderjährige gegenüber den Massenmedien chronisch benachteiligt werden, da sie immer erst dann reagieren können, wenn die Persönlichkeitsrechtsverletzung schon geschehen ist.[1377] Eine Vorabinformationspflicht könnte ein ausgewogenes Machtverhältnis wiederherstellen.

1. Klage vor dem EGMR

Vor dem EGMR wurde verhandelt, ob solch ein Recht auf „prior" oder „pre-notification" aus Art. 8 EMRK abzuleiten sei.[1378] Der EGMR lehnte dies ab. Allerdings sprach er sich nicht grundsätzlich gegen die Vorabinformationspflicht aus. Vielmehr hatte er darüber zu entscheiden, ob aus Art. 8 EMRK ein Rechtsanspruch auf Vorabinformation zwingend abzuleiten ist.

Mit Verweis auf die Bedeutung der Pressefreiheit, Art. 10 EMRK, den weiten Beurteilungsspielraum der Mitgliedsstaaten bei der Umsetzung des Art. 8 EMRK und die Zweifel an der Effektivität einer Pflicht zur Vorabinformation, verneinte der EGMR solch einen Rechtsanspruch.[1379]

Dabei verwies er insbesondere auf die Bedeutung der politischen und investigativen Berichterstattung, die durch Vorabinformationen der Betroffenen völlig unterminiert würde. Zudem bezweifelte er, dass Vorabinformationen die Rechtssicherheit steigern, da jegliche Rechtspflicht wegen der Bedeutung der Kommunikationsfreiheiten auch eine Ausnahme enthalten müsste. Auf diese Ausnahme könnten sich Medienhäuser berufen, um Vorabinformationen zu vermeiden oder gezielt zu umgehen.[1380]

1376 War von vorne herein eindeutig, dass eine Veröffentlichung der Fotos unter allen Umständen unzulässig ist, stellt schon das Anfertigen dieser Fotos eine Verletzung des Allgemeinen Persönlichkeitsrechts dar. S. o. Teil 4 II. 7. c).

1377 OLG Hamburg, Urteil vom 11.11.2008, Az.: 7 U 86/08 – Tochter eines ehemaligen Fußballprofis, Rz. 2b; OLG Hamburg, Urteil vom 24.06.2008, Az.: 7 U 38/08 – Generelles Verbot der Veröffentlichung von Bildnissen eines minderjährigen Kindes eines Prominenten, Rz. 20; LG Hamburg, Urteil vom 13.06.2008, Az.: 324 O 23/08 – Generelles Veröffentlichungsverbot für Fotos minderjähriger Kinder prominenter Eltern ohne deren Einwilligung, Orientierungssatz 1, Rz. 19.

1378 EGMR-Urteil vom 10.05.2011, Az.: 48009/08 – Mosley ./. Vereinigtes Königreich, NJW 2012, 747 ff.

1379 EGMR-Urteil vom 10.05.2011, Az.: 48009/08 – Mosley ./. Vereinigtes Königreich, NJW 2012, 747 ff., Leitsatz der Bearbeiter Nr. 11; *Frenzel*, AfP 2011, 335 ff., 336.

1380 EGMR-Urteil vom 10.05.2011, Az.: 48009/08 – Mosley ./. Vereinigtes Königreich, NJW 2012, 747 ff., 752, Rz. 126.

Zudem wies der EGMR darauf hin, dass das Bußgeld für vor Veröffentlichung erwirkte einstweilige Verfügungen sehr hoch sein müsste, um die betroffenen Medienhäuser tatsächlich dazu zu bewegen, eine Veröffentlichung zu unterlassen. Solch drastisch hohe Bußgelder stellten jedoch umgehend eine gefährliche Nähe zur Vorabzensur her.

Interessant ist, dass der EGMR feststellte, dass präventiv wirkende Maßnahmen grundsätzlich mit Art. 8 EMRK vereinbar sind.[1381] Zudem wurde der Begriff der „Privatheit" als ausreichend verständlich angesehen, sodass ein Verbot sich auf private Situationen beziehen könnte, ohne weiterer Definitionen zu bedürfen.[1382]

2. Vorabinformationspflicht für die Berichterstattung über Minderjährige

Aus all dem lässt sich ableiten, dass der EGMR eine Vorabinformationsverpflichtung für mit der EMRK vereinbar hält, solange sie eine Ausnahme in Fällen des besonderen öffentlichen Interesses enthält und die Gefahr der Vorabzensur gebannt wird.

Dabei ist zu beachten, dass diese Feststellungen mit Blick auf eine Berichterstattung über eine prominente erwachsene Person ergingen. Wendet man diese Erkenntnisse auf die Berichterstattung über Minderjährige an, lassen sich die Bedenken des EGMR leicht ausräumen, sodass eine Vorabinformationspflicht zugunsten Minderjähriger durchaus rechtlich möglich erscheint.

Wie schon dargestellt wurde, überwiegt bei der Berichterstattung über Minderjährige regelmäßig deren Persönlichkeitsrecht das Informationsinteresse. Nur die Präsentation bei öffentlichen Veranstaltungen und Berichte über medienrelevantes Vorverhalten könnten von der Vorabinformationspflicht befreit werden, um das öffentliche Informationsinteresse nicht über Gebühr zu beschneiden. Die vom EGMR besonders geschützte politische oder investigative Berichterstattung beschäftigt sich in der Regel nicht mit Minderjährigen, da diese weder in politische noch in wirtschaftliche Verstrickungen verwickelt sind. Bei investigativen Berichten im kriminellen Milieu genießen Minderjährige sowohl als Täter als auch als Opfer einen verstärkten Persönlichkeitsrechtsschutz.

Überdies erfüllt eine Vorabinformationspflicht nicht den Tatbestand der Zensur, da die Veröffentlichung der Inhalte nicht von einer Genehmigung abhängt, sondern lediglich eine formelle Information ergehen muss. Wird aufgrund dieser eine einstweilige Verfügung erwirkt, stellt dies keine staatliche Maßnahme, sondern eine private Rechtsdurchsetzung mithilfe des Gerichts dar. Zudem haben zulässige, also schützenswerte, Inhalte keinerlei Einschränkungen zu fürchten.

1381 EGMR-Urteil vom 10.05.2011, Az.: 48009/08 – Mosley ./. Vereinigtes Königreich, NJW 2012, 747 ff., Leitsatz der Bearbeiter Nr. 8.

1382 EGMR-Urteil vom 10.05.2011, Az.: 48009/08 – Mosley ./. Vereinigtes Königreich, NJW 2012, 747 ff. (752), Rz. 125.

3. Ausgestaltung

Auch wenn eine Pflicht zur Vorabinformation rechtlich realisierbar scheint, stellt sie keine taugliche Alternative dar. Die Vorabinformationspflicht lebt von der tatsächlichen rechtzeitigen Information des Betroffenen. Es ist jedoch keine Möglichkeit denkbar, wie der rechtzeitige Zugang der Information beim Betroffenen sichergestellt werden kann, ohne ihm Mitwirkungspflichten aufzubürden. Zudem ist fraglich, wie der zeitliche Ablauf solch einer Vorabinformation ausgestaltet werden sollte.

a) Zugang der Vorabinformation

Wenn eine Veröffentlichung erst nach Information des Betroffenen stattfinden darf, stellt sich die Frage, wie Presse oder Rundfunk feststellen sollen, dass die Vorabinformation rechtzeitig glückt. Schließlich sind Postadressen und Aufenthaltsorte von Empfängern der Vorabinformation selbst für Medien mitunter nur schwer herauszufinden. Es kann weder Prominenten noch Privatpersonen zugemutet werden, ständig zur Entgegennahme von Vorabinformationen zur Verfügung zu stehen. Ein Instrument, dessen Schutz sie genießen sollen, darf ihnen ja nicht zusätzliche Pflichten aufbürden.

Auch birgt solch eine Vorabinformationspflicht ein erhebliches Missbrauchspotential, da durch die Verschleppung einer Zustellung der Information an den Betroffenen die Berichterstattung verzögert werden kann, was im schnelllebigen Mediengeschäft immense Auswirkungen haben kann.

b) Zeitlicher Ablauf unklar

Zwar erscheint es als wäre die Vorabinformationspflicht für Medienhäuser eine erstrebenswertere Alternative als beispielsweise ein genereller Unterlassungsanspruch, da bei einer Vorabinformation eine Veröffentlichung des begehrten Inhalts weiterhin möglich ist. Doch insbesondere die Bestimmung der Vorabinformationspflicht zeigt die praktischen Schwierigkeiten, die Medienhäuser mit einer Vorabinformationspflicht hätten.

Medien unterliegen einem hohen Aktualitätsdruck. Auch wenn eine Geschichte in zwei Wochen theoretisch noch genauso interessant ist wie heute, muss sie so schnell wie möglich veröffentlicht werden, bevor ein Konkurrent zuvorkommt. Schnelligkeit ist in der Medienwelt essentiell.[1383] Hiermit kollidiert eine wirksam ausgestaltete Vorabinformation. Die Vorabinformationsfrist müsste mindestens lang genug sein, um notwendige, z. B. gerichtliche Schritte einzuleiten.

Zudem müssten alle Medien gleich behandelt werden, obwohl die Produktionsvorläufe unterschiedlich lang dauern. Im Rundfunk werden Beiträge oft wenige

---

1383 EGMR-Urteil vom 10.05.2011, Az.: 48009/08 – Mosley ./. Vereinigtes Königreich, NJW 2012, 747 ff., 751, Rz. 117.

Tage vor oder erst am Tag der Veröffentlichung produziert. Doch im Printbereich müssen Zeitschriften und Zeitungen erst gesetzt, gedruckt und ausgeliefert werden, bis sie erhältlich sind. Daraus ergibt sich ein Vorlauf von mehreren Tagen.

Gibt man den Betroffenen einen Vorlauf von 48 Stunden vor Erstveröffentlichung, mag das noch reichen, um einen vorab untersagten Fernsehbericht durch einen anderen Bericht zu ersetzen. Printprodukte sind hingegen 48 Stunden vor Veröffentlichung schon fertig produziert. Hat eine einstweilige Verfügung Erfolg, müsste die ganze Auflage vernichtet werden, da in der Kürze der Zeit keine umfangreichen Schwärzungsmaßnahmen mehr möglich sind, so wie sie im Buchbereich teilweise schon durchgeführt wurden. Der Ausfall einer ganzen produzierten Ausgabe richtet einen Schaden an, der nur bei extremen Persönlichkeitsrechtsverletzungen noch verhältnismäßig ist.[1384]

Die Verlage können die Betroffenen natürlich auch vor Produktionsbeginn informieren. Damit könnten sie jedoch nach Ablauf des letzten Informationszeitpunktes, beispielsweise 48 Stunden vor Produktionsbeginn, keine Informationen über Minderjährige mehr aufnehmen. Solch eine zweitägige Verzögerung kann im Mediengeschäft eine wahre Benachteiligung darstellen.

Selbst eine kurz bemessene 48-stündige Vorabinformationsfrist stellte Medienhäuser vor kaum lösbare Probleme.

c) *Fazit*

Vielfach wird festgestellt, dass das derzeitige System dazu führt, dass Minderjährige konstant ihrem Rechtsschutz hinterherlaufen müssen. Die Idee einer Vorabinformation scheint diesen Nachteil auszugleichen, sodass Medien und von der Berichterstattung Betroffene sich wieder auf Augenhöhe begegnen können.

Doch ist keine Methode denkbar, mittels derer eine Vorabinformationspflicht sinnvoll durchgeführt werden könnte, ohne diejenigen, die in den Genuss des Persönlichkeitsrechtsschutzes kommen sollen, zu einer Mitwirkung zu verpflichten.

Zudem ist auch der Wirkungsgrad einer Vorabinformationspflicht fraglich. Schon jetzt veröffentlichen Medien Berichterstattungen, die klar das Persönlichkeitsrecht der Minderjährigen verletzen, wenn der dadurch erzielte wirtschaftliche Vorteil die Investition in Rechtskosten aus Abmahnungen und Unterlassungserklärungen ausgleicht. Es ist davon auszugehen, dass gegen die Vorabinformationspflicht ähnlich leichtfertig verstoßen wird, solange es sich nur rechnet.[1385]

1384 OLG Düsseldorf, Beschluss vom 03.10.1984, Az.: 15 U 116/84, AfP 1974, 51 ff. – Abwägungspflicht bei Verbreitungsverbot, Orientierungssatz; *Damm/ Rehbock/ Smid*, 309; *Meyer*, 1174.

1385 Siehe hierzu auch die Ausführungen bei *Frenzel*, AfP 2011, 335 ff., 336 f. Des Weiteren befürchtet der EGMR eine Wirkungslosigkeit der Vorabinformationspflicht aufgrund der von ihm geforderten Ausnahme bei überwiegendem öffentlichen Interesse: EGMR-Urteil vom 10.05.2011, Az.: 48009/08 – Mosley ./. Vereinigtes Königreich, NJW 2012, 747 ff., 752, Rz. 126. Wie dargestellt, könnte solch eine

Zudem profitieren wiederum Kinder, deren Eltern sich nicht um einen Persönlichkeitsschutz bemühen oder bemühen können, nicht von einer Vorabinformationspflicht, da sofort nach der Information Rechtsschutzmaßnahmen ergriffen werden müssten. Lediglich durch eine der Information beigefügte Belehrung über mögliche Rechtsmittel könnte ein Bewusstsein für Rechtsschutzmöglichkeiten geschaffen werden. Doch wirkungsvolle Rechtsberatung auf dem komplexen Feld des Medienrechts kann nur eine anwaltliche Beratung bieten, weswegen nicht davon auszugehen ist, dass eine „Rechtsbehelfsbelehrung" einen nennenswerten positiven Effekt erzielt.

Daher vermag die Einführung einer Vorabinformationspflicht das faktische Schutzniveau Minderjähriger nicht zu verbessern.

III. Unkenntlichmachung Minderjähriger

Ein weiterer Ansatz, Minderjährigen ein möglichst unbelastetes Aufwachsen zu ermöglichen, wäre, den Medien eine Anonymisierungspflicht aufzuerlegen.

Gesichter Minderjähriger müssten stets verfremdet werden, z. B. durch Verpixelung der Gesichter oder des Körpers, d.h. eine Vergröberung der Bildauflösung, oder eine Verdeckung der Augenpartie durch einen schwarzen Balken. Auch könnte festgelegt werden, dass Namen nicht genannt werden dürfen.

Wird über ein Ereignis berichtet, ohne dass der darin verwickelte Minderjährige identifizierbar ist, wird dem Berichterstattungsinteresse der Medien Rechnung getragen, ohne dass sein Persönlichkeitsrecht verletzt wird.

1. Keine Identifizierung durch die breite Öffentlichkeit

Sicherlich wird der Familien- und enge Bekanntenkreis des Minderjährigen wissen, dass eine Berichterstattung sich um ihn dreht, selbst wenn er vollständig anonymisiert ist, da sie schon auf anderem Wege von dem Ereignis, welches sogar Medieninteresse erregt hat, erfahren haben.[1386]

Der Grund für einen verstärkten Persönlichkeitsrechtsschutz für Minderjährige ist jedoch, dass fremde Personen ihnen weiter unbefangen gegenüber treten können, damit Minderjährige das Auftreten in der Öffentlichkeit unter natürlichen Bedingungen erlernen können.[1387]

Ausnahme bei einer Vorabinformationspflicht zu Gunsten von Minderjährigen unterbleiben.

1386 KG Berlin, Urteil vom 17.09.2010, Az.: 9 U 178/09 – Verstoß gegen eine sitzungspolizeiliche Verpixelungsanordnung, Rz. 45; KG Berlin, Urteil vom 16.03.2004, Az.: 9 U 171/03 – Zulässige Berichterstattung über jugendliche Intensivtäter unter Verwendung des Begriffs „Straftaten" für Handlungen strafunmündiger Kinder, Rz. 7.

1387 BVerfG-Beschluss vom 29.07.2003, Az.: 1 BvR 1964/00 – Geburtshoroskop für Alexandra v Hannover, Orientierungssatz 2.

Natürlich wirkt sich eine Medienberichterstattung immer noch auf ihr Leben aus, denn die bloße Tatsache, dass ein Ereignis von den Medien aufgegriffen wird, sorgt schon für Aufsehen, das über den Bekanntenkreis hinausgeht. Doch selbst wenn die ganze Schule weiß, auf wen sich die Berichterstattung bezieht, verringert es die Betroffenheit, wenn der Nachbarort zwar von dem Ereignis an sich gehört hat und vielleicht sogar weiß, dass es jemanden aus der Nähe betrifft, doch hierzu kein Gesicht kennt.[1388]

2. Aktuelle Praxis: Unzureichende Anonymisierung zur Vermeidung eines Geldentschädigungsanspruchs

Eine Persönlichkeitsrechtsverletzung ist nur dann ausgeschlossen, wenn die Minderjährigen auch von ihrem nahen Bekanntenkreis nicht aufgrund der Berichterstattung identifiziert werden können.[1389] Sowohl unzureichende Anonymisierungen und Verfremdungen, insbesondere schwarze Balken über der Augenpartie, als auch die Erkennbarkeit aufgrund des bildlichen oder wörtlichen Kontextes, können zu Persönlichkeitsrechtsverletzungen führen.[1390]

Schon jetzt neigen Medien dazu, Gesichter Minderjähriger zu verpixeln und Namen auf Initialen abzukürzen. Dabei wird nur in den seltensten Fällen verhindert, dass eine Identifizierung stattfindet. Gerade die Berichterstattung über Prominente lebt davon, dass ersichtlich wird, wer sich auf dem Bild befindet. Ein beliebiges Kind beim Spielen ist keine Meldung wert. Deshalb wird erwähnt, dass es sich um das Kind von diesem oder jenem Prominenten handelt.

Der Grund für die Verpixelung liegt daher nicht in einer Anonymisierung, sondern in dem von dem Geldentschädigungsanspruch ausgehenden Hemmeffekt. Eine Geldentschädigungszahlung hat in der Regel eine Höhe, die auch Massenmedien spürbar trifft. Durch die Verfremdung soll verhindert werden, dass eine Persönlichkeitsrechtsverletzung als „schwer" eingestuft wird, wie es für einen Geldentschädigungsanspruch Voraussetzung wäre.[1391]

Daher lässt sich berechtigtermaßen aus der freiwilligen Verpixelung eines Abgebildeten darauf schließen, dass den Redakteuren bewusst war, dass keine

---

1388 Hierzu ausführlich: KG Berlin, Urteil vom 17.09.2010, Az.: 9 U 178/09 – Verstoß gegen eine sitzungspolizeiliche Verpixelungsanordnung, Rz. 45.

1389 LG Berlin, Urteil vom 14.05.2009, Az.: 27 O 64/09 – Fernsehbeitrag über Stalking, Rz. 35 f.

1390 *Klass* in: Westermann et al., Anh zu § 12, Rz. 169; *Wanckel*, 143; BVerfG-Beschluss vom 22.03.2007, Az.: 1 BvR 2007/02 – Fernsehberichterstattung, Rz. 41; LG Hamburg, Urteil vom 27.02.2009, Az.: 324 O 703/08 – Unterlassungsanspruch eines minderjährigen Straftäters gegen die Veröffentlichung eines Bildes, Rz. 19; KG Berlin, Urteil vom 28.04.2011, Az.: 10 U 196/10 – Unkenntlichmachung durch Verpixelung, Leitsatz 1, Rz. 23.

1391 BVerfG-Beschluss vom 22.03.2007, Az.: 1 BvR 2007/02 – Fernsehberichterstattung, Orientierungssatz 4dd, Rz. 46.

Einwilligung für die Berichterstattung vorliegt. Verfremdung, die dennoch eine Identifizierung ermöglicht, ist ein Hinweis auf Unrechtsbewusstsein. Verfremdung, die keinerlei Rückschlüsse auf den Abgebildeten mehr zulässt, schließt Persönlichkeitsrechtsverletzungen aus.

3. Ausgestaltung

Den Medien könnte auferlegt werden, ihre bisherigen, meist halbherzigen Verfremdungsbemühungen, zu einer vollständigen Anonymisierung auszubauen. Solch eine Verpflichtung stellt einen immensen Eingriff in die Kommunikationsfreiheiten dar.[1392] Viele Berichterstattungen arbeiten mit großformatigen Portraitfotos der Betroffenen, um Interesse und Emotionen zu erzeugen. Ein großformatiges verpixeltes Bild als Aufmacher ist undenkbar. Viele Bilder werden dadurch unbrauchbar.

Überlegt man jedoch, welche Bilder gepixelt werden müssten, kommt man zu dem Ergebnis, dass eine Anonymisierungspflicht die bisherige Rechtslage nicht verbessert. Denn es macht keinen Sinn, denjenigen zu verfremden, der sich auf öffentlichen Veranstaltungen den Kameras präsentiert oder dessen Aussehen und Identität der Öffentlichkeit aufgrund vorhergehender Berichterstattung mit Einwilligung schon bekannt ist. Daher bliebe eine Anonymisierungspflicht nur auf die Berichte anwendbar, bei denen das Persönlichkeitsrecht der Minderjährigen das Berichterstattungsinteresse überwiegt, sodass die Veröffentlichung an sich schon unzulässig ist.

Vor allem im Gesellschaftsjournalismus wird sich die Verfremdungspflicht nicht durchsetzen können, da nur dann, wenn der Minderjährige mit einem Prominenten in Verbindung gebracht wird, überhaupt Interesse an einer Berichterstattung besteht.

4. Fazit

Da sich die Rechtslage für Minderjährige dadurch nicht spürbar verbessert und auch eine Durchsetzung äußerst fragwürdig ist, kann die Implementierung einer Anonymisierungspflicht nicht empfohlen werden.

Auch wenn sich die Etablierung einer Pflicht nicht lohnt, verringert die Unkenntlichmachung die Intensität einer Persönlichkeitsrechtsverletzung unstreitig. Daher sollte die bisherige Praxis, nach der eine Anonymisierung dafür spricht, dass keine schwere Persönlichkeitsrechtsverletzung vorliegt, ausgebaut oder zumindest aufrechterhalten werden.

1392 BVerfG, Einstweilige Anordnung vom 27.11.2008, Az.: 1 BvQ 46/08 – Bildberichterstattung über Strafprozess – „Holzklotz-Fall“, Rz. 12.

IV. Ergebnis

Zwar sind viele neue Instrumente im Bereich des Persönlichkeitsrechtsschutzes denkbar, doch sind sie bei genauer Betrachtung nicht geeignet, eine praktische Verbesserung des theoretischen Schutzniveaus herbei zu führen.

Minderjährige, deren Eltern oder Erziehungsberechtigte sich nicht um den Schutz ihres Persönlichkeitsrechts bemühen, sind weiterhin schutzlos gestellt. Die Oktroyierung einer Schutzverpflichtung von dritter Seite funktioniert bei einem höchstpersönlichen Recht, wie dem Allgemeinen Persönlichkeitsrecht, nicht. Handeln Eltern oder Erziehungsberechtigte nicht im Sinn oder nicht im besten Interesse der betroffenen Minderjährigen, stellt dies einen familienrechtlichen Konflikt dar, der konsequenterweise auf familienrechtlicher Ebene gelöst werden muss.[1393]

1393 S. u. Teil 11.

Teil 9: Minderjährigenschutz bei Berichterstattung mit Einwilligung

I. Normierungslücke bezüglich minderjähriger Mitwirkender in Medien

Wirken Minderjährige mit Einwilligung bei einer Medienproduktion mit, z.B. als Interviewpartner, Kinderdarsteller oder Protagonisten einer dokumentarischen Filmproduktion, ist ihr APR nicht verletzt, solange die Reichweite der Einwilligung nicht überschritten ist. Dennoch bleiben die Ziele des Minderjährigenschutzes selbstverständlich bestehen. Minderjährige sollen ihre Persönlichkeit möglichst unbelastet entwickeln können. Zudem muss stets darauf geachtet werden, dass die Fremdbestimmung durch Eltern oder andere gesetzliche Vertreter nicht die zukünftige Selbstbestimmung des Minderjährigen konterkariert. Dies wäre der Fall, wenn der Minderjährige weit ins Erwachsenenleben hinein die Konsequenzen der elterlichen Entscheidungen tragen müsste.

Da diese Schutzziele auch bei Berichterstattung mit Einwilligung ihre Gültigkeit behalten, überrascht es, dass keine speziell medienrechtliche Regelung existiert, die einen gewissen Schutzstandard sicherstellt. Es lässt sich keine Norm finden, die zu minderjährigen-gerechten Konditionen bei der Produktion und Auswertung von Medieninhalten verpflichtet. Dies ist in Anbetracht der Bedeutung, die Minderjährige mittlerweile als Medienpersönlichkeiten erlangt haben und angesichts der elaborierten Rechtsprechungssystematik, die zur Berichterstattung über Minderjährige ohne Einwilligung ergangen ist, nicht nachvollziehbar.

Der Jugendmedienstaatsvertrag (JMStV) und das Jugendschutzgesetz (JuSchG) beschäftigen sich mit Minderjährigen ausschließlich als Rezipienten von potentiell entwicklungsbeeinträchtigenden Medieninhalten. § 1 JMStV erklärt ausdrücklich, dass Minderjährige vor entwicklungsbeeinträchtigenden Angeboten, nicht vor der Mitwirkung in diesen, geschützt werden sollen.[1394] Zwar gibt es Vorschriften, wie § 4 Abs. 1 S. 1 Nr. 9 JMStV bzw. § 15 Abs. 2 Nr. 4 JuSchG, nach denen Medien untersagt wird, Minderjährige in unnatürlich geschlechtsbetonter Körperhaltung (sog. Posendarstellung) zu zeigen. Diese Bestimmungen schützen natürlich indirekt auch Minderjährige vor der Produktion von Medieninhalten, selbst wenn die Schwelle zur Pornographie nach §§ 184 ff. StGB noch nicht überschritten ist. Bestimmungen, die schon vor der Produktion bestimmter Medieninhalte schützen, sind die §§ 184b, c StGB (Verbot der Verbreitung, des Erwerbs oder Besitzes von kinder- oder jugendpornographischen Schriften), die in dem Verbot des Angebots oder der Verbreitung solcher Inhalte nach § 4 Abs. 1 S. 1 Nr. 10 JMStV bzw. § 15

1394 *Seehaus*, 147.

Abs. 2 Nr. 1 JuSchG fortgesetzt werden. Doch deckt dies nur einen fragmentarischen Extrembereich aller denkbaren Mitwirkungsmöglichkeiten Minderjähriger in den Medien ab.

Zudem findet sich in § 6 Abs. 2 Nr. 4 JMStV sowie in Art. 16 Abs. 1d der Fernseh-Richtlinie[1395] bzw. Art. 9 Abs. 1g der Richtlinie über Audiovisuelle Mediendienste[1396] die Vorgabe, dass Werbung nicht Minderjährige in gefährlichen Situationen zeigen darf. Doch auch hierbei geht es lediglich um die Wirkung der Darstellung auf den minderjährigen Betrachter, nicht um die Produktionsbedingungen. Denn auch die Produktion von Szenen, die in einem Werbespot völlig ungefährlich wirken, wie zum Beispiel eine Traumsequenz, in der ein Kind fliegen kann, können nur schwierig und risikoreich herzustellen sein. Der Wortlaut und die Systematik der Vorschrift stellen aber eindeutig darauf ab, ob die dargestellte Szene gefährlich auf die minderjährigen Betrachter wirkt.[1397] In ähnlicher Weise ist zu beurteilen, dass Minderjährige in der Werbung nicht als Alkoholkonsumenten dargestellt werden sollen (§ 6 Abs. 5 JMStV; Art. 15 Abs. 2a der Fernseh-Richtlinie bzw. Art. 22a der Richtlinie über Audiovisuelle Mediendienste), denn auch hier wäre schon eine in der Produktion ungefährliche Szene untersagt, in der es nur scheint, als wären die Getränke alkoholisch. Auf die tatsächliche Gefährlichkeit des Produktionsablaufs wird nicht abgestellt. Der Jugendmedienstaatsvertrag entfaltet erst dann seine Schutzwirkung, wenn die Produktion schon abgeschlossen ist.

Schließlich regelt § 7 JuSchG, dass Kindern und Jugendlichen die Anwesenheit bei jugendgefährdenden Betrieben untersagt werden kann. Doch diese Norm ist mit der hohen Eingriffsschwelle der gegenwärtigen und konkreten Kindeswohlgefährdung ausgestattet und damit ungeeignet, dafür zu sorgen, den Ablauf einer Medienproduktion jugendfreundlich zu gestalten.[1398] Selbst wenn ein Jugendamt auf Basis des § 7 JuSchG tätig werden wollte, hat es schon Schwierigkeiten, eine Kindeswohlgefährdung nachzuweisen, da als Anhaltspunkte lediglich die ausgestrahlte Sendung zur Verfügung steht, die regelmäßig nicht genügend Anhaltspunkte für eine umfassende Einschätzung der Situation bietet, die näheren Produktionsbedingungen aber in der Regel nicht bekannt sind.[1399] Des Weiteren greift die Kontrollmöglichkeit nach § 7 JuSchG zu kurz, da die größte Belastung

1395 Europäisches Übereinkommen über das grenzüberschreitende Fernsehen vom 5. Mai 1989 geändert durch das Protokoll des Europarats vom 9. September 1998, in Kraft getreten am 01.März 2002.

1396 Richtlinie 2010/13/EU des Europäischen Parlaments und des Rates vom 10. März 2010 zur Koordinierung bestimmter Rechts- und Verwaltungsvorschriften der Mitgliedstaaten über die Bereitstellung audiovisueller Mediendienste (Richtlinie über audiovisuelle Mediendienste).

1397 *Liesching* in: Paschke et al., 1593.

1398 *Seehaus*, 147.

1399 *Clausen-Muradian*, 19.

für die minderjährigen Protagonisten regelmäßig nicht die Produktion selbst darstellen wird, sondern die gesellschaftliche Reaktion nach deren Ausstrahlung.[1400]

Die reguläre Beteiligung Minderjähriger und deren Voraussetzungen bleiben völlig ungeregelt. Weder der Rundfunkstaatsvertrag, noch eines der Landesmediengesetze, der ARD- oder ZDF-Staatsvertrag oder eine Normierung der Landesrundfunkanstalten füllen diese Lücke. Presse- und Rundfunkaufsicht sind staatsfern organisiert, sodass Selbstverpflichtungen einen wichtigen Stellenwert haben,[1401] doch existiert auch keine passende Selbstkontrollnormierung.

Während es für Minderjährige als Rezipienten von Medieninhalten mit dem Zusammenschluss der Landesmedienanstalten in der KJM und den Selbstkontrolleinrichtungen wie der FSF organisierte Strukturen und Kontrollabläufe gibt, ist der Schutz von Minderjährigen als Protagonisten ein völlig unbestelltes Feld.

Lediglich für den Printbereich normiert die Selbstverpflichtung des Pressekodex, dass die Willensschwäche von Kindern und Jugendlichen bei der Recherche nicht ausgenutzt werden darf (Ziffer 4 Richtlinie 4.8). Neben den immanenten Sanktionen des Pressekodex werden Verstöße vor den ordentlichen Gerichten als journalistische Sorgfaltspflichtverletzung gewertet.[1402] Die Regelungen des Pressekodex werden sogar als Substitut für etwaig notwendige strafrechtliche Regelungen angesehen.[1403] Es stellt daher zwar einen begrüßenswerten Ansatz dar, dass Kinder und Jugendliche während der journalistischen Recherche geschont werden sollen, doch regelt auch diese Vorschrift nur einen sehr punktuellen Teilbereich.

Die Menschenwürde der Protagonisten und der objektive Menschenwürdegehalt dürfen durch die Darstellung nicht verletzt werden.[1404] Diese Regelungen umfassen alle Protagonisten gleichermaßen. Da die Menschenwürdeberührung immer unter Betrachtung des gesamten Sachverhalts bestimmt werden muss, wird die Menschenwürde Minderjähriger womöglich in anderen Konstellationen berührt sein, als die eines Erwachsenen. Berücksichtigt man jedoch, in welchen Extremfällen nur eine Verletzung der Menschenwürde der minderjährigen Protagonisten angenommen wurde, beispielsweise wenn diese vor laufender Kamera gewalttätig misshandelt wurden,[1405] wird deutlich, dass die Eingriffsschwelle so hoch liegt, dass weniger drastische Probleme und Konfliktfälle nicht erfasst werden.

1400 *Clausen-Muradian*, 19.

1401 *Held*, 1530.

1402 OLG Jena, Urteil vom 31.03.2005, Az.: 8 U 910/04 – Recht auf ungestörte Trauer um den Tod eines Kindes, Rz. 20.

1403 *Tillmanns/ Führ*, ZUM 2005, 441 ff., 443.

1404 § 41 Abs. 1 RStV; § 4 Abs. 1 Nr. 8 JMStV; § 15 Abs. 2 Nr. 3 JuSchG; *Liesching* in: Paschke et al., 1588, betont, dass eine Verletzung der Menschenwürde des Rezipienten nicht denkbar ist.

1405 ALM Programmbericht 2012, 231.

Auch die strafrechtliche Grenze der Fürsorgepflichtverletzung nach § 171 StGB ist nur eine theoretisch denkbare Abschreckung für Extremfälle und daher nicht hilfreich, reguläre Medienproduktionen auszugestalten.[1406]

Eine ähnlich hohe Eskalationsstufe ist erreicht, wenn Vorgänge eine Kindeswohlgefährdung nach § 1666 BGB denkbar erscheinen lassen. In diesen Fällen können die Eltern, aber auch Dritte, gegen ihren Willen zu Maßnahmen verpflichtet werden, um eine drohende Kindeswohlgefährdung zu verhindern. Die Eingriffsgrenze für solche Maßnahmen ist denkbar hoch, da sie direkt das grundrechtlich geschützte Elternrecht, Art. 6 GG beschneiden. Zudem bedarf es hierfür eines gerichtlichen Tätigwerdens. Auch wenn § 1666 BGB abstrakt allgemeingültig normiert, dass jegliche Gefährdung des Kindeswohls zu unterbleiben hat, ist der Weg dorthin so beschwerlich, dass dadurch kein tauglicher Schutzstandard für Minderjährige in Medienproduktionen zu schaffen ist.

Auch niederschwellige Angebote des Jugendamts, wie sie sich beispielsweise im Kinder- und Jugendhilfegesetz finden, vermögen dies nicht und sind zudem auf die freiwillige Mitwirkung der Erziehungsberechtigten ausgerichtet, sodass eine verpflichtende Durchsetzung nicht infrage kommt.[1407]

Die einzige Normierung, die sich in konkreter Weise mit der Beteiligung Minderjähriger an Medienproduktionen und derer besonderer Schutzbedürftigkeit beschäftigt, ist die VPRT-Selbstverpflichtung, die freiwillige Verhaltensgrundsätze bzgl. Talkshows normiert.[1408] Hier legt Ziffer 3 für den Fall, dass minderjährige Talkgäste eingeladen werden fest, dass „[d]urch geeignete Maßnahmen der Vor- und Nachbetreuung sicherzustellen [ist], da[ss] aus dem Fernsehauftritt keine Beeinträchtigung der Entwicklung oder sonstige Schädigungen hervorgehen. Bei der Auswahl von Kindern als Talkgäste ist soweit möglich der Grad ihrer Belastbarkeit und Unerfahrenheit zu beachten." In Ziffer 9 wird der Moderator der Sendung zudem dazu verpflichtet, teilnehmende Kinder und Jugendliche in besonderem Maße vor den verbalen Angriffen anderer Gäste und vor Eskalationen zu schützen. Unglücklicherweise kann auch diese Selbstverpflichtung heutzutage keine Schutzwirkung mehr entfalten, da keine der typischerweise gefährdenden Talkshows mehr im Fernsehprogramm zu finden ist.

Im Ergebnis muss festgestellt werden, dass so gut wie keine Normierungen existieren, die kinder- und jugendgerechte Behandlung während der Produktion sicherstellen, was sich leider auch immer wieder bei einem Blick in die Medien feststellen lässt. Natürlich existieren Organisationen, die versuchen, auf einem außerrechtlichen Wege auf unliebsame Produktionen, bei denen Minderjährige

---

1406 *Seehaus*, 147.

1407 *Seehaus*, 148.

1408 *Verband privater Rundfunk- und Telemedienanbieter e. V. (VPRT)*, Freiwillige Verhaltensgrundsätze der im VPRT zusammengeschlossenen privaten Fernsehveranstalter zu Talkshows im Tagesprogramm vom 30. Juni 1998 (Code of Conduct).

mitwirken, hinzuweisen.[1409] Aktionen wie offene Briefe sind oftmals Anstoß für eine gesellschaftliche Diskussion, doch fehlt es ihnen an Schlagkraft, um effektiven Schutz zu bieten. Oftmals ist unklar, wem ein gesellschaftlicher Aufschrei nützt, denn öffentliche Entrüstung über ein Format führt regelmäßig zu hohen Einschaltquoten. Zudem liegt es in der Natur der Sache, dass solches Engagement auf eine Produktion beschränkt ist, sodass keine präventive Wirkung für weitere Produktionen erzielt werden kann.

II. Arbeitsrecht als medienrechtliches Schutzinstrument

Angesichts dieser Normierungslücke entwickelte sich das Arbeitsrecht als einziges Instrument, um einen Ansatzpunkt für Minderjährigenschutz in Medienproduktionen zu bieten. Grundsätzlich ist Kinderarbeit in Deutschland verboten. Die Arbeit Jugendlicher unterliegt strengen Auflagen.

1. Programmatische Leitlinien

Beschäftigt man sich mit dem Begriff Kinderarbeit, assoziiert man diesen selbstverständlich in erster Linie mit Fabrikarbeit oder landwirtschaftlichen Tätigkeiten, wie sie in Entwicklungsländern noch von Kindern verlangt wird.[1410] Auch die internationalen Konventionen und Übereinkommen haben merklich diese Tätigkeiten im Sinn. Daher scheinen manche Regelungen zu der Mitwirkung in Medienproduktionen nicht zu passen. Dennoch kann daraus geschlossen werden, welche Rahmenbedingungen auch die Mitwirkung Minderjähriger in Medienproduktionen einzuhalten haben.

Artikel 32 Abs. 1 der UN-Kinderrechtekonvention besagt, dass Kinder nicht zu einer Arbeit herangezogen werden dürfen, „die Gefahren mit sich bringen, die Erziehung des Kindes behindern oder die Gesundheit des Kindes oder seine körperliche, geistige, seelische, sittliche oder soziale Entwicklung schädigen könnte."

Auch Artikel 32 der GrCh verbietet Kinderarbeit. Jugendliche Arbeitnehmer müssen danach „vor jeder Arbeit geschützt werden, die ihre Sicherheit, ihre Gesundheit, ihre körperliche, geistige, sittliche oder soziale Entwicklung beeinträchtigen oder ihre Erziehung gefährden könnte."

Die Empfehlung Nr. 874 der parlamentarischen Versammlung von 1979, Bundestags-Drs. 8/3461, S. 9 ff. stellt sich unter Ziffer V. gegen eine Vollzeitbeschäftigung für Jugendliche unter 16 Jahren und bestimmt, dass Kinder vor Arbeiten

---

1409 Der Deutsche Kinderschutzbund wandte sich mehrmals mit Resolutionen und offenen Briefen gegen die RTL-Sendung „Die Super Nanny“, ohne dass dies von bemerkenswertem Erfolg gekrönt gewesen wäre, z.B. *Deutscher Kinderschutzbund Bundesverband. e. V.*, Stellungnahme des Deutschen Kinderschutzbundes zur neuen Realityserie „Die Super Nanny“ bei RTL (2004).

1410 *Baacke et al.*, 1.

geschützt werden müssen, die ihrer „Erziehung und [...] physischen, moralischen und geistigen Entwicklung Schaden zufügen."

Schließlich findet sich auch in Art. 7 der Sozialcharta des Europarates ein Arbeitsverbot unter 15 Jahren, aber Ausnahmen sind zugelassen „für Kinder, die mit bestimmten leichten Arbeiten beschäftigt werden, welche weder ihre Gesundheit noch ihre Moral noch ihre Erziehung gefährden."

2. Nationale Normierungen

Arbeit von Kindern und Jugendlichen wird auf nationaler Ebene rechtlich durch das Jugendarbeitsschutzgesetz (JArbSchG) erfasst.

a) Sachlicher Geltungsbereich des JArbSchG

Das JArbSchG gilt nach § 1 Abs. 1 für jegliche Beschäftigung von Kindern und Jugendlichen. Als Beschäftigung gilt dabei „jede privatrechtliche, weisungsgebundene Tätigkeit [...], die in persönlicher Abhängigkeit erbracht wird."[1411] Es ist daher irrelevant, ob die vertragliche Grundlage ein klassischer Arbeits-, ein Dienst- oder ein Werkvertrag ist, oder ob ein vertraglich ungeregeltes faktisches Arbeitsverhältnis vorliegt.[1412]

Die Intention des JArbSchG ist es, alle Minderjährigen vor „Überforderung und Überanstrengung"[1413] zu bewahren, weswegen der Anwendungsbereich größtmöglich gewählt wurde. Dies zeigt sich schon in der Terminologie. Das JArbSchG findet Anwendung auf alle Arten von „Beschäftigung" Minderjähriger. Beschäftigung liegt schon dann vor, wenn eine weisungsgebundene Tätigkeit in einem Abhängigkeitsverhältnis stattfindet, für die ein Entgelt fließen kann, aber nicht muss.[1414]

b) Vereinstätigkeit

Bei dieser weiten Definition fragt sich, ab wann ein Hobby oder das Engagement eines Minderjährigen für eine Sache als Arbeit anzusehen ist. Das Mitwirken in sozialen Einrichtungen oder Vereinen, z.B. in Sportteams führt oftmals zu intensiven zeitlichen und persönlichen Verpflichtungen, denen sich der Minderjährige aussetzt. Hierbei unterwirft er sich nicht selten den Weisungen von Trainern oder Leitern. Mit der Frage, wo hier die Grenze zu Arbeit im Sinne des JArbSchG zu finden ist, musste sich das OVG Münster auseinandersetzen.[1415] Dieses beschäftigte sich mit einem Kinderchor, dessen Mitglieder regelmäßig in Opern mitwirkten.

1411 *Schlachter,* § 1 JArbSchG, Rz. 4.

1412 S. o.

1413 OVG Münster, Urteil vom 17.02.1986, Az.: 12 A 1453/85, NJW 1987, 1443 (1443). *Beckers,* Rz. 1; *Anzinger,* § 309, Rz. 1;

1414 *Schlachter,* § 1 JArbSchG, Rz. 5.

1415 OVG Münster, Urteil vom 17.02.1986, Az.: 12 A 1453/85, NJW 1987, 1443 ff.

Dabei waren nicht die Minderjährigen selbst, sondern der Chor als Verein Vertragspartner des Theaters. Gegen die Anwendbarkeit des JArbSchG wurde eingewandt, dass die Kinder lediglich im Rahmen ihrer Vereinstätigkeit mitwirkten.

Das OVG Münster wandte zu Recht das JArbSchG auf diese Engagements an. Es ist offensichtlich, dass die Verpflichtung über eine freiwillige Vereinstätigkeit hinausgeht, wenn ein kommerzieller Betrieb wie ein Theater darauf angewiesen ist und die Minderjährigen voll einbindet.[1416]

Im Gegensatz dazu ist das aus eigenem Ehrgeiz oder Teamgeist entstehende interne Wirken für einen Verein oder auch die mit Außenwirkung versehene Teilnahme an sportlichen Wettkämpfen nicht als Arbeit zu definieren, selbst wenn durch diese Tätigkeit gelegentlich Einnahmen erzielt werden.[1417]

c) Selbstständigkeit

Da eine weisungsgebundene Tätigkeit in einem Abhängigkeitsverhältnis vorliegen muss, wird vertreten, dass Minderjährige, die als selbstständige Unternehmer agieren, nicht unter den Anwendungsbereich des JArbSchG fallen.[1418] Bei ihnen sei sowohl das Kriterium der Weisungsgebundenheit als auch das des Abhängigkeitsverhältnisses in der Regel nicht erfüllt. Diese Schutzlosigkeit sei hinzunehmen, da Selbstständige typischerweise von arbeitsschützenden Normen ausgenommen sind.[1419]

Gerade im Medienbereich entfaltet diese Ausnahme Bedeutung, denn genau wie bei erwachsenen Medienschaffenden sind kurzfristige Engagements Selbstständiger die Regel, während feste Anstellungsverhältnisse die Ausnahme darstellen. Gerade erfolgreiche und dadurch besonders gefragte, also besonders schutzbedürftige Minderjährige werden als Solisten oder Gaststars selbstständig tätig sein.[1420]

Obwohl nicht ersichtlich ist, wieso ein großer Teil der unternehmerisch tätigen Minderjährigen vom Schutz des JArbSchG ausgenommen sein sollten, wird die

---

1416 S. o.

1417 *Lakies/Schoden*, § 1 Rz. 9 f. *Salje*, DVBl 1988, 135 ff., 136 f., plädiert dafür, den „Chorkinder"-Fall des OVG Münster über ein „mittelbares Arbeitsverhältnis" zum Opernhaus zu lösen, das das jeweilige Chormitglied über seine Vereinstätigkeit eingeht, ohne jemals einen Vertrag mit dem Opernhaus zu schließen. Auf diese Weise soll verhindert werden, dass ein Verein wie der Chor in die Rolle eines Arbeitgebers gedrängt wird, obwohl der wahre Arbeitgeber das Opernhaus ist. Ohne näher auf diese Frage eingehen zu wollen, bleibt anzumerken, dass derjenige, der die Minderjährigen zu einer bestimmten Mitwirkung verpflichtet, sie im Rahmen von Proben vorbereitet und schließlich auch von ihrem Engagement profitiert, wie hier der Chor, mit guten Gründen als Arbeitgeber einzustufen ist.

1418 *Anzinger*, § 309, Rz. 7; *Lakies/Schoden*, § 1, Rz. 18, § 6, Rz. 14; *Bantle*, § 108 Rz. 2; *Graue*, § 1, Rz. 5; *Salje*, DVBl 1988, 135 ff., 137.

1419 *Schlachter*, § 1 JArbSchG, Rz. 5.

1420 *Salje*, DVBl 1988, 135 ff., 137; *Lakies/Schoden*, § 1, Rz. 18.

Unanwendbarkeit auf selbstständiges Tätigwerden von der überwältigenden Meinung der Literaturstimmen vertreten.[1421]

Gerade da betont wird, dass alle Minderjährigen vor psychischer und physischer Überforderung geschützt werden sollen,[1422] ist keine Rechtfertigung für die Ausnahme selbstständig Agierender denkbar. Dabei ist es auch nicht weitreichend genug, faktische Arbeitsverhältnisse vom Schutz des JArbSchG zu umfassen.[1423]

Das JArbSchG umfasst nach § 1 Abs. 1 Nr. 3 ausdrücklich auch Arbeitsleistungen, die jenen von Arbeitnehmern nur ähnlich sind. Hierunter sollten Selbstständige für die Phase ihres Engagements zu fassen sein. Ist ein Minderjähriger auf selbstständiger Basis als Schauspieler tätig, sollte das JArbSchG für die Phasen keine Anwendung finden, in denen er aus eigenem Antrieb und in eigener Organisation Schauspielunterricht nimmt oder Rollen einstudiert. In dieser Zeit arbeitet er völlig selbstständig und kann seine Zeit frei und ungebunden einteilen.

Sobald er aber an einer Produktion teilnimmt und zu Proben und Aufnahmen erscheinen muss, ist seine Tätigkeit als typisch weisungsgebundene Tätigkeit im Abhängigkeitsverhältnis und damit als einem Arbeitnehmer ähnliche Tätigkeit nach § 1 Abs. 1 Nr. 3 JArbSchG einzustufen. In diesen Phasen muss der Minderjährige vor Überforderung von außen geschützt werden. Er betätigt sich als Weisungsgebundener in einem Abhängigkeitsverhältnis, das mit Rücksicht auf seine Minderjährigkeit ausgestaltet sein sollte.

Die derzeitige Ausnahme selbstständiger Minderjähriger aus dem Schutz des JArbSchG ist als verfassungswidrige, da nicht gerechtfertigte Ungleichbehandlung von wesentlich Gleichem abzulehnen.[1424]

d) Dokumentarische Formate

Doch nicht jede Medienproduktion erzeugt eine Weisungsgebundenheit. Bei dokumentarischen Produktionen sollen Minderjährige gerade keine Regieanweisungen befolgen, sondern sich möglichst ungezwungen oder natürlich verhalten. Hierbei werden sie lediglich beobachtet oder begleitet. Nach obiger Definition kann dies nicht als Beschäftigung im Sinne des JArbSchG definiert werden, sodass das Arbeitsrecht für solche Medienproduktionen keinen Schutz bietet.[1425]

Dies stellt ein großes Problem dar, denn das Genre der Dokumentation hat sich weit aufgefächert und verschwimmt zunehmend mit fiktionalen Programmen. Bei den neuen Programmgenres des Realitätsfernsehens ist schon fraglich, wie viel Einfluss vonseiten der Produzenten auf das Geschehen vor der Kamera genommen

---

1421 *Anzinger*, § 309, Rz. 7; *Lakies/Schoden*, § 1, Rz. 18, § 6, Rz. 14; *Bantle*, § 108 Rz. 2; *Graue*, § 1, Rz. 5; *Salje*, DVBl 1988, 135 ff., 137.

1422 *Lakies/Schoden*, § 1, Rz. 19.

1423 *Lakies/Schoden*, § 1, Rz. 20; *Graue*, § 6, Rz. 3.

1424 *Salje*, DVBl 1988, 135 ff., 137 ff.

1425 *Seehaus*, 149 f.; *Lakies/Schoden*, § 1, Rz. 12.

wird. So sieht es das Landgericht Bielefeld in seinem „Super-Nanny"-Urteil als selbstverständlich an, dass ein Konflikt zwischen Mutter und Tochter gestellt bzw. vonseiten des Fernsehteams provoziert werden musste, da die Produktionsabläufe es nicht ermöglichen abzuwarten, bis dieser sich auf natürlichem Wege entwickelt.[1426] Zudem unterscheidet sich das abgefilmte Geschehen mitunter deutlich von dem fertigen Beitrag, da Schnitt und Postproduktion Inhalten eine neue Wendung oder Konnotation verleihen können.[1427]

Gerade Minderjährige in (teil-)dokumentarischen Formaten bedürfen des Schutzes, denn das Gezeigte wird dem Publikum als Realität verkauft, selbst wenn es durch „Impulse" der Produzenten dramatisiert und durch Nachbearbeitung zugespitzt wurde. Die Produktion berührt dann nicht nur das Recht am eigenen Bild der Minderjährigen, sondern stellt einen tiefen Einblick in ihre Privatsphäre dar, weil ihr privates Leben, womöglich auch ihr Seelenleben, der Öffentlichkeit präsentiert wird, ohne dass das Endprodukt zwangsläufig die Realität widerspiegeln muss. Daraus ergibt sich eine doppelte Gefahr. Minderjährige müssen nicht nur mit unerwarteten, womöglich negativen Reaktionen ihrer Umwelt nach Veröffentlichung der Produktion umgehen. Sie müssen zudem auch noch ertragen, dass das projizierte Bild gar nicht der Realität entspricht.

Ein besonderes Gefahrenpotential ergibt sich außerdem daraus, dass Minderjährige in ihrem realen Leben abgebildet werden, wobei meist noch ihre Identität offenbart wird. Dieser immense Eingriff in die Persönlichkeitsrechte wird dadurch verstärkt, dass der Inhalt dieser Produktionen in der Regel problemorientiert ist. Minderjährige müssen sich demnach nicht nur während der Produktion geballt und unter Mitwirkung fremder Menschen mit für sie schwierigen und konfliktbeladenen Themen auseinandersetzen, sie müssen es später auch ertragen, dass der Öffentlichkeit eben diese Inhalte offenbart werden, wobei die Ausrichtung und die Aussage der Medienbeiträge oftmals während der Produktion nicht absehbar sind. Nicht zu vergessen ist, dass die Auswertung solcher Inhalte sich auf alle denkbaren Medienkanäle erstreckt und meist über Jahre hinweg Wiederholungen ausgestrahlt werden.

Die Landesregierung Nordrhein-Westfalen bekundet zwar, dass sie sich für eine Aufnahme solcher Produktionen in das JarbSchG einsetzen wolle,[1428] bisher haben diese Bemühungen jedoch keinen Einfluss in die Rechtslage gefunden.

Auch Produktionen mit Kleinstkindern sollen nicht dem JArbSchG unterfallen, da derart junge Kinder überhaupt noch nicht in der Lage sind, Weisungen zu folgen, das heißt einer Beschäftigung im Sinne des § 1 Abs. 1 JArbSchG nachzugehen.[1429] Für sie soll ausnahmslos das absolute Arbeitsverbot des § 5 JArbSchG

1426 LG Bielefeld, Urteil vom 18.09.2007, Az.: 6 O 360/07 – Super Nanny, Orientierungssatz 2, Rz. 14.

1427 LG Berlin, Urteil vom 26.07.2012, Az.: 27 O 14/12 – Frauentausch, Rz. 18.

1428 *Antwort der Landesregierung Nordrhein-Westfalen*, 2008.

1429 *Seehaus*, 149 f.

gelten. Konsequenterweise zählen die Ausnahmen für Veranstaltungen erst Minderjährige ab drei Jahren auf (§ 6 Abs. 2a JArbschG).

Dennoch sind unter Dreijährige überall in den Medien zu sehen. Man denke hierbei nur einmal an Werbekampagnen für Babyprodukte, wie Windeln oder Säuglingsnahrung. Mit der Argumentation, dass die Mitwirkung der Kleinstkinder rein passiv ist und daher keine Weisungsbefugnis vorliegen kann, die Mitwirkung also nicht als Arbeit zu qualifizieren ist, wird den Kleinsten und damit auch schutzwürdigsten der Schutz des JArbSchG versagt.[1430] Denn natürlich müssen sich auch die kleinsten Mitwirkenden den Produktionsabläufen beugen. Zwar können sie selbst noch keine Weisungen befolgen, doch führen ihre Eltern die Weisungen zulasten der Kleinstkinder aus, indem sie die Kinder beispielsweise über deren übliche Schlafenszeit hinaus wach halten oder eine Szene, in der das Kind weint oder quengelt ununterbrochen abfilmen lassen, obwohl sie unter normalen Umständen schon längst tröstend eingegriffen hätten.[1431]

Sicherlich kann man darüber diskutieren, ob ein passives Abfilmen von maximal 10 Minuten Dauer zwingend als Arbeit im Rechtssinne zu definieren ist.[1432] Unabhängig davon bleibt festzuhalten, dass unter Dreijährige nicht in den Genuss der arbeitsrechtlichen Schutzvorschriften kommen, die für über Dreijährige zur Verfügung stehen, obwohl für alle Altersklassen Minderjähriger das gleiche Gefahrenpotential gilt.

e) Arbeitsverbot für Kinder

Das Jugendarbeitsschutzgesetz unterscheidet zwischen Kindern und Jugendlichen. Kinder sind nach § 2 Abs. 1 JArbschG alle Personen unter 15 Jahren. Dabei werden Jugendliche, die noch der Vollzeitschulpflicht unterliegen, mit Kindern gleichgestellt, § 2 Abs. 3 JArbschG.

Kinder dürfen nicht beschäftigt werden, §§ 5 Abs. 1, 2 Abs. 1 JArbschG. Dieses absolute Arbeitsverbot gilt nach § 5 Abs. 3 S. 1 JArbschG nicht „für die Beschäftigung von Kindern über 13 Jahre mit Einwilligung des Personensorgeberechtigten, soweit die Beschäftigung leicht und für Kinder geeignet ist." Eine danach zulässige Beschäftigung liegt gemäß Satz 2 vor, wenn Sicherheit, Gesundheit, Entwicklung und Schulbesuch oder Ausbildung der Kinder dadurch nicht gestört werden. Zudem wird in Satz 3 festgelegt, dass die tägliche Arbeitszeit zwei Stunden nicht

1430 *Baacke et al.*, 6 f., vertritt die Ansicht, dass nur dann keine Arbeitsleistung vorliegt, „wenn Kinder lediglich einmal einige (5–10) Minuten in ihren natürlichen Lebensäußerungen und in ihrer gewohnten Umgebung fotografiert oder gefilmt werden, ohne daß eine Regieanweisung erfolgt."

1431 *Garbas*, Diskurs Kindheits- und Jugendforschung 2009, 91 ff., 94, berichtet, dass Werbeproduktionen mit Säuglingen nicht nur Schlaf- und Stillzeiten beeinflussen, sondern Babys mit speziellen Lichteffekten dazu angeregt werden, wach zu bleiben oder eine bestimmte Blickrichtung einzunehmen.

1432 Ablehnend: *Antwort der Landesregierung Nordrhein-Westfalen*, 2008; *Seehaus*, 149 f.

überschreiten und nicht zwischen achtzehn und acht Uhr sowie nicht vor oder während dem Schulunterricht liegen darf.

Eine weitere Ausnahme des Arbeitsverbots gilt für vom Arbeitsverbot umfasste Jugendliche für die Dauer von maximal vier Wochen während der Ferien (§ 5 Abs. 4 JArbschG).

§ 5 Abs. 4b JArbschG erlegt dem Arbeitgeber die Pflicht auf, die gesetzlichen Vertreter der Minderjährigen über die zu ihrem Schutz getroffenen Maßnahmen zu informieren.

f) Ausnahmen vom Arbeitsverbot für Medienproduktionen

Für die medienrechtliche Mitwirkung elementar sind die weiteren Ausnahmen, die in §§ 5 Abs. 5, 6 JArbschG für „Veranstaltungen" vorgesehen sind.

Danach kann die Aufsichtsbehörde, in der Regel Gewerbeaufsichtsbehörden oder Arbeitsschutzämter,[1433] auf Antrag bewilligen, dass Kinder ab sechs Jahren bis zu vier Stunden täglich, aber nicht vor zehn Uhr oder nach dreiundzwanzig Uhr bei Theatervorstellungen mitwirken dürfen, § 6 Abs. 1 Ziffer 1 JArbschG. Praxisrelevanter ist hierbei Ziffer 2 nach der – ebenfalls auf Antrag – die Mitwirkung bei „Musikaufführungen und anderen Aufführungen, bei Werbeveranstaltungen sowie bei Aufnahmen im Rundfunk (Hörfunk und Fernsehen), auf Ton- und Bildträger sowie bei Film- und Fotoaufnahmen" bewilligt werden kann. Hierbei gilt für Kinder von drei bis sechs Jahren eine Maximalarbeitszeit von täglich zwei Stunden, aber nicht vor acht Uhr und nach 17 Uhr.[1434] Kinder ab sechs Jahren dürfen bis zu drei Stunden täglich im Zeitraum von 8 Uhr bis 22 Uhr mitwirken und/ oder proben.[1435] Eine Mitwirkung bei Kabaretts, Tanzlokalen, auf Kirmessen oder bei Vergnügungsparks sowie ähnlichen Betrieben ist ausdrücklich untersagt.

Vor Bewilligung der Aufsichtsbehörde soll nach § 6 Abs. 2 JArbschG das Jugendamt angehört werden. Zudem wird die Zusage an sechs weitere Voraussetzungen geknüpft:

> „Die Aufsichtsbehörde darf nach Anhörung des zuständigen Jugendamts die Beschäftigung nur bewilligen, wenn
>
> 1. die Personensorgeberechtigten in die Beschäftigung schriftlich eingewilligt haben,
> 2. der Aufsichtsbehörde eine nicht länger als vor drei Monaten ausgestellte ärztliche Bescheinigung vorgelegt wird, nach der gesundheitliche Bedenken gegen die Beschäftigung nicht bestehen,
> 3. die erforderlichen Vorkehrungen und Maßnahmen zum Schutz des Kindes gegen Gefahren für Leben und Gesundheit sowie zur Vermeidung einer Beeinträchtigung der körperlichen oder seelisch-geistigen Entwicklung getroffen sind,

1433 *Schlachter*, § 6 JArbSchG, Rz. 1, *Baacke et al.*, 1.
1434 § 6 Abs. 1 Ziffer 1a JArbschG.
1435 § 6 Abs. 1 Ziffer 1b JArbschG.

4. Betreuung und Beaufsichtigung des Kindes bei der Beschäftigung sichergestellt sind,
5. nach Beendigung der Beschäftigung eine ununterbrochene Freizeit von mindestens 14 Stunden eingehalten wird,
6. das Fortkommen in der Schule nicht beeinträchtigt wird."[1436]

Sind diese Kriterien erfüllt, kann die Aufsichtsbehörde die Mitwirkung bewilligen, wobei sie durch § 6 Abs. 3 JArbschG ermächtigt wird, auf die Ausgestaltung des Arbeitsverhältnisses Einfluss zu nehmen, indem sie die konkrete Arbeitszeit oder die Lage und Länge der Ruhepausen bestimmen kann.

Die allgemein gehaltenen Angaben der Voraussetzungen für eine Ausnahmebewilligung führen zu einer uneinheitlichen Genehmigungspraxis in den verschiedenen Bundesländern.[1437]

In einem Bericht der Bundesregierung aus dem Jahre 2000 wurden die Antragsstellungen für Kinderarbeit in den Medien aus dem Jahre 1998 exemplarisch nach Bundesländern aufgegliedert. Dabei reichen die Anzahl der gestellten Anträge von 1303 (für den Zeitraum März 1997 bis September 1999) in Brandenburg[1438] über 658 in Bayern (1998)[1439] bis zu 2597 in Hamburg (1998)[1440] und 956 Ausnahmen für insgesamt 8091 Kinder in Nordrhein-Westfalen (Januar 1998 – August 1999). Die Anzahl der abgelehnten Anträge ist äußerst gering. Teilweise gab es keinerlei Ablehnungen.[1441] In Bayern verblieben 1998 lediglich 18 Anträge, in Brandenburg (1997) 30 Anträge erfolglos; in Nordrhein-Westfalen galt dies für nur zwei Anträge (Januar 1998 – August 1999).[1442] Dabei wird darauf verwiesen, dass die geringe Anzahl damit zusammenhängt, dass schon im Vorfeld die Erfolgsaussichten und Voraussetzungen mit einer positiven Verbescheidung abgeklärt werden.[1443]

Bei den festgestellten Verstößen gegen das JArbSchG wurde auch immer wieder beobachtet, dass Ausnahmen für die Mitwirkung von Kindern im Medien- und Kulturbereich nicht beantragt wurden.[1444] Insbesondere Bayern, Berlin, Hamburg und Nordrhein-Westfalen berichten von diesem Problem.[1445]

In Brandenburg wurde die interessante Beobachtung gemacht, dass verstärkte Kontrollen bei den Arbeitgebern im Medien- und Kulturbereich dazu führten, dass diese besser über die Rechtslage informiert wurden und somit die Qualität der Ausnahmeanträge deutlich anstieg.[1446] Dies passt zu dem im Bericht festgestellten

1436 § 6 Abs. 2 JArbschG.
1437 Bericht der Bundesregierung über Kinderarbeit in Deutschland, 11.
1438 Bericht der Bundesregierung über Kinderarbeit in Deutschland, 7.
1439 S. o.
1440 S. o.
1441 S. o.
1442 S. o.
1443 S. o.
1444 Bericht der Bundesregierung über Kinderarbeit in Deutschland, 5f.
1445 Bericht der Bundesregierung über Kinderarbeit in Deutschland, 5.
1446 S. o.

allgemeinem Informationsdefizit hinsichtlich der deutschen Kinderarbeitsbestimmungen.[1447]

g) *Arbeitszeitbeschränkungen für Jugendliche*

Jugendliche im Sinne des JArbSchG sind Minderjährige ab 15 Jahren, die nicht der Vollzeitschulpflicht unterliegen. Vollzeitschulpflichtige Jugendliche unterfallen den JArbSchG-Regelungen für Kinder (§ 2 Abs. 3 JArbSchG).

Die Bestimmungen über die Arbeit Jugendlicher erlauben es, diese in der Zeit von 6 Uhr bis 20 Uhr zu beschäftigen, § 14 Abs. 1 JArbschG. Für „Musikaufführungen, Theatervorstellungen und anderen Aufführungen, bei Aufnahmen im Rundfunk (Hörfunk und Fernsehen), auf Ton- und Bildträger sowie bei Film- und Fotoaufnahmen" dürfen Jugendliche ausnahmsweise bis 23 Uhr beschäftigt werden.[1448]

Als gefährliche Arbeiten sind Jugendlichen Tätigkeiten verboten, die sie psychisch oder physisch überfordern, oder die sie sittlichen Gefahren aussetzen, § 22 Abs. 1 JArbschG.

3. Schutzvorschriften für Minderjährige in Medienproduktionen

Daraus ergibt sich, dass die arbeitsrechtlichen Regelungen Deutschlands für Jugendliche konkret lediglich die zulässige Arbeitszeit beschränken. Alle inhaltlichen Vorgaben, wie die Vermeidung sittlicher Gefahren, stellen ausfüllungsbedürftige und nur im seltensten Fall einschlägige Vorschriften dar.

Bei Kindern oder ihnen gleichgestellten Jugendlichen sieht das Gesetz hingegen grundsätzlich ein Beschäftigungsverbot vor, von dem nur ausnahmsweise und bei Beachtung diverser Vorgaben abgewichen werden kann, wenn die Aufsichtsbehörde eine Bewilligung erteilt. Diese Bewilligung, die auch unter Auflagen erteilt werden kann, stellt einen Ansatzpunkt für Schutzmaßnahmen zugunsten Minderjähriger dar.

Diese Möglichkeit hat das Land Nordrhein-Westfalen genutzt. In seinem „Runderlass des Ministeriums für Arbeit, Soziales und Stadtentwicklung, Kultur und Sport: Richtlinien für die Bewilligung der Mitwirkung von Kindern nach § 6 JArbSchG im Medien- und Kulturbereich" vom 01.01.2003[1449] wurden allgemeine Regelungen und Abwägungskriterien für den Schutz minderjähriger Mitwirkender gefunden.

Die Formulierung solch einer Verwaltungsrichtlinie wurde auch von den in Nordrhein-Westfalen ansässigen Produktionsfirmen begrüßt, die sich

1447 Bericht der Bundesregierung über Kinderarbeit in Deutschland, 8 f., 11
1448 § 14 Abs. 7 S. 1 JArbschG.
1449 MBl. NRW. 2000 S. 610. Im folgenden zitiert „Richtlinien NRW".

vorausschaubarere und generalisierbarere Regelungen erhofften.[1450] Ein Vorstoß der Medienwirtschaft, die Verwaltungsrichtlinie zu einer gesamtdeutschen Normierung auszuweiten, verhallte allerdings erfolglos.[1451]

Die Verwaltungsrichtlinie erkennt in den allgemeinen Vorschriften der Ziffer 1 an, dass die Mitwirkung von Minderjährigen in den Medien sowohl eine Bereicherung für deren psychologische Entwicklung als auch eine Belastung darstellen kann. Die geplante Mitwirkung muss daher je nach Art und Inhalt der Produktion geprüft werden, wobei „zwischen unzumutbaren physischen und psychischen Belastungen des Kindes sowie möglichen Beeinträchtigungen seiner Schulbildung und pädagogisch sinnvollen Herausforderungen für seine Persönlichkeitsentwicklung"[1452] abzuwägen ist (Ziffer 1.3 Richtlinien NRW).

Dabei wird explizit gefordert, dass je nach individuellen Bedürfnissen des Minderjährigen Schutz- und Fördermaßnahmen ergriffen werden müssen, um insbesondere seinem Recht auf „seelisch-geistige Unversehrtheit" gerecht zu werden (Ziffer 1.4 Richtlinien NRW).

Bei den konkreten Vorschriften zur Erteilung von Bewilligungen legen die Richtlinien fest, in welchem Ausmaß das zuständige staatliche Amt für Arbeitsschutz über den Inhalt der geplanten Produktion sowie die zeitliche Einbindung informiert werden muss.[1453]

Hinsichtlich der weiteren Vorschriften wird zwischen „Vereinfachten Verfahren", „Regelbewilligungen" und dem „Besonderen Verfahren" unterschieden. „Besondere Verfahren" sind dabei Produktionen mit mehr als 30 Mitwirkungstagen im Kalenderjahr oder Produktionen mit weniger Mitwirkungstagen, die aber aufgrund ihrer Inhalte besonders psychisch belastend sind.[1454]

In den Vorschriften zum Besonderen Verfahren findet sich das Kernstück der Richtlinien. Nach Ziffer 2.2.1 muss Minderjährigen eine medienpädagogische Fachkraft zur Seite gestellt werden, deren Aufgabe es in erster Linie ist, einen Mitwirkungsplan für den Minderjährigen aufzustellen, der folgende Komponenten enthält:

- *Pädagogische Bewertung des Produkts (z.B. Drehbuch) und Vorbereitung der kindgerechten Gestaltung und Betreuung;*
- *Beteiligung beim Casting;*
- *Mitwirkung bei Gesprächen/Vertragsabsprachen mit den Erziehungsberechtigten;*
- *familiäres/soziales Umfeld, schulische Leistungen, kindliche Kompetenz;*
- *ggf. Einholung eines (kinder)psychologischen Gutachtens und/oder Hinzuziehung eines Therapeuten;*

1450 *Garbas*, Diskurs Kindheits- und Jugendforschung 2009, 91 ff., 98.
1451 *Garbas*, Diskurs Kindheits- und Jugendforschung 2009, 91 ff., 97.
1452 Ziffer 1.3 Richtlinien NRW.
1453 Ziffer 2 Richtlinien NRW.
1454 Ziffer 2.1.2 Richtlinien NRW.

- *Einholung der schriftlichen Einwilligungserklärung der Erziehungsberechtigten;*
- *ärztlichen Bescheinigung, die von einem Kinderarzt/einer Kinderärztin ausgestellt sein muss, nach der gesundheitliche Bedenken nicht bestehen;*
- *Bescheinigung durch die Schule, dass das Fortkommen in der Schule nicht beeinträchtigt wird;*
- *Begleitung der Kinder bei der Produktionsvorbereitung;*
- *Art und Umfang der pädagogischen, schulischen, medizinischen Betreuung;*

Beispiel: Werden private Lehrkräfte eingesetzt, sollen die Kinder möglichst in Kleingruppen und nicht einzeln unterrichtet werden. Der Unterrichtsplan für das jeweilige Kind ist mit der Schule, die das Kind besucht, abzustimmen, damit das Kind nach Beendigung der Mitwirkung über den aktuellen Wissensstand der Klasse verfügt und problemlos in den Klassenverband zurückkehren kann.

- *Begleitung der Kinder, vor allem bei der öffentlichen Vermarktung und Aufführung der Produktion und nachgehende Betreuung.*[1455]

Die Aufsichtsbehörde entscheidet erst nach Vorlage solch eines Mitwirkungsplans, ob eine Bewilligung zur Mitwirkung des Minderjährigen erteilt wird.

Daneben wirkt die medienpädagogische Fachkraft als Interessenvertretung der Minderjährigen, die eine Schnittstelle zwischen Mitwirkenden, Produzenten und Eltern bilden soll.[1456] Dabei gehört es zu ihrer wichtigsten Kompetenz, jederzeit in eigener Verantwortung und Zuständigkeit die Arbeitszeit des Minderjährigen beenden oder einschränken zu können (Ziffer 2.2.4 Richtlinien NRW). Sie bewertet schon die Drehbücher auf die Tauglichkeit von Mitwirkungen durch Minderjährige und achten auf minderjährigengerechte Produktionsbedingungen.[1457]

4. Eignung arbeitsrechtlicher Vorschriften zum Schutz des Persönlichkeitsrechts

Das Arbeitsrecht bietet die einzige konkrete Normierung zum Schutz der Persönlichkeitsrechte Minderjähriger in den Medien. Doch kann es kraft seiner Regelungskompetenz nur für minderjährigengerechte Rahmenbedingungen der Produktion sorgen. Wie eben dargestellt, betrifft dies in erster Linie Normierungen zu Arbeitszeiten.

Jugendliche, die nicht mehr der Vollzeitschulpflicht unterliegen, kommen ausschließlich in den Genuss der Arbeitszeitbeschränkungen, obwohl sie nach dem Gesetz und der Rechtsprechung zu Berichterstattungen ohne Einwilligung ebenfalls erhöht schutzwürdig sind.

1455 Ziffer 2.2.3 Richtlinien NRW.
1456 *Garbas*, Diskurs Kindheits- und Jugendforschung 2009, 91 ff., 92, 99.
1457 *Lochwange*, 3.

Selbst für Kinder, die nur im Ausnahmefall und nach Bewilligung durch die Aufsichtsbehörde in Medienproduktionen mitwirken sollten, enthalten die Schutzbestimmungen neben konkreten Arbeitszeitbeschränkungen nur allgemeine Vorschriften, aus denen schwerlich konkreter Schutz abzuleiten ist.

Nur Nordrhein-Westfalen ergriff die Chance, detaillierte Regelungen aufzustellen. Doch auch hier werden wirksame Schutzmechanismen, wie die Begleitung durch eine medienpädagogische Fachkraft, erst ab 30 Mitwirkungstagen im Kalenderjahr verpflichtend. Hiermit werden so gut wie alle Filmproduktionen von den besonderen Schutzanforderungen ausgenommen, denn 30 Drehtage oder mehr erreichen nicht mal renommierte und daher großzügig finanzierte Medienproduktionen wie der „Tatort“,[1458] sodass lediglich langfristige Engagements, zum Beispiel bei Musicalproduktionen, hiervon umfasst werden können.

Selbst der Einsatz einer medienpädagogischen Fachkraft, das strengste aktuell zur Verfügung stehende Schutzwerkzeug, kann lediglich ordnungsgemäße Produktionsbedingungen sicherstellen. Zwar wird im Rahmen ihrer Empfehlung an die Genehmigungsbehörde auch der Inhalt der geplanten Produktion berücksichtigt, doch die besonders persönlichkeitsrelevanten Bereiche deckt die Fachkraft nicht ab. So kann nur eingeschränkt geprüft werden, unter welchen Bedingungen es überhaupt zum Mitwirkungswunsch des Minderjährigen kam, nämlich ob dessen Beteiligung tatsächlich freiwillig erging, oder auf dem Streben seiner Erziehungsberechtigten basiert. Auch kann solch eine Fachkraft nicht überblicken, ob die Interessen des Minderjährigen in den rechtlichen Vertragsgrundlagen, die die gesetzlichen Vertreter unterzeichnen, genügend berücksichtigt sind. Neben einer finanziellen Kompensation wäre hierbei daran zu denken, dass besonders persönlichkeitsrelevante Inhalte nicht unbegrenzt ausgewertet werden dürfen sollten, um sicherzustellen, dass der Minderjährige nach einiger Zeit, in der sich seine Überzeugungen womöglich gewandelt haben, seine Persönlichkeit unbelastet weiterentwickeln kann. Gerade auch der Bereich der Postproduktion, in der das Material bearbeitet und dessen Inhalt dadurch in jede denkbare Richtung verändert werden kann, ist persönlichkeitsrechtlich sensibel, aber dem Einfluss der medienpädagogischen Fachkraft entzogen. Schließlich bezieht sich die Betreuung auch nicht auf eine Phase, in der pädagogischer Beistand besonders gebraucht werden könnte, nämlich dann, wenn Minderjährige nach längeren Medienproduktionen zurück in ihren Alltag kehren und sich hierbei nicht nur eingliedern müssen, sondern auch mit den ersten Reaktionen der Umwelt auf das Medienprodukt fertig werden müssen. Dabei kann ihnen plötzliche Bekanntheit und Bewunderung genauso entgegen schlagen wie negative Erlebnisse, die von Kritik oder Neid geprägt sind.

Selbst der geringe verbleibende Regelungsgehalt des Arbeitsrechts, nämlich die Arbeitszeitenbeschränkung, wird nicht nur heimlich hinter den Kulissen, sondern in aller Öffentlichkeit umgangen. Gerade bei Livesendungen wie „Deutschland sucht den Superstar“ gerät die Einhaltung der Gesetze zur Farce. Die Sendungen dauern regelmäßig bis Mitternacht. Da die minderjährigen Kandidaten zu diesem

---

1458 *Seewald*, Sueddeutsche.de (2012).

Zeitpunkt nicht mehr arbeiten dürfen, nehmen sie im Zuschauerraum Platz. Ihre Plätze liegen jedoch nur wenige Meter von der Bühne entfernt. Dort werden sie genauso in Nahaufnahme abgefilmt, wie die auf der Bühne verbleibenden Teilnehmer. Sie nehmen über Gesten in die Kamera weiterhin Kontakt mit dem Publikum auf und präsentieren sich genau wie ihre volljährigen Kollegen. Von einem Ende ihrer Arbeitszeit kann, trotz des räumlichen Wechsels, keine Rede sein.

Im Bereich von Film- und Fernsehproduktionen wird teilweise freiwillig über die gesetzlichen Mindeststandards hinausgegangen. Eine pädagogisch geschulte Betreuung für Kinderdarsteller ist beispielsweise üblich,[1459] obwohl § 6 Abs. 2 Nr. 4 JArbSchG nur irgendeine Art der Betreuung und Beaufsichtigung vorschreibt.

Ob dieser die gleichen Kompetenzen wie einer verpflichtend engagierten medienpädagogischen Fachkraft zugestanden werden, darf bezweifelt werden. Dennoch stellen die nun schon geringen Anforderungen, die durch Kosten- und daraus hervorgehendem Zeitdruck gebeutelten Produktionen vor schwierige Herausforderungen. Durch die Arbeitszeitbeschränkungen dürfen Minderjährige nur halbe Drehtage absolvieren. Doch ein Filmteam muss für einen ganzen Drehtag engagiert und bezahlt werden.[1460] Deswegen sind einige Produktionen dazu übergegangen, tragende Rollen nur noch mit Zwillingen zu besetzen, wobei es als schwierig gilt, zwei gleich begabte und engagierte Zwillingskinder zu finden.[1461]

III. Reformvorschläge

Wie können Normierungen aussehen, die Medienschaffenden ermöglichen, ihre Projekte unter Mitwirkungen von Minderjährigen umzusetzen, aber gleichzeitig den erforderlichen Schutzstandard für Minderjährige aufrechterhalten?

1. Schutzlücken systematisch schließen

Wie oben dargestellt, gibt es bisher in Deutschland noch keinen Jugendschutz für Minderjährige in Medienproduktionen, sondern lediglich ein auf Arbeitszeiten fokussiertes JArbSchG, das von Nordrhein-Westfalen als Anknüpfungspunkt für weitere Regelungen genutzt wurde.[1462] Doch selbst in diesem rudimentär angelegten Schutz klaffen bereits Schutzlücken, die nicht hingenommen werden können, da sie jegliche Bemühungen um Minderjährigenschutz ad absurdum führen.

Zum einen werden selbstständige Minderjährige nicht vom JArbSchG erfasst, alleine da sie keine Angestellten sind. Doch sind zumeist erfolgreiche und daher stark beanspruchte Minderjährige selbstständig tätig. Sie sollten umso mehr in den Schutzbereich eingegliedert werden, zumindest dann, wenn sie ein Engagement

1459 *Baacke et al.*, 76.
1460 *Gangloff*, Frankfurter Rundschau, 09.10.2009.
1461 S. o.
1462 S. o. Teil 9 II. 3.

wahrnehmen, das alternativ mit einem angestellt beschäftigten Minderjährigen besetzt würde.

Auch die Ausklammerung von unter Dreijährigen ist ein verfehlter Effekt der Verankerung im Arbeitsrecht.[1463] Für unter Dreijährige gilt ein absolutes Arbeitsverbot. Was für eine Tätigkeit sollte ein zweijähriges Kind auch sinnvoll ausüben. Regelungsbedarf für „typische" Szenarien der Kinderarbeit besteht nicht. Doch in den Medien findet sich ein erheblicher Bedarf für die Einbeziehung so kleiner Kinder. Selbst wenn diese noch keine gezielten Anweisungen befolgen können, wird sich ihre Mitwirkung bei einer Medienproduktion auf sie auswirken. Beispielsweise auch dadurch, dass die Eltern mit allerlei Tricks und Bemühungen dafür sorgen, dass der gewünschte Einsatzzweck erreicht wird. Wer aber Auswirkungen spürt, der ist auch schutzbedürftig. Der bloße Hinweis darauf, dass das bloße passive Abfilmen natürlicher Verhaltensweisen keine Arbeit darstellen könne,[1464] geht fehl, denn wenn Verhaltensweisen in den Zeitplan einer Medienproduktion passen müssen, ist stets fraglich, wie natürlich sie sind.

Das dringendste Problem ist sicherlich die Einbeziehung von (teil-)dokumentarischen Formaten in den Schutzbereich zugunsten minderjähriger Protagonisten. Auch hier wird argumentiert, dass das bloße passive Abfilmen natürlicher Verhaltensweisen keine Arbeit darstellen könne. Doch dies ist aus mehreren Gründen abzulehnen.

Zum einen ist es eine unrealistische Annahme, dass sich Familien, die an den derzeitig gängigen Doku-Dramen oder Doku-Soaps, zu denen auch die Helptainment-Formate wie Super-Nanny gehören, gänzlich natürlich verhalten. Selbstverständlich beugen sie sich dem Produktionsplan des anwesenden Kamerateams. Natürlichkeit kann unter solchen Umständen überhaupt nicht eintreten. Bei den gängigen Reality-Formaten liegt regelmäßig ein Subordinationsverhältnis vor, in dessen Rahmen Weisungen befolgt werden.[1465] Nicht auszuschließen ist jedoch, dass die an den Tag gelegten Verhaltensweisen den Protagonisten entsprechen.

In diesem Fall zeigt sich, wieso die Verankerung des Schutzes minderjähriger Mitwirkender in Medienproduktionen im Arbeitsrecht zu kurz greift. Denn das Problem findet sich nicht zwangsläufig in den Arbeitsbedingungen während der Produktion, sondern in den Konsequenzen, die die Mitwirkung nach der Ausstrahlung auf das Leben der Minderjährigen nimmt. Extreme Formen sozialer Reaktionen wie Mobbing oder Ausgrenzung sind keine Seltenheit, denn umso ungewöhnlicher und polarisierender eine Familie sich darstellt oder von den Produzenten dargestellt wird, umso mehr Zuschauer wird das Medienformat finden.

1463 *Leshwange*, 6.

1464 *Baacke et al.*, 81.

1465 Aus denselben Gründen hat auch der französische Cour de Cassation bereits in einem Urteil festgestellt, dass die Mitwirkung in einer Reality-Show ein Arbeitsverhältnis begründet: Cour de cassation – Chambre sociale, Urteil vom 03.09.2009, Az. : 08–40.981 à 08–40.983/08–41.712 à 08–41.714.

Daher liegt es nahe, dass die Protagonisten als extreme Charaktere gecastet oder präsentiert werden, was ein entsprechend extremes Echo in deren sozialem Umfeld erzeugt. Der Schaden, der einem Minderjährigen mit solch einer Mitwirkung zugefügt werden kann, lässt sich kaum beziffern.

Daher ist es essentiell, eben diese hoch-risikoreichen Formate mit Realitätsbezug in den Anwendungsbereich mit aufzunehmen, um Minderjährige aktiv schützen zu können. Die gesetzliche Verankerung wäre einfach möglich, wenn man dem Vorschlag *Leshwanges* folgt, Medienproduktionen in die Positivliste des § 1 Abs. 1 JArbSchG aufzunehmen, um klarzustellen, dass sämtliche Medienproduktionen mit Minderjährigen die gleichen Vorgaben zu berücksichtigen haben und die derzeitige Unanwendbarkeit des Gesetzes auf (teil-) dokumentarische Medienproduktionen und damit die Ungleichbehandlung im Vergleich zu fiktionalen Produktionen zu beenden.[1466]

2. Stärkere Betrachtung des Einzelfalls

Eine Empfehlung deren Bedeutung gar nicht hoch genug eingeschätzt werden kann, ist die individuelle Handhabung von Bewilligungen zur Mitwirkung in Medienproduktionen durch die zuständigen Ämter.[1467]

Natürlich versucht jede gesetzliche Normierung allgemein abstrakt gültig zu sein und dennoch dem Einzelfall gerecht zu werden. Doch geht die vorliegende Symptomatik über diesen Grundkonflikt hinaus, denn ob die Mitwirkung eines Minderjährigen bei einer Medienproduktion diesem schadet, ist derart von den Einzelfallkriterien wie der Persönlichkeit des Minderjährigen, seinem sozialen und familiären Hintergrund sowie von Art und Inhalt der Einbindung beeinflusst, dass eine abstrakte Regelung nur schwer denkbar ist.

Womöglich ist es auch dieser Tatsache geschuldet, dass die aktuellen Normen keine Kriterien für die Mitwirkungsbewilligung postulieren, sondern den Behörden freie Hand lassen. Problematisch ist jedoch, dass berichtet wird, dass die Ämter selbst weder Protagonisten noch Erziehungsberechtigte im Bewilligungsprozess zu Gesicht bekommen, da dieser nur von den Produzenten betrieben wird.[1468] Vor diesem Hintergrund stellt sich die deutliche Frage, wie eine angemessene Einzelfallentscheidung getroffen werden soll.

Aber auch die – wenigen – bestehenden Regelungen können im Hinblick auf eine von den Produzenten geforderte[1469] Individualisierung und Flexibilisierung der Normen zugunsten einer Einzelfallentscheidung aufgehoben werden. Es ist gut vorstellbar, dass Minderjährige die Mitwirkung an einem Spielfilm, der in den Sommerferien gedreht wird, als großes Abenteuer erleben, dem sie auch mehrere

1466 *Leshwange*, 6.
1467 *Baacke et al.*, 58, 61, 70, 79 ff., 86, 93 f.
1468 *Leshwange*, 6.
1469 *Baacke et al.*, 79 ff.

Stunden pro Tag gewachsen sind, insbesondere da Warte- und Reisezeiten mit einberechnet werden müssen. Daher spricht nichts dagegen, auch die fixen Arbeitszeitregelungen zu Leitlinien umzugestalten, die flexibler gestaltbar sind.

Allerdings gibt es für diese Maßnahmen zwei essentielle Voraussetzungen, die zwingend gegeben sein müssen, um den erforderlichen Schutzstandard zu wahren.

Zum einen müssen den bewilligenden Behörden eben all diese für eine Einzelfallentscheidung maßgeblichen Kriterien bekannt gemacht werden, indem sie ein umfassendes Bild von der Persönlichkeit des Minderjährigen und der geplanten Produktion erhalten. Die bisherige Praxis, das betroffene Kind nicht einmal kennenzulernen, darf nicht aufrecht erhalten bleiben. Um die ausreichende Information der Erziehungsberechtigten sicherzustellen, sollten sie Verfahrensbeteiligte des Genehmigungsprozesses werden. Bisher stellten lediglich die Produktionsfirmen die Anträge beim Arbeitsschutzamt, sodass ein persönlicher Kontakt zwischen Betroffenen und entscheidenden Behörden oftmals gar nicht stattfindet. Neben der mangelnden Entscheidungsgrundlage führt dies auch dazu, dass die Eltern selbst nicht wissen, mit welchen Arbeitszeiten und Arbeitsbedingungen die Produktionsfirmen rechnen.[1470]

Zudem ist es ein offensichtlicher Widerspruch, dass die Arbeitsschutzämter durch ihre Zuständigkeit für Ausnahmebewilligungen über die Zumutbarkeit der Produktion für Minderjährige urteilen sollen, obwohl diese Prüftätigkeit viel näher an das Aufgabengebiet der Jugendämter, der Erhaltung des Kindeswohls, angegliedert ist.[1471] Zwar ist das Jugendamt formell im Rahmen seiner Stellungnahme nach § 6 JArbSchG an der Entscheidung beteiligt, doch müssen genauere Informationen, die für eine umfassende Einschätzung des Projekts notwendig wären, nicht vorgelegt werden und sind oftmals auch nicht in Erfahrung zu bringen.[1472] Es gibt naturgemäß auch wenig Interesse, die Jugendämter in vollumfängliche Kenntnis zu setzen, da diese sich zwar äußern können, aber die Entscheidung alleinig durch das jeweilige Arbeitsaufsichtsamt getroffen wird.

Im Hinblick auf das hierfür entsprechend ausgebildete Personal und die notwendigen Informationsquellen scheint es durchaus angemessen, die Untersuchungs- und damit auch die Entscheidungskompetenz auf die Jugendbehörden zu verlagern, woraufhin auch das bisherige bloße Stellungnahmerecht zumindest zu einem Vetorecht ausgeweitet werden müsste.[1473] Zudem ist jeder Produzent zu einer Anzeige der Produktion beim örtlich zuständigen Arbeitsamt zu verpflichten, um eine möglichst allumfassende Betreuung sicherzustellen.[1474] Ohne Kontrollen ist eine Umsetzung der Regelungen zum Minderjährigenschutz nicht zu

1470 *Leshwange*, 6.
1471 *Leshwange*, 5 f.
1472 *Leshwange*, 4.
1473 *Leshwange*, 6.
1474 *Leshwange*, 6.

gewährleisten. Fehlende Kapazitäten für diese Kontrollen könnten ausgeglichen werden, wenn die lokalen Ordnungs- und Jugendbehörden damit beauftragt werden.[1475]

Zum anderen darf die Aufgabe der geringen bisher fest geregelten Grenzen nicht zu einer weiteren Absenkung des Schutzniveaus führen. Es muss nicht nur sichergestellt werden, dass die getroffene Entscheidung dem Kindeswohl entspricht, sondern auch, dass etwaige gestellte Bedingungen während der Produktion eingehalten werden, sowie dass notwendige Anpassungen bei auftretenden Überlastungssymptomen oder Konflikten getroffen werden.

Diese wichtige Kompetenz kann nicht in den Händen der Eltern verbleiben, denn diesen mangelt es sowohl an der erforderlichen Expertise als auch an dem notwendigen neutralen Vermittlerstatus. Vielmehr hat die Verordnung aus NRW schon die passende Lösung gefunden.[1476] Medienpädagogisch geschulte Fachkräfte können für eine Wahrung des Kindeswohls während der Produktion Sorge tragen und somit auch die gewünschte Flexibilisierung ermöglichen.

Bei allem Wunsch zur Einzelfallbetrachtung und Flexibilisierung sollten allgemeine abstrakte Normen, gegebenenfalls als Leitlinien oder „Regelfälle" ausgestaltet, nicht völlig abgeschafft werden. Vielmehr wäre hier noch Nachholbedarf, um das Schutzniveau durch die weitere Aufnahme qualitativer Kriterien deutlich anzuheben. Streicht man jegliche Normierung, stünde der Mitwirkung das international verankerte übermächtige Kinderarbeitsverbot entgegen, das eine negative Tendenzkulisse bildet, die sicherlich kein Medienmitwirkender wünscht. Im Einklang hierzu wird beschrieben, dass die Zusammenarbeit mit Medienproduzenten in der Schweiz weitaus schwerfälliger war, als es dort noch keinerlei Regelungen zur zulässigen Mitwirkung von Minderjährigen in den Medien gab.[1477] Aus der Angst, in einem Grenzbereich zur Illegalität zu arbeiten, wurde jegliche Zusammenarbeit mit öffentlichen Stellen gemieden. Abstrakte Normierungen schaffen Rechtssicherheit und Transparenz und sind daher zu begrüßen, insofern sie die notwendige Einzelfallbetrachtung zulassen.

Im Bereich qualitativer Anforderungen gibt es derzeit so gut wie keine Normierungen, sodass immenser Nachholbedarf besteht. Das wichtigste Gesetzgebungsvorhaben sollte jedoch das verpflichtende Engagement einer zwischen öffentlichen Stellen, Familien und Produzenten vermittelnden medienpädagogischen Fachkraft sein, die mit weitreichenden Kompetenzen ausgestattet sein sollte.

3. Ausweitung der medienpädagogischen Fachbetreuung

Daher schließt die Forderung nach einer Ausweitung der medienpädagogischen Fachbetreuung direkt an die obige Forderung nach Flexibilität an. Minderjährige

1475 *Leshwange*, 6 f.
1476 S. o. Teil 9 II. 3. und s. u. Ziffer 4.
1477 *Bieber-Delfosse*, 144 f.

sind bei Medienproduktionen einer Vielzahl von Gefahren und Risiken ausgesetzt, die sich nicht immer, aber zu oft realisieren, um sie zu ignorieren.

Medienpädagogische Fachkräfte, wie sie in Nordrhein-Westfalen ausgebildet und eingesetzt werden, können diesen Gefahren mit Expertise und Fachwissen begegnen und überdies dafür sorgen, dass die Medienproduktion ein gelungenes Erlebnis für den Minderjährigen wird, von dem dieser profitiert. Der Einsatz medienpädagogischer Fachkräfte sollte daher dringend auf das gesamte Bundesgebiet erstreckt werden.[1478]

Im Gegenzug kann den Fachkräften auch die Kompetenz verliehen werden, auf Entwicklungen am Set zu reagieren, zum Beispiel indem die zulässige Arbeitszeit kurzfristig überschritten werden darf, um eine wichtige Szene zu beenden.[1479]

Überdies besteht auch bei dem Einsatz der medienpädagogischen Fachkräfte erheblicher Reformbedarf. Zum einen wäre die in Nordrhein-Westfalen gefundene Regelung dahin gehend auszuweiten, dass medienpädagogische Fachkräfte auch bei einer Drehzeit von unter dreißig Tagen einzusetzen sind. Abseits von Serien gibt es heute kaum noch Medienproduktionen, deren Drehzeit auf dreißig Tage oder länger ausgelegt sind. Gefährdungspotentiale für Minderjährige können sich aber auch oder erst recht bei kürzeren Einsatzzeiten ergeben, denn Produktionen mit kürzerer Drehdauer stehen unter besonderem Druck, der sich auch auf die Protagonisten auswirken kann.

Zudem sollte das Einsatzgebiet der medienpädagogischen Fachkräfte nicht auf den unmittelbaren Produktionszeitraum beschränkt bleiben. Gerade um einzuschätzen, ob und unter welchen Bedingungen ein Minderjähriger für die ihm zugedachte Rolle geeignet erscheint, ist schon eine Begleitung während des Casting- und Vorbereitungsprozesses denkbar.

Nicht nur möglich, sondern dringend zu empfehlen, ist die fortgesetzte Betreuung der Minderjährigen nach Beendigung der unmittelbaren Produktion.[1480] Denn gerade hier können sich Probleme auftun, wenn Minderjährige, die es gewohnt waren am Set im Mittelpunkt zu stehen, zurück in ihren Alltag finden müssen,[1481] in dem das soziale Umfeld nicht immer nur positiv auf die beobachteten Erfahrungen reagiert. Besonders belastend kann die Phase in der Veröffentlichung der Produktion sein, in der die ersten Reaktionen der Öffentlichkeit auf den Minderjährigen und dessen Familie einwirken und dabei womöglich nicht den positiven Erwartungen entsprechen. Solch eine Erfahrung kann selbst Erwachsenen schwer zu schaffen machen, weswegen dringend zu empfehlen ist, dass typischerweise von Selbstzweifeln geplagte Minderjährige eine fachlich geschulte Betreuung zur Seite gestellt bekommen.

1478 *Garbas*, Diskurs Kindheits- und Jugendforschung 2009, 91 ff., 97; *Leshwange*, 5; *Baacke et al.*, 100.

1479 *Garbas*, Diskurs Kindheits- und Jugendforschung 2009, 91 ff., 102 f.

1480 *Baacke et al.*, 95, 100 f; *Leshwange*, 2 f.

1481 *Guggenbühl* in: *Albers Ben Chamo*, stern,de (2009).

Die Fachkraft kann im Zeitraum der Veröffentlichung durch ihre Medienexpertise effektiv helfen, das Persönlichkeitsrecht des Minderjährigen zu schützen. Dies ist schon durch geringe Maßnahmen möglich, z.B. indem Familiennamen und genauer Herkunftsort verschwiegen wird. Auch bei besonders privatsphärenrelevanter Pressearbeit wie Homestories kann die Fachkraft beratend zur Seite stehen und gegebenenfalls von diesen abraten, um sicherzustellen, dass die Belastungen für Alltag und Persönlichkeit des Minderjährigen möglichst gering ausfallen.[1482]

Nicht zuletzt kann eine Fachkraft helfen, dem allgegenwärtigen Vorwurf der Eltern, die ihr Kind gegen sein Wohl in die Medien drängen, entgegenzuwirken, indem solche Fälle erkannt und gezielt verhindert werden können.[1483] Daher sind die Fachkräfte auch mit der Kompetenz auszustatten, die Mitwirkung der Minderjährigen zu verhindern oder zumindest durch Einschaltung der zuständigen Behörden wie Arbeitsaufsicht oder Jugendamt einen Abbruch der Mitwirkung anzuregen.

Denn leider bewahrheitet sich, dass das Klischee der ehrgeizigen Erziehungsberechtigten, die ihre Kinder um jeden Preis in die Medien drängen wollen, mitunter der Realität entspricht, wie die in der Einführung erwähnten Aufnahmen mit versteckter Kamera bei einem angeblichen Kinderfilm-Casting für „Sindbad" zeigen.[1484]

Selbst gut meinende Eltern sind nicht davor gefeit, aus Unwissen oder Überforderung schlechte Entscheidungen zulasten ihrer Kinder zu treffen. Die Eltern der Minderjährigen sind oftmals selbst überfordert und fühlen sich außerstande, ihrem Kind angemessen zur Seite zu stehen.[1485] Grund dafür ist ein Informationsdefizit, da Eltern vonseiten der Produktion nur unzureichend aufgeklärt werden und/oder am Set nicht oder nicht dauerhaft anwesend sind, oftmals weil die Kinder selbst sich dadurch gestört fühlen.[1486] Medienpädagogische Fachkräfte sind dringend benötigte neutrale Ansprechpartner, die Kindern am Produktionsort ständig zur Verfügung stehen und Eltern im Konfliktfall Beratung bieten.[1487]

Die Konsequenzen einer Mitwirkung in einem Massenmedium sind für einen Laien nicht absehbar.[1488] Selbst ein von Anfang an anwaltlich beratener erwachsener Teilnehmer einer Realityshow berichtet, dass er das auf die Ausstrahlung folgende Medieninteresse an sich und an seiner Familie unterschätzt habe und als regelrecht „bedrohlich" empfand.[1489] Verschärfend kommt hinzu, dass gerade

---

1482 *Bieber-Delfosse*, 278 f.

1483 *Garbas*, Diskurs Kindheits- und Jugendforschung 2009, 91 ff., 94; *Baacke et al.*, 82, 102 f.

1484 S. o. Teil I II. 1.

1485 *Leshwange*, 2.

1486 *Leshwange*, 2, 4.

1487 *Leshwange*, 2.

1488 *Klass*, Unterhaltung ohne Grenzen?, 94; *Theunert*, 71 ff., 75; *Leshwange*, 2013, 3.

1489 *Kirbach*, 202 ff., 209 f.

an einer Teilnahme bei den besonders persönlichkeitsrelevanten Formaten des Realitätsfernsehens in erster Linie Eltern und Familien interessiert sind, die ein niedriges Bildungsniveau und damit einhergehende geringe Medienkompetenz aufweisen.[1490]

4. Aufrechterhaltung der Produktionsdauer als Kernkriterium der Bewilligung

In diesem Kapitel wurde dargestellt, dass die bisherige arbeitsrechtliche Einkleidung des Persönlichkeitsrechtsschutzes Minderjähriger bei der Mitwirkung in Medienproduktionen unzureichend ist. Gleichzeitig fokussiert sich das JArbSchG auf die Arbeitszeit und damit auf ein wesentliches Element, das darüber entscheidet, wie nachhaltig ein Minderjähriger durch seine Medienpräsenz beeinflusst und gegebenenfalls gefährdet wird.

Insbesondere die Dauer und Prominenz der Einbindung hat wesentlichen Einfluss darauf, inwiefern der Minderjährige von einer Mitwirkung geprägt wird.

Wer einmalig für wenige Stunden in einem Fotostudio für Aufnahmen zur Verfügung steht, muss seinen privaten Alltag nicht so umstellen, wie ein Schauspieler, der regelmäßig an einer abendlichen Theatervorstellung mitwirken soll oder mehrere Wochen am Stück am Filmset benötigt wird. Allerdings kann schon ein kurzes Fotoshooting großen Einfluss auf das Leben eines Minderjährigen nehmen, wenn dieser dadurch zum Gesicht einer nationalen oder internationalen Werbekampagne wird. Der Einfluss plötzlicher Prominenz auf das Leben eines Minderjährigen wird jedoch geringer sein, wenn dieser ungestört von weiteren Medieneinsätzen seinem Privatleben nachgeht.

Um Minderjährige effektiv zu schützen, sollten daher weiterhin maximale Einsatzdauern festgelegt werden. Der deutsche gesetzliche Ansatz, den Minderjährigenschutz in den Medien über die Bestimmung von zulässigen Arbeitszeiten zu regeln, mag daher erst wesensfremd scheinen, ist aber nicht verfehlt.

Hält man an der Anknüpfung an die Produktionsdauer fest, wird man auch weiterhin die Diskussion führen müssen, ob An- und Abreise der Minderjährigen sowie Wartezeiten vor Ort weiterhin mit als Arbeitszeit gewertet werden sollte.[1491] Dies ist eindeutig zu bejahen, denn es soll sichergestellt werden, dass dem Minderjährigen ausreichend Zeit bleibt, die er frei gestalten kann. Während Wartezeiten am Set oder Fahrtzeiten beugt sich der Minderjährige dem Produktionsablauf, eben dies soll er nur eine begrenzte Zeit täglich tun müssen. Die Auswirkungen dieser Entscheidung werden abgemildert, wenn man dem Vorschlag folgt den Einzelfall stärker zu betrachten und auch die Arbeitszeitregelungen in Sonderfällen flexibler handhaben zu können.[1492]

1490 *Hees*, 83 ff., 86.
1491 *Baacke et al.*, 78 f., 81.
1492 S. o. Teil 9 III. 2.

5. Europäische Harmonisierung

Wie bei der Einrichtung eines jeden Schutzstandards ist auch bei der Reform des Schutzes minderjähriger Mitwirkender in den Medien anzustreben, dass Normierungen möglichst europaweit umgesetzt werden. Zum einen wird dadurch verhindert, dass die heimische Medienproduktion mit Kindern Wettbewerbsnachteile erleidet. Medienschaffende beobachten mit Sorge, wie die Szene für Kinderfilme ins Ausland abwandert, wo auch durch die juristische Gestaltung bessere Produktionsbedingungen herrschen.[1493] Der zusätzliche Produktionsaufwand durch die deutschen arbeitsrechtlichen Anforderungen erzeugt höhere Produktionskosten, sodass infrage gestellt wird, ob in Deutschland produzierte Filme mit Kindern in der Hauptrolle überhaupt noch refinanzierbar sind.[1494] Wichtiger ist jedoch, dass die Schutzregelungen, die unvermeidbar zusätzlichen Aufwand und damit zusätzliche Kosten bedeuten, nicht durch eine Verlagerung der Produktionen ins nahe europäische Ausland umgangen werden können. Gerade im Hinblick auf die steigende Bedeutung von Medien für die Lebenswelt und Entwicklung Minderjähriger, wäre es ein großer Verlust, wenn keine Filme mehr existierten, die den deutschen Alltag widerspiegelten.[1495]

6. Minderjährige in realitätsnahen Produktionen

Aufgrund der massiven Gefährdung, die mit einer Teilnahme an Reality-Formaten einhergeht,[1496] sollte hier zwingend eine medienpädagogische Fachkraft als neutraler Kontrolleur oder Vermittler zur Verfügung stehen. Da das Konfliktpotential aber nicht zwingend schon bei der Produktion, sondern erst durch die Auswahl und Bearbeitung des gedrehten Materials entsteht, sollte auch die fertig geschnittene und vertonte Sendung einer Kontrollinstanz vorgelegt werden, die auf den Schutz Minderjähriger achtet.[1497] Es ist bekannt, dass die letzte Staffel der Super-Nanny freiwillig komplett der FSF vorgelegt wurde. Sollte das Kindeswohl als medienrechtliches Eingriffskriterium aufgenommen werden, wie es hier vertreten wird, könnte schon eine Verpflichtung zur Vorlage bei realitätsnahen Formaten bei denen Minderjährige mitwirken, eine geeignete Maßnahme sein. Besonders förderlich wäre selbstverständlich eine Kontrolle durch pädagogisch geschulte Mitarbeiter.

1493 *Baacke et al.*, 84.
1494 *Baacke et al.*, 72, 84.
1495 *Baacke et al.*, 84, 97 f.
1496 S. o. Teil 1 III. 2 a).
1497 *Götz/ et al.*, Sprungbrett oder Krise?, 143, schlägt vor, Castingshows vor Ausstrahlung der FSF vorzulegen.

7. Minderjährige in Castingshows

Schon während der Produktion von derzeit üblichen Castingshows können Minderjährige in Situationen geraten, denen sie offensichtlich noch nicht gewachsen sind.[1498] Die anschließende Ausstrahlung der Sendung kann weitere erhebliche Belastungen verursachen.

In den derzeit gängigen Sendeformaten, die auf erwachsene Kandidaten ausgerichtet sind, wie „Germany's Next Topmodel" oder „Deutschland sucht den Superstar" hat Minderjährigenschutz keinen Platz. Folglich sollte die Teilnahme Minderjähriger an diesen Formaten um jeden Preis – bestenfalls gesetzlich – verboten werden.

Solange der Minderjährigenschutz hierbei Einfluss findet, wäre auch eine Selbstverpflichtung der Fernsehsender eine effektive Lösung, so wie es bei Talkshows bereits einmal wirksam umgesetzt wurde.[1499]

Es lässt sich mit guten Argumenten vertreten, dass solch ein generelles Verbot als paternalistische Maßnahme unverhältnismäßig ist, insbesondere da viele Minderjährige danach streben, an solchen Sendungen teilzunehmen und nicht alle Castingshowteilnehmer die Mitwirkung im Nachhinein negativ bewerten.[1500]

Entscheidet man sich gegen solch ein generelles Verbot, sollten auch bei Dreharbeiten im Ausland zwingend die an anderer Stelle vorgeschlagenen Maßnahmen umgesetzt werden. Minderjährige sollten während der Produktion ständig durch eine medienpädagogische Fachkraft begleitet werden, die auf die Wahrung des Kindeswohls achtet und mit der Kompetenz ausgestattet ist, notfalls einschreiten zu können.[1501] Zudem ist anzuraten jede Episode vor Ausstrahlung einer Kontrollinstitution vorlegen zu lassen, um sicherzugehen, dass auch die Bearbeitung der Sendung den Minderjährigen keinen unzumutbaren Schaden zufügt.[1502]

8. Kennzeichnung beeinflusster Realitätsformate (Scripted Reality)

Vor dem Hintergrund der Aufklärung der Zuschauer wird angestrebt, beeinflusste Realitätsformate als solche zu kennzeichnen.[1503] Ehrlicherweise müssen

---

1498 S. o. Teil 1 III. 2 b); *Kohlmaier*, Süddeutsche.de (2013).

1499 Eine solche Selbstverpflichtung forderte *Jürgen Brautmeier*, der Direktor der Landesanstalt für Medien Nordrhein-Westfalen (LfM), im Jahre 2013 allerdings mit Blick auf die teils einseitig einschränkenden Vertragsbedingungen, denen die Kandidaten sich unterwerfen mussten, siehe *VPRT – Verband privater Rundfunk- und Telemedien e.V.*, LfM-Direktor fordert Selbstverpflichtung zu Castings-Shows, vprt.de (2013).

1500 *Götz/ et al.*, Sprungbrett oder Krise?, 141.

1501 S. o. Teil 1 III 2 b).

1502 *Götz/ et al.*, Sprungbrett oder Krise?, 143.

1503 *Medienanstalt Hamburg Schleswig Holstein*, ma-hsh.de (2013); *Pimpl*, Horizont.net (2013); *Álvarez*, Der Tagesspiegel, 18.11.2013. Inzwischen wurde verkündet, dass

die Befürworter dieser Maßnahme sich fragen lassen, wo die Grenze für solch eine Kennzeichnung zu ziehen ist, denn kein heutiges Reality-Format kommt ohne Beeinflussung, der Setzung von sogenannten „Impulsen“ durch das Produktionsteam aus. Und selbst seriöse Dokumentationen können nicht den Anspruch erheben, die bloße Realität abzubilden, sondern erzeugen durch Szenenauswahl, Schnitte und Bearbeitung eine Version der Wahrheit.

Hierbei muss auch darauf hingewiesen werden, dass ein Großteil der minderjährigen Rezipienten von Castingshows davon ausgeht, dass diese reale Ereignisse unverfälscht wiedergäben. Dennoch bezieht sich die Diskussion bisher ausschließlich auf Scripted Reality-Formate.[1504]

Unstreitig würde eine Kennzeichnungspflicht, die klarstellt, ob es sich um überwiegend dokumentarische oder fiktive Formate handelt, gerade jüngeren Zuschauern eine Orientierung dazu bieten, wie sie das Gesehene einordnen müssen. Die Gefahr, minderjährige Laiendarsteller mit den von ihnen verkörperten Figuren zu verwechseln, würde ebenfalls gemindert.

Ob diese Effekte gewichtig genug sind, um eine Kennzeichnungspflicht zwingend notwendig zu machen, darf jedoch angezweifelt werden. Bereits jetzt versehen Fernsehsender ihre Formate mit Hinweisen bezüglich deren Inszenierung. Es wäre wünschenswerter, Minderjährige in der heutigen Mediengesellschaft derart ausreichend in Medienkompetenz zu schulen, dass sie selbstständig im Stande sind, Medienprodukte kritisch zu hinterfragen, ohne auf Hinweise angewiesen zu sein, deren Anwendungsbereiche fließend sind und die im Zuge eines Gewöhnungseffekts schnell an Bedeutung verlieren.

Zudem scheint die Diskussion um Kennzeichnungen am eigentlichen Ziel vorbei zu gehen. Denn eine Kennzeichnungspflicht wird nur zu neuen Streitigkeiten um Anwendbarkeit und Grenzziehungen zwischen den Formaten führen. Tatsächlich geht es den Befürwortern der Kennzeichnungspflicht jedoch darum, den in Scripted Reality-Formaten erzählten dramatischen und extremen Plots die Wirkung auf die Zuschauer zu nehmen.[1505] Konsequenterweise wird vertreten, statt eine Kennzeichnungspflicht zu verfolgen, lieber darauf hinzuwirken, dass dem Trend zu extremen Handlungssträngen und Tabubrüchen Einhalt geboten wird.[1506]

Schließlich muss die Frage erlaubt sein, ob Rezipienten, die Probleme haben, Fiktion und Realität auseinanderzuhalten, in der Lage sind, die Hinweistafeln zu verstehen und diesen ausreichend Bedeutung zumessen.

---

der VPRT e.V. mit den Landesmedienanstalten eine einheitliche Kennzeichungssystematik erarbeitet habe. Deren Veröffentlichung und Umsetzung steht bisher noch aus, siehe *Hein*, Horizont.net (2014); Der Kontakter 2014, 29.

1504 *Götz/ et al.*, „Bestimmt ein tolles Erlebnis!“, 6 ff., 10 ff.

1505 *ZAK*, Verzicht auf Zerrbilder wichtiger als Kennzeichnungspflicht, medienanstalten.de (2012).

1506 S. o.

9. Fazit

Die derzeitige Schutzlosigkeit Minderjähriger, die mit Einwilligung in Medienproduktionen mitwirken, könnte durch ein zweigleisiges Reformprogramm effektiv und dauerhaft behoben werden.

Zum einen müsste die medienrechtliche Aufsicht insofern gestärkt werden, als deren schon vorhandene Kompetenzen besser realisiert werden, indem die Jugendbehörden mit einem Vetorecht ausgestattet werden, eine bessere Information aller Entscheidungsträger und effektive Kontrollmechanismen sichergestellt werden. Besonders gefährdete Programme, z.B. Realitätsformate, sollten verpflichtend vorab zur Prüfung vorgelegt werden, um ein präventives Einschreiten zu ermöglichen.

Des Weiteren sollte die bisher lediglich in Nordrhein-Westfahlen normierte Begleitung der Minderjährigen durch eine medienpädagogische Fachkraft auf ganz Deutschland ausgeweitet werden und dieser Funktion mehr Entscheidungsbefugnisse übertragen werden, um unnötig starre Regelungen zu vermeiden, aber gleichzeitig die Minderjährigenrechte aufrechtzuerhalten, gegebenenfalls auch gegen den Willen der Minderjährigen und/ oder deren Erziehungsberechtigten. Um alle Minderjährigen gleichberechtigt zu schützen, müssen die existierenden Schutzlücken hinsichtlich Selbstständigen und Kleinstkindern geschlossen werden. Ebenso ist die bisherige Einsatzgrenze von dreißig Drehtagen oder mehr abzuschaffen.

Dort wo Minderjährigenschutz aufgrund des Sendekonzepts keinen Platz hat, insbesondere bei auf Erwachsene ausgelegten Castingshows, sollten auch Minderjährige nicht mitwirken dürfen, selbst wenn solch ein Verbot eine paternalistische Maßnahme gegen den Willen der Minderjährigen darstellt.

Teil 10: Minderjährigenschutz in sozialen Netzwerken

Der hohe Stellenwert, den soziale Netzwerke im täglichen Leben Jugendlicher einnehmen, steht im krassen Widerspruch zu einer mangelnden Rechtsgrundlage.

Registriert sich ein Jugendlicher selbstständig in einem sozialen Netzwerk, wird der dadurch abgeschlossene Nutzungsvertrag nur schwebend wirksam. Jugendliche sind nach §§ 107 ff. BGB nur beschränkt geschäftsfähig. Die Anmeldung in einem sozialen Netzwerk ist kein lediglich rechtlicher Vorteil nach § 107 BGB. Auch wenn die Nutzung kostenlos ist, erklärt sich der Jugendliche im Gegenzug zur Verarbeitung und womöglich sogar zur Weiterverwendung seiner personenbezogenen Daten nach § 28 BDSG und § 14 f. TMG bereit, was einer rechtlichen Duldungsverpflichtung und damit einem nachteiligen Geschäft gleichkommt.[1507]

Auch ein selbstständiger Vertragsschluss nach § 110 BGB scheidet aus, denn die als Gegenleistung überlassenen „Mittel" müssten Vermögenswerte, keine Persönlichkeitsrechte sein.[1508]

Für den rechtswirksamen Abschluss eines zivilrechtlichen Nutzungsvertrags mit dem Betreiber des sozialen Netzwerks bedarf es daher der Einwilligung der Erziehungsberechtigten. Diese dürfte in der Realität oft fehlen. Jugendliche suchen soziale Netzwerke gezielt auf, um, von den Eltern ungestört, mit Gleichaltrigen zu kommunizieren. Oftmals kennen Minderjährige die verschiedenen Internetangebote schneller und besser als ihre Erziehungsberechtigten, weswegen diese in solchen Fragen auch nicht als kompetente Ansprechpartner gesehen werden.[1509]

Diese Rechtslage wird sich auch nicht nach Erlass der Europäischen Datenschutzgrundverordnung ändern, die für Jugendliche ab 14 Jahren eine alleinige Einwilligungszuständigkeit konstatiert.[1510] Denn die datenschutzrechtlich wirksame Einwilligung vermag den zivilrechtlich unwirksam geschlossenen Nutzungsvertrag nicht zu heilen.[1511]

Nicht nur die vertragliche Rechtsgrundlage ist mangelhaft. Auch den persönlichkeitsrechtlichen Einwilligungen, die in dem Hochladen und Veröffentlichen von Inhalten durch minderjährige Nutzer zu sehen sind, mangelt es an der Mitwirkung der Erziehungsberechtigten.

1507 *Jandt/ Roßnagel*, Gestaltungsvorschläge, 307 ff., 339.

1508 S. o.

1509 *Drüggen et al.*, 32 ff., 43; *Hopf/ Braml*, ZUM 2013, 837 ff., 843 f.

1510 Art. 8 Abs. 1 S. 1 DGV-E.

1511 Art. 8 Abs. 2 DGV-E; *Roßnagel/ Richter/ Nebel*, 281 ff., 322.

Der Nutzung von sozialen Netzwerken durch Minderjährige fehlt daher oftmals eine wirksame rechtliche Grundlage, ohne dass dies bisher in der Rechtsprechung und Literatur Beachtung gefunden hätte.

Zwar unterscheiden manche soziale Netzwerke zwischen den Profilseiten Erwachsener und Minderjähriger, doch nicht in einem Maße, dass sie den Rechtsmängeln gerecht würden. Neben den allgemeinen zivilrechtlichen Regeln existieren noch keine Normen, die sich des Minderjährigenschutzes in einem von Mitwirkung geprägten Internet annehmen. Der Jugendschutz ist noch rein auf Minderjährige als Rezipienten von Medieninhalten fokussiert.[1512]

In einem Gesetzesentwurf des Bundesrates zur Reform des TMG[1513] wird auf die Problematik minderjähriger Nutzer von sozialen Netzwerken eingegangen. Allerdings beschränkt man sich hierbei auf die Verpflichtung, Nutzern erst ab der Vollendung des 16. Lebensjahres zu ermöglichen, ihre hochgeladenen Inhalte für die Durchsuchung von externen Suchmaschinen freigeben zu lassen.[1514]

An diesem Vorschlag sind vor allem zwei Dinge interessant. Zum einen werden die oben beschriebenen Rechtsmängel, an denen die Registrierung und Nutzung durch einen minderjährigen Nutzer krankt, nicht anerkannt oder gelöst. Zum anderen beschränkt sich die Schutzvorschrift zugunsten Minderjähriger, die an sich natürlich zu begrüßen ist, auf Jugendliche im Alter bis 16 Jahren. Die Verfasser des Vorschlags entwerfen damit eine neue Art der Mündigkeit für soziale Medien, die sich zu den vielfältigen in der medienrechtlichen Dogmatik vorhandenen Altersgrenzen gesellt. Ab der Vollendung des 16. Lebensjahres sehen sie Jugendliche als reif und einsichtig genug an, um mit Erwachsenen gleichbehandelt zu werden.

Ob dieser Entwurf in einem Gesetz münden wird, ist zum jetzigen Zeitpunkt noch nicht absehbar.

Die Betreiber von Facebook erlauben Nutzern ab 13 Jahren die Teilnahme.[1515] Allerdings gibt es keinerlei Altersverifikationsprozess. Für die Registrierung bei Facebook bedarf es zwar der Angabe eines Geburtsdatums, allerdings wird dieses nicht überprüft. Daher ist es auch Minderjährigen unter 13 Jahren leicht möglich, sich bei Facebook zu registrieren.

Facebook ermöglicht Minderjährigen nicht die gleichen Nutzungsmöglichkeiten wie Erwachsenen. Da das Unternehmen keine genaue Aufstellung der Maßnahmen zum Jugendschutz offengelegt hat, sind nur einige der besonderen Einstellungen bekannt.

Seit Oktober 2013 setzt Facebook zum Schutz Minderjähriger deren Voreinstellungen für die Sichtbarkeit von Daten auf die engste Stufe „Freunde", d.h.

1512 JIM 2013, 3.

1513 BR-Drs. 156/11.

1514 § 13a Abs. 1 S. 4 TMG-E, BR-Drs. 156/11.

1515 Ziffer 4.5 der Facebook Nutzerbedingungen, abrufbar unter https://www.facebook.com/legal/terms (letzter Aufruf am 26.04.2016).

bestätigte Kontakte. Vorher lautete die Voreinstellung „Freunde von Freunden", was keinem wirksamen Privatsphärenschutz gleichkam.[1516] Zeitgleich mit dieser Änderung wurde es auch Minderjährigen ermöglicht, private Daten oder Inhalte für die Öffentlichkeit ohne jegliche Beschränkung freizugeben, wobei jedoch zwei Texttafeln darauf hinweisen, dass nun auch fremde Personen auf den Inhalt zugreifen können.[1517]

Wenn auch die engere Voreinstellung zu begrüßen ist, vergrößerte Facebook damit die Nutzungsmöglichkeiten und so auch die Gefährdungslage für Minderjährige. Gleichzeitig wird auf diese Weise die Teilnahme Minderjähriger an globalen Kommunikationsprozessen ermöglicht, was positiv hervorzuheben ist.

Die Nutzung von sozialen Netzwerken birgt stets die Gefahr in sich, dass private Inhalte versehentlich oder unbedacht öffentlich gemacht werden. Betrachtet man zudem die Persistenz des Internets, wird deutlich, dass Minderjährigenschutz auch in sozialen Netzwerken stattfinden muss.

I. Altersverifikation

Jeder Versuch, Minderjährige in sozialen Netzwerken (auch vor sich selbst) zu schützen, krankt jedoch daran, dass eine taugliche Altersverifikation nicht vorstellbar ist. Denn jede Maßnahme, die auf freiwilligen Angaben basiert, wird von Minderjährigen bereitwillig manipuliert werden, um Zugang zu den Netzwerken zu erhalten.[1518] Daher ist ein System der objektiven Altersverifikation vorzuziehen.

Verwendet man jedoch technisch versiertere Methoden, wie die Verknüpfung mit Kreditkartenkonten oder anderen verifizierten Zugangsdaten, z. B. dem neuen elektronischen Personalausweis, gibt man den Betreibern von sozialen Netzwerken, die für ihren fragwürdigen Umgang mit Daten bekannt sind, weitere Daten in die Hand, was generell vermieden werden sollte.

Schließlich sind auch Altersnachweise, die „offline" vorgenommen werden, wie das Post-Ident-Verfahren der Deutschen Post, keine Alternative.[1519] Denn derart aufwendige Verfahren sind zu schwerfällig für die Schnelligkeit gewöhnten Internetnutzer und werden nicht von ihnen angenommen werden.[1520]

1516 S. o. Teil 6 IV. 5.

1517 *Facebook* – Teen Privacy (2013); *Handelsblatt*, Facebook erlaubt Jugendlichen öffentliche Beiträge (2013).

1518 *Jandt/ Roßnagel*, MMR 2011, 637 ff., 641; *Jandt/ Roßnagel*, Gestaltungsvorschläge, 307 ff., 385.

1519 Dies empfiehlt *Jandt/ Roßnagel*, Gestaltungsvorschläge, 435 ff., 436 f.

1520 Die KJM veröffentlicht auf ihrer Homepage eine Listen an Kriterien für Altersverifikationssysteme, die als ausreichende Jugendschutzmaßnahme anerkannt sind, sowie eine Aufstellung der derzeit anerkannten Systeme; abrufbar unter http://www.kjm-online.de/telemedien/technische-mittel.html (letzter Aufruf am 26.04.2016).

II. Kein Ausschluss aus sozialen Netzwerken

Soziale Netzwerke haben eine derart große Bedeutung für die Lebenswelt von Jugendlichen bekommen, dass der völlige Ausschluss einem Kommunikationsverbot und damit auch einem rechtfertigungsbedürftigen Eingriff in die Meinungsfreiheit, Art. 5 Abs. 1 S. 1, Alt. 1 GG, aber auch in das Recht auf informationelle Selbstbestimmung (Teil des verfassungsrechtlichen APR aus Art. 2 Abs. 1 i. V. m. Art. 1 Abs. 1 GG) gleich käme. Zudem sind soziale Medien nicht nur ein Element der Selbstentäußerung. Für Jugendliche und junge Erwachsene war Facebook 2013 die wichtigste Informationsquelle.[1521] Daher wäre auch die Informationsfreiheit des Art. 5 Abs. 1 S. 1, Alt. 2 GG betroffen. Die einzige Lösung kann daher sein, Jugendliche auch im Rahmen der sozialen Netzwerke zu schützen, ohne den Zugang und die Nutzungsmöglichkeiten gänzlich zu verwehren.

III. Selbstverpflichtung oder Normierung

Dabei kann es keine Lösung sein, wie bisher darauf zu vertrauen, dass die Anbieter geeignete Jugendschutzmaßnahmen treffen. Denn diese profitieren von möglichst extensiven Privatsphärenöffnungen, weswegen Privatsphärenschutz regelmäßig nicht ihre wahren Interessen widerspiegelt.[1522]

Eine verbindliche Selbstverpflichtung oder eine gesetzliche Lösung sollte daher angestrebt werden. Dabei ist die Bedeutung von sozialen Netzwerken für das Alltagsleben Jugendlicher mit dem spezifischen Gefährdungspotential der Nutzung abzuwägen, um zu einer möglichst ausgeglichenen Regelung zu gelangen.

Eine freiwillige Selbstverpflichtung verschiedener Betreiber von sozialen Netzwerken wurde im Jahre 2009 durch die Freiwillige Selbstkontrolle Multimedia-Diensteanbieter e. V. (FSM) koordiniert.[1523] Obwohl der Inhalt dieser Selbstverpflichtung durchaus zu begrüßen ist, kann sie den derzeitigen Mangel an jugendschützenden Normierungen nicht beheben. Die teilnehmenden Betreiber sozialer Netzwerke wurden zwischenzeitlich von dem marktbeherrschenden Anbieter „Facebook" in die Bedeutungslosigkeit verbannt. Facebook trat der Selbstverpflichtung nicht bei, ebenso wenig wie andere Internetgiganten mit ausländischem Sitz, wie YouTube, Twitter, Instagram, WhatsApp oder Snapchat.

IV. Mögliche Maßnahmen zu verbessertem Persönlichkeitsrechtsschutz minderjähriger Nutzer

Die Gefahren, die sozialen Netzwerken für minderjährige Nutzer innewohnen, sind Konsequenzen der Möglichkeit, persönlichkeitsrelevante Inhalte zu

---

1521 *TNS Infratest im Auftrag von BLM*, 2013, 15.
1522 *Niemann/ Schenk*, 399 ff., 410.
1523 *FSM*, Verhaltenskodex.

veröffentlichen. Daher wird sicherlich darüber zu diskutieren sein, ob Jugendlichen weiterhin ermöglicht werden sollte, ein unkontrollierbares Publikum zu erreichen. Hierfür streiten gewichtige Argumente, denn eben diese Nutzungsmöglichkeit ist ein Ausfluss der Kommunikationsgrundrechte von Jugendlichen, die nicht nur Risiken, sondern auch Chancen zur aktiven Teilnahme an einem gesellschaftlichen Meinungsbildungsprozess bieten.

Hingegen sollte weitreichende Einigkeit darüber bestehen, dass Minderjährige davor geschützt werden sollten, versehentlich private Inhalte zu veröffentlichen. Daher muss die Gestaltung von Privatsphäreneinstellungen klar formuliert und leicht verständlich sein. Gerade um neue und unerfahrene Nutzer zu schützen, sollte die Standard-Voreinstellung bei allen Privatsphäreneinstellungen auf die restriktivste Stufe gesetzt werden („privacy by default").[1524]

Zudem sind Erinnerungen daran, welche Privatsphäreneinstellungen gewählt wurden, eine sinnvolle Maßnahme. Diese könnten direkt nach jeder Anmeldung oder direkt vor der jeweiligen Privatsphärenöffnung eingeblendet werden.[1525] Solche Textfelder verwendet Facebook neuerdings, um minderjährige Nutzer zu informieren, bevor diese eine Statusmeldung oder einen Inhalt veröffentlichen.[1526].

Sobald ein technischer Kompromiss gefunden wird, der ein taugliches Altersverifikationssystem ermöglicht, ohne dass den Anbietern weitere wertvolle persönlichkeitsrelevante Daten bekannt werden, sollte dieses verpflichtend angewandt werden, um zu verhindern, dass Jugendschutzmaßnahmen umgangen werden. Darüber hinaus ermöglicht dies eine Abstufung der Jugendschutzmaßnahmen je nach Alter der Nutzer.

Schließlich muss den schnell wandelnden Einstellungen und Überzeugungen eines Jugendlichen Rechnung getragen werden, indem er nicht über Gebühr mit seinen Jugendsünden konfrontiert wird. Es muss mit einfachen Mitteln möglich sein, jegliche Inhalte, die in das Netzwerk hochgeladen wurden, wieder zu löschen. Zudem macht es Sinn, „vergessene" Inhalte, wie alte Fotos oder Nachrichten, nach einiger Zeit automatisch nur noch für den Nutzer sichtbar zu machen. Der

---

1524 Dazu verpflichtet auch die FSM-Selbstverpflichtung für soziale Netzwerke, *FSM*, Verhaltenskodex, 12. § 13a Abs. 1 S. 1 TMG-E, BR-Drs. 156/11 sowie Art. 23, Art. 37 Abs. 1c DGV-E, bzw. *Europäische Kommission*, Soziale Netzwerke (2012), schlagen solch restriktive Standard-Voreinstellungen für alle Nutzer vor. Ebenfalls für striktere Voreinstellungen für alle Nutzer: *Niemann/ Schenk*, 399 ff., 404; *Jandt/ Roßnagel*, Gestaltungsvorschläge, 435 ff., 438.

1525 *Jandt/ Roßnagel*, Gestaltungsvorschläge, 435 ff., 437.

1526 *Facebook* – Teen Privacy (2013); *Handelsblatt*, Facebook erlaubt Jugendlichen öffentliche Beiträge (2013). Sowohl der Gesetzesentwurf zur Reform des TMG, als auch die Europäische Datenschutzgrundverordnung sehen ebenfalls Bedarf für eine Verbesserung der Informationspolitik der Anbieter sozialer Netzwerke, § 13a Abs. 1 S. 2, Abs. 2 TMG-E, BR-Drs. 156/11, *Europäische Kommission*, Soziale Netzwerke (2012). Der Vorschlag für die Datenschutzgrundverordnung erwähnt dabei insbesondere, dass die Information von Kindern erfolgen muss, Art. 11 Abs. 2 DGV-E.

Gesetzesvorschlag zu einer Änderung des TMG weitet diesen Ansatz aus, indem es vorschlägt, dass das gesamte Profil gelöscht bzw. gesperrt werden soll, wenn der Nutzer es ein Jahr lang nicht mehr aufgerufen hat.[1527] Ein Vorschlag, der besonders für minderjährige Nutzer zu begrüßen ist.[1528]

Minderjährige müssen selbstverständlich nicht nur vor sich selber, sondern besonders auch vor Gefahren von außen geschützt werden. Daher sollten gewisse Suchkriterien, die typischerweise Missbrauchspotential aufweisen, unterbunden werden. Kritisch ist zu sehen, wenn das Alter ein taugliches Suchkriterium für Nutzer innerhalb des Netzwerks darstellt. Befürworter begründen dies damit, dass Minderjährigen der Kontakt mit Gleichaltrigen ermöglicht werden soll.[1529] Studien zeigen jedoch, dass Jugendlichen bei der Nutzung sozialer Netzwerke nicht auf die gezielte Kontaktaufnahme mit bis dato fremden Gleichaltrigen gelegen ist, sondern dass sie sich mit Bekannten aus dem realen Leben digital vernetzen möchten.[1530] Vor diesem Hintergrund erscheint ein solches Suchkriterium nicht als wichtig für die Nutzer. Es bleibt hingegen ein erhebliches Gefährdungspotential, da es Pädophilen und anderen Kriminellen die gezielte Suche und Kontaktaufnahme mit Minderjährigen ermöglicht.[1531]

Darüber, dass andere Suchkriterien, insbesondere Adresse oder Telefonnummer, erhebliche Gefahren bergen, weswegen sie auf jeden Fall deaktiviert werden sollten, dürfte Einigkeit bestehen.[1532] Vor dem Hintergrund dieser Gefahren ist berechtigterweise die Frage zu stellen, ob es überhaupt eine ausreichende Rechtfertigung dafür gibt, dass soziale Netzwerke diese Daten abfragen, bzw. deren Eingabe ermöglichen.[1533]

Des Weiteren wird vorgeschlagen, dass es externen Suchmaschinen nicht ermöglicht werden soll, die Profilseiten von Nutzern, die jünger als 16 Jahre sind, zu durchsuchen.[1534] Im Gegensatz dazu sollen ältere Nutzer diese Durchsuchung durch eine entsprechende Privatsphäreneinstellung ermöglichen oder deaktivieren können.[1535]

Man könnte sich fragen, ob es Sinn macht, externen Suchmaschinen den Zugriff zu untersagen, denn die sozialen Netzwerke bieten ebenfalls weitreichende Suchfunktionen an. Zudem entspricht eine Veröffentlichung für alle Nutzer des Netzwerks einer allgemeinen Veröffentlichung.[1536] Es gibt jedoch einen gewichtigen

---

1527 § 13 Abs. 4 S. 1 Ziffer 4 TMG-E, BR-Drs. 156/11.

1528 Zum Recht auf Vergessen, s. o. Teil 6 VI.

1529 *FSM*, Verhaltenskodex, 13.

1530 Nur ein Fünftel der jugendlichen Nutzer sind auf der Suche nach neuen Kontakten, JIM 2013, 38; JIM 2012, 42.

1531 *Jandt/ Roßnagel*, Gestaltungsvorschläge, 435 ff., 439.

1532 *FSM*, Verhaltenskodex, 13.

1533 *Jandt/ Roßnagel*, Gestaltungsvorschläge, 435 ff., 438.

1534 § 13a Abs. 1 S. 5 TMG-E, BR-Drs. 156/11; *FSM*, Verhaltenskodex, 13.

1535 S. o.

1536 S. o. Teil 6 IV. 3.

Grund dafür, externen Suchmaschinen den Zugriff nicht zu ermöglichen. Denn solange die Veröffentlichung innerhalb des Netzwerkes bleibt, gibt es mit dem Netzwerkbetreiber einen verantwortlichen Ansprechpartner, der Jugendschutzmaßnahmen umsetzen kann oder muss. Wird auch externen Unternehmen der Zugriff ermöglicht, ist eine Beschränkung oder Kontrolle nicht mehr möglich.

Auch die jederzeit verfügbare Möglichkeit, unangemessenes Verhalten zu melden und andere Nutzer zu blocken, sowie eine geeignete Überwachung und Reaktion der Netzwerke bezüglich solcher Verhaltensweisen, dient der Sicherheit minderjähriger, aber auch erwachsener Nutzer.[1537]

V. Medienkompetenz als Schlüssel zu effektivem Privatsphärenschutz

Da aktuell keinerlei Jugendschutzbestimmungen auf die doppelte Stellung von Nutzern im Web 2.0 als Produzenten und Rezipienten von Inhalten abgestimmt ist,[1538] kann jegliche Bemühung den Jugendschutzstandard nur verbessern. Allerdings muss zugestanden werden, dass effektiver Minderjährigenschutz erst stattfindet, wenn wirksame Mittel für eine Altersverifikation verpflichtender Standard geworden sind. Zudem muss jede wirksame Lösung die Marktführer einschließen, wofür aufgrund ihrer internationalen Konzernsitze eine rein nationale Normierung in der Regel nicht ausreichen dürfte.

Der Wert und die Schutzbedürftigkeit von Privatsphäre sind durch die aktuellen Gefahrenlagen der Digitalisierung im gesamtgesellschaftlichen Bewusstsein angekommen. Mag das Verständnis von Privatsphäre auch dem gesellschaftlichen Wandel unterliegen, so ist darin kein Bedeutungsverlust zu sehen.

Dennoch verhalten sich Internetnutzer leichtsinnig und inkompetent, wenn es um den Umgang mit ihren Persönlichkeitsrechten und Daten im Internet geht (sogenanntes „Privacy-Paradox“)[1539]. Dies mag daran liegen, dass die Resignation der Post-Privacy-Bewegung Anklang findet. Man scheint der Übermacht Daten sammelnder globaler Organisationen ausgeliefert, sodass es aussichtslos erscheint, Daten und Privatsphäre zu schützen.

Doch dieser Eindruck ist falsch. Die rechtlichen Bestimmungen zum Privatsphärenschutz sind auch auf das Internet voll anwendbar, wenn auch zuzugestehen ist, dass mit der Schnelligkeit der digitalen Entwicklung nicht immer Schritt gehalten werden kann.

Insbesondere in den sozialen Medien fehlt es an einer ausreichenden Implementierung von jugendschützenden Maßnahmen. Diese sind jedoch besonders bedeutend, denn Minderjährige gehen leichtfertig mit ihren Persönlichkeitsrechten um, werden aber wegen der unzureichenden rechtlichen Auseinandersetzung mit der

1537 *FSM*, Verhaltenskodex, 11.
1538 JIM 2013, 3.
1539 *Niemann/ Schenk*, 399 ff., 408; *Jandt/ Roßnagel*, Gestaltungsvorschläge, 7 ff., 46.

Persistenz des Internets noch lange mit diesen Privatsphärenöffnungen konfrontiert werden.

Bis dieses Defizit behoben ist, bleibt die einzig effektive Maßnahme zur Verbesserung des Jugendschutzes im digitalen Raum die Stärkung der Medienkompetenz Minderjähriger.[1540] Sie müssen über die Konsequenzen und Risiken der Nutzung sozialer Netzwerke aufgeklärt werden. Oftmals sind sie sich der Problematik an sich zwar bewusst, zeigen sich aber nicht in der Lage systematisch sinnvoll darauf zu reagieren, sodass die Vorgabe konkreter Verhaltensempfehlungen sinnvoll sein könnte.[1541]

Die Schulungsbemühungen dürfen sich jedoch nicht ausschließlich auf die Kinder und Jugendlichen konzentrieren. Vielmehr müssen Eltern und Lehrer ebenfalls mit diesem Thema in Berührung gebracht werden. Denn nicht nur sind diese oftmals selber unvorsichtige Nutzer digitaler Angebote, sondern werden aktuell von den Jugendlichen nicht als geeignete Ansprechpartner wahrgenommen, weswegen die Minderjährigen bei den Netzwerken selber nach Information suchen.[1542] Deren Anbieter sind aber regelmäßig nicht an der Schärfung des Problembewusstseins, sondern an möglichst großzügiger Privatsphärenöffnung interessiert.

Datenvermeidung ist nicht nur für Minderjährige elementar. Denn es reicht nicht, dass Privatsphäre theoretisch existiert. Sie muss auch aktiv in Anspruch genommen werden, um ihren Schutzzweck zu erfüllen.

1540 *Cole*, Big Brother, 68 f.; nicht nur für Minderjährige relevant: *Höch/ Kadelbach*, WRP 2012, 1060 ff., 1067. JIM 2013, 3 bezeichnet „Medienkompetenz als Schlüsselkompetenz des digitalen Zeitalters".

1541 *Niemann/ Schenk*, 399 ff., 309; *Brüggen et al.*, 32 ff., 40.

1542 *Hopf/ Braml*, ZUM 2013, 837 ff., 843 f; *Brüggen et al.*, 32 ff., 43.

Teil 11: Konflikt zwischen Eltern- und Kindeswillen bezüglich Medienberichterstattung

In den vorangegangenen Kapiteln wurde dargestellt, wie weitreichend Eltern (oder sonstige Erziehungsberechtigte) beeinflussen können, ob ein Minderjähriger in den Medien zu sehen ist. Medienpräsenz kann in erster Linie dadurch beeinflusst werden, ob die Einwilligung zu Berichterstattung gegeben wird, oder ob man sich auf öffentlichen Veranstaltungen der anwesenden Presse präsentiert. Doch es gibt noch eine weitere Entscheidung zu treffen, die die Häufigkeit der Berichterstattung elementar mitbeeinflusst. Denn wer sich gegen unzulässige Berichterstattung gerichtlich wehrt, wird ein weitaus unbeliebteres Berichterstattungsobjekt sein, als derjenige, der jegliche Meldung toleriert. Daher kann auch die Bereitschaft zur rechtlichen Gegenwehr, die ebenfalls in den Händen der Eltern liegt, bestimmen, wie oft mit Medienberichterstattung zu rechnen ist.

Die Erziehungsberechtigten dürfen über die Medienpräsenz ihrer Kinder und damit über deren höchstpersönliches Rechtsgut des Allgemeinen Persönlichkeitsrechts (Art. 2 Abs. 1 GG i. V. m. Art. 1 Abs. 1 GG) fremdbestimmen. Selbstverständlich kann es dabei zu Konflikten kommen, wenn der Wille der Eltern nicht mit den Wünschen des Kindes übereinstimmt.

Manche Kinder sind Medienauftritten gegenüber negativ eingestellt, doch deren Eltern sind gezielt daran interessiert, dass ihre Kinder sich den Medien präsentieren. Daraus erhoffen sie sich eine große Karriere für ihr Kind oder das Image des Elternteils als Familienmensch soll von der gezielten Berichterstattung über die Familie profitieren. Daneben gibt es aber auch Erziehungsberechtigte, die ihre Schützlinge aus den Medien heraushalten wollen, bei denen die Kinder aber in die Medien streben.

Auf den ersten Blick werden bei solchen Konflikten immer die Eltern obsiegen, denn bei ihnen liegt die primäre Entscheidungsgewalt über das Leben ihrer minderjährigen Kinder. Doch stehen dem Minderjährigen durchaus Möglichkeiten offen, mit denen er die elterliche Entscheidung einer Überprüfung unterziehen und vielleicht sogar abändern kann.

I. Elternrecht als Elternverantwortung

Das verfassungsrechtlich geschützte Elternrecht (Art. 6 Abs. 2 S. 1 GG) berechtigt Eltern und Erziehungsberechtigte nicht dazu, beliebig mit Kindern zu verfahren.

Das BVerfG formuliert dies wie folgt:

Auch die elterlichen Rechte finden ihre Rechtfertigung letztlich allein im Bedürfnis des Kindes nach Schutz und Hilfe. So wird mit dem Begriff der elterlichen Sorge klargestellt, da[ss] Eltern keinen Machtanspruch gegenüber ihren Kindern haben, da diese kein Rechtsobjekt ihrer Eltern sind [...]. Nur ein derart verstandenes Sorgerecht wird der Stellung des Kindes als Grundrechtsträger gerecht. Das Kind ist ein Wesen mit eigener Menschenwürde und eigenem Recht auf Entfaltung seiner Persönlichkeit im Sinne des Art. 1 Abs. 1 in Verbindung mit Art. 2 Abs. 1 GG. Eine Verfassung, welche die Würde des Menschen in den Mittelpunkt ihrer Gewährleistung stellt, kann bei der Ordnung zwischenmenschlicher Beziehungen grundsätzlich niemandem Rechte an der Person eines anderen einräumen (vgl. BVerfGE 24, 119 (144)). Dem entspricht es, das verfassungsrechtlich geschützte Elternrecht (Art. 6 Abs. 2 Satz 1 GG) als eine komplexe Verknüpfung von Rechten und Pflichten zu sehen, wobei die Pflicht nicht lediglich eine das Recht begrenzende Schranke, sondern einen wesensbestimmenden Bestandteil des Elternrechts darstellt, das insoweit treffender als Elternverantwortung bezeichnet werden kann (vgl. BVerfGE 56, 363 (381 f.).[1543]

Die Bezeichnung des „Elternrechts" als „Elternverantwortung" beschreibt treffend, dass Eltern ihre Aufgaben und ihre daraus entspringenden Rechtsbefugnisse „uneigennützig und verantwortungsbewu[ss]t"[1544] wahrzunehmen haben.[1545] Eltern sind dazu verpflichtet, das Beste für das Wohl ihrer Kinder anzustreben.

Dennoch wird ihnen ein großer Entscheidungsspielraum gewährt. Denn da davon auszugehen ist, dass Eltern tatsächlich im Interesse ihrer Kinder handeln[1546] obliegt ihnen die primäre Interpretationsbefugnis darüber, was das Beste für ihre Kinder ist.[1547] Somit kann ihr Elternwille maßgeblichen Einfluss auf das Leben der Kinder nehmen.

Doch wenn die Entscheidungen und Handlungen objektiv gegen das Kindeswohl verstoßen, ist der Staat dazu verpflichtet, sein Wächteramt aus Art. 6 Abs. 2 S. 2 GG geltend zu machen und zum Schutz der Kinder einzugreifen.[1548]

Das Elternrecht bzw. die Elternverantwortung ist in Art. 6 Abs. 2 S. 1 GG verfassungsrechtlich verankert. Dies ermächtigt Eltern und Erziehungsberechtigte dazu, für ihre Kinder Grundrechte geltend zu machen. Mitunter verleiht Art. 6 Abs. 2 S. 1 GG dabei den Eltern zusätzlich eine eigene Rechtsposition.[1549]

In der hier zu prüfenden Konstellation, in denen Eltern- und Kindeswillen sich widersprechen, sind die grundrechtlich geschützten Rechte der Kinder, wie das

---

1543 BVerfG-Beschluss vom 13.05.1986, Az.: 1 BvR 1542/84 – Elterliche Vertretungsmacht, Rz. 49.

1544 BVerfG-Beschluss vom 13.05.1986, Az.: 1 BvR 1542/84 – Elterliche Vertretungsmacht, Rz. 50.

1545 Ebenfalls passend ist eine weitere Umschreibung, die das Elternrecht als Grundrechtstreuhand zu Gunsten der Kinder beschreibt, siehe *Löhnig*, 17 ff., 17 f.

1546 *Frauenrath*, Grüner Bote 2010, 295 ff., 305.

1547 *Löhnig*, 17 ff., 19; *Röchling*, FRP 2008, 481, 481; *Röchling* in: Anwalt des Kindes, 230 ff., 236.

1548 *Röchling*, FRP 2008, 481, 481.

1549 *Kunig*, Art. 2, Rz. 39; *Stern*, Band III/1, 1072.

Selbstbestimmungsrecht oder das Recht auf Berufsfreiheit, mit dem grundrechtlich geschützten elterlichen Erziehungsrecht abzuwägen.[1550]

II. Anhörung des Kindeswillens

Eltern dürfen den Willen ihrer Kinder nicht ignorieren. Nach § 1626 Abs. 2 BGB haben sie ihre Kinder, je nach Alter und Entwicklungsstand, in Erziehungsfragen miteinzubeziehen und dabei sogar Einverständnis anzustreben.[1551] Dies verpflichtet jedoch nicht dazu, dem Willen der Kinder zu folgen.[1552] Das Beteiligungsrecht Minderjähriger an Entscheidungen erschöpft sich in ihrem Recht, angehört zu werden.[1553]

Das familiengerichtliche Verfahren kennt eine Anhörungspflicht Minderjähriger, wenn Kinder ab dem Alter von 14 Jahren von dem Ergebnis mitbetroffen sind (§ 159 Abs. 1 FamFG). Jüngere Kinder können angehört werden, wenn solch eine Anhörung angezeigt ist, was in Fällen des Konfliktes zwischen Eltern und Kind regelmäßig der Fall ist (§ 159 Abs. 2 FamFG).[1554]

Eine besondere Verpflichtung zur Einbeziehung des Kindes ist für die Berufswahl statuiert (§ 1631a S. 1 BGB). Hier werden die Eltern verpflichtet, auf die Eignung und Neigung, d. h. den Willen des Kindes Rücksicht zu nehmen.

III. Berücksichtigung des Kindeswillens

Es ist nicht generell festgelegt, wann der Wille eines Minderjährigen berücksichtigt werden muss.

1. Kindeswohl als Maßstab

Der zentrale Begriff, an dem sich die Behandlung Minderjähriger orientieren sollte, ist nicht der Kindeswille, sondern das Kindeswohl (§§ 1627 S. 1, 1626 Abs. 3 S. 1, 1697a BGB).[1555] Das Kindeswohl wird als „Gesamtheit der Integritäts- und

---

1550 *Roth*, 227.

1551 *Roth*, 228.

1552 *Röchling*, FRP 2008, 481, 482.

1553 *Röchling* in: Anwalt des Kindes, 230 ff., 236.

1554 *Löhnig*, 17 ff., 27. Eine ähnliche Verpflichtung die Meinung des Kindes in Erfahrung zu bringen, findet sich auch in Art. 10 Abs. 1c) des Europäischen Übereinkommen über die Ausübung von Kinderrechten vom 25.01.1996. Gleiches statuiert die Empfehlung des Europarat-Ministerkomitees über die Mitsprache des Kindes in der Familie und in der Gesellschaft, Empfehlung Nr. R (98) 8 vom 18.09.1998.

1555 BGH-Urteil vom 02.07.1974, Az.: VI ZR 121/73 – Eingriff in ein Persönlichkeitsgut eines Minderjährigen bei kommerzieller Verwertung von Nacktaufnahmen, Rz. 34; Muscheler, 395; Sommer, FRP 2012, 374 ff.. Auch in der UN-Kinderrechtekonvention (siehe hierzu Teil 3 I. 2.) wird in Art. 3 das Wohl des Kindes als zentraler Begriff, an dem alle Handlungen auszurichten sind, definiert, siehe hierzu auch *Baer*, NJW

Entfaltungsinteressen des Kindes mit dem Ziel persönlicher wie ökonomischer Selbstständigkeit“[1556] definiert.

Dennoch ist der Kindeswille ein wichtiges Kriterium zur Feststellung des Kindeswohls.[1557] Daneben muss darauf geachtet werden, was den objektiven bestimmbaren Interessen des Kindes am besten dient.[1558]

2. Kriterien für Berücksichtigung des Kindeswillens

Die verfassungsgerichtliche Rechtsprechung betont die essentielle Bedeutung des Kindeswillens für die Bestimmung des Kindeswohls, denn „[i]n allen Familienrechtssachen gelte, dass es ein Wohl des Kindes gegen seinen Willen nicht gebe, wenn dieser Wille ausreichend formuliert werden könne und auf förderliche Bedingungen zurückgehe.“[1559]

Mit zunehmendem Alter und Reife des Minderjährigen gewinnt dessen Wille zur Bestimmung des Kindeswohls zunehmend an Bedeutung, während die von außen definierten Kindesinteressen immer mehr in den Hintergrund rücken,[1560] sodass regelmäßig dem Kindeswillen der Vorrang zu gewähren sein wird, je näher der Minderjährige der Volljährigkeitsgrenze kommt. Dennoch verschwinden die Kindesinteressen nicht gänzlich. Läuft der Wille ihnen völlig entgegen, kann seine Befolgung unmöglich dem Kindeswohl dienen, denn Minderjährigenschutz bedeutet zuweilen auch einen Schutz des Minderjährigen vor sich selbst.[1561]

Eine zwingend notwendige Voraussetzung für die Befolgung des Kinderwillens ist, dass der Minderjährige die Bedeutung und Konsequenzen seiner Entscheidung versteht.[1562] Dies wird ebenso desto eher anzunehmen sein, je älter der Minderjährige ist.

1993, 2209 ff., 2210. Art. 24 Abs. 2 GrCh erhebt ebenfalls das Kindeswohl zum maßgeblichen Entscheidungsmaßstab.

1556 *Löhnig*, 17 ff., 23.

1557 *Olzen*, § 1666, Rz. 45 ff.

1558 *Löhnig*, 17 ff., 19, 24.

1559 BVerfG-Urteil vom 27.06.2008, Az:: 1 BvR 311/08 – Verletzung von Art. 6 Abs. 2 S. 1 GG durch Ablehnung der Abänderung einer Sorgerechtsentscheidung, Leitsatz 3c, Rz. 39.

1560 BVerfG-Urteil vom 27.06.2008, Az:: 1 BvR 311/08 – Verletzung von Art. 6 Abs. 2 S. 1 GG durch Ablehnung der Abänderung einer Sorgerechtsentscheidung, Leitsatz 3c, Rz. 32; *Löhnig*, 17 ff., 19; *Röchling* in: Anwalt des Kindes, 230 ff., 230; *Olzen*, § 1666, Rz. 43. Art. 24 Abs. 1 S. 3 GrCh statuiert ebenfalls, dass die Meinung von Kindern in Angelegenheiten, in denen sie selbst betroffen sind, ihrem Alter und Reifegrad entsprechend berücksichtigt wird.

1561 *Röchling*, FRP 2008, 481, 481; *Röchling* in: Anwalt des Kindes, 230 ff., 235; *Löhnig*, 17 ff., 19.

1562 BVerfG-Urteil vom 09.02.1982, Az.: 1 BvR 845/79 – Schweigepflicht der Schülerberater gegenüber Erziehungsberechtigten, Rz. 90.

Zudem beachtet das BVerfG einen Kindeswillen dann in besonderer Weise, wenn er bestimmte Qualitätskriterien erfüllt.[1563] Hierfür muss er zweifelsfrei, konstant und nachvollziehbar sein.[1564] Hingegen bedarf es nicht zwingend einer ausgefeilten Begründung für den jeweiligen Willen. Das BVerfG erkennt an, dass die Begründungsfähigkeit erst mit zunehmendem Alter vorhanden ist.[1565] Zudem seien gerade emotionale Entscheidungen und Empfindungen oft nur schwer mit sachlichen Gründen zu belegen.[1566]

3. Etablierung einer medienrechtlichen Teilmündigkeit

Diese zunehmende Selbstständigkeit und Eigenverantwortlichkeit, die dem Minderjährigen mit den Jahren zugetraut wird, findet ihren Ausdruck in der Normierung verschiedener Teilmündigkeiten, die das Elternrecht schon vor Vollendung des 18. Lebensjahres zurückdrängen.[1567] In diesen Bereichen wird das Elternrecht „überflüssig und gegenstandslos".[1568]

Die medienrechtliche Mitbestimmung, die Minderjährigen ab 14 Jahren gewährt wird,[1569] ist keine solche Teilmündigkeit, denn sie ermächtigt nicht zum eigenverantwortlichen Handeln des Minderjährigen, sondern verleiht lediglich ein Vetorecht.

Echte Teilmündigkeiten sind in §§ 112, 113 BGB normiert. § 112 BGB verleiht Minderjährigen partielle unbeschränkte Geschäftsfähigkeit zum selbstständigen Betrieb eines Erwerbsgeschäftes.[1570] Nach § 113 BGB werden Minderjährige partiell voll geschäftsfähig, wenn sie mit Einwilligung ihrer gesetzlichen Vertreter ein Dienst- oder Arbeitsverhältnis aufnehmen.[1571] Die beschränkte Geschäftsfähigkeit soll die Jugendlichen nicht an der Aufnahme einer beruflichen Tätigkeit hindern.

Eine direkte Anwendung auf alle in den Medien tätige Jugendlichen lässt sich aus dem Wortlaut dieser Teilmündigkeiten nicht herleiten. Da die Teilmündigkeiten die Berufstätigkeit Jugendlicher ermöglichen sollen, könnte man darauf

---

1563 BVerfG-Urteil vom 27.06.2008, Az:: 1 BvR 311/08 – Verletzung von Art. 6 Abs. 2 S. 1 GG durch Ablehnung der Abänderung einer Sorgerechtsentscheidung, Leitsatz 3c, Rz. 39.

1564 S. o.

1565 BVerfG-Urteil vom 27.06.2008, Az:: 1 BvR 311/08 – Verletzung von Art. 6 Abs. 2 S. 1 GG durch Ablehnung der Abänderung einer Sorgerechtsentscheidung, Leitsatz 3c, Rz. 38.

1566 S. o.

1567 BVerfG-Urteil vom 09.02.1982, Az.: 1 BvR 845/79 – Schweigepflicht der Schülerberater gegenüber Erziehungsberechtigten, Rz. 77, 90. An der letztgenannten Fundstelle sind die wichtigsten Teilmündigkeiten aufgeführt.

1568 S. o.

1569 Siehe unten Teil 5 V. 6.

1570 *Schmitt,* § 112, Rz. 1.

1571 *Schmitt,* § 113, Rz. 2.

schließen, dass Jugendliche in medienrechtlicher Hinsicht ebenfalls wie Erwachsene behandelt werden sollten, solange sie einer beruflichen Tätigkeit nachgehen, zu der auch Prominenz und Medienberichterstattung gehört.

Eine analoge Anwendung der §§ 112, 113 BGB eröffnete neue Besprechungsmöglichkeiten für die Medien. Denn Jugendliche, die in der Öffentlichkeit stehen, wären danach zu behandeln wie Erwachsene. Zwar wird ihr Privatleben nicht schutzlos gestellt, doch der erhöhte Schutz Minderjähriger bliebe aus. Die Berufswahl der Jugendlichen käme einer Verwirkung des medienrechtlichen Minderjährigenschutzes gleich.

Es entspricht einem Grundgedanken des Minderjährigenschutzes, Minderjährige nur eingeschränkt den Konsequenzen ihres Handelns auszusetzen. Nicht jeder Fehltritt soll gleich öffentlich bekannt werden. Die Jugendlichen sollen sich möglichst ungestört entwickeln können, ohne dass die im Entwicklungsstadium getroffenen Entscheidungen sie für immer verfolgen.

Diese Grundsätze würden durch eine analoge Anwendung der §§ 112, 113 BGB verletzt.

Die Intention der BGB-Vorschriften besteht darin, den Jugendlichen eine berufliche Ausbildung und Tätigkeit, während der sie die Rechte eines Erwachsenen wahrnehmen können, zu ermöglichen. Nichtsdestotrotz werden die Jugendlichen während dieser Tätigkeit ständig überwacht. Sie sind einem Erwachsenen nicht völlig gleichgestellt, sondern durch besondere Regelungen für minderjährige Arbeitnehmer geschützt. Auch die Selbstständigkeit können sie erst dann erlangen, wenn das Familiengericht ihr Vorhaben überprüft und genehmigt hat.[1572] Die Jugendlichen sind frei, in beruflicher Hinsicht eigene Entscheidungen zu treffen, gelten in ihrem Privatleben allerdings weiterhin als nur beschränkt geschäftsfähig. Sie werden nicht als Volljährige behandelt und unterstehen in privaten Dingen weiterhin der Vormundschaft ihrer Eltern.

Selbst wenn die Jugendlichen die Karriere einer Medienpersönlichkeit aufnehmen dürfen, ist es demnach legitim, ihr Privatleben weiterhin wie das von Minderjährigen zu behandeln. Dies kann auch bedeuten, dass die Jugendlichen dabei vor sich selbst geschützt werden. Möchten sie dennoch im Zentrum der Medienaufmerksamkeit stehen, können sie in Berichterstattungen einwilligen.[1573] Sind sie jedoch rein privat unterwegs, sind sie von den Medien als normale Jugendliche zu behandeln. Dadurch wird ihnen auch ermöglicht, den Medien den Rücken zu kehren, wenn sich der Berufswunsch im Laufe des Erwachsenwerdens doch noch einmal ändern sollte.

1572 § 112 Abs. 1 S. 1 BGB

1573 Diese Einwilligung erfolgt entweder in Doppelzuständigkeit oder womöglich unter analoger Anwendung des §§ 112, 113 BGB.

4. Selbstständigkeit als Erziehungsziel

Jenseits von speziell normierten Teilmündigkeiten muss bei einem Konflikt zwischen Kindes- und Elternwillen, zwischen Selbstbestimmungsrecht und -fähigkeit des Minderjährigen und der elternseitigen Verantwortung zur Wahrung des Kindeswohls abgestimmt werden.[1574] Da die Eltern in diesem Fall den Kindeswillen nicht berücksichtigen wollen, kann sich ein überwiegendes Kindeswohl nur aus dessen anderem Element, den gewichtigen Kindesinteressen ergeben.

Eine fixe Altersgrenze für die Berücksichtigung des Kinderwillens existiert nicht. In der Rechtsprechung lassen sich Beispiele dafür finden, dass eine Entscheidungsfähigkeit schon ab 10 Jahren für möglich gehalten wurde.[1575]

Gerade wenn höchstpersönliche Rechte des Minderjährigen betroffen sind, sei die Regel, dass „der zwar noch Unmündige, aber schon Urteilsfähige"[1576] zur eigenständigen Entscheidung befugt sei.[1577]

Die Fähigkeit der Minderjährigen zur Selbstbestimmung sollte auch aktiv von den Eltern gefördert werden. Das Ziel einer jeden Erziehung Minderjähriger und damit auch der Maßstab für jegliche Bestimmung des Kindeswohls durch die Eltern sei die Entwicklung des Minderjährigen zu einer „eigenverantwortlichen und gemeinschaftsfähigen Persönlichkeit".[1578] Auch der BGH stellt fest, dass Erziehung zur „freien Entfaltung der Persönlichkeit und Erreichung der Selbstständigkeit des Minderjährigen führen"[1579] sollte.

IV. Handlungsmöglichkeiten bei einem Konflikt zwischen Eltern und Kind bezüglich Medienberichterstattung

Es sind zwei Richtungen denkbar, in denen sich ein Konflikt zwischen Eltern und minderjährigem Kind bezüglich dem Umgang mit Medien entzünden kann.

Im ersten möglichen Sachverhalt begehrt der Minderjährige, nicht in den Medien aufzutauchen, doch seine Eltern möchten ihn dazu bewegen. Dies kann der Fall sein, wenn die Medienberichterstattung der (erhofften) Karriere der Eltern oder des Kindes dienen soll. Eine weniger dramatische Konstellation wäre gegeben,

---

1574 BVerfG-Urteil vom 09.02.1982, Az.: 1 BvR 845/79 – Schweigepflicht der Schülerberater gegenüber Erziehungsberechtigten, Rz. 90. *Röchling* in: Anwalt des Kindes, 230 ff., 236.

1575 M. w. N. *Coester*, § 1666, Rz. 77.

1576 BVerfG-Urteil vom 09.02.1982, Az.: 1 BvR 845/79 – Schweigepflicht der Schülerberater gegenüber Erziehungsberechtigten, Rz. 90.

1577 *Coester*, § 1666, Rz. 76.

1578 BVerfG-Urteil vom 27.06.2008, Az.: 1 BvR 311/08 – Verletzung von Art. 6 Abs. 2 S. 1 GG durch Ablehnung der Abänderung einer Sorgerechtsentscheidung, Leitsatz 3c, Rz. 32. Ebenso *Olzen*, § 1666, Rz. 43

1579 BGH-Urteil vom 02.07.1974, Az.: VI ZR 121/73 – Eingriff in ein Persönlichkeitsgut eines Minderjährigen bei kommerzieller Verwertung von Nacktaufnahmen, Rz. 34.

wenn die Eltern sich weigern, gerichtlich gegen eine rechtlich unzulässige Berichterstattung über den Minderjährigen vorzugehen, obwohl dieser darum bittet.

In diesen Fällen ist der Minderjährige nicht den Entscheidungen der Eltern ausgeliefert, sondern kann sich dagegen wehren. Ob die verfügbaren Maßnahmen von Erfolg gekrönt sind, hängt vom jeweiligen Einzelfall ab.

Die zweite Alternative wäre gegeben, wenn ein Minderjähriger anstrebt, in den Medien aufzutauchen, sei es aus Karriereplänen oder aus purer Freude an der Darstellung, aber die Erziehungsberechtigten ihr hierfür notwendiges Einverständnis verweigern.

1. Maßnahmen der Kinder- und Jugendhilfe

Das geringste Mittel und damit regelmäßig die erste Anlaufstelle, die dem Minderjährigen zur Verfügung steht, wäre eine Maßnahme der Kinder- und Jugendhilfe nach SGB VIII. Diese haben zur Zielsetzung, die ganze Familie bei ihrem alltäglichen Leben zu unterstützen. Maßnahmen nach SGB VIII werden daher nur ergriffen, wenn die Eltern sich damit einverstanden erklären.[1580]

Natürlich wäre auch bei den hier untersuchten, hochstrittigen Fallgestaltungen wünschenswert, dass Eltern und Kinder zu einer einvernehmlichen Lösung kommen. Dabei können die Träger der Jugendhilfe aktive Unterstützung leisten.[1581]

Geht man jedoch davon aus, dass der Konflikt trotz Beratung und sonstiger Bemühungen nicht beigelegt werden kann, stößt die Kinder- und Jugendhilfe schnell an ihre Grenzen. Maßnahmen gegen den Willen der Eltern sind nur dann möglich, wenn eine Kindeswohlgefährdung vorliegt, die die Grenze des § 1666 Abs. 1 BGB überschreitet. In solchen Fällen kann die Kinder- und Jugendhilfe nach § 1 Abs. 2 S. 2 SGB VIII tätig werden.[1582]

Um eine Kindeswohlgefährdung zu bejahen, reicht nicht jede leichte Gefährdung aus, vielmehr muss ein „bereits eingetretener Schaden des Kindes oder eine gegenwärtige, in einem solchen Maße vorhandene Gefahr, dass sich bei seiner weiteren Entwicklung eine erhebliche Schädigung mit ziemlicher Sicherheit voraussehen lässt“[1583] vorliegen. Dabei ist weiter zu respektieren, dass die Erziehungsberechtigten das Wohl des Kindes auszulegen haben. Somit besteht kein Recht des Kindes auf die objektiv beste Behandlung, sondern auf die Entscheidungen, die die Eltern im Hinblick auf das Kindeswohl für das Beste halten.[1584]

1580 *Tillmanns, K.*, Rz. 1.

1581 *Tillmanns, K.*, Rz. 11.

1582 *Tillmanns, K.*, Rz. 5.

1583 BVerfG-Beschluss vom 29.01.2010, Az.: 1 BvR 374/09, Voraussetzungen für die teilweise Entziehung des elterlichen Sorgerechts, Rz. 41.

1584 BVerfG-Beschluss vom 29.01.2010, Az.: 1 BvR 374/09, Voraussetzungen für die teilweise Entziehung des elterlichen Sorgerechts, Rz. 33.

Verhaltensweisen, die nach objektiven Maßstäben eindeutig abzulehnen wären, z. B. ungesunde Ernährungsweise oder Rauchen vor den Kindern, aber nicht schwer genug für einen Eingriff in das Elternrecht wiegen, lösen daher keine Maßnahme nach § 1666 BGB aus.[1585] Selbst wenn die begehrte Handlung des Kindes in den Schutzbereich eines Grundrechts fällt, dürfen Eltern die Vornahme der Handlung mit Hinweis auf das Kindeswohl verbieten, ohne dass der Staat etwas dagegen unternehmen kann, solange keine erhebliche Kindeswohlgefährdung droht.[1586]

Interessant für die hier untersuchte Fallkonstellation ist, dass Verletzungen der Privat- und Intimsphäre von Minderjährigen im Einzelfall als schwerwiegend genug angesehen werden, um eine Kindeswohlgefährdung darzustellen.[1587] Die Intimsphäre des Minderjährigen sei dabei umso mehr zu achten, je älter dieser sei.[1588]

Im Gerichtsverfahren werden Kindeswohlgefährdungen im Zweifelsfall durch Sachverständigengutachten festgestellt.[1589] In anderen Sachgebieten, z. B. bei Fragen der Impfung, können sich die Gerichte zudem an den Empfehlungen renommierter Institutionen orientieren.[1590] Solche allumfassenden, allgemeinen Leitlinien gibt es für den Umgang mit Medien nicht.

Es gibt Fälle, in denen eine Kindeswohlgefährdung zweifelsfrei anzunehmen ist, z.B. wenn Kinder körperlich misshandelt werden, so wie dies bei der in der Einleitung zitierten Super Nanny-Sendung der Fall war.[1591] Auch das Vorhaben für eine Filmrolle gesunde Zähne ziehen zu lassen, wie es im „Sindbad-Casting" angedacht wurde, ist als Kindeswohlgefährdung anzusehen, denn das Kind ist dadurch nachhaltig körperlich geschädigt.[1592] Auch die Idee ein Kind stundenlang alleine in der Wüste auszusetzen, um die für den Dreh notwendigen Emotionen zu erzeugen, ist eindeutig eine Gefährdung des Kindeswohls, denn auch wenn kein physischer Schaden entstehen sollte, ist naheliegend, dass die Minderjährigen durch die Erfahrung nachhaltig traumatisiert werden.[1593]

Doch wird es in den hier betrachteten Konstellationen in den seltensten Fällen um eine eindeutige Kindeswohlgefährdung gehen. In weniger drastischen Fällen wird häufig umstritten sein, ob das Kindeswohl bereits gefährdet ist, sodass eine richterliche Klärung über kurz oder lang nicht vermieden werden kann.

Die Maßnahmen der Kinder- und Jugendhilfe nach SGB VIII können zwar zwischen den Fronten vermitteln. In hochstrittigen Fällen wird sich eine gerichtliche

---

1585 *Olzen*, § 1666, Rz. 51.
1586 *Roth*, 229.
1587 *Coester*, § 1666, Rz. 157.
1588 *Olzen*, § 1666, Rz. 112.
1589 *Coester*, § 1666, Rz. 72 f.
1590 *Brissa*, JR 2012, 401 ff., 402.
1591 S. o. Teil 1 III. 2 b).
1592 S. o. Teil 1 III. 1.
1593 S. o.

Klärung jedoch nicht vermeiden lassen. Sollte ein Anspruch aus § 1666 BGB erfolgreich durchgesetzt werden, kann die Kinder- und Jugendhilfe, die regelmäßig schon während des Prozesses beteiligt ist, auch wieder ins Spiel kommen, wenn das Gericht anordnet, dass die Parteien die Angebote und vorgeschlagenen Maßnahmen der Kinder- und Jugendhilfe wahrzunehmen haben.[1594]

2. Gerichtliche Maßnahmen bei Kindeswohlgefährdung nach § 1666 BGB

Bei Gefährdungen des Kindeswohls oder des Vermögens eines Minderjährigen, können nach § 1666 BGB durch das Familiengericht Maßnahmen angeordnet werden. Diese Möglichkeit ist der Ausdruck des staatlichen Wächteramts des Art. 6 Abs. 2 S. 2 GG.[1595] Die Kindergrundrechte werden vor ernsthafter Gefährdung bewahrt, auch wenn damit Eingriffe in das Elternrecht aus Art. 6 Abs. 2 S. 1 GG verbunden sind.

Voraussetzung für Maßnahmen nach § 1666 BGB ist, dass das körperliche, seelische oder geistige Kindeswohl oder das Vermögen des Minderjährigen gefährdet ist (§ 1666 Abs. 1 BGB).[1596]

Der Anspruch aus § 1666 BGB ist subsidiär. Er greift nur soweit die Eltern nicht gewillt oder nicht in der Lage sind, die Kindeswohl- oder Vermögensgefährdung selbstständig abzustellen.

Als Rechtsfolge ist eine weite Bandbreite von Möglichkeiten eröffnet, die in § 1666 Abs. 3 BGB nicht abschließend aufgezählt ist. Auch gänzlich andere Maßnahmen sind möglich, soweit sie zum Schutz des Kindeswohls erforderlich sind.[1597] Dabei ist besonders darauf zu achten, dass jegliche angeordnete Rechtsfolge verhältnismäßig ist, denn diese stellt immer einen Eingriff in das verfassungsrechtlich geschützte Elternrecht dar.[1598]

Für die hier aufgeworfene Problemlage könnte insbesondere eine Ersetzung einzelner Willenserklärungen nach § 1666 Abs. 3 Nr. 5 BGB Abhilfe schaffen. Zudem kann das Gericht die Eltern zwar nicht dazu verpflichten, im Namen des Kindes Gerichtsverfahren zu führen, doch es kann dem Minderjährigen direkt einen Prozessvertreter zur Seite stellen, der sich darum kümmert.[1599]

Im Extremfall wäre ein teilweiser Sorgerechtsentzug anzudenken, der dazu führt, dass dem Minderjährigen für den Teilbereich „Umgang mit Medien“ ein Ergänzungspfleger nach § 1909 Abs. 1 S. 1 BGB bestellt würde.

1594 *Olzen,* § 1666, Rz. 22.
1595 *Olzen,* § 1666, Rz. 1.
1596 Zum Begriff des Kindeswohls s. o. Teil 3 III. 4.
1597 *Olzen,* § 1666, Rz. 149 f.
1598 *Olzen,* § 1666, Rz 1.
1599 *Olzen,* § 1666, Rz. 204.

Für ein Verfahren nach § 1666 BGB ist das Familiengericht sachlich zuständig (§§ 23b GVG, 111 Nr. 2, 151 Nr. 1 FamFG). Dieses wird von Amts wegen tätig (§ 26 FamFG), sobald es von einer Kindeswohlgefährdung erfährt.[1600] Die hierzu erforderliche Anregung kann demnach vom betroffenen Minderjährigen selbst, aber auch von Lehrern oder Dritten kommen.[1601]

Ein Jugendlicher ab dem Alter von 14 Jahren gilt im familienrechtlichen Verfahren, das seine Person betrifft, als voll verfahrensfähig, § 9 Abs. 1 Nr. 3 FamFG. Demnach kann er auch selbstständig einen Rechtsanwalt mit der Vertretung seiner Interessen beauftragen und dadurch die Bestellung eines Verfahrensbeistands überflüssig machen (§ 158 Abs. 5 FamFG).

Jüngeren Kindern im Konflikt mit ihren gesetzlichen Vertretern wird nach § 158 Abs. 1, Abs. 2 Nr. 1 FamFG regelmäßig ein Verfahrensbeistand zur Seite gestellt.

Wie schon erwähnt, sind Jugendliche ab Vollendung des 14 Lebensjahres zwingend vor Gericht anzuhören (§ 159 Abs. 1 FamFG), jedoch auch die Anhörung von Kindern unter dem Alter von 14 Jahren wird in den hier besprochenen Sachverhalten regelmäßig angezeigt sein (§ 159 Abs. 2 FamFG).

Liegt eine Kindeswohlgefährdung vor, steht daher eine effektive Bandbreite juristischer Maßnahmen zur Verfügung. Selbstredend muss davon ausgegangen werden, dass nicht jede Kindeswohlgefährdung auch vor Gericht gebracht wird. Schließlich ist die Hemmschwelle sich mit Familienangehörigen vor Gericht auseinanderzusetzen hoch. Zudem werden lediglich besonders reife und gut informierte Minderjährige in der Lage sein aus eigenem Antrieb ein Gerichtsverfahren anzustreben.

3. Verfassungsbeschwerde

Falls die Gerichte in einem Verfahren nach § 1666 BGB auch letztinstanzlich nicht zu dem erhofften Ergebnis gekommen sind, und es sich um einen durch Grundrechte geschützten Sachverhalt handelt, kann auch hier selbstverständlich die Verfassungsbeschwerde vor dem Bundesverfassungsgericht angestrebt werden.[1602]

In diesem Verfahren wäre das Elternrecht aus Art. 6 Abs. 2 S. 1 GG mit den von dem Minderjährigen geltend gemachten Grundrechten, wie seinem Allgemeinem Persönlichkeitsrecht aus Art. 2 Abs. 1 i. V. m. Art. 1 Abs. 1 GG und/ oder seinem Recht auf Berufsfreiheit nach Art. 14 GG, abzuwägen.

1600 *Olzen*, § 1666, Rz. 213.

1601 Lediglich das Jugendamt trifft eine Anzeigepflicht nach § 8a Abs. 3 S. 1 HS. 1 SGB VIII.

1602 Zur Verfahrensfähigkeit Minderjähriger, s. u. Teil 12 III. 1.

V. Medienberichterstattung gegen den Willen des Minderjährigen

Welche Erfolgsaussichten hat ein gerichtliches Vorgehen eines Minderjährigen, der erreichen möchte, dass er nicht mehr mit den Medien zusammenarbeiten muss?

Je nach Anlass der Medienberichterstattung könnte dies erreicht werden, indem den Eltern untersagt würde, weitere Anlässe für Berichterstattung über den Minderjährigen zu schaffen, z. B. indem einem Politiker nicht mehr erlaubt wird, sein Kind bei öffentlichen Anlässen der Presse zu präsentieren oder indem die Zustimmung zu Medienberichterstattung durch das Familiengericht ersetzt und verweigert wird (§ 1666 Abs. 3 Nr. 5 BGB). Im Extremfall könnte den Erziehungsberechtigten das Sorgerecht für diesen Bereich teilweise entzogen werden und ein Ergänzungspfleger nach § 1909 Abs. 1 BGB bestellt werden.

Schließlich könnte der Minderjährige auch begehren, dass die Eltern gegen unzulässige Berichterstattung klagen. Auch hier wäre die Bestellung eines Ergänzungspflegers sicherlich eine geeignete Maßnahme.[1603]

1. Verhinderung der Veranlassung von medienrechtlicher Berichterstattung durch die Erziehungsberechtigten

Wird begehrt, den Eltern gerichtlich zu untersagen, Veranlassung für medienrechtliche Berichterstattung über den Minderjährigen zu schaffen, stünden sich das Elternrecht aus Art. 6 Abs. 2 S. 1 GG und das Recht des Minderjährigen auf Selbstbestimmung seines öffentlichen Auftretens, das aus dem Allgemeinen Persönlichkeitsrecht entstammt (Art. 2 Abs. 1 i. V. m. Art. 1 Abs. 1 GG), entgegen.

Dabei müsste der Umgang der Eltern in Bezug auf die Medien eine erhebliche Kindeswohlgefährdung nach § 1666 BGB darstellen, um ein Eingreifen des Gerichts zu rechtfertigen.

Ein Minderjähriger ab dem Alter von 14 Jahren kann im Rahmen der Doppelzuständigkeit für medienrechtliche Einwilligungen verhindern, dass medienrechtliche Einwilligungen erteilt werden.[1604] Somit ist seinem APR Genüge getan.

Bei Kindern im Alter von unter 14 Jahren sind die Eltern alleine für die Erteilung medienrechtlicher Einwilligungen zuständig. Wenn Kinder konsistent zum Ausdruck bringen, dass sie es nicht mögen, wenn sie von Fotografen fotografiert werden oder wenn sie als prominentes Kind auf der Straße angesprochen werden oder wenn sie in der Schule oder im Freundeskreis gehänselt werden, weil sie in einem Fernsehfilm zu sehen waren und daher nicht mehr bei der Fortsetzung mitwirken möchten, ist kaum ein Fall denkbar, in dem das elterliche Recht das Wohl des Kindes zu definieren, dessen klar geäußerten Willen überstimmen könnte.

1603 *Roth*, 218, 230.
1604 S. o. Teil 5 V. 6.

Zwar mögen Eltern festlegen, dass es dem Kindesinteresse entspricht, bei einer offiziellen Medienproduktion mitzuwirken, doch ist das APR ein höchstpersönliches Recht, sodass der Wille des Minderjährigen besondere Bedeutung erlangt. Die selbstständige Entscheidung ist dem Minderjährigen auch regelmäßig zu zutrauen, denn die Konsequenzen einer Verweigerungshaltung in Bezug auf die Medien sind auch einfach zu überschauen: Arbeitet ein Kind nicht mehr mit den Medien zusammen, wird das negative sowie das positive Medieninteresse abflachen. Die Medienberichterstattung wird abnehmen, was aber gleichzeitig auch bedeutet, dass die Betätigungschancen in der Medienlandschaft weniger werden.

Ein Kind, das unter der Dauerbeobachtung durch die Medien oder unter seinem hohen Bekanntheitsgrad dermaßen leidet, dass es sich in den Konflikt mit seinen Eltern stürzt, wird diese Effekte regelmäßig erstreben.

Beugen sich die Eltern nicht dem Willen des Kindes, sodass weitere Medienberichte folgen, wird der Leidensdruck für das Kind weiter zunehmen, woraus eine erhebliche Gefahr für das geistige Wohl des Minderjährigen resultiert. Zudem sind die langwierig wirkenden Konsequenzen zu beachten, die eine Medienberichterstattung mit sich bringt. Denn eine einmal geöffnete Privatsphäre schließt sich nur langsam wieder.[1605] Demnach wird der Minderjährige noch bis ins Erwachsenenalter hinein mit der unliebsamen Berichterstattung konfrontiert werden. Zwar ist anerkannt, dass die Entscheidungen, die Eltern während ihrer Sorge für das Kind trafen, Nachwirkungen haben können, doch müssen sich diese in einem zumutbaren Rahmen halten, um einen möglichst unbelasteten Start in das Erwachsenenleben zu ermöglichen.[1606]

Daher sind einem Vorgehen des Kindes hohe Erfolgschancen zuzuschreiben, auch wenn eine definitive Aussage sich verbietet, da jegliches Urteil entscheidend vom Sachverhalt im Einzelfall abhängt.

2. Klageverfahren gegen Medienberichterstattung über einen Minderjährigen gegen den Willen der Eltern

Auch die Frage, ob ein Minderjähriger über § 1666 BGB erreichen kann, dass er gegen unzulässige Berichterstattung über seine Person klagen kann, hängt entscheidend vom jeweiligen Einzelfall ab.

Fühlt sich der Minderjährige durch die Berichterstattung stark beeinträchtigt, kann er durch gerichtliche Geltendmachung sicherlich Genugtuung erfahren. Zudem lässt sich beobachten, dass Prominente, die bekanntermaßen jegliche

---

1605 In dieser Veröffentlichung wird empfohlen, dass medienrechtliches Vorverhalten zu Gunsten Minderjähriger in seiner zeitlichen Nachwirkung stark beschränkt wird, siehe hierzu Teil 6 VII. 1.

1606 Für den Bereich der Vermögenssorge: BVerfG-Beschluss vom 13.05.1986, Az.: 1 BvR 1542/84 – Elterliche Vertretungsmacht, Rz. 50. Ebenfalls für allgemein interpretationsfähig hält dies: *Fomferek*, NJW 2004, 393 ff., 412.

Berichterstattung tolerieren oder ignorieren, häufiger in der Presse und im Rundfunk auftauchen, wobei oftmals haarsträubenden Gerüchten oder Spekulationen Raum gegeben wird. Ein Gerichtsverfahren kann demnach dem Schutz des APR nicht nur im Nachhinein, sondern auch präventiv dienlich sein.

Gleichzeitig ist ein Gerichtsverfahren mit erheblichen Kosten- und Zeitaufwand verbunden Die psychische Belastung, die solch ein Verfahren mit sich bringt, darf nicht unterschätzt werden. Schließlich kann es auch in kontraproduktiver Weise noch mehr Aufmerksamkeit auf private Dinge lenken, wenn die Klärung, ob eine Schlagzeile eine unwahre Tatsachenbehauptung darstellte, den Betroffenen dazu zwingt, eine Zeugenaussage über diese Angelegenheit zu machen. Auch der Ausgang eines Gerichtsverfahrens ist immer offen, selbst wenn die Rechtslage in Bezug auf die Medienberichterstattung Minderjähriger eindeutig erscheint.

In Anbetracht dieser Argumente, die sowohl für als auch gegen Gerichtsverfahren zur Verteidigung des Persönlichkeitsrechts sprechen, ist fraglich, wann die Grenze zu einer Kindeswohlgefährdung durch eine mangelnde gerichtliche Rechtsverteidigung erreicht ist. Dies wäre wohl erst dann anzunehmen, wenn in den Medien besonders schwerwiegende Falschbehauptungen oder Tatsachen aus dem Intimleben des Minderjährigen verbreitet werden und der Minderjährige darunter leidet.

VI. Medienberichterstattung gegen den Willen der Eltern

Im entgegengesetzten Fall zieht es den Minderjährigen in die Medien, doch die Eltern möchten dies verhindern. Das Kind ist auf die Mitwirkung seiner Eltern bei der Erteilung einer medienrechtlichen Einwilligung aufgrund der Theorie der Doppelzuständigkeit zwingend angewiesen.[1607]

Auch hier stehen sich das Elternrecht (Art. 6 Abs. 2 S. 1 GG) und das Allgemeine Persönlichkeitsrecht des Kindes (Art. 2 Abs. 1 i. V. m. Art. 1 Abs. 1 GG) gegenüber.

Der Wille des Kindes zur Selbstdarstellung in den Medien ist in diesem Fall zu berücksichtigen, da das Allgemeine Persönlichkeitsrecht ein höchstpersönliches Recht ist und dieser Wille wird umso bedeutender je älter der Minderjährige ist. Doch ist fraglich, ob eine Gefährdung des Kindeswohls im Sinne des § 1666 Abs. 1 BGB entstehen kann, wenn Eltern ihren Kindern nicht erlauben, in den Medien aufzutreten.

Denn zwar ist das Kind sicherlich unglücklich, wenn seinem beständigen Wunsch nach Medienpräsenz nicht nachgegeben wird, doch müsste eine erhebliche psychische Belastung drohen, um zu rechtfertigen, dass in das Elternrecht eingegriffen wird.

Dies wird wohl nur dann der Fall sein, wenn sich das Verbot der Eltern auch auf andere Lebensbereiche des Minderjährigen ausweitet. Dies wäre denkbar, wenn ein Minderjähriger ein begeisterter Sportler ist und ihm hierfür auch ein großes

---

1607 S. u. Teil 5 V. 6.

Talent bestätigt wird, aber die Eltern jegliche Teilnahme an einem Wettkampf verweigern, da sie die dort etwaig entstehende Medienberichterstattung fürchten. In solch einer Konstellation wäre aber nicht der Auftritt in den Medien das zentrale Argument, sondern die sonstige Persönlichkeitsentfaltung durch Ausübung des Hobbies.

Die erwünschte Medienberichterstattung soll womöglich nicht der bloßen Selbstdarstellung, sondern darüber hinaus einem Karriereziel dienen.

Es gibt heutzutage medienaffine Berufsfelder, in denen ohne begleitende Medienberichterstattung kein berufliches Vorankommen möglich ist. Hierbei wären nicht nur Schauspieler und Sänger, sondern auch klassische Musiker oder Sportler, mitunter sogar Politiker, zu nennen. In vielen dieser Berufsfelder beginnt die Karriere oder das medienrelevante öffentliche Wirken schon weit vor dem Erreichen der Volljährigkeit.

Ein klassischer Musiker wird nur dann erfolgreich, wenn er schon als Kind entsprechend gefördert wurde. Dazu gehören nicht nur Unterrichtsstunden, sondern auch Auftritte bei Konzerten und Talentwettbewerben oder die medienwirksam begleitete Aufnahme in ein Konservatorium. Auch Sportler müssen sich schon im Kindesalter mit Gleichaltrigen messen und sind oft noch unter dem Alter von 18 Jahren, wenn sie große sportliche Erfolge feiern, wie eine Teilnahme bei den Olympischen Spielen oder die Aufnahme in eine Nationalmannschaft.

Verweigern Eltern in solchen Fällen die Zustimmung zu medienrechtlicher Berichterstattung, beschneidet dies auch die Möglichkeiten zur Berufsausübung oder Berufswahl.

Auch die Ausbildung und Berufswahl liegt grundsätzlich bis zur Volljährigkeit in den Händen der Eltern.[1608] Nach § 1631a BGB müssen sie bei der Berufswahl

1608 § 113 BGB ist für die Aufnahme einer Arbeitsstelle nicht anwendbar, denn schon nach dem Wortlaut verleiht er nur dann partielle Geschäftsfähigkeit, wenn der gesetzliche Vertreter den Minderjährigen dazu ermächtigt hat, die Arbeitsstelle aufzunehmen. Für die Zustimmung zum Abschluss eines Arbeits- oder Dienstvertrages durch die Minderjährigen bedürfen Eltern keiner Genehmigung durch das Familiengericht, denn die Vorschrift des § 1643 Abs. 1 BGB verweist ausdrücklich nicht auf § 1822 Nr. 7 BGB. Stimmen, die § 1822 Nr. 5 auch auf Arbeits- und Dienstverträge anwenden möchten, um sicherzustellen, dass eine Genehmigung des Familiengerichts auch für die Eltern gemäß § 1643 Abs. 1 BGB notwendig wird, verkennen, dass § 1822 Nr. 7 BGB der Nr. 5 als lex specialis vorgeht und eine derartige ergänzende Erstreckung des Anwendungsbereichs der Nr. 5 daher nicht geboten ist. Zwar ist den Befürwortern zuzustimmen, dass es begrüßenswert wäre, wenn Minderjährige vor zu weitreichenden Verpflichtungen durch ihre Eltern geschützt wären. Doch können Extremsituationen nach Erreichen der Volljährigkeit durch das Recht auf außerordentliche Kündigung nach § 626 BGB aufgefangen werden. Zudem würden die Familiengerichte völlig überlastet, wenn jedes Arbeits- oder Dienstverhältnis Minderjähriger auch durch das Familiengericht genehmigt werden müsste. Dies würde dazu führen, dass eine tiefergehende Prüfung und ein damit einhergehender wirklicher Schutzeffekt nicht gewährleistet werden kann.

jedoch auf Eignung und Neigung des Kindes Rücksicht nehmen. Diese Vorschrift ergänzt die Aufforderung zum Bestreben nach Einvernehmlichkeit aus § 1626 Abs. 2 BGB speziell für den Bereich der Berufswahl.[1609]

Der Wortlaut verpflichtet nur auf Eignung und Neigung des Kindes Rücksicht zu nehmen.[1610] Dies verbietet es, einen völlig ungeeigneten oder ungewollten Beruf auszuwählen. § 1631a statuiert eindeutig nicht, dass der Minderjährige selber über seine Berufswahl bestimmen darf, wobei der Kindeswille nach den oben dargelegten Maßstäben natürlich regelmäßig eine große Rolle spielen sollte.

Des Weiteren sind Eignung und Neigung nur „insbesondere" zu berücksichtigen. Daher dürfen auch andere Faktoren zulässigerweise in die Entscheidung mit einfließen. Bei den hier angesprochenen Berufsgruppen, bei denen eine Vielzahl an interessierten Jugendlichen einer vernichtend geringen Anzahl erfolgreicher Erwachsener, die mit diesen „Traumberufen" wirklich ihren Lebensunterhalt bestreiten können, gegenüberstehen, dürften regelmäßig auch die schlechten Chancen auf dem Arbeitsmarkt gewichtigen Einfluss auf die Entscheidung nehmen.[1611]

In Anbetracht der lockeren Formulierung des § 1631a ist schon zweifelhaft, ob eine Verletzung der Rücksichtnahmepflicht aus dem Verbot eines bestimmten Berufsbildes hergeleitet werden kann. Selbst wenn dies so wäre, ist unwahrscheinlich, dass sich der Minderjährige erfolgreich gerichtlich hiergegen wehren könnte, denn für einen erfolgreichen Anspruch aus § 1666 BGB bedarf es einer erheblichen Kindeswohlgefährdung. Dies wird in den hier besprochen Fällen nur selten anzunehmen sein, denn es wird regelmäßig mit guten Argumenten begründbar sein, dass das Verfolgen eines medienzentrierten Berufs wie Schauspieler, Musiker oder Sportler aufgrund der geringen Erfolgschancen nicht dem Kindeswohl dient. Die objektiven Kindesinteressen können den Kindeswillen hier sicherlich oftmals überwiegen.

Ist die Rücksichtnahmepflicht des § 1631a BGB verletzt, ohne dass dies zu einer erheblichen Kindeswohlgefährdung im Sinne des § 1666 BGB führt, droht den Eltern keinerlei Sanktion.[1612]

Die Erfolgsaussichten einer Klage auf Ermöglichung eines Berufs, zu dessen Aufgabenbereich auch das Auftreten in den Medien gehört, sind daher gering anzusetzen. Eine Kindeswohlgefährdung nach § 1666 BGB ggf. i. V. m. § 1631a BGB dürfte nur für den absoluten Einzelfall anzunehmen sein.

Minderjährige werden daher regelmäßig daran scheitern, Medienberichterstattung über ihre Person gegen den Willen ihrer Eltern gerichtlich durchzusetzen.

Im Ergebnis gleich: M. w. N. *Saar,* § 1822, Rz. 23; a. A. m. w. N. *Fomferek,* NJW 2004, 393 ff., 411 ff.; *Wagenitz,* § 1822 BGB, Rz. 40.

1609 *Huber,* § 1631a, Rz. 1.

1610 *Salgo,* § 1631a, Rz. 13 ff.

1611 *Huber,* § 1631a, Rz. 9.

1612 *Huber,* § 1631a, Rz. 15; *Salgo,* § 1631a, Rz. 6.

Teil 12: Rechtsdurchsetzung

Wer von einer Persönlichkeitsrechtsverletzung betroffen ist, kann sich auf unterschiedlichen Wegen gegen diese zur Wehr setzen. Die erste Maßnahme wird stets ein zivilrechtliches, oder im Extremfall auch ein strafrechtliches Verfahren sein. Verhilft dieses noch nicht zum gewünschten Erfolg, kann man sich vor dem BVerfG auf Grundrechte oder vor dem EGMR auf Menschenrechte berufen.

Für eine erfolgreiche Durchsetzung eines Anspruchs müssen nicht nur dessen materielle Voraussetzungen gegeben sein. Bevor diese überhaupt geprüft werden, müssen alle prozessualen Kriterien erfüllt sein. Minderjährige können sich oft vor Gericht nicht selbst vertreten, da ihnen die Prozess- bzw. die Verfahrensfähigkeit fehlt.[1613]

I. Zivilrechtliche Ansprüche

1. Aktivlegitimation – Individuelle Betroffenheit

Um einen Anspruch materiell erfolgreich durchzusetzen, muss der Anspruchsteller aktiv legitimiert sein. Aktivlegitimation ist gegeben, wenn der Anspruchsteller nachweisen kann, dass er der Inhaber des materiell geltend gemachten Rechts ist. Wird ein persönlichkeitsrechtlicher Anspruch gestellt, liegt Aktivlegitimation vor, wenn der Kläger individuell betroffen ist.[1614] Dafür muss sich die Berichterstattung erkennbar auf ihn beziehen.

Unwesentlich ist, aufgrund welcher Kriterien eine Identifikation ermöglicht wird. Sowohl die Darstellung an sich als auch der bildliche Kontext oder die begleitende Textberichterstattung sind taugliche Anhaltspunkte.[1615] Eine Wiedererkennung im Bekannten- und Familienkreis ist ausreichend.[1616]

Der Anspruchssteller muss unmittelbar selbst von der Darstellung betroffen sein.[1617] Auch wenn die Berichterstattung über einen Straftäter für dessen

---

1613 Ein weiteres elementares prozessuales Erfordernis ist die internationale Zuständigkeit der deutschen Gerichte. Gerade in Hinblick auf die „Neuen Medien" ist eindeutig, dass Berichterstattung in zunehmendem Maße Landesgrenzen überschreitet. Wann deutsche Gerichte bei grenzüberschreitenden Persönlichkeitsrechtsverletzungen zuständig sind, kann an dieser Stelle nicht ausgeführt werden, findet sich aber in der einschlägigen Literatur detailliert ausgeführt, z. B. *Pichler* oder *Kubis.*

1614 *Rehbock/ Gaudlitz*, Rz. 248; *Damm/ Rehbock/ Smid,* 306.

1615 *Klass* in: Westermann et al., Anh zu § 12, Rz. 84

1616 *Brändel,* 593 ff., Rz. 23.

1617 *Meyer,* 1165.

Verwandte äußerst unangenehm sein kann, reicht solch eine Fernwirkung für eine Aktivlegitimation nicht aus.[1618]

Hingegen ist nicht erforderlich, dass der Anspruchssteller etwas von der Berichterstattung mitbekommt. Selbst Kleinkinder und Babys können als individuell Betroffene aktiv legitimiert sein, solange sie durch die Darstellung erkennbar sind oder, was der Regelfall sein dürfte, aufgrund der Begleitung durch Eltern oder die Textberichterstattung identifiziert werden. Selbst wenn Kleinkinder und Säuglinge von der Berichterstattung nichts merken, ist ihr APR schützenswert, denn wird ihr Alltag konstant beobachtet, werden sich die Erwachsenen in ihrer Umgebung nicht mehr natürlich, sondern vorzeigbar und künstlich verhalten, was ein unbelastetes Aufwachsen behindert.[1619]

Wird das postmortale Persönlichkeitsrecht eines Verstorbenen geltend gemacht, ist die Aktivlegitimation je nach Natur des Anspruchs aufgeteilt. Ideelle Bestandteile des postmortalen Persönlichkeitsrechts können von einer bevollmächtigten Person oder, falls solch eine Bestimmung nicht stattgefunden hat, durch die nächsten Verwandten geltend gemacht werden.[1620] In Bezug auf die vermögenswerten Bestandteile sind die Erben aktiv legitimiert.[1621]

2. Passivlegitimation – Verantwortlichkeit für Berichterstattung

Den richtigen – passiv legitimierten – Beklagten zu ermitteln, ist bei persönlichkeitsrechtlichen Ansprüchen mitunter diffizil. Eine Vielzahl von Personen ist an der Produktion und der Verbreitung von Berichterstattungen beteiligt. Beispielsweise müssen nicht nur Journalisten, sondern auch Bildagenturen, Redakteure, Grafiker, Verleger, Drucker und eine unüberschaubare Vielzahl weiterer Personen tätig werden, bevor eine Zeitschrift am Kiosk verkauft werden kann, bis eine Sendung ausgestrahlt wird oder bis eine Internetseite im Netz zu finden ist.

Die Haftungsregeln für Berichterstattungen sind nicht nur durch Normen, sondern sogleich durch eine ausdifferenzierte Rechtsprechung ausgeformt worden. Eine genaue Darstellung der Verantwortlichkeiten würde daher den hier zur Verfügung stehenden Rahmen sprengen.[1622]

Grundsätzlich haftet derjenige für eine Persönlichkeitsrechtsverletzung, der die Verletzung adäquat kausal verursacht hat (sog. Verursacherprinzip).[1623] Danach

---

1618 *Meyer*, 1165.

1619 BGH-Urteil vom 05.10.2004, Az.: VI ZR 255/03 – Alexandra von Hannover, Rz. 22.

1620 *Damm/ Rehbock/ Smid*, 307; *Brändel*, 603 ff., Rz. 54.

1621 *Brändel*, 603 ff., Rz. 54.

1622 Detaillierte Ausführungen zur Verantwortlichkeit und Haftung in den Medien findet sich unter anderem bei *Soehring/ Hoene*, 666 ff.

1623 *Klass* in: Westermann et al., Anh zu § 12, Rz. 85; *Meyer*, 1166; *Müller*, Persönlichkeitsrecht, 2008, 803 ff., 802.

sind alle Personen, die an einer Veröffentlichung mitgewirkt haben, grundsätzlich alleine oder gemeinschaftlich passiv legitimiert. Lediglich Personen, deren Aufgabenfeld sich auf technische Verbreitungshandlungen beschränkt, wie Drucker oder Grossisten bei Zeitschriften, die Sendeabwicklung im Rundfunk, oder Internet-Provider nach § 7 f. TMG kommen in der Regel nicht in haftungsbegründender Weise mit dem Inhalt in Berührung.[1624]

Daneben kann aber auch eine Haftung für Dritte infrage kommen, wenn die Rechtsverletzung durch ordnungsgemäße Überwachung hätte verhindert werden können. Insbesondere nach außen tretende Führungspersönlichkeiten wie Verleger oder Intendanten können über § 831 oder § 31 BGB analog für das Fehlverhalten ihrer Mitarbeiter zur Verantwortung gezogen werden. Herausgeber, Chefredakteure, Ressortleiter oder verantwortliche Redakteure können – neben der Haftung für eigenes Verhalten – für Dritte einzustehen haben, wenn sie über Einflussmöglichkeiten auf den Betrieb verfügen und entsprechende Überprüfungspflichten pflichtwidrig ausführen.[1625] Eine Besonderheit des Internets ist eine Art „Moderationspflicht" der Host-Provider, die dazu verpflichtet, auf Rechtsverstöße eines Nutzers, auf die man aufmerksam gemacht wurde, mittels einer Rüge oder einer weitergehenden Sanktion zu reagieren.[1626]

Nicht nur Einzelpersonen, auch die Medienunternehmen selbst, das heißt das Verlagshaus oder die Rundfunkanstalt, können für die verbreiteten Persönlichkeitsrechtsverletzungen belangt werden.[1627] Dies kann gerade bei Unterlassungsklagen sinnvoll sein, denn wenn sich der Verlag oder die Rundfunkanstalt als juristische Person durch einen vertretungsberechtigten Repräsentanten verpflichtet, eine Äußerung nicht mehr zu tätigen, wird der Schutzeffekt ungleich größer, als wenn ein einzelner Redakteur solch eine Verpflichtung abgibt und dessen nicht-verpflichteter Kollege die Äußerung kurz darauf weiter verbreitet, ohne an die Unterlassung gebunden zu sein. Aus demselben Grund kann auch eine Inanspruchnahme von Bild- oder Nachrichtenagenturen empfehlenswert sein.[1628]

1624 Da der Unterlassungsanspruch verschuldensunabhängig ist, können auch diese Personen auf Unterlassung, z. B. der Verbreitungshandlung, in Anspruch genommen werden.

1625 BGH-Urteil vom 26.10.1951, Az.: I ZR 8/51 – Constanze I, Leitsatz Nr. 1; *Müller*, Persönlichkeitsrecht, 2008, 803 ff., 802; *Meyer*, 1166; *Damm/ Rehbock/ Smid*, 257 ff.

1626 *Pfeifer*, JZ 2013, 853 ff., 862.

1627 BGH-Urteil vom 05.03.1963, Az.: VI ZR 55/62 – Fernsehansagerin, Rz. 15; *Damm/ Rehbock/ Smid*, 257.

1628 OLG Frankfurt, Urteil vom 23.12.2008, Az.: 11 U 21/08 – Unterlassungsanspruch eines seit Jahrzehnten abgeurteilten inhaftierten Straftäters gegenüber einer Bildagentur, Orientierungssatz 4; *Müller*, Persönlichkeitsrecht, 2008, 803 ff., 803.

3. Prozessfähigkeit, §§ 51 ff. ZPO

Ob Minderjährige eigenständig vor den Zivilgerichten Klage erheben können, entscheidet sich nach deren Prozessfähigkeit, §§ 51 ff. ZPO.

Prozessfähigkeit hat inne, wer vor Gericht prozessfähige Handlungen ausüben kann, d. h. wessen Handlungen aus prozessualer Sicht zu beachten sind. Die Prozessfähigkeit richtet sich gemäß §§ 51 Abs. 1, 52 Abs. 1 ZPO nach den bürgerlichrechtlichen Vorschriften zur Geschäftsfähigkeit. Wer geschäftsfähig ist, ist daher auch prozessfähig.

a) Geschäftsunfähige, § 104 Nr. 1 BGB

Das BGB statuiert für Minderjährige eine abgestufte Geschäftsfähigkeit. Kinder von unter sieben Jahren sind nicht geschäftsfähig, § 104 Nr. 1 BGB. Ihre Handlungen bleiben aus vertragsrechtlicher Sicht wirkungslos, § 105 Abs. 1 BGB.

Im Rechtsverkehr bedarf es daher eines geschäftsfähigen Vertreters, der die Interessen des Geschäftsunfähigen in rechtswirksamer Weise wahrnimmt. Bei Minderjährigen sind im Regelfall die Eltern gemeinsam diese Vertreter, § 1629 Abs. 1 BGB. Sie können im Namen des Kindes Klage erheben, einen Rechtsanwalt damit beauftragen und auch sonstige Prozesshandlungen vornehmen.

b) Beschränkt Geschäftsfähige, §§ 106 ff. BGB

Sobald das siebte Lebensjahr erreicht wurde, gilt der Minderjährige als beschränkt geschäftsfähig im Sinne der §§ 107 – 113 BGB, § 106 BGB. Mit Erreichen der Volljährigkeit, d.h. der Vollendung des 18. Lebensjahres, § 2 BGB, wird die unbeschränkte Geschäftsfähigkeit erlangt.[1629]

Beschränkt Geschäftsfähige können dann rechtswirksame Handlungen ausführen, wenn ihr gesetzlicher Vertreter im Vorfeld in das Rechtsgeschäft einwilligt oder dieses im Nachhinein genehmigt, §§ 107, 108 BGB. Da die Handlungen des beschränkt Geschäftsfähigen von der Zustimmung seines gesetzlichen Vertreters abhängen, ist er insofern nicht prozessfähig.

Das Prozessrecht kennt keine an die beschränkte Geschäftsfähigkeit angelehnte, „beschränkte Prozessfähigkeit".[1630] Demzufolge wirken sich auch die punktuellen Möglichkeiten, die beschränkt Geschäftsfähige haben, um selbstständig Verträge abzuschließen, wie lediglich rechtlich vorteilhafte Geschäfte, § 107 BGB oder die Überlassung von eigenen Mitteln, § 110 BGB, nicht auf die Prozessfähigkeit aus.[1631]

1629 Solange keine krankhafte Störung der Geistestätigkeit vorliegt, § 104 Nr. 2 BGB.

1630 *Lindacher*, § 52, Rz. 4.

1631 *Weth*, § 52, Rz. 4; *Lindacher*, § 52, Rz. 4; *Bendtsen*, § 52, Rz. 5. Eine absolute Mindermeinung fordert wegen des notwendigen Gleichklangs zwischen materiellem und prozessualem Recht, dass beschränkt Geschäftsfähige durch die Einwilligung ihres gesetzlichen Vertreters zur Prozessführung eigenständig Prozessfähigkeit erlangen können müssen, *Koch*, §§ 51, 52, Rz. 8, *Grunsky*, 254. Dies wird heutzutage einhellig

Wie bei jedem Prozessunfähigen können die durch einen Prozessunfähigen ausgeführten Prozesshandlungen durch den gesetzlichen Vertreter der den Prozess übernimmt, nachträglich genehmigt werden.[1632]

Eine begrenzte Anzahl von Rechtsgeschäften können beschränkt Geschäftsfähige vollumfänglich eigenständig vornehmen. So wird ihnen nach § 112 BGB ermöglicht, eigenständig ein Erwerbsgeschäft zu betreiben oder nach § 113 BGB in ein Dienst- oder Arbeitsverhältnis zu treten. Im Rahmen dieser Bereiche werden beschränkt Geschäftsfähige als voll geschäftsfähig behandelt, weswegen im Rahmen der „gegenständlich beschränkten Prozessfähigkeit" die Vornahme von Prozesshandlungen als auch die Mandatierung eines Rechtsanwalts möglich wären.[1633] Während § 113 BGB für medienrechtliche Ansprüche eher uninteressant sein dürfte, ist vorstellbar, dass ein beschränkt geschäftsfähiger Künstler ein Erwerbsgeschäft nach § 112 BGB selbstständig betreibt und in diesem Rahmen als voll Prozessfähiger vor Gericht agiert.[1634]

c) Prozessfähigkeit von Ausländern, § 55 ZPO

Grundsätzlich gilt ein Ausländer vor deutschen Gerichten als prozessfähig, solange er nach den Vorschriften seines Heimatlandes als prozessfähig gilt.[1635] Diese Grundregel wird von § 55 ZPO erweitert, indem Ausländer auch dann als prozessfähig gelten, wenn es ihnen nach ihrem Heimatrecht an der Prozessfähigkeit mangeln würde, sie jedoch die Voraussetzungen des deutschen Rechts für Prozessfähigkeit erfüllen.

d) Unterscheide: Partei- und Postulationsfähigkeit, §§ 50 Abs. 1, 78 Abs. 1 S. 1 ZPO

Prozessfähigkeit ist nicht mit Partei- und Postulationsfähigkeit zu verwechseln.

Parteifähigkeit bestimmt, wer vor Gericht als handlungsfähiges Rechtssubjekt wahrgenommen wird, das klagen oder verklagt werden kann. Jeder Mensch, egal ob minder- oder volljährig, ist parteifähig, denn nach § 50 Abs. 1 ZPO bedarf es

abgelehnt, da die prozessuale Verfolgung eines Anspruchs ungleich herausfordernder als dessen materielle Erzeugung ist. Zudem soll keinem Minderjährigen das Prozesskostenrisiko aufgebürdet werden, *Lindacher*, § 52, Rz. 4. In aktuellen Publikationen vertritt nicht einmal *Grunsky* mehr diese Mindermeinung, *Grunsky/ Baur*, 68.

1632 *Lindacher*, § 52, Rz. 4; *Grunsky/ Baur*, 68.

1633 *Weth*, § 52, Rz. 3; *Grunsky/ Baur*, 68.

1634 Zudem gilt wegen der Höchstpersönlichkeit der Ansprüche in Ehesachen die Ausnahmeregel des § 125 Abs. 1 FamFG, die beschränkt Geschäftsfähigen Verfahrensfähigkeit verleiht.

1635 *Lindacher*, § 55, Rz. 1.

dafür nur der Rechtsfähigkeit, die man schon ab Geburt erlangt, § 1 BGB. Lediglich bei juristischen Personen kann die Parteifähigkeit näher zu prüfen sein.

Postulationsfähigkeit, § 78 Abs. 1 S. 1 ZPO, wird bei allen Gerichtsverfahren relevant, für die nicht das Amtsgericht zuständig ist. In diesem Fall kann eine Partei, obwohl es sich um prozessfähige Personen handelt, keine wirksamen Prozesshandlungen vornehmen. Dafür bedarf es der Vertretung durch einen Rechtsanwalt. Nur dieser kann wirksam Prozesshandlungen vornehmen.

4. Unterlassungsanspruch, § 1004 Abs. 1 BGB analog i. V. m. § 823 Abs. 1 BGB

a) Effektiver, diskreter Rechtsbehelf

Der gängigste medienrechtliche Rechtsbehelf ist der Unterlassungsanspruch nach § 1004 Abs. 1 BGB analog.[1636] Zwar umfasst der Wortlaut des § 1004 Abs. 1 BGB lediglich Eigentumsverletzungen, doch besteht Einigkeit darüber, dass dessen Anwendbarkeit auf alle Verletzungen absoluter Rechte ausgeweitet werden darf.[1637] Damit können auch Verletzungen des APR als sonstiges absolutes Recht nach § 823 Abs. 1 BGB mittels des § 1004 Abs. 1 BGB untersagt werden.[1638]

Der Unterlassungsanspruch ist im Medienrecht sehr beliebt, da er schnell und diskret zum Erfolg verhilft.[1639] Er wirkt effektiv, da er im Wege des einstweiligen Rechtsschutzes nach § 938 ZPO äußerst schnell geltend gemacht werden kann. Im Gegensatz zu Gegendarstellung oder Widerruf, die im Zweifel neue öffentliche Aufmerksamkeit auf die unerwünschte Meldung lenken, wird der Unterlassungsanspruch nur den unmittelbar Beteiligten bekannt, was ihn zu einem taktvollen Instrument macht.

b) Abmahnung

Bevor bei Gericht ein einstweiliges oder ein Hauptsacheverfahren angestrengt wird, muss der Anspruchsgegner abgemahnt werden, indem er auf die Verletzung hingewiesen und zur Abgabe einer strafbewehrten Unterlassungsverpflichtung aufgefordert wird. Diese Abmahnung ist zwar keine Prozessvoraussetzung, hat aber zwei wichtige Vorteile.

Zum einen verhindert eine Abmahnung mit ordnungsgemäßer Fristsetzung, dass dem Anspruchssteller nach § 93 ZPO bei einem sofortigen Anerkenntnis des Anspruchsgegners die Prozesskosten auferlegt werden. Des Weiteren setzt die

---

1636 *Wanckel*, NJW 2009, 3353 ff., 3353.

1637 *Damm/ Rehbock/ Smid*, 299.

1638 Da das gesamte StGB als Schutzgesetz im Sinne des § 823 Abs. 2 BGB gilt, kann auch jegliches strafrechtliche Delikt, das ein absolutes Recht verletzt, mittels § 1004 Abs. 1 BGB auf zivilrechtlichem Weg verfolgt werden.

1639 *Meyer*, 1164.

Abmahnung den Anspruchsgegner von zu erwartenden gerichtlichen Konsequenzen in Kenntnis. Somit hat er die Möglichkeit, eine Schutzschrift bei Gericht einzureichen und dadurch rechtliches Gehör zu erlangen.[1640] Da damit alle Beteiligten gehört wurden, kann das Gericht eine einstweilige Verfügung ohne weitere mündliche Verhandlung, also äußerst rasch, erlassen. Wurde keine Abmahnung ausgesprochen, kann der Richter unter Hinweis auf das erforderliche rechtliche Gehör auf einer mündlichen Verhandlung bestehen, was eine Entscheidung – selbst im Eilverfahren – verzögert.[1641]

Unterwirft sich der Anspruchsgegner, wie aufgefordert, durch Abgabe einer strafbewehrten Unterlassungsverpflichtungserklärung, hat der Anspruchsteller sein Ziel erreicht.[1642] Der Anspruchsgegner verpflichtet sich, unter Androhung der Zahlung einer Geldstrafe bei Zuwiderhandlung, die streitgegenständliche Handlung nicht zu wiederholen.

Erfolgt keine oder nur eine unzureichende Unterlassungsverpflichtungserklärung, wird der Anspruchssteller ein Eilverfahren anstreben.[1643]

c) Voraussetzungen des Unterlassungsanspruchs

Voraussetzungen für einen Unterlassungsanspruch sind eine Verletzung des APR des Anspruchsstellers sowie eine Wiederholungs- oder Erstbegehungsgefahr. Ein Verschulden des Anspruchsgegners ist nicht erforderlich.[1644]

Um eine Verletzung des APR durch Medienberichterstattung festzustellen, muss dieses mit den Kommunikationsgrundrechten abgewogen werden. Bei Berichten über Minderjährige ohne Einwilligung, herrscht schon auf abstrakter Ebene ein Ungleichgewicht zugunsten des APR, sodass eine Zulässigkeit der Berichterstattung nach aktueller Rechtsprechungspraxis nur in Sonderfällen angenommen wird.[1645]

Die verletzende Handlung muss zukünftig drohen, um ein gerichtliches Tätigwerden zu rechtfertigen. Hat die Verletzung, z. B. die rechtswidrige Veröffentlichung bereits einmal stattgefunden, ist die Gefahr einer wiederholten Veröffentlichung, die Wiederholungsgefahr, indiziert.[1646] Sie wird nur dann nicht

---

1640 *Wanckel*, NJW 2009, 3353 ff., 3354.

1641 *Meyer*, 1172.

1642 Dadurch entsteht zwischen den Beteiligten ein Unterlassungsvertrag nach § 311 Abs. 1 BGB.

1643 Auch ein Hauptsacheverfahren kann angestrengt werden. Das Eilverfahren ist wegen der kürzeren Verfahrensdauer jedoch vorzugswürdig. Auf das Eilverfahren muss kein Hauptverfahren folgen. Der Anspruchsgegner kann dieses jedoch über § 926 ZPO erzwingen.

1644 *Klass* in: Westermann et al., Anh zu § 12, Rz. 280; *Meyer*, 1164.

1645 S. o. Teil 4 I. (mit weiteren Nachweisen).

1646 BGH-Urteil vom 12.07.1994, Az.: VI ZR 1/94 – Anprangerung angeblicher inoffizieller Mitarbeiter der STASI durch Veröffentlichung einer Liste mit deren persönlichen

unterstellt, wenn sich der Anspruchsgegner von seiner Verletzungshandlung distanziert, z. B. indem er freiwillig einen Widerruf oder eine Gegendarstellung veröffentlicht.[1647] Eine Wiederholungsgefahr wird auch dann nicht angenommen, wenn die Verbreitungshandlung einen Sonderfall darstellte, sodass die Annahme einer Wiederholung lebensfremd wäre.[1648] Das typische Mittel zur Beseitigung der Wiederholungsgefahr ist jedoch die Abgabe einer strafbewehrten Unterlassungsverpflichtung.[1649]

Seltener erhält der Betroffene schon im Vorfeld von einer Veröffentlichung Kenntnis. Steht die Verletzung des APR greifbar und konkret bevor, ist die für einen Unterlassungsanspruch notwendige Erstbegehungsgefahr gegeben.[1650] Wegen der noch nicht stattgefundenen Veröffentlichung ist das Abfassen eines ausreichend konkreten vorbeugenden Unterlassungsanspruchs äußerst schwierig und selten. Auch die Erstbegehungsgefahr wird durch Abgabe einer strafbewehrten Unterlassungsverpflichtungserklärung beseitigt. Wegen ihres vorbeugenden Charakters und der daher noch nicht stattgefundenen Verletzung des APR wird sogar schon eine ausdrückliche Erklärung, das jeweilige Verhalten nicht auszuüben, für ausreichend angesehen.[1651]

d) Umfang der Unterlassungsverpflichtung

Sind die erforderlichen Voraussetzungen erfüllt, untersagt das Gericht eine konkrete Verletzungshandlung. Die in Anspruch genommenen Medienunternehmen können konkrete Tatsachen oder Fotografien nicht mehr verbreiten, ohne ein Ordnungsgeld zu riskieren. Andere – ebenso persönlichkeitsrechtsverletzende

---

Daten, Rz. 30; *Stender-Vorwachs*, NJW 2010, 1414 ff., 1416; *Damm/ Rehbock/ Smid*, 304; *Meyer*, 1169.

1647 LG Köln, Urteil vom 18.11.2009, Az.: 28 O 123/09 – Voraussetzungen für das Vorliegen einer Wiederholungsgefahr im Zusammenhang mit einer öffentlichen Richtigstellung, Orientierungssatz 6; OLG Köln, 07.11.1989, Az.: 15 U 120/89 – Beseitigung der Wiederholungsgefahr und der Widerrufsvoraussetzungen durch zeitnah veröffentlichte Richtigstellung einer Falschmeldung, Orientierungssatz; *Damm/ Rehbock/ Smid*, 304; *Meyer*, 1169.

1648 *Klass* in: Westermann et al., Anh zu § 12, Rz. 282; *Meyer*, 1169. Ein Sonderfall wäre z. B. bei dem Abdruck eines Kommentars mit verletzendem Inhalt gegeben, denn jeder Kommentar wird in der Regel nur einmal abgedruckt.

1649 BGH-Urteil vom 24.02.1994, Az.: I ZR 59/92 – Auskunft über Notdienste, Leitsatz 2; BGH Beschluss vom 16.11.1995, Az.: I ZR 229/93 – Wegfall der Wiederholungsgefahr II, Leitsatz 1; *Damm/ Rehbock/ Smid*, 304; *Meyer*, 1169.

1650 *Klass* in: Westermann et al., Anh zu § 12, Rz. 282.

1651 BGH-Urteil vom 31.05.2001, Az.: I ZR 106/99 – Berühmungsaufgabe, Leitsatz Nr. 2; BGH-Urteil vom 19.03.1992, Az.: I ZR 166/90 – Ausländischer Investor, Rz. 27; *Meyer*, 1170; a. A. *Damm/ Rehbock/ Smid*, 305, wonach auch die Erstbegehungsgefahr nur mittels einer strafbewehrten Unterlassungsverpflichtungserklärung ausgeräumt werden kann.

Tatsachen oder Bildnisse – sind von der Verpflichtung nicht umfasst. Sie können veröffentlicht werden, ohne gegen die Unterlassungsverpflichtung zu verstoßen. Selbst dasselbe Bild kann zulässigerweise wiederholt werden, wenn es, z. B. durch die begleitende Wortberichterstattung, in einen anderen Kontext eingeordnet wird.[1652] Um diese weiteren Veröffentlichungen zu verhindern, muss jeweils erneut ein Unterlassungsanspruch durchgesetzt werden.

Der BGH betont jedoch, dass „sinngleiche" Persönlichkeitsrechtsverletzungen vom bereits ergangenen Unterlassungstenor umfasst sind.[1653] Die Definition solch einer Sinngleichheit bleibt umstritten.[1654] Jedenfalls eine „kerngleiche" Rechtsverletzung, die im Lauterkeitsrecht noch von einem Unterlassungstenor umfasst wäre, wird als zu weitreichend abgelehnt.[1655]

Entsprechend lehnte der BGH den Vorstoß einzelner Prominenter, jegliche Berichterstattung aus ihrem Privatleben „vorbeugend" oder „generell" zu untersagen, ab.[1656] Mit Hinblick auf die zahlreichen Gestaltungsmöglichkeiten und die daraus resultierenden unterschiedlichen Abwägungsergebnisse könne nicht ausgeschlossen werden, dass eine zukünftige Berichterstattung aus dem Privatleben im Einzelfall zulässig sei.

Diese Rechtsprechung wurde sogar auf die Berichterstattung über Minderjährige ausgeweitet.[1657] Ein Antragssteller, der wiederholt erfolgreich Unterlassungsansprüche durchsetzte, um die Verbreitung von Fotos seiner minderjährigen Kinder zu verhindern, aber erkennen musste, dass er damit immer erst nach begangener Verletzungshandlung zu seinem Recht kam, bemängelte diesen engen Verbotsumfang der Unterlassungsansprüche. Um weitere Persönlichkeitsrechtsverletzungen schon im Vorfeld zu verhindern, begehrte er den Erlass eines generellen Unterlassungstenors, der den Gegnern die Veröffentlichung jeglicher Bildnisse der Kinder bis zum Erreichen deren Volljährigkeit untersagen sollte. Während zwei Instanzen dem Kläger Recht gaben, lehnte der BGH einen generellen Unterlassungstenor als unzulässig ab. Schließlich sei unmöglich vorherzusagen, ob eine der zukünftigen

---

1652 BGH-Urteil vom 13.11.2007, Az.: VI ZR 269/06 – Vorbeugende Unterlassungsklage gegen eine ähnliche oder „kerngleiche" Bildberichterstattung, Rz. 12.

1653 BGH-Urteil vom 23.06.2009, Az.: VI ZR 232/08 – Wilde Frisur des Andrea Casiraghi, Rz. 11; BGH-Urteil vom 09.03.2004, Az.: VI ZR 217/03 – Charlotte Casiraghi I, Rz. 16; *Meyer*, 1172.

1654 *Stender-Vorwachs*, NJW 2010, 1414 ff., 1417; *Frauenrath*, Grüner Bote 2010, 295 ff., 306.

1655 BGH-Urteil vom 13.11.2007, Az.: VI ZR 269/06 – Vorbeugende Unterlassungsklage gegen eine ähnliche oder „kerngleiche" Bildberichterstattung, Leitsatz 1; Rz. 14; *Stender-Vorwachs*, NJW 2010, 1414 ff., 1416; a. A. *Lettl*, ZUM 2008, 2160 ff., 2162.

1656 BGH-Urteil vom 13.11.2007, Az.: VI ZR 269/06 – Vorbeugende Unterlassungsklage gegen eine ähnliche oder „kerngleiche" Bildberichterstattung, Leitsatz 2; *Damm/Rehbock/Smid*, 307.

1657 BGH-Urteil vom 06.10.2009, Az. VI ZR 314/08 – Kinder eines ehemaligen Fußballprofis, Rz. 10; *Meyer*, 1172.

Abbildungen nicht ausnahmsweise zulässig ist und eine Veröffentlichung dem Anspruchsgegner daher grundrechtlich geschützt zustehe.[1658]

Nicht nur rechtliche, auch tatsächliche Begebenheiten können einen Unterlassungsanspruch einschränken. Gerade im Bereich von Druckerzeugnissen, sind erhebliche Produktionszeiten nichts Ungewöhnliches. Wenn zwischen Auftragsvergabe und Auslieferung einer Zeitschrift eine Unterlassungsverpflichtung ausgesprochen wird, bedeutete dies, dass die gesamte Auflage vernichtet werden müsste, um dem Verbreitungsverbot gerecht zu werden. Vor diesem Hintergrund muss der Unterlassungsanspruch mit der Pressefreiheit, Art. 5 Abs. 1 S. 2 GG, in Einklang gebracht werden, was regelmäßig dazu führen wird, dass zur Wahrung der Verhältnismäßigkeit Schwärzungen oder Aufbrauchrechte ausgesprochen werden.[1659]

Gerade bei Kunstwerken kann eine Teiluntersagung mitunter nicht ausreichen. Sind fiktive Figuren in Theaterstücken lebenden Vorbildern nachempfunden und wohnt dieser Anlehnung eine Persönlichkeitsrechtsverletzung inne, kann die verletzende Darstellung so vielschichtig sein, dass sie nur durch ein Gesamtverbot vollständig ausgeräumt werden kann.[1660]

5. Gegendarstellungsanspruch

Der Gegendarstellungsanspruch ermöglicht dem von einer Berichterstattung Betroffenen, sich zeitnah selbst zu seiner Sicht der Dinge zu äußern. Als notwendiges Schutzinstrumentarium des Einzelnen gegen die Übermacht der Massenmedien wurde der Anspruch direkt aus dem Allgemeinen Persönlichkeitsrecht abgeleitet[1661] und hat heute Eingang in verschiedene medienrechtliche Normierungen gefunden.[1662]

1658 Eine ausführliche Auseinandersetzung mit dieser Urteilsserie findet sich unter Teil 12 II. 3.

1659 OLG München, Urteil vom 20.12.1973, Az.: 6 U 3019/73 – Verbot einer Titelverwendung, AfP 1974, 631, Leitsatz 2; OLG Düsseldorf, Beschluss vom 03.10.1984, Az.: 15 U 116/84 – Abwägungspflicht bei Verbreitungsverbot, AfP 1974, 51 ff., 52, Orientierungssatz bezieht sich auf §§ 13 Abs. 3 LPG NRW, 111m Abs. 1 StPO als Rechtsgrundlage; *Damm/ Rehbock/ Smid*, 309; *Meyer*, 1174.

1660 *Klass* in: Westermann et al., Anh zu § 12, Rz. 283.

1661 BVerfG-Urteil vom 04.11.1986, Az.: 1 BvF 1/84 – Zur Vereinbarkeit des Niedersächsischen Landesrundfunkgesetzes vom 23.05.1984 mit dem Grundgesetz, Rz. 192; *Jarass*, NJW 1989, 857 ff., 862.

1662 In den Pressegesetzen, wie z. B. § 11 LPrG NRW, Art. 10 BayPrG und in weiteren Landespressegesetzen in §§ 10 – 12 zu finden, sowie in den Rundfunkgesetzen, z. B. § 18 LRG NRW, Art. 18 BayMG. Die Bedeutung der Gegendarstellung ist auch auf europäischer Ebene anerkannt, u. a. in Art. 28 AVMD-Richtlinie, Empfehlung 1 und Anh 1 der Empfehlung (2006/952/EG) des Europäischen Parlaments und des Rates sowie in Grundsatz 9 der Empfehlung Rec(2003)13 des Ministerkomitees. *Seitz*, 752 ff., Rz. 12 zählt 50 verschiedene gesetzliche Regelungen zum Gegendarstellungsanspruch.

a) *Effektiver, aber öffentlicher Rechtsbehelf*

Auch der Gegendarstellungsanspruch kann im einstweiligen Rechtsschutzverfahren geltend gemacht werden.[1663] Die schnelle und direkte Äußerungsmöglichkeit des Betroffenen macht ihn, gemeinsam mit dem Unterlassungsanspruch, zu einem der beliebtesten Instrumentarien des Medienrechts.[1664] Eine weitere Parallele zum Unterlassungsanspruch besteht darin, dass es auf ein Verschulden nicht ankommt.[1665]

Im Gegensatz zum Unterlassungsanspruch sucht der Gegendarstellungsanspruch die größtmögliche Öffentlichkeit. Daraus erschließt sich, dass er nicht immer das Mittel der Wahl ist, denn die unerwünschte Äußerung wird, wenn auch versehen mit einer eigenen Anmerkung, erneut ins öffentliche Licht gerückt.[1666] Oft befindet sich die angegriffene Berichterstattung jedoch sowieso noch im öffentlichen Bewusstsein, denn der Anspruch auf Gegendarstellung muss zeitnah beim Medienhaus angezeigt werden.[1667]

b) *Wahrheitsunabhängige Tatsachenbehauptung*

Der Gegendarstellungsanspruch eröffnet die Möglichkeit, auf Tatsachenbehauptungen mit eigenen Tatsachenbehauptungen zu reagieren.[1668] Dabei muss die angegriffene Erstmitteilung noch nicht einmal ehrenrührig oder unwahr sein.[1669] Auch die darauf erwiderte Gegendarstellung muss nicht erwiesenermaßen wahr

---

1663 *Rehbock/ Gaudlitz*, 162; *Meyer*, Ziff. 41 Rz. 67 ff., stellt dar, dass mitunter angenommen wird, dass die Verfahrensregelungen zum einstweiligen Rechtsschutz nur analog angewandt werden können, da der Gegendarstellungsanspruch als presserechtliche Rechtsfigur sui generis gilt.

1664 *Seitz,* 752 ff., Rz. 1; *Klass* in: Westermann et al., Anh zu § 12, Rz. 300.

1665 *Klass* in: Westermann et al., Anh zu § 12, Rz. 302.

1666 *Di Fabio*, AfP 1999, 126 ff.; *Seitz,* 752 ff., Rz. 3.

1667 Die jeweiligen Rechtsgrundlagen stellen hierbei unterschiedliche Anforderungen, diese kommen aber zu ähnlichen oder gleichen Ergebnissen, egal ob die Anspruchsstellung „unverzüglich nach Kenntnis der Veröffentlichung", aber vor Ablauf einer Ausschlussfrist (z.B. 3 Monate), bzw. innerhalb einer Aktualitätsgrenze gefordert wird, *Klass* in: Westermann et al., Anh zu § 12, Rz. 303; *Rehbock/ Gaudlitz*, 163; *Meyer*, Ziff. 41, Rz. 40 ff.

1668 *Meyer*, Ziff. 41 Rz. 22. Beinhaltet eine Fotografie eine falsche Tatsachenbehauptung, kann auch auf diese mittels einer schriftlichen Gegendarstellung reagiert werden, *Rehbock/ Gaudlitz*, 166; *Meyer*, Ziff. 41 Rz. 31.

1669 *Rehbock/ Gaudlitz*, 161 f. Kritisch zur „Wahrheitsunabhängigkeit" der Gegendarstellung, *Di Fabio*, AfP 1999, 126 ff..

sein.[1670] Sie darf lediglich nicht offensichtlich falsche, offensichtlich irrtümliche oder rechtsverletzende Aussagen beinhalten.[1671]

Zudem besteht kein Anspruch sich zu äußern, wenn die Erstmitteilung belanglos war, das Medienhaus die Erstmitteilung zwischenzeitlich selber korrigierte oder die Sichtweise des Betroffenen in der Erstmitteilung zur Genüge behandelt wurde.[1672] Aus diesem Grund kann das Risiko eines Gegendarstellungsanspruchs verringert werden, indem die von der Berichterstattung Betroffenen um eine Stellungnahme gebeten werden und diese in die Darstellung aufgenommen wird.

c) *Aufbau der Gegendarstellung*

Da eine einheitliche Regelung nicht existiert, unterscheiden sich die inhaltlichen Anforderungen an Gegendarstellungen je nach anzuwendender Rechtsgrundlage. Eine Überschrift der Meldung als „Gegendarstellung" ist optional.[1673] Regelmäßig werden die streitgegenständlichen Aussagen der Erstmitteilung als komprimierte Zusammenfassung wiederholt, bevor die eigentliche Gegendarstellung folgt.[1674] Anschließend kann der sogenannte „Redaktionsschwanz" angefügt werden, der zwar nicht die Gegendarstellung relativieren darf, aber darauf hinweisen kann, dass die Gegendarstellung aufgrund einer gesetzlichen Abdruckverpflichtung und ohne absoluten Wahrheitsanspruch ergeht.[1675]

d) *Prinzip der Waffengleichheit*

Das Kernstück des Gegendarstellungsanspruchs ist das Prinzip der Waffengleichheit. Da dem Anspruchssteller ermöglicht werden soll seiner eigenen Darstellungsweise trotz der Übermacht der Massenmedien Gehör zu verschaffen, muss die Gegendarstellung auf die gleiche Weise veröffentlicht werden, wie die Erstmitteilung.[1676] Das Ziel ist, all jene zu erreichen, die auch mit der Erstmitteilung in Berührung gekommen sind. Erschien die Erstmitteilung auf dem Titelblatt, hat auch die Gegendarstellung dort zu erscheinen, um all die „Kioskleser" zu erreichen, die regelmäßig nur die Titelseite betrachten.[1677] Selbst Schriftgröße und Art

---

1670 BVerfG-Beschluss vom 14.01.1998, Az.: 1 BvR 1861/93 u. a. – Caroline von Monaco, Leitsatz 2, Rz. 119; *Meyer,* Ziff. 41, Rz. 3.

1671 *Meyer,* Ziff. 41, Rz. 26; BVerfG-Beschluss vom 14.01.1998, Az.: 1 BvR 1861/93 u. a. – Caroline von Monaco, Rz. 119. Offensichtlichkeit wird schon dann abgelehnt, wenn der Anspruchssteller die Erstmitteilung substantiiert bestreitet. Eine Glaubhaftmachung oder gar ein Wahrheitsbeweis sind nicht notwendig, *Meyer,* Ziff. 41, Rz. 28.

1672 BVerfG-Beschluss vom 14.01.1998, Az.: 1 BvR 1861/93 u. a. – Caroline von Monaco, Rz. 120; *Seitz,* 752 ff., Rz. 34 ff.; *Meyer,* Ziff. 41 Rz. 27.

1673 *Meyer,* Ziff. 41 Rz. 16.

1674 *Meyer,* Ziff. 41 Rz. 17.

1675 *Seitz,* 752 ff., Rz. 61 ff.; *Meyer,* Ziff. 41, Rz. 62.

1676 *Seitz,* 752 ff., Rz. 55 ff.; *Meyer,* Ziff. 41 Rz. 47 ff., 55.

1677 BVerfG-Beschluss vom 14.01.1998, Az.: 1 BvR 1861/93 u. a. – Caroline von Monaco, Leitsatz 1; *Meyer,* Ziff. 41 Rz. 33.

der Aufmachung sollen einander entsprechen, wobei rein tatsächliche Grenzen durch den Textumfang der Gegendarstellung erreicht werden können.[1678]

Ein postmortales Recht auf Gegendarstellung existiert nicht. Der Anspruch erlischt mit dem Versterben des Anspruchstellers.[1679]

6. Widerruf, §§ 1004, 823, 824 BGB

Der Widerruf kann als schärfstes Schwert des Äußerungsrechts bezeichnet werden, denn im Gegensatz zu einer Gegendarstellung wird keine Aussage des Betroffenen veröffentlicht, sondern die Redaktion selbst wird verpflichtet, ihre Berichterstattung im eigenen Namen zu korrigieren. Der Anspruch ist auch unter den Namen „Berichtigende Erklärung", „Richtigstellung" oder „Distanzierung" bekannt.[1680]

Als Anspruchsgrundlage kann sowohl ein Folgenbeseitigungsanspruch[1681] nach §§ 1004 BGB analog als auch ein Schadensersatzanspruch[1682] aus § 823 i. V. m. § 249 BGB dienen. Regelmäßig wird sich der Anspruchssteller auf den Folgenbeseitigungsanspruch stützen, denn § 1004 BGB verhilft verschuldensunabhängig[1683] zu einem Widerruf, während für einen deliktischen Schadensersatzanspruch ein Verschulden nachgewiesen werden muss.

a) Nachweis einer unwahren Tatsachenbehauptung

Die erste Voraussetzung für einen Widerruf ist der Nachweis einer unwahren Tatsachenbehauptung. Entsprechend zur strengeren Rechtsfolge des Widerrufs kann von der Wahrheitsunabhängigkeit der Gegendarstellung keine Rede sein. Die Unwahrheit der angegriffenen Tatsachenbehauptung muss nachgewiesen werden. Diese Beweispflicht ist der Grund, wieso der Widerruf in der Regel erst in einem Hauptverfahren gewährt wird.[1684]

Meinungen oder offene Fragen erfüllen das Erfordernis einer unwahren Tatsachenbehauptung nicht. Eindrücke ermöglichen nur dann einen Widerruf, wenn sie zwingend sind.[1685] Selbst wenn sie zutiefst persönlichkeits-

1678 *Klass* in: Westermann et al., Anh zu § 12, Rz. 305; *Meyer,* Ziff. 41 Rz. 34.

1679 *Klass* in: Westermann et al., Anh zu § 12, Rz. 300; *Meyer,* Ziff. 41 Rz. 9.

1680 *Meyer,* Ziff. 43. Rz. 1.

1681 Strittig, ob aus §§ 1004, 823, 824 BGB, *Meyer,* Ziff. 43 Rz. 1, oder direkt aus dem APR hergeleitet, *Kamps,* 2008, Rz. 1.

1682 *Damm/ Rehbock/ Smid,* 317; *Klass* in: Westermann et al., Anh zu § 12, Rz. 293.

1683 BVerfG-Beschluss vom 14.01.1998, Az.: 1 BvR 1861/93 u. a. – Caroline von Monaco, Leitsatz 1; *Klass* in: Westermann et al., Anh zu § 12, Rz. 292; *Meyer,* Ziff. 43 Rz. 125; *Kamps,* 2008, Rz. 2; *Damm/ Rehbock/ Smid,* 321 f.

1684 *Meyer,* Ziff. 43 Rz. 1. Nur ausnahmsweise im e. V., wenn schwere Nachteile drohen, dann mit Zusatz „kann gegenwärtig nicht aufrecht erhalten werden", *Meyer,* Ziff. 43 Rz. 13. Kritisch hierzu *Kamps,* Rz. 78; *Damm/ Rehbock/ Smid,* 336.

1685 *Kamps,* Rz. 10 ff.; *Meyer,* Ziff. 43 Rz. 2 f.

rechtsverletzend ist, kann gegen eine wahre Tatsache kein Widerruf erwirkt werden.[1686]

b) Fortwirkende rechtswidrige Beeinträchtigung

Die unwahre Berichterstattung muss den Anspruchsteller fortwirkend rechtswidrig beeinträchtigen.[1687] Eine fortwirkende Beeinträchtigung ist bei unwahren Tatsachenbehauptungen in Massenmedien regelmäßig gegeben, da diese einen derart großen Verbreitungsgrad erfahren, dass davon auszugehen ist, dass der Anspruchssteller auch zukünftig noch mit den Behauptungen konfrontiert oder in Zusammenhang gebracht wird.

c) Verhältnismäßigkeit

Die Publizierenden zu verpflichten, eine richtigstellende Äußerung im eigenen Namen zu veröffentlichen, stellt einen intensiven Eingriff in deren Kommunikationsgrundrechte dar. Daher muss der Widerruf zugunsten eines legitimen Zwecks ein verhältnismäßiger Eingriff, das heißt geeignet, erforderlich und angemessen sein, um die noch fortdauernde Beeinträchtigung zu beseitigen oder zumindest abzuschwächen.[1688]

Die Genugtuung des Anspruchsstellers ist im Rahmen des Widerrufs kein legitimer Zweck.[1689]

d) Ausschluss

Betroffene Medienhäuser können die Verpflichtung zu einem Widerruf vermeiden, indem sie die angegriffene Berichterstattung freiwillig berichtigen[1690]. Die Veröffentlichung einer Gegendarstellung ist hierbei nicht ausreichend, da sie nur die Entgegnung des Betroffenen und nicht die Berichtigung durch das Medienhaus im eigenen Namen darstellt.[1691]

Zwar kann der pauschalen Aussage, dass nach einiger Zeit kein Widerruf mehr durchgesetzt werden kann, nicht zugestimmt werden. Doch ist beizupflichten, dass der Nachweis einer fortwirkenden Beeinträchtigung schwerer fallen dürfte, je länger die Berichterstattung schon zurück liegt.[1692]

1686 *Klass* in: Westermann et al., Anh zu § 12, Rz. 294.

1687 *Meyer,* Ziff. 43 Rz. 5.

1688 BGH-Urteil vom 20.12.1983, Az.: VI ZR 94/82 – Aktionärsversammlung, Rz. 18; *Kamps,* Rz. 24, 33 ff.; Dieser Prüfungspunkt wird auch als „Rechtsschutzinteresse" bezeichnet, siehe *Damm/ Rehbock/ Smid,* 327 ff.

1689 BGH-Urteil vom 20.12.1983, Az.: VI ZR 94/82 – Aktionärsversammlung, Rz. 18; *Klass* in: Westermann et al., Anh zu § 12, Rz. 292; *Kamps,* Rz. 37.

1690 *Kamps,* Rz. 26 ff.; *Meyer,* Ziff. 43 Rz. 5.

1691 *Kamps,* Rz. 31.

1692 *Meyer,* Ziff. 43 Rz. 6 f.

e) *Rechtsfolge*

Der unter vielen Namen bekannte Widerruf ist nur ein Oberbegriff für unterschiedliche Rechtsfolgen, die je nach Qualität der Rechtsverletzung durch die falsche Tatsachenbehauptung zum Tragen kommen.[1693]

Die strengste Rechtsfolge stellt der sogenannte qualifizierte Widerruf dar, bei dem die Erstmitteilung zusammengefasst wiederholt wird, um anschließend die gesamte Berichterstattung als unwahr zu widerrufen und die tatsächliche Sachlage zu erläutern.[1694]

Die Richtigstellung verpflichtet zu einem erklärenden Beitrag, der missverständliche oder unzutreffende Passagen einer vorhergehenden Berichterstattung aufklärt.[1695] Sie kann auch dann zum Tragen kommen, wenn eine Darstellung zum Veröffentlichungszeitpunkt ordnungsgemäß, da sorgfältig recherchiert war, sich zwischenzeitlich aber als unwahr erwies.[1696]

Ein Anrecht auf Distanzierung besteht, wenn unwahre Tatsachenbehauptungen eines Dritten verbreitet wurden, ohne sich diese zu eigen zu machen, wie es bei der Verbreitung von Zitaten der Fall sein kann.[1697]

Die Nichtaufrechterhaltung stellt eine Ausnahme vom Erfordernis des Unwahrheitsnachweises dar. Sie ist gegeben, wenn die Unwahrheit zwar nicht nachgewiesen werden kann, aber ernstliche Zweifel an der Wahrheit der Aussage existieren.[1698]

Ein weiterer Sonderfall ist die Folgeberichterstattung. Hier wird von dem Grundsatz, dass nicht auf den Inhalt der Berichterstattung Einfluss genommen werden darf,[1699] für den Fall abgewichen, dass über eine erstinstanzliche strafrechtliche Verurteilung berichtet wurde. Folgt in einer höheren Instanz ein Freispruch, muss auch über diesen informiert werden.[1700] Eine ähnliche Regelung wurde für Meldungen in Online-Archiven gefunden.[1701]

Auch der Widerruf unterliegt dem Prinzip der Waffengleichheit, sodass er in derselben Form wie die rechtsverletzende Erstmitteilung ergehen muss.[1702]

1693 BVerfG-Beschluss vom 14.01.1998, Az.: 1 BvR 1861/93 u. a. – Caroline von Monaco, Rz. 126.

1694 *Meyer,* Ziff. 43 Rz. 10; *Kamps,* Rz. 51.

1695 *Klass* in: Westermann et al., Anh zu § 12, Rz. 297; *Meyer,* Ziff. 43 Rz. 11.

1696 *Kamps,* Rz. 56.

1697 *Klass* in: Westermann et al., Anh zu § 12, Rz. 297; *Meyer,* Ziff. 43 Rz. 12; *Kamps,* Rz. 65 ff.

1698 *Kamps,* Rz. 59.

1699 *Kamps,* Rz. 61.

1700 BGH-Urteil vom 30.11.1971, Az.: VI ZR 115/70 – Freispruch, Leitsatz Nr. 1, Rz. 23 ff., 27.

1701 S. o. Teil 6 VI. 2. ff.

1702 S. o. Teil 12 I. 5.; BGH-Urteil vom 15.11.1994, Az.: VI ZR 56/94 – Caroline I, Leitsatz 1; *Klass* in: Westermann et al., Anh zu § 12, Rz. 297; *Meyer,* Ziff. 43 Rz. 14; *Kamps,* Rz. 95 ff.

Nach dem Tod des Antragstellers geht die Aktivlegitimation für einen Widerruf auf dessen nahe Angehörige über.[1703]

7. Geldentschädigung

Um ein Rechtsinstitut wie das APR erfolgreich zu etablieren, müssen auch dessen Verletzungen ausreichend verfolgt werden. Ohne ein Druckmittel würde der Persönlichkeitsrechtsschutz „verkümmern".[1704] Insbesondere in Fällen, in denen die Berichterstattung wahr, aber persönlichkeitsrechtsverletzend ist, steht weder ein Gegendarstellungsanspruch noch ein Widerruf zur Verfügung.[1705] Auch bei einer Verletzung des Rechts am eigenen Bild können Gegendarstellung und Widerruf nur in seltenen Einzelfällen angewandt werden.[1706] Der Unterlassungsanspruch alleine genügt wegen seiner geringen finanziellen und rechtlichen Auswirkungen nicht als Sanktion.

Daher wird direkt aus dem APR, Art. 1 Abs. 1 i. V. m. Art. 2 Abs. 1 GG, ein Anspruch auf Geldentschädigung abgeleitet, dessen Ausgestaltung sich an die zivilrechtlichen Schadensersatzvorschriften aus §§ 823, 249 ff. BGB anlehnt.[1707]

a) Funktionen

Im Gegensatz zu den sonstigen persönlichkeitsrechtlichen Ansprüchen, dient der Geldentschädigungsanspruch einer Ausgleichs- und Genugtuungs- als auch einer Präventionsfunktion.[1708] Durch Geldzufluss sollen die erlittenen Verletzungen ausgeglichen werden. Der Geschädigte soll das Gefühl erhalten, dass ihm Gerechtigkeit widerfahren ist (Genugtuungsfunktion).[1709] Die Präventionsfunktion möchte einen Hemmeffekt erzeugen.[1710] Persönlichkeitsrechtsverletzungen sollen

---

1703 *Klass* in: Westermann et al., Anh zu § 12, Rz. 298.

1704 BGH-Urteil vom 01.12.1999, Az.: I ZR 49/97 – Marlene Dietrich, Rz. 49; BGH-Urteil vom 05.10.2004, Az.: VI ZR 255/03 – Alexandra von Hannover, Rz. 13; BVerfG-Beschluss vom 14.02.1973, Az.: 1 BvR 112/65 – Soraya, Rz. 13.

1705 BGH-Urteil vom 05.10.2004, Az.: VI ZR 255/03 – Alexandra von Hannover, Rz. 14.

1706 BGH-Urteil vom 12.12.1995, Az.: VI ZR 223/94 – Andrea Casiraghi, Rz. 13.

1707 BGH-Urteil vom 01.12.1999, Az.: I ZR 49/97 – Marlene Dietrich, Rz. 49; BGH-Urteil vom 05.10.2004, Az.: VI ZR 255/03 – Alexandra von Hannover, Rz. 13. Hier wird auch betont, dass kein strafrechtlicher Charakter besteht, der eine schriftliche Normierung nach Art. 103 GG erfordern würde; ebenso in BVerfG-Beschluss vom 14.02.1973, Az.: 1 BvR 112/65 – Soraya, Rz. 46.

1708 BGH-Urteil vom 15.11.1994, Az.: VI ZR 56/94 – Caroline I, Rz. 84; BGH-Urteil vom 05.10.2004, Az.: VI ZR 255/03 – Alexandra von Hannover, Rz. 13.

1709 BVerfG-Beschluss vom 14.02.1973, Az.: 1 BvR 112/65 – Soraya, Rz. 13; BGH-Urteil vom 26.01.1971, Az.: VI ZR 95/70 – Liebestropfen, Leitsatz 1.

1710 *Klass* in: Westermann et al., Anh zu § 12, Rz. 314.

sich nicht mehr lohnen, da ein Geldentschädigungsanspruch in spürbarer Höhe droht.[1711]

Da die Genugtuung des Anspruchstellers im Vordergrund steht, ist der Geldentschädigungsanspruch nach dessen Versterben nicht mehr durchsetzbar. Geldentschädigungsansprüche aus APR sind nicht vererblich.[1712]

b) *Schwere Persönlichkeitsrechtsverletzung*

Voraussetzung für einen Geldentschädigungsanspruch ist eine schwere Persönlichkeitsrechtsverletzung. Dabei kann sich die Schwere sowohl aus der Intensität des Privatsphäreneingriffs als auch aus dem Verschuldensgrad ergeben.[1713]

Eine Prüfung der Gesamtumstände hat stattzufinden.[1714] Eine schwere Persönlichkeitsrechtsverletzung ist regelmäßig bei Eingriffen in die Intimsphäre gegeben, aber auch die Störung einer spezifischen Eltern-Kind-Situation könnte man als tauglichen Anhaltspunkt ansehen. Bei Massenmedien kommt insbesondere die hohe Verbreitungswirkung einer verletzenden Berichterstattung erschwerend hinzu.[1715] Der Inhalt der Berichterstattung und deren Aufmachung nehmen entscheidenden Einfluss darauf, ob die Persönlichkeitsrechtsverletzung als schwer gilt.

Ein hoher Verschuldensgrad ist gegeben, wenn die Verletzung besonders leichtfertig oder womöglich wissentlich geschieht.[1716] Auch der Anlass, z. B. die Auflagensteigerung oder sonstiger kommerzieller Nutzen, der aus der Veröffentlichung gezogen wird, kann sich zulasten des Anspruchsgegners auswirken.[1717]

Veröffentlicht ein Medium besonders hartnäckig immer wieder Bildnisse des Antragsstellers, die gegen sein Persönlichkeitsrecht verstoßen, kann schon aufgrund dieser Wiederholungen eine schwere Persönlichkeitsrechtsverletzung anzunehmen sein, obwohl die einzelnen Bildnisse isoliert nicht als solche einzustufen gewesen wären.[1718] Auf Wortberichterstattungen ist dieser Grundsatz nur eingeschränkt anwendbar, da wegen der stets notwendigen Abwägung nur selten eine

---

1711 BGH-Urteil vom 12.12.1995, Az.: VI ZR 223/94 – Andrea Casiraghi, Rz. 14.

1712 *Klass* in: Westermann et al., Anh zu § 12, Rz. 320.

1713 BVerfG-Beschluss vom 14.02.1973, Az.: 1 BvR 112/65 – Soraya, Rz. 13; BGH-Urteil vom 15.11.1994, Az.: VI ZR 56/94 – Caroline I, Rz. 74; BGH-Beschluss vom 30.06.2009, Az.: VI ZR 339/08 – Voraussetzungen des Anspruchs eines Kindes auf Geldentschädigung, Orientierungssatz 1.

1714 BGH-Urteil vom 20.03.2012, Az.: VI ZR 123/11 – Anspruch der Eltern auf Geldentschädigung für die unerlaubte Veröffentlichung eines Porträtfotos ihres bei einem Verkehrsunfall getöteten Kindes, Rz. 15.

1715 BVerfG-Beschluss vom 14.02.1973, Az.: 1 BvR 112/65 – Soraya, Rz. 19.

1716 BVerfG-Beschluss vom 14.02.1973, Az.: 1 BvR 112/65 – Soraya, Rz. 13; BGH-Beschluss vom 30.06.2009, Az.: VI ZR 339/08 – Voraussetzungen des Anspruchs eines Kindes auf Geldentschädigung, Orientierungssatz 1.

1717 BVerfG-Beschluss vom 14.02.1973, Az.: 1 BvR 112/65 – Soraya, Rz. 19

1718 BGH-Urteil vom 12.12.1995, Az.: VI ZR 223/94 – Andrea Casiraghi, Leitsatz.

wissentlich unzulässige Wortberichterstattung vorgeworfen werden kann. Selbst wenn ähnliche Wortberichterstattungen schon angegriffen wurden, ist eine Gleichartigkeit der Verletzungen bei Bildnissen leichter festzustellen, als bei Texten.[1719]

c) *Subsidiarität*

Ein Geldentschädigungsanspruch kommt nur infrage, wenn die Persönlichkeitsrechtsverletzung auf anderem Wege nicht ausreichend ausgeglichen wurde.[1720] Je nach Schwere der Persönlichkeitsrechtsverletzung können schon andere Rechtsbehelfe, wie eine Unterlassungsverpflichtung die Persönlichkeitsrechtsverletzung, zu Genüge sanktioniert haben.[1721] Insbesondere das mit der Unterlassungsverpflichtung verknüpfte Ordnungsmittelverfahren kann eine ausreichende Sanktion darstellen, da es für die Genugtuung des Anspruchsstellers nicht notwendig ist, dass die zu zahlenden Gelder ihm persönlich zufließen.[1722]

Pauschale Regelungen verbieten sich aber auch hier, da der Einzelfall betrachtet werden muss. Selbst wenn in gleicher Sache schon Widerruf und Gegendarstellung ergangen sind, kann ein Geldentschädigungsanspruch noch notwendig sein, zum Beispiel weil der Kern des Persönlichkeitsrechts angegriffen wurde oder die anderen Rechtsbehelfe nur nach langwierigen Gerichtsverfahren und damit verbundenem Zeitablauf ergangen sind.[1723]

1719 OLG HH, Urteil vom 20.05.2008, Az.: 7 U 100/07 – Schwerwiegende Persönlichkeitsverletzung durch mehrfache Wortberichte aus dem Gesichtspunkt der Hartnäckigkeit, Leitsatz 1, Rz. 22 f.

1720 BVerfG-Beschluss vom 14.02.1973, Az.: 1 BvR 112/65 – Soraya, Rz. 13; BGH-Urteil vom 15.11.1994, Az.: VI ZR 56/94 – Caroline I, Rz. 74; BGH-Beschluss vom 30.06.2009, Az.: VI ZR 339/08 – Voraussetzungen des Anspruchs eines Kindes auf Geldentschädigung, Orientierungssatz 1.

1721 BGH-Beschluss vom 30.06.2009, Az.: VI ZR 339/08 – Voraussetzungen des Anspruchs eines Kindes auf Geldentschädigung, Orientierungssatz 1.

1722 BGH-Beschluss vom 30.06.2009, Az.: VI ZR 339/08 – Voraussetzungen des Anspruchs eines Kindes auf Geldentschädigung, Orientierungssatz 1 und 2 – bei dem der Geldentschädigungsanspruch wegen einer generellen Unterlassungsverpflichtung für nicht notwendig gehalten wurde. Solche eine generelle Unterlassungsverpflichtung wurde jedoch vom BGH für unzulässig erklärt (BGH-Urteil vom 06.10.2009, Az. VI ZR 314/08 – Kinder eines ehemaligen Fußballprofis), sodass dieses spezielle Argument in Zukunft keine Wirkung mehr entfalten dürfte. BGH-Urteil vom 20.03.2012, Az.: VI ZR 123/11 – Anspruch der Eltern auf Geldentschädigung für die unerlaubte Veröffentlichung eines Porträtfotos ihres bei einem Verkehrsunfall getöteten Kindes, Rz. 15.

1723 BGH-Urteil vom 15.11.1994, Az.: VI ZR 56/94 – Caroline I, Rz. 76.

d) Höhe des Geldentschädigungsanspruchs

Die Höhe des Geldentschädigungsanspruchs variiert je nach Einzelfall und ist vom Gericht gemäß § 287 ZPO nach freier Überzeugung zu bestimmen.[1724] Sie wird von Genugtuungs- und Präventionsfunktion genauso beeinflusst, wie von der Schwere der Persönlichkeitsrechtsverletzung.[1725]

Besonders wenn die Persönlichkeitsrechtsverletzung wissentlich in Kauf genommen wurde, um kommerzielle Zwecke zu erzielen, orientiert sich die Höhe der Geldentschädigung auch an dem erzielten Gewinn.[1726] Eine Gewinnabschöpfung im klassischen Sinn findet jedoch nicht statt.[1727]

Wird die Geldentschädigung zu hoch bemessen, stellt dies einen unzulässigen Eingriff in die Pressefreiheit dar.[1728]

8. Sonstige zivilrechtliche Ansprüche

a) Schadensersatzanspruch

Im Persönlichkeitsrecht kann ein regulärer zivilrechtlicher Schadensersatzanspruch nach §§ 823 Abs. 1, 249 ff. BGB oder nach § 823 Abs. 2 i. V. m. einem Schutzgesetz, z. B. einer strafrechtlichen Vorschrift oder den §§ 22 f. KUG, geltend gemacht werden, um einen materiellen Schaden auszugleichen. Der häufigste Anwendungsfall ist dabei der Ersatz von Rechtsverteidigungskosten.[1729]

Im Gegensatz zu Unterlassungsanspruch und Widerruf, besteht ein Schadensersatzanspruch nur bei Verschulden des Anspruchsgegners.

b) Bereicherungsanspruch

Im Fall einer kommerziellen Nutzung von Bildnissen oder anderen Teilen der Persönlichkeit wie der Stimme ohne die Einwilligung des Betroffenen, steht diesem ein Bereicherungsanspruch zu, § 812 Abs. 1 S. 1., Alt. 2 BGB (Eingriffskondiktion).[1730] Da der Anspruchsgegner durch die ungenehmigte Verwendung des Persönlichkeitsbestandteils Ausgaben für die Lizenzeinholung auf Kosten des Anspruchsstellers erspart hat, kann eine fiktive Lizenzgebühr erhoben werden.

1724 *Klass* in: Westermann et al., Anh zu § 12, Rz. 318.

1725 BGH-Urteil vom 05.10.2004, Az.: VI ZR 255/03 – Alexandra von Hannover, Leitsatz Nr. 2; BGH-Urteil vom 15.11.1994, Az.: VI ZR 56/94 – Caroline I, Rz. 85.

1726 BGH-Urteil vom 15.11.1994, Az.: VI ZR 56/94 – Caroline I, Leitsatz 2.

1727 BGH-Urteil vom 15.11.1994, Az.: VI ZR 56/94 – Caroline I, Rz. 85; *Klass* in: Westermann et al., Anh zu § 12, Rz. 314.

1728 BVerfG-Beschluss vom 14.02.1973, Az.: 1 BvR 112/65 – Soraya, Rz. 37; BGH-Urteil vom 15.11.1994, Az.: VI ZR 56/94 – Caroline I, Rz. 85.

1729 *Klass* in: Westermann et al., Anh zu § 12, Rz. 308.

1730 *Wanckel* in: Paschke et al., 1186 ff.

Dieser Fall wird insbesondere bei der ungenehmigten Werbung mit einem Prominenten oder bei nicht freigegebenen Merchandisingartikeln relevant.[1731]

c) Auskunftsanspruch

Um zu prüfen, ob etwaige Rechtsbehelfe erfolgsversprechend sind, oder um deren effektive Durchsetzung zu ermöglichen, kann der Anspruchssteller einen Auskunftsanspruch gegen den Anspruchsgegner geltend machen.[1732] Der Inhalt hängt dabei von dem geplanten medienrechtlichen Hauptanspruch ab.[1733] Beispielsweise kann Auskunft darüber verlangt werden, gegenüber wem eine angegriffene Äußerung getätigt wurde.[1734]

II. Reformvorschläge: Vorbeugende Unterlassungsklage und Verbot kerngleicher Berichterstattung

Die Reform prozessualer Instrumente könnte den Minderjährigenschutz effektiv verbessern.

1. Unzulänglichkeit der Rechtsschutzmöglichkeiten

Der am häufigsten geltend gemachte Anspruch bei Persönlichkeitsrechtsverletzungen ist der Unterlassungsanspruch nach § 1004 Abs. 1 i. V. m. § 823 Abs. 1 BGB.[1735] Dieser muss für jede Rechtsverletzung erneut eingeholt werden, da sich sein Tenor stets nur auf die konkrete Verletzungshandlung oder deren sinngleiche Wiederholung bezieht.

Tatsächlich bewirkt die derzeitige Rechtspraxis, dass Medienhäuser eine einmalige Veröffentlichung riskieren, selbst wenn deren Unzulässigkeit naheliegt. Das Risiko solch einer Veröffentlichung ist überschaubar, denn werden sie abgemahnt, geben sie eine Unterlassungserklärung ab und verwenden das nächste Mal eine ähnliche, aber nicht gleiche Berichterstattung. Eine Geldentschädigung kann durch Verpixelung oder andere Maßnahmen leicht vermieden werden, sodass Medienhäuser zum Preis der Anwaltskosten einer Abmahnung unzulässiges Material verwenden können.[1736] Durch den engen Umfang des jeweiligen Unterlassungstenors kann dieses Verhalten beliebig oft wiederholt werden, wobei nur geringe Änderungen an den jeweiligen Berichterstattungen eingehalten werden müssen.

1731 BGH-Urteil vom 14.10.1986, Az.: VI ZR 10/86 – Nena.
1732 *Klass* in: Westermann et al., Anh zu § 12, Rz. 278.
1733 *Wanckel* in: Paschke et al., 1222.
1734 BGH-Urteil vom 06.02.1962, Az.: VI ZR 193/61 – Konstruktionsbüro, Leitsatz.
1735 Näheres zum Unterlassungsanspruch s. o. Teil 12 I. 4.
1736 *Heiland*, 337, bezeichnet die aktuellen Konsequenzen einer Klage für die Presse treffend als „kalkulierbares Risiko".

Die Beschreibung, dass Minderjährige ihrem Rechtsschutz „hinterherlaufen" müssen, könnte treffender nicht sein.[1737] Wie so oft beim Nachlaufen hängen die Minderjährigen als Opfer serienmäßiger Rechtsverstöße stets einen Schritt hinter den Medienhäusern hinterher und sind im wahrsten Sinne des Wortes die „Verlierer".

Berechtigterweise ist an dem derzeitigen engen Unterlassungstenor Kritik laut geworden.

2. Verbot kerngleicher Berichterstattung

Mit Unverständnis wird darauf reagiert, dass die Rechtsprechung das neue Kriterium der „Sinngleichheit" in den Raum stellt, jedoch die von lauterkeitsrechtlichen Unterlassungsansprüchen bekannte „Kerngleichheit" als zu unvorhersehbar ablehnt, obwohl im Lauterkeitsrecht erfolgreich damit gearbeitet wird.[1738]

Zwar ist der Rechtsprechung zuzustimmen, dass der jeweilige Kontext bzw. die Ausrichtung einer Veröffentlichung für deren Zulässigkeit entscheidend ist, doch wäre es ohne Weiteres theoretisch möglich, im Unterlassungstenor zu bestimmen, dass Berichterstattungen in einem speziellen Kontext unterlassen werden sollen.[1739] Dieser Bezug auf gleichartige Bilder oder gleichartige Berichterstattung erhöht das Schutzniveau, da eine Umgehung zumindest erschwert würde.

3. Genereller Unterlassungsanspruch

Ein weitaus höheres Schutzniveau würde durch einen generellen Unterlassungsanspruch erreicht. Dieser versagt nicht nur kerngleiche Berichterstattung, sondern jegliche Berichterstattung bis zum Erreichen der Volljährigkeit. Dabei können einzelne Bereiche, in denen Berichterstattung zulässig ist, zum Beispiel bei öffentlichen Auftritten oder bei der Besprechung medienrelevanten Vorverhaltens, ausgenommen werden.

Ein genereller Unterlassungsanspruch zugunsten Minderjähriger bis zum Erreichen der Volljährigkeit wurde vom LG sowie vom OLG Hamburg zugesprochen.[1740] Allerdings hob der BGH diese Urteile als unzulässig auf.[1741]

1737 OLG Hamburg, Urteil vom 11.11.2008, Az.: 7 U 86/08 – Tochter eines ehemaligen Fußballprofis, Rz. 2b; OLG Hamburg, Urteil vom 24.06.2008, Az.: 7 U 38/08 – Generelles Verbot der Veröffentlichung von Bildnissen eines minderjährigen Kindes eines Prominenten, Rz. 20; LG Hamburg, Urteil vom 13.06.2008, Az.: 324 O 23/08 – Generelles Veröffentlichungsverbot für Fotos minderjähriger Kinder prominenter Eltern ohne deren Einwilligung, Orientierungssatz 1, Rz. 19.

1738 *Lettl*, ZUM 2008, 2160 ff., 2162.

1739 *Lettl*, ZUM 2008, 2160 ff., 2162; *Frauenrath*, Grüner Bote 2010, 295 ff., 306.

1740 LG Hamburg, Urteil vom 13.06.2008, Az.: 324 O 23/08 – Generelles Veröffentlichungsverbot für Fotos minderjähriger Kinder prominenter Eltern ohne deren Einwilligung; OLG Hamburg, Urteil vom 24.06.2008, Az.: 7 U 38/08 – Generelles Verbot der Veröffentlichung von Bildnissen eines minderjährigen Kindes eines Prominenten; OLG Hamburg, Urteil vom 11.11.2008, Az.: 7 U 86/08 – Tochter eines ehemaligen Fußballprofis.

1741 BGH-Urteil vom 06.10.2009, Az. VI ZR 314/08 – Kinder eines ehemaligen Fußballprofis.

Der BGH sowie die ihm folgenden Gegner eines generellen Unterlassungsanspruchs bewerten diesen als unverhältnismäßige Einschränkung der Meinungs- und Pressefreiheit, Art. 5 Abs. 1 GG.[1742] Der BGH verweist in seiner Urteilsbegründung darauf, dass es Minderjährige gibt, die sich mit Zustimmung ihrer Eltern derart extensiv der Presse präsentieren, dass ein Informationsinteresse zu bejahen ist.[1743] Weiter wird ausgeführt, dass ein Unterlassungsanspruch, der bis zum Erreichen der Volljährigkeit gilt, unverhältnismäßig sei, selbst wenn man zugestehe, dass das Überwiegen des Informationsinteresses bei der Abwägung ein „Ausnahmefall" ist.[1744]

Dem ist entgegenzusetzen, dass Fälle, in denen sich ein Minderjähriger der Presse präsentiert oder durch entsprechendes medienrechtliches Vorverhalten ein Informationsinteresse begründet wurden, aus dem generellen Unterlassungsanspruch ausgeklammert werden können,[1745] sodass Berichterstattung möglich bleibt. Wie im Folgenden ausgeführt wird, ist – entgegen der Einschätzung des BGH – mit guten Argumenten vertretbar, dass ein genereller Unterlassungsanspruch bis zum Erreichen der Volljährigkeit ein verhältnismäßiger Eingriff in die Kommunikationsgrundrechte der Medienhäuser ist.

Eine Verhältnismäßigkeitsprüfung ist nicht starr. Ihr Ergebnis ist von einer Abwägung verschiedener Grundrechtspositionen abhängig, bei der man mit guten Argumenten verschiedene Positionen vertreten kann.

a) Zensurverbot, Art. 5 Abs. 1 S. 3 GG

Zunächst dürfte das Zensurverbot als Beschränkung der Eingriffsmöglichkeiten der Presse- und Rundfunkfreiheit nicht verletzt werden, Art. 5 Abs. 1 S. 3 GG. Lediglich die Vorzensur, das heißt die vorgelagerte Genehmigungspflicht vor Produktion oder Verbreitung eines Mediums ist von dem Zensurverbot erfasst.[1746]

Der Ausspruch von Unterlassungsverpflichtungen stellt keine solche Vorzensur dar. Denn diese untersagen zwar bestimmte Meinungsäußerungen, stellen aber nicht ein ganzes Druckwerk oder einen gesamten Rundfunkbeitrag unter Erlaubnisvorbehalt.[1747] Auch ergeht der Unterlassungstenor nicht von einer staatlichen Stelle, sondern auf Veranlassung einer Privatperson unter Mithilfe eines

---

1742 BGH-Urteil vom 06.10.2009, Az. VI ZR 314/08 – Kinder eines ehemaligen Fußballprofis, Rz. 11; *Stender-Vorwachs*, NJW 2010, 1414 ff., 1417; *Frauenrath*, Grüner Bote 2010, 295 ff., 306; *Feyock*, GRUR-Prax 2009, 59., 59; *Lettl*, ZUM 2008, 2160 ff., 2162.

1743 BGH-Urteil vom 06.10.2009, Az. VI ZR 314/08 – Kinder eines ehemaligen Fußballprofis, Rz. 11.

1744 S.o.

1745 S. hierzu den unten folgenden Abschnitt „Berücksichtigung von Sonderfällen".

1746 S. o. Teil 8 I. 2.

1747 *Herzog*, Art. 5, Rz. 300.

Gerichts.[1748] Eine Durchsetzung von Persönlichkeitsrechten kann nicht als verbotene Zensur gelten, da sonst jeglicher Persönlichkeitsschutz entfiele.[1749]

Demnach verletzt die Einführung eines generellen Unterlassungsanspruchs nicht das Zensurverbot.

b) Verhältnismäßigkeitsprüfung

Da keine Zensur vorliegt, muss die Verhältnismäßigkeit an sich näher betrachtet werden. Verhältnismäßigkeit ist gewährleistet, solange ein legitimer Zweck mit einem geeigneten, erforderlichen und angemessenen Mittel verfolgt wird.

aa) Legitimer Zweck

Der Schutz der Persönlichkeitsentwicklung Heranwachsender stellt eindeutig einen legitimen Zweck dar, denn das Persönlichkeitsrecht ist sogar von Verfassungsrang, Art. 2 Abs. 1 GG i. V. m. Art. 1 Abs. 1 GG i. V. m. Art. 6 Abs. 1 GG.

bb) Geeignetheit

Ein genereller Unterlassungstenor ist auch geeignet, diesen Schutz zu bieten. Wird ein genereller Unterlassungstenor ausgesprochen, sind nur noch wenige Arten von Berichterstattung zulässig,[1750] sodass Persönlichkeitsrechtsverletzungen zumindest seltener werden oder gar nicht mehr vorkommen.

cc) Erforderlichkeit insbesondere im Vergleich zum Anspruch auf Geldentschädigung

Erforderlichkeit ist erreicht, wenn kein geringeres Mittel existiert, das gleich effektiv zu Schutz verhilft. Während die Rechtsprechung derzeit Instrumente favorisiert, die die Kommunikationsgrundrechte weniger beschneiden, nämlich den rechtlichen Angriff jeder einzelnen Persönlichkeitsrechtsverletzung, sind diese nicht gleich effektiv, da sie immer erst nach der schon vergangenen Verletzung geltend

---

1748 BVerfG-Beschluss vom 13.06.2007, Az.: 1 BvR 1783/05 – Esra, Rz. 69; *Herzog*, Art. 5, Rz. 300.

1749 BVerfG-Urteil vom 25.04.1972, Az.: 1 BvL 13/67 – Verbringungsgesetz, Rz. 72; *Herzog*, Art. 5, Rz. 298.

1750 Diese Arten der Berichterstattung wären in den generellen Unterlassungstenören als Ausnahmen zu nennen oder müssten als immanent zugrunde liegend gelten, siehe LG Hamburg, Urteil vom 13.06.2008, Az.: 324 O 23/08 – Generelles Veröffentlichungsverbot für Fotos minderjähriger Kinder prominenter Eltern ohne deren Einwilligung, Orientierungssatz 2; LG Hamburg, Urteil vom 29.08.2008, Az.: 324 O 24/08 – Generelles Verbot der Veröffentlichung von Fotos minderjähriger Kinder prominenter Eltern ohne deren Einwilligung, Orientierungssatz 2.

gemacht werden können. Hingegen schützt ein genereller Unterlassungsanspruch präventiv davor, dass keine neuen Persönlichkeitsrechtsverletzungen entstehen.

Auch der in der Argumentation des BGH angeführte Geldentschädigungsanspruch verhilft nicht zu einem gleichwertigen Rechtsschutz.[1751] Zwar kann ein Geldentschädigungsanspruch entstehen, wenn die einzelnen Verletzungen an sich nicht besonders schwer wiegen, aber stetig wiederholt werden.[1752] Allerdings wird auch dieser Anspruch erst zu spät möglich, nämlich nach der durch die Veröffentlichung bewirkten Persönlichkeitsrechtsverletzung. Gerade bei der Prüfung der hier besprochenen Berichterstattung ist dies besonders schwer verständlich, weil das Persönlichkeitsrecht Minderjähriger in der Regel überwiegt.[1753] Der auf abstrakter Ebene stärkere Part hat auf der Rechtsfolgenseite das Nachsehen. Durch das derzeitige System werden Verletzungen möglich gemacht und nicht präventiv verhindert. Diesen Nachteil kann auch der Anspruch auf Geldentschädigung nicht mehr wettmachen, denn ein finanzieller Vorteil gleicht nicht aus, dass Kinder in ihrem Grundvertrauen auf Privatheit erschüttert werden oder unliebsame Details aus ihrem Privatleben der Öffentlichkeit bekannt und für lange Zeit zum Schulhofgespräch werden.

Natürlich geht von einer Geldentschädigungszahlung ein gewisser präventiver Hemmeffekt aus, der ein Medienhaus vor einer weiteren Veröffentlichung abhalten mag, da erneut eine Verurteilung zur Geldentschädigung befürchtet wird. Doch sobald die Veröffentlichung gegenüber der drohenden Zahlungspflicht gewinnversprechend ist, wird dieser Hemmeffekt unterliegen. Schließlich besteht für das Medienhaus stets die Chance, dass es sogar ungeschoren davon kommt, wenn im Rahmen des Gerichtsverfahrens das Vorliegen einer schweren Persönlichkeitsverletzung verneint wird.

Sowohl der Geldentschädigungsanspruch, als auch ein genereller Unterlassungsanspruch zwingen den Verletzten dazu, aktiv zu werden, wenn ihm an einer Sanktion liegt. Doch während für das Unterlassungsverfahren ein schlichter Antrag beim Vollstreckungsgericht ausreicht, muss die Geldentschädigung in einem regulär langwierigen Klageverfahren erstritten werden, dessen Ausgang zudem noch viel ungewisser ist als ein Unterlassungsverfahren.[1754] Zudem droht beim Verstoß gegen eine Unterlassungsverpflichtung nicht nur ein mitunter nach wirtschaftlichen Gesichtspunkten verschmerzbares Ordnungsgeld, sondern in

1751 BGH-Urteil vom 06.10.2009, Az. VI ZR 314/08 – Kinder eines ehemaligen Fußballprofis, Rz. 13.

1752 BGH-Urteil vom 12.12.1995, Az.: VI ZR 223/94 – Andrea Casiraghi, Leitsatz. Siehe zu diesem Aspekt und zum Geldentschädigungsanspruch an sich Teil 12 I. 7.

1753 OLG Hamburg, Urteil vom 11.11.2008, Az.: 7 U 86/08 – Tochter eines ehemaligen Fußballprofis, Rz. 2b; OLG Hamburg, Urteil vom 24.06.2008, Az.: 7 U 38/08 – Generelles Verbot der Veröffentlichung von Bildnissen eines minderjährigen Kindes eines Prominenten, Rz. 20.

1754 Auch auf den Antrag kann eine mündliche Anhörung folgen, doch der Aufwand einer Geldentschädigungsklage ist ungleich höher.

besonders gravierenden Fällen auch die Ordnungshaft, die sicherlich abschreckender wirkt.[1755]

Ein klarer Vorteil des Geldentschädigungsanspruchs ist, dass das Geld auch dem Verletzten zufließt.[1756] Allerdings kommt es bei einer Beurteilung der Effektivität von Sanktionen nicht auf finanzielle Interessen des Geschädigten, sondern auf den dadurch erzielten Schutz für das Persönlichkeitsrecht an. Für den Zahlungsverpflichteten wird die Höhe der Zahlung vorrangig sein – nicht, wem diese zugutekommt. Schließlich ist zumindest theoretisch neben einem ergangenen Unterlassungsurteil eine Klage auf Geldentschädigung weiterhin möglich. Nur wegen der Subsidiaritätsfunktion des Geldentschädigungsanspruchs ist dessen Erfolg zweifelhaft.[1757]

Der Geldentschädigungsanspruch wird regelmäßig gemeinsam mit dem regulären Unterlassungsanspruch geltend gemacht. Wegen der geringeren Abschreckungswirkung und dem lediglich nachgelagerten Rechtsschutz, verhilft ein Geldentschädigungsanspruch selbst dann zu einem geringeren Schutz als ein genereller Unterlassungsanspruch, wenn er kombiniert geltend gemacht wird. Der Geldentschädigungsanspruch ist nicht gleich effektiv, wie der generelle Unterlassungsanspruch, sodass er keine Alternative, sondern lediglich eine taugliche Ergänzung darstellt, weswegen die Erforderlichkeit des generellen Unterlassungsanspruchs gegeben ist.

Auch die oben empfohlenen Sperrzonen für Paparazzi[1758] stellen kein gleich effektives Mittel dar, da sie nur räumlich begrenzt, in den festgelegten Sperrzonen, zu Schutz verhelfen. Die sonstigen diskutierten Reformvorschläge (s. Teil 8) sind nicht umsetzbar bzw. verbessern die Rechtsposition der Minderjährigen nicht nennenswert, weswegen sie ebenfalls keine zu berücksichtigenden milderen Mittel darstellen.

dd) Angemessenheit, d.h. Verhältnismäßigkeit im engeren Sinne

Somit entscheidet sich auch die Prüfung eines absoluten Berichterstattungsverbots daran, ob dieses ein angemessenes Mittel zum Schutz des Persönlichkeitsrechts darstellt. Bei dieser Abwägung kann man mit guten Argumenten zu verschiedenen Ergebnissen gelangen. Denn wie im Folgenden herausgestellt wird, existieren gegen sämtliche vom BGH und von anderen Gegnern eines generellen Unterlassungsanspruchs angeführten Argumenten ähnlich fundierte Gegenargumente.

1755 Das Vollstreckungsgericht entscheidet nach Verhältnismäßigkeitsgesichtspunkten, welches Ordnungsmittel ausgesprochen wird, siehe *Lackmann*, § 888, Rz. 12.

1756 Denn das Ordnungsgeld ist an die Staatskasse zu zahlen, *Lackmann*, § 890, Rz. 15.

1757 BGH-Beschluss vom 30.06.2009, Az.: VI ZR 339/08 – Voraussetzungen des Anspruchs eines Kindes auf Geldentschädigung, Orientierungssatz 1 und 2.

1758 S.o. Teil 4 II. 7. e).

c) *Keine Einzelfallabwägung*

Auch gegen einen generellen Unterlassungsanspruch wäre einzuwenden, dass eine Einzelfallabwägung nicht möglich ist. Die Notwendigkeit der Abwägung bei Persönlichkeitsrechtsverletzungen wird mit der Unbestimmtheit des APR-Tatbestands begründet, weswegen die Feststellung einer Verletzung stets eine Abwägung aller Rechtspositionen erfordere. Tatsächlich ist eine Abwägung bezüglich des Persönlichkeitsrechts Minderjähriger überflüssig, da stets dasselbe Ergebnis gefunden wird, wie schon an obiger Stelle bei der Diskussion des Absoluten Berichterstattungsverbots dargelegt wird.[1759]

Wegen der Gleichförmigkeit der Abwägungsergebnisse kann für den Persönlichkeitsrechtsschutz Minderjähriger auf eine Einzelfallabwägung verzichtet werden.

d) *Anerkennung genereller Unterlassung für andere Gebiete*

Zudem scheinen selbst die Gegner eines generellen Unterlassungsanspruchs solch eine generelle Untersagung in beschränktem Umfang für möglich zu halten. Nämlich für die Gebiete, bei denen eine zulässige Berichterstattung ohne oder gegen den Willen des Betroffenen nicht denkbar ist. Dies betrifft in erster Linie von der Menschenwürde umfasste Gebiete, insbesondere die Intimsphäre.[1760]

Womöglich wird ein genereller Unterlassungsanspruch zugunsten der Intimsphäre für umsetzbar gehalten, da Eingriffe in die Intimsphäre ohne oder gegen den Willen des Betroffenen stets unzulässig sind.[1761] Denn die Intimsphäre ist nah bei der unberührbaren Menschenwürde anzusiedeln.

Tatsächlich handelt es sich bei der Unberührbarkeit der Menschenwürde vielmehr um einen programmatischen Leitsatz, als um eine Praxisregel. Denn wenn ein Eingriff in die Intimsphäre – aus welcher Motivation auch immer – zulässig sein soll, behilft sich die Rechtsprechung bisher damit, das betroffene Recht nicht unter die Intimsphäre, sondern unter die Privatsphäre zu subsumieren und den Eingriff folglich zuzulassen.[1762]

Wendet man die rechtsdogmatische Einordnung in die Intimsphäre streng an, muss man eingestehen, dass sehr wohl Fälle bekannt sind, in denen ein Eingriff in die Intimsphäre – nach entsprechender Abwägung – für zulässig befunden wurde.[1763]

1759 S. o. Teil 8 I. 6.

1760 BGH-Urteil vom 23.06.2009, Az.: VI ZR 232/08 – Wilde Frisur des Andrea Casiraghi, Rz. 7; BGH-Urteil vom 06.10.2009, Az. VI ZR 314/08 – Kinder eines ehemaligen Fußballprofis, Rz. 7; *Klass* in: Westermann et al., Anh zu § 12, Rz. 283.

1761 BVerfG-Beschluss vom 14.09.1989, Az.: 2 BvR 1062/87 – Verwertung tagebuchartiger Aufzeichnungen, Orientierungssatz Nr. 1; *Nink*, § 823 BGB, Rz. 23.

1762 S. o. Teil 4 I. 2. a).

1763 S. o.

Richtigerweise sind Eingriffe in die Intimsphäre nur im äußersten Ausnahmefall zulässig. Doch genauso sind Eingriffe in das Persönlichkeitsrecht Minderjähriger, abgesehen von öffentlichen Auftritten und entsprechendem medienrelevanten Vorverhalten, nur in Extremfällen berechtigt. Wer einen generellen Unterlassungsanspruch zugunsten der Intimsphäre für möglich hält, sollte dies auch zugunsten Minderjähriger tun, denn in beiden Fällen lässt sich das Abwägungsergebnis vorhersagen, es sei denn ein absoluter Extremfall liegt vor.

e) Berücksichtigung von Sonderfällen

Kritiker eines generellen Unterlassungsanspruchs bemängeln, dass Extrem- oder Sonderfälle nicht berücksichtigt werden könnten, da den Medien eine Berichterstattung auch dann untersagt bliebe, wenn sie eigentlich zulässig wäre.[1764] Die Untersagung zulässiger Berichterstattung beschneide Medien in ihren Kommunikationsgrundrechten.[1765]

Tatsächlich wären die Kommunikationsgrundrechte von Medien unzulässig eingeschränkt, wenn ihnen zulässige Berichterstattung über Minderjährige untersagt bliebe. Doch dies ist bei einer generellen Unterlassungsverpflichtung nicht die zwangsläufige Folge. Vielmehr führen Sonderfälle, in denen ausnahmsweise über Minderjährige berichtet werden darf, nicht zu einem Ordnungsmittel, da der Ausnahmefall schon im Vollstreckungsverfahren berücksichtigt werden kann.

Der Antragssteller muss im Vollstreckungsverfahren eines Unterlassungstitels nachweisen, dass der Unterlassungsverpflichtete schuldhaft, also vorsätzlich oder zumindest fahrlässig, gegen die Unterlassungsverpflichtung verstoßen hat. Solch ein schuldhafter Verstoß liegt dann nicht vor, wenn die Berichterstattung zulässig war.[1766]

Daher nimmt ein genereller Unterlassungsanspruch den Medien nur die Berichterstattungsmöglichkeiten, die ihnen ohnehin nicht zustehen. Eine flexible Reaktion auf Sonderfälle ist im Vollstreckungsverfahren möglich.[1767] Sollten sich grundlegende Umstände ändern, kann eine Abänderung des Unterlassungstenors nach §§ 936, 927 ZPO beantragt werden.

Es ist zuzugeben, dass die Gefahr besteht, dass Medienhäuser durch die Existenz eines generellen Unterlassungsanspruchs davon absehen werden, über die von dem Unterlassungsanspruch umfassten Minderjährigen zu berichten, selbst

---

1764 BGH-Urteil vom 13.11.2007, Az.: VI ZR 269/06 – Vorbeugende Unterlassungsklage gegen eine ähnliche oder „kerngleiche" Bildberichterstattung, Rz. 14.

1765 *Feyock*, GRUR-Prax 2009, 59.

1766 OLG Hamburg, Urteil vom 11.11.2008, Az.: 7 U 86/08 – Tochter eines ehemaligen Fußballprofis, Rz. 2b.

1767 Diesen Punkt vernachlässigen das BGH-Urteil vom 13.11.2007, Az.: VI ZR 269/06 – Vorbeugende Unterlassungsklage gegen eine ähnliche oder „kerngleiche" Bildberichterstattung, Rz. 14; sowie *Feyock*, GRUR-Prax 2009, 59.

wenn Veröffentlichungen rechtlich zulässig wären, da ein Sonderfall vorliegt. Dieser Effekt wiegt schwer, denn die Kommunikationsfreiheiten sind wichtige Güter, die auch durch solch eine „präventive Selbstzensur" der Medienhäuser eingeschränkt werden. Doch diese Abschreckungswirkung liegt bereits ohne Existenz eines generellen Unterlassungsanspruchs vor. Medienhäuser, die sich rechtstreu verhalten, sehen sich bereits bei der aktuellen Rechtslage damit konfrontiert, dass Berichterstattung über Minderjährige generell unzulässig ist, es sei denn es liegt ein Sonderfall vor. Da der generelle Unterlassungsanspruch die Rechtslage nicht verändert, sondern lediglich die prozessuale Verfolgung unzulässiger Veröffentlichungen vereinfacht, ist ihm auch kein gesteigerter Hemmeffekt zu zusprechen. Die Sonderfälle, in denen Berichterstattung zulässig ist, können klarstellend in den Tenor des generellen Unterlassungsanspruchs aufgenommen werden, um unbeabsichtigte Selbstzensur der Medienhäuser zu vermeiden.

Werden Medienhäuser allerdings davon abgeschreckt unzulässige Berichterstattung vorzunehmen, da der generelle Unterlassungsanspruch die Rechtsverfolgung vereinfacht, ist dieser Effekt zu begrüßen.

aa) Beschränkung des Tenors

Es besteht die Möglichkeit, die Fälle, in denen eine Berichterstattung über Minderjährige zulässig ist, im Tenor des generellen Unterlassungsanspruchs zu erwähnen. Auftritte bei öffentlichen Veranstaltungen, Berichterstattung mit Einwilligung oder die Besprechung medienrelevanten Vorverhaltens können im Tenor ausdrücklich vom Verbot ausgenommen werden.[1768] Die Urteile, die einen generellen Unterlassungsanspruch bejahten, sahen diese Einschränkungen sogar als immanent vorliegend an.[1769] Eine Formulierung im Tenor wurde als rein deklaratorisches Mittel eingestuft.[1770]

Daneben ist auch eine zeitliche Beschränkung bis zum Erreichen der Volljährigkeit sinnvoll,[1771] da ab dann der verstärkte Minderjährigenschutz endet.

1768 Daher geht die Kritik von BGH-Urteil vom 06.10.2009, Az. VI ZR 314/08 – Kinder eines ehemaligen Fußballprofis, Rz. 10, fehl.

1769 OLG Hamburg, Urteil vom 27.02.2006, Az. 7 W 8/06 – Grenzen eines verallgemeinernden Veröffentlichungsverbots für Abbildungen, Leitsatz Nr. 1, Rz. 5; LG Hamburg, Urteil vom 13.06.2008, Az.: 324 O 23/08 – Generelles Veröffentlichungsverbot für Fotos minderjähriger Kinder prominenter Eltern ohne deren Einwilligung, Orientierungssatz 2; LG Hamburg, Urteil vom 29.08.2008, Az.: 324 O 24/08 – Generelles Verbot der Veröffentlichung von Fotos minderjähriger Kinder prominenter Eltern ohne deren Einwilligung, Orientierungssatz 2.

1770 S. o.

1771 OLG Hamburg, Urteil vom 11.11.2008, Az.: 7 U 86/08 – Tochter eines ehemaligen Fußballprofis, Rz. 2b; LG Hamburg, Urteil vom 13.06.2008, Az.: 324 O

bb) Informationsinteresse durch medienbekannte Jugendliche

Schließlich wird der generelle Unterlassungsanspruch abgelehnt, da insbesondere Jugendliche an der Grenze zur Volljährigkeit bekannte Medienpersönlichkeiten darstellen können, bei denen kein erhöhter Schutz mehr statthaft sei.[1772]

Hierbei stellt sich die Frage, ob diesem Kritikpunkt überhaupt nachgegangen werden muss, denn die Rechtsprechung nimmt dadurch ihre selbst aufgestellten Grundsätze eines verstärkten Minderjährigenschutzes nicht ernst. Die Figur einer fast volljährigen Medienpersönlichkeit, die wie ein Erwachsener behandelt werden sollte, ist in der bisherigen Rechtsprechung unbekannt. Konsequenterweise endet der Minderjährigenschutz bis zur Vollendung der Minderjährigkeit mit dem 18. Geburtstag. Dies ist eine Mindestgrenze. Persönlichkeitsentwicklung und das Erlernen des Umgangs mit der Öffentlichkeit sind mit Erreichen der Volljährigkeit noch nicht abgeschlossen. Allerdings ist eine Gleichbehandlung mit anderen Erwachsenen geboten.

Bewegt sich ein Jugendlicher in offensiver Weise in der Öffentlichkeit, sodass ein berechtigtes Informationsinteresse besteht, wird dies auch bei der Anerkennung eines generellen Unterlassungsanspruchs berücksichtigt. Denn die Prominenz ist auf medienrechtliches Vorverhalten zurückzuführen, das eine Berichterstattung ermöglicht, egal ob ein genereller Unterlassungsanspruch vorliegt oder nicht.[1773]

Zudem muss auch ein genereller Unterlassungsanspruch erst bei Gericht erstritten werden. Ist der Anspruchsteller in dem Maße in der Öffentlichkeit präsent, wie oben beschrieben, sodass das Gericht eine besondere Schutzwürdigkeit ablehnt, kann ein genereller Unterlassungsanspruch versagt bleiben. Schließlich ist bei der Feststellung, ob ein genereller Unterlassungsanspruch zu gewähren ist, stets der Einzelfall im Rahmen einer Abwägung aller Gesamtumstände zu betrachten. Sollte sich ein Jugendlicher, der vom Schutz eines generellen Unterlassungstenors profitiert, im Laufe der Jahre zu solch einer Medienpersönlichkeit entwickeln, besteht zudem die Möglichkeit, darauf im Rahmen des Vollstreckungsverfahrens oder einer Abänderungsklage zu reagieren.[1774]

Das Argument der Rechtsprechung, dass Minderjährige auch Medienpersönlichkeiten sein könnten, verwundert nicht nur, da es entgegen der sonstigen Leitlinie einer besonders geschützten Minderjährigkeit zu stehen scheint. Darüber hinaus handelte es sich in den Fällen, in denen es vorgebracht wurde, um Kinder,

---

23/08 – Generelles Veröffentlichungsverbot für Fotos minderjähriger Kinder prominenter Eltern ohne deren Einwilligung, Orientierungssatz 2; LG Hamburg, Urteil vom 29.08.2008, Az.: 324 O 24/08 – Generelles Verbot der Veröffentlichung von Fotos minderjähriger Kinder prominenter Eltern ohne deren Einwilligung, Orientierungssatz 2.

1772 BGH-Urteil vom 06.10.2009, Az. VI ZR 314/08 – Kinder eines ehemaligen Fußballprofis, Rz. 11; *Stender-Vorwachs*, NJW 2010, 1414 ff., 1417.

1773 S. o. Kapitel „Beschränkung des Tenors".

1774 S. o. Kapitel „Berücksichtigung von Sonderfällen".

die nicht die Öffentlichkeit gesucht haben, sondern im Gegensatz dazu, jegliche Form der Berichterstattung untersagen ließen.[1775] Selbst wenn an der Grenze zur Volljährigkeit stehende Jugendliche, die die Öffentlichkeit suchen, keinen generellen Unterlassungsanspruch durchsetzen können sollen, hätte man zumindest diesen Kinder, die stets die Öffentlichkeit mieden, in den Genuss eines solchen generellen Tenors kommen lassen können.

f) Ergebnis der Verhältnismäßigkeitsprüfung

Ein genereller Unterlassungstenor ist auch ein angemessener Eingriff in die Kommunikationsgrundrechte und zugunsten Minderjähriger zu befürworten. Obwohl die Kinder und Jugendlichen von Rechts wegen her die stärkere Position einnehmen, müssen sie aktuell ihrem Rechtsschutz hinterherlaufen und dabei auch noch das prozessuale Risiko tragen.[1776]

Bei einer derart klaren abstrakten Rechtslage leuchtet es nicht ein, wieso keine wirksamen Rechtsschutzinstrumente geschaffen werden sollten, um ein möglichst unbelastetes Aufwachsen der Minderjährigen zu ermöglichen.[1777] Insbesondere das sklavische Anhaften an der Notwendigkeit einer Abwägung, die stets dasselbe Ergebnis zutage bringt, weckt schlechte Erinnerungen an die Rechtsprechung vor Einführung des modifizierten neuen Schutzprinzips.[1778] So wichtig die Berücksichtigung des Einzelfalls auch ist, wird sie aktuell in erster Linie dazu genutzt, einfache Ausflüchte für Medienhäuser und Rechtsunsicherheit zu schaffen. Dabei verkennen die Kritiker, dass auch ein genereller Unterlassungstenor keinen Sanktionsmechanismus mit sich bringt, sondern der Einzelfall sehr wohl noch berücksichtigt wird, bevor Ordnungsmittel verhängt werden können.

Während eine Verneinung allgemeiner Unterlassungsansprüche bei Erwachsenen einleuchten mag, da die Berichterstattung über deren Privatleben mittels einer wirklich ergebnisoffenen Abwägung festgestellt wird, die sich nur schwer verallgemeinern lässt, liegt der Fall bei Minderjährigen anders, denn hier fällt das Ergebnis der Abwägung in aller Regel gleich aus.[1779]

1775 OLG Hamburg, Urteil vom 11.11.2008, Az.: 7 U 86/08 – Tochter eines ehemaligen Fußballprofis, Rz. 2b; LG Hamburg, Urteil vom 13.06.2008, Az.: 324 O 23/08 – Generelles Veröffentlichungsverbot für Fotos minderjähriger Kinder prominenter Eltern ohne deren Einwilligung, Rz. 24.

1776 OLG Hamburg, Urteil vom 11.11.2008, Az.: 7 U 86/08 – Tochter eines ehemaligen Fußballprofis, Rz. 2b; OLG Hamburg, Urteil vom 24.06.2008, Az.: 7 U 38/08 – Generelles Verbot der Veröffentlichung von Bildnissen eines minderjährigen Kindes eines Prominenten, Rz. 20.

1777 *Frauenrath*, Grüner Bote 2010, 295 ff., 305, die später jedoch die Zulässigkeit eines generellen Unterlassungsanspruchs verneint.

1778 S. o. Teil 4 II. 3. a).

1779 OLG Hamburg, Urteil vom 11.11.2008, Az.: 7 U 86/08 – Tochter eines ehemaligen Fußballprofis, Rz. 2b; OLG Hamburg, Urteil vom 24.06.2008, Az.: 7 U 38/08 – Generelles Verbot der Veröffentlichung von Bildnissen eines minderjährigen Kindes

Überdies knüpft der generelle Unterlassungsanspruch an schon bestehende Rechtsschutzabläufe an und ist daher leicht umzusetzen.

Als einzig effektiv und präventiv wirkendes Rechtsschutzinstrument ist der Ausspruch eines generellen Unterlassungstenors zugunsten der Persönlichkeitsrechte von Kindern und Jugendlichen daher zu befürworten.[1780]

g) *Voraussetzungen eines generellen Unterlassungsanspruchs*

Dabei sind unterschiedliche Voraussetzungen für einen generellen Unterlassungsanspruch denkbar. Es ist zu entscheiden, ob er nur Kindern zugutekommen soll, die sich trotz stetiger Inanspruchnahme von Rechtsschutzmöglichkeiten wiederholt der Berichterstattung ohne oder gegen ihren Willen ausgesetzt sahen, oder ob schon nach der ersten Veröffentlichung ein solcher Anspruch eingeklagt werden kann.

Auf den ersten Blick scheint ein genereller Unterlassungstenor gerade im ersten Fall gerechtfertigt, da den Medien durch die stetig wiederholten unzulässigen Berichterstattungen vorgeworfen werden kann, dass sie sich nicht rechtstreu verhalten wollen.

Andererseits nimmt der generelle Unterlassungsanspruch den Medienhäusern keine Rechte, sondern verbessert schlichtweg die prozessuale Ausgangslage für schutzwürdige Minderjährige. Daher spricht auch nichts gegen einen Anspruch auf generelle Unterlassung nach erstmaliger Veröffentlichung.

4. Fazit

Um den Minderjährigen ein effektives, verlässliches Rechtsschutzmittel an die Hand zu geben, ist die Zulassung eines generellen Unterlassungstenors zu befürworten. Dieser verringert nicht die Rechtsposition der Medienhäuser, sondern verbessert lediglich die Rechtsschutzmöglichkeiten der betroffenen Minderjährigen.

III. Berufung auf Grundrechte – Verfassungsbeschwerde vor dem BVerfG

Die Grundrechte bilden eine objektive Werteordnung, die auch Einfluss auf privatrechtliche Beziehungen nehmen kann, indem sie bei Gericht auch in zivilrechtlichen Streitigkeiten geprüft oder als Orientierungspunkt für Auslegung und Abwägung herangezogen werden.

---

eines Prominenten, Rz. 13 ff.; LG Hamburg, Urteil vom 13.06.2008, Az.: 324 O 23/08 – Generelles Veröffentlichungsverbot für Fotos minderjähriger Kinder prominenter Eltern ohne deren Einwilligung, Rz. 22 ff.

1780 Mit gleichem Ergebnis, *Heiland*, 360 ff.

Hält ein Anspruchssteller seine Grundrechte im zivilrechtlichen Verfahren für nicht ausreichend berücksichtigt, zum Beispiel da sein Antrag auf Geldentschädigung abgelehnt wurde, kann er dies als Verletzung seines verfassungsrechtlichen APR werten und vor dem BVerfG Verfassungsbeschwerde einlegen.

1. Verfahrensfähigkeit

Auch bei verfassungsgerichtlichen Verfahren ist die Frage zu klären, inwiefern Minderjährige ihre Rechte selbstständig wahrnehmen können. Diese Verfahrensfähigkeit richtet sich nach der Grundrechtsmündigkeit des Minderjährigen.[1781]

a) Grundrechtsmündigkeit

Grundrechtsmündigkeit bezeichnet die Befähigung, Grundrechte selbstständig wahrzunehmen.

In prozessualer Hinsicht wirkt sich das dahin gehend aus, dass ein Grundrechtsmündiger selbstständig Anträge stellen oder andere Handlungen mit rechtlichen Konsequenzen vornehmen kann. Während Volljährige stets als grundrechtsmündig gelten, muss diese Voraussetzung bei Minderjährigen gesondert geprüft werden. Fehlt die Grundrechtsmündigkeit, müssen die Minderjährigen durch ihre Eltern oder anderweitig befähigte Personen vertreten werden.

Da es an einer gesetzlichen Regelung der verfassungsgerichtlichen Verfahrensfähigkeit fehlt,[1782] wurde hierfür eine Vielzahl von Theorien entwickelt, die unglücklicherweise auch eine Vielzahl von Begrifflichkeiten mit sich brachten.[1783]

Die hier vertretene Definition der Grundrechtsmündigkeit stellt nicht infrage, dass Minderjährige ab Geburt Inhaber der Grundrechte sind (Grundrechtsträger), sondern fragt, ob sie auch in der Lage sind, prozessual zu beachtende Handlungen zu vollziehen. Andere Begriffe, die die hier vertretene Bedeutung der

---

1781 *Schlaich/ Korioth*, Rz. 212; *Bethge*, Bundesverfassungsgerichtsgesetz, § 13, Rz. 19.

1782 BVerfG-Beschluss vom 18.06.1986, Az.: 1 BvR 857/85 – Entzug des Sorgerechts, Rz. 37; BVerfG-Beschluss vom 26.05.1970, Az.: 1 BvR 83/69 u. a. – Kriegsdienstverweigerung, Rz. 41; BVerfG-Beschluss vom 28.11.1951, Az.: 1 BvR 166/51 – Zur Antragsbefugnis Entmündigter im Verfassungsbeschwerdeverfahren, Orientierungssatz 1; *Bethge*, a. a. O., § 13, Rz. 18; *Hillgruber/ Goos*, 56.

1783 So wird die Grundrechtsmündigkeit auch als Grundrechtsreife oder Einsichtsfähigkeit bezeichnet, *Bethge*, a. a. O., § 13, Rz. 19. *Roth*, 223 ff. bezeichnet die Grundrechtsmündigkeit als materielles Zusatzerfordernis zur Grundrechtsfähigkeit und möchte sie durch eine eigene Grundrechtsreife ersetzen. *Stern*, Band III/1, 1066, schlägt statt Grundrechtsmündigkeit „Grundrechtswahrnehmungs- oder Grundrechtsausübungsfähigkeit" vor.

Grundrechtsmündigkeit verdeutlichen, sind „Wahrnehmungsberechtigung", „Verfahrens-„ oder „Prozessfähigkeit".[1784]

Die verfassungsgerichtliche Rechtsprechung stellt auf die Einsichtsfähigkeit des Minderjährigen ab, die vorliegt, wenn er die „nötige Einsicht in die Voraussetzungen und den Zweck einer Verfassungsbeschwerde gegen die ergangenen Entscheidungen und an der Fähigkeit zur ordnungsgemäßen und selbständigen Führung des Verfassungsbeschwerde-Verfahrens hat."[1785] Ob Einsichtsfähigkeit gegeben ist, bleibt von dem betroffenen Grundrecht und dem jeweiligen Sachverhalt abhängig.[1786] Insbesondere in Bereichen, in denen das materielle Recht dem Minderjährigen eine eigene Entscheidungsgewalt verleiht, sei auch die korrespondierende Grundrechtsmündigkeit gegeben.[1787] Die Geschäftsfähigkeit kann daher sehr wohl ein Indiz für Grundrechtsmündigkeit sein.[1788] Fehlende oder beschränkte Geschäftsfähigkeit führt jedoch nicht automatisch zu einem Ausschluss der Grundrechtsmündigkeit. Ein Rückgriff auf zivilprozessuale Vorschriften wird mit einem Verweis auf die Besonderheiten des verfassungsrechtlichen Verfahrens abgelehnt.[1789]

Ist der Minderjährige (noch) nicht verfahrensfähig, wird er in der Regel durch seine Eltern vertreten.[1790]

1784 Diese drei Begriffe verwendet *Bethge*, Staatsrecht, 1120, der zuvor berechtigterweise den Begriff der Grundrechtsmündigkeit insofern ablehnt, als dieser eine materielle Voraussetzung für die Inhaberschaft von Grundrechten darstellen soll.

1785 BVerfG-Beschluss vom 26.05.1970, Az.: 1 BvR 83/69 u. a. – Kriegsdienstverweigerung, Orientierungssatz 1.

1786 BVerfG-Beschluss vom 26.05.1970, Az.: 1 BvR 83/69 u. a. – Kriegsdienstverweigerung, Rz. 41; BVerfG-Beschluss vom 28.11.1951, Az.: 1 BvR 166/51 – Zur Antragsbefugnis Entmündigter im Verfassungsbeschwerdeverfahren, Orientierungssatz 2; *Hopfauf*, Art. 93, Rz. 169 ff.; *Bethge*, Bundesverfassungsgerichtsgesetz, § 90, Rz. 171; *Schlaich/ Korioth*, Rz. 212.

1787 *Bethge*, a. a. O., § 90, Rz. 171. Da § 5 S. 1 RelKEG schon ab 14 Jahren ein Recht auf freie Religionswahl zuerkennt, soll schon ab diesem Alter Grundrechtsmündigkeit in Bezug auf die Religionsfreiheit, Art. 4 GG, gegeben sein. A. A. *Hillgruber/ Goos*, 58 ff., der zur Feststellung der Verfahrensfähigkeit auf die Volljährigkeit, sowie auf unbeschränkte Geschäftsfähigkeit abstellt, da es ungleich schwerer sei, ein Recht prozessual durchzusetzen, als materiell darüber selbstbestimmt zu entscheiden.

1788 *Stern*, Band III/1, 1068.

1789 BVerfG-Entscheidung vom 29.06.1965, Az.: 1 BvR 289/62 – Zwangspflegschaft, Rz. 21; BVerfG-Beschluss vom 28.11.1951, Az.: 1 BvR 166/51 – Zur Antragsbefugnis Entmündigter im Verfassungsbeschwerdeverfahren, Orientierungssatz 1; BVerfG-Beschluss vom 26.05.1970, Az.: 1 BvR 83/69 u. a. – Kriegsdienstverweigerung, Rz. 41; *Hillgruber/ Goos*, 56.

1790 *Kunig*, Art. 2, Rz. 39; *Stern*, Band III/1, 1072.

b) *Grundrechtsträgerschaft*

Die Fähigkeit, ein Grundrecht prozessual auszuüben, ist von der materiellen Inhaberschaft des Grundrechts, der Grundrechtsträgerschaft, zu unterscheiden. Die Grundrechtsträgerschaft ist bei natürlichen inländischen Personen grundsätzlich unproblematisch.

Grundrechtsträgerschaft, die auch Grundrechtsfähigkeit oder -berechtigung genannt wird, beginnt mit dem Erwerb der Rechtsfähigkeit, das bedeutet spätestens ab Vollendung der Geburt.[1791] Daher genießen Minderjährige ohne Rücksicht auf ihr Alter Grundrechtsschutz.[1792] Der Schutz der Menschenwürde und des APRs soll sogar schon pränatal greifen.[1793]

c) *Beteiligtenfähigkeit und Postulationsfähigkeit*

Zwei prozessuale Voraussetzungen, die von der Verfahrensfähigkeit zu unterscheiden sind, sind die Beteiligten- und die Postulationsfähigkeit.

Nach Art. 93 I Nr. 4a GG, § 90 I BVerfGG ist „jedermann" antragsberechtigt, also beteiligtenfähig. Ein jeder darf die Verfassungsbeschwerde gegen jeden Akt staatlicher Gewalt erheben.[1794] Dank dem europarechtlichen Diskriminierungsverbot (Art. 18 AEUV) sind natürliche und juristische Personen aus EU-Ländern dabei genauso beschwerdeberechtigt wie Inländer. Über die dogmatische Herleitung dieses Ergebnisses herrscht allerdings Uneinigkeit.[1795] Natürliche Personen, die nicht aus der EU stammen, sind auf die Rüge von Grundrechten beschränkt, die sie als Ausländer mitumfassen (Ausländergrundrechte). Lediglich juristische Personen aus Gebieten außerhalb der EU können sich nur auf die Prozessgrundrechte berufen, Art. 19 Abs. 3 GG.

Die in §§ 22 BVerfGG geregelte Postulationsfähigkeit besagt, dass Antragssteller spätestens ab der mündlichen Verhandlung vor dem BVerfGG von einem Rechtsanwalt oder einer vergleichbar qualifizierten Person[1796] vertreten werden müssen.

1791 *Stern*, Band III/1, 1064.

1792 BVerfG-Urteil vom 09.02.1982, Az.: 1 BvR 845/79 – Schweigepflicht der Schülerberater gegenüber Erziehungsberechtigten, Rz. 76; BVerfG-Beschluss vom 26.02.1980, Az.: 1 BvR 684/78 – Neuordnung der gymnasialen Oberstufe, Rz. 51; OLG München, Urteil vom 31.03.1995, Az.: 21 U 3377/94 – Taufe des Kindes von Ann-Sophie Mutter, Rz. 47; *Jarass*, NJW 1989, 857 ff., 859; *Frauenrath*, Grüner Bote 2010, 295 ff., 295.

1793 *Klass* in: Westermann et al., Anh zu § 12, Rz. 51; *Jarass*, Art. 1, Rz. 8; *Herdegen*, Art. 1 Abs. 1, Rz. 65.

1794 *Hopfauf*, Einl., Rz. 155.

1795 *Wernsmann*, NZG 2011, 1241 ff., 1242; *Hopfauf*, Art. 93, Rz. 163.

1796 Rechtslehrer an einer staatlichen oder staatlich anerkannten Hochschule eines Mitgliedstaates der Europäischen Union, eines anderen Vertragsstaates des Abkommens über den Europäischen Wirtschaftsraum oder der Schweiz, der die Befähigung zum Richteramt besitzt.

2. Verfassungsbeschwerde vor dem BVerfG

Liegt Verfahrensfähigkeit vor, kann der Minderjährige selbstständig Verfassungsbeschwerde am BVerfG einreichen.

Jeder Akt einer deutschen Behörde oder Institution kann durch die Verfassungsbeschwerde (Art. 93 Abs. 1 Nr. 4a GG) vor dem Bundesverfassungsgericht gerügt werden.

Das BVerfG übt seine Prüfungsbefugnis in Bezug auf europäisches Primär- und Sekundärrecht, sowie auf daraus abgeleitete deutsche Rechtsakte, nicht aus.[1797] Verfassungsbeschwerden mit solchem Inhalt sind unzulässig. Dem Beschwerdeführer stehen dann die Nichtigkeitsklage vor dem EuGH und die Individualrechtsbeschwerde vor dem EGMR zur Verfügung.[1798]

Der im Medienrecht relevanteste Fall ist die Beschwerde gegen ein Urteil, sog. Urteilsverfassungsbeschwerde. Voraussetzung dafür ist, neben formalen Anforderungen wie Form, Frist und Betroffenheit, die Rechtswegerschöpfung, § 90 Abs. 2 BVerfGG. Alle innerstaatlichen ordentlichen Rechtsbehelfe müssen ausgeschöpft werden, bevor man sich an das BVerfG wenden darf.[1799] Dieses prüft das Urteil nicht nur an den gerügten Grundrechten, sondern an der gesamten Verfassung und achtet seit dem Görgülü-Beschluss des BVerfG mittelbar auch die EMRK[1800], begreift sich jedoch ausdrücklich nicht als Superrevisionsinstanz.[1801]

Der Anspruchsteller soll nicht die Möglichkeit haben, das gesamte Gerichtsverfahren neu aufzurollen. Vielmehr wird gemäß der sogenannten „Heck'schen Formel" lediglich das verfassungsspezifische Recht auf Verletzungen hin überprüft.[1802] Falls dieses nicht ordnungsgemäß angewandt wurde, wird die Verletzung festgestellt und das Verfahren zurück an das Ausgangsgericht verwiesen, um unter Beachtung der Rechtsauffassung des BVerfG neu zu entscheiden, § 95 Abs. 2 BVerfGG. Wenn nach der Entscheidung des BVerfG lediglich eine Rechtsfolge möglich ist, wird diese direkt vom BVerfG verkündet, um eine unnötige Zurückverweisung an die Instanzgerichte, die lediglich den Tenor des BVerfG wiederholen könnten, zu vermeiden.[1803] Allerdings ist hinzuzufügen, dass das BVerfG seinen Nachprüfungsspielraum bei der Prüfung der Zulässigkeit von Medienberichterstattung

1797 S. o. Teil 2 II.

1798 S. u. Teil 12 IV.

1799 *Hopfauf,* Art. 93, Rz. 191.

1800 BVerfG-Beschluss vom 14.10.2004, Az.: 2 BvR 1481/04 – Görgülü, Leitsatz Nr. 1.

1801 BVerfG-Beschluss vom 6.11.1975, Az.: 1 BvR 358/75, Orientierungssatz Nr. 3, m. w. N.

1802 BVerfG-Beschluss vom 4.4.1970, Az.: 1 BvR 33/68, Rz. 31, m. w. N. Zur Abweichung des BVerfG von diesem Grundsatz, insbesondere in persönlichkeits- und äußerungsrechtlichen Verfahren, siehe *Klass* in: Westermann et al., Anh zu § 12, Rz. 7 und *Hoffmann-Riem*, AöR 2003, 173 ff., insbes. 193 ff.

1803 BVerfG-Urteil vom 5.6.1973, Az.: 1 BvR 536/72 – Lebach, Rz. 91.

voll ausschöpft, sodass es oftmals zu einer detaillierten Analyse des Sachverhalts kommt.[1804]

IV. Berufung auf Menschenrechte – Individualrechtsbeschwerde vor dem EGMR

Nach dem Weg vor das nationale Verfassungsgericht ist die Einlegung einer Individualrechtsbeschwerde vor dem EGMR die letzte Möglichkeit eine Angelegenheit vor Gericht zu verhandeln. Dabei muss sich der Beschwerdeführer auf die Verletzung der durch die EMRK verliehenen Menschenrechte stützen.

1. Prozessfähigkeit

Auch die EMRK regelt die Prozessfähigkeit nicht schriftlich. Minderjährige können nicht eigenständig vor den EGMR ziehen, sondern werden durch ihre gesetzlichen Vertreter, in der Regel ihre Eltern, vertreten.[1805] In Sonderfällen können auch nicht sorgeberechtigte Elternteile wirksam im Namen des Kindes Beschwerde vor dem EGMR erheben.[1806]

2. Individualrechtsbeschwerde, Art. 34 EMRK

Seit dem Anschluss Deutschlands an die EMRK steht den Betroffenen noch eine weitere Möglichkeit zur Geltendmachung ihrer Grundrechte bzw. zur grundrechtsspezifischen Anfechtung eines Urteils offen, die Individualrechtsbeschwerde vor dem EGMR nach Art. 34 EMRK. Diese kann durch jede natürliche Person aus dem Geltungsbereich der EMRK erhoben werden. Juristische Personen sind parteifähig, insofern sie sich auf ihnen zustehende Menschenrechte berufen.[1807]

Neben Betroffenheits-, Form- und Fristvorschriften, ist auch hier die Rechtswegerschöpfung eine zwingende Zulässigkeitsvoraussetzung, Art. 35 Abs. 1 EMRK. Dabei gehört die Verfassungsbeschwerde vor dem BVerfG zu dem Pflichtprogramm, das ein Verfahren durchlaufen haben muss.[1808] Der EGMR überprüft demnach stets auch BVerfG-Urteile. Abweichende Rechtsprechung ist dennoch selten – und erzeugt deswegen umso mehr Aufmerksamkeit.[1809] Ähnlich wie das

1804 *Beater*, JZ 2013, 111 ff., 111; BVerfG-Beschluss vom 11.05.1976, Az.: 1 BvR 671/70 – Deutschland-Magazin, Rz. 13.
1805 *Meyer-Ladewig*, Art. 34, Rz. 8.
1806 EGMR Urteil vom 06.12.2001, Az.: 31178/96 – Werner Petersen/Deutschland, NJW 2013, 1921 ff., Orientierungssatz 1.
1807 *Peters/ Altwicker*, § 35, Rz. 19.
1808 *Voßkuhle*, NVwZ 2010, 1 ff., 2.
1809 *Voßkuhle*, NVwZ 2010, 1 ff., 4.

BVerfG befasst sich der EGMR nicht mit dem gesamten Gerichtsverfahren, sondern prüft nur konventionsspezifische Menschenrechtsverletzungen.[1810]

Der EGMR spricht lediglich Feststellungsurteile aus.[1811] Darüber hinaus kann er eine finanzielle Entschädigung nach Art. 41 EMRK zuerkennen. Die Umsetzung der EGMR-Rechtsprechung vollzieht sich dank der Bindungswirkung des Art. 46 Abs. 1 EMRK. Bei abweichender EGMR-Rechtsprechung kann das deutsche schon letztinstanzlich entschiedene Gerichtsverfahren durch eine Restitutionsklage nach § 580 Nr. 8 ZPO wieder aufgenommen werden. Das Gerichtsverfahren wirkt zwar grundsätzlich nur für und gegen die Parteien, also inter partes. Allerdings wird die EGMR-Rechtsprechung von allen Institutionen beachtet.[1812] Faktisch konkretisiert der EGMR durch seine Urteile die EMRK mit Wirkung erga omnes, ohne dass er laut Gesetzestext zu dieser Rolle befähigt ist.[1813]

Dies zeigt sich darin, dass es eine Individualrechtsbeschwerde von Caroline von Hannover vor dem EGMR war, die zu einer tiefgreifenden Reform des deutschen Medienrechts führte, nämlich zu der Abschaffung der deutschen Rechtsfigur der absoluten Person der Zeitgeschichte.[1814]

V. Strafrecht

Möchte ein Minderjähriger sich mit strafrechtlichen Mitteln gegen Medienberichte oder Recherchemaßnahmen wehren, hängt seine Mitwirkungspflicht bzw. hängen seine Mitwirkungsmöglichkeiten davon ab, ob die jeweiligen strafrechtlichen Delikte dem Legalitäts- oder dem Opportunitätsprinzip unterliegen.

1. Offizialdelikte

Im Rahmen des Legalitätsprinzips werden Straftaten von Amts wegen verfolgt, sobald eine Strafverfolgungsbehörde wie Polizei oder Staatsanwaltschaft davon Kenntnis erlangt. Dies Kenntnis kann auch durch die Anzeige eines Minderjährigen geschehen. Des Weiteren kann ein Minderjähriger als Opferzeuge vernommen werden. Bei der Zeugenvernahme Minderjähriger steht selbstverständlich ebenfalls das Zeugnisverweigerungsrecht aus § 52 StPO zur Verfügung. Hierbei entscheidet ein verstandesreifer Minderjähriger selbstständig, ob er aussagen will. Versteht er die Bedeutung des Verweigerungsrechts noch nicht, ergeht die Entscheidung über eine Aussage durch den Minderjährigen in Abstimmung mit seinem gesetzlichen Vertreter, § 52 Abs. 2 StPO

1810 *Hopfauf*, Vorb. v. Art. 92, Rz. 63.
1811 *Peters/ Altwicker*, § 37, Rz. 2.
1812 S. o. Teil 2 III. ff.
1813 *Rebhahn*, AcP 2010, 489 ff., 491.
1814 EGMR-Urteil vom 24.06.2004, Az.: 59320/00 – von Hannover. Nähere Ausführungen hierzu unter Teil 4 II. 3. b).

2. Antragsdelikte, § 77 StGB i. V. m. § 178 StPO

Straftaten mit nur geringer Schuld unterliegen dem Opportunitätsprinzip. Sie werden nur verfolgt, wenn ein Antragsberechtigter einen Strafantrag stellt (Antragsdelikte). Die Qualifizierung als Antragsdelikt lässt keinen Rückschluss über die Relevanz der Rechtsverfolgung zu. Vielmehr wird auf das Opfer Rücksicht genommen, dessen Privatleben durch die Straftat schon einmal in Mitleidenschaft gezogen wurde. Es soll selbst darüber entscheiden dürfen, ob eine Rechtsverfolgung ihm wert ist, dass es durch Ermittlungshandlungen und eine meist öffentliche Gerichtsverhandlung erneut in seiner Privatheit gestört wird.[1815]

Man unterscheidet zwischen relativen und reinen Antragsdelikten. Bei relativen Antragsdelikten findet sich schon im Wortlaut die Möglichkeit, das Delikt auch ohne Strafantrag zu verfolgen, wenn die Verfolgung im öffentlichen Interesse liegt, z. B. §§ 201a, 205 Abs. 1 StGB.

Reine Antragsdelikte werden nur nach Strafantrag, § 77 StGB i. V. m. § 178 StPO, verfolgt.

Alle in Teil 7 näher behandelten Straftaten stellen Antragsdelikte dar.

Die Beleidigungsdelikte nach §§ 185 – 187 StGB sind gemäß § 194 Abs. 1 S. 1 StGB Antragsdelikte. Nach S. 2 ist ein Strafantrag dann nicht erforderlich, wenn die angegriffenen Äußerungen medial verbreitet wurden und Opfer der nationalsozialistischen Willkürherrschaft in dieser Eigenschaft beleidigen.

Auch § 201 a StGB ist nach § 205 Abs. 1 StGB ein relatives Antragsdelikt, dessen Strafverfolgung bei öffentlichem Interesse auch ohne Antrag möglich ist.

Der Stalkingtatbestand nach § 238 StGB ist zu differenzieren. Nicht qualifiziertes Stalking gilt nach § 238 Abs. 4 StGB als relatives Antragsdelikt, sodass eine Strafverfolgung nur dann ohne Antrag möglich ist, wenn sie im öffentlichen Interesse liegt. Wird durch das Stalking jedoch die Gefahr des Todes oder einer schweren Gesundheitsschädigung des Opfers verursacht oder tritt sogar der Tod oder eine schwere Gesundheitsschädigung ein, so handelt es sich um ein Offizialdelikt. Die Strafverfolgung wird ohne Antrag aufgenommen, § 238 Abs. 2, 3 StGB.

Auch § 33 KUG wird nach Absatz 2 nur auf Antrag verfolgt.

§ 77 Abs. 3 StGB besagt, dass in Fällen, in denen der Antragsberechtigte ein beschränkt Geschäftsfähiger, das heißt ein Minderjähriger ist, dessen gesetzliche Vertreter den Strafantrag stellen „können". Dieser Wortlaut lässt freilich offen, ob der Minderjährige parallel zu seinem Erziehungsberechtigten befähigt ist, selbstständig Strafantrag zu stellen,[1816] oder ob dies ausschließlich dem gesetzlichen Vertreter möglich ist.[1817]

1815 *Heuchemer,* 411 ff., 417.

1816 *Exner,* JURA 2013, 103 ff., 106 f.; *Schwarz/ Sengbusch,* NStZ 2006, 673 ff., 678.

1817 BGH – Urteil vom 25.01.1994, Az.: 1 StR 770/93 – Unwirksamkeit des Strafantrags von Minderjährigen, Rz. 7; BGH – Beschluss vom 15.09.1981, Az.: 4 StR 417/81 – Wirksamer Strafantrag bei Entführung, NStZ 1981, 479, Leitsatz; *Sternberg-Lieben/ Bosch,* § 77, Rz. 15; *Kett-Straub,* JA 2011, 694 ff., 696; *Bosch,* JURA 2013, 368 ff., 373.

Es wird vertreten, dass Minderjährige selbstständig einen Strafantrag stellen können, wenn ihnen die hierfür erforderliche sittliche und geistige Reife im Sinne einer Einsichts- und Urteilsfähigkeit zu zusprechen ist. Sobald sie diese Einsichtsfähigkeit besitzen, dürfen sie schließlich auch selbstständig tatbestandsausschließende Einverständnisse oder eine rechtfertigende Einwilligung aussprechen. Es wäre jedoch sinnwidrig, ihnen die Möglichkeit zu geben materiell eine Strafverfolgung zu verhindern, aber prozessual diese Entscheidung zu verwehren.[1818] Auch im darauffolgenden Strafverfahren wird die Prozesshandlungsfähigkeit an sittlicher und geistiger Reife, nicht an der Geschäftsfähigkeit festgemacht.[1819] Nur weil Geschäftsfähigkeit nach Bürgerlichem Recht und die Prozesshandlungsfähigkeit nach StPO unabhängig voneinander festzustellen sind, schließt dies nicht aus, jeden beschränkt Geschäftsfähigen als antragsbefugt zu sehen.

Folgt man der Ansicht, dass auch Minderjährige einen wirksamen Strafantrag stellen können sollten, solange sie die hierfür erforderliche Einsichts- und Urteilsfähigkeit haben, muss jedenfalls beachtet werden, dass die Prüfung der notwendigen Einsichtsfähigkeit für alle Teilbereiche isoliert geschehen muss. Ein Minderjähriger kann in der Lage sein, die Bedeutung und Konsequenzen seines tatbestandsausschließenden Einverständnisses abzusehen, jedoch mit einer prozessualen Handlung noch überfordert sein.

Dennoch ist der Ansicht zu folgen, die lediglich den Erziehungsberechtigten als antragsbefugt sieht, denn das materielle Einverständnis mit einer Behandlung und deren Konsequenzen ist sehr viel einfacher zu überblicken ist, als eine Prozesshandlung, wie der Strafantrag und dessen Folgen. Ob es sinnvoll ist, eine Sache vor Gericht zu bringen, erfordert solch eine komplexe Betrachtung der Situation, dass die Entscheidung einem Geschäftsfähigem, dem Erziehungsberechtigten, vorbehalten bleiben sollte.

3. Privatklageverfahren, § 374 ff. StPO

Eine weitere Möglichkeit der Beteiligung von Privatpersonen an strafrechtlichen Verfahren ist das Privatklageverfahren. In Fällen, in denen das öffentliche Interesse nicht groß genug für eine Strafverfolgung ist, kann der Verletzte die Rolle der Staatsanwaltschaft einnehmen und somit das Verfahren vor Gericht bringen. Dies ist nur bei einer enumerativ aufgeführten Anzahl von Delikten möglich, zum Beispiel bei den Beleidigungsdelikten nach §§ 185 ff. StGB, § 374 Abs. 1 Nr. 2 StPO und bei einer Verletzung der §§ 22 f. KUG aus § 33 KUG, § 374 Abs. 1 Nr. 8 StPO. Falls es im öffentlichen Interesse liegt, kann auch bei Privatklagedelikten durch die Staatsanwaltschaft angeklagt werden, § 376 StGB i. V. m. Ziffer 86 RiStBV.

1818 *Exner*, JURA 2013, 103 ff., 106 f.

1819 BGH Beschluss vom 11.01.1983, Az.: 1 StR 788/82 – Ermächtigung zur Rücknahme eines Rechtsmittels, NStZ 1983, 280, Leitsatz.

Die Privatklage kann erst mit Erreichen der Prozessfähigkeit, §§ 51, 52 ZPO selbstständig erhoben werden.[1820] Für Minderjährige handeln deren gesetzliche Vertreter, § 374 Abs. 3 StPO.

4. Nebenklage, §§ 395 ff. StGB

Wird durch die Staatsanwaltschaft Anklage erhoben, kann der Verletzte in einigen Fällen im Rahmen der sogenannten Nebenklage aktiv am Gerichtsverfahren teilnehmen. Delikte, bei denen dies möglich ist, sind in § 395 Abs. 1 StPO enumerativ aufgeführt und umfassen insbesondere § 33 KUG, § 395 Abs. 1 Nr. 6 StPO. Diese Aufzählung ist jedoch nicht abschließend. Der Auffangtatbestand des § 395 Abs. 3 StPO ermöglicht die Nebenklage auch in anderen Fällen, solange die Straftat schwere Folgen hatte und eine Nebenklage zur Wahrnehmung der Interessen geboten erscheint. Hierunter können auch Beleidigungsdelikte fallen.[1821] In Anbetracht der immensen Auswirkung im Einzelfall sind sicherlich auch andere presserelevante Delikte, wie die Verletzung des persönlichen Lebensbereiches nach § 201a StGB und Stalking nach § 238 StGB nebenklagefähig.

Auch ein Nebenkläger muss prozessfähig nach §§ 51 ff. ZPO sein, sodass Minderjährige nicht selbstständig als Nebenkläger auftreten können.[1822]

5. Täterschaft

Strafrechtlich ist derjenige zur Verantwortung zu ziehen, der die Straftat kausal verursacht hat. Dies ist bei Beleidigungsdelikten der Autor oder der Urheber eines

---

1820 *Meyer-Goßner*, Vor § 374, Rz. 5, § 374, Rz. 8 ff.

1821 Im Prozess wegen Beleidigung durch Karikaturen trat der damalige bayerische Ministerpräsident Strauß als Nebenkläger auf, BVerfG-Urteil vom 03.06.1987, Az.: 1 BvR 313/85 – Strauß-Karikatur.

1822 *Meyer-Goßner*, Vor § 395, Rz. 7; KG Berlin, Beschluss vom 22.03.2010, Az.: 4 Ws 6/10 – Minderjähriger Nebenkläger – Wirksamkeit des Anschlusses, NStZ-RR 2011, 22 ff., Leitsatz 1, 2. Das Landgericht Berlin (LG Berlin, Beschluss vom 27.11.2009, Az.: 530 – 37/09 u. a. – Anschlusserklärung) vertrat hierzu eine andere Auffassung, als es minderjährige Nebenkläger zuließ. Zur Begründung führte es an, dass auch strafprozessuale Zeugnisverweigerungs- und Angeklagtenrechte auf Verstandesreife und nicht auf Volljährigkeit abstellen. Dem muss jedoch entgegengesetzt werden, dass die Frage, ob man sich zu einer Strafsache äußern will, ein natürlicher Lebensvorgang ist, dessen Konsequenzen leicht verständlich sind, während es sich bei der Führung einer Nebenklage um eine Vielzahl komplexer Abläufe und Entscheidungen handelt, die weitaus weniger überschaubar sind. Zudem war das Gericht mit einer extremen Sachverhaltsgestaltung konfrontiert, da den Nebenklägern die Verstoßung durch ihre Familie drohte, sollte die Strafsache ihren Eltern als gesetzliche Vertreter bekannt werden, so dass zu unterstellen ist, dass bei einer weniger dramatischen Konstellation womöglich auch ein anderes Ergebnis gefunden worden wäre.

Beitrags. Bei unzulässigen Recherchemaßnahmen ist es der jeweilige Redakteur. In eingeschränktem Maße können sich Vorgesetzte der Anstiftung schuldig gemacht haben, § 26 StGB. Arbeiteten mehrere Verantwortliche zusammen, kann es sich um Mittäterschaft handeln, § 25 Abs. 2 StGB. Verantwortliche Redakteure, Sendeleiter oder der Chef vom Dienst (CvD), die nicht Urheber der strafgegenständlichen Berichterstattung sind, machen sich nur dann strafbar, wenn sie pflichtwidrig unterlassen haben, einen Beitrag zu verhindern, § 13 StGB.[1823]

VI. Fazit

Es stehen eine Vielzahl von Rechtsschutzmöglichkeiten gegen Berichterstattung zur Verfügung. Um diese selbstständig wahrnehmen zu können bedarf es – mit Ausnahme der Grundrechtsmündigkeit – der Geschäftsfähigkeit, sodass Minderjährige durch ihre Erziehungsberechtigten vertreten werden müssen. Besteht zwischen dem Minderjährigen und seinem gesetzlichen Vertreter ein Konflikt darüber, ob die Behörden hinzugezogen werden sollen, ist dieser nach familiengerichtlichen Maßstäben zu klären.[1824]

Insbesondere im Rahmen der zivilrechtlichen Abwehr von Berichterstattung zeigt sich, dass wirksamer und effektiver Rechtsschutz gewährleistet werden könnte, wenn die vorbeugende Unterlassungsklage bezüglich Minderjähriger zugelassen würde. Auch ein Verbot lediglich kerngleicher Berichterstattung würde die Rechtsschutzmöglichkeiten für Minderjährige und deren Erziehungsberechtigte wirksam verbessern.[1825]

1823 *Cole,* Medienstrafrecht, 282.
1824 S. o. Teil 11, insbesondere Ziffer V. 2.
1825 S.o. Teil 12 II.

Teil 13: Zusammenfassung der Reformvorschläge

Minderjährigenschutz wird auch in der Medienlandschaft dringend benötigt, ist jedoch bisher nur unzureichend umgesetzt. Daher finden sich in dieser Ausarbeitung eine Bandbreite von Reformvorschlägen, die im Folgenden zusammengefasst dargestellt werden.

I. Menschenwürde wahren

Die medienrechtlichen Aufsichtsgremien sind berechtigt, einzugreifen, wenn die Menschenwürde von Protagonisten verletzt wird – egal ob diese minderjährig oder erwachsen sind. Diese Eingriffsbefugnis darf einerseits nicht als Instrument missbraucht werden, um unliebsame oder vermeintlich geschmacklose Inhalte zu verhindern, denn dies wäre eine Trivialisierung der Menschenwürde. Gleichzeitig existieren Medienformate, in denen die unwürdige Behandlung der Protagonisten nicht von der Hand zu weisen ist. In diesen Fällen muss die Eingriffsbefugnis noch verstärkt an Bedeutung gewinnen, indem sie aktiv eingesetzt wird, um Menschenwürdeberührungen zu verhindern.[1826]

II. Kindeswohl als Eingriffskriterium für medienrechtliche Aufsichtsgremien

Neben der Menschenwürde, die für Erwachsene und Minderjährige gleichermaßen gewahrt werden muss, sollte speziell im Hinblick auf Minderjährige das Kindeswohl als medienrechtliches Eingriffskriterium implementiert werden. Denn obwohl das Kindeswohl theoretisch stets zu beachten ist, wird es erst dann als zu wahrendes Schutzgut und Eingriffsgrundlage anerkannt werden, wenn es auch in den entsprechenden Normierungen zu finden ist.[1827]

III. Vorwandskontrolle

Zwar ist der Informationswert einer Berichterstattung unzweifelhaft ein wesentliches Kriterium für deren Zulässigkeit, doch sollte stets eine „Vorwandskontrolle" stattfinden, die verhindert, dass ein Informationswert lediglich konstruiert wird.[1828]

1826 S. o. Teil 3 I. 5.
1827 S. o. Teil 3 III. 5
1828 S. o. Teil 4 I. 2. c).

IV. Sperrzonen für Paparazzi

Durch die Einführung von Sperrzonen für Paparazzi wäre mittels einfacher juristischer Mittel eine effektive Verbesserung des Schutzstandards zu erreichen.[1829]

V. Kurze Verjährungsfrist für Vorverhalten

Um Minderjährige nicht über Gebühr für möglicherweise leichtfertig begangene Privatsphärenöffnungen haften zu lassen, wäre angebracht, diese mit einem – je nach Einzelfall zu variierenden – Haltbarkeitsdatum auszustatten. Vorliegend wird vorgeschlagen, Minderjährige nicht länger als ein Jahr an vorangegangenen Privatsphärenöffnungen festzuhalten, um ihnen zu ermöglichen, leichtfertige Öffnungen oder inzwischen veränderte Kommunikationsstrategien zu korrigieren.[1830]

VI. Erhöhte Anforderungen an Fotos von öffentlichen Veranstaltungen

Auch wenn Berichterstattung von öffentlichen Veranstaltungen weiterhin erlaubt sein sollte, solange sich der Minderjährige hierbei der Presse präsentiert, müsste betont werden, dass zwischen der Verwendung der angefertigten Fotografien und der Textberichterstattung ein ausreichender Zweckbezug vorliegen muss. Auch hier sollte eine Art „Vorwandskontrolle" verhindern, dass die öffentliche Veranstaltung lediglich am Rand erwähnt wird, um Anlass für eine Berichterstattung über die Minderjährigen zu bieten.[1831]

VII. Digitale Veröffentlichungen, insbes. Online-Archive

Da das „Internet nicht vergisst", ermöglicht es nicht, klare Persönlichkeitsrechtsverletzungen in effektiver Weise aus der Welt zu schaffen. Vor diesem Hintergrund scheint es ein falsches Signal, wenn professionelle Anbieter von Internetseiten mit Rücksicht auf die Flut an Daten über Gebühr geschont werden. Zumindest nach einem begründeten Hinweis auf eine Persönlichkeitsrechtsverletzung sollten Betreiber verpflichtet werden, schnellstmögliche Schutzmaßnahmen zu ergreifen.[1832] Auch wäre es möglich, die Forderung des Urheberrechts auf das Persönlichkeitsrecht auszuweiten, dass digitale Verfallsdaten in persönlichkeitsrelevante Berichterstattung eingepflegt werden, sodass nach Ablauf einer Zeitdauer automatisch eine Löschung oder Anonymisierung stattfindet.[1833]

1829 S. o. Teil 4 II. 7. e).
1830 S. o. Teil 4 VII. 1.
1831 S. o. Teil 4 VII. 2.
1832 S. o. Teil 4 VII. 3.
1833 S. o.

VIII. Schutzlücken systematisch schließen

Die einzige bisher bestehende Normierung, die sich näher mit dem Minderjährigenschutz bei Medienproduktionen mit Einwilligungen beschäftigt, ist ein Runderlass des Arbeitsministeriums Nordrhein-Westfalen aus dem Jahre 2003[1834]. Obwohl zu begrüßen ist, dass sich wenigstens ein Bundesland an einer gesetzlichen Regulierung versucht hat, werden hierbei Schutzlücken eröffnet, die dringend geschlossen werden sollten.

Neben der nicht zu rechtfertigenden Ausnahme von selbstständigen Minderjährigen und Kindern unter drei Jahren sollte insbesondere auch die Mitwirkung an realitätsnahen Produktionen vom Anwendungsbereich der Richtlinien umfasst werden, denn auch hierbei müssen Minderjährige sich wie Angestellte in einen Produktionsablauf eingliedern, werden aber in der Regel ungleich stärker in ihrem Persönlichkeitsrecht betroffen als bei fiktionalen Formaten.[1835]

IX. Stärkere Betrachtung des Einzelfalls

Eine stärkere Individualisierung und Flexibilisierung der Mitwirkungsmöglichkeiten Minderjähriger, wie sie von Vertretern der Medienindustrie gefordert wird, steht einem effektiven Minderjährigenschutz grundsätzlich nicht entgegen. Eine Individualisierung könnte erreicht werden, indem den einwilligenden Behörden alle Entscheidungsgrundlagen bekannt gemacht werden, sodass sie sich – im Gegensatz zur aktuellen eher rudimentären Informationsgrundlage – ein umfassendes Bild machen können. Hierbei ist auch zu überlegen, ob die Jugendämter aufgrund ihrer Expertise in Jugendangelegenheiten und dem vorhandenen Hintergrundwissen bezüglich auffälliger Minderjähriger eine geeignetere Behörde darstellen würden, sodass deren aktuelles Recht auf Stellungnahme zu einem Vetorecht ausgeweitet werden sollte.

Um mit einer Flexibilisierung der Bestimmungen nicht eine Erosion der sowieso schon geringen Normierungen einhergehen zu lassen, sollte diese unter der Bedingung der Begleitung durch eine medienpädagogische Fachkraft gestellt werden. Diese Fachkraft kann für den Einzelfall entscheiden, ob eine Überschreitung der gesetzlich festgelegten Arbeitszeiten ausnahmsweise mit dem Minderjährigenschutz vereinbar ist. Genau so sollte ihr die Kompetenz verliehen werden, die gesetzlich erlaubten Arbeitszeiten und Bewilligungen zu unterschreiten, wenn dies notwendig ist, um den Bedürfnissen des Minderjährigen gerecht zu werden.[1836]

1834 Runderlass des Ministeriums für Arbeit, Soziales und Stadtentwicklung, Kultur und Sport: Richtlinien für die Bewilligung der Mitwirkung von Kindern nach § 6 JArbSchG im Medien- und Kulturbereich, MBl. NRW. 2000 S. 610.

1835 S. o. Teil 9 III. 1

1836 S. o. Teil 9 III. 2.

X. Ausweitung der medienpädagogischen Fachbetreuung

Wie im obigen Punkt schon angesprochen, sollte die Betreuung durch medienpädagogische Fachkräfte ausgeweitet werden. Sie sollten auch bei Produktionen unter 30 Drehtagen zum Einsatz kommen und bestenfalls auch schon vor Produktionsstart während des Castingprozesses und anschließend zum Zeitpunkt der Veröffentlichung des Werkes als neutrale Ansprechpartner und Vermittler zwischen Produzenten und Protagonisten zur Verfügung stehen.[1837]

XI. Europäische Harmonisierung

Wie in allen relevanten Wirtschaftsbereichen muss auch im Rahmen der Medienproduktionen darauf verwiesen werden, dass effektive Reformen am Ende des Tages einer europäischen Harmonisierung bedürfen, um zu verhindern, dass die Schutzvorschriften durch das Ausweichen in europäische Nachbarländer umgangen wird, sowie um die heimische Filmindustrie nicht im Gegensatz zu der innereuropäischen Konkurrenz zu benachteiligen.[1838]

XII. Minderjährige in realitätsnahen Produktionen

Wegen des besonderen Belastungs- und Konfliktpotentials, das die Mitwirkung an realitätsnahen Produktionen auf die Persönlichkeit Minderjähriger haben kann, sollten diese verpflichtend durch eine medienpädagogische Fachkraft begleitet werden, die die Rechte und Bedürfnisse des Kindes wahrt.

Um zu verhindern, dass die beeinträchtigenden Inhalte erst durch die Nachbearbeitung Eingang in das jeweilige Format finden, sollten die Endfassungen vorab einem medienrechtlichen Aufsichtsgremium zur Freigabe vorgelegt werden.[1839]

XIII. Minderjährige in Castingshows

Gerade bei Castingshows lassen sich zwei entgegengesetzte Trends beobachten. Zum einen werden parallel zu Erwachsenenformaten vermehrt auch Kinderformate erfolgreicher Castingshows produziert, bei denen in besonderem Maße auf die minderjährigen Teilnehmer eingegangen wird, indem diese respektvoll und freundlich behandelt werden sowie eine Begleitung durch Erziehungsberechtigte ermöglicht wird. Neben der grundsätzlichen Skepsis, mit der Minderjährigen-Formate zu Unterhaltungszwecken betrachtet werden sollte, ist die gesonderte Behandlung von Kindern und Jugendlichen aus Gesichtspunkten des Minderjährigenschutzes selbstverständlich zu begrüßen.

1837 S. o. Teil 9 III. 3.
1838 S. o. Teil 9 III. 5.
1839 S. o. Teil 9 III. 6.

Zum anderen nehmen Minderjährige jedoch auch an für erwachsene Teilnehmer konzipierten Castingformaten teil. Hierbei müssen sie sich neben einem mehrwöchigen Ausstieg aus ihrem Alltag oftmals mit einer ebenso lang andauernden Trennung von Familien und Freunden auseinandersetzen, während der sie massivem psychischen Druck ausgesetzt werden, der zum Sendungskonzept gehört, um den oder die durchhaltestärksten und geeignetsten Teilnehmer zu finden. In diesen Produktionen hat die Sonderbehandlung Minderjähriger keinen Platz, weswegen Minderjährige hier auch nicht teilnehmen dürfen sollten.[1840]

XIV. Minderjährige in sozialen Netzwerken

Um den Minderjährigenschutz in sozialen Netzwerken zu etablieren, bedarf es zuvorderst eines tauglichen Altersverifikationssystems. Hier hat sich aktuell noch keine Maßnahme durchgesetzt.

Durch den völligen Mangel an Minderjährigenschutz ist jede Bemühung als Verbesserung zu begrüßen, dennoch sollte der Minderjährigenschutz nicht vollständig in die Hand der Anbieter gelegt werden, da diese regelmäßig an extensivem Verbreiten privater Inhalte und Daten interessiert sind. Wegen der Internationalität der Unternehmen, die soziale Netzwerke betreiben, kann eine Selbstverpflichtung anzustreben sein, denn nationale Regelungen werden regelmäßig keine Wirkung entfalten.[1841]

Wenn auch darüber diskutiert werden kann, ob Minderjährigen die Möglichkeit, Inhalte einer unbegrenzten Öffentlichkeit zu präsentieren, verwehrt werden darf, sollten sie zumindest davor geschützt werden, versehentlich ihre Privatsphäre zu öffnen, weswegen alle Standardeinstellungen den restriktivsten Privatsphärenschutz aufweisen sollten. Auch eine regelmäßige Erinnerungen an diese Einstellungen und die Möglichkeit alle eingespeisten Inhalte unwiederbringlich zu löschen, stellten sinnvolle standardisierte Maßnahmen zum Minderjährigenschutz dar.[1842]

Um zu verhindern, dass im jugendlichem Leichtsinn Daten eingepflegt werden, deren Existenz anschließend vergessen werden, wäre es zu begrüßen, wenn dem Vorschlag der Datenschutzverordnung gefolgt wird, der vorsieht, ein Profil in einem sozialen Netzwerk, das ein Jahr lang nicht besucht wird, zu löschen.[1843]

Damit Minderjährige nicht nur vor sich selbst sondern auch vor unangemessenen Kontaktaufnahmen anderer Nutzer geschützt werden, sollte die gezielte Suche nach Nutzern einer bestimmten Altersgruppe nicht ermöglicht werden. Ebenso sollten ausreichende Instrumente zur Verfügung gestellt werden, um andere Nutzer zu blockieren oder bei den Anbietern als unangemessen zu melden.[1844]

1840 S. o. Teil 9 III. 7.
1841 S. o. Teil 10 IV.
1842 S. o.
1843 S. o.
1844 S. o.

XV. Medienkompetenz als Schlüssel zu Privatsphärenschutz

Gerade im Hinblick darauf, dass Kinder und Jugendliche sich den digitalen Raum scheinbar mühelos erschließen, müssen Erziehungsberechtigte und Schulen darauf achten nicht den Anschluss zu verlieren. Im Internet gilt mehr noch als an anderen Stellen, dass Privatsphärenschutz und Persönlichkeitsrechte kein Selbstzweck sind, sondern aktiv geltend gemacht werden müssen, um eine Schutzwirkung entfalten zu können. Insbesondere da aktuell noch nicht absehbar ist, wie sich die Digitalisierung weiter entwickelt und was mit den nun eingespeisten Daten in Zukunft geschieht, liegt der einzige Weg zu effektivem Privatsphärenschutz und damit auch zur Wahrung der Persönlichkeitsrechte in der steten Schulung der Medienkompetenz, sodass auch Minderjährige den unendlich informativen und interessanten digitalen Raum gefahrlos erkunden können.[1845]

XVI. Prozessuale Reformen: Vorbeugende Unterlassungsklage und Verbot kerngleicher Berichterstattung

Die derzeitigen Rechtsschutzmöglichkeiten bewirken, dass Minderjährige ihrem Rechtsschutz dauerhaft hinterherlaufen müssen und selbst im Falle eines klaren Rechtsverstoßes keine abschreckende Maßnahme verhängt werden kann, da Medienhäuser sich stets auf die Einzelfallabwägung berufen können, obwohl diese im Regelfall stets zugunsten der Minderjährigen ausgeht.

Um wirksamen und effektiven Rechtsschutz zu gewährleisten, sollte die vorbeugende Unterlassungsklage daher bezüglich Minderjähriger zugelassen werden. Auch ein Verbot lediglich kerngleicher Berichterstattung würde die Rechtsschutzmöglichkeiten für Minderjährige und deren Erziehungsberechtigte wirksam verbessern.[1846]

1845 S. o. Teil 10 V.
1846 S. o. Teil 12 II.

Literaturverzeichnis

Albers Ben Chamo, Sophie, Ruhm frisst Kinderseelen, Internetadresse: https://www.stern.de/lifestyle/leute/miley-cyrus-vs-zac-efron-ruhm-frisst-kinderseelen-3802604.html (2009) – letzter Aufruf am 28.10.2018

Alexander, Christian, Persönlichkeitsschutz und Werbung mit tagesaktuellen Ereignissen, Von zerknitterten Zigarettenschachteln, geschwärzten Worten und einem zurückgetretenen Finanzminister, AfP, 2008, 556 ff.

Alexander, Christian, Urheber- und persönlichkeitsrechtliche Fragen eines Rechts auf Rückzug aus der Öffentlichkeit, ZUM, 2011, 382 ff.

Álvarez, Sonja, Achtung: Alles erfunden, Der Tagesspiegel, 18.11.2013

Anzinger, Rudolf, JArbSchG in: Richardi, R./ Wlotzke, O./ Wißmann, H. u. a. (Hrsg.), Münchener Handbuch zum Arbeitsrecht, Band 2 Kollektivarbeitsrecht/ Sonderformen, 3. Aufl. (2009) (zitiert als *Anzinger*)

Arbeitsgemeinschaft der Landesmedienanstalten in der Bundesrepublik Deutschland (ALM), Jahrbuch 2008 (zitiert als: ALM Jahrbuch 2008)

Arbeitsgemeinschaft der Landesmedienanstalten in der Bundesrepublik Deutschland (ALM), Jahrbuch 2011/2012 (zitiert als ALM Jahrbuch 2011/2012)

Arbeitsgemeinschaft der Landesmedienanstalten in der Bundesrepublik Deutschland (ALM), Programmbericht 2012, Fernsehen in Deutschland – Programmforschung und Programmdiskurs (zitiert als ALM Programmbericht 2012)

Baacke, Dieter/ Lauffer, Jürgen/ Kahmann, Uli/ Schnatmeyer, Dorothee, Psychische und physische Belastungen durch Kinderarbeit bei Theatervorstellungen, Musikaufführungen, Werbeveranstaltungen, anderen Aufführungen und in TV- und Filmproduktionen, Empfehlungen für die Handhabung von Ausnahmegenehmigungen nach § 5 Jugendarbeitsschutzgesetz (2001) (zitiert als *Baacke et al.*, Belastungen)

Badura, Peter, Staatsrecht, Systematische Erläuterung des Grundgesetzes für die Bundesrepublik Deutschland, 4. Aufl. (2010) (zitiert als *Badura*)

Baer, Ingrid, Übereinkommen der Vereinten Nationen über die Rechte des Kindes, NJW, 1993, 2209 ff.

Baldus, Manfred, Der Kernbereich privater Lebensgestaltung – absolut geschützt, aber abwägungsoffen, JZ, 2008, 218 ff.

Bandle, Rico, ‚Carlos' und die Uiguren, Weltwoche, 12.09.2013

Bantle, Frank, § 108 Jugendliche/ Kinder in: Kittner/ Zwanziger/ Deinert/ Appel, Arbeitsrecht, Handbuch für die Praxis, 7. Aufl. (2013) (zitiert als *Bantle*)

Baston-Vogt, Marion, Der sachliche Schutzbereich des zivilrechtlichen allgemeinen Persönlichkeitsrechts (1997) (zitiert als *Baston-Vogt*)

Bayer, Ines, Über den Kopf der Kinder hinweg, Internetadresse: http://www.fr-online.de/panorama/interview-zu-kindercasting--ueber-den-kopf--der-kinder-hinweg-,1472782,4526346.html (2010) – letzter Aufruf am 12.01.2016

Beater, Axel, § 823 Anh. IV in: Soergel, Bürgerliches Gesetzbuch, mit Einführungsgesetz und Nebengesetzen, 13. Aufl. (2005) (zitiert als *Beater* in Soergel)

Beater, Axel, Informationsinteressen der Allgemeinheit und öffentlicher Meinungsbildungsprozess, Inhaltliche und prozedurale Kriterien aus zivilrechtlicher Sicht, ZUM, 2005, 602 ff.

Beater, Axel, Persönlichkeitsschutz Minderjähriger und mediale Berichterstattung, JZ, 2013, 111 ff.

Becker, Bernhard von, § 33 Kunstfreiheit in: Götting, H.-P./ Becker, B. v. (Hrsg.), Handbuch des Persönlichkeitsrechts (2008) (zitiert als *Becker*, Persönlichkeitsrecht)

Becker, Bernhard von, Dokufiction – ein riskantes Format, Zugleich eine Besprechung von BVerfG ZUM 2008, 323 – Hagener Mädchenmord, ZUM, 2007, 265 ff.

Becker, Bernhard von, Überlegungen zum Verhältnis von Kunstfreiheit und Persönlichkeitsrecht, AfP, 2001, 466 ff.

Beckers, Hans Joachim, JArbSchG in: Dornbusch, G./ Fischermeier, E./ Löwisch, M. (Hrsg.), Fachanwaltskommentar Arbeitsrecht, 6. Aufl. (2014) (zitiert als *Beckers*)

Beckert, Sandra Maria, Einwilligung und Einverständnis, JA, 2013, 507 ff.

Bendtsen, Ralf, § 52 in: Sanger, Zivilprozessordnung, Handkommentar, 5. Aufl. (2013) (zitiert als *Bendtsen*)

Bergmann, Jan/ Mickel, Wolfgang Wilhelm, Handlexikon der Europäischen Union, 4. Aufl. (2012) (zitiert als *Bergmann/ Mickel*)

Bethge, Herbert, § 13, § 90 in: Maunz, Bundesverfassungsgerichtsgesetz, Kommentar (2013) (zitiert als *Bethge*, Bundesverfassungsgerichtsgesetz)

Bethge, Herbert, § 203 Grundrechtswahrnehmung, Grundrechtsverzicht, Grundrechtsverwirkung in: Bethge, H./ Isensee, J./ Kirchhof, P. (Hrsg.), Handbuch des Staatsrechts der Bundesrepublik Deutschland, Band IX – Allgemeine Grundrechtslehren, Bd. 9, 3. Aufl. (2011) (zitiert als *Bethge*, Staatsrecht)

Bieber-Delfosse, Gabrielle, Vom Medienkind zum Kinderstar, Einfluss- und Wirkfaktoren auf Vorstellungen und Prozesse des Erwachsenwerdens (2002) (zitiert als *Bieber-Delfosse*)

Bilton, Nick, Alex From Target: The Other Side of Fame, Internetadresse: https://www.nytimes.com/2014/11/13/style/alex-from-target-the-other-side-of-fame.html (2014) – letzter Aufruf am 16.04.2018

Bitterlich, Joachim, Art. 2 in: Lenz/ Borchardt/ Bitterlich, EU-Verträge, Kommentar nach dem Vertrag von Lissabon, 5. Aufl. (2010) (zitiert als *Bitterlich*)

Bosch, Nikolaus, Der Strafantrag, JURA, 2013, 368 ff.

Braml, Birgit/ Hopf, Kristina, Virtuelle Kinderpornographie vor dem Hintergrund des Online-Spiels Second Life, ZUM, 2007, 354 ff.

Brändel, Oliver, § 36 Lebende Personen, § 37 Das Persönlichkeitsrecht des Verstorbenen in: Götting, H.-P./ Becker, B. v. (Hrsg.), Handbuch des Persönlichkeitsrechts (2008) (zitiert als *Brändel*)

Brenton, Sam/ Cohen, Reuben, Shooting People: Adventures in Reality TV (2003)

Breutz, Iris/ Weyhe, Lothar, 39. Abschnitt: Pflichten bei der Berichterstattung in: Paschke/ Berlit/ Meyer/ Bahr, Hamburger Kommentar, Gesamtes Medienrecht, 2. Aufl. (2012) (zitiert als *Breutz/ Weyhe*)

Brilli, Stefano, Zwischen Trash und Transzendenz, ZfM, 2017, 21 ff.

Brinkmann, Bastian, Dieser Shitstorm ist Wurst, Vegetarier wettern gegen ING-DiBa, Internetadresse: http://www.sueddeutsche.de/digital/vegetarier-wettern-gegen-ing-diba-dieser-shitstorm-ist-wurst-1.1256820 (2012) – letzter Aufruf am 13.01.2016

Brissa, Enrico, Zur gerichtlichen Entscheidungskompetenz bei elterlichen Meinungsverschiedenheiten über Schutzimpfungen, JR, 2012, 401 ff.

Brüggen, Niels/ Gebel, Christa/ Gerlicher, Peter/ Schemmerling, Mareike/ Wagner, Ulrike, Zentrale Ergebnisse der ersten drei Teilstudien in: Wagner, U./ Brüggen, N. (Hrsg.), Teilen, vernetzen, liken, Jugend zwischen Eigensinn und Anpassung im Social Web; 5. Konvergenzstudie im Auftrag der Bayrischen Landeszentrale für neue Medien (BLM), Bd. 101 (2013) (zitiert als *Brüggen et al.*)

Bruns, Alexander, Persönlichkeitsschutz im Internet – medienspezifisches Privileg oder medienpersönlichkeitsrechtlicher Standard, AfP, 2011, 421 ff.

Büchler, Andrea, Die Kommerzialisierung von Persönlichkeitsgütern: Zur Dialektik von Ich und Mein, AcP, 2006, 300 ff.

Busch, Ralf, Strafrechtlicher Schutz gegen Kinderpornographie und Missbrauch, NJW 2015, 977 ff.

Clausen-Muradian, Elisabeth, Die Doku-Soap „Frauentausch" – Ein Reality-Format unter dem Aspekt des Persönlichkeitsrechts der mitwirkenden Kinder, Rechtsgutachten im Auftrag der Hessischen Landesanstalt für privaten Rundfunk (2005) (zitiert als *Clausen-Muradian*)

Coester, Michael, § 1666 in: Staudinger, Kommentar zum Bürgerlichen Gesetzbuch mit Einführungsgesetz und Nebengesetzen, Buch 4 Familienrecht §§ 1638 – 1683 (Elterliche Sorge 2 – Vermögenssorge, Kinderschutz, Sorgerechtswechsel) (2009) (zitiert als *Coester*)

Cole, Mark D., Medienstrafrecht in: Dörr, D./ Kreile, J./ Cole, M. D. (Hrsg.), Handbuch Medienrecht, Recht der elektronischen Massenmedien, 2. Aufl. (2011) (zitiert als *Cole,* Medienstrafrecht)

Cole, Mark D., Privatheit und Recht am Beispiel von „Big Brother" in: *Sokol, B.* (Hrsg.), Mediale (Selbst-)Darstellung und Datenschutz (2001) (zitiert als *Cole,* Big Brother)

Cole, Mark D., Zum Beurteilungsspielraum der KJM bei der Bewertung von Jugendmedienschutzfragen, ZUM, 2010, 929 ff.

Costa, Jean-Paul/ Skouris, Vassilios, Gemeinsame Erklärung der Präsidenten von EGMR (Straßburg) und EuGH (Luxemburg) vom 24. Januar 2011, „Parallele Auslegung" von GRCh und EMRK sowie Beitritt der EU zur EMRK, EuGRZ, 2011, 95 ff.

Cremer, Hendrik, Kinderrechte und der Vorrang des Kindeswohls, Die UN-Kinderrechtskonvention bietet ein weites Anwendungsfeld, AnwBl, 2012, 327 ff.

Cumming, Laura, When does art become child porn?, Internetadresse: http://www.theguardian.com/artanddesign/2009/nov/01/art-child-porn-old-masters (2009) – letzter Aufruf am 13.01.2016

Damm, Renate/ Rehbock, Klaus/ Smid, Jörg F., Widerruf, Unterlassung und Schadensersatz in den Medien, 3. Aufl. (2008) (zitiert als *Damm/ Rehbock/* Smid)

Dasch, Norbert, Die Einwilligung zum Eingriff in das Recht am eigenen Bild (1990) (zitiert als *Dasch*)

Degenhart, Christoph, Das allgemeine Persönlichkeitsrecht, Art. 2 I i. V. mit Art. 1 I GG, JuS, 1992, 361 ff.

Der Kontakter (Hrsg.), Einigung im Scripted-Reality-Streit, Der Kontakter (2014)

Deutscher Bundestag (Hrsg.), Bericht der Bundesregierung über Kinderarbeit in Deutschland, Bundestags Drucksache 14/3500, 02.06.2000 (zitiert als Bericht der Bundesregierung über Kinderarbeit in Deutschland)

Deutscher Kinderschutzbund Bundesverband. e. V., Stellungnahme des Deutschen Kinderschutzbundes zur neuen Realityserie „Die Super Nanny" bei RTL, Internetadresse: http://www.kinderschutzbund-nrw.de/StellungnahmeSuperNanny.htm (2004) – letzter Aufruf am 13.01.2016

Di Fabio, Udo, Art. 2 in: Maunz/ Dürig, Grundgesetz (2013) (zitiert als *Di Fabio* in: Maunz/ Dürig)

Di Fabio, Udo, Der Schutz der Menschenwürde durch allgemeine Programmgrundsätze, Rechtsgutachten (2000) (zitiert als *Di Fabio*, Menschenwürde)

Di Fabio, Udo, Persönlichkeitsrechte im Kraftfeld der Medienwirkung, Zur ethischen Dimension der Medienfreiheit, AfP, 1999, 126 ff.

Dix, Alexander, Das Recht am eigenen Bild – ein Anachronismus im Zeitalter des Internet? in: Sokol, B. (Hrsg.), Mediale (Selbst-)Darstellung und Datenschutz (2001) (zitiert als *Dix*)

Dörr, Dieter, Big Brother und die Menschenwürde, Die Menschenwürde und die Programmfreiheit am Beispiel eines neuen Sendeformats (2000) (zitiert als *Dörr*)

Dörr, Dieter/ Cole, Mark D., »Big Brother« – oder: Menschenwürde als Grenze der Programmfreiheit, K&R, 2000, 369 ff.

Dreier, Horst, Art 1, Art. 2 in: Dreier, Grundgesetz Kommentar, 2. Aufl. (2004) (zitiert als *Dreier*)

Dreier, Thomas/ Specht, Louisa, § 23 KUG, §§ 33–50 KUG in: Dreier/ Schulze, Urheberrechtsgesetz, Urheberrechtswahrnehmungsgesetz, Kunsturhebergesetz; Kommentar, 4. Aufl. (2013) (zitiert als *Dreier/ Specht*)

Ehmann, Horst, Das Allgemeine Persönlichkeitsrecht, JURA, 2011, 437 ff.

Ehmann, Horst, Das Allgemeine Persönlichkeitsrecht, Zur Transformation unmoralischer in unerlaubte Handlungen in: Canaris, C.-W./ Heldrich, A. (Hrsg.), 50 Jahre Bundesgerichtshof, Festgabe aus der Wissenschaft (2000) (zitiert als *Ehmann* in Canaris/ Heldrich)

Ehmann, Horst, Zum kommerziellen Interesse an Politikerpersönlichkeiten, Aufgezeigt an den Fällen Oskar Lafontaine und Joschka Fischer, AfP, 2007, 81 ff.

Ehrich, Brigitte, Mitleiderregende, spekulative Doku, Hamburger Abendblatt, 02.03.2009

Eisele, Jörg, § 238 in: Schönke/ Schröder, Strafgesetzbuch, 28. Aufl. (2010) (zitiert als *Eisele*)

Ellenberger, Jürgen, Einf v § 104 in: Palandt, Bürgerliches Gesetzbuch, 70. Aufl. (2011) (zitiert als *Ellenberger*)

Engel, Christoph, Die Europäische Grundrechtscharta und die Presse, ZUM, 2000, 975 ff.

Engels, Stefan/ Jürgens, Uwe, Auswirkungen der EGMR-Rechtsprechung zum Privatsphärenschutz, Möglichkeiten und Grenzen der Umsetzung des „Caroline"-Urteils im deutschen Recht, NJW, 2004, 2517 ff.

Erdemir, Murad, § 4 JMStV in: Spindler/ Schuster, Recht der elektronischen Medien, 2. Auflage (2011) (zitiert als *Erdemir* in: Spindler/ Schuster)

Erdemir, Murad, Gewaltverherrlichung, Gewaltverharmlosung und Menschenwürde, ZUM, 2000, 699 ff.

Erdemir, Murad, Neue Paradigmen der Pornografie? – Ein unbestimmter Rechtsbegriff auf dem Prüfstand, MMR, 2003, 628 ff.

Ernst, Stefan, Gleichklang des Persönlichkeitsschutzes im Bild- und Tonbereich?, NJW, 2004, 1277 ff.

Ernst-Moll, Jürgen, Das Recht am eigenen Bildnis – vor und vor allem nach dem Tode, GRUR, 1996, 558 ff.

Europäische Kommission, How will the data protection reform affect social networks?, Internetadresse: http://ec.europa.eu/justice/data-protection/document/3_social_network_en.pdf (2012) – letzter Aufruf am 15.04.2016 (zitiert als *Europäische Kommission,* Soziale Netzwerke)

Exner, Thomas, Minderjährige im StGB, JURA, 2013, 103 ff.

Facebook Newsroom, Teens Now Start With „Friends" Privacy for New Accounts; Adding the Option to Share Publicly, Internetadresse: http://newsroom.fb.com/News/737/Teens-Now-Start-With-Friends-Privacy-for-New-Accounts-Adding-the-Option-to-Share-Publicly (2013) – letzter Aufruf am 15.04.2016 (zitiert als *Facebook* – Teen Privacy)

Fast, Viktor, Neue Medien und Öffentlichkeit (2013) (zitiert als *Fast*)

Feyock, Martin, BGH: Kein generelles Abbildungsverbot gegen Verleger, der tendenziell Rechte minderjähriger Kinder von Prominenten verletzt, GRUR-Prax, 2009, 59

Fischer, Thomas, Strafgesetzbuch, 60. Auflage (2013) (zitiert als *Fischer*)

Fomferek, André, Minderjährige „Superstars" – Die Probleme des § 1822 Nr. 5 BGB, NJW, 2004, 393 ff.

Frauenrath, Katja, Veröffentlichung von Bildern Minderjähriger, Minderjährigenschutz in der Presse, Grüner Bote, 2010, 295 ff.

Freiwillige Selbstkontrolle Multimedia-Diensteanbieter e. V. – FSM, Verhaltenskodex für Betreiber von Social Communities, Internetadresse: http://www.fsm.de/selbstverpflichtungen/social-communities (2009) – letzter Aufruf am 13.01.2016 (zitiert als *FSM,* Verhaltenskodex)

Frenzel, Eike Michael, Persönlichkeitsschutz und Pressefreiheit: Ein Blick auf Großbritannien, Perspektiven für das Verhältnis von EGMR und BVerfG, AfP, 2011, 335 ff.

Fricke, Michael, § 23 KUG in: Wandtke/ Bullinger/ Block, Praxiskommentar zum Urheberrecht, 2. Aufl. (2006) (zitiert als *Fricke*)

Frickel, Claudia, Das Netz lacht über Merkels „Internet-Neuland", Merkel beim Besuch von Obama, Internetadresse: http://www.focus.de/digital/internet/merkel-beim-besuch-von-obama-das-netz-lacht-ueber-merkels-internet-neuland_aid_1020060.html (2013) – letzter Aufruf am 13.01.2016

Frommel, Monika, § 184 d Verbreitung pornographischer Darbietungen durch Rundfunk, Medien- oder Teledienste in: Nomos-Kommentar StGB, 4. Aufl. (2013) (zitiert als *Frommel*)

Frömming, Jens/ Butz, Peters, Die Einwilligung im Medienrecht, NJW, 1996, 958 ff.

Frotscher, Werner, „Big Brother" und das deutsche Rundfunkrecht, Eine verfassungsrechtliche Untersuchung zu der Frage, ob das Format „Big Brother" gegen die in § 41 Abs. 1 des Rundfunkstaatsvertrages (RStV), § 13 Abs. 1 des Hessischen Privatrundfunkgesetzes (HPRG) niedergelegten Programmgrundsätze verstößt (2000) (zitiert als *Frotscher*)

Gangloff, Tilmann, Bibi Blocksberg muss ins Bett, Dreharbeiten mit Kindern: Sender und Produzenten beklagen strenge Auflagen, Frankfurter Rundschau, 09.10.2009 (Auch unter dem Titel „Am besten Zwillinge für tragende Rollen" in der „Stuttgarter Zeitung" vom 09.06.2009 veröffentlicht)

Garbas, Melanie, Kinderarbeit in den Medien, Zwischen Schutzanspruch, Interessenwahrung und Selbstverwirklichung, Diskurs Kindheits- und Jugendforschung, 2009, 91 ff.

Germann, Michael, Das Allgemeine Persönlichkeitsrecht, JURA, 2010, 734 ff.

Gern, Alfons, Menschenwürde und gute Sitten, NJW, 1983, 1585 ff.

Götting, Horst-Peter, § 60/ § 22 KUG in: Loewenheim, Urheberrecht, Kommentar, 4. Aufl. (2010) (zitiert als *Götting* in: Loewenheim)

Götting, Horst-Peter, Persönlichkeitsrechte als Vermögensrechte (1995)

Götz, Maya/ Bulla, Christine/ Mendel, Caroline, „Bestimmt ein tolles Erlebnis!", Repräsentativbefragung von 6- bis 17-Jährigen zu ihren Vorstellungen vom „Erlebnis Castingshow-Teilnahme" (2013) (zitiert als *Götz et al.,* „Bestimmt ein tolles Erlebnis")

Götz, Maya/ Bulla, Christine/ Mendel, Caroline, Sprungbrett oder Krise?, Das Erlebnis Castingshow-Teilnahme; eine Befragung von ehemaligen TeilnehmerInnen an Musik-Castingshows (2013) (zitiert als *Götz et al.,* Sprungbrett oder Krise?)

Götz, Maya/ Holler, Andrea/ Bulla, Christine/ Gruber, Simone, Wie Kinder und Jugendliche ‚Familien im Brennpunkt' verstehen, Forschungsbericht zur Studie „Scripted Reality: Familien im Brennpunkt" (2012) (zitiert als *Götz et al.,* Brennpunkt)

Graue, Bettina, JArbSchG in: Wedde/ Böttcher, Arbeitsrecht, Kompaktkommentar zum Individualarbeitsrecht mit kollektivrechtlichen Bezügen, 3. Aufl. (2013) (zitiert als *Graue*)

Grimm, Dieter, Die Meinungsfreiheit in der Rechtsprechung des Bundesverfassungsgerichts, NJW, 1995, 1697 ff.

Grunewald, Barbara, Die Grenzen der Einwilligung in physische und psychische Selbstschädigungen in: Lorenz/ Trunk/ Eidenmüller/ Wendehorst/ Adolff (Hrsg.), Festschrift für Andreas Heldrich (2005) (zitiert als *Grunewald*)

Grunsky, Wolfgang, Grundlagen des Verfahrensrechts, Eine vergleichende Darstellung von ZPO, FGG, VwGO, FGO, SGG, 2. Aufl. (1974) (zitiert als *Grunsky*)

Grunsky, Wolfgang/ Baur, Fritz, Zivilprozessrecht, 12. Aufl. (2006) (zitiert als *Grunsky/ Baur*)

Güntner, Joachim, Privatsphäre (2011) (zitiert als *Güntner*)

Gurlit, Elke, Gesellschaftlicher Wandel und technologischer Fortschritt in der Verfassungsrechtsprechung zur Privatheit in: Sokol, B. (Hrsg.), Total transparent -Zukunft der informationellen Selbstbestimmung? (2006) (zitiert als Gurlit)

Hager, Günter, Von der Konstitutionalisierung des Zivilrechts zur Zivilisierung der Konstitutionalisierung, JuS, 2006, 769 ff. (zitiert als *Hager*)

Hahn, Richard, Persönlichkeitsrecht und Buch, ZUM, 2008, 97 ff.

Hahn, Werner/ Witte, Markus, § 3 RStV in: Hahn/ Vesting, *Beck'scher Kommentar zum Rundfunkrecht*, Rundfunkstaatsvertrag, Jugendmedienschutz-Staatsvertrag, Rundfunkgebührenstaatsvertrag, Rundfunkbeitragsstaatsvertrag, Rundfunkfinanzierungsstaatsvertrag, 3. Aufl. (2012) (zitiert als *Hahn/ Witte*)

Handelsblatt (Hrsg.), Facebook erlaubt Jugendlichen öffentliche Beiträge, Internetadresse: http://www.handelsblatt.com/unternehmen/it-medien/privatsphaere-facebook-erlaubt-jugendlichen-oeffentliche-beitraege/v_detail_tab_print/8944522.html (2013) – letzter Aufruf am 13.01.2016

Hartwig, Henning, „Big Brother“ und die Folgen, Bemerkungen zu einem ungewöhnlichen Sendeformat, JZ, 2000, 967 ff.

Haug, Thomas, Bildberichterstattung über Prominente, Unter besonderer Berücksichtigung der Zulässigkeit der gerichtlichen Beurteilung des Informationswertes von Medienberichten (2011) (zitiert als *Haug*)

Havemann, Christoph/ Klofat, Katharina, Im Strudel, Interview mit Franziska van Almsick in: Bergmann, J./ Pörksen, B. (Hrsg.), Medienmenschen, Wie man Wirklichkeit inszeniert, Bd. 1, 1. Aufl. (2007) (zitiert als *Havemann/ Klofat*)

Hees, Katja, Hinter den Kulissen der deutschen TV-Erziehungsshows, Interview mit Holger Rettler, dem Produzenten der „Super Nanny“ in: Wahl, K./ Hees, K. (Hrsg.), Helfen „Super Nanny“ und Co.?, Ratlose Eltern – Herausforderung für die Elternbildung, 1. Aufl. (2006) (zitiert als *Hees*)

Heidenreich, Peter, Die Einwilligung Minderjähriger bei Eingriffen in das Recht am eigenen Bild und in sonstige Persönlichkeitsrechte, AfP, 1970, 960 ff.

Heidenreich, Peter, Ein Schlusswort zur Frage der Einwilligung Minderjähriger bei Eingriffen in Persönlichkeitsrecht, Anmerkung zu Kaulbach, Die Einwilligung nach § 22 KUG, AfP, 1971, 67 f.

Heiland, Laura, Der Persönlichkeitsschutz minderjähriger Kinder prominenter Eltern in der Presseberichterstattung (2018) (zitiert als *Heiland*)

Hein, David, Einigung: Scripted Reality wird künftig klarer gekennzeichnet, Internetadresse: http://www.horizont.net/medien/nachrichten/Einigung-Scripted-Reality-wird-kuenftig-klarer-gekennzeichnet_120175.html (2014) – letzter Aufruf am 13.01.2016

Heinke, Gewaltschutzgesetz, 1. Aufl. (2012)

Held, Thorsten, 76. Abschnitt: Aufsicht über Presse und Film in: Paschke/ Berlit/ Meyer/ Bahr, Hamburger Kommentar, Gesamtes Medienrecht, 2. Aufl. (2012) (zitiert als *Held*)

Heldrich, Andreas, Persönlichkeitsschutz und Pressefreiheit nach der Europäischen Menschenrechtskonvention, NJW, 2004, 2634 ff.

Helle, Jürgen, Besondere Persönlichkeitsrechte im Privatrecht, Das Recht am eigenen Bild, das Recht am gesprochenen Wort und der Schutz des geschriebenen Wortes (1991) (zitiert als *Helle*)

Helle, Jürgen, Das kommerzielle Persönlichkeitsrecht und das Grundgesetz, AfP, 2010, 531 ff.

Helle, Jürgen, Die Einwilligung beim Recht am eigenen Bild, AfP, 1985, 93 ff.

Helle, Jürgen, Wirtschaftliche Aspekte zivilrechtlichen Persönlichkeitsschutzes, Rabels Zeitschrift für ausländisches und internationales Privatrecht, 1996, 448 ff.

Heller, Christian, Post-Privacy, Prima leben ohne Privatsphäre, 1. Aufl. (2011) (zitiert als *Heller*)

Henschel, Johann Friedrich, Die Kunstfreiheit in der Rechtsprechung des BVerfG, 1990, 1937 ff. (zitiert als *Henschel*)

Herdegen, Matthias, Art. 1 Abs. 1 in: Maunz/ Dürig, Grundgesetz (2013) (zitiert als *Herdegen*)

Herzog, Roman, Art. 5 in: Maunz/ Dürig, Grundgesetz (2013) (zitiert als *Herzog*)

Heuchemer, Michael, § 23 Übersicht und Prozessuales, § 25 Beleidigung in: Götting, H.-P./ Becker, B. v. (Hrsg.), Handbuch des Persönlichkeitsrechts (2008) (zitiert als *Heuchemer*)

Hillgruber, Christian/ Goos, Christoph, Verfassungsprozessrecht, 3. Aufl. (2011) (zitiert als *Hillgruber/ Goos*)

Hinrichs, Ulrike, „Big Brother" und die Menschenwürde, NJW, 2000, 2173 ff.

Höch, Dominik/ Kadelbach, Philipp, Hat der Nutzer seine Rechte in sozialen Netzwerken selbst in der Hand? – Aktuelle (persönlichkeits-)rechtliche Fragen zu Facebook, WRP, 2012, 1060 ff.

Hoeren, Thomas, Urheberrechtliche Probleme des Dokumentarfilms, GRUR, 1992, 145 ff.

Hoffmann-Riem, Wolfgang, Freiheitsschutz in den globalen Kommunikationsinfrastrukturen, JZ, 2014, 53 ff.

Hoffmann-Riem, Wolfgang, Nachvollziehende Grundrechtskontrolle, Zum Verhältnis von Fach- und Verfassungsgerichtsbarkeit am Beispiel von Konflikten zwischen Medienfreiheit und Persönlichkeitsrecht, AöR, 2003, 173 ff.

Höfling, Wolfram, Menschenwürde und gute Sitten, NJW, 1983, 1582 ff.

Hofmann, Hans, Art. 1 in: Schmidt-Bleibtreu/ Hofmann/ Hopfauf/ Brockmeyer, GG, Kommentar zum Grundgesetz, 12. Aufl. (2011) (zitiert als *Hofmann*)

Hopf, Kristina/ Braml, Birgit, Die Entwicklung des Jugendmedienschutzes 2012/2013, ZUM, 2013, 837 ff.
Hopfauf, Axel, Einleitung, Vorb. V. Art. 92, Art. 93 in: Schmidt-Bleibtreu/ Hofmann/ Hopfauf/ Brockmeyer, GG, Kommentar zum Grundgesetz, 12. Aufl. (2011) (zitiert als *Hopfauf*)
Hösch, Ulrich, Café Pssst – Abschied von der Unsittlichkeit der Prostitution?, Gew-Arch, 2001, 112 ff.
Hövelberndt, Andreas, Ehe, Familie und Erziehungsrecht als Thema internationaler Regelungen zum Schutze der Menschenrechte, der Verfassungen der EU-Mitgliedstaaten und der deutschen Bundesländer, FRP, 2004, 117 ff.
Hoven, Elisa, Ultimate Fighting Championship im Fernsehen, Das Ausstrahlungsverbot unter verfassungs- und jugendschutzrechtlichen Gesichtspunkten, K&R, 2010, 786 ff.
Huber, Peter M., Auslegung und Anwendung der Charta der Grundrechte, NJW, 2011, 2385 ff.
Huber, Peter, § 1631a in: Säcker/ Rixecker, Münchener Kommentar zum BGB, 6. Aufl. (2012) (zitiert als *Huber*)
Hufen, Friedhelm, Die Menschenwürde, Art. 1 I GG, JuS, 2010, 1 ff.
Huster, Stefan, Individuelle Menschenwürde oder öffentliche Ordnung?, Ein Diskussionsbeitrag anlässlich „Big Brother“, NJW, 2000, 3477 ff.
Jandt, Silke/ Roßnagel, Alexander, Gestaltungsvorschläge für den Gesetzgeber, Rechtsgutachten zum Datenschutz und zu Persönlichkeitsrechten im Social Web, insbesondere von Social Networking-Sites in: Schenk/ Niemann/ Reinmann u. a. (Hrsg.), Digitale Privatsphäre, Heranwachsende und Datenschutz auf Sozialen Netzwerkplattformen (2012) (zitiert als *Jandt/ Roßnagel*), Gestaltungsvorschläge
Jandt, Silke/ Roßnagel, Alexander, Social Networks für Kinder und Jugendliche – Besteht ein ausreichender Datenschutz?, MMR, 2011, 637 ff.
Jarass, Hans D., Art. 1 in: Jarass/ Pieroth, Grundgesetz für die Bundesrepublik Deutschland, Kommentar, 12. Aufl. (2012) (zitiert als *Jarass*)
Jarass, Hans D., Das allgemeine Persönlichkeitsrecht im Grundgesetz, NJW, 1989, 857 ff.
Joecks, Wolfgang/ Miebach, Klaus, Münchener Kommentar zum StGB, 2. Aufl. (2012)
Kamps, Ina, § 49 Der Anspruch auf Berichtigung und Widerruf in: Götting, H.-P./ Becker, B. v. (Hrsg.), Handbuch des Persönlichkeitsrechts (2008) (zitiert als *Kamps*)
Kaulbach, Detlef, Die Einwilligung nach § 22 KUG, AfP, 1971, 67 ff.
Kett-Straub, Gabriele, Der Strafantrag gemäß § 77 StGB, JA, 2011, 694 ff.
Kingreen, Thorsten, § 17 Gleichheitsgrundrechte in: Ehlers, D. (Hrsg.), Europäische Grundrechte und Grundfreiheiten, 3. Aufl. (2009) (zitiert als *Kingreen*)
Kirbach, Roland, Zum Abschuss freigegeben, Fernsehshows und ihre Opfer in: Schertz, C./ Schuler, T. (Hrsg.), Rufmord und Medienopfer, Die Verletzung der persönlichen Ehre, 1. Aufl. (2007) (zitiert als *Kirbach*)

Kirchberg, Elena, Identifizierende Altmeldungen über Strafverfahren in Online-Archiven: Beugt sich das Recht der technischen Entwicklung?, GRUR-Prax, 2013, 237 ff.

Kissler, Alexander, Dummgeglotzt, Wie das Fernsehen uns verblödet (2009) (zitiert als *Kissler*)

Kistner, Anna, Misshandlungsverdacht bei Urchristen, „Die leben mit ihren Kindern in einer eigenen Welt", Internetadresse: http://www.spiegel.de/schulspiegel/12-staemme-urchristliche-sekte-sieht-sich-verfolgt-a-920843.html (2014) – letzter Aufruf am 13.01.2016

Klass, Nadine, Anhang zu § 12 in: Westermann/ Erman/ Aderhold, Bürgerliches Gesetzbuch, Handkommentar mit AGBG, EGBGB, ErbbauVO, HauratsVO, HausTWG, ProdHaftG, SachenRBerG, SchuldRAnpG, VerbrKrG, 13. Aufl. (2011) (zitiert als *Klass* in: Westermann et al.)

Klass, Nadine, Bildberichterstattung über Privat- und Alltagsleben Prominenter, Anmerkung zu BVerfG, Beschluss vom 26. Februar 2008 – BVERFG 26.02.2008 Aktenzeichen 1 BvR 1602/07, 1 BvR 1606/07, 1 BvR 1626/07, ZUM, 2008, 432 ff.

Klass, Nadine, Der Schutz der Privatsphäre durch den EGMR im Rahmen von Medienberichterstattungen, ZUM, 2014, 261 ff.

Klass, Nadine, Die Menschenwürde im Spannungsfeld zwischen Paternalismus und Selbstbestimmung in: Gornig, G./ Schöbener, B./ Bausback, W. u. a. (Hrsg.), Iustitia et pax, Gedächtnisschrift für Dieter Blumenwitz, Bd. 176 (2008) (zitiert als *Klass* in: Gornig et al.)

Klass, Nadine, Die zivilrechtliche Einwilligung als Instrument zur Disposition über Persönlichkeitsrechte, AfP, 2005, 507 ff.

Klass, Nadine, Neue Internettechnologien und das Urheberrecht: Die schlichte Einwilligung als Rettungsanker?, Zugleich Besprechung der Vorschaubilder I und II-Entscheidungen des BGH, ZUM, 2013, 1 ff.

Klass, Nadine, Rechtliche Grenzen des Realitätsfernsehens (2004) (zitiert als *Klass*, Realitätsfernsehen)

Klass, Nadine, Unterhaltung ohne Grenzen?, Der Schutzbereich der Menschenwürde in den Programmgrundsätzen der Medienstaatsverträge (2011) (zitiert als *Klass*, Unterhaltung ohne Grenzen?)

Klass, Nadine, Zu den Grenzen der Berichterstattung über Personen des öffentlichen Lebens, Die Urteilsserie des BGH vom 06.03.2007 im Lichte der Rechtsprechung des BVerfG und des EGMR, AfP, 2007, 517 ff.

Klüber, Rüdiger, Persönlichkeitsschutz und Kommerzialisierung, Die juristisch-ökonomischen Grundlagen des Schutzes der vermögenswerten Bestandteile des allgemeinen Persönlichkeitsrechts (2007) (zitiert als *Klüber*)

Knauf, Jason, A Letter from Kensington Palace, Internetadresse: http://www.princeofwales.gov.uk/media/our-view/letter-kensington-palace – letzter Aufruf am 12.04.2016

Knoke, Felix, Netzwelt-Ticker: Bürgerrechtler verurteilen Facebooks Datenschutzreform, Internetadresse: http://www.spiegel.de/netzwelt/web/netzwelt-tickerbuergerrechtler-verurteilen-facebooks-datenschutzreform-a-666318.html (2009) – letzter Aufruf am 13.01.2016

Koch, Harald, §§ 51, 52 in: Menne/ Ankermann, Kommentar zur Zivilprozeßordnung (1987) (zitiert als *Koch*)

Kohlmaier, Matthias, Beschützt eure Töchter!, TV-Kritik zu „Germany's Next Topmodel", Internetadresse: http://www.sueddeutsche.de/medien/germanys-next-topmodel-gntm-1.1611501 (2013) – letzter Aufruf am 13.01.2016

Köhne, Michael, Abstrakte Menschenwürde?, GewArch, 2004, 285 ff.

Kohte, Wolfhard, Die rechtfertigende Einwilligung, AcP, 1985, 105 ff.

Körner, Marita, Informierte Einwilligung als Schutzkonzept in: Simon, D./ Weiss, M. (Hrsg.), Zur Autonomie des Individuums, Liber amicorum Spiros Simitis, 1. Aufl. (2000) (zitiert als *Körner*)

Krebs, Peter/ Becker, Maximilian, Entstehung und Abänderbarkeit von Gewohnheitsrecht, JuS, 2013, 97 ff.

Krings, Günter, Neuer Maßstab im Kampf gegen Kinder- und Jugendpornographie, ZRP, 2014, 69 ff.

Kröner, Lars, 34. Abschnitt: Besondere Persönlichkeitsrechte – Bildnisschutz in: Paschke/ Berlit/ Meyer/ Bahr, Hamburger Kommentar, Gesamtes Medienrecht, 2. Aufl. (2012) (zitiert als *Kröner*)

Krüger, Christof/ Backer, Anne, Online-Archive und Persönlichkeitsschutz – gesetzgeberischer Handlungsbedarf?, WRP, 2012, 1211 ff.

Krüger, Matthias, Stalking in allen Instanzen – Kritische Bestandsaufnahme erster Entscheidungen zu § 238 StGB, NStZ, 2010, 546 ff.

Kubis, Sebastian, Internationale Zuständigkeit bei Persönlichkeits- und Immaterialgüterrechtsverletzungen (1999) (zitiert als *Kubis*)

Kübler, Friedrich, Kommunikation und Selbstbestimmung, Zu den Bedingungen der Rekonstitution individueller Autonomie im Äußerungs- und Medienrecht in: Simon, D./ Weiss, M. (Hrsg.), Zur Autonomie des Individuums, Liber amicorum Spiros Simitis, 1. Aufl. (2000) (zitiert als *Kübler*)

Künast, Renate, Kinderrechte in die Verfassung! Wie sonst?, FPR, 2008, 478 ff. (zitiert als *Künast*)

Kunig, Philip, Art. 2 in: Münch/ Kunig, Grundgesetz-Kommentar, 5. Aufl. (2001) (zitiert als *Kunig*)

Lackmann, Rolf, § 888, § 890 in: Musielak, Kommentar zur Zivilprozessordnung, 10. Aufl. (2013) (zitiert als *Lackmann*)

Lackner, Karl/ Kühl, Kristian, Strafgesetzbuch, 27. Aufl. (2011) (zitiert als *Lackner/Kühl*)

Ladeur, Karl-Heinz, Die Anpassung des privaten Medienrechts an die „Unterhaltungsöffentlichkeit", NJW, 2004, 393 ff.

Lakies, Thomas/ Schoden, Michael, Jugendarbeitsschutzgesetz, Basiskommentar zum JArbSchG mit einer umfangreichen Einleitung zu den Themen: die Geschichte des Jugendarbeitsschutzes; die Entwicklung des Jugendarbeitsschutzes in der Bundesrepublik Deutschland; die rechtliche Stellung Minderjähriger;

Minderjährige in der Ausbildung, 6. Aufl., Frankfurt am Main (2010) (zitiert als *Lakies/ Schoden*)

Landtag Nordrhein-Westfalen, Reicht der Schutz von Kindern bei der Mitwirkung in Medienproduktionen aus?, Antwort der Landesregierung auf die Kleine Anfrage 2502 der Abgeordneten Andrea Ursula Asch und Oliver Keymis, Grüne, Landtag Nordrhein-Westfalen – Drucksache 14/7060 (2008) (zitiert als *Antwort der Landesregierung Nordrhein-Westfalen*)

Leisner, Walter, Begriffliche Grenzen verfassungsrechtlicher Meinungsfreiheit, UFITA, 1962, 129 ff.

Lenckner, Theodor/ Eisele, Jörg, Vorb. Zu §§ 185 ff., § 185, § 193 StGB in: Schönke/ Schröder, Strafgesetzbuch, 28. Aufl. (2010) (zitiert als *Lenckner/ Eisele*)

Lenski, Sophie-Charlotte, Der Persönlichkeitsschutz Prominenter unter EMRK und Grundgesetz, NVwZ, 2005, 50 ff.

Leshwange, Martina, Beteiligung von Kindern bei Medienproduktionen, Positionspapier des Arbeitskreises „Beteiligung von Kindern bei Medienproduktionen" des Landesjugendamts Rheinland (2013) (zitiert als *Leshwange*)

Lettl, Tobias, Kein vorbeugender Schutz des Persönlichkeitsrechts gegen Bildveröffentlichung?, ZUM, 2008, 2160 ff.

Libertus, Michael, Die Einwilligung als Voraussetzung für die Zulässigkeit von Bildnisaufnahmen und deren Verbreitung, ZUM, 2007, 621 ff.

Liesching, Marc, 82. Abschnitt: Verbote bei Rundfunk und Telemedien, 89. Abschnitt: Schutz der Ehre, des Persönlichkeitsrechts und der Datenintegrität in: Paschke/ Berlit/ Meyer/ Bahr, Hamburger Kommentar, Gesamtes Medienrecht, 2. Aufl. (2012) (zitiert als *Liesching* in: Paschke et al.)

Liesching, Marc, Nacktdarstellungen Minderjähriger, Zu Rechtslage und Reformansätzen, Internetadresse: http://www.lto.de//recht/hintergruende/h/strafrecht-jugendschutz-nacktdarstellung-posen-kinderpornografie-gesetzesaenderung/ (2014) – letzter Aufruf am 13.01.2016

Lindacher, Walter F., § 52, § 55 in: Rauscher/ Wax/ Wenzel, Münchener Kommentar zur Zivilprozessordnung, Mit Gerichtsverfassungsgesetz und Nebengesetzen, 4. Aufl. (2004) (zitiert als *Lindacher*)

Löhnig, Martin, Kindesrecht und Elternkonflikt – Länderbericht Deutschland in: Löhnig, M./ Schwab, D./ Henrich, D. u. a. (Hrsg.), Kindesrecht und Elternkonflikt, Bd. 14 (2013) (zitiert als *Löhnig*)

Maheshwari, Surabhika, Children of Famous Parents: An Exploratory Study, World Academy of Science, Engineering and Technology, 2008, 350ff., Internetadresse: http://citeseerx.ist.psu.edu/viewdoc/download?doi=10.1.1.306.8813&rep=rep1&type=pdf – letzter Aufruf am 28.10.2018

Maier, Hans Albert, Goethes Gretchen-Mythos, Monatshefte, 1953, 401 ff.

Mann, Roger, Muss das Internet Vergessen lernen? in: Leible, S./ Kutschke, T. (Hrsg.), Der Schutz der Persönlichkeit im Internet (2013) (zitiert als *Mann*)

Maxdome, „Die strengsten Eltern der Welt", Internetadresse: https://www.maxdome.de/die-strengsten-eltern-der-welt-b219046.html (2016) – letzter Aufruf 03.04.2016

Mayr, Stefan, „Wer seine Rute schont, der hasst seinen Sohn“, Internetadresse: http://www.sueddeutsche.de/bayern/glaubensgemeinschaft-zwoelf-staemme-wer-seine-rute-schont-der-hasst-seinen-sohn-1.1768495 (2013) – letzter Aufruf am 13.01.2016

Medienanstalt Hamburg Schleswig Holstein, Kennzeichnungspflicht von Scripted-Reality-Formaten in Jugendmedienschutz-Staatsvertrag aufnehmen, Internetadresse: https://www.ma-hsh.de/infothek/pressemitteilungen.html?file=files/infothek/pressemitteilungen/2013/PM%2019-13_Kennzeichnungspflicht%20von%20Scripted%20Reality%20Formaten%20in%20JMStV%20aufnehmen.pdf (2013) – letzter Aufruf am 13.02.2019

Medienpädagogischer Forschungsverbund Südwest (Hrsg.), JIM 2012, Jugend, Information, (Multi-) Media – Basisstudie zum Medienumgang 12- bis 19-Jähriger in Deutschland (zitiert als JIM 2012)

Medienpädagogischer Forschungsverbund Südwest (Hrsg.), JIM 2013, Jugend, Information, (Multi-) Media – Basisstudie zum Medienumgang 12- bis 19-Jähriger in Deutschland (zitiert als JIM 2013)

Metz, Alexander, Das Recht Prominenter am eigenen Bild in Kollision mit Drittinteressen, Insbesondere vor dem Hintergrund des Falles Caroline von Hannover (2008) (zitiert als *Metz*)

Meyer, Claus, 41. Abschnitt: Gegendarstellungsanspruch, 42. Abschnitt: Unterlassungsanspruch, 43. Abschnitt: Berichtigungsanspruch in: Paschke/ Berlit/ Meyer/ Bahr, Hamburger Kommentar, Gesamtes Medienrecht, 2. Aufl. (2012) (zitiert als *Meyer*)

Meyer-Goßner, Lutz, Strafprozessordnung, Mit GVG und Nebengesetzen, 50. Aufl. (2007)

Meyer-Ladewig, Jens, EMRK, Europäische Menschenrechtskonvention; Handkommentar, 3. Aufl. (2011) (zitiert als *Meyer-Ladewig*)

Meyer-Ladewig, Jens, Menschenwürde und Europäische Menschenrechtskonvention, NJW, 2004, 981 ff.

Mitsch, Wolfgang, Der neue Stalking-Tatbestand im Strafgesetzbuch, NJW, 2007, 1237 ff.

Molle, Alexander, Die Verdachtsberichterstattung, Anforderungen und Beweislastverteilung im Spannungsverhältnis zwischen Pressefreiheit und Ehrschutz, ZUM, 2010, 331 ff.

Möller, Kai, Paternalismus und Persönlichkeitsrecht (2011) (zitiert als *Möller*)

Müller, Gerda, § 50 Der Anspruch auf materiellen Schadensersatz in: Götting, H.-P./ Becker, B. v. (Hrsg.), Handbuch des Persönlichkeitsrechts (2008) (zitiert als *Müller*, Persönlichkeitsrecht)

Müller, Gerda, Die neue Person der Zeitgeschichte, Der EGMR hat den Spielraum der nationalen Gerichte erheblich erweitert, Interview von Rudolf Gerhardt, ZRP, 2012, 125 ff.

Müller, Tobias, Konkurrenz von Einwilligungsberechtigten in der Neufassung des § 22 KUG, Zugleich Besprechung von OLG München ZUM 2001, 708 ff., ZUM, 2002, 202 ff.

Müller, Vera, Schwer verletzt statt schwer verliebt – Sarah kämpft mit den Folgen der SAT.1-Kuppelshow, Internetadresse: http://www.rhein-zeitung.de/region/extra_artikel,-Schwer-verletzt-statt-schwer-verliebt-Sarah-kaempft-mit-den-Folgen-der-SAT1-Kuppelshow-_arid,338629.html (2011) – letzter Aufruf am 03.04.2016

Müller, Vera/ Theunissen, Regina, Hundehaare im Kühlschrank und zweifelhafte Verträge, Internetadresse: http://www.rhein-zeitung.de/startseite_artikel,-Hundehaare-im-Kuehlschrank-und-zweifelhafte-Vertraege-_arid,341550.html (2011) – letzter Aufruf am 03.04.2016

Müller-Franken, Sebastian, Vorb. v. Art. 1 in: Schmidt-Bleibtreu/ Hofmann/ Hopfauf/ Brockmeyer, GG, Kommentar zum Grundgesetz, 12. Aufl. (2011) (zitiert als *Müller-Franken*)

Münch, Ingo von, Grundrechtsschutz gegen sich selbst? in: Stödter, R./ Thieme, W. (Hrsg.), Hamburg Deutschland Europa, Beiträge zum deutschen und europäischen Verfassungs-, Verwaltungs- und Wirtschaftsrecht – Festschrift für Hans Peter Ipsen zum 70. Geburtstag (1977) (zitiert als *Münch*)

Muscheler, Karlheinz, Familienrecht, 3. Aufl. (2013) (zitiert als *Muscheler*)

Mutius, Albert von, Anonymität als Element des allgemeinen Persönlichkeitsrechts – terminologische, rechtssystematische und normstrukturelle Grundfragen in: Bäumler, H./ Mutius, A. v. (Hrsg.), Anonymität im Internet, Grundlagen, Methoden und Tools zur Realisierung eines Grundrechts, 1. Aufl. (2003) (zitiert als *Mutius*)

Niemann, Julia/ Schenk, Michael, Fazit in: *Schenk/ Niemann/ Reinmann u. a.* (Hrsg.), Digitale Privatsphäre, Heranwachsende und Datenschutz auf Sozialen Netzwerkplattformen (2012) (zitiert als *Niemann/ Schenk*)

Nink, Judith, § 823 BGB in: Spindler/ Schuster, Recht der elektronischen Medien, 2. Auflage (2011) (zitiert als *Nink*)

Nolte, Norbert, Zum Recht auf Vergessen im Internet, Von digitalen Radiergummis und anderen Instrumenten, ZRP, 2011, 236 ff.

Noser, Amy/ Zeigler-Hill, Virgil, Self-Esteem Instability and the Desire for Fame, Self and Identity, 2014, Internetadresse: https://www.tandfonline.com/doi/abs/10.1080/15298868.2014.927394 – letzter Aufruf am 24.04.2014

Ohlshausen, Henning v., Menschenwürde im Grundgesetz, Wertabsolutismus oder Selbstbestimmung?, NJW, 1982, 2221 ff.

Ohly, Ansgar, „Volenti non fit iniuria", Die Einwilligung im Privatrecht (2002) (zitiert als *Ohly, „Volenti non fit iniuria"*)

Ohly, Ansgar, Verändert das Internet unsere Vorstellung von Persönlichkeit und Persönlichkeitsrecht?, AfP, 2011, 428 ff.

Ohly, Ansgar, Zwölf Thesen zur Einwilligung im Internet, Zugleich Besprechung zu BGH, Urt. v. 19.10.2011 – I ZR 140/10 – Vorschaubilder II, GRUR, 2012, 983 ff.

Olzen, Dirk, § 1666 in: Säcker/ Rixecker, Münchener Kommentar zum BGB, 6. Aufl. (2012) (zitiert als *Olzen*)

Oppermann, Thomas/ Classen, Claus Dieter/ Nettesheim, Martin, Europarecht, Ein Studienbuch, 5. Aufl. (2011) (zitiert als *Oppermann/ Classen/ Nettesheim*)

Ortner, Julia, Du bist sehr böse gewesen!, Falter, 2010, 20

Otto, Harro, Der strafrechtliche Schutz vor ehrverletzenden Meinungsäußerungen, NJW, 2005, 575 ff.

Pawlowski, Hans-Martin, Probleme der Einwilligung zu Eingriffen in personenbezogene Rechte in: Brambring, G./ Medicus, D./ Vogt, M. (Hrsg.), Festschrift für Horst Hagen (1999) (zitiert als *Pawlowski*)

Peters, Anne/ Altwicker, Tilmann, Europäische Menschenrechtskonvention, Mit rechtsvergleichenden Bezügen zum deutschen Grundgesetz, 2. Aufl. (2012) (zitiert als *Peters/ Altwicker*)

Peters, Butz, Die publizistische Sorgfalt, NJW, 1997, 1334 ff.

Pew Research Center, A Portrait of „Generation Next", Internetadresse: http://www.people-press.org/2007/01/09/a-portrait-of-generation-next/ – letzter Aufruf am 27.03.2018

Pfeifer, Karl-Nikolaus, Persönlichkeitsrechte im 21. Jahrhundert – Systematik und Herausforderungen, JZ, 2013, 853 ff.

Pichler, Rufus, Teil 25 Internationale Gerichtszuständigkeit im Online-Bereich in: Hoeren, T./ Sieber, U./ Holznagel, B. (Hrsg.), Multimedia-Recht, 35. Aufl. (2013) (zitiert als *Pichler*)

Pils, Michael Johannes, Ein neues Kapitel bei der Abwägung zwischen Pressefreiheit und Persönlichkeitsrecht?, JA, 2008, 852 ff.

Piltz, Carlo, Soziale Netzwerke im Internet – eine Gefahr für das Persönlichkeitsrecht? (2013) (zitiert als *Piltz*)

Pimpl, Roland, TV-Kompetenz: Medienrat fordert stärkere Kennzeichnung von Scripted Reality, Internetadresse: http://www.horizont.net/medien/nachrichten/TV-Kompetenz-Medienrat-fordert-staerkere-Kennzeichnung-von-Scripted-Reality-116269 (2013) – letzter Aufruf am 13.01.2016

Polzin, Monika, Das Rangverhältnis von Verfassungs- und Unionsrecht nach der neuesten Rechtsprechung des BVerfG, JuS, 2012, 1 ff.

Rahvar, Zahra, Die Zukunft des deutschen Presserechts im Lichte konvergierender Medien (2011) (zitiert als *Rahvar*)

Rapport, Lisa/ Meleen, Matthew, Childhood Celebrity, Parental Attachment, and Adult Adjustment: The Young Performers Study, Journal of Personality Assessment, 1998, 484 ff. (zitiert als *Rapport/ Meleen*)

Rebhahn, Robert, Zivilrecht und Europäische Menschenrechtskonvention, AcP, 2010, 489 ff.

Redeker, Helmut, Teil 12 Vertragsrecht für Internetdienste in: Hoeren, T./ Sieber, U./ Holznagel, B. (Hrsg.), Multimedia-Recht, 35. Aufl. (2013) (zitiert als *Redeker*)

Regge, Jürgen/ Pegel, Christian, Vorb. vor §§ 185 ff. in: Joecks/ Miebach, Münchener Kommentar zum StGB, 2. Aufl. (2012) (zitiert als *Regge/ Pegel*)

Rehbock, Klaus/ Gaudlitz, Guido, Beck'sches Mandatshandbuch Medien- und Presserecht, 2. Aufl. (2011) (zitiert als *Rehbock/ Gaudlitz*)

Reiss, Steven/ Wiltz, James, Why People Watch Reality TV, Media Psychology, 2004, 363 ff.

Rhein-Zeitung, „Frontal 21: Drehpläne führten bei Schwer verliebt-Aufnahmen zum Eklat, Internetadresse: http://www.rhein-zeitung.de/startseite_artikel,-Frontal-21-Drehplaene-fuehrten-bei-Schwer-verliebt-Aufnahmen-zum-Eklat-_arid,347849.html (2011) – letzter Aufruf am 03.04.2016 (zitiert als *Rhein-Zeitung*, Drehpläne)

Rhein-Zeitung, Der Knebelvertrag von „Schwer verliebt" – Preisgabe der Persönlichkeitsrechte kostet 700 Euro, Internetadresse: http://www.rhein-zeitung.de/startseite_artikel,-Rhein-Zeitung-exklusiv-Der-Knebelvertrag-von-Schwer-verliebt-Preisgabe-der-Persoenlichkeitsrecht-_arid,339870.html (2011) – letzter Aufruf am 03.04.2016 (zitiert als Rhein-Zeitung, Knebelvertrag)

Ricker, Reinhart/ Weberling, Johannes, Handbuch des Presserechts, 6. Aufl. (2012) (zitiert als *Ricker/ Weberling*)

Rixecker, Roland, Anhang zu § 12 Das Allgemeine Persönlichkeitsrecht in: Säcker/ Rixecker, Münchener Kommentar zum BGB, 6. Aufl. (2012) (zitiert als *Rixecker*)

Röchling, Walter, Der Kindeswille im Verhältnis zu Kindeswohl, Kindesinteresse und Elternrecht – Definitionen und Abgrenzungen in: Röchling, W. (Hrsg.), Handbuch Anwalt des Kindes, Verfahrensbeistandschaft und Umgangspflegschaft für Kinder und Jugendliche, 2. Aufl. (2009) (zitiert als *Röchling*, Anwalt des Kindes)

Röchling, Walter, Kindeswille und Elternrecht, FRP, 2008, 481

Röder, Ralf, Nach der letzten Änderung des § 184b StGB: Ist das Verbreiten sog. „Posing"-Fotos weiterhin straflos?, NStZ, 2010, 113 ff.

Roßnagel, Alexander/ Richter, Philipp/ Nebel, Maxi, Internet Privacy aus rechtswissenschaftlicher Sicht in: Buchmann, J. (Hrsg.), Internet privacy, Eine multidisziplinäre Bestandsaufnahme; a multidisciplinary analysis (2012) (zitiert als *Roßnagel/ Richter/ Nebel*)

Roßnagel, Alexander/ Schnabel, Christoph, Das Grundrecht auf Gewährleistung der Vertraulichkeit und Integrität informationstechnischer Systeme und sein Einfluss auf das Privatrecht, NJW, 2008, 3534 ff.

Roth, Wolfgang, Die Grundrechte Minderjähriger im Spannungsfeld selbstständiger Grundrechtsausübung, elterlichen Erziehungsrechts und staatlicher Grundrechtsbindung (2003) (zitiert als *Roth*)

Ruttig, Markus, Damit das Internet vergisst – Online-Archive und das Recht verurteilter Straftäter auf Beseitigung ihrer Namensnennungen jedenfalls nach Verbüßung der Strafe, AfP, 2013, 372 ff.

Saar, Stefan, § 1822 in: Westermann/ Erman/ Aderhold, Bürgerliches Gesetzbuch, Handkommentar mit AGBG, EGBGB, ErbbauVO, HauratsVO, HausTWG, ProdHaftG, SachenRBerG, SchuldRAnpG, VerbrKrG, 13. Aufl. (2011) (zitiert als *Saar*)

Salgo, Ludwig, § 1631a in: Staudinger, Kommentar zum Bürgerlichen Gesetzbuch Mit Einführungsgesetz und Nebengesetzen, Buch 4 Familienrecht, §§ 1626 – 1631; Anhang zu § 1631; RKEG; §§ 1631a-1633 (Elterliche Sorge 1 – Inhaberschaft und Inhalt) (2007) (zitiert als *Salgo*)

Salje, Peter, Der Schutz von Jugendlichen und Kindern im Theater- und Musikbetrieb, DVBl, 1988, 135 ff.

Schäfer, Jürgen, § 131 in: Joecks/ Miebach, Münchener Kommentar zum StGB, 2. Aufl. (2012) (zitiert als *Schäfer*)

Schenk/ Niemann/ Reinmann u. a. (Hrsg.), Digitale Privatsphäre, Heranwachsende und Datenschutz auf Sozialen Netzwerkplattformen (2012)

Scherer, Inge, Menschenwürde verletzende Werbung in: Gornig, G./ Schöbener, B./ Bausback, W. u. a. (Hrsg.), Iustitia et pax, Gedächtnisschrift für Dieter Blumenwitz, Bd. 176 (2008) (zitiert als *Scherer*)

Schertz, Christian, Der Schutz des Individuums in der modernen Mediengesellschaft, NJW, 2013, 721 ff.

Schiedermair, Stephanie, Der Schutz des Privaten als internationales Grundrecht (2012) (zitiert als *Schiedermair*)

Schlachter, Monika, § 1 JArbSchG, § 6 JArbSchG in: Erfurter Kommentar zum Arbeitsrecht, 14. Aufl. (2014) (zitiert als *Schlachter*)

Schlaich, Klaus/ Korioth, Stefan, Das Bundesverfassungsgericht, Stellung, Verfahren, Entscheidungen, 9. Aufl. (2012) (zitiert als *Schlaich/ Korioth*)

Schmahl, Stefanie, Grundrechtsschutz im Dreieck von EU, EMRK und nationalem Verfassungsrecht, EuR, 2008, 7 ff.

Schmelz, Christoph, § 31 Wahrnehmung berechtigter Interessen in: Götting, H.-P./ Becker, B. v. (Hrsg.), Handbuch des Persönlichkeitsrechts (2008) (zitiert als *Schmelz*)

Schmidt, Jan-Hinrik, Social Media (2013) (zitiert als *Schmidt*)

Schmitt Glaeser, Walter, Big Brother is watching you, Menschenwürde bei RTL 2, ZRP, 2000, 395 ff.

Schmitt, Jochen, § 112, § 113 in: Säcker/ Rixecker, Münchener Kommentar zum BGB, 6. Aufl. (2012) (zitiert als *Schmitt*)

Schnabel, Christoph, Das Recht am eigenen Bild und der Datenschutz, ZUM, 2008, 657 ff.

Schneider, Irmela, Privatheit als Unterhaltung und Gesellschaftsspiel, Einige Anmerkungen zu einer Veränderung des Menschenbilds in: Sokol, B. (Hrsg.), Mediale (Selbst-)Darstellung und Datenschutz (2001) (zitiert als *Schneider*)

Schöch, Heinz, Zielkonflikte beim Stalking-Tatbestand, NStZ, 2013, 221 ff.

Scholz, Rupert, Art. 5 in: Maunz/ Dürig, Grundgesetz (2013) (zitiert als *Scholz*)

Schorkopf, Frank, § 15 Würde des Menschen, § 16 Höchstpersönliche Rechte in: Ehlers, D. (Hrsg.), Europäische Grundrechte und Grundfreiheiten, 3. Aufl. (2009) (zitiert als *Schorkopf* in: Ehlers)

Schorkopf, Frank, EUV Art. 6 Grundrechte-Charta und EMRK in: Grabitz/ Hilf/ Nettesheim, Das Recht der Europäischen Union, Vertrag über die Europäische Union, 47. Ergänzungslieferung (2012) (zitiert als *Schorkopf* in: Grabitz et al.)

Schroeder, Werner, Neues zur Grundrechtskontrolle in der Europäischen Union, EuZW, 2011, 462 ff.

Schubert, Friederike, Von Kopf bis Fuß auf Verwertung eingestellt? Die Dogmatik der Vermögensrechte der Persönlichkeit im Licht der neuesten Rechtsprechung von BGH und BVerfG, AfP, 2007, 20 ff.

Schulz, Wolfgang, 5. Abschnitt: Meinungs- und Informationsfreiheit in: Paschke/ Berlit/ Meyer/ Bahr, Hamburger Kommentar, Gesamtes Medienrecht, 2. Aufl. (2012) (zitiert als *Schulz*)

Schwarz, Torsten/ Sengbusch, René, Zur Wirksamkeit von Strafanträgen minderjähriger Verletzter, NStZ, 2006, 673 ff.

Schwerdtner, Peter, Der zivilrechtliche Persönlichkeitsschutz, JuS, 1978, 289 ff.

Seehaus, Christine, Rechtliche Regelungen zum Schutz von Kindern und Jugendlichen in Medienproduktionen in: Arbeitsgemeinschaft der Landesmedienanstalten in der Bundesrepublik Deutschland – ALM (Hrsg.), ALM Programmbericht 2009 (zitiert als *Seehaus*)

Seewald, Jörg, Das ist mörderisch, Sparmaßnahmen bei Fernsehfilmen, Internetadresse: http://www.sueddeutsche.de/medien/2.220/sparmassnahmen-bei-fernsehfilmen-das-ist-moerderisch-1.1429234 (2012) – letzter Aufruf am 13.01.2016

Seifert, Achim, Die horizontale Wirkung von Grundrechten, Europarechtliche und rechtsvergleichende Überlegungen, EuZW, 2011, 696 ff.

Seitz, Walter, § 48 Der Gegendarstellungsanspruch in: Götting, H.-P./ Becker, B. v. (Hrsg.), Handbuch des Persönlichkeitsrechts (2008) (zitiert als *Seitz*)

Soehring, Jörg Peter/ Hoene, Verena, Presserecht, Recherche, Darstellung, Haftung im Recht der Presse, des Rundfunks und der neuen Medien, 5. Aufl. (2013) (zitiert als *Soehring/ Hoene*)

Sommer, Anja, Die Rechtsstellung des Kindes im familiengerichtlichen Verfahren, FRP, 2012, 374 ff.

Spiegel Online (Hrsg.), Pädophilie-Debatte: Museum Folkwang sagt Balthus-Ausstellung ab, Internetadresse: http://www.spiegel.de/kultur/gesellschaft/museum-folkwang-in-essen-sagt-balthus-schau-ab-a-951462.html (2014) – letzter Aufruf am 13.01.2016

Spiegel Online (Hrsg.), Scheidungsfall Cruise-Holmes, Flucht vor Scientology, Internetadresse: http://www.spiegel.de/panorama/leute/gerichtsaussage-von-tom-cruise-scientology-war-scheidungsgrund-a-932657.html (2013) – letzter Aufruf am 13.01.2016

Sprenger, Polly, Sun on Privacy: ‚Get Over It', Internetadresse: https://www.wired.com/1999/01/sun-on-privacy-get-over-it/ (1999) – letzter Aufruf am 13.02.2019

Starck, Christian, Art. 2 in: Mangoldt/ Klein/ Starck, Kommentar zum Grundgesetz, 6. Aufl. (2010) (zitiert als *Starck*)

Stegers, Fiete, Ausgegraben: Der Ursprung des Steinbach-Bildes, Internetadresse: http://www.ndr.de/nachrichten/netzwelt/Ausgegraben-Der-Ursprung-des-Steinbach-Bildes,twitterbild120.html – letzter Aufruf am 20.04.2016

Stender-Vorwachs, Jutta, Veröffentlichung von Fotos minderjähriger Kinder von Prominenten, NJW, 2010, 1414 ff.

Stern, Klaus, Das Staatsrecht der Bundesrepublik Deutschland, Band IV/1 Die einzelnen Grundrechte – Der Schutz und die freiheitliche Entfaltung des Individuums (2006) (zitiert als *Stern*, Band IV/1)

Stern, Klaus, Das Staatsrecht der Bundesrepublik Deutschland, Band III/1 Allgemeine Lehren der Grundrechte (1988) (zitiert als *Stern*, Band III/1)

Sternberg-Lieben, Detlev/ Bosch, Nikolaus, § 77 in: Schönke/ Schröder, Strafgesetzbuch, 28. Aufl. (2010) (zitiert als *Sternberg-Lieben/Bosch*)

Strobl-Albeg, Joachim von, Bildberichterstattung – Bildnisse und Bilder in: Wenzel, K./ Burkhardt, E./ Gamer, W. u. a. (Hrsg.), Das Recht der Wort- und Bildberichterstattung, Handbuch des Äußerungsrechts, 5. Aufl. (2003) (zitiert als *Strobl-Albeg*)

Suchomel, Jan-Ulf, Partielle Disponibilität der Würde des Menschen, 1. Aufl. (2010) (zitiert als *Suchomel*)

Teichmann, Christoph, Abschied von der absoluten Person der Zeitgeschichte, NJW, 2007, 1917 ff.

Theunert, Helga, Erziehungsberatung via Fernsehen – Warum die „Super Nanny" kein Weg ist in: *Wahl, K./ Hees, K.* (Hrsg.), Helfen „Super Nanny" und Co.?, Ratlose Eltern – Herausforderung für die Elternbildung, 1. Aufl. (2006) (zitiert als *Theunert*)

Theunissen, Regina, Schwerer Unfug mit Sarah H.: Medienrechtler hält Sat.1-Kuppelshow-Vertrag für sittenwidrig, Internetadresse: http://www.rhein-zeitung.de/startseite_artikel,-Schwerer-Unfug-mit-Sarah-H-Medienrechtler-haelt-Sat1-Kuppelshow-Vertrag-fuer-sittenwidrig-_arid,340029.html (2011) – letzter Aufruf am 03.04.2016

Tillmanns, Kerstin, Vorbemerkung SGB VIII, § 1 SGB VIII in: Säcker/ Rixecker, Münchener Kommentar zum BGB, 6. Aufl. (2012) (zitiert als *Tillmanns, K.*)

Tillmanns, Lutz/ Führ, Janina, § 201 a StGB – Eine problemorientierte Betrachtung aus Sicht der Presseselbstregulierung, ZUM, 2005, 441 ff.

Timm, Marina, 1. Blogger-Studie: Wieviel Geld Modeblogger verdienen, Internetadresse: http://www.styleranking.de/blogs/blog-news/1-blogger-studie-wenn-modeblogger-geld-verdienen (2015) – letzter Aufruf am 15.01.2016

TNS Infratest im Auftrag von BLM, Relevanz der Medien für die Meinungsbildung, Empirische Grundlagen zum MedienVielfaltsMonitor der BLM (2013)

Topfvollgold.de (Hrsg.), „Die Regenbogenpresse schränkt meine Freiheit ein", Internetadresse: http://www.topfvollgold.de/die-regenbogenpresse-schrankt-meine-freiheit-ein/ (2013) – letzter Aufruf am 13.02.2019

Uhls, Yalda/ Greenfield, Patricia, The Value of Fame: Preadolescent Perceptions of Popular Media and Their Relationship to Future Aspirations, Developmental Psychology, 2012, 315 ff.

Uhls, Yalda/ Greenfield, Patricia, The Rise of Fame: An Historical Content Analysis, Cyberpsychology, 2011, Internetadresse: https://cyberpsychology.eu/article/view/4243/3289 – letzter Aufruf am 27.03.2016

Ulbricht, Carsten, Social Media und Recht, Praxiswissen für Unternehmen, 1. Aufl. (2012) (zitiert als *Ulbricht*)

Verband privater Rundfunk- und Telemedienanbieter e. V. (VPRT), Freiwillige Verhaltensgrundsätze der im VPRT zusammengeschlossenen privaten Fernsehveranstalter zu Talkshows im Tagesprogramm vom 30. Juni 1998, Internetadresse: http://fsf.de/medienarchiv/beitrag/heft/freiwillige-verhaltensgrundsaetze-der-im-vprt zusammengeschlossenen-privaten-fernsehveranstalter-zusammengeschlossenen-privaten-fernsehveranstalter-zu-talkshows-im-tagesprogramm-vom-30-juni-1998-code-of-conduct/ (1998) – letzter Aufruf am 13.01.2016

Vollmers, Otto, Der Schutz der Persönlichkeitsrechte von Kindern und Jugendlichen im Web 2.0 in: Leible, S./ Kutschke, T. (Hrsg.), Der Schutz der Persönlichkeit im Internet (2013) (zitiert als *Vollmers*)

Voßkuhle, Andreas, Der europäische Verfassungsgerichtsverbund, NVwZ, 2010, 1 ff.

VPRT – Verband privater Rundfunk- und Telemedien e.V., LfM-Direktor fordert Selbstverpflichtung zu Castings-Shows, Internetadresse: http://www.vprt.de/thema/medienordnung/duale-medienordnung/privater-rundfunk/publizistischer-programmauftrag/bericht-15?c=0 (2013) – letzter Aufruf am 13.01.2016

Wandtke, Artur-Axel/ Bullinger, Winfried, Urheberrecht, 3. Aufl. (2009)

Wagenitz, Thomas, § 1822 BGB in: Säcker/ Rixecker, Münchener Kommentar zum BGB, 6. Aufl. (2012) (zitiert als *Wagenitz*)

Wahlers, Ulrich, Außerordentliche Kündigung wegen Aktivierung des „Gefällt-mir-Buttons" unter einer Beleidigung, Anmerkung zu ArbG Dessau-Roßlau 1. Kammer, Urteil vom 21.03.2012 – 1 Ca 148/11, jurisPR-ITR, 2012, 12/2012, Anmerkung 2 (zitiert als *Wahlers*)

Walter, Ute, Der zivilrechtliche Schutz vor Nachstellungen, ZUM, 2002, 886 ff.

Wanckel, Endress, 44. Abschnitt: Schadensersatzanspruch, 48. Abschnitt: Auskunftsansprüche in: Paschke/ Berlit/ Meyer/ Bahr, Hamburger Kommentar, Gesamtes Medienrecht, 2. Aufl. (2012) (zitiert als *Wanckel* in: Paschke et al.)

Wanckel, Endress, Der Schutz der Persönlichkeit bei künstlerischen Werken, NJW, 2006, 578 ff.

Wanckel, Endress, Die Durchsetzung von presserechtlichen Unterlassungsansprüchen, NJW, 2009, 3353 ff.

Wanckel, Endress, Foto- und Bildrecht, 4. Aufl. (2012) (zitiert als *Wanckel*)

Warg, Gunter, Anmerkungen zum Kernbereich privater Lebensgestaltung, Zugleich Besprechung von BGH, Urteil vom 22. 12. 2011 (2 StR 509/10), NStZ, 2012, 237 ff.

Wenzel, Karl/ Burkhardt, Emaunel/ Gamer, Waldemar/ Strobl-Albeg, Joachim v. (Hrsg.), Das Recht der Wort- und Bildberichterstattung, Handbuch des Äußerungsrechts, 5. Aufl. (2003) (zitiert als *Wenzel et al.*)

Werhahn, Jürgen, Persönlichkeitsrecht und Zeitgeschichte, Ein Beitrag zur Lehre vom Recht am eigenen Bild, UFITA, 1962, 22 ff.

Wernsmann, Rainer, Grundrechtsschutz nach Grundgesetz und Unionsrecht vor dem BVerfG, NZG, 2011, 1241 ff.

Weth, Stephan, § 52 in: Musielak, Kommentar zur Zivilprozessordnung, 10. Aufl. (2013) (zitiert als *Weth*)

Wölfl, Bernd, Sphärentheorie und Vorbehalt des Gesetzes, NVwZ, 2002, 49 ff.

Wussow, Robert-Joachim, Umfang und Grenzen der ärztlichen Aufklärungspflicht, VersR 2002, 1337 ff.

Zaczyk, Rainer, Vorbemerkung zu den §§ 185 bis 200 in: Kindhäuser/ Neumann/ Paeffgen/ Albrecht, Strafgesetzbuch, 3. Aufl. (2010) (zitiert als *Zaczyk*)

ZAK – Kommission für Zulassung und Aufsicht, Verzicht auf Zerrbilder wichtiger als Kennzeichnungspflicht, ZAK-Workshop zu Scripted Reality, Internetadresse: http://www.die-medienanstalten.de/presse/pressemitteilungen/kommission-fuer-zulassung-und-aufsicht/detailansicht/article/zak-pressemitteilung-082012-verzicht-auf-zerrbilder-wichtiger-als-kennzeichnungspflicht-zak-wo.html (2012) – letzter Aufruf am 13.01.2016

Zimmermann, Georg von, Die Einwilligung im Internet (2014) (zitiert als *Zimmermann*)

www.ingramcontent.com/pod-product-compliance
Ingram Content Group UK Ltd.
Pitfield, Milton Keynes, MK11 3LW, UK
UKHW021925290926
8980IPUK00016B/1450

9 783631 784259